Böhle-Stamschräder / Kilger
Vergleichsordnung

Beck'sche Kurz-Kommentare

Band 28

Vergleichsordnung

bearbeitet von

Dr. Joachim Kilger

Rechtsanwalt in Hamburg

11., neubearbeitete Auflage
des von
Dr. A. Böhle-Stamschräder
begründeten und bis zur 9. Auflage
fortgeführten Werkes

C. H. BECK'SCHE VERLAGSBUCHHANDLUNG
MÜNCHEN 1986

CIP-Kurztitelaufnahme der Deutschen Bibliothek

Kilger, Joachim:
Vergleichsordnung / bearb. von Joachim Kilger. – 11., neubearb. Aufl. d. von A. Böhle-Stamschräder begr. u. bis zur 9. Aufl. fortgef. Werkes. – München : Beck, 1986.
  (Beck'sche Kurz-Kommentare ; Bd. 28)
  ISBN 3 406 31698 0

NE: Böhle-Stamschräder, Aloys: Vergleichsordnung; GT

ISBN 3 406 316980
Druck: Pera-Druck KG, Gräfelfing

Vorwort zur 11. Auflage

Die Funktionslosigkeit des Insolvenzrechts vereitelt immer stärker die Möglichkeit der Schuldner, sich durch einen konkursabwendenden Vergleich zu reorganisieren oder in rechtlich geordneter Form partielle Schuldbefreiung zu erlangen. Im Jahre 1985 wurden bei insgesamt 18876 Insolvenzverfahren nur 72 Vergleichsverfahren, das sind 0,38%, eröffnet. – Diese geringe Vergleichsfähigkeit ist in der Regel nicht auf gläubigerschädigende Verhaltensweisen der Schuldner zurückzuführen, sondern sie ist durch den desolaten Zustand unseres Insolvenzrechts bedingt. – Der Gesetzgeber sollte daher energisch und zügig die Reform des Insolvenzrechts angreifen; die beiden Berichte der Reformkommission haben dafür eine gute Grundlage geschaffen. –

Die geringe Zahl von Vergleichsverfahren steht im Gegensatz zu dem Umfang an Rechtsprechung und Literatur, die in dieser Auflage mit Stand 31.1.86 eingearbeitet wurde. – Die Rechtsprechung des BGH zum internationalen Insolvenzrecht und der deutsch-österreichische Vertrag zum Konkurs- und Vergleichsrecht erforderten eine neue Bearbeitung dieser Teile des Kommentars. Ebenso mußte die Kommentierung zu § 613a BGB geändert werden, nachdem das BAG dazu ein neues Urteil erlassen und gewisse Hinweise gegeben hat. Dabei könnten auch schon de lege lata-Vorstellungen der Reformkommission in aktuelle Rechtspraxis und Rechtsprechung umgesetzt werden. – Schließlich habe ich beim Vergleichsdarlehen (§ 106) die Auffassung Mohrbutter's übernommen, daß dieses auch dann Masseschuld ist, wenn bei gleichem Insolvenzgrund statt eines Anschluß-Konkurses ein selbständiger Konkurs eröffnet wird. Die gegenteilige Auffassung erschwert in der Praxis unnötig die Kreditaufnahme im Vergleich und damit dessen Durchführung. Besonders dankbar war ich den Rezensenten, die die 10. Auflage besprochen und mir Hinweise für die Verbesserung der 11. Auflage gegeben haben. Der neu erschienene Großkommentar von Kuhn-Uhlenbruck (10. Auflage) wurde berücksichtigt.

Hamburg, Februar 1986

Joachim Kilger

Vorwort

Aus dem Vorwort zur 1. Auflage (1951)

Die vorliegende Arbeit entspricht in Anordnung und Durchführung dem Kurzkommentar zur Konkursordnung. Sie verfolgt den gleichen Zweck, ist also in erster Linie für den täglichen Gebrauch des Rechts- und Wirtschaftspraktikers bestimmt. Die Erläuterungen sind jedoch so gehalten, daß sie auch dem Studierenden das Verständnis für das Vergleichsrecht im Rahmen der gesamten Rechtsordnung erschließen.

Eigene langjährige Tätigkeit als Konkurs- und Vergleichsrichter, Gedankenaustausch mit Vergleichsrichtern anderer Gerichte und die Einsichtnahme in Generalakten zum Vergleichsrecht, welche mir in dankenswerter Weise von verschiedenen Berufsvertretungen zur Verfügung gestellt wurden, ermöglichten eine eingehendere Behandlung der Probleme, welche die Praxis besonders beschäftigen, und eine aus der Praxis gewonnene Stellungnahme zu Fragen der Rechtserneuerung. Eine ausführliche Erörterung aller durch die neue Vergleichsordnung aufgeworfenen Probleme ließ der zweckbedingte Rahmen der Arbeit nicht zu. Doch dürften die vielfachen Hinweise zu selbständiger Weiterarbeit anregen.

A. Böhle-Stamschräder

Inhaltsverzeichnis

Abkürzungsverzeichnis IX

Einleitung. 1

Vergleichsordnung
vom 26. Februar 1935

Grundsatz. § 1 7
1. Eröffnungsantrag. Vergleichsvorschlag. §§ 2–10. 8
2. Eröffnung des Verfahrens. §§ 11–24. 43
3. Vergleichsgläubiger. §§ 25–37 66
4. Vergleichsverwalter. Gläubigerbeirat. §§ 38–45 94
5. Wirkungen der Eröffnung des Vergleichsverfahrens. §§ 46–55 111
6. Verpflichtungs- und Verfügungsfähigkeit des Schuldners nach Eröffnung des Vergleichsverfahrens. §§ 56–65 134
7. Anmeldung der Forderungen. Vergleichstermin. §§ 66–77 ... 151
8. Bestätigung des Vergleichs. §§ 78–81 172
9. Wirkungen des bestätigten Vergleichs. §§ 82–89 179
10. Aufhebung des Verfahrens. Überwachung der Vergleichserfüllung. §§ 90–98 196
11. Einstellung des Verfahrens. §§ 99–101 214
12. Anschlußkonkurs. §§ 102–107 219
13. Besondere Arten des Vergleichsverfahrens. §§ 108–114b. 230
14. Allgemeine Verfahrensvorschriften. §§ 115–121 257
15. Schluß- und Übergangsvorschriften. §§ 124–132 266

Anhang

1. Geschäftsanweisung für Gerichtsvollzieher (Auszug) 274
2. Bestellung von Vergleichsverwaltern und Konkursverwaltern .. 275

Inhalt

3. Verordnung über die Vergütung des Konkursverwalters, des Vergleichsverwalters, der Mitglieder des Gläubigerausschusses und der Mitglieder des Gläubigerbeirats 276

4. Richtlinien für die Begutachtung gerichtlicher Vergleichsanträge 281

5. Merkblatt für gerichtliche Vergleichsanträge 289

6. Gesetz über den Sozialplan im Konkurs- und Vergleichsverfahren. 295

Sachregister 297

Abkürzungsverzeichnis

abw	abweichend
aE	am Ende
aF	alte Fassung
A(usf)G	Ausführungsgesetz
AktG	Aktiengesetz
AktGes	Aktiengesellschaft
AktOrdn	Aktenordnung
allg	allgemein
AmtlBegr	Amtliche Begründung zur Vergleichsordnung vom 26. Februar 35 (DJ 35, 389)
AnfG	Anfechtungsgesetz (Gesetz, betreffend die Anfechtung von Rechtshandlungen eines Schuldners außerhalb des Konkursverfahrens)
Anm	Anmerkung
Anspr.	Anspruch
AnwBl	Anwaltsblatt
AO	Anordnung
AO 77	Abgabenordnung vom 16. 3. 76 (BGBl I S 613)
AP	Hueck-Nipperdey-Dietz, Nachschlagewerk des Bundesarbeitsgerichts – Arbeitsrechtliche Praxis –
Ausf.	Ausführung
AV	Allgemeine Verfügung
AWG	Außenwirtschaftsgesetz
BA	Bundesanstalt für Arbeit
BAG	Bundesarbeitsgericht
BayBSVJu	Bereinigte Sammlung der bayerischen Justizverwaltungsvorschriften
BAnz	Bundesanzeiger
BayObLG	Bayerisches Oberstes Landesgericht
Baumann	Konkurs und Vergleich, Bielefeld 1977
Baumbach Lauterbach-Verfasser	Baumbach-Lauterbach-Albers-Hartmann, Zivilprozeßordnung, München 1977
BB	Der Betriebs-Berater
Begr	Begründung; Begründung zu dem Entwurf eines Ges zur Abwendung des Konkurses (Reichstag III 1924/26; Drucks. 2340)
Bem.	Bemerkung
Bericht	Erster Bericht der Kommission für Insolvenzrecht, Köln 1985
Beschl	Beschluß
Beschw.	Beschwerde
Betr	Der Betrieb
BetrRat.	Betriebsrat
BetrVG	Betriebsverfassungsgesetz vom 15. Januar 1972 (BGBl I S 13)
BFH	Bundesfinanzhof
BGB	Bürgerliches Gesetzbuch
BGBl	Bundesgesetzblatt
BGH	Bundesgerichtshof – Auch Sammlung seiner Entscheidungen (in Zivilsachen)

Abkürzungen

BdF	Bundesminister der Finanzen
Bley	Bley, Vergleichsordnung, Berlin 1954/55
Bley, VglO aF	Bley, Vergleichsordnung vom 5. 7. 1927, Berlin 1935
Bley-Mohrbutter	Bley-Mohrbutter, Vergleichsordnung, 4. Auflage, Berlin 1979
BMJ	Bundesminister der Justiz
Bohnenberg	Bohnenberg, Insolvenzrecht, Köln-Berlin 1956
Böhle-St/Kilger KO	Böhle-Stamschräder/Kilger, Konkursordnung, 13. Auflage München 1981
de Boor-Erkel	de Boor-Erkel, Zwangsvollstreckung, Konkurs und Vergleich, Wiesbaden 1962
Bosch	Bosch: Konkurs, Vergleich, Vertragshilfe, Bonn 1949
BRAGebO	Bundesgebührenordnung für Rechtsanwälte
BRAO	Bundesrechtsanwaltsordnung
BSG	Bundessozialgericht
BStBl	Bundessteuerblatt
Büro	Das juristische Büro, Monatsschrift, Flensburg
Danielcik-Küch	Danielcik-Küch, Vergleichsordnung, Berlin 1935
DDJ	Der Deutsche Justizbeamte
DepG	Depotgesetz (Gesetz über die Verwahrung und Anschaffung von Wertpapieren)
DGVZ	Deutsche Gerichtsvollzieher-Zeitung
DJ	Deutsche Justiz
DJZ	Deutsche Juristen-Zeitung
DR	Deutsches Recht
DRsp	Deutsche Rechtsprechung (Entscheidungssammlung und Aufsatzhinweise)
DRZ	Deutsche Rechts-Zeitschrift (seit 1946)
DRZ	Deutsche Richterzeitung
DRiZ	Deutsche Richterzeitung (seit 1950)
EG	Einführungsgesetz
eG	eingetragene Genossenschaft
EGOWiG	Einführungsgesetz zum Gesetz über Ordnungswidrigkeiten vom 24. Mai 1968 (BGBl I S 503)
eing	eingehend
Einl	Einleitung
Entsch	Entscheidung
Erbs-Kohlhaas	Erbs-Kohlhaas, Strafrechtl. Nebengesetze, Vergleich V 53, München 1956 ff
Erkl	Erklärung
Erman-Verfasser	Erman, Handkommentar zum Bürgerlichen Gesetzbuch, Münster 1975
Eröff	Eröffnung
FamRZ	Zeitschrift für das gesamte Familienrecht (Monatsschrift)
Fdg	Forderung
Festschrift	„Einhundert Jahre Konkursordnung 1877–1977", Festschrift des Arbeitskreises für Insolvenz- und Schiedsgerichtswesen e. V. Köln, 1977
FGG	Reichsgesetz über die Angelegenheiten der freiwilligen Gerichtsbarkeit
FGO	Finanzgerichtsordnung
GBO	Grundbuchordnung
Geb	Gebühren

Abkürzungen

Geist	Geist, Insolvenzen und Steuern, 3. Aufl., Herne-Berlin 1980
GenG	Genossenschaftsgesetz
GerVollz	Gerichtsvollzieher
GeschAnw	Geschäftsanweisung
Ges	Gesetz
GewO	Gewerbeordnung
GG	Grundgesetz
GKG	Gerichtskostengesetz
Gläub	Gläubiger
GleichberG	Gesetz über die Gleichberechtigung von Mann und Frau auf dem Gebiete des bürgerlichen Rechts (Gleichberechtigungsgesetz – GleichberG) vom 18. Juni 1957 (BGBl I S 609)
GmbH	Gesellschaft mit beschränkter Haftung
GmbHG	GmbHGesetz (Ges betr d Gesellschaften m beschr Haftung)
GoltdArch	Goltdammers Archiv für Strafrecht
Gruch	Beiträge zur Erläuterung des deutschen Rechts, begründet von Gruchot
GVBl Bln	Gesetz und Verordnungsblatt für Berlin
GVG	Gerichtsverfassungsgesetz
GVGA	Geschäftsanweisung für Gerichtsvollzieher
Haegele	Haegele, Konkurs – Vergleich – Gläubigeranfechtung, Herne-Berlin 1963
Hdlg	Handlung
HGB	Handelsgesetzbuch
Hinw	Hinweis
hL	herrschende Lehre
HRR	Höchstrichterliche Rechtsprechung
HypBankG	Hypothekenbankgesetz
idR	in der Regel
iS	im Sinne
iZw	im Zweifel
Jaeger	Jaeger, Kommentar zur Konkursordnung, Berlin 1931/36
Jaeger-Verfasser	Jaeger, Konkursordnung, bearbeitet von Lent, Weber, Jahr und Klug, 8. Auflage, Berlin 1955-1973
Jaeger-Henckel	Jaeger, Konkursordnung, bearbeitet von Henckel und Weber 9. Auflage, 1.–3. Lieferung, Berlin 1977–82
JMBl	Justizministerialblatt
JR	Juristische Rundschau
JW	Juristische Wochenschrift
JZ	Juristenzeitung
Kaug	Konkursausfallgeld
K(onk)	Konkurs
KG	Kammergericht
KG	Kommanditgesellschaft
KGA	Kreditgewinnabgabe (Lastenausgleich)
KGaA	Kommanditgesellschaft auf Aktien
Kiesow	Kiesow, Vergleichsordnung (aF), Mannheim 1932
KO	Konkursordnung; auch Böhle-Stamschräder/Kilger KO, München 1981
KRG	Kontrollratsgesetz
KSchG	Kündigungsschutzgesetz
Krieg	Krieg, Vergleichsordnung, Berlin 1937
KTS	Konkurs-, Treuhand- und Schiedsgerichtswesen (Vierteljahresschrift)

Abkürzungen

Künne	Künne, Außergerichtliche Vergleichsordnung, München 1968
Kuhn-Uhlenbruck	Kuhn-Uhlenbruck, Kommentar zur Konkursordnung, 10. Aufl., München 1986
KuT	Konkurs- und Treuhandwesen (Monatsschrift)
KVerf.	Konkursverfahren
LAG	Lastenausgleichsgesetz
LA-Kartei	Nachschlagekartei zu den Lastenausgleichsabgaben (LA-Kartei) Band II Teil IV
LAG-Rdsch	Rundschau für den Lastenausgleich, Monatsschrift, Hamburg
LA(rb)G	Landesarbeitsgericht
Lauterbach-Hartmann	Lauterbach-Hartmann, Kostengesetze, München 1976
Lent-Jauernig	Lent-Jauernig, Zwangsvollstreckungs- und Konkursrecht, München 1975
LK	Leipziger Kommentar zum Strafgesetzbuch, begr. von Ebermayer, Lobe, Rosenberg; herausgegeben von Baldus und Willms, Berlin 1970–1974
LM	Lindenmaier-Möhring, Nachschlagewerk des Bundesgerichtshofs
Lucas	Lucas, Die neue Vergleichsordnung, Berlin 1927
LuftfzRG	Gesetz über Rechte an Luftfahrzeugen (Luftfahrzeugrechtegesetz) vom 26. Februar 1959 (BGBl S 57)
LZ	Leipziger Zeitschrift für Deutsches Recht
MDR	Monatsschrift für Deutsches Recht
Meyer-Zöller	Meyer-Zöller, Konkurs- und Vergleichsordnung mit sämtlichen Nebengesetzen, Rosenheim 1949
Mitgl	Mitglied
Mohrbutter	Mohrbutter, Handbuch des gesamten Vollstreckungs- und Insolvenzrechts, Köln 1974
Mohrbutter/Mohrbutter	Mohrbutter/Mohrbutter, Handbuch des Konkurs- und Vergleichsrechts, Köln 1985
MRG	Gesetz der Militärregierung
Nachw	Nachweis
NdsRpfl	Niedersächsische Rechtspflege
NJW	Neue Juristische Wochenschrift
Noack	Noack, Die Vollstreckungspraxis, Hannover 1970
Nr.	Nummer
NW	Nordrhein-Westfalen
ObArbG	Oberstes Arbeitsgericht
OffEid	Offenbarungseid
OGH	Oberster Gerichtshof für die britische Zone
OHG	Offene Handelsgesellschaft
OLGZ	Oberlandesgericht. Auch Sammlung der Entscheidungen der Oberlandesgerichte in Zivilsachen
OVG	Oberverwaltungsgericht
OWiG	Gesetz über Ordnungswidrigkeiten vom 24. Mai 1968 (BGBl I S 481)
Palandt–Verfasser	Palandt, Bürgerliches Gesetzbuch; München 1982
PatAnO	Patentanwaltsordnung
R	Das Recht

Abkürzungen

RAG	Reichsarbeitsgericht; auch Sammlung seiner Entscheidungen
RAnw	Rechtsanwalt
rechtsf	rechtsfähig
Rechtskr	Rechtskraft
rechtskr	rechtskräftig
Reformkommission	Kommission für die Reform des Insolvenzrechts, eingesetzt vom BMJ
RG	Reichsgericht. Auch Sammlung seiner Entscheidungen.
RGBl	Reichsgesetzblatt
Rpfleger	Der Deutsche Rechtspfleger, Monatsschrift
RpflG 1957	Rechtspflegergesetz vom 8. Februar 1957 (BGBl I S 18)
RpflG	Rechtspflegergesetz vom 5. November 1969 (BGBl I S 2065) in der Fassung des Gesetzes zur Änderung des Rechtspflegergesetzes, des Beurkundungsgesetzes und zur Umwandlung des Offenbarungseides in eine eidesstattliche Versicherung vom 27. Juni 1970 (BGBl I S 911)
Rspr	Rechtsprechung
RVO	Reichsversicherungsordnung
S	Seite, Satz
SchadErs	Schadensersatz
ScheckG	Scheckgesetz
SchiffsRG	Gesetz über Rechte an eingetragenen Schiffen und Schiffsbauwerken (Schiffsrechtegesetz) vom 15. November 1940 (RGBl I S 1499)
SchlHA	Schleswig-Holsteinische Anzeigen
Schönfelder	Deutsche Gesetze, Sammlung des Zivil-, Straf- und Verfahrensrechts, München
SJZ	Süddeutsche Juristen-Zeitung
Schrader-Bauer	Schrader-Bauer, Handbuch der amtsgerichtlichen Praxis, Band III, Konkurs- und Vergleichsverfahren, München 1960
Schrader-Uhlenbruck-Delhaes	Schrader-Uhlenbruck-Delhaes, Konkurs- und Vergleichsverfahren, 4. Aufl. München 1977
Serick	Serick, Eigentumsvorbehalt und Sicherungsübereignung, Band I bis IV, Heidelberg 1963, 1965, 1970, 1976
SozPl	Sozialplan
SozPlG	Gesetz über den Sozialplan im Konkurs- und Vergleichsverfahren
Stengl	Stengleins Kommentar zu den strafrechtlichen Nebengesetzen, Band II, bearbeitet von Ebermayer u. a., Berlin 1928–1933
StGB	Strafgesetzbuch
StPO	Strafprozeßordnung
str	streitig
1. StRG	Erstes Gesetz zur Reform des Strafrechts (1. StRG) vom 25. Juni 1969 (BGBl I S 645)
TestVollstr	Testamentsvollstrecker
u a	unter anderen(m); und andere
UmstG	Umstellungsgesetz (MRG 63)
unerlHdlg	unerlaubte Handlung
ungerechtfBer	ungerechtfertigte Bereicherung
u U	unter Umständen
VA	Vermögensabgabe (Lastenausgleich)
VAG	Versicherungsaufsichtsgesetz
Vbdg	Verbindung

Abkürzungen

Verf.	Verfahren
Verh	Verhältnis
Verpfl	Verpflichtung
Verw	Verwalter, Verwaltung
Verz.	Verzeichnis
Vfg	Verfügung
vgl	vergleiche
Vgl, Vergl	Vergleich
VglO	Vergleichsordnung vom 26. Februar 1935
VglO aF	Vergleichsordnung vom 5. Juli 1927
VglSch	Vergleichsschuldner
VHG	Vertragshilfegesetz 1952
VO	Verordnung; auch Verordnung über die Vergütung des Konkursverwalters, des Vergleichsverwalters, der Mitglieder des Gläubigerausschusses und der Mitglieder des Gläubigerbeirats
Vogels-Nölte	Vogels-Nölte, Vergleichsordnung, Berlin 1952
Vollstr	Vollstreckung
Vorschr	Vorschrift(en)
Warn	Warneyer, Die Rechtsprechung des Reichsgerichts auf dem Gebiete des Zivilrechts
WarnBGH.	Warneyer, Die Rechtsprechung des Bundesgerichtshofes auf dem Gebiete des Zivilrechts
weit	weiter(e)
WG	Wechselgesetz
Wichmann	Wichmann, Der Arbeitnehmer, Lehrling und Pensionär im Konkurs- und Vergleichsverfahren des Arbeitgebers, Göttingen 1965
WillErkl	Willenserklärung
WiGBl	Gesetzblatt der Verwaltung des Vereinigten Wirtschaftsgebiets
WirtschPrüfer.	Der Wirtschaftsprüfer
WirtschPrüfg	Die Wirtschaftsprüfung
WiStG 1954	Gesetz zur weiteren Vereinfachung des Wirtschaftsstrafrechts (Wirtschaftsstrafgesetz 1954) vom 9. Juli 1954 (BGBl I S 175)
WM.	Wertpapier-Mitteilungen, Teil IV B, Rechtsprechung
ZAkDR	Zeitschrift der Akademie für Deutsches Recht
ZHR	Zeitschrift für das gesamte Handelsrecht und Wirtschaftsrecht
ZIP	Zeitschrift für Wirtschaftsrecht und Insolvenzpraxis
ZPO	Zivilprozeßordnung
ZRP.	Zeitschrift für Rechtspolitik
ZVG	Reichsgesetz über die Zwangsversteigerung und die Zwangsverwaltung (Zwangsversteigerungsgesetz)
ZVMG	Gesetz über Maßnahmen auf dem Gebiete der Zwangsvollstreckung vom 20. August 1953 (BGBl I S 952)
ZwVerst	Zwangsversteigerung
ZwVerw	Zwangsverwaltung
ZwVgl	Zwangsvergleich
ZZP.	Zeitschrift für deutschen Zivilprozeß

§§-Angaben ohne Zusatz beziehen sich auf die Vergleichsordnung vom 6. Februar 1935.

Einleitung

I. Geschichtliches

Dem gerichtlichen Vergleichsverfahren liegt der Gedanke zugrunde, daß auch bei Konkursreife eines Schuldners die Aufrechterhaltung des Schuldnerbetriebes im Interesse von Schuldner und Gläubigern liegen kann, oder daß bei notwendiger Liquidation ein allmählicher Abbau den beiderseitigen Belangen dient. Der Zwangsvergleich im Konkurse trug diesen Gedanken bereits Rechnung, konnte sie aber nur unvollkommen verwirklichen, weil er die Konkurseröffnung zur Voraussetzung hatte. Ein Schuldner, der sich außerhalb eines Konkurses sanieren wollte, war früher ausschließlich auf eine außergerichtliche Einigung mit seinen Gläubigern angewiesen. – Die Beobachtung des Wirtschaftslebens auch in jüngster Zeit hat gezeigt, daß vergleichswürdige Schuldner bei ihren Gläubigern in der Mehrzahl der Fälle Verständnis und Entgegenkommen finden, so daß ein außergerichtl Vergleich zustande kommt. Die Zahl der außergerichtl Vergleiche ist jedenfalls in einzelnen Wirtschaftszweigen weit größer als die der gerichtl Vergleiche und der Zwangsvergleiche im Konkurse (vgl Künne S XXX). Kommt es nicht zu einer Einigung, so liegt das nicht selten an einzelnen Gläubigern, die aus bösem Willen, aus Eigensinn oder aus volkswirtschaftlicher Einsichtslosigkeit einem sachgemäßen Ausgleich widerstreben und den Schuldner in den Konkurs treiben. Das gerichtl VglVerf will den Einfluß solcher Vergleichsstörer beseitigen und der Mehrzahl der vergleichsbereiten Gläubiger ihnen gegenüber ein Übergewicht verschaffen (vgl Lucas S 2).

Die erste gesetzl Regelung eines gerichtl Verfahrens zur Abwendung des Konkurses war die VO über die Geschäftsaufsicht v 8. 8. 1914 (RGBl 363). Die Geschäftsaufsicht war seinerzeit aber nur als vorübergehende Einrichtung aus Anlaß des Krieges vorgesehen. Sie diente ausschließlich dem Schutz des Schuldners und gewährte ihm unter bestimmten Voraussetzungen ein Moratorium. Durch die Bekanntmachung v 14. 12. 1916 (RGBl 1363) wurde die VO über die Geschäftsaufsicht verfahrensmäßig weiter ausgestaltet. Auch wurde die Möglichkeit geschaffen, die Geschäftsaufsicht in ein VglVerf überzuleiten. Voraussetzung einer Eröff des Verf blieb aber noch, daß die Insolvenz des Schuldners infolge des Krieges eingetreten war. Weitere VOen v 8. 2. 1924 (RGBl I S 51) und 14. 6. 1924 (RGBl I S 641) ließen dann die konkursverhütende Geschäftsaufsicht auch zu, wenn die Zahlungsfähigkeit oder Überschuldung infolge der aus dem Kriege erwachsenen wirtschaftlichen Verhältnisse eingetreten war. – Einen einstweiligen Abschluß dieser Entwicklung bedeutete das **Gesetz über den Vergleich zur Abwendung des Konkurses v 5. 7. 1927** (RGBl I S 139), die „alte Vergleichsordnung", welche die Eröff des Verf nicht mehr von rein zeitbedingten Voraussetzungen abhängig machte und das Verf selbst wesentlich neu gestaltete. Die GläubInteressen wurden weitgehend berücksichtigt. Das Gesetz verwies den bisherigen ersten Teil des ganzen Verf in ein außergerichtl Vorstadium. Das gerichtl Verf begann erst, wo bisher die reine Geschäftsauf-

Einleitung

sicht endete und das VglVerf beginnen sollte. Der Schuldner mußte, um die Eröff eines gerichtl Verf überhaupt zu erreichen, schon einen bestimmten VglVorschlag machen und die Zustimmung der Mehrheit seiner Gläub zur Eröff des VglVerf beibringen. Um diese Zustimmungen mußte er vorher selbst, ohne Hilfe des Gerichts, werben. Damit war der GläubMehrheit ein maßgeblicher Einfluß schon auf die Eröff des Verf eingeräumt. Den Interessen der Gläub wurde weiter Rechnung getragen durch das Erfordernis eines den Gläubigern im Vergleich zu gewährenden Mindestsatzes, durch die Bestellung einer Vertrauensperson und durch ein erweitertes Mitwirkungs- und Bestimmungsrecht im Verfahren.

II. Die Vergleichsordnung vom 26. 2. 1935

Die besonderen Schwierigkeiten der gesetzl Regelung eines VglVerf zur Abwendung des Konkurses bestehen darin, zu verhindern, daß ein (in Wirklichkeit nicht vergleichsbereiter) Schuldner diese Einrichtung mißbraucht, um sein Vermögen beiseite zu schaffen, und daß einzelne Gläubiger den Aufschub des Konkurses benutzen, sich Sondervorteile zu verschaffen, Vogels DJ **35**, 373. Diesen Erwägungen trug die alte VglO nur in unzureichendem Maße Rechnung. Darauf ist es zurückzuführen, daß die an sie geknüpften Erwartungen nicht erfüllt wurden. Die Reformbestrebungen führten im Jahre 1931 zu dem vom Deutschen Industrie- und Handelstag in Zusammenarbeit mit dem österreichischen Kammertag ausgearbeiteten Entwurf einer neuen Vergleichsordnung (KuT **31**, 15), welcher jedoch nicht Gesetz wurde. Im Jahre 1933 wurde ein von der deutschen und der österreichischen Regierung gemeinschaftl verfaßter „Amtlicher Entwurf" zur öffentlichen Besprechung bekanntgegeben. Dieser Entwurf bildete die Grundlage für die deutsche **Vergleichsordnung v 26. 2. 1935** (RGBl I S 321), welche am 1. 4. 1935 in Kraft getreten ist.

Die wesentlichsten Verbesserungen des VglRechts bestehen in der **Einführung eines Vor- und eines Nachverfahrens.** Die Vorbereitung des VglVerf hat das Gesetz dem Schuldner wieder entzogen und in den §§ 11–15 dem Gericht zugewiesen, um die Vereitelung eines Vergleichs durch Maßnahmen einzelner Gläubiger unmöglich zu machen und die Überwachung des Schuldners bereits im vorbereitenden Stadium zu ermöglichen. – Beim Zustandekommen eines Vergleichs wird das VglVerf grundsätzlich fortgesetzt, bis der Vergleich erfüllt ist oder die Unmöglichkeit der Erfüllung festgestellt wird, § 96. Aufhebung des VglVerf zugleich mit der Bestätigng des Vergleichs nur auf Antrag einer bestimmten GläubMehrheit, oder wenn die Summe der vollstreckbaren VglFdgen 20000 DM nicht übersteigt, oder wenn sich der Schuldner der freiwilligen Überwachung der VglErfüllung durch einen Sachwalter unterwirft (§§ 90, 91). Dadurch soll eine Erfüllung des Vergleichs und bei Unmöglichkeit der Erfüllung die alsbaldige Eröff des KonkursVerf gewährleistet sein.

Die neue VglO hat darüber hinaus das VglVerf und das VglRecht schlechthin in wesentl Punkten verbessert und fortentwickelt. Es ist in jedem Falle ein **Vergleichsverwalter** zu bestellen. Dieser muß geschäftskundig und vom Schuldner wie von den Vergleichsgläubigern unabhängig sein. Dadurch ist weitgehend eine den Interessen der Gläubiger und des Schuldners in gleicher Weise gerecht werdende Führung des Amtes gewährleistet. – Durch die Bestimmung des **§ 36 Abs II** werden Mißstände abgestellt, welche sich nach der alten VglO, namentlich bei Sukzessivlieferungsverträgen, ergeben hatten; vgl Bem 5 zu § 36. Die neue Vorschrift hat auch bewirkt, daß Schuldner jetzt von dem Recht, beiderseits noch nicht voll erfüllte Verträge mit Genehmigung des Gerichts zu lösen (§§ 50, 51), weniger häufig Gebrauch machen. – § 69 schränkt die Eidespflicht des Schuldners (an deren Stelle inzwischen die Pflicht zur Abgabe einer **eidesstattlichen Versicherung** getreten ist) erheblich ein. Der Schuldner hat in erster Linie Auskunft zu geben (§ 69 I) und den Eid nur zu leisten (jetzt: die eidesstattliche Versicherung nur abzugeben), wenn das Gericht dies zur Herbeiführung einer wahrheitsgemäßen Aussage für erforderlich hält (§ 69 Abs II). – Das **Zustandekommen des Vergleichs** ist durch § 74 wesentlich erleichtert. § 74 I 1 fordert nicht mehr die Mehrheit aller stimmberechtigten Gläubiger, sondern lediglich noch die Mehrheit der im VglTermin anwesenden (bzw vertretenen) stimmberechtigten Gläubiger unter Einschluß der schriftlich zustimmenden. Einer mißbräuchlichen Ausnutzung dieser Vorschrift wird durch § 74 I 2, III begegnet. – Der den Gläubigern nach dem Vergleich zu gewährende **Mindestsatz ist erhöht** (§ 7 Abs II); die gesetzl Mindestquote gilt auch für den nunmehr ausdrücklich zugelassenen **Liquidationsvergleich** (§ 7 Abs IV). Zu weiteren Einzelheiten vgl die ,,Amtliche Begründung" DJ **35,** 389; ferner Kiesow DRZ **35,** 239; Levy KuT **35, 34; Vogels DJ 35, 373; JW 36,** 4.

III. Zur Rechtserneuerung

1.) Die Vergleichsordnung erfüllt die ihr gestellte Aufgabe im Falle der Insolvenz eines Schuldners, das Konkursverfahren abzuwenden, nicht mehr. Im Jahre 1984 wurden bei insgesamt 16 760 Insolvenzverfahren nur 62 Vergleichsverfahren eröffnet; das sind 0,4% (ZIP **85,** A 15); in den ersten 9 Monaten 1981 hat sich das Bild noch verschlechtert: Von insgesamt 8 322 Insolvenzen wurden nur 54 Vergleichsverfahren eröffnet; das sind 0,7% aller Insolvenzverfahren (ZIP **81,** A 95). Die Ineffizienz dieses Gesetzes beruht auf den gleichen Ursachen, die im Konkurs die Eröffnung des Verfahrens wegen fehlender Kostendeckung verhindern. Dadurch werden beide Insolvenzgesetze in dem ihnen von der Rechtsordnung zugewiesenen Gebiet praktisch wirkungslos; vgl hierzu Kilger, ,,Der Konkurs des Konkurses", KTS **75,** 142 ff.; Uhlenbruck, ,,Zur Krise des Insolvenzrechts", NJW **75,** 897 ff.; ders. KTS **81,** 513, 515 ff. –

Darüber hinaus hat sich die Regelung des Quotenvergleichs (§ 7 Abs 1), der im Gegensatz zum Liquidationsvergleich (§ 7 Abs 4) die Erhaltung des insolvent gewordenen Unternehmens bezweckt, in der Praxis als nicht durchführbar erwiesen, weil die Vergleichsordnung die Unternehmenserhaltung ausschließlich mit dem Mittel der Schuldenminderung, nicht aber mit einer umfassenden Veränderung der Kapital- und

Einleitung

Finanzstrukturen des Unternehmens, beruhend auf einer Schwachstellenanalyse (vgl Meyer-Cording NJW **81**, 1242, 1244), zu lösen versucht. Die Aufgabe der Erhaltung insolvent gewordener Unternehmen muß in einem einheitlichen Insolvenzgesetz – wie es in der ,,Deutschen Gemeinschuldordnung", 1873, versucht worden ist – gelöst werden. Dieses Gesetz hat neben der konkursmäßigen Liquidation die Reorganisation insolvent gewordener Firmen zu regeln. – Eine solche Reorganisation bezweckt, die verloren gegangene Ertragsfähigkeit des insolventen Unternehmens wieder herzustellen, und zwar dadurch, daß die Kapital- und Finanzstrukturen im Wege eines gerichtlichen Zwangsvergleichs zwischen dem Unternehmen, also seiner Geschäftsführung und seinen Gesellschaftern einerseits und den Gläubigern andererseits, verändert werden, um die sonst unabwendbare konkursmäßige Liquidation zu vermeiden. Die vom Bundesminister der Justiz Anfang 1978 zur Reform des Insolvenzrechts berufene Kommission hat das Konzept eines einheitlichen Insolvenzverfahrens, bestehend aus dem Reorganisationsverfahren und dem Liquidationsverfahren (bisher Konkursverfahren) in zwei Berichten (1984 + 1985) dargestellt (1. Bericht der Kommission für das Insolvenzrecht, Köln 1985; der 2. Bericht ist 1986 veröffentlicht worden). Die Arbeiten der Reformkommission sind angeregt worden durch wissenschaftliche Beiträge von Fr. Weber KTS **59**, 80 ff; Festschrift S 338, 342 f; Gerhardt, Festschrift für Weber **75**, S 181 ff; Hanisch ZZP 90 **(77)**, 30 f; Arnold Rpfl **77**, 395 f. Mit Fragen der Sanierung insolventer Unternehmen haben sich weiter befaßt Lutter/Hommelhoff/Timm BB **80**, 737 f; Flessner ZIP **81**, 113; ZIP **81**, 1283; Uhlenbruck KTS **81**, 513; Löwisch ZIP **81**, 1288; Henckel ZIP **81**, 1296; Meyer-Cording, NJW **81**, 1243. Die Grundzüge eines Reorganisationsverfahrens beschreibt Kilger ZIP **82**, 779; Arnold, Bundesanzeiger **82**, 3; Uhlenbruck, Zeitschrift für Betr.Wirtschaft, **83**, 258; zu Fragen der Reorganisation vgl. die Verhandlungen des 54. Dt. Juristentages, München 1982, mit Gutachten von K. Schmidt, Hanau, und Referat von Zeuner; dazu auch die Veröffentlichungen von Stürner, ZIP **82**, 761; Grunsky a.a.O. 772; Düttmann a.a.O. 787; K. Schmidt, KTS **82**, 613; zur „Reorganisation insolventer Gesellschaften" Kilger, ZRP **84**, 46 ff; dazu kritisch Ulmer, ZHR **85**, 541.

IV. Konkurs- und Vergleichsverfahren

Konkurs und VglVerf haben gemeinsam, daß beide **Kollektivverfahren** sind, in denen ein Schuldner einer (durch bestimmte Forderungsmerkmale begrenzten) Vielzahl seiner Gläubiger gegenübersteht und beiderseits Interessen befriedigt werden. Die **Zweckrichtung** ist jedoch verschieden. Der normale Zweck des Konkursverf ist die GläubBefriedigung durch Liquidierung des Schuldnerunternehmens. Der normale Zweck des VglVerf ist die Herabsetzung der Schuldnerverbindlichkeiten zur Erhaltung des Schuldnerbetriebes oder zur Ermöglichung eines allmählichen Abbaus. Die verschiedene Zweckrichtung bedingt eine **unterschiedliche Interessenlage.** Im Konkursverf liegt das Schwergewicht des Interesses bei den Gläubigern, im VglVerf beim Schuldner (wenn auch die GläubInteressen weitgehend Berücksichtigung finden). Zwischen

Einleitung

beiden Verfahren besteht jedoch eine Zweckbeziehung insofern, als das erfolglos gebliebene VglVerf normalerweise in einen Konkurs (Anschlußkonkurs) übergeht. – Vgl Kisch in Anm zu AG Oldbg NJW **49**, 757.

Das VglVerf wird, wie der Konkurs, nur auf **Antrag** eröffnet; doch kann, da das VglVerf vorwiegend im Interesse des Schuldners liegt, der Antrag nur vom Schuldner gestellt werden. Die **Vergleichsfähigkeit** entspricht, von Ausnahmen abgesehen (vgl Bem 1 zu § 2), der Konkursfähigkeit. Die grundsätzlichen sachlichen **Voraussetzungen der Eröff des VglVerf** (Zahlungsunfähigkeit bzw Überschuldung) entsprechen den für die Konkurseröff maßgeblichen Voraussetzungen, § 2 Abs I S 3 (vgl Bem 4 zu § 2). Abweichend geregelt ist in beiden Verfahren der **Einfluß der Eröff des Verf auf die Verwaltungs- und Verfügungsbefugnis des Schuldners.** Diese Befugnis, welche dem Schuldner (mit Bezug auf das konkursgebundene Vermögen) während des Konkurses nach KO § 6 entzogen ist, wird durch die Eröff des VglVerf nicht berührt; vgl Bem vor § 46. Verfügungsbeschränkungen sind zwar zulässig, müssen aber besonders angeordnet werden; dazu §§ 12, 58 bis 65. – Grundsätzlich verschieden ist auch der **Aufgabenbereich des jeweiligen Verwalters.** Der Konkursverwalter hat das (konkursgebundene) Schuldnervermögen zu erfassen, zu verwalten und im Interesse einer größtmöglichen Gläub-Befriedigg zu verwerten; vgl Bem 7 zu KO § 6. Der VglVerwalter hat im wesentlichen Prüfungs- und Überwachungsaufgaben, §§ 39, 40. Lediglich im § 57 Abs I ist ihm ein gewisses Mitwirkungsrecht bei Geschäften des Schuldners und im § 57 Abs II die Befugnis zur Kassenführung eingeräumt. – Bestimmte Abweichungen bestehen in beiden Verfahren auch im Hinblick auf den **Kreis der jeweils am Verf beteiligten Gläubiger.** So sind insbesondere die Vorrechtsgläubiger des § 61 I Nrn 1–5 KO nach Maßg des § 26 VglO von einer Teilnahme am VglVerf ausgeschlossen. – Eine **Anfechtung von Rechtshandlungen,** welche im Konkurs nach Maßg der §§ 29 ff KO zugelassen ist, gibt es im VglVerf, das auf schnelle Abwicklung im Interesse des Schuldners abgestellt ist, nicht. Andererseits findet sich in der KO keine dem VglO § 28 entsprechende Bestimmung. – Abweichungen zeigen sich auch bei den Vorschriften betr die **Behandlung und Abwicklung gegenseitiger Verträge** (vgl KO §§ 17 ff; VglO §§ 36, 50 ff). – Verschieden geregelt sind auch die Erfordernisse für den Abschluß eines **Zwangsvergleichs im Konkurse** und des Vergleichs im VglVerf. Insbesondere ist die Gewährung eines Mindestsatzes für den Zwangsvergleich im Konkurse nicht vorgeschrieben. – Verschieden sind noch die Voraussetzungen eines **Wiederauflebens der ursprünglichen Fdg** nach bestätigtem Vergleich. Beim Zwangsvergleich im Konkurse hat die Nichterfüllung ein Wiederaufleben der ursprüngl Fdg nur zur Folge, wenn durch eine ausdrücklich in den Vergleich aufgenommene Bestimmung (kassatorische Klausel) die Wirkung des Vergleichs unter eine entsprechende auflösende Bedingung oder Befristung gestellt ist (vgl Bem 1 zu KO § 195). Beim Vergleich im VglVerf lebt die Fdg in ihrer ursprünglichen Höhe ohne eine solche in den Vergleich aufgenommene Klausel unter den Voraussetzungen des VglO § 9 Abs I kraft Gesetzes wieder auf, sofern der Vergleich nichts anderes

Einleitung

bestimmt. – Einer raschen Abwicklung des VglVerf im Interesse des Schuldners dient die für das VglVerf im § 121 angeordnete allgemeine **Rechtsmittelbeschränkung**.

V. Vertragshilfeverfahren und Vergleichsverfahren

a) Das allgemeine Vertragshilferecht ist durch das **Vertragshilfegesetz v 26. 3. 1952** (BGBl 198) – geändert durch § 106 des Gesetzes vom 24. 8. 1953 (BGBl 1003) und § 86 des Allgemeinen Kriegsfolgengesetzes vom 5. 11. 1957 (BGBl 1747) – auf Bundesebene einheitlich geregelt. Vertragshilfe (VH) kann danach lediglich noch gewährt werden für vor dem 21. 6. 1948 begründete Verbindlichkeiten. Gegenstand eines VHVerfahrens können jeweils nur einzelne Verbindlichkeiten sein. Erstrebt der Schuldner Stundung bzw Herabsetzung von nach dem 20. 6. 1948 begründeten Verbindlichkeiten oder eine Gesamtbereinigung, so bleibt ihm (sofern nicht ein außergerichtlicher VglVersuch – vgl dazu Künne, Außergerichtliche Vergleichsordnung – zum Ziele führt) nur das Konkurs- oder gerichtl VglVerfahren.

b) VH- und VglVerfahren stehen grundsätzlich **selbständig nebeneinander**. Das VHVerf kann in keinem Falle als Vorverfahren im Sinne der §§ 10–15 VglO gelten. VollstrSchutz im VHVerf hat als solcher für ein nachfolgendes VglVerf keine Bedeutung. Die vom VHGericht für die Dauer des VHVerf angeordneten Verfügungsbeschränkungen dauern für ein nachfolgendes VglVerf nicht fort. Ein VHVerf berührt die Pflicht des Schuldners zur Stellung des Konkurs- oder VglAntrags nicht; doch kann das VHGericht nach Maßg und unter den Voraussetzungen des § 10 VHG auf Antrag das Ruhen dieser Verpflichtung anordnen. § 10 Abs II VHG bestimmt, daß bei Ablehnung eines entsprechenden Gesuches der Konkurs- bzw VglAntrag des Schuldners als rechtzeitig gestellt gilt, wenn derselbe unverzüglich nach Rechtskraft der ablehnenden Entsch des VHGerichts gestellt wird. Das kann aber wohl nur dann gelten, wenn nicht schon der Aussetzungsantrag nach § 10 VHG verspätet gestellt wurde. Die Bestimmung des § 10 Abs II VHG hindert jedenfalls die Anwendung des § 18 Nr 2 VglO dann nicht, wenn nach der Vermögenslage des Schuldn bereits vor Stellung des Aussetzungsantrages die Eröffn des VglVerf hätte beantragt werden müssen.

c) Ein **schwebendes VglVerf** hindert den Schuldner nicht, wegen einzelner Verbindlichkeiten nach Maßg der Bestimmung des VHG Vertragshilfe zu beantragen. Auch nach beendeten VHVerf kann noch die Eröffn des VglVerf beantragt werden. Die Herabsetzung im VHVerf ist jedoch mit Rechtskraft der Entsch endgültig, so daß der Gläub an einem VglVerf nunmehr lediglich mit dem herabgesetzten Betrage beteiligt ist.

d) Zum VHG vgl die Kommentare von Duden-Rowedder, Verlag Beck, München 1952; Saage, Verlag Vahlen, Berlin 1952. Übersicht über weiteres Schrifttum bei Saage, Schuldenregelung, Berlin 1953, S XI f.

Vergleichsordnung

Vom 26. Februar 1935 (RGBl. I S. 321, Ber. S. 356)

Änderungen des Gesetzes

durch Art. 8 der Verordnung zur Durchführung des Gesetzes über Rechte an eingetragenen Schiffen und Schiffsbauwerken vom 21. Dezember 1940 (RGBl. I S. 1609), Art. 3 II des Gesetzes über die Gleichberechtigung von Mann und Frau auf dem Gebiete des bürgerlichen Rechts vom 18. Juni 1957 (BGBl. I S. 609), Art. 39 des Einführungsgesetzes zum Gesetz über Ordnungswidrigkeiten vom 24. Mai 1968 (BGBl. I S. 503), das Erste Gesetz zur Reform des Strafrechts vom 25. Juni 1969 (BGBl. I S. 645), das Gesetz zur Änderung des Rechtspflegergesetzes, des Beurkundungsgesetzes und zur Umwandlung des Offenbarungseides in eine eidesstattliche Versicherung vom 27. Juni 1970 (BGBl. I S. 911), das Gesetz über Bausparkassen vom 16. November 1972 (BGBl. I S. 2097), das Einführungsgesetz zum Strafgesetzbuch (EGStGB) vom 2. März 1974 (BGBl. I S. 469), das Gesetz über Konkursausfallgeld vom 17. Juli 1976 (BGBl. I S. 1481), das Zweite Gesetz zur Änderung des Gesetzes über das Kreditwesen vom 24. März 1976 (BGBl. I S. 725), das Erste Gesetz zur Bekämpfung der Wirtschaftskriminalität (1. WiKG) vom 29. Juli 1976 (BGBl. I S. 2034), das Gesetz zur Änderung sachrechtlicher, grundbuchrechtlicher und anderer Vorschriften vom 22. Juni 1977 (BGBl. I S. 998) und das Gesetz zur Änderung des Gesetzes betreffend die Gesellschaften mit beschränkter Haftung und anderer handelsrechtlicher Vorschriften vom 4. Juli 1980 (BGBl. I S. 836), 14. Gesetz zur Änderung des Versicherungsaufsichtsgesetzes vom 29. März 1983 (BGBl I, 377), 3. Gesetz zur Änderung des Gesetzes über das Kreditwesen vom 20. Dezember 1984 (BGBl I 1693)

Grundsatz

1 Der Konkurs kann nach Maßgabe dieses Gesetzes durch ein gerichtliches Vergleichsverfahren abgewendet werden.

1) § 1 bestimmt als **Zweck des gerichtlichen Vergleichsverfahrens** die **Abwendung des Konkurses.** Erreicht werden soll dieses Ziel **durch den Abschluß eines Vergleichs zwischen dem Vergleichsschuldner und den Vergleichsgläubigern.** Das gerichtl VglVerf ermöglicht unter bestimmten Voraussetzungen die Einbeziehung von Gläubigern, welche dem Vergleich widersprechen, und von solchen, welche dem VglVerf fernbleiben, in den Vergleich, welcher seiner Natur nach ein Vertrag des bürgerl Rechts ist.

2) Das gerichtl VglVerf ist, wie das Konkursverfahren, eine **besondere Art des bürgerl Rechtsganges.** Es ist, da es nicht die Befriedigg der Gläubiger durch die Vollstreckung aus dem Vermögen des Schuldners, sondern nur den Abschluß eines Vergleichs zur Abwendung des Konkurses zum Gegenstand hat, seinem Wesen nach kein Vollstreckungsverfahren; doch finden, soweit die Vergleichsordnung nichts anderes bestimmt, auf das Verfahren die Vorschriften der Zivilprozeßordnung entsprechende Anwendung (§ 115).

3) Ein gerichtliches VglVerf ist grundsätzlich auch dann zulässig, wenn Gegenstände des Schuldnervermögens der **Rückerstattung** nach Maßg der RErstGesetze unterliegen. Doch können sich in solchem Falle aus dem Übereinandergreifen der Rechtsmaterien für das VglVerf gewisse Besonderheiten ergeben. Im einzelnen vgl – auch zur Behandlung der

§ 2   1. Abschnitt

Fälle, in denen Rückerstattung des gesamten Unternehmens verlangt wird – Gnodtke NJW 51, 783 ff (787).

1. Abschnitt. Eröffnungsantrag. Vergleichsvorschlag

Der Eröffnungsantrag

2 ^{I} Der Antrag auf Eröffnung des Vergleichsverfahrens ist bei dem für die Konkurseröffnung zuständigen Gerichte (Vergleichsgericht) zu stellen. Der Antrag kann nur vom Schuldner gestellt werden. Er ist unter den gleichen Voraussetzungen zulässig, unter denen das Konkursverfahren beantragt werden kann.

^{II} Nach Eröffnung des Konkursverfahrens kann der Antrag nicht mehr gestellt werden.

1) Die **Vergleichsfähigkeit** entspricht nach § 2 Abs I Satz 3 grundsätzlich der Konkursfähigkeit. **Zulässig** ist demnach die Eröffnung des Vergleichsverfahrens **über das Vermögen einer natürlichen Person, einer juristischen Person und eines Vereins, welcher als solcher verklagt werden kann**, §§ 2, 108, 111 (Ausnahmen in § 112); ferner als Sondervergleichsverfahren über das Vermögen einer **OHG** und einer **KG**, § 109; sowie über einen **Nachlaß** und das **Gesamtgut einer fortgesetzten Gütergemeinschaft**, §§ 113, 114. Zur VglFähigkeit einer **Reederei** vgl Bley-Mohrbutter 8 Abs 3 (bejahend). – Mit Bley-Mohrbutter 10 Abs 3 wird angenommen werden können, daß das Sondervergleichsverfahren – wie der Sonderkonkurs – nicht auf die im Gesetz ausdrücklich geregelten Fälle beschränkt ist. Begrenzte Vermögensmassen, die von Gesetzes wegen bestimmten Gläubigern allein oder doch im voraus haften, sind allgemein konkurs- und vergleichsfähig. – **Nicht** zulässig ist das VglVerf über das Vermögen einer Gesellschaft des bürgerl Rechts, BGB § 705, sowie über das Vermögen einer stillen Gesellschaft, HGB § 335; Bley-Mohrbutter 8 Abs 2; LG Osnabrück KTS **62**, 127; vgl auch Jaeger-Lent Anm 8 zu § 25 (Verneinung der Konkursfähigkeit einer stillen Gesellschaft) und BGH **51**, 350 = NJW **69**, 1211 = MDR **69**, 559 (betr die Rechtsstellung des stillen Gesellschafters im VglVerfahren über das Vermögen des Geschäftsinhabers; dazu auch Wagner, Der stille Gesellschafter im VglVerfahren des Geschäftsinhabers, KTS **80**, 203). – Zur Vergleichsfähigkeit von jur Personen des öfftl Rechts vgl Bem 4 zu § 108.

Leben Ehegatten in Gütergemeinschaft und verwalten sie das Gesamtgut gemeinschaftlich, so ist nach § 2 Abs II, § 236a Abs I KO (idF von Art 3 I Nrn 1 und 5 GleichberG) bei Zahlungsunfähigkeit beider Ehegatten **über das Gesamtgut** ein selbständiger Konkurs und demgemäß (§ 2 Abs I Satz 3 VglO) auch ein **selbständiges Vergleichsverfahren** zulässig. Besondere Bestimmungen für ein solches VglVerf enthalten § 113 Abs II (vgl Anm 13 zu § 113) sowie §§ 114a und 114b.

2) **Eröff** des VglVerf nur auf Antrag. – **Antragsberechtigt** ist nach § 2 I S 2 ausschließlich der Schuldner. Weitere Antragsrechte jedoch beim VglVerf über einen Nachlaß und das Gesamtgut einer fortges Güterge-

Eröffnungsantrag. Vergleichsvorschlag **§ 2**

meinschaft; vgl Bem 3 zu § 113; Bem 3 zu § 114. Den Gläubigern steht in keinem Falle ein Antragsrecht zu. – Es ist nicht erforderlich, daß der Schuldner persönlich den Antrag stellt. Vertretung ist zulässig, doch ist das Gericht zur Nachprüfung einer Vollmacht verpflichtet, ZPO §§ 80 I, 88. Keine Anwdg des ZPO § 80 II. Prokuristen und Handlungsbevollmächtigte sind als solche nicht schon zum Antrag auf Eröff des VglVerf über das Vermögen der von ihnen vertretenen Personen oder Gesellschaft befugt. – Da die Stellung des VglAntrages als Prozeßhandlung grundsätzlich **Prozeßfähigkeit** (ZPO § 52) voraussetzt, können prozeßunfähige Personen den Antrag nur durch ihren gesetzl Vertreter stellen. Vormundschaftsgerichtl Genehmigg ist nicht erforderlich, LG Halle JW **36**, 2761. Rückwirkende Heilung des vom Prozeßunfähigen gestellten Antrages ist möglich, Kuhn-Uhlenbruck § 103, 7. – Zur Vertretung von **jur Personen und vergleichsfähigen Gesellschaften** bei der Antragstellung vgl Bem zu §§ 108, 109, 111.

3) Für den Antrag besteht **kein Formerfordernis**. Er kann schriftlich oder zu Protokoll der Geschäftsstelle gestellt werden. **Inhaltserfordernisse** nach §§ 3–8. – Der Antrag muß als Prozeßhandlung unbedingt und vorbehaltlos gestellt werden, Kiesow 2 zu § 15. Antrag unter Vorbehalt schließt zwar die Eröff des VglVerf, nicht auch des Anschlußkonkurses aus, Bley-Mohrbutter 28 a. – Ein VglAntrag ist nicht wegen eines Willensmangels nach den Vorschr des BGB anfechtbar, SchleswHolstOLG MDR **51**, 49 (betr Konkursantrag), kann aber bis zur Beendigung der Abstimmung über den VglVorschlag **zurückgenommen** werden. Erfolgt die Rücknahme vor der Eröffnung des VglVerf, so hebt das Gericht lediglich die nach §§ 11–13 getroffenen Maßnahmen wieder auf, Krieg 4 zu § 15. Bei Rücknahme nach Eröff des Verfahrens erfolgt Einstellung, § 99; doch muß das Gericht in diesem Falle von Amts wegen über die Eröff des Konkurses entscheiden, § 101. – Zur inhaltlichen Änderung des VglVorschlages vgl Bem 1 zu § 3.

4) Die sachlichen Voraussetzungen der Zulässigkeit des VglAntrages entsprechen den für den Konkursantrag geltenden Bestimmungen, § 2 I S 3. – Voraussetzung auch der Eröff des VglVerf (**Vergleichsgrund**) ist also bei natürl Personen, der OHG und der KG, soweit ein persönlich haftender Gesellschafter eine natürliche Person ist, **Zahlungsunfähigkeit;** beim Gesamtgut einer Gütergemeinschaft (vgl Anm 1 Abs 2) Zahlungsunfähigkeit beider Ehegatten; beim Nachlaß und beim Gesamtgut einer fortges Gütergem **Überschuldung;** bei der AktGes, der KGaA, der GmbH, den sonstigen jur Personen (abgesehen von den Erwerbs- und Wirtschaftsgenossenschaften), dem nicht rechtsfähigen Verein und der OHG und KG, bei der kein persönlich haftender Gesellschafter eine natürliche Person ist (§ 209 Abs 1 S 3 KO), sowohl Zahlungsunfähigkeit wie Überschuldung. Bei den Erwerbs- und Wirtschaftsgenossenschaften ist, sofern die Genossen keine Nachschüsse zu leisten haben, oder sich die Gesellschaft im Liquidationsstadium befindet, gleichfalls Zahlungsunfähigkeit und Überschuldung VglGrund (§ 98 Abs 1 Nr 3 GenG). Ist die Genossenschaft nicht aufgelöst und besteht eine Nachschußpflicht der Genossen, so ist nach dem Umfang der Haftpflicht zu unterscheiden.

§ 2

Besteht unbeschränkte Haftpflicht, so ist Zahlungsunfähigkeit erforderlich § 98 Abs 1 Nr 1; besteht eine beschränkte Haftpflicht, genügt auch Überschuldung, wenn die Überschuldung ¼ des Betrages der Haftsummen aller Genossen übersteigt § 98 Abs 1 Nr 2.

Zahlungsunfähigkeit ist das auf dem Mangel an Zahlungsmitteln beruhende andauernde Unvermögen des Schuldners, seine sofort zu erfüllenden Geldschulden noch im wesentlichen zu berichtigen, RG **50**, 41; erg vgl die Hinw in Bem 2 zu KO § 102. – Wichtigste Erscheinungsform der Zahlungsunfähigkeit (nicht jedoch selbst Vergleichsgrund) ist die Zahlungseinstellung; Näheres dazu in Bem 5 zu KO § 30. Die Zahlungsunfähigkeit kann sich aber, auch unabhängig von Zahlungseinstellung, aus besonderen Umständen, insbes aus Schleuderverkäufen, oder aber unmittelbar aus den Geschäftsunterlagen ergeben.

Überschuldung ist das Überwiegen der Passiven über die Aktiven. Trotz Überschuldung kann Zahlungsfähigkeit vorliegen, zB bei hinreichendem Kredit.

Der VglGrund muß im **Zeitpunkt** der Entsch über den EröffAntrag vorliegen.

5) Durch Stellung des Antrages auf Eröff des gerichtl VglVerf genügt der Schuldner einer ihm gesetzl obliegenden **Pflicht zur Stellung des Konkursantrages.** Zu dieser Pflicht vgl im einzelnen KO § 103 Bem 3. – Der Antrag auf Eröffnung des VglVerfahrens über das Vermögen eines Kreditinstituts, das der Beaufsichtigung nach Maßgabe des Gesetzes über das Kreditwesen unterliegt und nicht Bausparkasse ist, kann aber gemäß § 112 Abs 2 nur mit Zustimmung des Bundesaufsichtsamtes gestellt werden. – Kein Vergleichsverfahren findet statt bei Versicherungsunternehmungen und Bausparkassen, § 112 Abs 1.

6) Sachlich zuständig für die Eröff des VglVerfahrens ist das Amtsgericht; vgl § 115 VglO, §§ 71 I, 72 KO, § 22 GVG.

Örtlich zuständig ist nach § 2 I S 1 VglO in Vbdg mit KO § 71 das Amtsgericht, bei welchem der VglSchuldner seine gewerbl Niederlassung oder in Ermangelung einer solchen seinen allgemeinen Gerichtsstand hat. Dieses Amtsgericht ist das **Vergleichsgericht.** – Die örtl Zuständigkeit wird also bestimmt durch die gewerbl Niederlassung des VglSchuldners zur Zeit des VglAntrages. **Gewerbl Niederlassung** ist nur die Hauptniederlassung, der Mittelpunkt des wirtschaftl Daseins für den Verkehr nach außen; nicht auch eine Zweigniederlassung mit selbständigem Geschäftsbetrieb, nicht auch die dem inneren Geschäftsgang dienende Stelle (zB der Fabrikbetrieb). Eintragung in das Handelsregister ist weder erforderlich noch ausreichend, Bley-Mohrbutter, Anm. 40; diese begründet allenfalls die Vermutung, daß die gewerbliche Niederlassung sich am eingetragenen Sitz befindet; Kuhn-Uhlenbruck, § 71, 3. Allein der Wohnsitz des organschaftlichen Vertreters ist nicht bestimmend für die gewerbliche Niederlassung a.a.O. 3a; hat jedoch die Gesellschaft ihren Betrieb am eingetragenen Sitz eingestellt, ihre Geschäftsräume aufgegeben und hat der Geschäftsführer die Geschäftsbücher und Unterlagen an seinen Wohnsitz mitgenommen, so ist dieser auch Ort der gewerblichen Niederlassung der Gesellschaft. – In Ermangelg einer

Eröffnungsantrag. Vergleichsvorschlag § 2

gewerbl Niederlassung wird die örtl Zuständigkeit durch den **allgemeinen Gerichtsstand** des Schuldners (ZPO §§ 13 ff) bestimmt. – Durch Verlegung der gewerbl Niederlassung oder des Wohnsitzes vor Stellung des VglAntrags kann ein Schuldner also uU auf den Gerichtsstand für das VglVerf Einfluß nehmen; dazu Skrotzki KTS **60,** 71. – Besondere Zuständigkeitsvorschriften bestehen für das VglVerf über einen Nachlaß und über das Gesamtgut einer fortgesetzten Gütergemeinschaft; vgl Bem 2 zu § 113, Bem 5 zu § 114.

Die Zuständigkeit ist eine **ausschließliche.** Prüfung von Amts wegen. Bei Unzuständigkeit auf Antrag Verweisung an das zuständige Gericht, dazu RG **121,** 21 f; **131,** 200. Fehlt dahingehender Antrag, so ist Stellung eines solchen anzuregen. Wird der Antrag nicht gestellt, so ist die Eröff des VglVerf wegen Unzuständigkeit abzulehnen. – Bei Verweisung gilt der VglAntrag bereits mit Eingang desselben bei dem unzuständigen Gericht als gestellt, RG **131,** 201. – Der Verweisungsbeschluß bindet das angewiesene Gericht.

Eröff des Verf heilt Zuständigkeitsmängel (entspr Anw des ZPO § 512 a, Bley-Mohrbutter 45).

Sind **mehrere Gerichte örtl zuständig** (möglich, wenn Schuldner keine gewerbl Niederlassung, aber doppelten Wohnsitz hat, und beim VglVerf über das Gesamtgut einer Gütergemeinschaft – vgl Anm 1 Abs 2 –, wenn Ehegatten verschiedenen Wohnsitz haben), so ist von diesen Gerichten das Amtsgericht zuständig, bei welchem der VglAntrag zuerst gestellt wird. Dieses Gericht bleibt zuständig auch bei Wohnsitzwechsel des Schuldners vor Eröff des Verfahrens.

6a) Nach KO § 71 Abs 3 sind die Landesregierungen ermächtigt, durch Rechtsverordnung die Konkurssachen einem Amtsgericht für die Bezirke mehrerer Amtsgerichte zuzuweisen, sofern die Zusammenfassung für eine sachdienliche Förderung und schnellere Erledigung der Verfahren erforderlich ist. Die Landesregierungen können die Ermächtigung auf die Landesjustizverwaltungen übertragen. Diese Vorschr ermöglicht, da das für die Konkurseröffnung zuständige Gericht auch das Vergleichsgericht ist (§ 2 I S 1), zugleich eine **Konzentration der Vergleichssachen** bei einem Amtsgericht für die Bezirke mehrerer Amtsgerichte.

6b) Durch Rechtspflegergesetz vom 5. 11. 1969 – RpflG – § 3 Nr 2 Buchst f sind die Verfahren nach der VglO grundsätzlich dem **Rechtspfleger** übertragen. Nach § 19 I dieses Gesetzes bleibt jedoch dem Richter das Verf über den Antrag auf Eröff des VglVerfahrens unter Einschluß dieser Entsch und der Ernennung des VglVerwalters vorbehalten. Darüber hinaus kann sich nach § 19 III RpflG der Richter das Verf ganz oder teilweise vorbehalten, wenn er dies für geboten hält. Hält er den Vorbehalt nicht mehr für erforderlich, kann er das Verf dem Rechtspfleger übertragen, RpflG § 19 III S 2. Auch nach der Übertragung kann er das Verf wieder an sich ziehen, wenn und solange er dies für geboten hält.

Die Entscheidung über die Eröff des Konkurses nach § 80 I, § 96 V, VI und § 101 VglO (Anschlußkonkurs) fällt, sofern die Entsch von Amts

11

§ 2

wegen zu treffen ist, ebenfalls in den Zuständigkeitsbereich des Rechtspflegers. § 18 I RpflG, wonach im Verf nach der Konkursordnung dem Richter das Verf bis zur Entsch über den EröffAntrag vorbehalten bleibt, gilt für diese Fälle nicht, § 19 II RpflG. Vgl Mohrbutter/Drischler NJW 71, 361 f.

Die Übertragung der Verf nach der VglO auf den Rechtspfleger berechtigt und verpflichtet ihn nach § 4 I RpflG, alle Maßnahmen zu treffen, die zur Erledigung der Verf erforderlich sind, soweit es sich nicht um Geschäfte handelt, zu deren Vornahme er nach § 4 II nicht befugt ist oder die nach §§ 5, 6 RpflG vom Richter zu bearbeiten sind.

7) § 2 Abs II. Konkursantrag eines Gläub hindert den Schuldner nicht, die Eröff des VglVerf zu beantragen. Der VglAntrag kann bis zur Eröff des Konkursverf gestellt werden. Näh dazu § 46 Anm 1.

8) Während eines bestehenden VglVerf kann, da mit der Eröff des VglVerf eine Vermögenssonderung nicht eintritt, über dasselbe Vermögen **kein zweites VglVerf** eröffnet werden.

9) Bei dem vom Schuldner zu stellenden VglAntrag ist der **Betriebsrat** nicht beteiligt; h. M. z. B. Brill in Insolvenz- und Zwangsvollstreckungsrecht, Schriften zur Arbeitsrechts-Blattei S. 93 f, a. A. Uhlenbruck KTS **73**, 87. Ist jedoch nach BetrVG 1972 § 106 ein **Wirtschaftsausschuß** gebildet, so ist der Unternehmer – wie aus BetrVG 1972 § 106 II, III 1 und 6 gefolgert werden muß – verpflichtet, den Wirtschaftsausschuß so rechtzeitig über ein bevorstehendes Insolvenzverfahren zu unterrichten, daß dieser seine Bedenken und Gegenvorschläge noch anbringen kann, Gaul KTS **55**, 181 (zu BetrVG aF § 67 III c und e). Erfüllung dieser Verpflichtung ist jedoch nicht Wirksamkeitsvoraussetzung des VglAntrags, Gaul aaO.

10) Der InlandsVgl erfaßt auch das Auslandsvermögen, wenn der Sch im Inland einen allg Gerichtsstand hat (ZPO §§ 13–19). Das Universalitätsprinzip folgt aus KO § 1; vgl dazu Böhle-Stamschräder/Kilger KO § 1, 1 Ba; Hanisch, Auslandsvermögen des Sch im Insolvenzverfahren und vice versa, Festschrift 139 ff; ders KTS **78**, 193 ff; Lüer KTS **78**, 200 ff mit zahlr Hinw; Bley-Mohrbutter § 2, 61; Jürgen Schmidt, System des deutschen internationalen Rechts, 1972, S 142; Jäger-Jahr §§ 237, 238, 85 ff; so jetzt auch der BGH in der grundsätzlichen Entscheidung vom 13. 7. 1983 zum internationalen Konkursrecht BGH **88**, 147 = LM KO § 3 Nr 4 (Anm Merz) = NJW **83**, 2147 = MDR **83**, 930 = JZ **83**, 898 = BB **84**, 437 = Betr **83**, 1973 = WM **83**, 858 = ZIP **83**, 961; dazu Hanisch „Deutsches internationales Insolvenzrecht in Bewegung", ZIP **83**, 1289; Pielorz, IPPrax **84**, 241. Daher ist in der Vermögensübersicht, § 5, auch das Auslandsvermögen aufzuführen. Da dem VglVerw – im Gegensatz zum KVerw (Böhle-Stamschräder/Kilger KO §§ 1, 1B b; 117,2) – die Verwaltungs- und Verwertungsbefugnis fehlt, ist der VglSch zur Realisierung des Auslandsvermögens verpflichtet. Unterläßt der VglSch dies, so entspricht sein VglVorschlag nicht seiner Vermögenslage; das VglVerf ist nach § 18 Nr. 3 unzulässig. – Dem Universalitätsprinzip entspr § 37, der jede Art der Schlechterstellung ausländischer Gl verbietet; eine Besserstellung ist nur unter den Voraussetzungen des § 8 II zulässig.

Eröffnungsantrag. Vergleichsvorschlag **§ 2**

Das Universalitätsprinzip wird hinsichtl des Auslandsvermögens durch die betr ausländ Rechtsordnung begrenzt. Demzufolge können nach dem ausländ Recht ZwangsvollstrMaßnahmen in- und ausländ Gl zulässig sein, so daß ein Gl seine ganze, noch nicht getilgte Fdg im Ausland beitreiben kann. Gleichwohl fällt diese Auslandszwangsvollstr ebenso unter das Vollstreckungsverbot des § 47 wie die Auslandszwangsvollstr im K unter § 14 fällt. Hierzu ausführl Böhle-Stamschräder/Kilger KO § 14, 2a mit weit Hinw. Der gegenteiligen Auffassung des OLG Köln, KTS **78**, 249 m Anm von Kalter treten Hanisch KTS **78**, 193 und Lüer KTS **78**, 200 mit guten Gründen entgegen. Nach Hanisch, Festschrift S 158, besteht gegen den VollstreckungsGl ein Bereicherungs-Anspr als Eingriffskondiktion nach BGB § 812; die Richtigkeit dieser Auffassung folgt auch aus KO § 56, der als Unterfall des KO § 55 auch im VglVerf nach § 54 gilt. **Diese Auffassung** ist nunmehr **vom BGH** unter Aufgabe der Rspr des RG **bestätigt** worden, BGH **88**, 147 = LM KO § 3 Nr 4 (Anm Merz) = NJW **83**, 2147 = MDR **83**, 930 = JZ **83**, 898 = BB **84**, 437 = Betr **83** 1973 = WM **83**, 858 = ZIP **83**, 961; dazu Hanisch, ZIP **83**, 1289; Pielorz, IPPrax **84**, 241.

Ob und inwieweit ein bestätigter Vgl, §§ 78, 82, Wirkungen gegenüber ausländ VglGl entfaltet, richtet sich entweder nach Staatsverträgen oder nach der ausländ Rechtsordnung; vgl hierzu Hanisch in International Bar Association, ,,Proceedings Of The Seminar On Extraterritorial Problems In Insolvency Proceedings", 12.2 ff. – Die Entscheidung RGZ 52, 155, daß ein ausländ Vgl keine Wirkung in Bezug auf die Fdg eines inländischen Gl's hat, dürfte moderner Auff nicht standhalten, vgl Böhle-Stamschräder/Kilger KO § 237; diese Zweifel sind um so begründeter, als der BGH unter Aufgabe früherer Rechtsprechung für das ausländische Konkursverf entschieden hat, daß die ausländische K-Eröff das inländische Vermögen des Schuldners – zwar nicht schrankenlos – erfaßt, BGH 95, 256 = LM KO § 237 Nr 4 m Anm Merz = NJW **85**, 2897 = MDR **85**, 1021 = JZ **86**, 91 m Anm Lüderitz = BB **85**, 2197 = Betr **85**, 2187 = WM **85**, 1004 = ZIP **85**, 944 dazu Buchner = Rpfleger **85**, 412 = ZIP **85**, 1233 dazu Hanisch = JuS **86**, 68 dazu Hohloch.

11) Die zwischenstaatlichen Beziehungen auf dem Gebiete des Konkurs- und Vergleichs-(Ausgleichs-)Rechts sind durch **Vertrag zwischen der Bundesrepublik und der Republik Österreich vom 25. 5. 79.** (BGBl 1985, II S 410) geregelt worden. Dazu hat die Bundesrepublik das „Ausführungsgesetz zum deutsch-österreichischen Konkursvertrag vom 8. 3. 1985 (BGBl 1983, I S 535) erlassen; dieses Gesetz ist am 1. 7. 1985 in Kraft getreten (BGBl 1985, I S 78). Der Vertrag und das Ausführungsgesetz sind von Arnold ausführlich dargestellt worden in KTS **85**, 385.

§ 3

1. Abschnitt

Inhalt des Eröffnungsantrags

3 ^I Der Antrag muß den Vergleichsvorschlag enthalten und ergeben, ob und wie die Erfüllung des Vergleichs sichergestellt werden soll.

^{II} In dem Antrag hat der Schuldner anzugeben:

1. ob und wann er innerhalb der letzten fünf Jahre vor dem Tage des Antrags sich mit seinen Gläubigern außergerichtlich verglichen hat;
2. ob und wann innerhalb derselben Frist im Inlande ein Konkursverfahren oder ein Vergleichsverfahren über sein Vermögen rechtskräftig eröffnet oder die Eröffnung eines dieser Verfahren mangels Masse rechtskräftig abgelehnt worden ist;
3. ob, wann und mit welchem Ergebnis er innerhalb derselben Frist im Inlande in einem Zwangsvollstreckungsverfahren wegen einer Geldforderung zur Abgabe einer eidesstattlichen Versicherung geladen worden ist;
4. wann und wo er geboren ist.

^{III} In den Fällen des Absatzes 2 Nr. 2 und 3 ist das Gericht anzugeben, bei dem das Verfahren anhängig ist oder anhängig gewesen ist.

^{IV} Die Richtigkeit der Angaben (Absätze 2, 3) hat der Schuldner an Eides Statt zu versichern oder durch öffentliche Urkunden nachzuweisen.

Vorbem: Fassung von Absatz II Nr 3 nach Art 2 § 7 Nr 1 des Gesetzes zur Änderung des Rechtspflegergesetzes, des Beurkundungsgesetzes und zur Umwandlung des Offenbarungseides in eine eidesstattliche Versicherung vom 27. 6. 1970 (BGBl I S 911).

1 a) § 3 bestimmt die **Inhaltserfordernisse des VglAntrags**. Der Antrag muß nach **§ 3 Abs I** einen **bestimmten VglVorschlag** (vgl § 7 Anm 1) enthalten. Es muß sich aus ihm ergeben, in welcher Höhe, wann und auf welche Weise die vom Vergleich betroffenen Gläubiger befriedigt werden sollen. Nicht erforderlich ist die ziffernmäßige Angabe der Höhe der in Aussicht gestellten Befriedigg. Es genügt Bestimmbarkeit der gebotenen Quote auf Grund des Vorschlags, Kiesow 11 zu § 15; Näheres in Bem zu §§ 7–9. Sieht der Vorschlag eine ungleiche Behandlung der Gläubiger vor, so braucht die im § 8 II geforderte Zustimmung nicht schon im EröffAntrag glaubhaft dargetan zu werden, Krieg 4. – Unzulässig ist die gleichzeitige Vorlage **mehrerer VglVorschläge,** vgl Bem 1 zu § 7. – Der Schuldner ist an den im EröffAntrag enthaltenen VglVorschlag nicht gebunden. Nachträgl **Änderung** ist zulässig bis zur Erledigg der Abstimmung über den Vergleich. Bei Änderung vor der Eröff des Verfahrens ist der neue Vorschlag der Entscheidung über die Eröff zugrunde zu legen; erforderlichenfalls also erneute Anhörung der Berufsvertretung. Zur Änderung des Vorschlages nach Eröff des Verfahrens vgl Bem zu § 76.

1 b) Die sachgemäße VerglVorbereitung, die Abfassung des Antrags und seiner Anlagen, die Information der Gläubiger und anderer Beteilig-

Eröffnungsantrag. Vergleichsvorschlag **§ 3**

ter, die Beschaffung der Zustimmungen und die Vorbereitungen der Abstimmung sind rechtlich und tatsächlich so schwierig, daß regelmäßig die Einschaltung eines **Vergleichshelfers**, idR eines auf diesem Gebiet sachkundigen Rechtsanwalts, erforderlich ist; BGHZ **28,** 344; Bley-Mohrbutter 2. Andere Vergleichshelfer, wie Wirtschaftsprüfer, Steuerberater haben RBeratungsgesetz (Schönfelder 99, 99a) zu beachten.

2) Der VglVorschlag ist seiner **Rechtsnatur** nach Vertragsantrag, Antrag auf Abschluß eines Vergleichs mit den Gläubigern. Das Vertragsangebot macht der Schuldner nicht erst (wie beim Zwangsvergleich im Konkursverfahren; vgl Bem 2 zu KO § 173) im VglTermin; es liegt bereits in dem VglVorschlag, den der VglAntrag enthält (str; wie hier Kiesow 9 vor § 5; Vogels-Nölte II 1 zu § 66; so jetzt auch Bley-Mohrbutter 7a Abs 2 zu § 8). Nur so läßt sich die Bestimmung des § 73 erklären, vgl Bem 1 zu § 73. – Der VglVorschlag kann zwar geändert und zurückgenommen werden; auch wird er nicht der GläubGemeinschaft, sondern dem VglGericht vorgelegt. Das sind jedoch Besonderheiten des VglVorschlags, welche den grundsätzl Charakter desselben als Vertragsantrag nicht berühren.

Als Vertragsantrag ist der VglVorschlag **rechtsgeschäftl Willenserklärung** (Bley-Mohrbutter 7a Abs 2). Die für Willenserklärungen maßgebl Bestimmungen des materiellen Rechts finden grundsätzlich Anwendung. Doch ist zu beachten, daß § 89 für die Zeit nach Bestätigg des Vergleichs eine Anfechtung nach Maßg der BGB §§ 119ff und die Berufung auf eine Unwirksamkeit nach BGB § 779 ausschließt, Kiesow 10 vor § 5 (vgl auch Anm 6 zu § 78).

3) Der EröffAntrag muß ergeben, **ob und ggfls wie** die Erfüllung des Vergleichs sichergestellt werden soll. Ungesicherte Vergleiche sind also zulässig und kommen in der Praxis häufig vor; dazu Renger KuT **38,** 50. Sicherstellung ist zusätzl Leistung. Ist dieselbe beabsichtigt, so muß das „**Wie**" der Sicherung eindeutig bekanntgegeben werden. Häufig vorkommende **Sicherungsarten** sind Stellung eines VglBürgen oder eines Mitschuldners; Verpfändung von Fahrnis und Wertpapieren, wobei dann ein Pfandhalter mit der Besitzausübung, Pfandverwertung und Erlösverteilung zu betrauen ist; Eintragung einer Sicherungshypothek (vgl Bem zu § 93); Eigentumsvormerkung zugunsten des mit der Verwertung des Grundbesitzes betrauten Treuhänders (RG **127,** 373); Sicherungsübereignung und Sicherungsabtretung; Überlassung des Vermögens ganz oder teilweise an die Gläubiger zur eigenen Verwertung gegen Erlaß der durch die Verwertung nicht gedeckten Forderungsteile (Liquidationsvergleich, dazu § 7 Bem 3). – Wirtschaftlich gesehen sind solche Sicherungen zu bevorzugen, welche nicht aus dem Vermögen des Schuldners stammen; dazu Renger KuT **38,** 50. Nur diese haben den Wert einer zusätzl Sicherheit.

Eingehend zu diesen Fragen: Kleemeyer, Die Sicherstellung der Vergleichserfüllung durch Dritte im gerichtlichen Vergleichsverfahren, Diss. Tübingen 1972 und Mohrbutter KTS **70,** 116ff.

4) Die im **§ 3 Abs II** geforderten Angaben sollen dem Gericht die Entscheidung über die Eröff des Verfahrens im Hinblick auf die Ableh-

§ 3

nungsgründe der §§ 17 Nrn 3–5, 18 Nr 4 sowie im Hinblick auf die Aussichten der VglErfüllung ermöglichen. – Zu beachten ist, daß **§ 3 II Nr 1** nur die Angabe eines wirklich zustande gekommenen Vergleichs erfordert (nach Bley-Mohrbutter 21 a muß mit Rücksicht auf den Gesetzeszweck uU auch das Scheitern eines außergerichtl Vergleichs, insbes eines solchen unmittelb vor dem Vergleichsantrag, angegeben werden), daß zu § 3 II Nr 3 eine Ladung zur Abgabe einer eidesstattl Versicherung auch dann anzugeben ist, wenn es nicht zur Abgabe der Versicherung gekommen ist. Der Ladung zur Abgabe der eidesstattl Versicherung steht die nach bisherigem Recht erfolgte Ladung zur Abgabe des Offenbarungseides gleich, Art 2 § 15 Abs 3 des Gesetzes vom 27. 6. 1970 (BGBl I S 911). In Frage kommen aber nur Verfahren wegen einer Geldforderung gegenüber dem Gericht nach ZPO § 807 oder gegenüber einer VerwBehörde, etwa nach AO 77 § 315. – **§ 3 II Nr 4** soll die Einforderung eines Strafregisterauszugs ermöglichen.

5) § 3 Abs IV erfordert den **Nachweis** der Angaben nach Abs II und III durch öfftl Urkunden oder die Versicherung der Richtigkeit der Angaben an Eides Statt. Zu den strafrechtl Folgen einer unrichtigen eidesstattl Versicherung vgl StGB §§ 156, 163; zu den Folgen einer Verurteilung wegen vorsätzl falscher Versicherung im Hinblick auf einen abgeschlossenen Vergleich vgl § 88.

6) Zur **Ergänzung unvollständiger Angaben** vgl § 10 mit Anm.

7) Der Wortlaut des § 3 bezeichnet als Inhaltserfordernisse des VglAntrags lediglich den VglVorschlag, Angaben bzgl der Sicherung und (nach § 3 II) Angaben im Hinblick auf die Ablehnungsgründe der § 17 Nrn 3–5, § 18 Nr 4. Das **Erfordernis einer** (auch über den Inhalt der dem VglAntrag nach § 4 beizufügenden Anlagen hinausgehenden) **besonderen Begründung** kann sich aber im Hinblick auf die VglFähigkeit, den VglGrund und die Ablehnungsgründe des § 18 Nrn 1–3 ergeben.

Im Hinblick auf § 18 sollte der VglAntrag regelmäßig auch enthalten:
a) eine Darlegg der **Gründe, welche zur Zahlungsunfähigk** (bzw Überschuldung) **geführt haben.** Anzugeben ist dabei, wann erstmals Zahlungsschwierigkeiten aufgetreten sind (zB Klagen, Pfändungen, Wechselproteste, Kündigg des Bankkredits) sowie wann endgültig die Zahlungen im wesentlichen eingestellt wurden;
b) eine **Rechtfertigung des VglVorschlags** unter Berücksichtigung der Vermögenslage des Schuldners;
c) Darlegungen über die **Art und** den **Umfang der beabsichtigten Weiterführung des Unternehmens,** insbes über eingeleitete und beabsichtigte Einsparungs- und Umstellungsmaßnahmen, frühere und vorgesehene Beschäftigtenzahl, Veräußerungsmöglichkeit von Anlage- und Umlaufvermögen bei etwa verkleinertem Betrieb, vorliegenden Auftragsbestand. (Ergänzend vgl Weiß BB **52,** 297 f; ferner das Anh 5 abgedruckte Merkblatt für VglAnträge).

8) Muster eines schriftlichen Antrags auf Eröff des gerichtl VglVerf bei Mohrbutter-Haarmann S 327 ff und eines zum Protokoll der Geschäftsstelle des Amtsgerichts gestellten VglAntrags bei Selack-Bauer F III 200.

Eröffnungsantrag. Vergleichsvorschlag § 4

Anlagen des Eröffnungsantrags

4 ^I Dem Antrag sind beizufügen:

1. eine Übersicht des Vermögensstandes des Schuldners (§ 5);
2. je ein Verzeichnis der Gläubiger und der Schuldner unter Angabe der einzelnen Forderungen und Schulden (§ 6);
3. eine Erklärung des Schuldners darüber,
   a) ob innerhalb des letzten Jahres vor dem Tage des Antrags zwischen ihm und seinem Ehegatten vor oder während der Ehe oder einem sonstigen nahen Angehörigen (Absatz 2) eine Vermögensauseinandersetzung stattgefunden hat, sowie darüber,
   b) ob und welche Verfügungen über Vermögensgegenstände er innerhalb der letzten zwei Jahre vor dem Tage des Antrags zugunsten seines Ehegatten vor oder während der Ehe oder eines sonstigen nahen Angehörigen vorgenommen hat; Verfügungen, die ausschließlich gebräuchliche Gelegenheitsgeschenke zum Gegenstand hatten, bleiben außer Betracht;
4. wenn für die Erfüllung des Vergleichs Sicherheit geleistet werden soll, die genaue Bezeichnung der Sicherheiten und, wenn die Sicherheit in einer Bürgschaft besteht, die Bürgschaftserklärung;
5. die Erklärung des Schuldners, daß er bereit sei, die im § 69 Abs. 2 vorgesehene eidesstattliche Versicherung abzugeben.

^{II} Als nahe Angehörige sind anzusehen:

1. der Ehegatte des Schuldners,
2. die Verwandten auf- und absteigender Linie des Schuldners oder seines Ehegatten,
3. die voll- und halbbürtigen Geschwister des Schuldners oder seines Ehegatten,
4. die Ehegatten der unter Nummern 2 und 3 bezeichneten Personen.

^{III} Der Antrag und seine Anlagen sind in zwei Stücken vorzulegen.

Vorbem: § 4 Abs 1 Nr 5 ist neu gefaßt. Die Änderung der Vorschrift ist zwar im Gesetz nicht ausdrücklich bestimmt. Sie ergibt sich aber aus dem Zusammenhang der Vorschrift mit Art 2 § 7 Nr 3 des Gesetzes vom 27. 6. 1970 (BGBl I S. 911) betr die Änderung des § 69 Abs 2 VglO (Umwandlung des Eides in eine eidesstattliche Versicherung) und entspricht dem Sinn des § 15 dieses Gesetzes. Vgl Bley-Mohrbutter 15 zu § 5; Schönfelder, Textsammlung deutscher Gesetze, 109 Vergleichsordnung, Fußnote zu VglO § 4;

1) Nach § 4 Abs I Nrn 1 und 2 sind dem EröffnAntrag eine **Vermögensübersicht** sowie ein **Gläubiger- und Schuldnerverzeichnis** beizufügen. Über den notwendigen Inhalt dieser Anlagen verhalten sich die §§ 5, 6.

2) § 4 Abs I Nr 3a verlangt als Anlage zum EröffAntrag eine Erklärung darüber, ob innerhalb des letzten Jahres vor dem Tage, an welchem der EröffAntrag bei Gericht eingeht, zwischen dem Schuldner und einem nahen Angehörigen eine Vermögensauseinandersetzung stattgefunden hat. – **Vermögensauseinandersetzung** kommt in Frage, wenn eine Rechtsgemeinschaft (Gesellschaft des bürgerl Rechts, OHG, Bruchteils-

§ 4

gemeinschaft, Erbengemeinschaft, allgem Gütergem) bestanden hat und aufgelöst oder geändert ist. Auflösung und Änderung müssen dabei auf dem rechtsgeschäftlichen Willen des Schuldners beruhen; vgl Bley-Mohrbutter 11; Brüggemann FamRZ **72**, 415f (Gewährung des vorzeitigen Erbausgleichs nach § 1934d BGB fällt nicht unter § 4 I 3a VglO, möglicherweise aber unter § 4 I 3b). – Die Vermögensauseinandersetzung iS des § 4 I 3a umfaßt alle rechtsgeschäftl Akte, welche der Vorbereitung der Auseinandersetzung dienen (vorweggenommene Auseinandersetzung, zB unter späteren Miterben), den eigentl Auseinandersetzungsvertrag und die in Vollzug dieses Vertrages bewirkten Erfüllungshandlungen. Unerheblich ist, ob bei der Auseinandersetzung der VglSchuldner der gebende oder der empfangende Teil war. – Die Vermögensauseinandersetzung muß **innerhalb des letzten Jahres** vor dem Tage, an welchem der VglAntrag bei Gericht eingeht, stattgefunden haben. Das ist der Fall, wenn auch nur ein zu der Auseinandersetzung gehörendes Rechtsgeschäft (etwa in Vollzug eines zeitl früheren Auseinandersetzungsvertrages) innerhalb des letzten Jahres vorgenommen wurde. – Die Auseinandersetzung muß stattgefunden haben entweder

a) zwischen dem Schuldner und seinem Ehegatten vor oder während der Ehe. Es genügt also, wenn bei Stellung des VglAntrags die Ehe zustandegekommen ist. Andererseits ist die Vorschrift nicht anwendbar, wenn bei der Auseinandersetzung die Ehe bereits rechtskräftig geschieden war. Nichtige und anfechtbare Ehe gilt als Ehe iS des § 4 I 3a (sofern die Ehe nicht bereits rechtskräftig für nichtig erklärt ist); oder

b) zwischen dem Schuldner und einem sonstigen nahen Angehörigen. Dazu gehören:
  aa) die **Verwandten auf- und absteigender Linie** des Schuldners sowie die **voll- und halbbürtigen Geschwister** des Schuldners;
  bb) die Verwandten auf- und absteigender Linie sowie die voll- und halbbürtigen Geschwister des Ehegatten des Schuldners. Nicht erforderlich ist, daß zur Zeit der Auseinandersetzung die Ehe des Schuldners noch bestand, wenn sie nur vorher bestanden hat; Bley-Mohrbutter 8c;
  cc) **die Ehegatten der zu 2b aa und bb bezeichneten Personen** (§ 4 II 2–4). – Die Ehe dieser Ehegatten muß zur Zeit der Auseinandersetzung noch bestanden haben; Bley-Mohrbutter 8c mit Hinweis auf RG **63**, 96; Böhle-Stamschröder/Kilger § 31, 11, Kuhn-Uhlenbruck § 31, 21.

Im VglVerfahren über eine **OHG** gelten die nahen Angehörigen eines Gesellschafters, auch wenn dieser nicht vertretungsberechtigt ist, als nahe Angehörige der OHG iS des § 4 II; vgl BGH **34**, 297 – zur konkursrechtl Anfechtbarkeit –; auch Lent KTS **58**, 129, 130; Bley-Mohrbutter 8d. Im VglVerfahren über eine **KG** gelten dementsprechend die nahen Angehörigen der persönlich haftenden Gesellschafter als nahe Angehörige der KG. Im VglVerfahren über eine **GmbH** gelten (nach positiver Gesetzesvorschrift; § 108 II VglO) die Gesellschafter und deren nahe Angehörige als nahe Angehörige der Gesellschaft iS des § 4 II (zu der Frage, ob

Eröffnungsantrag. Vergleichsvorschlag **§ 4**

Entsprechendes auch für den GmbH-**Konkurs** gilt, vgl BGH KTS **72**, 171; Kalter KTS **55**, 60; Plander GmbH-Rundschau **72**, 121).

3) § 4 Abs I Nr 3 b fordert als Anlage zum EröffAntrag eine Erklärung über Verfügungen, welche der Schuldner innerhalb der letzten 2 Jahre vor dem Tage, an welchem der VglAntrag bei Gericht eingeht, zugunsten eines nahen Angehörigen vorgenommen hat. – **Verfügungen** zugunsten eines nahen Angehörigen sind Rechtshandlungen, welche einen unmittelbaren Rechtserwerb dieser Personen zur Folge haben, zB Erwerb des Eigentums, einer Forderung, eines beschränkten dinglichen Rechts, Befreiung von einer Schuld. – § 4 I 3 b umfaßt **entgeltl, unentgeltl und gemischte Verfügungen.** Ausgenommen sind Verfügungen, welche gebräuchliche Gelegenheitsgeschenke zum Gegenstand haben. Der letztgenannte Begriff ist relativ; entscheidend ist, was verständige Wirtschafter in der Vermögenslage, in welcher sich der nachmalige VglSchuldner zur Zeit der Zuwendung befand, für Geschenke an Personen, zu denen sie in gleicher Beziehung standen, bei gleichem Anlaß aufzuwenden pflegten. Spätere Vermögenslage des Schuldners ist nur bei Voraussehbarkeit zu berücksichtigen, RG **124**, 60. Was für gebräuchl Gelegenheitsgeschenke gilt, gilt auch für Zuwendungen, durch welche einer sittl Pflicht oder einer auf den Anstand zu nehmenden Rücksicht entsprochen wird; vgl Bem 4 zu KO § 32. – § 4 I 3 b bezieht sich nur auf Verfügungen des Schuldners **zugunsten seines Ehegatten vor oder während der Ehe oder eines sonstigen nahen Angehörigen.** Es gelten entsprechend Bem 2a und b. Zu beachten ist jedoch, daß hier nur Vfgen in Frage kommen, bei denen der Schuldner der gebende Teil war. – Zu § 4 I 3 b noch Brüggemann FamRZ **72**, 415 f betr den vorzeitigen Erbausgleich nach § 1934 d BGB.

4) Für die **Berechnung der im § 4 genannten Fristen** gelten die BGB §§ 187 I, 188 II und III. Nicht anwendbar ist BGB § 193.

5) Zu **§ 4 Abs I Nr 4.** Bei beabsichtigter Sicherstellung der VglErfüllung ist die **genaue Bezeichnung der Sicherheiten** erforderlich. Die Bezeichnung muß so bestimmt sein, daß den Gläubigern eine Nachprüfung mögl ist. So ist bei hypothekarischer Sicherung Angabe des Grundbuchblattes und der vorgehenden Belastungen erforderlich. Bei beabsichtigter Pfandbestellung genaue Angaben über Art und Wert der Gegenstände. Bei beabsichtigter Sicherung durch **Bürgschaft** ist in jedem Falle die schriftliche Bürgschaftserklärung beizufügen. Das gilt auch, wenn der Bürge Vollkaufmann ist. Die Bürgschaftserklärung ist bindendes Vertragsangebot, Kiesow 31 zu § 16; Vogels-Nölte II 2 zu § 66; Bohnenberg DRiZ **50**, 284 mit weit Hinw (vgl auch Bley-Mohrbutter 7c zu § 8). Als Teil des VglVorschlags richtet sie sich an die VglGläub. Sie ist nach BGB § 145 unwiderruflich. Anfechtung nach Maßg der BGB §§ 119 ff ist bis zur Bestätigung des Vergleichs zulässig, Vogels-Nölte aaO; Bohnenberg aaO. Zur Frage der Heilung von weiteren Willens- und Verfahrensmängeln durch die Bestätigung des Vergleichs vgl Bem 6 Abs 2 zu § 78. – Beschränkte Bürgschaftsübernahme ist zulässig. Die nicht voll verbürgten Vergleiche lassen sich in drei Gruppen einteilen: a) in solche mit Verbürgung bestimmter Raten, gewöhnlich der letzten, b) in solche mit

§ 5

summenmäßig begrenzten Bürgschaften, c) in solche, bei denen die Bürgsch zeitl befristet oder mit Bedinggen behaftet ist, auf deren Eintreten oder Ausbleiben der Gläub keinen Einfluß hat. Im einzelnen vgl dazu Bohnenberg DRiZ **50**, 283 ff; Künne KuT **32**, 105; **34**, 67. Ist das Bürgschaftsversprechen mehrdeutig, so hat der VglRichter auf eine eindeutige Fassg hinzuwirken; dazu Vogels-Nölte II 5c (m Hinw). – Auch eine unbeschränkte **Bürgschaft gilt iZw nur für einen Vergleich nach Maßgabe des Vorschlags, dem die Bürgschaftserklärung beigefügt ist.** Bei späterer Erhöhung der VglQuote durch den Schuldner also begrenzte Bürgschaft, sofern nicht auch die Bürgschaftserklärung entsprechend ergänzt wird, Krieg 10. Bei anderweitiger Änderung des VglVorschlags ist es Frage der Auslegg, ob und in welchem Umfang sich die Bürgschaftserklärung auf den neuen Vorschlag bezieht. – Beim Wiederaufleben der alten Fdg nach Maß des § 9 bezieht sich die Bürgschaft iZw nicht auf die volle Forderung, vgl Bem 2 zu § 9.

Erg vgl zur Bürgschaft § 85 Anm 4 Abs 1 und 2.

6) § 4 Abs. III. Die Zweitschrift ist erforderlich zur Weitergabe an die nach § 14 zu hörende Berufsvertretung. Bei Genossenschaften ist Einreichung einer weiteren Abschrift zur Weitergabe an den Prüfungsverband erforderlich, § 111 Nrn 2, 3. Entsprechendes muß gelten, wenn der Schuldner mehreren Berufsgruppen angehört und demzufolge mehrere Berufsvertretungen sich äußern müssen.

Vermögensübersicht. Bilanz

5 ^{I} **In der Übersicht des Vermögensstandes (§ 4 Abs. 1 Nr. 1) müssen sämtliche Vermögensgegenstände (Aktiven) und Verbindlichkeiten (Passiven) einzeln unter Angabe ihres Betrags oder Wertes angeführt und einander gegenübergestellt werden. Uneinbringliche oder zweifelhafte Aktiven sind als solche kenntlich zu machen. Bei Grundstücken und eingetragenen Schiffen und Schiffsbauwerken, die zu den Aktiven gehören, sind ihre Grundbuchblätter oder Registerblätter anzugeben.**

^{II} **Ist der Schuldner nach Handelsrecht verpflichtet, Bücher zu führen, so hat er die Bilanzen und nach Möglichkeit die Gewinn- und Verlustrechnungen vorzulegen; betreibt er sein Geschäft länger als drei Jahre, so genügt die Vorlage der Bilanzen und der Gewinn- und Verlustrechnungen über die letzten drei Jahre.**

1) Der VglSchuldner ist zur Einreichung einer **Übersicht des Vermögensstandes,** in der alle Aktiven und Passiven einzeln unter Angabe ihres Wertes aufgeführt und einander gegenübergestellt sind, verpflichtet. Diese Vermögensübersicht wird auch **VglBilanz** (vgl. Merkblatt für gerichtliche Vergleichsanträge I 10 nebst dem Musterbeispiel, Anh 5) genannt. Doch handelt es sich nicht um eine eigentliche Bilanz mit einer Saldierung, bei der die Gewinnermittlung im Vordergrunde steht, sondern um eine Zeitpunktdarstellung der Gesamtvermögenssituation, die in besonderer Spalte **darstellen muß, an welchen Vermögensgegenständen** Gläubigern wegen ihrer Forderungen oder Dritten **Sicherheiten**

Eröffnungsantrag. Vergleichsvorschlag § 5

(z. B. Grundpfandrechte, Sicherungsübereignungen, Eigentumsvorbehalte u. a.) **bestehen**. – Die **GmbH, GmbH & Co.** oder **AG** müssen gesondert **von Gesellschaftern gewährte Darlehen ausweisen**; vgl. § 108 Anm 3b; § 109 Anm 7. Es wird aber vielfach zweckdienlich sein, der Aufstellung durch Summierung und Ausgleich der Seiten die Form einer Bilanz zu geben. – Zu Begriff, Zweck und Wesen der VglBilanz sowie zu ihrem Aussagewert eing Knorr KTS **55**, 12 ff, 20 ff, der in einer weiteren Abhandlung (KTS **56**, 17 ff) als Beitrag zu den Grundsätzen einer ordnungsmäßigen Vermögensaufstellung nach § 5 Abs I sodann die Zusammenhänge zwischen VglBilanz, Handelsbilanz und Buchhaltung aufzeigt. Vgl auch Goldbeck, Dynamische Elemente in Insolvenzbilanzen. KTS **62**, 154 ff. und Bauch BB **74**, 613.

2) Zu den **Aktiven**, welche ohne Rücksicht auf Pfändbarkeit aufzuführen sind (Kiesow 9 zu §§ 16–18), gehören

a) Anlagevermögen; dazu gehören bebaute Grundstücke (Fabrik und Wohngebäude); unbebaute Grundstücke; Maschinen; Werkzeuge; Betriebs- und Geschäftsausstattung; Patente, Lizenzen, Erfindungen (auch vor Anmeldung); Gebrauchs- und Geschmacksmuster, Warenzeichen; Beteiligungen;

b) Umlaufvermögen; dazu gehören Roh-, Hilfs- und Betriebsstoffe; halbfertige Erzeugnisse; Fertigwaren; Forderungen (bei Ankauf) auf Warenlieferung; Forderungen (bei Verkauf) auf Zahlung; Wechselforderungen; Kassenbestand nebst Postscheckguthaben; Bankguthaben; sonstige Forderungen (etwa aus Darlehnshingabe);

c) bei Gesellschaften uU Einlagerückstände.

3) Zu den **Passiven** gehören ua

a) Hypotheken und andere dingl Lasten;

b) Verbindlichkeiten auf Grund von An- und Verkauf;

c) Wechselverbindlichkeiten;

d) Verbindlichkeiten gegenüber Banken;

e) andere Verbindlichkeiten (etwa aus Darlehnsaufnahme);

f) Rückstände an Steuern, rückständige Löhne und Gehälter. – Dabei ist anzugeben, auf welche Zeit sich die Rückstände beziehen.

4) Der **Einzelkaufmann** hat auch seine privaten Vermögensgegenstände (ohne Rücksicht auf deren Pfändbarkeit) und seine privaten Verbindlichkeiten aufzuführen. Anzugeben ist bei Gütergemeinschaft uU das Gesamtgut (vgl § 2 Abs 1 KO).

5) § 5 I erfordert **Einzelangabe** der Aktiven und Passiven innerhalb der jeweiligen Gruppe. Bei barem Geld, bei auf Geld gerichteten Forderungen sowie bei Zahlungsverbindlichkeiten ist der **Betrag** anzugeben; bei anderen Posten der **Wert**, der Tageswert (der idR dem gegenwärtigen Verkaufswert entspricht). Dabei ist zu erläutern, nach welchen Grundsätzen die Bewertung erfolgt ist und ob etwaige Preisänderungen berücksichtigt sind. – Bei Grundstücken ist auch der Einheitswert zu vermerken. – Bei Gegenständen, welche unter Eigentumsvorbehalt erworben sind, ist Angabe der Restschuld aus dem Grundgeschäft zu vermerken, weil diese den Wert für die Erfüllung des Vergleichs mitbestimmt. – Gegenstände, welche Dritten zur Sicherung übereignet sind, gehören

§ 5 1. Abschnitt

wirtschaftlich noch zum Vermögen des Schuldners und sind als solche mit entsprechendem Vermerk aufzuführen. – **Zur Behandlung des Sicherungsgutes in der Vermögensübersicht** (Bilanz) vgl erg Serick § 19 IV 3b und § 36 I 2 Abs 5.

Uneinbringliche und **zweifelhafte Vermögenswerte** sind – unter Angabe von Grund und Umfang der Uneinbringlichkeit und der Unsicherh – als solche zu kennzeichnen.

Bei **Grundstücken** ist das Grundbuchblatt anzugeben, auf welchem das Grundstück eingetragen ist. Entsprechendes gilt für eingetragene Schiffe. Bei eingetr Rechten und Belastungen sind gleichfalls Grundbuchbezeichnung bzw Schiffsregister zu vermerken.

Insgesamt muß das Vermögensverzeichnis klar erkennen lassen, welchen tatsächlichen Wert die Aktiven (unter Berücksichtigung der Belastungen) **für die VglErfüllung haben.** – Beispiel einer Vermögensübersicht (VglBilanz) Anhang 5; Knorr KTS **55**, 20; vgl auch Schmitz WirtschPrüfg **51**, 327; Schrader-Bauer F III 202; Bauch BB **74**, 613.

6) § 5 Abs I erfordert Angabe der Aktiven und Passiven unter **Gegenüberstellung.** Die Gegenüberstellung soll die Übersichtlichkeit erleichtern. Nicht erforderlich ist völlig getrennte Aufstellung der Aktiven und Passiven. Es genügt die Trennung innerhalb der einzelnen Vermögensgruppen, so daß etwa den Grundstücken die Grundstückslasten gegenüberstehen.

7) Ihre Ergänzung findet die VglBilanz in dem **Zahlungsplan,** der zwar gesetzlich nicht gefordert wird, aber zur Feststellung der Angemessenheit und vermutlichen Erfüllbarkeit des VglGebots von wesentl Bedeutung ist. Zu Begriff, Zweck, den Merkmalen, der technischen Aufstellung und der Überwachung des Zahlungsplans vgl Knorr KTS **55**, 81 ff.

8) **§ 5 Abs II** verpflichtet den Schuldner, sofern er nach Handelsrecht Bücher führen muß, zur Vorlage früherer (Handels-)**Bilanzen.** Gesetzlich zur Buchführung verpflichtet sind gemäß HGB § 38 Personen, die nach HGB §§ 1–3 Kaufmannseigenschaft besitzen, sowie nach HGB § 47b Sollkaufleute von dem Zeitpunkt an, von dem für sie die Pflicht zur Anmeldung in das Handelsregister besteht, (sofern es sich nicht um Kleingewerbetreibende iS des HGB § 4 I handelt), Handelsgesellschaften (HGB § 6 I) sowie Vereine, denen das Gesetz ohne Rücksicht auf den Gegenstand des Unternehmens die Eigenschaft eines Kaufmanns beilegt (HGB § 6 II); im einzelnen vgl dazu – auch zur Buchführungspflicht der Vorgesellschaft einer GmbH und einer Genossenschaft – Böhle-St KTS **57**, 20f und Dreher 20 zu StGB § 283. – Der zur Buchführung verpflichtete VglSchuldner hat nach Möglichkeit auch **Gewinn- und Verlustrechnungen** vorzulegen. Sind solche nicht vorhanden, so sind nähere Angaben über die Höhe der Unkosten zweckdienlich.

Das Gesetz fordert die Einreichung der in den letzten 3 Jahren tatsächl (gleich aus welchem Grunde) gefertigten Bilanzen und – nach Möglichkeit – der in diesem Zeitraum gefertigten Gewinn- und Verlustrechnungen. Dieselben sind grundsätzl in Urschrift vorzulegen; nur bei zweifelsfreier Übereinstimmung genügt Vorlage einer Abschrift, Kiesow 8 zu § 18.

Eröffnungsantrag. Vergleichsvorschlag **§ 6**

9) In Ergänzung der nach § 5 erforderl Angaben werden zweckmäßig auch (spezifiziert) aufgeführt **Privatentnahmen, Geschäftsführergehälter und Tantiemen** der letzten drei Jahre; ferner etwaige von dem Unternehmen gezahlte Personalsteuern, Lebensversicherungen und dgl (vgl das Anh 5 abgedruckte Merkblatt).

Gläubigerverzeichnis und Schuldnerverzeichnis

6 ⁱ In die Verzeichnisse der Gläubiger und Schuldner (§ 4 Abs. 1 Nr. 2) sind alle Gläubiger und Schuldner aufzunehmen. Bei jeder Forderung und Verbindlichkeit sind der Betrag und der Schuldgrund anzugeben. Nebenrechte, insbesondere zur Sicherung übertragenes Eigentum, Eigentumsvorbehalte, Hypotheken, Grundschulden, Schiffshypotheken, Pfandrechte und Bürgschaften sowie Ansprüche aus zur Deckung erhaltenen oder begebenen Wechseln sind zu bezeichnen; bei Forderungen sind auch die vorhandenen Beweismittel anzuführen; bei Hypotheken und Grundschulden sind die Grundbuchblätter anzugeben, auf denen die belasteten Grundstücke eingetragen sind, bei Schiffshypotheken die Registerblätter, auf denen die belasteten Schiffe oder Schiffsbauwerke eingetragen sind. Ist eine Forderung oder eine Schuld streitig, so ist dies anzugeben. Gläubiger, die nicht zu den Vergleichsgläubigern gehören, sind gesondert anzugeben. Kann der Gläubiger im Fall des Konkurses abgesonderte Befriedigung beanspruchen, so ist auch die Höhe des mutmaßlichen Ausfalls anzugeben.

ⁱⁱ Ist ein Gläubiger oder ein Schuldner naher Angehöriger (§ 4 Abs. 2) des Vergleichsschuldners oder seines gesetzlichen Vertreters, so ist dies anzugeben. Ebenso ist anzugeben, wenn ein Gläubiger oder ein Schuldner ein Angestellter des Vergleichsschuldners oder seines gesetzlichen Vertreters ist oder mit dem Schuldner oder seinem gesetzlichen Vertreter in einem Gesellschafts- oder anderen Gemeinschaftsverhältnisse steht; das Gesellschafts- oder Gemeinschaftsverhältnis ist genau zu bezeichnen.

ⁱⁱⁱ Bei allen Gläubigern und Schuldnern ist die Anschrift anzugeben. Wohnt ein Gläubiger im Auslande oder ist sein Wohnort unbekannt, ist jedoch dem Vergleichsschuldner ein im Inlande wohnender, zur Empfangnahme von Zustellungen befugter Vertreter bekannt, so ist auch dessen Anschrift anzugeben.

1) § 6 bestimmt den näheren **Inhalt des Gläubiger- und des Schuldnerverzeichnisses**, welche nach § 4 I Nr 2 dem VglAntrag beizufügen sind. – Das **Gläubigerverzeichnis** ist mit besonderer Sorgfalt anzufertigen, weil an Hand des (nach § 6 aufgestellten und nach § 67 III berichtigten) Gläubigerverzeichnisses im VglTermin die Forderungen erörtert werden, § 70; und weil aus dem bestätigten Vergleich in Vbdg mit einem Auszug aus dem Gläubigerverzeichnis nach Maßg des § 85 die Zwangsvollstreckung gegen den Schuldner stattfindet.

2) **§ 6 Abs I S 5** fordert, daß Gläubiger, welche nicht zu den VglGläubigern gehören, gesondert aufzuführen sind. Daraus folgt, daß die **Gläubiger in 2 Gruppen getrennt anzugeben** sind, und zwar

§ 6

a) die **Vergleichsgläubiger;** dazu gehören
- aa) die persönl Gläubiger des VglSchuldners unter den Voraussetzungen des § 25, soweit ihre Beteiligg am Verfahren nicht durch § 26 oder § 29 ausgeschlossen wird;
- bb) absonderungsberechtigte Gläubiger, soweit ihnen der Schuldner auch persönlich haftet. Diese Gläubiger sind trotz der Beschränkung des § 27 in voller Höhe ihrer persönl Forderung Vergleichsgläubiger (vgl Bem 3 zu § 27). Es empfiehlt sich aber im Hinblick auf § 71 II, III, sie in einer besonderen Abteilung zusammenzufassen (aA Bley-Mohrbutter 9b);
- cc) Gläubiger, welche eine Sicherung oder Befriedigg erhalten haben, aber zufolge der Beschränkung des § 28 (Sperrfrist) am VglVerfahren teilnehmen;

b) die **Nichtvergleichsgläubiger;** dazu gehören
- aa) Gläubiger, denen im Konkurs ein Anspruch auf Aussonderung oder Ersatzaussonderung oder ein Verfolgungsrecht zusteht, § 26;
- bb) Gläubiger, deren Fdgen im Konkurs ein Vorrecht genießen, § 26 (vgl Bem 2 zu § 26);
- cc) Gläubiger, deren Anspr durch eine Vormerkung gesichert ist, § 26 (vgl Bem 3 zu § 26);
- dd) Gläubiger von Fdgen, welche nach Maßg des § 29 im VglVerf nicht geltend gemacht werden können;
- ee) im NachlVglVerf Gläubiger der in KO §§ 224, 226 II, IV genannten Fdgen; vgl VglO § 113 Nrn 6, 7.

Der Zweck des GläubVerzeichnisses (Ausweis der finanziellen Belastung des Schuldnervermögens) rechtfertigt es, die Angabe der nicht beteiligten Gläub auf Geldwerte und aus dem Vermögen des Schuldners grundsätzlich beitreibbare Leistungen zu beschränken. Näh Bley-Mohrbutter 6b.

3) ein Gläubiger, dessen Fdg auf einem **gegenseitigen Vertrag** beruht, gehört zu den Nichtvergleichsgläubigern, wenn der Vertrag noch von keiner Seite erfüllt ist, § 36 I. Ist die vom Gläubiger geschuldete Leistung jedoch nur deshalb als nicht vollständig bewirkt anzusehen, weil die Leistung mangelhaft ist, so ist der Gläubiger mit dem Anspr auf die ihm trotz des Mangels etwa zustehende Gegenleistung VglGläubiger, § 36 III. Sind die geschuldeten Leistungen teilbar und hat der Gläubiger die ihm obliegende Leistung bereits teilweise erbracht, so ist er mit dem der Teilleistung entsprechenden Betrag seiner Fdg auf die Gegenleistung gleichfalls VglGläubiger, § 36 II.

4) Innerhalb der einzelnen Gruppen (Vergleichsgläubiger, Nichtvergleichsgläubiger) sind die Gläubiger möglichst unter laufender Nummer und alphabetisch aufzuführen, Vogels-Nölte I 3. Innerhalb der Gruppe der VglGläubiger sind die Absonderungsberechtigten jedoch tunlichst in einer besonderen Abteilung zusammenzufassen, vgl Bem 2a bb (aA Bley-Mohrbutter 9b). – Eine Scheidung der Gläub in solche, deren Fdgen unstreitig sind, und solche, deren Fdgen bestritten werden, ist nicht zweckdienlich; so auch Bley-Mohrbutter 9b. – Beim VglVerf über das Vermögen einer **eingetragenen Genossenschaft** sind nach § 111 Nr 2

Eröffnungsantrag. Vergleichsvorschlag **§ 6**

die Gläubiger, welche gleichzeitig Genossen sind, und die übrigen Gläub innerhalb der einzelnen Gruppen getrennt aufzuführen; vgl Bem 3, 6 zu § 111.

Im GläubVerzeichnis ist nach der Aufführung der VglGläubiger genügend Raum zu lassen für Ergänzungen nach Maßg des § 67 III. Bei getrennter Aufführung der VglGläubiger (Bem 2a bb, 4) muß die Ergänzung jeder Untergruppe mögl sein.

5) Das GläubVerzeichnis ist zweckmäßigerweise horizontal **in Rubriken einzuteilen.** Zu vermerken sind dann
a) in Rubr 1: die lfd Nr;
b) in Rubr 2: der Gläubiger mit genauer Angabe von Name (Firma) und Anschrift;
c) in Rubr 3: der bzw die gesetzl Vertreter; ferner ein gewillkürter Vertreter (Bevollmächtigter) sowie ein etwaiger Zustellungsbevollmächtigter (§ 6 III S 2), jeweils mit Anschrift;
d) in Rubr 4: ein evtl Angehörigkeits- oder Angestelltenverhältnis des Gläubigers zum Schuldner oder seinem gesetzl Vertreter (§ 6 II). Steht der Gläubiger zum Schuldner in einem Gesellschafts- oder anderen Gemeinschaftsverhältnis, so ist auch das anzugeben; dabei ist das Gesellschafts- oder Gemeinschaftsverhältnis (OHG, KG, Gütergemeinschaft, Erbengemeinschaft, Bruchteilsgemeinschaft) genau zu bezeichnen;
e) in Rubr 5: der Gegenstand der Forderung mit Betrags- bzw Wertangabe (vgl Bem 5 zu § 5);
f) in Rubr 6: der Schuldgrund (Miete, Warenlieferung, Schadensersatzfdg wegen . . .);
g) in Rubr 7: etwaige Nebenrechte, insbes Sicherungsrechte des Gläubigers (§ 6 I S 3); vgl dazu Serick § 36 I 2 Abs 3. Bei eingetragenen Rechten ist das Grundbuch bzw Registerblatt anzugeben, auf dem die Belastung eingetragen ist;
h) in Rubr 8: zu Forderungen, wegen derer der Gläub abgesonderte Befriedigg verlangen kann, die Höhe des Betrages, mit welchem der Gläub bei der abgesonderten Befriedigg vermutl ausfällt;
i) in Rubr 9: ein etwaiger Vermerk, daß und in welcher Höhe die Fdg bestritten wird. Vorhandene Beweismittel zur Begründung des Bestreitens sind kurz anzuführen.
Weitere etwa 3 Rubriken sind offen zu lassen für Eintraggen nach Maßg des § 71 IV. Ergänzend vgl Bem 1 zu § 66.

6) Die besonderen Vermerke in Rubr 3, 4, 6–9 sollen dem VglGericht die Prüfung ermöglichen, ob der Gläub überhaupt am Verfahren beteiligt ist (vgl insbes § 26 i Vbdg mit KO § 61 Abs 1 Nr 1); ob Kündigg nach § 51 in Frage kommt, ob der Gläub stimmberechtigt ist, § 75; und welches Stimmrecht nach § 71 II, III zu gewähren ist. – Bei **Nebenrechten** des Gläub (Rubr 7) sind die Unterlagen (Abschrift des Sicherungsübereignungsvertrages, der Schuldurkunde) beizufügen, damit das Gericht ihre Rechtswirksamkeit nachprüfen kann, Vogels-Nölte II 3 m Nachw. – Auch sollen die Angaben allgemein so gehalten sein, daß das

Gericht erkennen kann, ob im Falle eines Konkurses ein Anfechtungsrecht gegeben ist (vgl dazu ua Bem 5 zu § 79).

7) Das GläubVerzeichnis wird kaum jemals in vollem Umfange den vorgenannten Erfordernissen entsprechen. Hat der Schuldner es aber mit der genügenden Sorgfalt aufgestellt, so wird ihm idR (§ 10) unter Setzung einer Frist **Ergänzung** oder Neuaufstellung aufzugeben sein. Dabei sind die Mängel und die erforderl Ergänzungen spezifiziert anzugeben.

8) Das vom Schuldner einzureichende **Schuldnerverzeichnis** (Schuldner des VglSchuldners) ist in einer dem GläubVerzeichnis entsprechenden Weise anzufertigen. Die Schuldner sind mit genauer Angabe von **Name und Anschrift** aufzuführen. **Gesetzl Vertreter** und **Bevollmächtigte** sind anzugeben. Anzuführen sind alsdann:
a) der **Gegenstand der Fdg** des Schuldners mit Betrag und Wertangabe,
b) der **Schuldgrund,**
c) etwaige **Nebenrechte** des VglSchuldners,
d) Vermerke darüber, ob und mit welcher Begründung die Fdg **bestritten** wird, welche Beweismittel vorhanden sind (Schuldscheine usw in Abschrift anfügen), sowie ob die Fdg **ausgeklagt** ist (Urteilsabschrift anlegen).

9) Da das Schuldnerverzeichnis für die Beurteilung der Vermögenslage des Schuldners von wesentl Bedeutung ist, ist **kenntlich zu machen, ob, wann und in welcher Höhe mit der Tilgung der Verbindlichkeiten seitens der Schuldner zu rechnen ist.** Zweckmäßig werden von vornherein die Schuldner im Verzeichnis in **drei Gruppen** eingeteilt: Gute, zweifelhafte und uneinbringl Fdgen; so Vogels-Nölte B I zu § 6.

10) Bei **Luftfahrzeugen,** die in der Luftfahrzeugrolle oder nach Löschung in der Luftfahrzeugrolle noch im Register für Pfandrechte an Luftfahrzeugen eingetragen sind, gilt § 6 I 3 (vgl dazu oben Anm 5 g, 6, 8 c) nach Maßg des LufttfzRG § 98 II, III 1 hinsichtl der für die Gläubiger und den VglSchuldner eingetragenen Registerpfandrechte.

Inhalt des Vergleichsvorschlags (Mindestsatz)

7 ^I Der Vergleichsvorschlag muß bestimmt sein. Den Vergleichsgläubigern müssen mindestens fünfunddreißig vom Hundert ihrer Forderungen gewährt werden (Mindestsatz).

^{II} Der Mindestsatz erhöht sich auf vierzig vom Hundert, wenn der Schuldner eine Zahlungsfrist von mehr als einem Jahr von der Bestätigung des Vergleichs ab beansprucht. Eine Zahlungsfrist von mehr als achtzehn Monaten darf der Schuldner nur für den Betrag seines Angebots in Anspruch nehmen, der vierzig vom Hundert der Forderungen übersteigt.

^{III} Die Mindestsätze müssen bar geboten werden.

^{IV} Ein Vergleichsvorschlag, in dem der Schuldner den Gläubigern sein Vermögen ganz oder teilweise zur Verwertung mit der Abrede überläßt, daß der nicht durch die Verwertung gedeckte Teil der Forderungen erlassen sein soll, ist nur zulässig, wenn die Verwertung des

Vermögens den Vergleichsgläubigern voraussichtlich mindestens fünfunddreißig vom Hundert ihrer Forderungen gewähren wird und der Erlaß, falls die Verwertung weniger ergeben sollte, sich nicht auf den an fünfunddreißig vom Hundert der Forderungen fehlenden Betrag erstreckt.

1) Bestimmtheit des Vergleichsvorschlags (§ 7 Abs I S 1) liegt vor, wenn sich aus ihm zweifelsfrei ergibt, **in welcher Höhe, wann** und **wie** die vom Vergleich betroffenen Gläubiger befriedigt werden sollen. Nicht erforderlich ist ziffernmäßige Angabe der Höhe. Es genügt Bestimmbarkeit der gebotenen Quote auf Grund des Vorschlages, Kiesow 11 zu § 15. In Frage kommen demgemäß ein **Stundungs-** und ein **Erlaß-(Quoten-)- vergleich.** Dabei können beide Arten miteinander verbunden werden. Hinreichend bestimmt ist – wie aus § 7 IV folgt – auch der sogenannte **Liquidationsvergleich,** nach dem der Schuldner sein Vermögen ganz oder teilweise seinen Gläubigern überläßt mit der Abrede, daß der nicht durch die Verwertung gedeckte Teil der Forderungen erlassen sein soll (Näheres in Anm 3). – **Nicht** zuzulassen ist die Vorlage von mehreren Vergleichsvorschlägen. Zulässig ist jedoch die Koppelung eines Liquidationsvergleichs mit einem Quotenvergleich in der Art, daß die Gläubiger jedenfalls eine bestimmte Quote erhalten sollen, wenn die Liquidationsmasse bei ihrer Verwertung weniger erbringen sollte, so Kuhn-Uhlenbruck § 174 Anm 1 b, Jaeger-Weber 4 Abs 1 zu KO § 174. – Streitig ist, ob eine Koppelung von Quoten- und Liquidationsvergleich in der Weise zulässig sein kann, daß bei Nichterfüllung der zugesagten Quote innerhalb bestimmter Zeit die Liquidierung des Schuldnervermögens durchgeführt werden und der bei der Liquidation auf die Fdgen entfallende Tilgungsbetrag an die Stelle der zugesagten Quote treten soll. Ablehnend, da es an der gemäß § 7 Abs 1 S 1 erforderlichen Bestimmtheit fehle, Jaeger-Weber 4 Abs 1 zu KO § 174, Künne KTS **58,** 72 ff; aA Skrotzki KTS **58,** 39 ff und für ein späteres Insolvenzgesetz Goldmann KTS **62,** 98. Mit Kuhn-Uhlenbruck, § 174 Anm 1 c ist der ablehnenden Meinung entgegenzuhalten, daß der Übergang vom Quoten- zum Liquidationsvergleich zulässig ist, wenn der Schuldner in einem einheitlichen Vergleichsvorschlag den Gläub für den Fall, daß der Quotenvergleich sich als nicht durchführbar erweist, die Liquidation seines Vermögens zum Zwecke der Befriedigung der GläubFdgen anbietet, sofern bei Abstimmung über den Vergleichsvorschlag die Haftungsmasse eindeutig feststeht und die Liquidation durch den Vergleichsverw durchgeführt werden soll, denn die sonst notwendige Eröff des Anschluß-Konkurses würde dem Schuldner die Möglichkeit der Schuldbefreiung nehmen und zusätzliche, die Gläub und den Schuldner schädigende Kosten verursachen. – Dieser Weg ist nur dann nicht gangbar, wenn zum Schuldner-Vermögen ein freihändig nicht verkäufliches Grundstück gehört, weil der Vergleichsverw nicht – wie der Konkursverwalter – die Möglichkeit der Zwangsversteigerung hat, § 126 KO. Der Übergang vom Quotenzum Liquidationsvergleich ist dann unzulässig, wenn die Liquidationsquote nicht mindestens 35% erreicht; auch in diesem Falle ist das Anschluß-Konkursverfahren mit der Möglichkeit des Zwangsvergleichs zu eröffnen.

§ 7

Muster für VglVorschläge bei Mohrbutter/Mohrbutter S 571 ff; Mohrbutter KTS **67**, 32 ff; Schrader-Bauer F III 201.

2) Bei ziffernmäßigem **Erlaßvergleich** müssen nach § 7 Abs I S 2 den VglGläub mindestens **35 v. H.** ihrer Fdgen gewährt werden. Dieser **Mindestsatz** gilt auch, wenn der Erlaßvergleich nicht mit einer Stundung verbunden ist. **Erhöhung des Mindestsatzes auf 40 v. H.** bei Beanspruchung eines Zahlungszieles von mehr als einem Jahre, mag dieses Ziel für die ganze Fdg oder nur für einen Teil derselben begehrt werden, § 7 II 1. – **Zahlungsfrist von mehr als 18 Monaten** nur für einen 40 v. H. übersteigenden Betrag, § 7 II 2. Bei einem Verwaltungstreuhandvergleich, bei dem die Zeiten der Ausschüttungen lediglich von den künftigen Erträgnissen abhängig sind, bedarf es, wenn 100%ige Erfüllung vorgesehen ist, keiner zeitlichen Befristung der Zahlungen, KG KTS **73**, 184 = Rpfleger **73**, 177. – Bei Berechnung des Mindestsatzes Berücksichtigg auch der Nebenfdgen des Gläubigers (Zinsen und Kosten der Rechtsverfolgg), der Zinsen einschl des Tages vor Eröff des VglVerf; Bley-Mohrbutter 4 (anders Krieg 6). – Der VglVorschlag muß beim ziffernmäßigen Erlaßvergleich die Befriedigg der Gläub in Höhe des jeweiligen gesetzl Mindestsatzes (35 bzw 40%) durch **Barzahlung** bieten, § 7 Abs. III.

3) § 7 Abs IV anerkennt ausdrückl den sog **Liquidationsvergleich.** Zulässig ist derselbe auch im NachlaßverglVerf, Klien JW **36**, 1197. Der Liquidationsvergleich besteht nach § 7 IV darin, daß der Schuldner sein Vermögen ganz **oder teilweise** seinen Gläubigern überläßt mit der Abrede, daß der nicht durch die Verwertung gedeckte Teil der Fdgen erlassen sein soll. Es gehört also nicht zum Wesen des Liquidationsvergleichs, daß das Schuldnerunternehmen völlig zum Erliegen kommt oder daß das gesamte Vermögen zur Befriedigung der Gläub herangezogen wird, BGH VIII ZR 36/62 v 27. 3. 1963 S 8. – Ungenau ist die Gesetzesfassung, das Vermögen des Schuldners werde **den Gläubigern** überlassen. Es handelt sich vielmehr um die Aussonderung der Liquidationsmasse aus dem sonstigen Vermögen des Schuldners; vgl Bley-Mohrbutter 10 a. – Das Vermögen oder der Vermögensteil, welcher der GläubBefriedigung dienen soll, wird idR einem **Treuhänder** überlassen, welcher die Verwertung und Erlösverteilung durchführt. Erforderlich ist alsdann der Abschluß eines **Treuhandvertrages.** Dieser ist entweder Teil des gerichtl Vergleichs, an dem sich der Treuhänder ähnlich wie der Vergleichsbürge beteiligt; oder aber der VglVorschlag enthält ledigl das Versprechen des VglSchuldners, einen Treuhandvertrag zu schließen. Der Abschluß des Treuhandvertrages erfolgt alsdann nach Annahme und Bestätigung des Vergleichs. – Parteien des Treuhandvertrages sind der VglSchuldner und der Treuhänder. Seiner Rechtsnatur nach ist der Vertrag bei Entgeltlichkeit ein Dienstvertrag mit Geschäftsbesorgg als Inhalt. Es handelt sich um einen Vertrag zugunsten Dritter (der VglGläub), RG **117**, 149. Das Geschäftsbesorgungsverhältnis bezieht sich iZw auch auf den Ersatzerwerb des Treuhänders mit Mitteln des Treuguts, Bley-Mohrbutter 24 zu § 92; wohl auch RFH **19**, 26. Zu unterscheiden sind **a)** die unechte (uneigentl) Treuhand, bei welcher der Treuhänder ledigl zufolge Einwilligg des Schuldners (BGB § 185 I) zu Vfgen über das dem Rechte nach beim Schuldner verbleibende Treugut ermächtigt ist oder bei Vollmacht als Vertreter des Schuldners handelt; **b)** die echte Treuhand, bei der die zum Treugut gehörenden Vermögensgegenstände dem Treuhänder zur Verwertg für die Gläub übereignet bzw abgetreten sind. – Auch bei Übertragung des gesamten gegenwärtigen Vermögens des VglSchuldners keine persönl Haftung des Treuhänders neben dem Schuldner nach BGB § 419, Vogels-Nölte 4 II b aE (vgl erg § 92 Abs V).

Befriedigung der VglGläubiger beim echten und unechten Treuhandverhältnis grundsätzlich nur über den Treuhänder. Doch können die VglGläub, da es sich beim Treuhandvertrag um einen Vertrag zu ihren Gunsten handelt (RG **117**, 149), kraft eigenen Rechts gegen den Treuhänder vorgehen und Erfüllung der ihm nach dem Zweck der Treuhand den einzelnen Gläubigern gegenüber obliegenden Verbindlichkeiten (bestmögliche Verwertung des Treuguts, gleichmäßige Erlösverteilung) verlangen, SeuffA **88** Nr 63; Vogels-Nölte IV 2 b Abs 1 mit weit Hinw. In das Treugut vollstrecken können sie aber nicht. Der Treuhänder kann, solange der Vergleich wirksam ist, einer ZwVollstr in die ihm treuhänderisch überlassenen Gegenstände nach § 771 ZPO widersprechen, selbst wenn Zahlungen nicht ordnungsgemäß geleistet werden, LG Hannover MDR **52**, 238 = BB **52**, 359 mit Anm von Gascard; vgl auch Bley-Mohrbutter 33 b zu § 92. **Bevorzugt** der **Treuhänder** vor Beendigung der Liquidation **einzelne VglGl**, ohne daß die besonderen Voraussetzungen des § 8 II vorgelegen haben, so kann seine, die Quote der anderen VglGl übersteigende Leistung als ungerechtfertigte Bereicherung zur Liquidationsmasse zurückverlangt werden; BGHZ **71**, 309 = NJW **78**, 1578. – Hat ein Vgl**Bürge** dem Treuhänder Gegenstände zur Verwertung und zur Befriedigg der Gläub übertragen, jedoch mit der Vereinbarung der Rückübertragg nach VglErfüllung, so kann der Treuhänder einer Vollstr in die Sicherheiten mit der Widerspruchsklage nach ZPO § 771 auch dann begegnen, wenn der Vgl nicht ordnungsmäßig erfüllt ist, BGH LM 2 (Bl 3) zu ZPO § 771. – Forderungen von Gläubigern, die am VglVerf nicht beteiligt waren, werden, wenn die Fdgen vor VglBestätigung begründet waren, aus dem Treuhandvermögen bei echtem und unechtem Treuhandverh gleichfalls grundsätzl nur über den Treuhänder berücksichtigt; doch ist diesen Gläub der Zwangszugriff auf das Treugut nicht versagt; Bley-Mohrbutter 28, 29 zu § 92, Frankfurt KTS **76**, 246 = MDR **76**, 841. – Ansprüche von **Neu-Gläub** sind aus dem Treugut nur insoweit zu befriedigen, als sie durch die Liquidation und in deren Rahmen begründet werden, Bley-Mohrbutter 30 zu § 92. Zur Stellung von Neu-Gläub ausführl § 25 Anm 5 a.

Keine Anfechtung des Treuhandvertrages nach Maßg der Bestimmungen des AnfG, Celle JW **33**, 1146 m Anm v Jessen; Kiesow 26 vor § 5 (vgl auch Bley-Mohrbutter 25 a zu § 92), auch keine konkursrechtl Anfechtung, Kiesow aaO. – Auf das Treuhandverhältnis ist, sofern ein LiquidationsVgl mit unechter Treuhand vorliegt, **in nachfolgendem Konkurs** KO § 23 Abs II anzuwenden. Gleiches gilt beim Liquidationsvergleich mit echter Treuhand, wenn der Konkurs seinen Grund auch in Forderungen hat, für die das Treugut haftet, Jaeger KuT **27**, 161 ff; erg

§ 7

1. Abschnitt

vgl Pohle in Anm zu Frankf MDR **54**, 110. Alsdann fällt das Treugut, wenn (wie es beim Fehlen anderweitiger Abrede idR wohl angenommen werden kann) Übertragg und Abtretg der zum Treugut gehörenden Gegenstände unter der auflösenden Bedingg der Zweckerreichung erfolgten, bei Konkurseröffnung von Rechts wegen an den früheren VglSchuldner zurück, BGB § 158 II. Es gehört alsdann zur Konkursmasse, ohne daß es einer Veräußerung oder Abtretung bedürfte, RG **145**, 253, 257; BGH NJW **62**, 1201 = MDR **62**, 732 = KTS **62**, 167. Ist die Übertragung des Treugutes auf den Treuhänder jedoch nicht unter der auflösenden Bedingung der Konkurseröffnung erfolgt, so hat der Treuhänder, da der Treuhandvertrag nach KO § 23 erloschen ist, das Treugut auf den Konkursverwalter zu übertragen, sofern es nicht bereits endgültig aus dem Vermögen des Treugebers ausgeschieden ist, BGH aaO. Die ehemaligen VglGläubiger haben in keinem dieser Fälle im Konkurs über das Vermögen des Schuldners einen Anspruch auf abgesonderte Befriedigung. – Ordnungsmäßige, dem Vgl entsprechende **Erfüllungshandlungen,** die vor der KEröff vorgenommen wurden und zu einer gleichmäßigen Teilbefriedigung gleichberechtigter VglGläub geführt haben, bleiben – wenn der Vgl nichts anderes bestimmt – von der KEröff unberührt, Frankf aaO; BGH **41**, 98, 101. Zahlungen, die nur an einen Teil gleichberechtigter VglGläub geleistet wurden und nicht durch rechtswirksame Sonderabkommen nach § 8 II gedeckt sind, müssen nach dieser Entscheidung (BGH **41**, 98 = NJW **64**, 1319 = MDR **64**, 482 = KTS **64**, 230 = LM 1 zu VerglO § 102 mit Anm v Krüger-Nieland) aber im Falle der KEröff über das Vermögen des Schuldners nach den Rechtsgrundsätzen der ungerechtfertigten Bereicherung (§§ 812ff BGB) an die KMasse zurückerstattet werden (hiergegen Berges im Rahmen eines Aufsatzes zur Tragweite des Gleichbehandlungsgrundsatzes im Vergleichsverfahren, KTS **64**, 129ff; Künne Betr **65**, 921f; Bley-Mohrbutter 11 a zu § 102, vgl auch Habscheid NJW **71**, 1688f). – Die dem Treuhänder für seine Tätigkeit gezahlte **Vergütung** kann, soweit sie als ordnungsmäßige und gleichwertige Gegenleistung für seine Tätigkeit anzusehen ist, nicht nach Maßg der KO § 31 Nr 1, § 37 zurückgefordert werden; vgl Bem 8 zu KO § 30.

4) Auch für den Liquidationsvergleich besteht das Erfordernis der **Mindestquote.** Zulässig ist der Liquidationsvergleich nur, wenn aus ihm voraussichtl 35 v. H. erzielt werden und der Forderungserlaß, falls die Verwertung weniger ergibt, sich nicht auf den an 35 v. H. fehlenden Betrag (Unterschiedsbetrag) erstreckt. Wegen des Unterschiedsbetrages können die VglGläubiger, wenn das Treugut verwertet ist, auf Neuvermögen des VglSchuldners zugreifen, Vogels-Nölte IV 3 mit Hinw auf RG KuT **34**, 56; Bley-Mohrbutter 33a zu § 92 (anders AG Hamburg KTS **72**, 205f; Künne KTS **71**, 240 im Rahmen einer Abhandlung über Zweifelsfragen aus dem Vergleichsrecht S. 239ff, Die rechtliche Analyse des Liquidationsvergleichs). – Die Frage, ob beim Liquidationsvergleich § 7 III (Bargebot in Höhe des gesetzl Mindestsatzes) Anw findet (verneinend die hL; anders Bley-Mohrbutter 9 b), dürfte nur theoretische Bedeutung haben, weil der LiquVgl Befriedigg aus dem LiquErlös, also Leistung von Geld zum Inhalt hat. – Ist zweifelhaft, ob ein Vermögens-

Eröffnungsantrag. Vergleichsvorschlag § 7

gegenstand zum Vermögen des Schuldners gehört oder ob ihn ein Gläub aussondern kann, so ist er bei Ermittlung der voraussichtlichen Quote dem Vermögen des Schuldners zuzurechnen, solange die Streitfrage zwischen Schuldner und Aussonderungsberechtigtem nicht rechtskräftig entschieden ist. Das Vergleichsgericht darf – im Zweifelsfall – deshalb nicht das Anschluß-Konkursverfahren eröffnen, LG Bonn, ZIP 84, 869.

5) Die **Bestimmungen über den Mindestsatz,** auch nach Abs IV, sind **zwingend** und durch Vereinbarungen nicht abdingbar, KuT **36,** 60 f (Fragen und Antworten).

6) Bei der **Veräußerung eines Betriebes des Schuldners** im Rahmen des LiquidationsVgl entfällt die Schuldenhaftung für den Übernehmer aus BGB § 419, HGB § 25; RG 58, 168, Bley-Mohrbutter 17 b, Laue AcP **146,** 192 f, Mohrbutter Betr **54,** 343 mit weit Hinw; BAG MDR **66,** 791 = NJW **66,** 1984. – Die umstrittene Frage, ob BGB § 613 a anwendbar ist, wenn ein Betrieb oder Betriebsteil in einem Insolvenzverfahren veräußert wird, ist durch das BAG im wesentlichen geklärt: § 613 a ist auch im Konkurs mit Modifikation anwendbar; die vom BAG aufgestellten Grundsätze gelten auch, wenn im Vergleichsverf ein Betrieb oder Betriebsteil veräußert wird, da die Sachlage im Vergleichsverf keine andere als im Konk ist. – Der Erwerber haftet – nach BAG ZIP **80,** 117 = KTS **80,** 255 nicht für die vor VerfEröff entstandenen Ansprüche der Arbeitnehmer; diese sind nach den insolvenzrechtlichen Regeln zu befriedigen. § 613 a Abs I wird insoweit vom Insolvenzrecht verdrängt. Der Erwerber übernimmt die vor VerfEröff begründeten, aber erst **danach entstehenden** Verbindlichkeiten. Das BAG hat noch die Frage offengelassen, wie die noch verfallbaren Anwartschaften der betrieblichen Altersversorgung zu behandeln sind; eine Lösung könnte – nach Vorstellung des BAG – die Abfindung im SozPl sein (aaO S. 121 re Sp.). Nach hM soll für sie § 613 a Abs 1 gelten, jedoch mit der Möglichkeit, mit den Berechtigten eine Änderung oder Aufhebung zu vereinbaren; BAG ZIP **82,** 89. – § 613 a Abs **4** ist im Insolvenzverf **anwendbar,** BAG ZIP **83,** 1377 = BB **83,** 2116 = NJW **84,** 627 = KTS **84,** 117. Das Gericht weist aber deutlich darauf hin, daß nur der Betriebsübergang selber kein Kündigungsgrund sein darf, ZIP **85,** 1088 = [EzA] § 613 a Nr. 42; BAG ZIP **86,** 795; das Gericht gibt in diesem Zusammenhang Hinweise auf zulässige Kündigungen wegen „Überbesetzung" oder aus Rationalisierungsgründen (aaO S. 1381). Die Umsetzungs- und Kündigungsprobleme können wesentlich vermindert werden, wenn mit BetrRat ein **Interessenausgleich** (BetrVG § 111) und SozPl (gem Anh 6) aufgeführt wird. Darin sollten die betroffenen Arbeitnehmer namentlich aufgeführt werden. Für Kündigungsschutzklagen besteht dann eine gewisse Vermutung dafür, daß Umsetzungen und Kündigungen dringenden betrieblichen Erfordernissen (KSchG § 1 Abs 2) entsprechen; insoweit können die Vorschläge der Reformkommission (Bericht S. 380 ff) in gewissem Umfange schon jetzt praktiziert und in die Rspr Eingang finden. – § 613 a Abs 4 ist dann nicht anwendbar, wenn im Insolvenzverf ein SozPl aufgestellt worden ist und der Arbeitnehmer die Abfindung erhalten hat. – Die im Insolvenzrecht auftretenden Probleme des § 613 a behandelt unter umfänglicher Darstel-

lung der gegensätzlichen Standpunkte in Literatur und Rspr ausführlich Kuhn-Uhlenbruck § 1 Anm 380 f–r. – **Wird in einem VglVerf über das Vermögen einer OHG ein Liquidationsvergleich geschlossen,** durch den das gesamte Gesellschaftsvermögen den GesellschGläub zur Verwertung überlassen wird, **so bewirkt der Abschluß des Vgl die Auflösung der Gesellschaft** und die Durchführung des Vgl (die Überlassung des GesellschVermögens an die GesellschGläub) die Beendigg der Gesellsch, BGH **26**, 126 = NJW **58**, 299 = KTS **58**, 11 = JZ **58**, 401 m Anm v Hueck (auch zu Fragen des internen Ausgleichs unter den Gesellschaftern).

7) Grundlage für die **Einkommensbesteuerung des VglSchuldners,** welcher sein gesamtes Vermögen dem Treuhänder überantwortet hat, ist der vom Treuhänder erzielte Gewinn, nicht dagegen der dem VglSchuldner aus seinem Vermögen gewährte Unterhalt oder die an die VglGläub gezahlte VglQuote, Bohnenberg KuT **39**, 61.

8) Entspricht der VglVorschlag nicht den Erfordernissen des § 7, so kommt zunächst § 10 zur Anwendung. – Nutzt der Schuldner die ihm zur Änderung gesetzte Frist nicht, so ist die Eröff des VglVerf nach § 17 Nr 1 abzulehnen und gleichzeitig nach § 19 über die Konkurseröff zu entscheiden. – Das VglGericht hat den VglVorschlag auch zu rügen und dem Schuldner nach Maßg des § 10 Änderung anheimzugeben, wenn der Vorschlag der Vermögenslage des Schuldners nicht entspricht. Kommt der Schuldner der Aufforderung nicht nach, so verfährt das Gericht nach §§ 18 Nr 3, 19.

Gleichbehandlung der Gläubiger

8 ^I Der Vergleich muß allen von ihm betroffenen Gläubigern gleiche Rechte gewähren.

^{II} Eine ungleiche Behandlung der Gläubiger ist nur zulässig, wenn
1. die Mehrheit der zurückgesetzten, im Vergleichstermin anwesenden stimmberechtigten Vergleichsgläubiger zustimmt; hierbei werden die schriftlich zustimmenden wie anwesende behandelt; und
2. die Gesamtsumme der Forderungen der zustimmenden Gläubiger mindestens drei Viertele der Forderungen der zurückgesetzten stimmberechtigten Gläubiger beträgt.

Die Vorschriften des § 75 finden entsprechende Anwendung.

^{III} Jedes andere Abkommen des Schuldners oder anderer Personen mit einzelnen Gläubigern, durch welches diese bevorzugt werden, ist nichtig.

1) **§ 8 Abs. I fordert objektive Gleichbehandlung aller VglGläubiger im Vergleich.** Diese kann noch vorliegen, wenn verschiedene Sätze oder Sicherheiten gewährt werden, durch längere oder kürzere Zahlungsfristen aber ein völliger Ausgleich erzielt wird, RG **136**, 292 (m weit Hinw). Entscheidend ist in jedem Falle die wirtschaftliche Gleichwertigkeit, dazu Bley-Mohrbutter 18. – Bei einem reinen Stundungsvergleich ist eine betagte verzinsliche Forderung nicht schon im Hinblick auf § 30 gegenüber den unbetagten Forderungen begünstigt, Kiesow 1 zu § 5 (gegen

Eröffnungsantrag. Vergleichsvorschlag **§ 8**

Bergmann DJZ **29**, 478 f). – Gleichstellung der VglGläubiger liegt nicht vor, wenn nur den Gläubigern die VglRechte zukommen sollen, welche im GläubVerzeichnis aufgeführt sind oder ihre Forderungen im Verfahren anmelden. **Keine ungleiche Behandlg** ist jedoch gegeben bei allgemeiner Begrenzung einer Sicherheit, wenn etwa der VglBürge nur bis zu einem bestimmten Betrage einzustehen hat, so daß säumige Gläub u U nicht mehr zum Zuge kommen; vgl Bem 5 zu § 4. – Ungleichheiten, die sich nicht aus dem Vergleich, sondern aus der besonderen Rechtslage der vergleichsbetroffenen Forderung ergeben, bedeuten keine ungleiche Behandlung iS des § 8 Abs. I. – Die Bestimmung des § 8 Abs I ist **von Amts wegen** zu beachten. Verletzung des Grundsatzes der Gleichbehandlg führt, sofern dieselbe nicht nach Maßg des § 8 Abs II (vgl Bem 2) zugelassen war, zur VerglVerwerfung nach § 79 Nr 3. Die Eröff des VglVerf darf jedoch nicht schon deswegen abgelehnt werden, weil der VglVorschlag eine ungleiche GläubBehandlung vorsieht; über die Zulassung der ungleichen Behandlg entscheidet erst die Abstimmung nach § 8 II im VglTermin.

2) § 8 Abs II bestimmt die **Voraussetzungen für die Zulassg einer ungleichen Behandlg der VglGläub**. Gefordert wird eine durch Abstimmung im VglTermin festzustellende Kopf- und Summenmehrheit.

a) Es muß mehr als die Hälfte der zurückgesetzten stimmberechtigten VglGläub mündl im Termin (persönl oder durch Vertreter) **oder zuvor schriftl** der ungleichen Behandlg **zustimmen**. Berücksichtigt werden bei der Mehrheitsberechnung nur die **anwesenden** (bzw vertretenen) VglGläub unter Einbeziehung der Gläub, welche der ungleichen Behandlg schriftlich zugestimmt haben. – Stimmberechtigt ist ein VglGläub, wenn entweder seine Fdg im Termin vom Schuldner, dem VglVerw und den VglGläub nicht bestritten wird (§ 71 I) oder eine Einigg über die Gewährg eines Stimmrechts nach § 71 II erzielt ist oder das Gericht nach Maßg dieser Bestimmung ein Stimmrecht gewährt hat. Nur eine Stimme haben Gläub, denen eine Fdg gemeinschaftl zusteht; ferner Gläubiger und Pfandgläubiger; Gläubiger und Nießbraucher; Gläubiger, deren Fdgen bis zum Eintritt der Zahlungsunfähigk nur eine Fdg gebildet haben, § 72 II. – Bei der Berechnung der Mehrheit bleiben der Ehegatte des Schuldners und seine Rechtsnachfolger nach näherer Maßg des § 75 außer Betracht, wenn sie für die ungleiche Behandlg stimmen, § 8 II S 2. – Nicht stimmberechtigt sind Gläub, welche ihre Fdgen so weit ermäßigt haben, daß sie an der Bevorzugg teilnehmen, weil sie jetzt nicht mehr zu den zurückgesetzten Gläub gehören. Bei der Abstimmung über den Vgl im ganzen stimmen sie aber mit dem ungekürzten FdgBetrag, Vogels-Nölte I 2; Bley-Mohrbutter 28 c. – Teilnahme an der Abstimmung nach § 8 II dürfte die Befugnis zur FdgErmäßigung zum Zwecke der Erlangg der Bevorzugg ausschließen, Vogels-Nölte aaO; vgl auch Bley-Mohrbutter aaO.

b) Die Gesamtsumme der Fdgen der zustimmenden Gläub muß mindestens drei Vierteile der Fdgen aller zurückgesetzten stimmberechtigten Gläub betragen. Dabei werden streitige Fdgen und die im § 71 III genannten Fdgen mit dem Betrage angesetzt, in dessen Höhe sie nach § 71 II Stimmrecht erhalten haben. – Keine Berücksichtigg der

§ 8
1. Abschnitt

Fdgen des Ehegatten und seiner Rechtsnachfolger nach Maßg des § 75, wenn diese für die ungleiche Behandlung gestimmt haben.

3) Sieht der VglVorschlag die **verschiedenartige Begünstigg** mehrerer Gruppen von VglGläub vor, so sind die Gruppen der jeweils gleicherweise zurückgesetzten Gläubiger festzustellen. Zweckmäßigerweise stimmt alsdann jede der Gruppen gesondert ab; erg vgl Anm 5 zu § 74; auch Bley-Mohrbutter 15 zu § 74. Werden bei einer dieser Abstimmungen die Mehrheiten des § 8 II nicht erzielt, so muß der VglSchuldner den Vorschlag entsprechend ändern. Andernfalls hat das Gericht nach Maßg des § 100 I 8 zu entscheiden, Vogels-Nölte I 1 Abs 2; Bley-Mohrbutter 15 zu § 74.

Sieht der VglVorschlag das **Zurücktreten einzelner Gläub** vor, so genügt die (an keine Form gebundene) Einverständniserklärung des bzw der zurücktretenden Gläub. Doch muß diese vor der Abstimmung über den VglVorschlag selbst vorliegen und klar erkennen lassen, bis zu welchem Zeitpunkt der Gläub mit der Realisierung seiner Fdg zurücktritt; dazu Vogels-Nölte I 3. Zur Vollstr vgl Bem 8 zu § 85.

4) Nach **§ 8 Abs III** ist jedes **andere** (dh außerhalb des VglVorschlags stehende) **Abkommen** (der Ausdruck „Abkommen" ist weitergehend als der Begriff „Vertrag", dazu Bley ZAkDR **44**, 30) **des VglSchuldners oder anderer Personen mit einzelnen Gläub, durch welche diese bevorzugt werden sollen,** nichtig (Unwirksamkeit nach Maßg des BGB § 134); doch muß das Abkommen in Verbindung mit und in Beziehung zu dem Vergleich stehen, RG **136**, 290; KuT **39**, 6. Nicht erforderlich ist, daß das Abkommen nach Eröffnung des Vergleichsverfahrens oder nach VglAntrag geschlossen wurde, JW **36**, 3190 m Anm von Vogels. Nicht erforderlich ist, daß das Abkommen den Vergleich ermöglicht hat, sowie daß der Vergleich ausdrücklich als Bedingg des Abkommens formuliert ist; es genügt vielmehr, daß ein VglVerf für möglich gehalten wurde und das Abkommen nach der Absicht der Parteien im Hinblick auf den (möglichen) Vgl und mit dem Ziele abgeschlossen wurde, daß es beim Zustandekommen des Vgl neben diesem gelten sollte, RG **136**, 290; JW **36**, 3190; Frankf WM **59**, 862, 864 unter Bezugnahme auf Bley 38; BGH KTS **61**, 88 = LM 2 zu VerglO § 8; Karlsruhe KTS **72**, 111, 112f. Auch Sicherungs- und Erfüllungsgeschäfte können für sich unter § 8 III fallen; vgl dazu Bley-Mohrbutter 39 c, Serick § 36 II 2 Absatz 1–8; Koblenz WM **75**, 1141 = Betr **75**, 1791. Streitig ist, ob Zahlungen aus dem 1969 von dem Bundesverband deutscher Banken e. V. gegründeten Gemeinschaftsfonds, dem sog „Feuerwehrfonds", an die Kleingläubiger eines privaten Kreditinstituts im Vergleichsverfahren gegen § 8 Abs 3 verstoßen, bejahend Sternebeck und Wittmann NJW **74**, 1889 und Künne KTS **75**, 178, 182. AA Schwark, NJW **74**, 1892, der darauf hinweist, daß die Leistungsbereitschaft des Fonds nicht auf einer anläßlich des Vergleichsverfahrens getroffenen Vereinbarung beruhe und es insofern an der erforderlichen Beziehung zum **konkreten** Vergleich fehle. Ohne Bedeutung ist, ob die Bevorzugung erheblich ist und ob der Gläubiger durch das Abkommen eine wesentl günstigere Stellung erhält, als er sie vorher hatte, HRR **37**, 334. – Eine gegen § 8 III verstoßende Vereinbarung wird

Eröffnungsantrag. Vergleichsvorschlag **§ 8**

nicht dadurch gerechtfertigt, daß sie den Vergleich erst ermöglicht, DR **44,** 125 = ZAkDR **44,** 29. – § 8 III erfaßt auch **Abkommen eines VglGläub mit Dritten,** welche sich zur Förderg des Vergleichs, wenn auch ohne Wissen des VglSchuldners, verpflichten; dazu RG **136,** 288; Warn **09** Nr 465. Nichtig nach Maßg des § 8 III ist somit idR der im Hinblick auf den VglVersuch erfolgende rechtsgeschäftl Erwerb einer VglFdg durch einen Dritten um einen die voraussichtliche Quote übersteigenden Betrag, Jaeger-Weber 11 zu KO § 181 (kritisch dazu Krebs NJW **51,** 788 f, vgl auch Obermüller Betr **76,** 901, 902); ferner ein Abkommen, durch das ein VglGläub seine VglFordg gegen Zahlung der erwarteten VglQuote an einen Dritten überträgt und ein anderer dem Abtretenden gegenüber die selbstschuldnerische Bürgschaft für die Verpflichtung des Abtretungsempfängers übernimmt, Hamm JZ **52,** 494. Gleiches gilt, wenn ein absonderungsberechtigter Gläub die Forderung eines anderen Gläub zu einem die VglQuote übersteigenden Betrag kauft, um sie in seine Höchstbetragshypothek einzubeziehen, Kiesow 15 zu § 5. Weitere Fälle einer GläubBevorzugg nach § 8 III bei Jaeger KuT **35,** 81; Godenrath WirtschPrüfg **51,** 377 f; Skrotzki KTS **58,** 105 f m weit Hinw. – Nichtigkeit nach Maßg des § 8 III nur, **wenn der Vergleich auch wirkl zustande kommt,** Kiesow 9 zu § 5 (gegen früher); BGH **6,** 232 = NJW **52,** 1009 = Betr **52,** 823; Bley-Mohrbutter 42. Grundsätzlich also zunächst schwebende Unwirksamkeit. Bis zur Abstimmung über den VglVorschlag kann auch noch die Zustimmung der zurückgesetzten Gläub nach § 8 Abs II nachgeholt werden. Endgültige Nichtigkeit nach § 8 Abs III erst mit der VglBestätigg. – § 8 III erfordert (im Gegensatz zu KO § 181 S 3) nicht das **Bewußtsein der Beteiligten von der Bevorzugg.** Es genügt vielmehr, daß das Abkommen den bzw die Gläubiger objektiv besser stellt, RG **136,** 290; BGH KTS **61,** 89 = LM 2 zu VerglO § 8; Bley-Mohrbutter 38 Abs. 2. Voraussetzung ist aber stets, daß die Abmachung im Hinblick auf den Vgl getroffen wurde.

Die schriftl Erklärung eines Bürgen, welche ledigl die Bestätigg der Bürgschaft zum Inhalt hat, ist keine GläubBevorzugg nach § 8 III und beeinträchtigt demgemäß auch den rechtl Bestand der Bürgschaft nicht, BGH WM **57,** 876. Beantragt ein Bankkunde, dessen Girokonto einen Schuldsaldo aufweist, die Eröff des VglVerf über sein Vermögen, so kann die Bank die von Schuldnern des Kunden auf das Konto eingezahlten Beträge jedenfalls noch bis zur Eröff des VglVerf mit dem Schuldsaldo verrechnen, sofern die Verrechnung auf dem zurückliegenden, mit dem vom Bankkunden erstrebten Vergleich nicht im Zusammenhang stehenden Kontokorrentvertrag beruht, LG Hamburg BB **54,** 515 m weit Hinw; Bley-Mohrbutter § 54 Anm 4. Gegen Abs 3 verstößt auch die Verrechnung eines **Fernmeldegebührenvorschusses** (§ 20 Abs 2 Fernmeldeordnung), der im VglVerf zur Abwendung einer Sperre geleistet worden ist, mit vor VglEröff entstandenen Gebührenforderungen, OVG Münster ZIP **83,** 195 = NJW **84,** 1642.

5) Nichtigkeit des Abkommens nach Maßg des § 8 III berührt die Wirksamkeit des Vergleichs nicht (vgl aber §§ 88, 89). Nichtig ist lediglich das Abkommen, und zwar sowohl das Verpflichtungsgeschäft wie auch die Erfüllungshandlungen. Letztere bewirken als solche insbes keinen

§ 9

Eigentumsübergang. Die Leistungen können, wenn der Empfänger nicht aus anderem Grunde (Vermischung, Verbindung usw) Eigentümer geworden ist, zurückgefordert werden. BGB § 817 S 2 steht nicht im Wege, weil diese Vorschr für dingl Rückforderungsanspr nicht gilt, JW **31**, 2088n, 2117f; OGH MDR **50**, 529; Kuhn-Uhlenbruck § 181 Anm 11; vgl auch Jaeger-Weber KO § 181 Anm 14 (danach wird BGB § 817 S 2 durch die dem VglO § 8 III entsprechende Bestimmung des KO § 181 S 3 verdrängt. Für das Verhältnis des § 8 III VglO zu § 817 S 2 BGB ebenso Bley-Mohrbutter 46 Abs 2 und Schwark, NJW **74**, 1892). Zur Wechselhingabe vgl LG Köln KTS **66**, 186.

6) Die **Bestätigg des Vergleichs** selbst räumt die Unwirksamk der Sonderbegünstigung nach § 8 III nicht aus. Anderes gilt jedoch uU, wenn die Begünstigg in den zur Abstimmung gestellten VglVorschlag aufgenommen und damit für die VglGläub erkennbar war; dazu Bley ZAkDR **44**, 30.

7) § 8 III ist **nicht** auf **Verfügungen** anwendbar, welche **nach Bestätigg des Vergleichs** vorgenommen werden, mag der Empfänger durch die Vfg gegenüber anderen VglGläubigern auch besser gestellt werden; vgl Bley-Mohrbutter 28b, Berges KTS **64**, 130. Jedoch kann ein erst nach Bestätigung des Vergleichs vom Schuldner mit einem Gläubiger geschlossenes Abkommen, durch das dieser bevorzugt wird, nichtig sein, wenn der Schuldner ein solches Abkommen schon vorher dem Gläubiger in Aussicht gestellt hatte. Nur selbständige Neuabschlüsse liegen außerhalb des Verbotszwecks des § 8 III. Vgl BGH NJW **72**, 496 = MDR **72**, 234 = KTS **72**, 97, 100; auch KuT **39**, 6 = JW **39**, 47 mit Anm von Vogels.

8) Strebt ein Schuldner mit der Gesamtheit seiner Gläub einen **außergerichtl Vergleich** an, so ist idR ,,gleiche Behandlung aller Gläubiger" Voraussetzung und Grundlage des Vergleichs mit jedem einzelnen der Gläub, nicht auch die Zustimmung aller, München BB **56**, 640. § 8 III gilt jedoch für das außergerichtl VglVerfahren nicht; dazu Mohrbutter in Anm zu LG Osnabrück KTS **70**, 67 mit weit Hinw.

Wiederauflebensklausel

9 ^{I} **Werden in dem Vergleich die Forderungen gestundet oder teilweise erlassen, so wird die Stundung oder der Erlaß für den Gläubiger hinfällig, gegenüber dem der Schuldner mit der Erfüllung des Vergleichs in Verzug gerät; Verzug mit der Vergleichserfüllung ist erst anzunehmen, wenn der Schuldner eine fällige Verbindlichkeit trotz einer vom Gläubiger unter Einräumung einer mindestens einwöchigen Nachfrist an ihn gerichteten schriftlichen Mahnung nicht bezahlt hat.**

^{II} **Wird vor vollständiger Erfüllung des Vergleichs über das Vermögen des Schuldners der Konkurs eröffnet, so ist die Stundung oder der Erlaß allen Gläubigern gegenüber hinfällig.**

^{III} **Wenn der Schuldner im Falle des § 7 Abs. 4, nachdem das Vermögen zugunsten der Gläubiger verwertet ist, mit der Entrichtung des**

Eröffnungsantrag. Vergleichsvorschlag **§ 9**

Betrages in Verzug gerät, für den er wegen Nichterreichung des Mindestsatzes oder des vereinbarten höheren Satzes weiterhaftet, so finden auf diesen Verzug die Vorschriften des vorstehenden Absatzes 1 keine Anwendung. Wird im Falle des § 7 Abs. 4 nach Verwertung des Vermögens zugunsten der Gläubiger, aber vor Entrichtung des Betrages, für den der Schuldner wegen Nichterreichung des Mindestsatzes oder des vereinbarten höheren Satzes weiterhaftet, über das Vermögen des Schuldners der Konkurs eröffnet, so finden die Vorschriften des vorstehenden Absatzes 2 keine Anwendung.

IV Die Vorschriften der vorstehenden Absätze 1 bis 3 gelten nur insoweit, als im Vergleich nichts anderes vereinbart ist, jedoch mit der Maßgabe, daß die Anwendung des Absatzes 1 Halbsatz 2 sowie des Absatzes 3 im Vergleich nicht zum Nachteil des Schuldners ausgeschlossen oder beschränkt werden kann.

1) § 9 Abs I bestimmt unter gewissen Voraussetzungen das **Unwirksamwerden der in einem gerichtl Vergleich gewährten Stundung oder Ermäßigg**, ohne daß es einer besonderen Vereinbarung im Vergleich (einer ,,kassatorischen Klausel") bedarf, RG **156**, 250. – Die Vorschr umfaßt alle Vergleichsarten; lediglich für den Liquidationsvergleich gilt nach Abs III in bestimmtem Umfange Besonderes (vgl Bem 4). – **Voraussetzung** eines Wiederauflebens der alten Forderung ist Verzug des Schuldners mit der Erfüllg jedenfalls einer VglRate. Verzug iS des § 9 erfordert stets Fälligkeit, Mahnung und Ablauf einer dem Schuldner gesetzten Nachfrist. Der Zeitpunkt der Fälligkeit ergibt sich aus dem Vergleich. Ist eine Fdg nicht fällig, so obliegt die Herbeiführung der Fälligk dem Gläubiger; er muß bei teilweise gedeckten Fdgen (als absonderungsberechtigter Gläub; § 27) demnach erforderlichenfalls auch den mutmaßl Ausfall gemäß § 97 I durch das VglGericht feststellen lassen, BGH **31**, 174 = MDR **60**, 134; dazu Kuhn MDR **60**, 307; WM **60**, 968, vgl aber Bongartz KTS **77**, 80 ff, 85 (anderes gilt für bestrittene Fdgen; vgl § 9 Anm 1 Abs 2). Näheres zur Feststellung in den Erläuterungen zu § 97. – Die Mahnung muß sich auf eine bestimmte VglRate beziehen, die bereits fällig ist oder deren Fälligk unmittelbar bevorsteht. Für die Mahnung gilt das Erfordernis der Schriftform (dazu BGB § 126). Zur Frage der Wirksamkeit eines an den Rechtsanwalt des Schuldners gerichteten Mahnschreibens vgl BGH WM **58**, 1053. Mahnung muß erfolgen unter ausdrückl Setzung einer Nachfrist; Beginn derselben frühestens mit der Fälligk. Die Vereinbarung einer Schonfrist im Vgl hat regelmäßig die Bedeutung, daß die Mahnung erst nach dem Ablauf der Schonfrist erfolgen darf, BGH WM **58**, 1051 f. Die Nachfrist muß, sofern nicht im Vgl eine längere Frist vereinbart ist, mindestens eine Woche betragen (§ 9 I Halbsatz 2); diese notwendige Frist wird durch die Vereinbarung einer Schonfrist regelmäßig nicht verlängert, BGH aaO. Setzung einer kürzeren als der gesetzl Mindestfrist oder einer unbestimmten Frist entspricht nicht den Erfordernissen des § 9 Abs I; sie setzt auch nicht etwa die einwöchige Frist des § 9 Abs I oder die im Vgl vorgesehene längere Frist in Lauf (Bley-Mohrbutter 9c; wohl auch BGH KTS **56**, 94 f = NJW **56**, 1200, wo auf die Besonderheiten des Verzugsbegriffs in § 9 Abs I hinge-

§ 9

wiesen, ausdrücklich allerdings nur gesagt wird, daß Mahnung ohne jede Fristsetzung sowie die Klagerhebung oder die Zustellung eines Zahlungsbefehls keine formgerechte Mahnung darstellen. Anders München OLGE **66**, 1; danach treten, wenn der Gläubiger dem in Verzug geratenen VglSchuldner eine kürzere Nachfrist als eine Woche setzt, die in § 9 Abs I bestimmten Verzugsfolgen mit dem erfolglosen Ablauf einer Nachfrist von einer Woche ein). – Für die Fristwahrung kommt es im allgemeinen nicht auf den Eingang des Geldes beim Gläub, sondern auf den Zeitpunkt der Absendung durch den Schuldner an, BGH WM **58**, 1053; Übersendung eines Schecks genügt jedoch regelmäßig nicht, BGH KTS **63**, 179 = LM 4 zu VglO § 9 = MDR **63**, 923 mit Anm von Pohle MDR **64**, 501 (auch zur Frage der unzulässigen Rechtsausübung durch den Gläubiger bei einem Vorgehen nach § 9); vgl aber auch Nürnberg KTS **67**, 247. – Bei Wechselforderungen bedarf es zur Mahnung nicht der Vorlage des Wechsels, wohl aber der Aufforderung an den Schuldner, dem Gläub einen vor Ablauf der Nachfrist liegenden Termin zur Empfangnahme des Geldes gegen Teilquittung auf dem Papier oder Aushändigung desselben zu bestimmen, Bley-Mohrbutter 9 d Abs 2.

In § 9 I sind die Voraussetzungen für den vergleichsrechtl Verzug erschöpfend bestimmt. Bei bestrittenen Fdgen, zu denen eine Entsch nach § 71 II nicht ergangen ist, hat auch die Vorschr des § 97 I, II nicht die Bedeutung einer weiteren Verzugsvoraussetzung. Das Wiederaufleben der ursprüngl Fdg gemäß § 9 I hängt bei diesen Fdgen also nicht davon ab, daß zuvor des VglGerichts über die mutmaßliche Höhe nach § 97 I ergangen ist, BGH **32**, 218 = NJW **60**, 1454 = LM 3 zu VerglO § 9 m Anm v Mezger; erg Kuhn WM **60**, 967. § 97 ist insoweit (dh mit Bezug auf bestrittene Fdgen, zu denen eine Entsch nach § 71 II nicht ergangen ist) ledigl eine Schutzvorschrift für den Schuldner. Ihm soll durch die Zulassung der Anrufung des VglGerichts nach § 97 die Möglichk gegeben werden, sich gegenüber dem Vorwurf einer pflichtwidrigen Verzögerung der VglErfüllung durch Berufung auf die vorläufige Entsch des VglGerichts zu entlasten. Ihm obliegt es daher auch, nach § 97 I das VglGericht anzurufen, wenn er gemäß § 97 I, II den Eintritt der Verzugsfolgen des § 9 I verhindern will, BGH aaO; Kuhn aaO (anderes gilt im Rahmen des § 97 für teilweise gedeckte Fdgen, soweit bei ihnen eine Entsch nach § 97 I Voraussetzung für die Fälligk der Fdg und damit für den Verzug nach § 9 I ist; vgl oben Anm 1 Abs 1 mit Hinweis auf BGH **31**, 174; Kuhn WM **60**, 968 und Bongartz KTS **77**, 80, 85, der insoweit anderer Ansicht ist). – Eine vom Rechtspfleger getroffene Entscheidung über die Gewährung eines Stimmrechts nach § 71 hat nach § 19 IV RpflG nicht die in § 97 bezeichneten Rechtsfolgen. In diesen Fällen ist demnach trotz der bereits ergangenen – unanfechtbaren vgl §11 V S 2 RpflG – Stimmrechtsentscheidung eine mit der Erinnerung anfechtbare Entscheidung nach § 97 zulässig. Vgl Anm 2b zu § 97.

Forderungen, die im GläubVerzeichnis nicht aufgeführt sind, stehen im Hinblick auf den Verzug und die Verzugsfolgen des § 9 I den bestrittenen Fdgen gleich, BGH **32**, 218, 223f = NJW **60**, 1454, 1455 = LM 3 zu VerglO § 9 m Anm v Mezger; Kuhn WM **60**, 967; einschränkend Bongartz KTS **77**, 80, der dies nur für die nicht aufgeführten

Eröffnungsantrag. Vergleichsvorschlag **§ 9**

streitigen Fdgen gelten lassen will. Auch mit Bezug auf diese Fdgen ist es also Sache des Schuldners, eine Entsch des VglGerichts nach § 97 I herbeizuführen, wenn er gemäß § 97 II den Eintritt der Verzugsfolgen des § 9 I verhindern will, BGH aaO. Mahnt der Gläub eine solche Fdg an und setzt er die Nachfrist des § 9 I, ohne daß er die Geltendmachung der Fdg vorher angekündigt hat, so darf angenommen werden, daß die vergleichsrechtl Verzugsfolgen des § 9 I dann nicht eintreten, wenn der Schuldner zeitig innerhalb der gesetzten Frist noch eine Entsch des VglGerichts gemäß § 97 I nachsucht und nach der gerichtl Entsch (mag diese auch erst nach dem Ablauf der Frist ergangen sein) die der Entsch entsprechenden VglZahlungen unverzüglich leistet, Kuhn WM **60**, 967 f (vgl auch BGH WM **60**, 783, wo die Frage angesprochen, abschließend aber nicht beantwortet ist); zum Problem auch Bley-Mohrbutter 14 d.

2) Liegen die Voraussetzungen des Verzuges (Bem 1) gegenüber einem bestimmten oder mehreren bestimmten Gläubigern vor, so lebt kraft Gesetzes die alte Fdg dieses bzw dieser Gläub wieder auf. Für die übrigen Gläub gilt weiterhin der Inhalt des Vergleichs, HRR **36**, 827. Hat ein Gläub mehrere vom Vergleich betroffene Fordgen, so werden mangels anderweitiger Bestimmung des Schuldn (die sich allerdings auch aus den Umständen ergeben kann) Ratenzahlungen auf alle VglFordgen dieses Gläub verteilt. Die Auslegungsregel des BGB § 366 ist nicht anwendbar, Hbg LZ **09**, 711 ff; Jaeger-Weber 13 zu KO § 194 (and gilt für BGB § 367 I; dazu Bley-Mohrbutter 13; BGH BB **56**, 701 = NJW **56**, 1594 f). § 9 kommt demzufolge grundsätzlich für alle Vergleichsforderungen dieses Gläubigers zum Zuge, wenn der Schuldner weniger zahlt als ihm nach dem Vergleich obliegt, Bley-Mohrbutter 13. Ein Schuldner, dessen vergleichsgemäße Ratenzahlungen nicht nur auf die im GläubVerzeichnis eingetragene, sondern auf alle vergleichsbetroffenen Fdgen eines Gläub verrechnet worden sind, kann, wenn er die Ratenzahlungen später nicht einhält, gegenüber den Rechtsfolgen aus § 9 I nicht einwenden, er sei nicht in Verzug geraten, weil der nicht im Verzeichnis eingetragene Teil der Gesamtforderg bei der Berechnung der Raten nicht habe berücksichtigt werden dürfen. Das gilt jedenfalls dann, wenn die Verrechnung der früheren Raten auf die Gesamtforderung dem erkennbaren Willen des Schuldners entsprach (BGH WM **58**, 1051), muß aber, wenn anderes nicht vereinbart war und auch die Umstände einen anderen Willen des Schuldners nicht erkennen ließen, allgemein gelten, weil Ratenzahlungen eines VglSchuldners an einen Gläub ja grundsätzl auf alle VglFdgen dieses Gläub zu verrechnen sind (vgl oben). – Ob beim Wiederaufleben der ursprüngl Fdg nach § 9 I die für die VglErfüllung gestellten **Sicherungen** nunmehr für die Fdg in ihrer ursprüngl Höhe haften, richtet sich nach dem Inhalt der VerpflErklärg. Im Zweifel Beschränkg der Haftg auf den nach dem Vergleich ermäßigten Betrag; doch muß sich ein Bürge den Wegfall einer Stundung entgegenhalten lassen, Kiesow 5 zu § 7 g; Vogels-Nölte III 2. Beschränkungen, die sich die Gläub im übrigen hinsichtl ihres Zugriffsrechts an den Sicherungen gefallen lassen müssen, fallen durch die Nicht- oder nicht rechtzeitige Erfüllung des Vgl nicht

§ 9

weg, BGH IV ZR 196/52 v 1. 6. 1953 S 12. – Zu dingl Sicherungen vgl erg Breslau KuT **41**, 92.

2a) Der vergleichsrechtl Verzugsbegriff, der sich von dem Verzugsbegriff des BGB § 284 ledigl dadurch unterscheidet, daß er eine unter Nachfristsetzung erfolgte schriftl Mahnung voraussetzt (BGH WM **60**, 781, 782 unter Hinweis auf Kuhn WM **57**, 157; BAG 3 AZR 505/63 v 12. 3. 1965), bezieht sich nur auf die Frage des Wiederauflebens der Forderung. Für die Beantwortung der Frage, ob zu der VglForderung **Verzugszinsen,** höhere vertragl Zinsen und Ersatz eines weiteren Verzögerungsschadens gemäß BGB § 286 Abs I, § 288, HGB § 352 Abs I verlangt werden können, ist der bürgerl-rechtl Begriff des Verzuges maßgebend (BGH KTS **56**, 94f = NJW **56**, 1200; BAG aaO; Bley-Mohrbutter 9c Abs 2, 15a). Verzugszinsen und Verzugsschadensersatz daher möglicherweise bereits von dem Zeitpunkt an, in dem die Zahlung der nach dem Vgl fälligen Raten unterblieb (BGB § 284 Abs II Satz 1); doch könnte insoweit ein entschuldbarer Rechts- oder Tatirrtum den Verzug ausschließen (BGH aaO). Vgl zu den Voraussetzungen des Verzuges im einzelnen Bongartz KTS **77**, 80, 84.

3) Nach **§ 9 Abs II** werden **Stundungs- und ErlaßVergleiche** (zum Liquidationsvergleich vgl Bem 4) allen Gläubigern gegenüber hinfällig, wenn bei **nachfolgendem Konkurs** im Augenblick der KonkursEröff der Vergleich nicht vollständig erfüllt ist. Auch bei geringem Rückstand leben die alten Fdgen wieder auf. – § 9 II gilt jedoch nicht im Verhältnis zu den Gläub, welche die VglQuote voll erhalten haben, Krieg 6. – **VglSicherheiten,** die von dritter Seite gestellt sind, bestehen im Falle des § 9 Abs II trotz des Konkurses regelmäßig fort; so mit Bezug auf eine VglBürgschaft BGH KTS **57**, 157 = NJW **57**, 1319 wn weit Hinw (vgl jedoch auch BGH LM 1 zu VerglO § 96 = BB **57**, 1015, wo bei einer Bürgschaft für die Erfüllung eines außergerichtl Vgl mit Rücksicht auf den Wortlaut der Bürgschaftserklärung eine anderweitige Vereinbarung und demgemäß die Beendigung der Bürgschaftsverpflichtung durch die Konkurseröffnung angenommen wurde. Auch BGH KTS **63**, 173f, wo ein abweichender Wille des Bürgen als erwiesen galt). Zur Frage des Fortbestandes von Sicherheiten, die der Schuldner bestellt hat, vgl die Hinw v Böhle-St in der Anm zu Köln NJW **56**, 1322.

4) Bei **Liquidationsvergleichen** ist die Wiederauflebensklausel des § 9 Abs 1 und 2 dann ausgeschlossen, wenn der Schuldner nach Verwertung seines den Gläubigern überlassenen Vermögens oder Vermögensteiles mit der Entrichtung des **Unterschiedsbetrages** zur gesetzlichen Mindestquote (Bem 4 zu § 7) in Verzug gerät, § 9 Abs 3 S 1, oder wenn nach Verwertung des Vermögens aber vor Entrichtung des Unterschiedsbetrages das KVerfahren über das Vermögen des Schuldners eröffnet wird, § 9 Abs 3 S 2; aA AG Düsseldorf KTS **74**, 119 mit Anm von Mohrbutter. – Die Wiederauflebensklausel kommt jedoch dann beim Liquidationsvergleich zur Anwendung, wenn der Schuldner eine ihn selbst treffende Hilfspflicht verletzt hat, wenn er zB die Übertragung des Treuguts auf den Treuhänder vergleichswidrig verzögert oder die Verwertung des Treuguts durch den Treuhänder vergleichswidrig stört oder Schädigun-

Eröffnungsantrag. Vergleichsvorschlag **§ 10**

gen der VglGläub durch den Treuhänder wissentl und willentl geschehen läßt, Bley-Mohrbutter 5a, LG Osnabrück KTS **73,** 75. Bei Verletzung von Hilfs- und Nebenpflichten des Schuldners kann, wenn es sich nicht um Geldverpflichtungen handelt, uU selbst ohne Mahnung Verzug eintreten; dazu Bley-Mohrbutter 11 c. – Bloßer Verzug des Treuhänders, der nicht in schuldhaft vergleichswidrigem Verhalten des Schuldners selbst seinen Grund hat, ist dem Schuldner nicht anzurechnen, München HRR **36,** 904.

Für § 9 Abs II kommt es bei **Liquidationsvergleichen** darauf an, ob der Konkurs auch in Forderungen seinen Grund hat, die schon vor der VglBestätigg begründet waren. Nur dann gehören die bei Konkurseröffnung noch vorhandenen Gegenstände der Liquidationsmasse sowie der noch nicht verteilte Liquidationserlös zur Konkursmasse. Andernfalls geht die Liquidation ungeachtet des Konkurses weiter und ist für § 9 II kein Raum, Bley-Mohrbutter 5a.

5) Die Regelung des § 9 ist insoweit **zwingend,** als die Voraussetzungen des Verzuges (Abs I) und der Ausschluß des Wiederauflebens der alten Fdgen beim Liquidationsvergleich nach Maßg des Abs III nicht zum Nachteil des Schuldners geändert werden können. – Im übrigen kann Abweichendes vereinbart werden, **§ 9 Abs IV;** doch nur durch eindeutige Festlegg im Vergleich, RG **156,** 250. Zum Vorbehalt nachträgl Änderung des VglInhalts (etwa durch einen nach Maßg des Vgl eingesetzten GläubAusschuß) vgl Bley-Mohrbutter 8. Keine ergänzende Ausleg des Vergleichs durch außerhalb desselben getroffene Abreden, KuT **38,** 57.

6) Konnte aus dem bestätigten Vergleich in Vbdg mit einem Auszug aus dem GläubVerzeichnis nach Maßg des § 85 I in Höhe der VglQuote **vollstreckt** werden, so berechtigt der Titel beim Wiederaufleben der alten Fdg im Falle des Schuldnerverzuges (§ 9 I) nach § 85 III zur Vollstreckung wegen der ganzen ursprüngl Forderung. Zu den Erfordernissen der Erteilg der VollstrKlausel vgl Bem 5 zu § 85. – Beim **Liquidationsvergleich** ist, wenn Verzug des Schuldners bei der Ausantwortung des Vermögens an den Treuhänder vorliegt oder Verzug des Treuhänders selbst gegeben und dieser Verzug dem Schuldn anzurechnen ist (vgl Bem 4), Vollstreckung in das – dem Treuhänder anvertraute – Treugut zulässig, ohne daß dieser nach ZPO § 771 widersprechen kann, Frankfurt JW **33,** 1141; Krieg 3; Bley-Mohrbutter 18g (anders LG Hannover BB **52,** 359; dazu Anm von Gascard).

Nachholungsfrist

10 Unterläßt es der Schuldner, dem Antrag die im § 4 Abs. 1 genannten Anlagen beizufügen oder genügen der Antrag und die Anlagen nicht den Vorschriften der §§ 3 bis 7, so kann das Gericht, falls der Mangel entschuldbar ist, dem Schuldner eine Frist zur Nachholung bewilligen. Die Frist soll zwei Wochen nicht überschreiten. Betrifft das Vergleichsverfahren ein Unternehmen von erheblichem Umfang oder liegen andere besondere Gründe vor, so darf sie länger, jedoch nicht mit mehr als vier Wochen bemessen werden.

§ 10

1) Nachholungsfrist nur bei Entschuldbarkeit des Mangels. Entschuldbarkeit wird idR vorliegen, wenn wegen drohender Zwangsmaßnahmen oder eines Konkursantrages der Antrag auf Eröff des gerichtl VglVerf übereilt gestellt werden mußte, sowie wenn vom Schuldner nach seiner kaufmännischen Vorbildung die Stellung eines sachgemäßen VglAntrages nicht erwartet werden kann. Bei den außergewöhnl Anforderungen, welche das Gesetz an den VglAntrag und die Anlagen stellt, wird der VglSchuldner kaum jemals in der Lage sein, einen in jeder Hinsicht den Erfordernissen gerecht werdenden Antrag vorzulegen. Dadurch wird der Ausnahmefall, welcher eine Nachholungsfrist rechtfertigt, zur Regel (vgl Renger KuT **38**, 50). **Sofortige Ablehnung der Eröff des VglVerf** unter Ablehnung einer Nachholungsfrist nur, wenn offensichtlich einer der Ablehnungsgründe der §§ 17, 18 vorliegt und Beseitigg des Mangels nicht mögl ist. – Gegen die Ablehnung der Gewährung einer Nachholungsfrist kein **Rechtsmittel**. Sofortige Beschwerde nach Maßg des § 19 II nur gegen die bei Ablehnung der Eröff des VglVerf erforderliche Entscheidung über die KonkursEröff. Mit dieser Beschwerde kann nach § 19 II S 2 auch geltend gemacht werden, daß vor Abweisung des VglAntrages eine Nachholungsfrist hätte gesetzt werden müssen.

§ 10 bezieht sich über seinen Wortlaut hinaus auch auf das Fehlen allgemeiner Antragserfordernisse, wie das Fehlen einer schriftl Vollmacht, des Nachweises der gesetzl Vertretung; dazu Bley-Mohrbutter 1.

2) Nachfristsetzung erfordert **Angabe der abzustellenden Mängel.** Bei Behebung der gerügten Mängel grundsätzl keine Befugnis des Gerichts, ohne erneute Nachfristsetzung wegen anderer, nicht gerügter Mängel die Eröff des VglVerf abzulehnen, es sei denn, daß eine Behebung ausgeschlossen ist.

3) Wird dem Schuldner nach Maßg des § 10 eine nach Tagen oder Wochen berechnete Frist gesetzt, so beginnt dieselbe mit der Zustellg (§ 118 I) des gerichtl Bescheides. Für die Berechnung der Frist gilt ZPO § 222. Die Gesamtdauer der Frist soll 2 Wochen nicht überschreiten; nur in Sonderfällen (§ 10 S 3) ist eine längere Frist, die jedoch insgesamt 4 Wochen nicht überschreiten darf, zulässig. Anders Bley-Mohrbutter 10, danach kann von vornherein eine über die Fristen des § 10 hinausgehende Frist zugebilligt werden, wenn sogleich zu übersehen ist, daß die Fristen des § 10 nicht ausreichen.

Die Frist ist **keine Ausschlußfrist.** Nachholungen nach Ablauf der Frist, aber vor der Entscheidung des Gerichts über den EröffAntrag sind bei der Entscheidung zu berücksichtigen, Kiesow 7 zu § 19; Bley-Mohrbutter 8 (abw LG Stuttg NJW **53**, 1231).

2. Abschnitt. Eröffnung des Verfahrens

Bestellung eines vorläufigen Verwalters

11 ^I **Das Gericht hat sofort nach dem Eingang des Antrags einen vorläufigen Verwalter zu bestellen und den Eingang des Antrags sowie den Namen des vorläufigen Verwalters öffentlich bekanntzumachen.**

^{II} **Für den vorläufigen Verwalter gelten sinngemäß die Vorschriften über den Vergleichsverwalter (§§ 38 bis 43).**

1) Die **§§ 11–15 betreffen** den Zeitraum zwischen Eingang des VglAntrages bei Gericht und Entsch des Gerichts über den Antrag; die **das Vorverfahren,** welches der Vorbereitung der Entscheidung über den VglAntrag dient. – **Die §§ 11–13 verfolgen den doppelten Zweck, eine den Gläubigern nachteilige Veränderung der Vermögenslage des Schuldners zu verhüten und eine gegenüber dem Druck drohender Einzelzugriffe gesicherte, ruhige und gründliche Prüfung der Aussichten des Vergleichsverfahrens zu ermöglichen,** Kiesow KuT **35,** 113. Zur Bedeutung des Vorverfahrens vgl erg Berges KTS **60,** 139 f (zu BGH KTS **60,** 138) m weit Hinw.

2) **§ 11 Abs I.** Bestellung eines **vorläufigen Verwalters** sofort nach dem Eingang des VglAntrages. – Abstandnahme von der Bestellung nur unter den Voraussetzungen des § 15 I. Die Bestimmung des § 15 darf jedoch nicht dazu führen, daß dem Vorverfahren noch ein weiteres Vorverfahren vorgeschaltet wird. Es ist insbesondere nicht angängig, die zum vorläufigen Verwalter in Aussicht genommene Person als Sachverständigen mit einer Vorprüfung zu beauftragen, Vogels JW **36,** 4. Ein vorläufiger Verwalter ist zu bestellen, wenn die Voraussetzungen des § 15 I nicht offensichtlich vorliegen.

3) Für die **Auswahl** des vorläufigen Verwalters gilt § 38 entsprechend; vgl. hierzu Anh 2. Erforderlich ist also allgemeine **Vertrautheit mit Fragen des Rechts und der Wirtschaft** sowie eine gewisse Kenntnis kaufmännischer Dinge (Buch- und Bilanzkunde), vgl Bem 2 zu § 38. Erforderlich ist ferner rechtliche und wirtschaftl **Unabhängigkeit** vom Schuldner und von den VglGläubigern. Bei einer vom **Schuldner oder vom Gläub als Verwalter vorgeschlagenen Person** wird das Gericht dessen Unabhängigkeit besonders sorgfältig prüfen müssen. Von der Bestellung des Vergleichshelfers (vgl § 3, 1 b), welcher das VglVerfahren für den Schuldner vorbereitet oder einen außergerichtl Vgl versucht hat, ist also ausnahmslos abzusehen, Bem 3 zu § 38. In der Regel wird der vorläufige Verwalter mit dem späteren Vergleichsverwalter identisch sein; doch ist das Gericht in dieser Hinsicht nicht gebunden. – Eine **Bestallung** erhält der vorläufige Verwalter nicht; er weist sich durch die Bestellung anordnenden Gerichtsbeschluß aus. Zu den richterlichen Amtspflichten gehört es, vor Bestellung eines vorläufigen Verw zu prüfen, ob die Verfahrenskosten gedeckt sind, BGH LM BGB § 839 (Fi)

§ 11

Nr. 36 = NJW **81**, 1726 = MDR **81**, 824 = JZ **81**, 395 = VersR **81**, 484 = ZIP **81**, 365 = Rpfleger **81**, 231 = AnwBl **81**, 281.

Nach Bley-Mohrbutter 8 b gehört zu den Aufgaben des vorläufigen Verwalters auch die Unterstützung des Schuldners bei Beschaffung, Ergänzung und Berichtigg fehlender oder mangelnder Teile und Anlagen des VglAntrages, insbes bei Aufstellung der Vermögensübersicht sowie des Gläub- und Schuldnerverzeichnisses; doch handelt er auch insoweit nicht als privater VglHelfer des Schuldners, sondern kraft seines öfftl Amtes als persönl verantwortl Gehilfe des Gerichts.

4) Für den vorläufigen Verwalter gelten sinngemäß die §§ 39–43. Er hat den Schuldner nach Maßg dieser Vorschr zu **überwachen** und nötigenfalls den Erlaß von Verfügungsbeschränkungen anzuregen; oder die Einstellung von Vollstreckungsmaßnahmen zu beantragen, damit das Vermögen für die gleichmäßige Befriedigg der Gläubiger sichergestellt wird, §§ 12, 13; vgl dazu Büchert WirtschPrüfer **51**, 329. Er hat ferner die wirtschaftlichen Verhältnisse des Schuldners zu **prüfen** und dem Gericht darüber **Bericht zu erstatten** (§ 40), ob der VglVorschlag mit der Vermögenslage und den Kräften des Schuldners in Einklang steht. Insbesondere hat er sich darüber zu äußern, ob der Vergleich erfüllbar ist, andererseits aber auch den Gläubigern das bietet, was sie billigerweise erwarten können, Vogels JW **36**, 4. Zur Aufnahme von Darlehen und einer Anw des § 106 im Vorverfahren vgl Bem 2 zu § 12. – Der vorläufige Verwalter steht unter der **Aufsicht** und Strafbefugnis des Gerichts, § 41, ist allen Beteiligten persönlich **verantwortlich**, § 42 (vgl Anm dazu mit Hinweis in Anm 1 auf BGH NJW **57**, 753 betr einen vorläufigen Verwalter) und hat Anspr auf **Vergütung** und Auslagenersatz nach § 43 (erg § 43 Anm 2 Abs 1, 2, Anm 4–9).

Die **Rechte des vorläufigen Verw** können in keinem Falle weiter gehen als die Rechte des VglVerwalters. Das Gesetz beschränkt im Gegenteil die Rechte des vorläufigen Verwalters. Befugnisse, welche dem endgültigen Verw nach § 57 zustehen, hat der vorl Verw nur, wenn das Gericht dies besonders anordnet, § 12. – Zur Stellung des vorläufigen Verwalters beim Erlaß eines allgemeinen Veräußerungsverbots im Vorverfahren (§§ 11, 12, 38 ff, 57 ff) vgl noch Düsseldorf KTS **72**, 197.

5) Das Amt des vorläufigen Verwalters **beginnt** mit der Annahme des Amtes, nicht mit Empfang des ihn bestellenden Gerichtsbeschlusses. Keine Pflicht zur Annahme. Nach Annahme jedoch kein Recht zu Kündigung oder Niederlegung des Amtes. Der Verwalter kann lediglich um seine Entlassung nachsuchen. Darüber entscheidet das Gericht nach § 41 II. Gegen die Entscheidung kein Rechtsmittel, § 121. – **Ende** des Amtes durch Tod, Verlust der Geschäftsfähigkeit, Entlassung nach § 41 II sowie nach Maßg des § 19 Abs 4.

6) Mit Rücksicht auf die Bedeutung des Vorverfahrens für das eigentl VglVerf, die auch zu einer Anwdg des § 106 bereits im Vorverfahren geführt hat (vgl Anm 2 zu § 12), wird für das Vorverfahren auch die Bestellung eines (vorläufigen) **GläubBeirats** (§ 44) für zulässig erachtet werden müssen; vgl. Künne KTS **55**, 31; Stein NJW **55**, 1388 f; Berges KTS **59**, 150 Fußnote 1; Bley-Mohrbutter 1 a, Uhlenbruck BB **76**, 1198;

Obermüller in Festschrift für Döhring 1975, S 101 (and Vogels-Nölte I 1 a Abs 5 zu § 44). Zu der Frage, ob einem (vorläufigen) GläubBeirat Betriebsratsmitglieder angehören können, Gaul KTS **55**, 182. – Zu der Frage, ob und ggf unter welchen Voraussetzungen die Bestellung eines vorläufigen Gläubigerbeirats im Vorverfahren den Rechtspfleger für das Verfahren nach dessen Eröffnung bindet, vgl Mohrbutter/Drischler NJW **71**, 361, 362.

Sicherungsmaßnahmen

12 **Das Gericht hat alle Maßnahmen zu treffen, die erforderlich erscheinen, um eine den Gläubigern nachteilige Veränderung in der Vermögenslage des Schuldners bis zur Entscheidung über den Antrag zu verhüten. Es kann insbesondere dem Schuldner Verfügungsbeschränkungen auferlegen und anordnen, daß die im § 57 bezeichneten Beschränkungen des Schuldners eintreten und daß dem vorläufigen Verwalter die dort vorgesehenen Befugnisse des Vergleichsverwalters zustehen. Für die Verfügungsbeschränkungen gelten sinngemäß die Vorschriften der §§ 59 bis 65.**

1) § 12 bringt zum Ausdruck, daß der Gesetzgeber das Vorverfahren dem Schuldner entzogen und dem Gericht zugewiesen hat; zum Unterschied vom früheren Recht vgl Levy KuT **35**, 34. – **Das Gericht hat nach Eingang des VglAntrages von Amts wegen unter eigener Verantwortung zu prüfen**, welche Maßnahmen zum Schutze der Gläubiger gegen eine Verminderung des Vermögens des Schuldners bis zur Entscheidung über den EröffAntrag erforderlich sind. Anträge des Verwalters oder eines Gläubigers haben nur die Bedeutung von Anregungen. Eigene Ermittlungspflicht des Gerichts nach § 116; Mitwirkungspflicht des vorläufigen Verwalters nach § 40 II S 1 und 2.

2) Nach § 12 Abs I S 2 kann der Vergleichsrichter insbesondere
a) dem Schuldner ein **allgemeines Veräußerungsverbot** auferlegen oder ihm die **Verfügung über einzelne Vermögensgegenstände verbieten**; vgl hierzu §§ 59–65 mit Anm; und zur Stellung des vorläufigen Verwalters beim Erlaß eines allg Veräußerungsverbots den Hinweis in Anm 4 Abs 2 zu § 11;
b) anordnen, daß die im § 57 bezeichneten Beschränkungen des Schuldners schon jetzt eintreten, und daß dem vorläufigen Verw die dort vorgesehenen Befugnisse des VglVerw zustehen; dazu Kiesow KuT **35**, 113.
Solche Maßnahmen müssen nicht im Mißtrauen gegen den Schuldner ihren Grund haben. Ihr positiver Zweck ist Erhaltung des Schuldners (Schuldnerbetriebes) und (oder) Schutz der Gläub, Bley-Mohrbutter 2. Anordnungen nach § 12 dürften daher weitgehend zulässig sein; vgl Berges KTS **55**, 4ff. Hat das Gericht die zu b) genannte Anordnung getroffen, so genießen auch die im Vorverfahren mit Zustimmung des vorläufigen Verwalters aufgenommenen **Darlehen** das Vorrecht des § 106 und gehören in einem Anschlußkonkurs zu den Massenschulden iS des KO § 59 Abs 1 Nr 1, wenn im übrigen die Voraussetzungen des § 106 vorliegen, BGH **32**, 268 = KTS **60**, 138 m Anm v Berges = NJW **60**,

§ 13

1456 m Anm v Franke NJW **60**, 1953 = LM 2 zu VerglO § 106 m Anm v Rietschel = MDR **60**, 756. Außerhalb des § 106 können aber durch Handlungen des vorläufigen Verwalters mit Bezug auf einen nachfolgenden Konkurs Masseschulden nicht begründet werden, vgl BGH aaO; auch BGH **23**, 307, 318; AG Löningen KTS **68**, 63 m Anm d Schriftl.

3) Die Befugnis zu gerichtl Maßnahmen im Vorverfahren ist begrenzt durch den Zweck der das Vorverfahren betreffenden Bestimmungen (Bem 1 zu § 11). Das Vergleichsgericht kann dem vorläufigen Verwalter nicht eine über den § 57 hinausgehende Befugnis einräumen, ihn insbesondere nicht ermächtigen, allgemein Rechtsgeschäfte namens des Schuldners abzuschließen oder andere Leistungen als Geldleistungen mit Wirkung für ihn anzunehmen oder zu bewirken.

4) Die Entscheidungen des Gerichts nach § 12 sind **nicht anfechtbar** (§ 121), können aber jederzeit geändert werden. – Die Maßnahmen sind **aufzuheben,** wenn sie entbehrlich sind, § 65; sowie wenn der Schuldner vor der Eröff des VglVerf den VglAntrag zurücknimmt, § 15 II. Sie treten außer Kraft, wenn bei Ablehnung der Eröff des VglVerf das Konkursverfahren nicht eröffnet wird, § 19 III. Wird das VglVerf eröffnet, so wirken sie nach § 24 für das VglVerf fort. Wird bei Ablehnung der Eröff des VglVerfahrens nach § 19 der Anschlußkonkurs eröffnet, so findet § 103 Anwendung; vgl Anm 1 und 2 zu § 103.

5) Handelt der Schuldner einer nach § 12 erlassenen Anordnung des Gerichts zuwider und ist sein Verhalten nicht entschuldbar, so ist die Eröff des VglVerf abzulehnen, § 17 Nr. 9, und gleichzeitig von Amts wegen über die Eröff des Konkursverf zu entscheiden, § 19 I.

6) An Verfügungsbeschränkungen, die der Richter im Vorverfahren erlassen hat und die nach § 24 fortwirken, ist der Rechtspfleger für das Verfahren nach dessen Eröffnung grundsätzlich nicht gebunden. Vgl Mohrbutter/Drischler NJW **71**, 361, 362.

Einstweilige Einstellung von Vollstreckungsmaßnahmen

13 ^I **Auf Antrag des vorläufigen Verwalters kann das Vergleichsgericht anordnen, daß eine Zwangsvollstreckung, die gegen den Schuldner bei Eingang des Eröffnungsantrags anhängig ist oder später anhängig wird, bis zur Entscheidung über den Eröffnungsantrag, längstens jedoch auf die Dauer von sechs Wochen einstweilen eingestellt werde. Die Anordnung soll nur getroffen werden, wenn dies für das Ergebnis der Veräußerung von Vorteil oder zur Vermeidung eines den Gläubigern drohenden Nachteils unerläßlich ist. Die Anordnung ist nur zulässig, wenn der vollstreckende Gläubiger im Falle der Eröffnung des Verfahrens Vergleichsgläubiger wäre oder zu den im § 29 Nr. 3 und 4 bezeichneten Gläubigern gehören würde.**

^{II} **Der Antrag ist abzulehnen, wenn er so spät gestellt wird, daß das Gericht seine Voraussetzungen nicht mehr prüfen kann.**

1) § 13 betrifft die **einstweilige Einstellung von Vollstreckungsmaßnahmen im Vorverfahren.** Die Vorschrift will verhindern, daß noch

Eröffnung des Verfahrens § 13

nach Stellung des VglAntrages einzelne Gläubiger sich Sondervorteile verschaffen und die übrigen Gläubiger durch Verschleuderung des Schuldnervermögens geschädigt werden, Vogels JW **36**, 4; Renger Betr **51**, 520.

2) § 13 erfordert einen **Antrag**. Antragsberechtigt ist nur der vorläufige Verwalter. Beim Vorliegen der Voraussetzungen des § 13 Antragspflicht; dazu Büchert WirtschPrüfer **51**, 329. – Die Vorschr bezieht sich auf jede Art der Zwangsvollstreckung. Sie betrifft jeweils aber nicht die Vollstreckung als Ganzes, sondern nur den einzelnen Vollstreckungsangriff. Einstellung eines solchen VollstrAngriffs nach Maßg des § 13, wenn derselbe bereits bei Eingang des VglAntrages anhängig war oder im Vorverfahren anhängig wird und noch nicht beendet ist. Es gelten entspr die Ausführungen in Bem 3 zu § 48 (nach Bley-Mohrbutter 3 ist auch die vorläufige Einstellung noch nicht begonnener Zwangsvollstreckungen zulässig). – ZwVollstr iS des § 13 ist auch die Fiktion des ZPO § 894; vgl Bem 5 Abs 2 zu § 47. – Für die Vollziehung eines Arrestes oder einer einstweiligen Verfügung gilt § 13 gleichfalls; dazu § 124. – ZwVollstr iS des § 13 ist wohl auch das Verfahren betr die Abgabe einer eidesstattl Versicherung nach ZPO § 807 (and Lorenz MDR **62**, 702 ff; Bley-Mohrbutter 7 Abs 3, Rechtsgrundlage für eine Einstellung von Maßnahmen betr die Abgabe einer eidesstattl Versicherung nach ZPO § 807 kann danach nicht VglO § 13, sondern nur ZPO § 765 a sein).

3) Die Anordnung der Einstellung berührt als solche nicht die Wirksamkeit von **vorangegangenen**, bereits beendeten **Vollstreckungsakten**. Der VollstrAngriff, welcher eingestellt wird, verbleibt in dem Stadium, in welchem er sich im Zeitpunkt der Anordnung der Einstellung befindet, so daß der Antrag auf Vornahme der VollstrHandlung grundsätzlich bestehen bleibt. Die Vollstreckungseinstellung ist **nur zulässig gegenüber einem Gläubiger, welcher im Falle der Verfahrenseröffnung Vergleichsgläubiger** wäre (vgl Bem 1 a, c, d zu § 47) oder eine Forderung nach § 29 Nrn 3, 4 geltend macht.

4) Anordnung nur, wenn und soweit **für das Ergebnis der Veräußerung von Vorteil oder zur Vermeidung eines der Gesamtgläubigerschaft drohenden Nachteils unerläßlich**, § 13 I S 2. Über das Vorliegen dieser Voraussetzungen entscheidet das Gericht nach pflichtgemäßem Ermessen. Der Gläub braucht vor der Entsch nicht gehört zu werden; dazu Büchert WirtschPrüfer **51**, 329 f. – Zulässig ist nur die **einstweilige** Einstellung. Einstellung grundsätzlich bis zur Entscheidung über den Eröffnungsantrag; **Höchstdauer der Einstellung** jedoch **6 Wochen.** Das Gesetz geht davon aus, daß innerhalb dieses Zeitraums über die Verfahrenseröffnung entschieden werden kann. Das ist jedoch nicht immer möglich, wenn es sich um ein umfangreiches Unternehmen handelt oder wenn die Art des Schuldnergeschäfts die Prüfung der Voraussetzungen der Verfahrenseröffnung besonders schwierig und zeitraubend macht. Die Frist kann aber auch dann vom Gericht nicht über insgesamt sechs Wochen verlängert werden. – Ein zeitl über § 13 hinausgehender Vollstreckungsschutz nach Maßg des ZPO § 765 a Abs 1 (vgl Einl III b) kann

§ 14

nur vom VollstrGericht gewährt werden; vgl Lorenz MDR **62,** 702, 704; Bley-Mohrbutter 12.

5) Entscheidungen nach Maßg des § 13 sind nach § 121 **grundsätzlich unanfechtbar,** da die Beschwerde nicht ausdrücklich zugelassen ist. Hat jedoch der VglRichter außerhalb seiner gesetzl Kompetenz gehandelt (insbes bei Anordnungen gegen Gläub, die im Falle der Eröff des VglVerf weder VglGläub wären noch zu den im § 29 Nrn 3 und 4 bezeichneten Gläub gehören würden), so sind die gerichtl Maßnahmen insoweit wirkungslos. Die Wirkungslosigkeit kann mit der sofortigen Beschwerde nach ZPO § 793 geltend gemacht werden, Künne KTS **55,** 78; MDR **57,** 725; Bley-Mohrbutter 12, vgl auch Lorenz MDR **62,** 703f (and Vogels-Nölte II 2 Abs 7; LG Hbg DJ **36,** 1697 m zust Anm v Vogels; LG Darmstadt MDR **57,** 492).

6) Wird der VglAntrag vor Eröff des VglVerf zurückgenommen, so wird nicht schon dadurch die nach § 13 getroffene Maßnahme unwirksam. Doch ist das VglGericht in solchem Falle nach § 15 Abs II gehalten, die Maßnahme aufzuheben.

Anhörung der Berufsvertretung

14 **Vor der Entscheidung über den Eröffnungsantrag hat das Gericht unbeschadet seiner Verpflichtung nach § 116, wenn der Schuldner Handels- oder Gewerbetreibender oder Landwirt (Bauer) ist, die zuständige amtliche Berufsvertretung der Industrie, des Handels, des Handwerks (Gewerbes) oder der Landwirtschaft zu hören. Die Vertretung hat sich über den Antrag unverzüglich, spätestens jedoch vor Ablauf einer Woche, zu äußern. Das Gericht kann die Frist auf Antrag der Vertretung um eine weitere Woche verlängern.**

1) § 14 schreibt bei Schuldnern, welche bestimmten Berufsgruppen angehören, die **Anhörung der** amtlichen **Berufsvertretung** zwingend vor. Von der Anhörung kann nur unter den Voraussetzungen des § 15 I abgesehen werden. – **Amtlich** bedeutet lediglich: auf staatl Anordnung beruhend. Der Rechtscharakter der Berufsvertretung (öfftl-rechtl Körperschaft, privatrechtl Gebilde) ist ohne Bedeutung; dazu Bley-Mohrbutter 1a. – **Handelstreibende** sind die Kaufleute (unter Einschluß der Minderkaufleute nach HGB § 4) und Handelsgesellschaften; **Gewerbetreibende** sind die Handwerker; **Landwirte** iS des § 14 sind die Inhaber land- und forstwirtschaftlicher Betriebe. – Berufsvertretungen sind die Industrie- und Handelskammern, die Handwerkskammern und die Landwirtschaftskammern. (Beim Fehlen solcher Kammern kommen die gleichgeordneten Stellen mit gleichem Aufgabenkreis in Frage). Die Zuständigkeit der Berufsvertretung bestimmt sich sachlich und örtlich nach der Person des Schuldners (Art des Betriebes; Ort der gewerbl Hauptniederlassung). Bei **Zugehörigkeit zu verschiedenen der genannten Berufsgruppen** Anhörung der mehreren Berufsvertretungen.

2) Aufgabe der Berufsvertretung ist es, auf Grund der eingereichten Unterlagen (Zweitschrift von Antrag und Unterlagen) sowie durch eigene Ermittlungen und Feststellungen insbesondere zu prüfen:

Eröffnung des Verfahrens **§ 14**

a) die wirtschaftl und persönl VglWürdigkeit des Schuldners, § 18 Nrn 1, 2;
b) die Angemessenheit der gebotenen VglQuote, § 18 Nr 3;
c) im Zusammenhang damit die Prüfung des gesamten übrigen Inhalts des VglVorschlags, §§ 7–9;
d) die Prüfung der angebotenen Sicherstellung der VglErfüllung;
e) die Erhaltung des Schuldnerbetriebes nach Durchführung des Vergleichs.

Die Berufsvertretung hat die Äußerung auf alles zu erstrecken, was voraussichtlich für die Entscheidung über den VglAntrag bedeutsam ist. Sie soll nicht nur Tatsachen anführen, sondern – wie die Eingangsworte des § 18 ergeben – auch wertend Stellung nehmen Bley-Mohrbutter 9. Sie wird sich aber, da die besonderen Ablehnungsgründe für die Eröff des VglVerf in §§ 17, 18 erschöpfend aufgeführt sind, in ihrem Gutachten nur mit Fragen befassen müssen, die mit diesen besonderen Ablehnungsgründen und den sich aus § 2 ergebenden allgemeinen Ablehnungsgründen (vgl Bem 3, 4 zu § 16) zusammenhängen.

Für die Gutachtertätigkeit der Industrie- und Handelskammern im Rahmen des § 14 galten früher allgemein die durch AV des RJM v 26. 5. 1937 (DtJust S 838) bekanntgemachten **Richtlinien.** Inzwischen sind neue Richtlinien erarbeitet. Diese neuen Richtlinien (abgedruckt Anhang 4) sind unter Aufhebung der AV des RJM v 26. 5. 1937 veröffentlicht in den Ländern Bayern (Bek des BStMdJ v 6. 12. 1955; BayBSVJu II S 279), Niedersachsen (Bek des Nds MdJ v 18. 6. 1955; NdsRpfl S 124), Nordrhein-Westfalen (AV des JM v 25. 11. 1955; JMBl S 277), Rheinland-Pfalz (Bek des JM v 15. 12. 1955; JBl **56** S 4) und Schleswig-Holstein (Bek des JM v 3. 11. 1955; SchlHA **56** S 9). – Zum Gutachten der Berufsvertretung auch Veismann KTS **68,** 40 ff.

Da die Berufsvertretungen nicht als Sachverständige im prozessualen Sinne, sondern in Erfüllung einer besonderen amtl Aufgabe und damit zugleich im Interesse des von ihnen vertretenen Berufsstandes handeln, findet eine **Vergütung** und Auslagenerstattung für die Äußerung nicht statt, LG Duisburg JW **26,** 1615; Bley-Mohrbutter 7.

3) Das Gesetz verlangt **unverzügliche** Äußerung der Berufsvertretung, spätestens vor Ablauf einer Woche. Verlängerung der Frist ist auf Antrag zulässig, jedoch nur um eine weitere Woche. – Von den Berufsvertretungen wird mit Recht darauf hingewiesen, daß die Frist des § 14 zu kurz bemessen ist. Eine Einhaltung ist schon deswegen kaum möglich, weil der Lauf der Frist nicht erst mit dem Eingang des Aufforderungsschreibens bei der Berufsvertretung, sondern bereits mit der Aufgabe des Schreibens zur Post (§ 118) beginnt. Die Berufsvertretung wird nur in seltenen Fällen in der Lage sein, innerhalb von 4 Tagen, welche ihr bei der einwöchigen Frist praktisch nur zur Verfügung stehen, die in der Regel erforderlichen eigenen Ermittlungen mit der notwendigen Gründlichkeit durchzuführen und zu einem brauchbaren Gutachten zusammenzustellen. Die Gerichte werden nicht umhin können, den Anträgen der Berufsvertretg, die einwöchige Frist um eine Woche zu verlängern, schlechthin zu entsprechen. Weitere Verlängerungen sind aber unstatthaft. – Es empfiehlt sich eine gesetzliche Änderung des § 14 dahingehend,

§ 15

daß die zweiwöchige Frist die Regel ist und diese Frist auf Antrag um eine Woche verlängert werden kann. Eine weitere Auflockerung des § 14 erscheint im Interesse einer baldmöglichen Entscheidung über den Eröffnungsantrag jedoch nicht angebracht.

4) Bei der Frist nach § 14 handelt es sich **nicht** um eine **Ausschlußfrist**, so daß der Ablauf der Frist als solcher nicht schon irgendwelche Rechtsfolgen auslöst, Kiesow 10 zu § 20. Nach fruchtlosem Ablauf der Frist kann der Richter über den Antrag auf Eröff des VglVerf entscheiden, ohne die Äußerung der Berufsvertretung noch abwarten zu müssen. Geht die Äußerung nach Ablauf der Frist, aber vor der Entscheidung ein, so ist sie bei dieser zu berücksichtigen; so auch Bley-Mohrbutter 8 Abs 1. Bei besonders verwickeltem und umfangreichem Sachverhalt, bei welchem eine sachfördernde Äußerung der Berufsvertretung auch innerhalb von zwei Wochen nicht erfolgen kann, kann also das Gericht, wenn die eigenen Ermittlungen nicht zum Ziele führen, auch nach dem Ablauf der Frist des § 14 mit der Entscheidung noch wenige Tage warten, wenn alsdann (was evtl durch fernmündl Rücksprache festzustellen ist) mit dem Eingang der Äußerung zu rechnen ist. – **Wichtig ist, daß der Vergleichsvorschlag mit Anlagen alsbald nach Eingang** des VglAntrages (auch wenn bei Unvollständigkeit dem Schuldner gemäß § 10 eine Frist zur Ergänzung gesetzt wird) **der Berufsvertretung zugeleitet wird.** Vom Schuldner nachgebrachte Unterlagen sind der Berufsvertretung nachzureichen. Alsdann schadet uU ein geringes Zuwarten des Gerichts nach Ablauf der Frist des § 14 nicht.

5) Ist die Einholung einer Äußerung der Berufsvertretung nach § 14 unterblieben, so gibt diese Tatsache weder dem Schuldner noch dem Verwalter noch der Berufsvertretung ein **Anfechtungsrecht.** Der Bestand des eröffneten Verfahrens wird durch die unterlassene Anhörung nicht in Frage gestellt. Doch kann, wenn das Unterlassen zu einer Ablehnung der Verfahrenseröffnung und damit zu einer Entscheidung über die Eröff des Konkursverf führt (§ 19), der Schuldner mit der gegen die letztgenannte Entscheidung eingelegten Beschwerde nach § 19 II S 2 das Unterlassen der Anhörung rügen; vgl Kiesow 5 zu § 20.

6) Der VglRichter ist an die Äußerung der Berufsvertretung nicht gebunden. Doch wird er sich bei einer Ablehnung des VglAntrags entgegen dem Gutachten der Berufsvertretung mit den Gründen, die von der Berufsvertretung angeführt sind, eingehend auseinandersetzen müssen. Bei Eröff des VglVerf entgegen der Stellungnahme der Berufsvertretung wird er zweckmäßig in einem Aktenvermerk die Gründe festhalten, die ihn veranlaßt haben, von dem Gutachten abzuweichen.

Verfahren bei Aussichtslosigkeit oder bei Rücknahme des Vergleichsantrags

15 [I] **Die in §§ 11 bis 14 vorgesehenen Maßnahmen sollen unterbleiben, wenn der Eröffnung des Vergleichsverfahrens einer der in den §§ 17, 18 bezeichneten Gründe entgegensteht und die Beseitigung dieses Grundes nicht möglich oder mit Sicherheit nicht zu erwarten ist.**

Eröffnung des Verfahrens § 16

II Nimmt der Schuldner den Vergleichsantrag vor der Eröffnung des Verfahrens zurück, so hebt das Gericht die auf Grund der §§ 11 bis 13 getroffenen Maßnahmen auf. Die Rücknahme des Antrags und die Beendigung des Amts des vorläufigen Verwalters sind öffentlich bekanntzumachen, es sei denn, daß das Gericht auf Grund des vorstehenden Absatzes 1 von der im § 11 Abs. 1 vorgesehenen öffentlichen Bekanntmachung abgesehen hat.

1) Ist der Vergleichsantrag nach Maßg des § 15 Abs I von vornherein offensichtlich (vgl Bem 2 zu § 11) aussichtslos, so soll das Gericht von den vorläufigen Maßnahmen nach §§ 11–13 und der Anhörung der Berufsvertretung nach § 14 absehen. Alsdann sofortige Ablehnung der Eröff des VglVerf und gleichzeitige Entscheidung über die Konkurseröffnung, §§ 16, 19 I. – Keine Anwendung des § 15 I, wenn die Möglichkeit der Behebung von Mängeln nur zweifelhaft ist.

Von Maßnahmen nach §§ 11 bis 13 ist selbstverständl auch abzusehen, wenn etwa die VglFähigkeit fehlt oder ein VglGrund nicht vorliegt.

2) **Rücknahme des Vergleichsantrages** vor Eröff des VglVerf oder des Anschlußkonkurses bei Ablehnung des VglAntrages (Bley-Mohrbutter 4) beendet kraft Gesetzes das Vorverfahren. Keine Einstellung oder Aufhebung des Verfahrens durch das Gericht. Nach **§ 15 Abs II** hebt das Gericht lediglich die nach §§ 11–13 getroffenen Maßnahmen wieder auf. – Rücknahme des VglAntrages und Beendigg des Amtes des vorläufigen Verwalters sind öffentlich bekanntzumachen, wenn nach § 11 I der Eingang des Antrages und der Name des Verwalters öffentlich bekanntgegeben worden sind. – Die Aufhebung der nach §§ 12, 13 getroffenen Anordnungen wird in derselben Weise bekanntgegeben, in der auch die Anordnung und Durchführung der Maßnahmen bekanntgemacht wurden.

Entscheidung über die Eröffnung

16 Nach Abschluß der erforderlichen Ermittlungen, insbesondere nach Eingang der Äußerung der amtlichen Berufsvertretung oder nach Ablauf der im § 14 bezeichneten Fristen, entscheidet das Gericht, ob das Vergleichsverfahren zu eröffnen ist.

1) Im § 16 fordert das Gesetz **Entscheidung über den Eröffnungsantrag nach Abschluß der erforderlichen Ermittlungen,** insbesondere nach Eingang der Äußerung der Berufsvertretung oder nach Ablauf der im § 14 genannten Fristen. Damit ist nicht gesagt, daß sofort nach dem Eingang der Äußerung oder dem Ablauf der Frist entschieden werden muß. Das Gericht, welches nach § 116 eigene Ermittlungen anzustellen hat (eingehend dazu Weiß BB **52,** 298), entscheidet erst, wenn auch diese abgeschlossen sind. So kann gerade die Äußerung der Berufsvertretung Anlaß zu einer ergänzenden eigenen Ermittlung des Gerichts Anlaß geben. Die Ermittlungen sind jedoch mit tunlichster Beschleunigung durchzuführen. – Auch Ablauf der im § 14 bezeichneten Fristen ohne

§ 17 2. Abschnitt

Eingang einer Äußerung der Berufsvertretung enthebt das Gericht nicht der Pflicht zu eigenen Ermittlungen.

2) **Inhaltlich** geht die Entscheidung des Gerichts nach § 16 entweder
a) auf **Eröffnung des Vergleichsverfahrens.** Diese Entscheidung kann nicht angefochten werden; oder
b) auf **Ablehnung der Eröffnung** des Vergleichsverfahrens. Diese Entscheidung ist für sich allein gleichfalls unanfechtbar. Doch hat der Richter bei Ablehnung der Eröff des VglVerf zugleich von Amts wegen über die Eröff des Konkursverf zu entscheiden, § 19 I (vgl Bem 1 zu § 19); diese Entscheidung ist nach Maßg des § 19 II anfechtbar. Nach § 19 Abs 2 Satz 2 kann mit dieser Entsch auch die Ablehnung der Eröff des VglVerf angefochten werden, vgl Bem 2 zu § 19.

3) Die **Eröffnung des Vergleichsverfahrens ist abzulehnen,** wenn die Voraussetzungen des § 2 nicht vorliegen und ein insoweit behebbarer Mangel nicht behoben ist (§ 10), insbes also wenn der Antrag nicht vom Schuldner oder seinem Vertreter gestellt wurde, wenn der Schuldner nicht vergleichsfähig ist, wenn ein Konkursgrund nicht vorliegt, wenn bereits der Konkurs eröffnet ist oder wenn das Gericht sachlich unzuständig ist. Bei örtlicher Unzuständigkeit auf Antrag Verweisung an das zuständige Gericht, dazu RG **121,** 21; **131,** 200. Dahingehender Antrag ist vom Gericht anzuregen. Wird der Verweisungsantrag trotz Anregung nicht gestellt, so ist der Eröffnungsantrag abzulehnen.

Weitere Ablehnungsgründe ergeben sich aus §§ 17, 18.

4) Das **VglVerfahren muß eröffnet werden,** wenn weder ein allg Ablehnungsgrund (Bem 3 Abs 1) noch ein besonderer Ablehnungsgrund (Bem 3 Abs 2) vorliegt.

5) Nach Bley-Mohrbutter 5 (erg dort Anm 28 a Abs 2 zu § 2) ist **Sistierung** eines VglAntrags zulässig, wenn Ernstlichkeit und Erfolgsaussicht einer außergerichtl Sanierung hinreichend glaubhaft gemacht sind.

Böhle-Stamschräder, VerglO 10. A., Job 11, Langer, 11. 2. 1982

Ablehnungsgründe

17 Die Eröffnung ist abzulehnen,
1. **wenn den Erfordernissen der §§ 3 bis 7 nicht genügt ist und der Mangel auch nicht innerhalb einer nach § 10 gesetzten Frist beseitigt wird;**
2. **wenn der Schuldner flüchtig ist oder sich verborgen hält oder auf eine an ihn ergehende Ladung des Gerichts (§ 116) ohne genügende Entschuldigung ausbleibt;**
3. **wenn gegen den Schuldner wegen Bankrotts nach § 283 Abs. 1 bis 3, § 283 a des Strafgesetzbuches eine gerichtliche Untersuchung oder ein wiederaufgenommenes Verfahren anhängig oder der Schuldner wegen einer solchen Straftat rechtskräftig verurteilt ist;**

Eröffnung des Verfahrens **§ 17**

4. wenn innerhalb der letzten fünf Jahre vor dem Tage des Antrags auf Eröffnung des Vergleichsverfahrens im Inlande ein Konkursverfahren oder ein Vergleichsverfahren über das Vermögen des Schuldners rechtskräftig eröffnet oder mangels Masse rechtskräftig abgelehnt worden ist;
5. wenn der Schuldner innerhalb derselben Frist im Inlande in einem Zwangsvollstreckungsverfahren wegen einer Geldforderung die eidesstattliche Versicherung abgegeben oder ohne Grund verweigert hat;
6. wenn das Vermögen des Schuldners nicht ausreicht, um die voraussichtlich entstehenden gerichtlichen Kosten des Verfahrens einschließlich der einem Verwalter (§§ 11, 20) zu gewährenden Vergütung zu decken; die Ablehnung unterbleibt, wenn ein zur Deckung dieser Kosten ausreichender Geldbetrag bei Stellung des Antrags vorgeschossen oder sonst hinreichend sichergestellt wird;
7. wenn der Schuldner dem vorläufigen Verwalter die Einsicht in seine Bücher und Geschäftspapiere oder ohne genügenden Grund eine Auskunft oder eine Aufklärung verweigert;
8. wenn die geschäftlichen Aufzeichnungen des Schuldners so mangelhaft sind, daß sie einen hinreichenden Überblick über seine Vermögenslage nicht ermöglichen;
9. wenn der Schuldner einer nach § 12 erlassenen Anordnung des Gerichts zuwiderhandelt und sein Verhalten nicht entschuldbar ist.

Vorbem.: Fassung von Nr 5 nach Art 2 § 7 Nr 2 des in der Vorbem zu § 3 genannten Gesetzes vom 27. 6. 1970; Fassung von Nr 3 durch Art 7 Nr 2 des Ersten Gesetzes zur Bekämpfung der Wirtschaftskriminalität (1. WikG) vom 29. 7. 1976 (BGBl I 2034).

1) Die Auffassung der 9. Aufl., **die Ablehnungsgründe der §§ 17, 18 seien zwingend,** KuT 29, 10 wird in Übereinstimmung mit Bley-Mohrbutter 1 aufgegeben. Einer Gläubigerfürsorge, die diesen Vorschriften zugrundeliegt, Berges KTS **55**, 6; **58**, 32; **75**, 77 (87) bedarf es jedenfalls dann nicht, wenn durch Gläubiger schützende Maßnahmen (§§ 12, 58 ff.) deren Interessen gewahrt und eine im VglVorschlag angestrebte, treuhänderisch durchzuführende Liquidation vorteilhafter als ein Konkurs ist, Uhlenbruck KTS **75**, 166, 174; IHK Köln, Stellungnahme im VerglVerfahren Bankhaus I.D. Herstatt KGaA, Mitteilungen der IHK Köln vom 15. 11. 1974, S 693 ff.; LG Hamburg ZIP **81**, 1240 m Anm v H.J. Müller, die in ihrer formalen Betrachtung zu eng ist. Der einschränkenden Auffassung des LG Bochum (EWiR **85**, 709 m. Anm Gerkan), daß von den Ablehnungsgründen „nur ganz ausnahmsweise" abgegangen werden kann, kann dann nicht gefolgt werden, wenn die Gläubigerfürsorge dies erfordert. Dies wird das Gericht also immer prüfen müssen.

2) Zu § 17 Nr 1 vgl Bem zu §§ 3–7. – Trotz der Fassung des Gesetzes ist anzunehmen, daß bei Setzung einer Nachholungsfrist nach § 10 die Ablehnung nicht schlechthin darauf gestützt werden kann, daß eine Behebung nicht innerhalb der Frist erfolgt ist, sofern das Fehlende vor Erlaß des Beschlusses nachgeholt wurde; vgl Bem 1–3 zu § 10.

§ 17

3) Zu § 17 Nr 2. Flüchtig ist der Schuldner, wenn er sich von seinem Wohnort entfernt hat und diesem fernbleibt in der Absicht, sich der Verantwortung gegenüber dem Gericht oder seinen Gläubigern zu entziehen. – **Verborgensein** erfordert Unbekanntheit des Aufenthaltsortes mit Willen des Schuldners, Kiesow 3 zu § 22. – Dem **Nichterscheinen** des Schuldners ist die Auskunftsverweigerung nicht gleichzusetzen.

Befinden sich **mehrere in der Vergleichsschuldnerrolle** (Gesellschafter einer OHG, Miterben), so genügt zur Anwendung der Nr 2, daß **ein** Gesellschafter bzw **ein** Erbe flüchtig ist, sich verborgen hält oder auf eine ihn persönlich betreffende Ladung ausbleibt, Krieg 4. Ist der Schuldner eine jur Person oder ein nicht rechtsfähiger Verein, so geht das Verhalten des vertretungsberechtigten Organs (auch eines einzelnen Organmitglieds) zu Lasten des Schuldners. Ist der Schuldner jedoch eine natürl Person, so ist ihm ein Verhalten seines gesetzl Vertreters nicht anzurechnen, Bley-Mohrbutter 9.

4) Zu § 17 Nr 3. Abzulehnen ist die Eröffnung des Verfahrens, solange **gegen den Schuldner wegen Bankrotts nach StGB §§ 283 Abs 1 bis 3, 283a eine gerichtliche Untersuchung** oder ein wiederaufgenommenes Verfahren **anhängig** ist. Ein bloß staatsanwaltliches Ermittlungsverfahren genügt nicht. Als Wiederaufnahme ist nur eine solche zuungunsten des Schuldners maßgeblich. – **Keine** Ablehnung der Eröff des VglVerfahrens nach § 17 Nr 3 mehr bei unanfechtbarer (wenn auch nur vorläufiger) Einstellung, StPO §§ 154, 205; ferner bei rechtskräftigem Freispruch sowie bei Tod des Schuldners.

Handelt es sich um ein VglVerf über das Vermögen einer **OHG** oder einer **KG** (§ 109) oder einen **Nachlaß** (§ 113), so ist § 17 Nr 3 gegeben, wenn sich die gerichtl Untersuchung oder das wiederaufgenommene Verfahren auch nur gegen **einen** persönl haftenden Gesellschafter oder **einen** Erben richtet. Handelt es sich um ein VglVerf über das Vermögen einer **jur Person,** so genügt es, daß sich die gerichtl Untersuchung oder das wiederaufgenommene Verfahren nach StGB §§ 283 Abs 1 bis 3, 283a iVm StGB § 14 Abs 1 Nr 1 gegen **ein** Mitglied des vertretungsberechtigten Organs (bei der **KGaA** gegen einen persönlich haftenden Gesellschafter) richtet. Voraussetzung ist jedoch ein in bezug auf das gesellschaftsgebundene Sondervermögen bzw das Vermögen der jur Person verübter Bankrott oder der Verdacht eines solchen, Jaeger-Weber Anm 2, 9 zu § 175 KO.

Die Eröff des VglVerfahrens ist nach § 17 Nr 3 ferner unzulässig, wenn der Schuldner **wegen Bankrotts nach StGB §§ 283 Abs 1 bis 3, 283a rechtskräftig verurteilt** ist. Begnadigung und Straferlaß nach rechtskräftiger Verurteilung beseitigen die Unzulässigkeit der Eröff des VglVerf nicht, wohl aber rechtskräftiger Freispruch im Wiederaufnahmeverfahren, sowie vollständige Tilgung der Verurteilung im Strafregister. Bei einer **OHG** und **KG** genügt für § 17 Nr 3 Verurteilung **eines** persönl haftenden Gesellschafters, bei einem Nachlaß Verurteilung **eines** Erben, bei einer **jur Person** genügt Verurteilung **eines** Mitglieds des vertretungsberechtigten Organs, bei der **KGaA** Verurteilung eines persönl haftenden Gesellschafters.

Eröffnung des Verfahrens § 17

5) § 17 Nr 4 gilt nur für inländische Konkurs- und gerichtl VglVerfahren. Die Vorschr kommt zur Anwendg, wenn der **Tag der gerichtl Eröffnung oder der Ablehnung des früheren Konkurs- oder Vergleichsverfahrens** innerhalb der letzten fünf Jahre liegt, mag die Eröffnung bzw Ablehnung unanfechtbar gewesen sein oder der Anfechtung unterlegen haben, bei beschwerdefähigen Entscheidungen vorbehaltlich der Rechtskraft. – Besonderes gilt für Entscheidungen des Beschwerdegerichts in Konkursverfahren. Diese werden nach KO § 74 erst mit der Rechtskraft wirksam, so daß für sie grundsätzlich der Zeitpunkt der Rechtskraft entscheidet; doch kann das Beschwerdegericht die sofortige Wirksamkeit anordnen, alsdann ist der Tag der Entscheidung maßgebend.

Zur Änderungsbedürftigkeit des § 17 Nr 4 Goldmann KTS **62,** 98 letzter Absatz.

6) Zu § 17 Nr 5. In Frage kommt nur ein Verfahren nach Maßg des ZPO § 807 in Verbdg mit ZPO §§ 899 ff – Grundlose Weigerung der Abgabe einer eidesstattlichen Versicherung iS des § 17 Nr 5 liegt vor bei Weigerung ohne Angabe irgendwelcher Gründe oder unter Angabe von Gründen, die in einem Widerspruchsverfahren bereits verworfen sind. Es dürfte jedoch bereits genügen, daß der Schuldner trotz ordnungsmäßiger Ladung in dem zur Abgabe einer eidesstattlichen Versicherung (oder zur Leistung des Offenbarungseides) anberaumten Termin unentschuldigt ausgeblieben ist; LG Bochum EWiR **85,** 709 m. Anm v. Gerkan.

Die Fassung des ZPO § 915 Abs 2 (durch ZVMG Art 1 Nr 17) berührt mE die Frist des § 17 Nr 5 nicht (aA Berges BB **53,** 1042).

7) Zu § 17 Nr 6. Die Vorschr ist dem KO § 107 I **(Ablehnung mangels Masse)** angelehnt. In Frage kommen die Gerichtsgebühren nach GKG § 11 iVm Kostenverz Nr 1400 f und GKG §§ 35, 36 die gerichtl Auslagen (insbesondere für Bekanntmachungen), die Vergütung und Auslagen des vorläufigen Verwalters, des VglVerwalters und der Mitgl des Gläubigerbeirats. – Amtspflicht des Richters zur Anstellung von Ermittlungen vor der Entscheidung. – Bei **Feststellung des Wertes des Schuldnervermögens** sind die mit Absonderungsrechten belasteten Gegenstände nur mit ihrem Überschußbetrag (wichtig auch beim Vermieterpfandrecht), Forderungen mit ihrem mutmaßlichen Realisierungswert anzusetzen. Bei Werten, die nur im Prozeßwege zurückzuerlangen sind, sind die Prozeßaussichten und das Kostenrisiko zu beachten. – Zur Ermittlung des Wertes von Gegenständen kann sich der Richter eines Sachverständigen bedienen; uU ist dem Schuldner Gelegenheit zur Mitwirkung bei der Wertermittlung zu geben.

Die **Höhe des zur Abwendung der Ablehnung vorzuschießenden oder sicherzustellenden Betrages** bestimmt sich nach dem Deckungsbetrag der vorgenannten Kosten. Ob Sicherstellung (durch Bürgen, Hinterlegg, Verpfändung) hinreichend ist, entscheidet das Gericht nach pflichtgemäßem Ermessen. – Vor Ablehnung des Eröffnungsantrages ist dem Schuldner unter Fristsetzung Vorschußzahlung oder Sicherstellung anheimzugeben.

§ 18
2. Abschnitt

8) Zu § 17 Nr 7. Verweigerung der Einsicht in Bücher und Geschäftspapiere ist absoluter Ablehnungsgrund, **Verweigerung einer Auskunft oder Aufklärung** ist Ablehnungsgrund nur bei Weigerung ohne genügenden Grund. Ob in solchem Falle grundlose Weigerung vorgelegen hat, entscheidet das Gericht nach pflichtgemäßem Ermessen. – Bei Miterben und Gesellschaftern einer OHG rechtfertigt Weigerung bzw grundlose Weigerung **eines** Erben oder **eines** Gesellschafters die Anwendung des § 17 Nr 7. Entsprechendes gilt für Organe einer jur Person und eines Vereins ohne Rechtsfähigkeit; nicht jedoch für den gesetzl Vertreter einer natürl Person (vgl Bem 3 Abs 2).

9) Zu § 17 Nr 8. Nicht erforderlich ist, daß der Schuldner gesetzlich zur **Buchführung** verpflichtet war. Es genügt, daß tatsächlich Aufzeichnungen gemacht wurden und solche Aufzeichnungen vom Schuldner billigerweise (nach den Gepflogenheiten des ordentl Geschäftsverkehrs; dazu v Batocki NJW **55**, 658; Bley-Mohrbutter 23a) erwartet werden konnten. Mangelhaft sind die Aufzeichnungen, wenn wesentliche Posten fehlen oder wenn eine derartige Erschwerung der Übersicht vorliegt, daß eine Klärung nur durch Sachverständige und auch durch diese nur mit Mühe und beträchtlichem Zeitaufwand erfolgen kann. Der mangelhaften Aufzeichnung muß das Fehlen jeglicher Aufzeichnung bei Schuldnern, bei denen Aufzeichnungen billigerweise erwartet werden konnten, gleichgesetzt werden.

10) Zu § 17 Nr 9. Ob das **Zuwiderhandeln des Schuldners gegen die nach § 12 erlassene Anordnung** entschuldbar ist, entscheidet der VglRichter nach pflichtgemäßem Ermessen. Entschuldbarkeit wird idR vorliegen, wenn es sich um eine eilbedürftige Maßnahme des Schuldners handelte und der Schuldner damit rechnen konnte, die Maßnahme werde nach § 64 vom vorläufigen Verwalter genehmigt. – Für den Schuldnerbegriff gilt das in Bem 8 Gesagte.

Weitere Ablehnungsgründe

18 Die Eröffnung ist ferner abzulehnen, wenn sich aus dem Antrag des Schuldners, den ihm beigefügten Urkunden und Erklärungen, den Ermittlungen des Gerichts oder dem Gutachten der amtlichen Berufsvertretung ergibt,

1. **daß der Schuldner seinen Vermögensverfall durch Unredlichkeit, Preisschleuderei oder Leichtsinn herbeigeführt hat oder**
2. **daß er den Antrag auf Eröffnung des Vergleichsverfahrens nach der Auffassung des ordentlichen Geschäftsverkehrs schuldhaft verzögert hat oder**
3. **daß der Vergleichsvorschlag der Vermögenslage des Schuldners nicht entspricht, sei es, daß der Schuldner zuwenig oder zuviel bietet, oder**
4. **daß im Falle der Fortführung des Unternehmens seine Erhaltung durch den Vergleich offenbar nicht zu erwarten ist.**

1) Liegt einer der persönlichen oder wirtschaftlichen Gründe des § 18 vor, so muß das Gericht die Eröffnung des Verf ablehnen. Erkenntnis-

Eröffnung des Verfahrens **§ 18**

quellen des Gerichts sind die vom Schuldner vorgelegten Antragsanlagen (§§ 4 bis 6), das Gutachten der Berufsvertretung nach § 14 und weitgehend eigene Ermittlungen des Gerichts (vgl Bem 1 aE zu § 116). Die Ablehnung der Eröff des VglVerf darf, wenn Zweifel bestehen können, nur auf solche Tatsachen und Beweisergebnisse gestützt werden, zu denen Stellung zu nehmen dem Schuldner Gelegenheit gegeben war (Grundsatz des rechtl Gehörs), LG Aschaffenburg MDR **58**, 698. – Die Bestimmungen des § 18 sind **zwingend**, vgl Bem 1 zu § 17.

2) Zu § 18 Nr 1. Unredlich handelt, wer sich im geschäftl Verkehr gröblich über die Pflichten anständiger Menschen hinwegsetzt, Krieg 3. Unredlichkeit erfordert vorsätzl Gläubigerschädigung, doch genügt bedingter Vorsatz (Erkennen und Inkaufnehmen der mögl Schädigung); dazu LG Bielefeld MDR **56**, 46 f (betr Bestechungsgelder). – **Preisschleuderei** liegt vor, wenn der Schuldner Waren oder Leistungen erheblich unter dem Einstandspreis oder dem Marktpreis, falls dieser niedriger ist, veräußert, und dazu nicht auf Grund seiner wirtschaftlichen Gesamtsituation (gleichgültig, wodurch diese herbeigeführt sein mag) zur Vermeidung größerer Verluste veranlaßt wurde; so Heidland KTS **68**, 81 ff, 90. – Unter **Leichtsinn** ist ein besonders starkes Maß an Unbekümmertheit und mangelndem Verantwortungsgefühl in der Vermögens- und Geschäftsführung zu verstehen; so Heidland KTS **68**, 83 ff. Der Begriff bezieht sich sowohl auf das außerbetriebl Verhalten (zB übermäßiger Privataufwand) wie auch auf das betriebl Verhalten (zB Unterlassen sachgemäßer Aufsicht, Geschäfte mit einem dem Charakter des Betriebes nicht entsprechenden spekulativen Einschlag). Zu berücksichtigen sind stets die Umstände des Einzelfalles. Bei einem Geschäftsmann wird man heute das Fehlen einer brauchbaren Betriebsabrechnung mit einer darauf aufbauenden Kalkulation und kurzfristigen Erfolgsrechnung idR als leichtsinniges Handeln bezeichnen müssen; dazu Schulze-Frey Wirtsch-Prüfg **52**, 17. Ob Ausstellung von Gefälligkeitswechseln als Leichtsinn bezeichnet werden muß, ist Tatfrage; dazu LG Würzburg KuT **29**, 110. – Bloße geschäftl Fehldisposition ist noch kein Leichtsinn; dazu LG München BB **55**, 331. – Unredlichkeit, Preisschleuderei und Leichtsinn müssen den dem Vergleichsvertrag zugrunde liegenden Vermögensverfall des Schuldners **verursacht**, denselben also ausgelöst oder aber beschleunigt haben, LG Würzburg KuT **29**, 110. Unter dieser Voraussetzung sind auch Handlungen des Schuldners zu berücksichtigen, welche längere Zeit vor dem VglAntrag liegen; vgl Bley-Mohrbutter 4. – Befinden sich mehrere in der Vergleichsschuldnerrolle **(Miterben, Gesellschafter einer OHG),** so rechtfertigt das Verhalten **eines** Miterben bzw **eines** Gesellschafters iS des § 18 Nr 1 die Ablehnung der Eröffnung des VglVerfahrens nach Maßgabe dieser Bestimmung, bei **jur Personen** genügt das Verhalten **eines** Vertreters, dazu KO § 187 Bem 1 c. – Nach LG Wuppertal JW **38**, 2908 braucht, wenn für das VglVerf einer Genossenschaft ein Liquidationsvergleich unter Einsetzung eines völlig unbeteiligten Liquidators vorgeschlagen wird, die Eröff des VglVerf wegen unredlichen oder leichtsinnigen Verhaltens des Vorstandes jedoch dann nicht abgelehnt zu werden, wenn die Mehrzahl der Genossen von dem Verhalten des Vorstandes keine Kenntnis hatte. Diese Entsch dürfte abzulehnen sein, weil die zwingende Vorschr des § 18 Nr 1 entgegensteht (so auch Vogels in der Anm zu der gen Entsch). – GenG § 115e Nr 3 gilt als (für den ZwVgl im Konkurs bestimmte) Sondervorschrift nicht auch für das konkursabwendende VglVerfahren; so auch Bley-Mohrbutter 5 (and LG Wuppertal JW **38**, 2908).

3) Zu § 18 Nr 2. Es genügt fahrlässige Verzögerung. **Maßgebend ist, ob ein ordentlicher Kaufmann im eigenen und im Gläubigerinteresse den Antrag bereits früher gestellt hätte.** Aussichtsreicher außergerichtl Sanierungsversuch kann eine Verzögerung entschuldigen. – Für **jur Personen** beachte noch BGB §§ 42 II, 48, 53, 86, 88, 89 II; AktG §§ 92 II, 268 II, 278 III, 283 Nr 14; GmbHG §§ 64, 71, 84; GenG §§ 98, 99, 148; für einen **Nachlaß** BGB §§ 1980, 1985 II; für eine fortges Gütergemeinschaft BGB §§ 1489 II, 1980.

4) Zu § 18 Nr 3. Der Richter entscheidet nach pflichtgemäßem Ermessen. Zugrundelegung der Gesamtvermögenslage des Schuldners (die sich weitgehend aus der nach § 5 I aufzustellenden Vermögensübersicht ergibt; dazu gehören auch das **Auslandsvermögen** des VglSch (§ 2, 10) und im Vgl einer OHG oder KG wegen der Haftungsbegrenzung der Komplementäre (§ 109 Nr 3) Angaben über das **Vermögen der persönlich haftenden Gesellschafter.** Zur Vermögensübersicht vgl § 5 Anm 1–6 unter Berücksichtigg etwaiger von dritter Seite in sichere Aussicht gestellter Mittel sowie der gebotenen Sicherheiten. Zu berücksichtigen sind auch die Ansprüche der nicht am VglVerf beteiligten Gläub.

Wertvolle Erkenntnisquelle für § 18 Nr 3 ist ein vom Schuldner eingereichter Zahlungsplan (dazu § 5 Anm 7).

Zur Angemessenheit der Vergleichsquote noch Goldmann KTS **26**, 95 ff.

5) Zu § 18 Nr 4. Die **Bestimmung ist auf die Fälle beschränkt, in denen die Gründe, welche eine Erhaltung des Unternehmens nicht erwarten lassen, so klar zutage liegen, daß begründete Zweifel nicht bestehen,** Eckert KuT **37**, 49. Erhaltung des zusammengebrochenen Unternehmens ist dann möglich und gerechtfertigt, wenn der Betrieb im Kern gesund ist und die Unrentabilität durch Umstellung des Betriebes, Kapitalzuschüsse, Wechsel in der Leitung, technische Modernisierung oder auf andere Art abgestellt werden kann. – § 18 Nr 4 verlangt also, daß die Ursachen des Vermögensverfalls erkannt werden, Paulsen KuT **36**, 34. – Bei Liquidationsvergleichen allgemein keine Anwendung des § 18 Nr 4; vgl Bley-Mohrbutter 13b mit weit Hinw.

Entscheidung über die Konkurseröffnung

19 [I] Wird die Eröffnung des Vergleichsverfahrens abgelehnt, so ist zugleich von Amts wegen über die Eröffnung des Konkursverfahrens zu entscheiden.

[II] **Gegen die Entscheidung, durch die das Konkursverfahren eröffnet oder die Eröffnung des Konkursverfahrens abgelehnt wird, steht dem Schuldner binnen einer Woche die sofortige Beschwerde zu (§ 121).**

Eröffnung des Verfahrens § 19

Der Schuldner kann dabei auch geltend machen, daß die Eröffnung des Vergleichsverfahrens zu Unrecht abgelehnt worden sei.

III Wird der Konkurs nicht eröffnet, so tritt eine nach § 12 getroffene Anordnung mit der Rechtskraft des Beschlusses, durch den die Eröffnung des Vergleichs- und des Konkursverfahrens abgelehnt wird, außer Kraft. Ist eine Verfügungsbeschränkung angeordnet worden, so gilt § 65 Abs. 2 sinngemäß.

IV Das Amt des vorläufigen Verwalters als solchen endigt mit Erlaß des Beschlusses, durch den das Vergleichs- oder das Konkursverfahren eröffnet wird, oder mit der Rechtskraft des Beschlusses, durch den die Eröffnung des Vergleichs- und des Konkursverfahrens abgelehnt wird.

V Der Beschluß, durch den das Vergleichs- oder das Konkursverfahren eröffnet oder die Eröffnung des Vergleichs- und des Konkursverfahrens abgelehnt wird, sowie die im Beschwerderechtszug ergehenden Entscheidungen sind auch dem vorläufigen Verwalter zuzustellen. Der Beschluß, durch den die Eröffnung des Vergleichs- und des Konkursverfahrens abgelehnt wird, ist nach Rechtskraft in derselben Weise öffentlich bekanntzumachen, wie die im § 11 Abs. 1 vorgeschriebene Bekanntmachung erfolgt ist.

1) „Zugleich" mit der Ablehnung der Eröff des VglVerf hat der **Vergleichs**richter von Amts wegen **über die Eröff des Konkursverf zu entscheiden**. – Eröff des Konkurses, welcher nach § 102 I als **Anschlußkonkurs** zu bezeichnen ist, jedoch nur, wenn – abgesehen von dem Erfordernis eines Antrags (vgl § 102 Anm 2) – die Voraussetzungen einer solchen Eröffnung vorliegen; insbesondere muß **noch jetzt** Konkursreife (Zahlungsunfähigkeit bzw Überschuldung, vgl dazu KO § 102 Bem 1) gegeben sein. Unter den Voraussetzungen des KO § 107 I ist die Eröff mangels Masse abzulehnen; § 107 II findet Anwendg. Die Erläuterungen in Bem 1–7 zu KO § 107 gelten mit der Maßg, daß an die Stelle des Konkursgerichts das VglGericht tritt.

2) Die Ablehnung der Eröff des VglVerf ist für sich allein nicht anfechtbar. Beschwerdefähig ist nach **§ 19 Abs 2** aber die Entsch über die Eröff des KonkursVerf. Dabei kann nach § 19 Abs 2 S 2 auch geltend gemacht werden, die Eröff des VglVerf sei zu Unrecht abgelehnt worden. **Mittelbar** durch Beschwerde gegen die Entsch über die KEröff **kann demnach auch die Ablehnung der Eröff des VglVerf angefochten werden**; vgl LG Oldbg JZ 52, 48; Bley-Mohrbutter 9. Das BeschwGericht ist dann zu einer Nachprüfung der Ablehnungsgründe befugt. Erachtet das BeschwGericht die Beschwerde für begründet, so kann es unter Aufhebung des die Konkurseröff aussprechenden Beschlusses selbst die Eröff des VglVerf aussprechen. Es kann sich aber auch auf die Aufhebung des Konkurseröffnungsbeschlusses beschränken und nach ZPO § 575 die weiteren Maßnahmen dem VglGericht überlassen. Hatte der VglRichter die Eröff des Vergleichs- und des Konkursverfahrens abgelehnt, so kann das BeschwGericht in Abänderung des Beschlusses das KVerf eröffnen; Krieg 3.

Für die Beschw gilt nicht KO § 109, sondern VglO § 19 Abs 2, also **sofortige Beschw** binnen **einer Woche**. Die **Frist beginnt** mit der Ver-

§ 19
2. Abschnitt

kündg des Beschl oder mit der Zustellung nach Maßg des § 118. **Fristberechnung** im übrigen nach ZPO §§ 221 ff, 577. **Beschwerdeberechtigt** ist nur der **Schuldner**.

3) Aufschiebende Wirkung hat die Beschwerde nicht. Der Beschluß über die Eröff des Konkursverf ist **sofort wirksam**, JW 31, 2162 f. – Hebt das Beschwerdegericht den Konkurseröffnungsbeschluß auf, so treten kraft Gesetzes die mit der Eröffnung als solcher verknüpften Rechtsfolgen rückwirkend außer Kraft. Die Verfügungsmacht des Schuldners lebt rückwirkend wieder auf. Doch bleiben auch die vom und gegen den Konkursverwalter vorgenommenen Rechtshandlungen wirksam, vgl RAG R 38 Nr 4167. Bei kollidierenden Rechtshandlungen des Konkursverwalters und des Schuldners haben die des Konkursverwalters den Vorzug; Jaeger-Weber 4 zu KO § 109; Bley-Mohrbutter 10.

4) Eine **weitere Beschwerde** findet **nicht** statt, §§ 19 II, 121 III.

5) Das **Amt des vorläufigen Verwalters** (§ 11) **endet** bei Vergleichs- oder Konkurseröffnung mit dem Erlaß des Eröffnungsbeschlusses (alsdann § 20 bzw KO § 6); bei Ablehnung der Eröffnung des Vergleichs- und Konkursverfahrens mit der Rechtskraft des Ablehnungsbeschlusses, § 19 IV.

6) Maßnahmen nach § 12 gelten, wenn das VglVerf eröffnet wird, nach Maßg des § 24 weiter. – Sie werden, wenn der VglAntrag zurückgewiesen und die Eröff des Anschlußkonkurses abgelehnt wird, mit der Rechtskraft des die Eröff des Vgl- und Konkursverf ablehnenden Beschlusses unwirksam. Das Außerkrafttreten ist in derselben Weise bekanntzugeben, wie die Anordnung bekanntgemacht wurde, §§ 19 III S 2, 65 II. – Wird der Konkurs eröffnet, so gelten nunmehr die Beschränkungen nach Maßg der KO.

7) Einstweilige Einstellungen nach Maßg des § 13 werden mit dem Erlaß des die Eröff des VglVerf ablehnenden Beschlusses unwirksam; vgl Vogels-Nölte II 2 Abs 4 (nach Bley-Mohrbutter 17 b zu § 13 jedoch Unwirksamkeit erst mit Rechtskraft des Ablehnungsbeschl). Bei Eröff des Konkursverfahrens gilt alsdann KO § 14. Wird das VglVerf eröffnet, so gelten im Hinblick auf Zwangsvollstreckungen nunmehr §§ 47, 48. – Wird zunächst die Eröff des Vgl- und Konkursverf abgelehnt, das Konkursverf aber durch das Beschwerdegericht eröffnet, so besteht während der Zeit zwischen Ablehnungs- und Eröffnungsbeschluß kein Vollstreckungsschutz nach Maßg der Vorschr der Vgl- und KO.

8) § 19 Abs 5 S 1 fordert **Zustellung** (dazu § 118) der Entsch über den Antr auf Eröff des VglVerf, der Entsch nach Maßg des § 19 I über die Eröff des Konkursverf und der Beschwerdeentscheidg auch an den vorläufigen Verwalter, der ja bei Ablehnung der Eröffnung des Vgl- und Konkursverf bis zur Rechtskraft des Ablehnungsbeschlusses im Amte bleibt; vgl Bem 5. – Weitere Zustellung (durch Aufgabe zur Post) an den Schuldner. Wird der Konkurs eröffnet, so ist der Beschluß betr Ablehnung des VglAntrages und Eröff des Konkursverf auch den dem VglGericht amtlich bekannten Gläubigern (amtl Kenntnis insbes auf Grund des

Eröffnung des Verfahrens §20

GläubVerzeichnisses, der bereits erfolgten Forderungsanmeldungen und etwaiger Angaben des vorläufigen Verw) zuzustellen, KO §§ 77, 111 III.

§ 19 Abs 5 S 2 fordert **Bekanntgabe** der Ablehnung der Eröff des Vgl- und Konkursverf nach Rechtskraft des Ablehnungsbeschlusses nach Maßg des § 11 Abs 1, also **durch öffentl Bekanntgabe**. Hiervon kann abgesehen werden, wenn auch der Eingang des VglAntrages nicht öffentlich bekanntgegeben wurde, Krieg 7.

Inhalt des Eröffnungsbeschlusses

20 [I] Wird das Vergleichsverfahren eröffnet, so ernennt das Gericht einen Vergleichsverwalter und bestimmt einen Termin zur Verhandlung über den Vergleichsvorschlag (Vergleichstermin).

[II] **Der Vergleichstermin ist nicht über einen Monat hinaus anzuberaumen.**

[III] **Der Eröffnungsbeschluß hat zu enthalten:**
1. **Namen (Firma), Vornamen, Beschäftigung oder Geschäftszweig, Wohnung oder gewerbliche Niederlassung des Schuldners;**
2. **Namen und Anschrift des Vergleichsverwalters;**
3. **Ort und Zeit des Vergleichstermins;**
4. **die Aufforderung an die Gläubiger, ihre Forderungen alsbald anzumelden.**

1) § 20 Abs. 1. Die **Ernennung eines Vergleichsverwalters** ist **zwingend** vorgeschrieben; auch bei geringem Vermögensumfang kann nicht davon abgesehen werden. Ernennung durch das Vergleichsgericht. Der Vergleichsverwalter erhält keine Bestallung; er weist sich durch die ihm zugestellte Ausfertigg des seine Bestellung aussprechenden Beschlusses aus. – Gegen die Bestellung **mehrerer Verwalter** bestehen grundsätzl keine Bedenken, Bley-Mohrbutter 4 zu § 20 und 7 zu § 38, Vogels-Nölte II Abs 2; Bohnenberg, NJW **55**, 129; Künne KTS **55**, 31 f; Schrader-Bauer II D 1 (and Krieg 2 zu § 20 – unter Hinweis auf das Fehlen einer dem § 40 VglO aF entspr Bestimmung –). Bestellt das Gericht mehrere Verwalter, so muß mit den Namen der Verwalter bekanntgegeben werden, ob die Verwalter gemeinschaftl handeln oder gesonderte (durch das Gericht voneinander abzugrenzende) Aufgabenbereiche haben sollen.

2) Auswahl des Vergleichsverwalters nach pflichtgemäßem Ermessen des Gerichts. Ob ein Rechtsanwalt oder ein Wirtschaftstreuhänder bzw Buchprüfer zu bestellen ist, hängt davon ab, ob rechtliche oder wirtschaftliche Fragen im Vordergrund stehen. Erforderlich ist die Ernennung einer geschäftskundigen, von den Gläubigern und dem Schuldner möglichst unabhängigen Person. In der Regel wird der vorläufige Verwalter, für dessen Bestellung die gleichen Grundsätze gelten, auch zum endgültigen Verwalter bestellt, doch ist das Gericht in dieser Hinsicht nicht gebunden. Vgl ergänzend Bem 2–4 zu § 38 m weit Hinw.

Unfähig zum Amt sind geschäftsunfähige sowie entmündigte Personen, BGB §§ 6, 104, 114. **Ausgeschlossen** ist die Ernennung des

§ 20

VglSchuldners selbst oder seines gesetzl Vertreters, die Bestellung einer jur Person oder einer Personengruppe. Ihre Ernennung ist unwirksam (anders – mit Einschränkungen – Skrotzki KTS **61**, 145 ff zu KO § 78). Das VglGericht hat eine andere Person zu ernennen. Einer vorherigen Entlassung des irrtümlich Bestellten bedarf es nicht; doch ist dieser von der Unwirksamkeit seiner Ernennung und der Neubestellung in Kenntnis zu setzen. – **Untauglich** zum Amt sind Minderjährige sowie Entmündigte. Bei Untauglichkeit Entlassung des Verwalters nach § 41 II und Bestellung eines neuen Verwalters. – **Der Vergleichshelfer** ist wegen fehlender Unabhängigkeit als VglVerwalter ungeeignet, § 38, 3.

Das Amt des Vergleichsverwalters **beginnt** mit der Annahme; keine Pflicht zur Annahme; nach Annahme jedoch kein Recht zu selbständiger Niederlegung. Der Verwalter kann lediglich seine Entlassung nach § 41 II beantragen. – **Ende** des Amtes durch Tod, Verlust der Geschäftsfähigkeit, Entlassung nach § 41 II und bei Beendigung des Vergleichsverfahrens. – Der Vergleichsverwalter kann sich bei seiner Tätigkeit der Unterstützung von **Gehilfen** bedienen. Zur Frage der Haftung für die Tätigkeit der Gehilfen vgl § 42 Anm 4.

3) Die rechtliche Stellung des Vergleichsverwalters ist eine andere als die des Konkursverwalters. Der Verwalter kann im Rahmen des § 57 II für den Schuldner tätig werden; insoweit ist er dessen **gesetzl Vertreter**, vgl Bem 3 zu § 57. Darüber hinaus schließt er aber als VglVerwalter für den Schuldner keine Rechtsgeschäfte ab. Die Verwaltung des Schuldnervermögens liegt ihm als VglVerw im übrigen nicht ob. Auch führt er als solcher keine Prozesse. Er hat zwar nach § 57 I ein gewisses Mitwirkungsrecht bei der Eingehung von Verbindlichkeiten des Schuldners. Auch kann das Gericht dem Schuldner Verfügungsbeschränkungen auferlegen (§§ 58 ff) und dem VglVerw dadurch nach § 64 eine Zustimmungsbefugnis geben. Grundsätzlich bleibt aber der Schuldner verwaltungs- und verfügungsberechtigt über sein Vermögen. Dieses Recht geht nicht auf den Verwalter über. Der Verwalter übt demnach im wesentlichen nur eine prüfende und überwachende Tätigkeit aus; BGH KTS **57**, 87, 90; BFH Betrieb **54**, 363; Nürnberg KTS **65**, 174 mit Hinweis auf BGH VI ZR 162/63 v 3. 11. 1964. Der VglVerwalter hat, soweit es sich nicht um die Kassenführung nach § 57 II handelt, eine **amtsähnliche Stellung** (Kiesow 1 zu § 40), wenn auch ein öffentliches, staatliches Amt nicht vorliegt; vgl PrOVG KuT **30**, 45. Zu der Frage, ob der VglVerw Prozeßbevollmächtigter des VglSchuldners sein kann, vgl Staak NJW **59**, 1668 f.

VglVerwalter haftet nicht persönlich für die Erfüllung **steuerl Pflichten** gem AO §§ 34, 69, weil er kein fremdes Vermögen zu verwalten hat, Kühn-Kutter AO § 34 Anm 2; Hübschmann-Hepp-Spitaler, AO § 34 Anm 23, 36; Klein/Orlopp AO § 35 Anm 2 sämtliche Kommentare zu AO 1977; wohl aber kann Haftung nach AO §§ 35, 34 I oder die vglrechtl Haftung nach § 42 in Betracht kommen. VglVerwalter trifft keine Pflicht, unvollständige oder unrichtige St-Erklärungen zu ergänzen oder zu berichtigen, Geist RN 230. Die Tätigkeit eines K- oder VglVerwalters ist freiberufliche Tätigkeit im Sinne des EStG § 18 Abs 1 Nr 1, vgl BFH BB **73**, 1156; Geist RN 186.

Eröffnung des Verfahrens **§ 21**

Zur Rechtsstellung des Vergleichsverwalters noch Papke in Festschrift für Knorr 1968, S 1 ff, S 4 ff und Völker, Die Stellung des Vergleichsverwalters und die Rechtsnatur seines Amtes, Diss. Tübingen 1971.

4) § 20 Abs 2. Ansetzung des Vergleichstermins nicht über 1 Monat hinaus. Terminsverlegung ist zulässig (hL); doch muß auch der neue Termin innerhalb der Monatsfrist liegen (and insoweit Bley-Mohrbutter 7). – Diese gesetzliche Frist wird in der Regel genügen. Sie hat sich jedoch, worauf auch von Wirtschaftsverbänden hingewiesen worden ist, bei größeren Unternehmungen und schwierigen Vergleichsverhandlungen wiederholt als zu kurz erwiesen. Zur Vermeidung unnötiger Vertagungen (dazu §§ 77, 100 II) erscheint die gesetzliche Zulassung einer Verlängerung für Ausnahmefälle wünschenswert.

5) § 20 Abs 3 bestimmt den **notwendigen Inhalt** des Eröffnungsbeschlusses; ergänzend § 21. – Weiterer möglicher Inhalt nach §§ 44, 58 II. – **Abs 3 Nr 4** dient der Kontrolle und Berichtigung des Gläubigerverzeichnisses, §§ 6, 67 III.

Zeitpunkt der Eröffnung

21 ^I **In dem Beschlusse, durch den das Vergleichsverfahren eröffnet wird, ist die Stunde der Eröffnung anzugeben.**

^{II} **Ist dies versäumt worden, so gilt als Zeitpunkt der Eröffnung die Mittagsstunde des Tages, an dem der Beschluß erlassen worden ist.**

1) Eröffnet wird das Vergleichsverfahren (außer bei Verkündung auf Grund mündl Verhandlung) **mit Unterschriftsleistung des Richters unter den Eröffnungsbeschluß;** vgl BGH **50**, 242 = NJW **68**, 2106 = MDR **68**, 836 f = LM 2 zu VerglO §§ 26, 36 mit Anm v Gelhaar. Der **Zeitpunkt** der Eröffnung ist **im Beschluß** nach Stunde und Minute **genau anzugeben.** – Bei unrichtiger Zeitangabe keine Beschwerde. Für Fehlerberichtigung gilt ZPO § 319, doch ist ein Berichtigungsbeschluß (abweichend von ZPO § 319 III) nicht anfechtbar. – Zeitangabe im Eröffnungsbeschluß ist Beurkundung nach ZPO § 417, Gegenbeweis ist aber zulässig, Jaeger-Weber 2 zu KO § 108.

Wirksam wird der EröffBeschluß erst in dem Augenblick, in dem er aufhört, innere Angelegenheit des Gerichts zu sein (dazu die Ausführungen in KO § 108 Anm 1 zu der entspr Vorschr betr die Eröff des KonkVerf). § 21 hat die Bedeutung, daß im Falle des Wirksamwerdens des EröffBeschlusses für den Eintritt der Wirkungen nunmehr der Zeitpunkt der Eröffnung maßgebend ist.

2) § 21 Abs 2 stellt eine unwiderlegliche Rechtsvermutung auf. – Die **Mittagsstunde** ist 12 Uhr mittags.

3) Bedeutsam ist die genaue Kenntnis des Zeitpunktes der Eröff des VglVerf ua für die Abgrenzung des Kreises der Vergleichsgläubiger, §§ 25 ff, die Vollstreckungssperre des § 47, die Verjährung von Ansprüchen beteiligter Gläubiger, § 55, und die Frage der Abwicklung gegenseitiger Verträge, §§ 36, 50 f.

§§ 22, 23

Bekanntgabe des Eröffnungsbeschlusses

22 ᴵ **Die Geschäftsstelle hat den Eröffnungsbeschluß sofort öffentlich bekanntzumachen.**

ᴵᴵ **Der Schuldner, die aus dem Gläubigerverzeichnis ersichtlichen Vergleichsgläubiger sowie der Vergleichsverwalter sind unter Mitteilung des Eröffnungsbeschlusses und des Vergleichsvorschlags zu dem Vergleichstermin durch besondere Zustellung zu laden.**

ᴵᴵᴵ **In der öffentlichen Bekanntmachung und in der Ladung der Gläubiger ist darauf hinzuweisen, daß der Eröffnungsantrag mit seinen Anlagen und das Ergebnis der etwaigen Ermittlungen bei dem Gericht eingesehen werden kann.**

1) Der Eröffnungsbeschluß ist mit seinem durch § 20 III bestimmten Inhalt nach Maßg des § 119 (vgl Bem zu § 119) **öffentlich bekanntzumachen.**

2) Die in § 22 geforderte **besondere Zustellung** erfolgt nach Maßg des § 118. Das versehentliche Unterbleiben einer besonderen Ladung hat vergleichsrechtl keine Folgen, weil die öfftl Bekanntmachung als Zustellung an alle Beteiligten gilt, § 119 IV.

3) Öffentliche Bekanntmachung und besondere Ladungen müssen den im **§ 22 Abs 3** genannten Hinweis enthalten. – Näheres über das Recht und den Umfang der **Akteneinsicht** sowie das Recht auf Erteilung von Abschriften in Bem zu § 120.

4) Zu weiter erforderl Mitteilungen von der Eröff des VglVerf vgl Bem zu § 23.

Vermerk im Handelsregister

23 ᴵ **Die Geschäftsstelle teilt, wenn der Schuldner im Handelsregister eingetragen ist, eine Ausfertigung des Eröffnungsbeschlusses der für die Führung des Handelsregisters zuständigen Behörde mit.**

ᴵᴵ **Die Registerbehörde trägt die Eröffnung des Vergleichsverfahrens von Amts wegen in das Handelsregister ein. Eine öffentliche Bekanntmachung der Eintragung findet nicht statt. Die Vorschriften des § 15 des Handelsgesetzbuchs bleiben außer Anwendung.**

1) **Mitteilung** von der Eröff des VglVerf **an das Registergericht** (§ 23 I) der Hauptniederlassung und etwaiger Zweigniederlassungen; auch wenn der Schuldner zu Unrecht eingetragen ist, Krieg 2. Von der Mitteilung darf selbst dann nicht abgesehen werden, wenn das VglGericht zugleich Registergericht ist.

2) **Eintragg der Eröff des VglVerf** erfolgt von Amts wegen. Keine öffentl Bekanntgabe der Eintragg. – Die Eintragg hat, da die Rechtswirkungen des HGB § 15 ausgeschlossen sind (§ 15 II S 3), lediglich die Bedeutung einer Mahnung zur Vorsicht. – Wird nach Eröff des VglVerf das Handelsgeschäft des Schuldners mit Firma veräußert, so wird der VglVermerk bei dem neuen Firmeninhaber nicht eingetragen, München KuT **40**, 61; Bley-Mohrbutter 6.

Eröffnung des Verfahrens § 24

3) Zu Mitteilungen an Vereins- und Genossenschaftsregister vgl § 108 Abs 1, § 111 Nr 4. – Keine Pflicht zur Anzeige der Eröff des VglVerf an das **Grundbuchamt**. Das Grundbuchamt ist lediglich nach Maßg der §§ 61, 63 um Eintragg eines allgemeinen Veräußerungsverbots und eines sich auf ein Grundstück oder Grundstücksrecht beziehenden besonderen Verfügungsverbotes zu ersuchen.

4) Die in der VglO von 1927 (§ 37) enthaltene Bestimmung, daß der Schuldner während des VglVerf seiner Firma den Zusatz „im Vergleichsverfahren" beizufügen habe, ist nicht beibehalten.

Fortdauer einer Verfügungsbeschränkung

24 Eine gemäß § 12 angeordnete Verfügungsbeschränkung gilt von der Eröffnung des Verfahrens an als Verfügungsbeschränkung im Sinne der §§ 58 bis 65.

1) Weitergeltung der nach § 12 angeordneten Verfügungsbeschränkungen als Verfügungsbeschränkungen iS der §§ 58–65; also bis zur Beendigung des VglVerf oder bis zur Aufhebung der Beschränkungen nach § 64 I.

5 Böhle-St./Kilger, VerglO 11. A.

3. Abschnitt. Vergleichsgläubiger

Grundsatz

25 ^I **An dem Vergleichsverfahren sind, soweit dieses Gesetz nichts anderes bestimmt, alle persönlichen Gläubiger des Schuldners beteiligt, die einen zur Zeit der Eröffnung des Verfahrens begründeten Vermögensanspruch gegen ihn haben (Vergleichsgläubiger).**

^{II} **Unterhaltsberechtigte sind nur insoweit Vergleichsgläubiger, als sie ihren Anspruch im Konkurse geltend machen können.**

1) Der **Kreis der am Verfahren beteiligten Gläubiger (Vergleichsgläub)** ist **gesetzlich festgelegt.** Er entspricht grundsätzl dem Kreis der Konkursgläub nach Maßg der §§ 3, 61 Abs 1 Nr 6 KO. Bestimmte Abweichungen ergeben sich aus §§ 26, 29, 36. Dem Begriff „Vergleichsgläubiger" entspricht der Begriff **„Vergleichsforderung".** – Die Vorschriften über die Beteiligg am VglVerf sind **zwingenden Rechts.** Sie können durch Parteivereinbarung oder durch freiwillige Teilnahme eines nach dem Gesetz nicht beteiligten Gläub nicht geändert werden, RG **129,** 232; Breslau KuT **41,** 45; Bley-Mohrbutter 6, 8 mit weit Hinw; BAG 3 AZR 505/63 v 12. 3. 1965 (aA Rieger BB **53,** 786, der bei Vorrechtsgläubigern einen Verzicht auf das Vorrecht mit der Folge einer Teilnahme am VglVerf für zulässig hält; ebenso Levy KuT **33,** 23; Klien JW **33,** 1105). – Keine Bedenken bestehen jedoch gegen die Zulässigkeit einer Vereinbarung des Schuldners mit einem nicht beteiligten Gläub dahingehend, daß die Wirkungen des beabsichtigten Vgl auch für dessen Fdgen gelten sollen, RAG KuT **34,** 160. Es handelt sich hierbei nicht um die Einbeziehung des unbeteiligten Gläub in den Vergleich, sondern lediglum eine bedingte vertragl Änderung des mit dem Gläub früher geschlossenen Vertrages entsprechend dem Inhalt des beabsichtigten Vergleichs.

2) **Vergleichsgläubiger** sind nach § 25 alle **persönl Gläubiger** des Schuldners, sofern es sich um einen **vermögensrechtl Anspruch** handelt, der Anspruch also auf Geld geht oder in Geld umgewandelt werden kann und nicht höchstpersönl Natur ist. Der Anspruch muß ferner **zur Zeit der Eröff des VglVerf** (§ 21) **bereits begründet** und **klagbar** sein. – Ohne Bedeutung ist der Rechtsgrund der persönl Haftung des Schuldners (Gesetz, Vertrag, letztw Vfg). Auch kann der Anspr öfft-rechtl Natur sein. – Bei beschränkter persönl Haftung des Schuldners gegenüber dem VglGläub (zB Gesellschaftsgläub im VglVerf über das Vermögen eines Kommanditisten) sind dessen Fdgen bis zur Haftungsgrenze des Schuldners VglFdgen.

3) **Keine Vergleichsforderungen** sind:
a) **höchstpersönl und familienrechtl Anspr;** doch können sich aus familienrechtl Verhältnissen vermögensrechtl Anspr (zB Unterhaltsfdgen) ergeben, welche als solche VglFdgen sind; dazu Bem 6;
b) **Gestaltungsrechte,** wie das Recht auf Anfechtung, zum Widerruf, auf Wandlung;

Vergleichsgläubiger **§ 25**

c) Ansprüche auf **Vornahme von Handlungen,** welche nur vom Schuldner persönl vorgenommen werden können; vgl KO § 3 Bem 2d;
d) Anspr auf **Aufstellung einer Bilanz,** auf **Auskunftserteilung** und auf **Rechnungslegung;** vgl KO § 3 Bem 2e;
e) **Unterlassungsanspr** als solche (anderes gilt für Entschädigungsanspr aus früheren Zuwiderhandlungen); vgl KO § 3 Bem 2f;
f) die **natürlichen und unvollkommenen Ansprüche;** vgl KO § 3 Bem 2g; Verjährte Forderungen können jedoch als VglFdgen angemeldet werden; vgl Bley-Mohrbutter 26 mit weit Hinw. Verjährte Steuerfdgen sind aber wegen AO 77 § 232 keine VglFdgen.
g) Ansprüche, auf deren **Einklagg und Eintreibbarkeit** der Gläub **verzichtet** hat (rechtskräftig aberkannte Ansprüche können jedoch VglFdgen sein); vgl KO § 3 Bem 2h;
h) Mitgliedsrechte der Teilhaber einer Gesellschaft als solche. – Der am Verlust teilnehmende **stille Gesellschafter** ist im VglVerfahren über das Vermögen des Geschäftsinhabers **nicht** VglGläubiger, BGH **51,** 350 = NJW **69,** 1211 = MDR **69,** 559.

4) Durch §§ 26, 27, 29 werden darüber hinaus bestimmte persönliche Gläubiger ganz oder teilweise von einer Beteiligung am VglVerfahren ausgeschlossen; vgl Bem zu §§ 26, 27, 29. Zur Behandlung von **Ansprüchen** aus einem **Sozialplan** und **Nachteilsausgleichsansprüchen** (BetrVG 1972 §§ 111 ff) beim treuhänderischen Liquidationsvergleich vgl Bem 3 zu § 26.

5) VglForderungen sind nur solche Ansprüche, welche **bei Eröff des Verfahrens begründet** waren. ,,Begründet sein" iS des § 25 ist nicht gleichbedeutend mit ,,entstanden sein"; vgl Karlsruhe NJW **58,** 1879. Es genügt für § 25, wenn der Rechtsgrund des Entstehens der Fdg im Zeitpunkt der Eröff des VglVerf bereits gelegt war. Begründete in diesem Sinne sind auch
a) **betagte und bedingte Forderungen,** sofern nur der Vertragsschluß vor Eröff des VglVerf erfolgt ist. Das gilt auch für aufschiebend bedingte Anspr, vgl Deesen JW **35,** 983; Kiesow JW **35,** 984 (eingehend zum Fragenkomplex Bley-Mohrbutter 31 ff mit weit Hinw); vgl. §§ 30, 31.
b) Vermögensanspr, wenn das entscheidende Schuldverhälnis im Zeitpunkt der Eröff des VglVerf bereits bestand; dabei genügt eine damals bereits bestehende **Haftungsmöglichkeit,** aus der vertragl und gesetzl Pflichten (Gewährleistungs-, Ersatz- und sonstige Sekundärpflichten) folgen, BGH WM **58,** 258, 260. So auch die aus einem vor Eröff des VglVerf begründeten **Stammrecht** fließenden einzelnen Ansprüche, zB die Fdgen aus einem Leibrentenvertrag, die Pensions- und Rentenanspr der Beamten und Angestellten (dazu Bohnenberg KuT **36,** 186); Rentenansprüche nach Maßg des BGB § 843, sofern nur die unerl Hdlg vor Eröff des VglVerf begangen war, RG **151** 286. (**Nicht** dagegen Ansprüche des Versicherers auf die nach VerfEröff fällig werdenden Prämien; Ansprüche des Vermieters, Verpächters auf nach Verfahrenseröff fällige Zinsen; Ansprüche auf Vergütung für nach VerfEröff geleistete Dienste.) Vgl KO § 3 Bem 4b;

§ 25 3. Abschnitt

c) Ansprüche aus einem vor Eröff des Verf gegebenen **Wechselblankett** (dazu Bley-Mohrbutter 41) sowie aus einer vor diesem Zeitpunkt ausgestellten, aber noch nicht in den Verkehr gegebenen **Inhaberschuldverschreibung** (vgl Jaeger-Henckel 65 zu KO § 3);

d) der Anspruch auf das **Erfüllungsinteresse,** sofern der Vertragsschluß vor VerfEröff liegt, RG **59,** 56;

e) Fdgen nach Maßg des **BGB § 405,** sofern die Schuldurkunde vor Eröff des VglVerf vollzogen und ausgehändigt war; vgl KO § 3 Bem 4 f;

f) Die **Anwartschaft** bei bedingter Vermächtnisanordnung, sofern der Erbfall vor Eröff des VglVerf liegt, BGB § 2179;

g) der Anspruch auf **Prozeßkostenerstattung** und der Gerichtskostenanspruch des Staates, wenn der Hauptanspr VglFdg ist und der für die Kostenfdg maßgebl Prozeßbeginn vor Eröff des VglVerf liegt, RG **145,** 15 m weit Hinw; Karlsruhe NJW **58,** 1879; vgl auch Bley-Mohrbutter 53a, b Abs 3;

h) **Steuerforderungen,** sofern nur der steuerpflichtige Tatbestand vor Eröff des VglVerf verwirklicht ist; vgl Böhle-Stamschräder/Kilger KO § 3 Anm 4 k (Steuerfdgen sind nach § 26 jedoch keine VglFdgen, wenn und soweit sie im Konkurs nach KO § 61 Abs 1 Nr 2 bevorrechtigt sind);

i) der Anspruch des **Vormundes** auf Vergütung für seine Tätigkeit, sofern die Festsetzung durch das Vormundschaftsgericht vor Eröff des VglVerf erfolgt ist, HRR **32,** 2155.

Ergänzend zu Gläubigern, denen mehrere Personen auf das Ganze haften, **§ 32;** zu Regreßanspr von Gesamtschuldnern und Bürgen **§ 33;** zu Anspr aus gegenseitigen Verträgen, insbes Sukzessivlieferungsverträgen, **§ 36;** zu Schadensersatzforderungen bei Abwicklung gegenseitiger Verträge **§ 52.**

Am VglVerfahren nicht beteiligt ist die Maklerprovisionsforderung, wenn der Maklervertrag zwar vor Eröff des VglVerfahrens geschlossen wurde, der Makler das Ergebnis seiner Nachweis- oder Vermittlungstätigkeit dem Auftraggeber aber erst nach Verfahrenseröffnung mitgeteilt hat. Nach dem Wesen des Maklervertrages liegt nämlich der Schwerpunkt des die Provisionsfdg begründenden Tatbestandes in der Vermittlungstätigkeit, vgl BGH KTS **75,** 109 = NJW **75,** 2277 = WM **74,** 1166 = MDR **75,** 305.

Hat der Käufer einer ihm unter Eigentumsvorbehalt gelieferten Sache vor der Eröff des VglVerf über sein Vermögen die Sache an einen gutgläubigen Dritten veräußert und den Erlös eingezogen, so ist der Verkäufer mit seiner Kaufpreisforderung bloßer VglGläubiger, BGH **50,** 242, 249 f = WM **68,** 925, 927. Erg vgl Anm 4 zu § 36.

5a) Die **Rechtsstellung sog. Neu-Gläub:** Gläub, die **während des EröffVerf** (§§ 11 ff) eine Fdg an den Schuldner erworben haben, sind wegen dieser Fdg VglGläub, weil die Fdg vor VerglEröff begründet worden ist. – Gleichermaßen sind diese Gläub und diejenigen Gläub, die nach VerglEröff eine Fdg erworben haben, im Anschluß-KonkVerf (§ 102 ff) KGläub (KO § 3) und nicht MasseschuldGläub (KO § 59 Abs 1 Nr. 1 + 2) BGH **23,** 307, 318; BGH LM KO § 17 Nr. 15 (m Anm

68

Treiher) = JZ **82**, 567 = WM **82**, 825 = ZIP **82**, 854; dem vorläufigen, wie dem VerglVerw steht jedoch zur Befriedigung von Fdgen aus von ihm gebilligten Geschäften ein **„Einbehaltungsrecht"** zu; Bley-Mohrbutter, § 26 Anm 87, § 57 Anm 40d; Mohrbutter, Festschrift 308; Kübler, ZIP **82**, 1007; Kuhn-Uhlenbruck, § 23 Anm 12a. –

6) § 3 II KO, wonach **familienrechtliche Unterhaltsansprüche** für die Zukunft nicht geltend gemacht werden können, gilt nach § 25 II VglO auch für das VglVerfahren. Wegen der in Frage kommenden Unterhaltsansprüche vgl § 3 II KO, doch sind die dort bezeichneten Vorschriften durch Bestimmungen des Ehegesetzes, des Gleichberechtigungsgesetzes, des Nichtehelichengesetzes und des Ersten Gesetzes zur Reform des Ehe- und Familienrechts weitgehend geändert und ergänzt. Es gelten nunmehr §§ 1360, 1361, 1569 ff, 1601–1615, 1615a–1615i BGB und §§ 37, 39 Abs 2 S 2 EheG. Zu den Unterhaltsansprüchen iS des § 25 II VglO gehören auch die in § 3 II KO besonders angesprochenen §§ 1715, 1716 BGB (jetzt §§ 1615k, 1615l, 1615o). Keine VglForderungen sind demnach die erst nach Eröff des VglVerfahrens verfallenen und verfallenden Ansprüche. So kann im VglVerf über das Vermögen des Mannes die unschuldig geschiedene Frau Unterhaltsanspr für die Zukunft nicht geltend machen, Dresden KuT **40**, 94. – Haftet der Schuldner aber als Erbe des Verpflichteten, so handelt es sich auch bei diesen Ansprüchen um VglFdgen, KO § 3 II aE; dazu Dresden KuT **40**, 94; Bley-Mohrbutter 50 Abs 3.

Durch **richterl oder vertragl Feststellung des Inhalts eines gesetzl Unterhaltsanspr** wird dieser nicht zur VglFdg. Anders, wenn bei vertragl Festlegung der Parteiwille auf Begründg einer selbständigen, von den Voraussetzungen der gesetzl Unterhaltspflicht völlig losgelösten Verbindlichk geht, Jaeger-Henckel 118 zu KO § 3. – Bezweckt eine Vereinbarung zwar die Regelung von Unterhaltsanspr, weicht aber die Vereinbarg in wesentl Punkten von der gesetzl Regelung ab, so gilt für die sich aus der Vereinbarung ergebenden Ansprüche die Beschränkg des KO § 3 II nicht, DR **44**, 618.

7) Lastenausgleichsrecht.

Das Lastenausgleichsrecht ist durch Zeitablauf gegenstandslos geworden; sollte es gelegentlich noch bedeutsam sein, wird auf die 10. Aufl, § 25 Anm 7 und auf Bley-Mohrbutter § 26 Anm 65, § 108, Anm 14 verwiesen. –

Nichtbeteiligte Gläubiger

26 [I] Gläubiger, denen im Konkurse ein Anspruch auf Aussonderung oder Ersatzaussonderung oder ein Verfolgungsrecht zusteht, ferner Gläubiger, deren Forderungen im Konkurs ein Vorrecht genießen, und Gläubiger, deren Anspruch durch eine Vormerkung gesichert ist, sind nicht Vergleichsgläubiger.

[II] Ebenso gehören die Gebühren und Auslagen des Gerichts sowie Ansprüche des vorläufigen Verwalters nicht zu den Vergleichsforde-

§ 26 3. Abschnitt

rungen, auch soweit sie vor der Eröffnung entstanden sind. Zu den Vergleichsforderungen gehören ferner nicht die Ansprüche, die im Konkurs Masseschulden nach § 59 Abs. 1 Nr. 3 der Konkursordnung sind.

Vorbem: Satz 2 von § 26 Abs 2 eingefügt durch Art 2 § 2 Nr 1 des Gesetzes über Konkursausfallgeld vom 19. 7. 1974 (BGBl I 1481).

1) Keine Vergleichsgläubiger sind **Gläubiger, denen im Konkurs Aussonderungs-, Ersatzaussonderungs- oder Verfolgungsrechte zustehen.** Die KO §§ 43, 44, 46 werden dadurch entspr in die VglO einbezogen. Es gelten also die Bem zu diesen Bestimmungen für das VglVerf mit der Maßg, daß an die Stelle der Konkurseröff jeweils die Eröff des VglVerf tritt. – Zu **verlängertem und erweitertem Eigentumsvorbehalt** noch § 27 Anm 2.

2) Keine VglGläub sind **Gläubiger, deren Fdgen im Konkurs ein Vorrecht genießen.** Während solche Fdgen im Konkurs zu den Konkursfdgen gehören und nur insoweit eine Sonderstellung haben, als den Gläubigern wegen dieser Fdgen vorzugsweise Befriedigg aus der Konkursmasse zuteil wird, scheiden sie im VglVerf als VglFdgen ganz aus. Sie nehmen am Verf nicht teil und werden auch vom Vgl nicht betroffen. Teilnahme am VglVerf kann auch nicht durch einen Verzicht auf das Vorrecht erreicht werden, vgl Bem 1 zu § 25. – Forderungen im Sinne dieser Bestimmung sind die **Ansprüche nach Maßgabe der KO § 61 Abs 1 Nrn 1–5, nach KO § 62, nach § 27 Abs 2 des Gesetzes über Arbeitnehmererfindungen** vom 25. 7. 1957 und nach **VAG § 80:** vgl dazu KO § 61 Anm 1–9, § 62 Anm 1–4, jeweils mit der Maßgabe, daß an die Stelle der Konkurseröffnung der Zeitpunkt der Eröff des gerichtl VglVerf tritt. Zu § 26 in Vbdg mit KO § 61 Abs 1 Nr 1 und § 62 Nr 1 noch BAG NJW 65, 1245 = AP 1 zu BetrVG aF § 39 mit Anm v Böhle-St (betr die Erstattungsforderung des Betriebsrats im VglVerf des Unternehmers).

3) Ein Interessenausgleich und Sozialplan ist auch im VglVerf aufzustellen, wenn die VglBemühungen eine BetrÄnderung zum Ziele haben (§§ 111, 112 BetrVG). Die intensiv und lang umstrittene Frage, ob in der Insolvenz eines mit BetrRat ausgestatteten Unternehmens ein Interessenausgleich vorzunehmen und ein SozPl aufzustellen ist, ist nunmehr für den SozPl und damit mittelbar auch für den Interessenausgleich durch das **„Gesetz über den Sozialplan im Konkurs- und Vergleichsverfahren"** (SozPlG) vom 20. 2. 85 (Anh 6) geregelt worden; vgl dazu Balz, Betr **85,** 687; ders. „Das neue Gesetz über den SozPl im Konk- u. VerglVerf", Köln 1985; Uhlenbruck KTS **85,** 199. Das **SozPlG ist ein Zeitgesetz;** es tritt am 31. 12. 88 außer Kraft. – Nach § 4 SozPlG werden die SozPlFdgen im Range des § 61 Abs 1 Nr. 1 berichtigt. Die **Gläub von SozPlFdgen sind** deshalb **nicht VglGläub;** sie sind jedoch insoweit VglGläub, als sie aus einem vor der Insolvenz aufgestellten SozPl Fdgen haben, die im K nicht bevorrechtigt wären (§ 5 letzter Halbsatz SozPlG). – Ein im VglVerf aufzustellender SozPl ist hinsichtl seiner materiellrechtlichen Wirksamkeit nicht an die absolute Grenze des § 2 SozPlG gebunden, weil der Schuldner im Vergl Herr seines Vermögens ist. Da

Vergleichsgläubiger **§ 26**

im VerglVerf auch eine der KMasse vergleichbare „Masse" gebildet wird, entfällt auch die relative Begrenzung des SozPl-Volumens gem § 4 Sätze 2 + 3 SozPlG. Der Schuldner und der BetrRat müssen aber in Rechnung stellen, daß die VglGläub einem VglVorschlag nicht zustimmen werden (§ 74), wenn die Grenzen nicht mindestens beachtet worden sind, so daß dann im voraussichtlich eröffneten AnschlußKonkVerf (§§ 102 ff) der SozPl den KonkGläub gegenüber unwirksam ist, soweit er die Begrenzung des § 2 SozPlG übersteigt, § 3 SozPlG; Balz Betr aaO S. 692. Infolge der Regelung des § 3 SozPlG entfällt in der Regel die KonkAnf von SozPl.

Vertragspartner des Interessenausgleichs und des SozPl sind der BetrRat und der VglSch, denn anders als in KVerf hat der VglSch seine Verwaltungs- und Verfügungsbefugnis (KO § 6) nicht verloren; ist jedoch ein Veräußerungsverbot nach §§ 12, 57 ergangen, ist Zustimmung des vorl Verw oder VglVerw zum Abschluß des Interessenausgleichs und SozPl erforderl. Kommt eine Einigung unter den Beteiligten nicht zustande, so ist der SozPl von der **Einigungsstelle** aufzustellen. Bei der **Bemessung der Abfindungen aus SozPl** sind nur die tatsächlichen wirtschaftl Nachteile der BetrÄnderung ausgleichspflichtig § 2 SozPlG.

Für die **Verteilung des SozPl-Volumens** gelten die allg Grundsätze der BetrV.

Der **Anspr auf Nachteilsausgleich** (§ 113 BetrVG) ist im SozPlG nicht geregelt; es gelten die allg insolvenzrechtl Vorschriften (§ 25 Abs 1); Balz Betr **85**, 690.

4) Durch Bestimmungen anderer Gesetze (DepG § 32; HypBankG §§ 35, 41, 42, 52; VAG §§ 77 III, IV, 79) sind weitere im Konkurs bevorrechtigte Fdgen geschaffen worden, bei denen das Vorrecht aber nur in einer Vorwegbefriedigg aus dem Erlös bestimmter Gegenstände besteht. Die Stellung der Gläub dieser Fdgen ist im übrigen der Stellung absonderungsberechtigter Konkursgläubiger angenähert (vgl KO § 61 Bem 10). Auf diese Fdgen ist § 26 nicht anwendbar. Ihre Behandlg im VglVerf erfolgt nach § 27; vgl Bem 2 Abs 2 zu § 27.

5) Keine VglGläubiger sind **Gläubiger, deren Anspruch durch eine Vormerkung gesichert ist.** Diese Regelung entspricht der für das Konkursverf in KO § 24 getroffenen Regelung. Die Bem zu KO § 24 gelten also entspr; doch ist zu beachten, daß VglO § 26 nicht für Gläubiger gilt, welche die Vormerkung durch eine VollstrMaßnahme innerhalb der Sperrfrist des § 28 erlangt haben.

6) § 26 Abs 2 bezweckt, daß auch die vor Eröff des VglVerf entstandenen **Gebühren und Auslagen des Gerichts** für das VglVerf voll zur Hebung gelangen. – Die **Anspr des vorläufigen Verwalters** sind aus dem Kreis der VglFdgen herausgenommen, damit dem Verw wegen seiner im Interesse des VglVerf liegenden Tätigkeit volles Entgelt gewährt werden kann. – Der dem Abs 2 angefügte S 2 stellt klar, daß auch die in § 59 Abs 1 Nr 3 KO bezeichneten Ansprüche der Arbeitnehmer nicht zu den Vergleichsforderungen zählen, vgl Hornung Rpfleger **75**, 289.

7) Die in § 26 aufgeführten Gläubiger können ohne Rücksicht auf das VglVerf gegen den Schuldner die **Zwangsvollstreckung** betreiben; vgl

§ 27

Siegelmann Betr **65,** 923 im Rahmen eines Aufsatzes über die Zwangsvollstreckung im Vergleichsverfahren.

Absonderungsberechtigte Gläubiger

27 ^I **Gläubiger, die im Konkurse abgesonderte Befriedigung beanspruchen können, sind unbeschadet der Vorschrift des § 71 Abs. 3 insoweit Vergleichsgläubiger, als ihnen der Schuldner auch persönlich haftet und sie auf die abgesonderte Befriedigung verzichten oder bei ihr ausgefallen sind. Solange der Ausfall nicht feststeht, sind sie bei der Vergleichserfüllung, falls nicht im Vergleich eine für den Schuldner günstigere Regelung vereinbart wird, mit dem mutmaßlichen Ausfall zu berücksichtigen.**

^{II} **Die Bestimmungen für Absonderungsberechtigte gelten auch für Gläubiger, denen zur Sicherung eines Anspruchs eine Sache oder ein Recht übertragen worden ist, sowie für diejenigen, auf deren Befriedigung im Konkurs die Vorschriften für Absonderungsberechtigte entsprechende Anwendung finden.**

1) § 27 betrifft für das VglVerf die **Rechtslage derjenigen, welche im Konkurs abgesonderte Befriedigg beanspruchen können, sofern der Schuldner auch persönlich haftet.** Die Bestimmung setzt also voraus, daß sich in der Person des VglSchuldners dingl Haftung und persönl Schuld vereinigen. – Ob der Schuldner im Konkurs absonderungsberechtigt ist, bestimmen die **KO §§ 47 bis 49, 51.**

2) § 27 Abs 2 bestimmt (was allerdings in Rspr und RLehre bereits vor Erlaß der geltenden VglO ohne ausdrückl Vorschrift angenommen wurde, RG 118, 209), daß bei **Sicherungsübereignung** und **Sicherungsabtretung** der Sicherungsnehmer nur als absonderungsberechtigt gilt. Zur Anwendung des § 27 beim **verlängerten Eigentumsvorbehalt** (Verarbeitungsvorbehalt; Vorausabtretung von Kaufpreisforderungen des Vorbehaltskäufers) vgl § 36 Anm 4 aE. – Ein erweiterter Eigentumsvorbehalt in Form eines sogenannten **Kontokorrentvorbehalts** gewährt dann, wenn die Sache, deren Eigentum vorbehalten ist, bereits voll bezahlt wurde, kein Aussonderungs-, sondern lediglich ein Absonderungsrecht, BGH MDR **71,** 481 = KTS **71,** 213 = NJW **71,** 799 = JZ **71,** 506 (dazu Gravenhorst JZ **71,** 494). Gleiches muß gelten, wenn ein erweiterter Eigentumsvorbehalt in Form eines **Konzernvorbehalts** vereinbart worden war.

Die Vorschr für Absonderungsberechtigte gelten nach § 27 II auch für diej, auf deren Befriedigg im Konkurs die Vorschr für Absonderungsberechtigte entspr Anw finden. In Frage kommen **Gläub nach Maßg des DepG § 32** (zu DepG § 33 vgl Bem 7); **HypBankG §§ 35, 41, 42, 52; VAG §§ 77 III, IV, 79;** näh in Bem 10 zu KO § 61.

3) Die Regelung des § 27 entspricht der für das Konkursverfahren im KO § 64 getroffenen Regelung. Beide Bestimmungen sind in gleicher Weise auszulegen, RG **155,** 99; Serick § 36 II 1a mit weit Hinw. **§ 27 I S 1 regelt** also **nichts anderes und nicht mehr als die Teilnahme der Abson-**

derungsberechtigten an der Abstimmung und die vergleichsmäßige **Befriedigg**. Hiervon sind die Absonderungsberechtigten (unbeschadet der Vorschr des § 71 III) ausgeschlossen, soweit sie weder auf abgesonderte Befriedigung verzichten noch bei ihr ausgefallen sind. – § 27 beschränkt nicht die aktive Beteiligung in sonstiger Hinsicht und überhaupt nicht die passive Beteiligg, Bley ZZP **61**, 159; BGH LM 1 zu VglO § 82 = NJW **56**, 1594 = JR **56**, 463 = MDR **57**, 28 m Anm v Pohle; erg vgl BGH **31**, 174 = LM 1 zu VerglO § 27 m Anm v Artl = NJW **60**, 289 = MDR **60**, 134 = KTS **60**, 27. Die ganze persönl Fdg des Absonderungsberechtigten nimmt am VglVerf teil, Bley-Mohrbutter 48 zu § 26 und 4 zu § 27; aA Baumann § 16 I 3 c, Schönke-Baur § 73 II 3 a. Das gilt auch, wenn die Fdg als ,,Ausfallforderung" geltend gemacht wird. Ein absonderungsberechtigter VglGläub kann demnach (auch wenn ihm ein Stimmrecht nicht gewährt ist) die Fdgen anderer Gläub wirksam bestreiten, § 71 I, II; den Erlaß einer Verfügungsbeschränkg gegen den VglSchuldner beantragen, § 58 I; vom Schuldner nach § 69 I Auskunft verlangen; die Abnahme einer eidesstattl Versicherung (§ 69 II) anregen; und einen Vergleich nach § 89 I anfechten, Bley ZZP **61**, 159f. Für die ganze persönl Forderung des absonderungsberechtigten VglGläub gelten die VollstrSchranken der §§ 13, 28, 47f, 87, 104, 124; und die Besonderheiten der Aufrechenbarkeit nach § 54; vgl auch Serick § 36 II 1 b Abs 1. – Zu den Folgen, welche sich daraus ergeben, daß auch die **Sondervorrechtsgläubiger** (vgl Bem 2 Abs 2) ohne Rücksicht auf Verzicht und Ausfall mit ihrer vollen Fdg VglGläub sind, vgl Bley ZZP **61**, 160ff.

4) **Volle Teilnahme** des absonderungsberechtigten VglGläub am VglVerf (also auch mit Bezug auf Abstimmung und vergleichsmäßige Befriedigg), **wenn und soweit der Gläub auf sein Absonderungsrecht verzichtet**. – Der **Verzicht** besteht in der bindenden Aufgabe des Rechts, welches den Anspr auf abgesonderte Befriedigg begründet, so daß der Sicherungsgegenstand für die VglGläub frei wird. – Die Erfordernisse des Verzichts bestimmen sich nach den allg Vorschriften. Für das Liegenschaftsrecht beachte BGB §§ 875 I S 2, 1168 II. Besteht kein Formerfordernis, so genügt schlüssiges, eindeutiges Verhalten. **Vorbehaltlose Geltendmachung der ganzen Fdg ist noch kein Verzicht**, LG Kiel MDR **57**, 552. Ob aus einer Teilnahme an der Abstimmung und der Zustimmung zum VglVorschlag auf den Verzichtswillen zu schließen ist, kann nur unter Berücksichtigg der Umstände entschieden werden; dazu Levy KuT **3**, 153; LG Kiel aaO. Vorbehaltlose Annahme auch nur einer VglQuote wird, wenn auch in einem früheren Stadium des Verfahrens kein Vorbehalt gemacht wurde, idR wohl als Ausdruck des Verzichtswillens angesehen werden können; jedenfalls dürfte damit idR das Absonderungsrecht verwirkt sein (vgl Bley-Mohrbutter 13c Abs 3, es sei denn, der Berechtigte war sich des Absonderungsrechts nicht bewußt (R **14**, Nr 2009). Erg vgl München NJW **59**, 1542 betr die Verwirkung der Rechtsstellung als beteiligter Gläubiger § 36; Hamburg MDR **66**, 935 betr die Verwirkung der Rechtsstellung als absonderungsberechtigter Hypothekengläubiger; vgl auch Serick Fußnote 44 zu § 36 II 1 a. – Ein Verzicht auf das die Absonderung betreffende dingl Recht **wirkt über das VglVerf**

§ 27
3. Abschnitt

hinaus. Doch ist eine ausdrückl Beschränkung auf das VglVerf zulässig, Vogels-Nölte IV 1 a.

Hat ein absonderungsberechtigter persönl Gläub nur einen **Teil seiner Fdg** unter Verzicht auf das Absonderungsrecht zum Verf **angemeldet**, so gilt er im VglVerf als durch das AbsondRecht für den übr Teil seiner Fdg befriedigt, RG **155**, 101. Ist diese Befriedigg tatsächl nicht eingetreten, so ist nur hinsichtlich des der VglQuote entsprechenden Betrages endgültige Befriedigungswirkung, bzgl des überschießenden Betrages aber (wie beim Zwangserlaß eines Forderungsteils im gerichtl Vgl) das Fortbestehen einer unvollkommenen Verbindlichkeit anzunehmen. Ein für diese unvollkommene Schuld nach BGB § 781 abgegebenes Schuldanerkenntnis kann nicht Gegenstand eines Anspr nach BGB § 812 sein, RG **160**, 138 f = DR **39**, 1332 m Anm von Bley.

Ein gesicherter Gläub ist nicht verpflichtet, zur Durchführung des VglVerf seine Sicherheiten bis zu einer „**Opfergrenze**" freizugeben, um damit auch den ungesicherten Gläub eine möglichst hohe Befriedigung zuteil werden zu lassen, Hbg 3 U 264/50 vom 1. 2. 1951.

5) Volle Teilnahme des absonderungsberechtigten VglGläub am VglVerf (Bem 4) auch, **soweit der Gläub bei der abgesonderten Befriedigg ausgefallen ist.** – **Ausfall** ist die Forderung, die verbleibt, wenn der übrige Teil durch Verwertung der Sicherheit befriedigt und damit erloschen ist, BGH NJW **60**, 289, 290 f; also der tatsächl Rest nach Durchführung des Zugriffs auf den Sicherungsgegenstand. Ein Vorteil bei der Verwertung des Haftungsgegenstandes wird nicht angerechnet. – Der Gläub ist auf eine übereilte Verwertg des Gegenstandes der Absonderg zum Zwecke der Feststellung des Ausfalls nicht angewiesen. Er hat, solange der Ausfall nicht feststeht, im VglVerf unter den Voraussetzungen und nach Maßg des § 71 II, III Stimmrecht in Höhe des mutmaßl Ausfalls und ist in dieser Höhe bei der VglErfüllung durch Zahlung (nicht, wie KO § 168 Nr 3 es für das Konkursverf bestimmt, nur durch Hinterlegg) zu berücksichtigen, § 27 I 2. Steht die Höhe des Ausfalls nicht fest und ist hierüber auch keine Entscheidung nach § 71 II, III ergangen, so hat das VglGericht auf Antrag nach § 97 I die mutmaßl Höhe des Ausfalls festzustellen. Diese Feststellung ist auch zulässig, wenn eine Stimmrechtsentscheidung vorliegt, die Entsch aber vom Rechtspfleger getroffen ist; vgl Anm 2b zu § 97. – Ist nach § 97 I die mutmaßliche Höhe des Ausfalls festgestellt, so können die Verzugsfolgen des § 9 I den Schuldner nicht treffen, wenn er (solange der Ausfall nicht endgültig feststeht) bei der Erfüllung des Vgl die teilweise gedeckte Fdg entsprechend der gerichtl Entscheidung berücksichtigt, § 97 II. Sache des Gläub ist es, bei teilweise gedeckten Fdgen erforderlichenfalls diese Feststellung nach § 97 I als Voraussetzung für die Fälligk der Fdgen und damit als Verzugsvoraussetzung für § 9 I zu veranlassen; vgl Anm 1 Abs 1 zu § 9 mit Hinweis auf BGH **31**, 174.

6) Eine von der gesetzlichen Regelung des § 27 I Satz 2 abweichende Regelung im Vergleich, die den Schuldner ungünstiger stellen würde, ist ausgeschlossen. Eine Beschränkung der Verfahrensteilnahme auf die nichtabsonderungs- und nichtsonderbevorrechtigten Gläub im gerichtl

Vergleichsgläubiger **§ 28**

VglVerf ist demnach unwirksam. Zugelassen ist jedoch eine dem Schuldner günstigere Vereinbarung, § 27 I 2. So kann im Vergleich bestimmt werden, daß der Gläub vor dem Nachweis des Ausfalls nichts erhalten soll oder daß die auf den mutmaßl Ausfall zu leistenden VglRaten zu hinterlegen sind, Krieg 6; Bley-Mohrbutter 14.

7) Das durch **DepG § 33** für den Konkurs des Bankverwahrers eingeführte Ausgleichsverfahren hat auch im Falle eines über das Vermögen des Verwahrers eröffneten VglVerf stattzufinden, Bley ZZP **61,** 162; vgl auch Bley-Mohrbutter 33.

Sperrfrist

28 **I Gläubiger, die durch eine Zwangsvollstreckungsmaßnahme eine Sicherung erlangt haben, bleiben Vergleichsgläubiger, wenn sie diese Sicherung später als am dreißigsten Tag vor der Stellung des Eröffnungsantrags erworben haben. Dies gilt entsprechend auch für Gläubiger, die durch Zwangsvollstreckung befriedigt worden sind.**

II Bei der Berechnung der Frist wird der Tag der Stellung des Antrags nicht mitgezählt.

1) **Vollstreckungsmaßnahme im Sinne des § 28** ist jeder auf die Befriedigg des Gläub hinzielende Akt im Rahmen einer Zwangsvollstreckung nach Maßg der ZPO §§ 803ff und der Bestimmungen des ZVG. Es scheiden aus Maßnahmen, welche ledigl der Vorbereitung der Zwangsvollstreckung dienen (Beschaffung des Titels, der Klausel). – Unerhebl ist, auf Grund welchen Titels die Vollstreckung erfolgt. Auch Vollstreckungen aus Vergleichen und vollstreckbaren Urkunden werden erfaßt, Kiesow 17 zu § 3. Zu den VollstrMaßn gehören nach § 124 auch die Vollziehung eines Arrestes und einer einstw Vfg.

2) **Sicherungen,** welche durch eine VollstrMaßnahme erlangt sind (Zwangssicherungen), sind vor allem das Pfändungspfandrecht an bewegl Sachen, das Pfandrecht an Fdgen und anderen Vermögensrechten, das Arrestpfandrecht an eingetragenen Schiffen (ZPO § 931), die Sicherungshypothek des ZPO § 866 und die Arresthyp des ZPO § 932; ferner die Beschlagnahme zum Zwecke der ZwVerst oder ZwVerw nach Maßg des ZVG, die in der ZwVollstr erwirkte Eintragung einer Vormerkung im Grundbuch, Schiffsregister, Schiffsbauregister oder Register für Pfandrechte an Luftfahrzeugen nach ZPO §§ 895, 941f, LuftfzRG § 10f (Eintragg auf Grund einstw Verfüg). – Die Maßnahme muß als solche **unmittelbar** eine Sicherung gewähren. Nicht hierher gehören das Veräußerungsverbot, der Widerspruch gegen die Richtigkeit des Grundbuchs oder des Schiffsregisters, der Antrag auf Abnahme einer eidesstattl Versicherung nach § 807 ZPO, die Vollziehung eines persönl Sicherheitsarrestes, Kiesow 19, 20 zu § 3. – **Keine** Zwangssicherung liegt vor, wenn der Schuldner freiwillig zur Abwendung der Vollstreckung eine Sicherung (etwa durch Hinterlegg, Bestellg eines Pfandrechts, Bestellg einer Hypothek) gewährt, mag auch der Gläub dadurch, wie bei Hinterlegg

§ 28

nach Maßg des BGB § 233, ein gesetzl Pfandrecht erlangen, Stuttg JW **30**, 2807. Freiwillige Sicherungen werden als solche auch dann nicht betroffen, wenn sie nach dem Beginn der Zwangsvollstreckung gewährt werden.

3) § 28 bezieht sich nur auf die Zwangssicherung von Fdgen der **Vergleichsgläubiger**, deren Kreis durch §§ 25 ff bestimmt ist; vgl Bem 1 zu § 25. In einem gewissen Umfange gilt § 28 auch für Gläub nach § 29 Nrn 1, 3, 4 und gleichstehende Gläub (vgl Bem 6 zu § 29) sowie für die nach § 113 Nr 7 und § 114 in Vbdg mit § 113 Nr 7 minderberechtigten Gläub; eing dazu Bley-Mohrbutter 17 – Die Gesetzesfassung ,,bleiben Vergleichsgläubiger" heißt: **die Gläubiger nehmen unabhängig von den Beschränkungen des § 27 am VglVerf teil.**

4) Anfang der Sperrfrist des § 28 ist der Beginn des 29. Tages vor dem Tage, an welchem der Antrag auf Eröff des gerichtl VglVerf beim VglGericht eingeht, § 28 II; bei Antragstellg am 31. 3. also der Beginn des 2. 3.; vgl Krieg 9. Antragstellung bei unzuständigem Gericht genügt, sofern Verweisung nach Maßg des ZPO § 276 aF (§ 281 ZPO nF) erfolgt, RG **131**, 202. Nicht erforderlich ist, daß der VglAntrag bereits voll den Erfordernissen der §§ 3, 4 genügt, Kiesow 13 zu § 3. – Im Falle des ZPO § 845 (Vorpfändung) kann eine nach dem Beginn der Sperrfrist erfolgte Forderungspfändung nicht die in § 845 II bezeichnete Wirkung für eine vor dem Beginn der Sperrfrist erfolgte Pfändungsankündigg auslösen. Die Zwangssicherung ist solchenfalls als nach dem Beginn der Sperrfrist erlangt anzusehen, RG **151**, 265 ff (270) = JW **36**, 2314 f = DJ **36**, 1167 f m Anm von Vogels. Gleiches gilt beim Vorliegen eines fehlerhaften ZwVollstrAktes, wenn der Mangel erst nach dem Beginn der Sperrfrist geheilt wird; vgl Stöber Rpfleger **62**, 9, 11 f. – Ist ein Arrestbefehl oder eine einstw Vfg vor dem Beginn der Sperrfrist vollzogen, so kann die zur Erhaltg der Wirksamkeit der Vollziehg erforderl nachträgl Zustellung (ZPO § 929 III) wirksam noch nach dem Beginn der Sperrfrist erfolgen; denn Zustellung ist keine VollstrMaßnahme, Kiesow 4 zu § 34. Wird der Arrest vor Eröff des VglVerf vollzogen, so ist eine Bestätigung des Arrestes nach Eröff des VglVerf nicht ausgeschlossen, RG **56**, 148, BGH MDR **62**, 400. Der Arrestgrund entfällt beim vollzogenen Vgl nicht bereits dadurch, daß im Verf Verfügungsbeschränkungen nach § 58 erlassen worden sind; aA LG Düsseldorf NJW **75**, 1367 mit abl Anm von Baer-Henney; vgl auch Anm 5 zu § 47. – Bei einer Arresthypothek entscheidet der Zeitpunkt der Eintragung in das Grundbuch, BayObLG NJW **55**, 144.

Die Sperrfrist **endet** bei Ablehnung der Eröff des VglVerf und Eröff des Anschlußkonkurses (§§ 16, 19) mit der Rechtskraft des KonkEröff-Beschl, bei Eröff des VglVerf mit der Eröff (§§ 16, 21). Zur Bedeutung der Sperrfrist für das nachfolgende VglVerf und den Anschlußkonkurs vgl Bem 6. Wird der VglAntrag vor der Entsch über die Eröff des VglVerf zurückgenommen, oder wird die Eröff des VglVerf abgelehnt, ohne daß Anschlußkonkurs eröffnet wird, so entfällt die Sperre des § 28 rückwirkend.

Vergleichsgläubiger **§ 28**

5) § 28 Abs 1 S 2. In Frage kommt nur **eine durch Zwangsvollstrekkung erfolgte Befriedigung,** BGH **55,** 307 = MDR **71,** 481 f = NJW **71,** 1702 = KTS **71,** 210; Bley-Mohrbutter 34, 35. – Zahlungen, die vor der Vollstr zu deren Abwendung, und Zahlungen, welche nach der Pfändung, aber vor der Versteigerg und zu ihrer Abwendung geleistet werden, sei es auch an den Gerichtsvollz, sind nicht durch ZwVollstr erlangt. § 28 bezieht sich auf sie nicht. Auch eine entspr Anw des § 28 ist angesichts der eindeutigen Gesetzesfassung nicht angängig, München JW **35,** 809 ff m zust Anm von Kiesow; vgl auch BGH aaO; Bley-Mohrbutter aaO mit weit Hinw (and bzgl der zur Vermeidung der Versteigerung erfolgten Zahlung, Krieg 8; dort und in JW **35,** 810 auch Wiedergabe der gleichlautenden und abweichenden Entscheidungen). – Der in Durchführung der GläubAnfechtung nach Maßg der Vorschr des AnfG erlangte Zwangserwerb ist nicht im Sinne des § 28 als solcher aus dem Vermögen des Schuldners anzusehen und fällt daher nicht unter § 28, vgl Bley-Mohrbutter 33. – Die Fiktion des ZPO § 894 ist jedoch ZwVollstr iS des § 28, Bley-Mohrbutter 30, 39.

Eine **Befriedigg,** welche **in Verfolg einer vor dem Beginn der Sperrfrist erwirkten Sicherung** erlangt ist, fällt dann nicht unter § 28, wenn der Gläub durch die Sicherung bereits ein Recht auf abgesonderte Befriedigg erlangt hat und die innerhalb der Sperrfrist erfolgte Befriedigg nur der Realisierung des Absonderungsrechts dient.

6) Die während der Sperrfrist erlangte Zwangssicherung und Zwangsbefriedigg ist nicht schlechthin unwirksam. Ihr wird durch § 28 zunächst lediglich für das VglVerf die Anerkennung versagt. Der Gläub nimmt also ohne Rücksicht auf die erlangte Sicherung oder Befriedigg mit der vollen Höhe der Fdg am Verf teil. Er ist insoweit voll stimmberechtigt und wird wegen der ganzen Forderung vom Vergleich betroffen. – Im Falle der Zwangssicherung während der Sperrfrist hat § 28 für die Dauer des VglVerf lediglich die Bedeutung einer kraft Gesetzes erfolgten Einstellung der VollstrVerf. Diese Einstellung ist vom GerVollz zu beachten (GVGA, bundeseinheitl Teil, § 89; abgedruckt Anh 1). Das auf Grund der zwangsweisen Befriedigg Erlangte braucht während des VglVerf nicht herausgegeben zu werden. – **Kommt es zum Vergleich oder zum Anschlußkonkurs,** so wird mit der VglBestätigg (§§ 78, 87) bzw mit Eröff des KonkursVerf (§ 104) die erlangte Zwangssicherung unwirksam. Einer Mitwirkung der VollstrOrgane bedarf es nicht, JW **31,** 2165; doch haben diese die erforderl Durchführungshandlungen vorzunehmen. Das zur Befriedigg Erlangte ist alsdann nach Maßg der BGB § 812 ff herauszugeben. Im einzelnen vgl Bem 2, 3 zu § 87. – **Kommt es weder zum Vergleich noch zum Anschlußkonkurs,** so bleiben die während der Sperrfrist erwirkten Zwangssicherungen und Zwangsbefriediggen bestehen, Krieg 7. Der GerVollz kann alsdann nach Beendigg des VglVerf die einstweilen eingestellten Zwangsvollstr fortsetzen.

7) Zur Zwangsvollstreckung im Ausland vgl § 47, Anm 10.

§ 29

Ausgeschlossene Ansprüche

29 Im Vergleichsverfahren können nicht geltend gemacht werden:
1. die seit der Eröffnung des Verfahrens laufenden Zinsen;
2. die Kosten, die den einzelnen Gläubigern durch ihre Teilnahme an dem Verfahren erwachsen;
3. Geldstrafen, Geldbußen, Ordnungsgelder und Zwangsgelder sowie solche Nebenfolgen einer Straftat oder Ordnungswidrigkeit, die zu einer Geldzahlung verpflichten;
4. Ansprüche aus einer Freigebigkeit des Schuldners.

Vorbemerk: § 29 Nr 3 geändert durch Art 101 Nr 1 des Einführungsgesetzes zum Strafgesetzbuch (EGStGB) vom 2. 3. 1974 (BGBl I S. 469)

1) § 29 entspricht der für das KonkursVerf geltenden Bestimmung des KO § 63. Die in der Vorschr genannten Ansprüche sind im KonkursVerf keine Konkursfordgen (KO Bem 1 zu § 63) und im VglVerf **keine Vergleichsforderungen.** Sie sind im GläubVerzeichnis (§ 6) als Fdgen nichtbeteiligter Gläubiger aufzuführen, werden nicht nach Maßg des § 70 erörtert und haben kein Stimmrecht, § 71. – Dennoch werden die Gläub dieser Fdgen in verschiedener Hinsicht wie VglGläub behandelt; vgl §§ 13 I 3, 47, 48, 54, 66 II, 83, 87, 104 (in Vbdg mit § 28) m Anm.

2) § 29 Nr 1 betrifft **vertragl und gesetzl Zinsen,** jedoch nur Zinsforderungen zu Kapitalanspr von Gläub, die wegen der Hauptforderung am VglVerf beteiligt oder nach § 29 von der Teilnahme am Verf ausgeschlossen sind. Die Vorschr gilt auch für Verzugszinsen und entspr für Ersatzanspr wegen eines weitergehenden Verzögerungsschadens, Bley-Mohrbutter 10 Abs 1, dort Abs 2 auch zu der Frage, ob mit der VglBestätigung etwaige während des Verfahrens entstandene Verzugsersatzanspr entfallen. – Beim Forderungsübergang gilt § 29 Nr 1 auch für den Rechtsnachfolger.

Für absonderungsberechtigte Gläub wird, sofern die Sicherheiten für alle Fdgen des Gläub haften, das Absonderungsrecht sich also auch auf die Zinsen der jeweils bestehenden Fdg erstreckt, die Bestimmung des § 29 Nr 1 erst bedeutsam, wenn die Sicherheiten verwertet sind, BGH NJW **56**, 1594 = MDR **57**, 28 m zust Anm v Pohle = JR **56**, 463 = LM 1 zu VglO § 82 = BB **56**, 701. Nach dem Anrechnungsgrundsatz (BGB § 367 Abs 1) darf der Absonderungsberechtigte den Erlös aus den Sicherheiten zunächst auf Kosten und Zinsen verrechnen, BGH aaO; vgl auch Anm 2 zu § 83 mit weit Hinw.

3) § 29 Nr 2 bezieht sich nur auf die **Kosten der Teilnahme am VglVerf,** unter Einschluß der Anmeldekosten und der Inanspruchnahme eines Vertreters. – Zur Abgrenzung der den einzelnen VglGläubigern durch ihre Teilnahme am Verfahren erwachsenen Kosten von den aus Schuldnerverzug entstandenen Ansprüchen, vgl AG Köln KTS **76**, 250. – Unter Nr 2 fallen auch die Kosten für die Anmeldung von Fdgen in einem noch nicht rechtskräftig eröffneten Anschlußkonkurs bei späterer Durchführung des VglVerf, dazu Bohnenberg KuT **38**, 62 f.

4) Die Neufassung des **§ 29 Nr 3** (durch Art 39 EGOWiG) dient der

Vergleichsgläubiger **§ 30**

Klarstellung; vgl Bericht des Rechtsausschusses des Deutschen Bundestages vom 4. März 1968 zum Entwurf eines EGOWiG, **zu** Drucksache V/2601 S 26. Als Nebenfolgen einer Straftat oder Ordnungswidrigkeit, die zu einer Geldzahlung verpflichten, kommen danach zB die Einziehung des Wertersatzes (§ 74 c StGB) oder die Abführung des Mehrerlöses (§§ 8 ff WiStG 1954) in Betracht.

5) § 29 Nr 4. Freigebigkeit erfordert Unentgeltlichkeit der Zuwendung (vgl Bem 2–4 zu KO § 32) und den auf die Unentgeltlichkeit gerichteten Willen des Zuwendenden (Bem 5 zu KO § 63. – Keine Unentgeltlichkeit beim Vorliegen einer gesetzl Unterhaltspflicht, LZ **08**, 606. – Ausstattungsversprechen gilt als unentgeltl Zuwendg nur, soweit das den Umständen entspr Maß überschritten ist, BGB § 1624. – **Maßgebender Zeitpunkt** für den Charakter des Versprechens ist der Zeitpunkt des Versprechens, RG **141**, 359. – § 29 Nr 4 macht keine Ausnahme für gebräuchliche Gelegenheitsgeschenke sowie für Pflicht- und Anstandsgeschenke. – Vermächtnisfdgen fallen nicht unter die Vorschrift.

Fdgen aus Freigebigkeit werden auch durch selbständiges Versprechen und Schuldanerkenntnis oder durch Wechselbegebung nicht zu VglFdgen. Dritter Wechselinhaber ist jedoch uU VglGläubiger.

Zu § 29 Nr 4 vgl für das **Nachlaß-VglVerf** die besondere Bestimmung des § 113 Nr 7.

6) § 29 gilt sinngemäß für Anspr, auf deren Beitreibung der Gläub vertragl verzichtet hat, Bley-Mohrbutter 7.

Betagte Forderungen

30 Betagte Forderungen gelten als fällig. Sind sie unverzinslich, so sind sie nur mit dem Betrag beteiligt, der mit Hinzurechnung der gesetzlichen Zinsen für die Zeit von der Eröffnung des Verfahrens bis zur Fälligkeit dem vollen Betrage der Forderung gleichkommt.

1) Betagt sind nur **Ansprüche, welche bereits bestehen, aber noch nicht fällig sind,** wobei der Zeitpunkt des Fälligwerdens unbestimmt sein kann; doch muß feststehen, daß Fälligkeit eintritt. – Zur Anwendung des § 30 auf den Urlaubsabgeltungsanspr bei Fortdauer eines Arbeitsverhältnisses über die Eröff eines VglVerf hinaus vgl RAG DJ **38**, 566; DR **41**, 1804. Betagt sind auch die einz sich aus einer Schadenszufügg nach BGB § 843, HaftpflG § 7 ergebenden Ansprüche, RG **151**, 286; dazu Bem 5 b zu § 25.

§ 30 will grundsätzl **jeden Fälligkeitsaufschub ausräumen,** mag derselbe auf Vertrag, Rechtsgeschäft oder behördl Anordnung beruhen; mag er ursprüngl oder nachträgl vereinbart sein. Erfaßt werden auch Ansprüche, deren Fälligkeit von einer Kündigg abhängt. Vertragl Ausschluß der Kündbarkeit wird durch § 30 beseitigt.

2) § 30 erfaßt **nur VglFdgen** sowie Anspr aus einer Freigebigkeit des Schuldners (§ 83 Abs 1). – Keine Anwendung auf AbsondRechte als solche. Auch keine ausdehnende Anwendung auf AbsondRechte bei Verwertg zum Zwecke der Ausfallermittlung (anders im Konkursverfah-

§ 31

ren vgl KO Bem 3 zu § 65), weil im VglVerf auch ohne Verwertung unter Zugrundelegg des mutmaßl Ausfalls Zahlung der VglQuote erfolgt, die Verwertung zum Zwecke der Ausfallermittlung also nicht erforderl ist; dazu Bley-Mohrbutter 5.

3) Die Fälligkeit bei Eröff des VglVerf gilt zunächst nur für das VglVerfahren. Kommt es weder zum Vergleich noch zum Anschlußkonkurs, so bleibt die Fdg betagt, Krieg 3; Kiesow 83 zu § 2. Kommt es zum bestätigten Vergleich, so ist die Fälligkeit endgültig, Kiesow 83 zu § 2; vgl (für das Konkursverfahren) RG **93**, 213. Kommt es vorher zum Anschlußkonkurs, so gilt nunmehr KO § 65.

4) Geltung des § 30 nur im Verhältnis vom VglGläub zum VglSchuldner. Haftung eines Bürgen und Mithaftung eines Gesamtschuldners wird durch die Vorschrift nicht berührt, RG **86**, 249.

5) Ist die betagte Fdg verzinslich, so wird sie (auch bei niedrigstem Zinssatz) einfach mit ihrem Kapitalbetrag angesetzt. Ist die **Fdg unverzinslich** und **der Zeitpunkt der Fälligk unbestimmt,** so ist § 34 anzuwenden; das gilt auch für Fdgen, deren Fälligk von einem zeitlich unbestimmten Ereignis (zB Tod einer Person) abhängt, sowie für wiederkehrende Leistungen mit unbestimmter Dauer, RG **68**, 342.

6) Für unverzinsl Fdgen mit bestimmtem Fälligkeitstermin gilt § 30 S 2. Berechnung des am VglVerf teilnehmenden Betrages nach der Hoffmann'schen Methode. Bei einem Zinssatz von 4% (an dessen Stelle nach HGB § 352 ein solcher von 5% und nach Gesetz vom 3. 7. 25 – RGBl I 93 – im Wechsel- und Scheckverkehr uU ein solcher von 6% und mehr tritt) ergibt sich folgende Formel:

$$x = \frac{36.500 \cdot F}{36.500 + (4 \cdot T)}.$$

Dabei ist x der zu ermittelnde Betrag, F der Nennbetrag der Fdg, T die Zahl der Tage von Eröff des VglVerf bis Fälligk. – Zur Begründung und Ableitung der Formel vgl Jaeger-Lent 6 zu KO § 65; Mentzel-Kuhn-Uhlenbruck 11 zu KO § 65 (jeweils mit Beisp); Kiesow 85 zu § 2.

Bei unverzinsl Fdgen mit unbestimmtem Fälligkeitstermin ist der Gegenwartswert der Fdg nach § 34 zu schätzen.

Bedingte Forderungen

31 Forderungen unter auflösender Bedingung nehmen am Verfahren wie unbedingte teil.

1) Die Vorschrift betrifft **nur VglFdgen** als solche.

2) Auflösende Bedingg liegt vor, wenn die Wirksamk des Rechtsgeschäfts mit Eintritt eines zukünftigen ungewissen Ereignisses endet, BGB § 158 II. – 31 gilt sowohl, wenn eine Einzelfdg als solche, sowie auch, wenn ein ganzes Schuldverh auflösend bedingt ist, Jaeger-Lent 1 zu KO § 66.

Vergleichsgläubiger § 32

3) Eintritt der auflösenden Bedingg während des VglVerf wird durch Bestreiten der Fdg im VglTermin geltend gemacht, nach dem Termin durch Zahlungsweigerung; evtl ZPO § 767. – Zahlungen, welche in Erfüllg des Vergleichs bereits geleistet wurden, sind beim Eintritt der Bedingg nach Maßg der BGB §§ 812 ff zu erstatten.

4) Auch **aufschiebend bedingte Fdgen** (unerheblich ist dabei, ob rechtsgeschäftl oder gesetzl bedingt) nehmen am VglVerf teil, vgl Bem 5a, f zu § 25. Wegen des Stimmrechts vgl § 71 III in Vbdg mit § 71 II. Die Fdgen werden jedoch bei der VglErfüllung erst nach dem Eintritt der Bedingung durch Zahlg berücksichtigt, Krieg 4. Vor diesem Zeitpunkt auch keine Erteilung einer vollstreckbaren Ausfertigung des Vgl nach Maßg des § 85. – Zu **Regreßfdgen von Bürgen und Gesamtschuldnern** vgl § 33 m Anm.

Haftung von Gesamtschuldnern

32 Ein Gläubiger, dem mehrere Personen für dieselbe Leistung auf das Ganze haften, ist bis zu seiner vollen Befriedigung an dem Vergleichsverfahren gegen jeden Schuldner mit dem ganzen Betrag beteiligt, den er zur Zeit der Eröffnung des Verfahrens zu fordern hatte.

1) Die Vorschr entspricht der in KO § 68 für das Konkursverfahren getroffenen Regelung. Sie **betrifft die Fälle, in denen bei mehreren Gesamthaftenden mindestens einer im VglVerf steht und während des VglVerf dem Gläub auf Kosten eines Mithaftenden eine Teilbefriedigg zufließt.**

2) Mithaftg iS des § 32 liegt vor bei der **echten Gesamtschuld** (Palandt-Heinrichs 1 zu BGB § 421) sowie auch, da die für die echte Gesamtschuld erforderl Zweckgemeinschaft kein Erfordernis des § 32 ist, bei der **unechten Gesamtschuld** (Beispiele bei Palandt-Heinrichs 2 zu BGB § 421), der Schuldmitübernahme sowie der Übernahme eines Vermögens (BGB § 419) oder eines Handelsgeschäfts (HGB § 25). – **Keine** Anw des § 32, wenn es sich nicht um eine Mithaftung, sondern um eine Aufeinanderfolge der Haftungen handelt, wie im Verhältnis zwischen Kaufpreisschuldner und Wechselschuldner bei Hingabe des Wechsels erfüllungshalber, RG **153**, 182; und im Verhältnis zwischen Hauptschuldner und Bürgen, dem die Einrede der Vorausklage zusteht, Kuhn-Uhlenbruck § 68 Anm 4. Anders bei Bürgenhaftg uU beim Nachweis eines Mindestausfalls, RG **75**, 188.

3) § 32 besagt, daß, solange die Zahlungen der Mithaftenden nicht zur vollen Befriedigg des Gläub führen, dieser mit dem ganzen Betrage seiner Fdg in ihrem Bestande bei Eröff des VglVerf am Verf teilnimmt. Dieser volle Betrag ist für Abstimmung und Verteilung maßgebend. Vgl Bley-Mohrbutter 7 zu § 27. – Erst wenn die VglQuote zusammen mit den Teilzahlgen, welche der Gläub von den anderen Mitverpflichteten (freiwillig oder im Zwangswege) erhalten hat, den Gesamtbetrag seiner Fdg übersteigt, erfolgt entsprechende Kürzung des Quotenbetrages; Bley-Mohrbutter 10.

§ 33
3. Abschnitt

4) Ausgleich der Mitverpflichteten erfolgt nach Maßg der für die Rechtsbeziehg bestehenden Vorschriften; zur Beteiligg eines Ausgleichsanspr am VerglVerf vgl Bem zu § 33.

5) § 32 gilt auch, wenn der **persönl Mitverpflichtete gleichzeitig dingl haftet.** Die Vorschr gilt entspr bei **bloßer Sachmithaftung** eines Dritten, vgl Bem 4 zu KO § 68 mit Nachweisen; Serick § 36 II 1 c Abs 2.

6) Beim Zusammentreffen von VglVerf über das Vermögen einer Gesellschaft und eines Gesellschafters sowie beim **Zusammentreffen von VglVerf über einen Nachlaß und das Vermögen eines Erben** wird § 32 in bestimmtem Umfange durch §§ 110, 113 II ausgeschaltet und durch den Ausfallgrundsatz des § 27 ersetzt. Als Sondervorschriften dulden diese Bestimmungen keine ausdehnende Anw, RG **154,** 84 (betr Verschmelzung von Aktiengesellschaften und Genossenschaften) mit krit Anm v Ruth in JW **37,** 1648. – Beim **Zusammentreffen von VglVerf über das Vermögen mehrerer Erben oder mehrerer Gesellschafter** gilt § 32.

7) Zur Anwendbarkeit des § 32 bei **Teilbürgschaften** und **Teilgesamtschuldnerschaften** vgl Bley-Mohrbutter 13, und zu der dem § 32 entsprechenden Vorschr des KO § 68 Kuhn KTS **57,** 68; BGH MDR **60,** 649 = KTS **60,** 141 (anders Künne KTS **57,** 58; Dempewolf NJW **61,** 1341 ff). Erg vgl Böhle-St/Kilger KO § 68 Anm 6 Abs 2.

Rechte der Gesamtschuldner und Bürgen

33 Der Gesamtschuldner und der Bürge sind wegen der Forderung, die sie infolge Befriedigung des Gläubigers künftig gegen den Schuldner erwerben könnten, nur dann Vergleichsgläubiger, wenn der Gläubiger mit seiner Forderung am Vergleichsverfahren nicht teilnimmt.

1) § 33 betrifft die **Rückgriffsfdgen von Bürgen und Gesamtschuldnern** nach Maßgabe der BGB §§ 774, 426; ergänzend BGB §§ 748, 755, 840 f, 1833 HGB § 432. Diese Rückgriffsansprüche entstehen nicht erst mit der Befriedigg des Gläub. Die Befriedigg des Gläub ist nur der Umstand, welcher dem Bürgen und Gesamtschuldner die Geltendmachg des Rückgriffsrechts ermöglicht. Der Rückgriffsanspr selbst ist mit dem Abschluß des Bürgschafts- bzw des Mithaftungsvertrages (als aufschiebend bedingter Anspr) entstanden; vgl JW **36,** 3126 m Anm v Titze; Kiesow KuT **37,** 140. Als bedingte Fdgen würden die Rückgriffsanspr nach § 25 am Verfahren teilnehmen, vgl Bem 5 a zu § 25; Bem 4 zu § 31. Das würde dazu führen, daß, soweit die Befriedigg nicht vor Eröffnung des VglVerf erfolgt ist, eine sachl gleiche Fdg mehrfach im VglVerf geltend gemacht werden könnte. Dies Ergebnis will § 33 verhindern.

2) Nach dem Wortlaut des § 33 sind, wenn die Befriedigg durch den Bürgen oder Mitschuldner nicht vor Eröff des VerglVerf erfolgt ist und der Hauptgläub am Verf teilnimmt, die Bürgen und Gesamtschuldner wegen ihrer Rückgriffsansprüche keine VglGläubiger. **Das bedeutet aber lediglich den Ausschluß dieser Gläub von der aktiven Teilnahme am**

Vergleichsgläubiger **§ 34**

VglVerf, unbeschadet des grundsätzl Charakters der Ansprüche als VglFdgen. (Andernfalls würden die Fdgen besser gestellt sein als VglFdgen, obwohl das Gesetz sie durch § 33 schlechter stellen will; vgl Kiesow KuT **37**, 140.) Sie stimmen also nicht mit, werden bei der Berechnung der Mehrheiten nicht gezählt und können keine Quote verlangen, wenn und soweit der Gläub sich am Verf beteiligt; für sie gelten aber ua die VollstrSchranken der §§ 13, 28, 47f, 87, 104, 124.

3) Hat der Bürge oder Gesamtschuldner den Gläub vor Eröff des VglVerf voll befriedigt, so nehmen die Rückgriffsrechte am VglVerf über das Vermögen des Hauptschuldners als VglFdgen voll teil; bei Teilbefriedigg vor Eröff des Verfahrens können Bürgen und Gesamtschuldner ihren Rückgriffsanspr wegen dieses Teils und der Gläub seine RestFdg nebeneinander geltend machen. Teilbefriedigg des Gläub nach Beginn des VglVerf berührt die Stellung des Gläub als VglGläub nicht, grundsätzlich auch nicht für die VglErfüllung; anderes gilt jedoch, wenn der Hauptgläub mit Rücksicht auf die Teilbefriedigg die VglQuote nicht mehr in vollem Umfange beanspruchen kann; vgl dazu Bley-Mohrbutter 7.

4) Haben Bürgen und Gesamtschuldner ein Recht auf abgesonderte Befriedigg, ist zB ihr **Rückgriffsanspr durch ein Pfandrecht gesichert,** so kommt für ihre Befriedigg aus dem der abgesonderten Befriedigg unterliegenden Gegenstand, also dem Pfande, das VglVerf und damit die Bestimmung des § 33 nicht in Betracht. – Schuldet der Bürge dem VglSchuldner etwas, so kann er, auch wenn er erst nach der Eröff des VglVerf eine Teilzahlung an den Gläub macht, mit dem sich daraus ergebenden Rückgriffsanspr ohne Rücksicht auf die Beteiligg des Gläub am VglVerf **aufrechnen,** Kiesow KuT **37**, 141; JW **36**, 3126; Bley-Mohrbutter 9 Abs 2.

5) Zur **Beteiligg der RückgriffsFdgen an der VglQuote** vgl noch § 82 II S 2; dazu Bem 5 zu § 82; Kiesow aaO.

6) Mehrere Gläub, welche als echte Gesamtgläub (BGB § 428) nebeneinander dieselbe Leistung zu beanspruchen haben, nehmen unabhängig voneinander zwar sämtlich am VglVerf teil. Sie haben jedoch nur ein einfaches und einheitl auszuübendes Stimmrecht. Die VglQuote ist nur einmal zu entrichten. Der Schuldner kann sie iZw nach seinem Belieben einem Gesamtgläub zuweisen, BGB § 428 S 1.

Umrechnung von Forderungen

34 Forderungen, die nicht auf Geld gerichtet sind oder deren Geldbetrag unbestimmt oder nicht in inländischer Währung festgesetzt ist, sind mit ihrem für die Zeit der Eröffnung des Verfahrens in inländischer Währung zu schätzenden Werte beteiligt.

1) § 34 entspricht der in KO § 69 für das Konkursverf getroffenen Regelung. Die Vorschr betrifft **VglFdgen und Fdgen aus Freigebigkeit des Schuldners** (§ 83 I).

§ 34

2) Fdgen iS des § 34, die **nicht auf Geld** gerichtet sind, sind ua Verschaffensanspr auf Überlassung, Übereignung oder Belastung, Anspr auf Trennung wesentl Bestandteile, auf Umwandlg einer vom späteren VglSchuldner durch Teilzahlung erworbenen Eigentümergrundschuld in eine Hypothek für andere Fdgen des Gläub, sowie auf Schuldbefreiung.

3) VglFdgen mit unbestimmtem oder ungewissem Geldbetrage sind
a) Fdgen, welche bei Eröff des VglVerf nur dem Grunde, nicht aber auch der Höhe nach feststehen;
b) Fdgen auf einmalige bestimmte Leistung mit unbestimmtem Fälligkeitstermin (auch wenn feststeht, daß Fälligkeit eintritt, es sich also um betagte Fdgen handelt; vgl § 30 Anm 6 Abs 2);
c) Fdgen auf wiederkehrende Leistungen, bei denen Betrag und Dauer der einzelnen Leistungen unbestimmt oder bei denen (bei festem Betrag) Anfangs- oder Endtermin der Leistungen ungewiß ist; vgl KO § 69 Bem 3.

4) Als Fdgen, die in **inländ Währung** festgesetzt sind, gelten für das Gebiet der Bundesrepublik nur die in DM-West festgesetzten Forderungen. § 34 findet also Anw auf Fdgen, welche auf DM-Ost oder auf Auslandswährung lauten; ferner auf Fdgen, welche in nicht mehr gültigen Geldsorten ausgedrückt sind. Bei ursprüngl RM-Fdgen sind jedoch auch UmstG §§ 13, 16 zu beachten.

5) § 34 besagt nicht, daß die in der Vorschr genannten Fdgen sich durch die Eröff des VglVerf ohne weiteres in Geldfdgen (in DM-West) umwandeln. Auch die Schätzung durch den Schuldner bei der Aufstellung des GläubVerzeichnisses (§ 6) oder durch den Gläub bei der FdgsAnmeldung erfolgt zunächst, um dem Gläub die Abstimmung mit einem bestimmten Betrage zu ermöglichen. **Inhaltl Umwandlung des Anspruchs endgültig erst mit der Bestätigung des Vergleichs,** Bley-Mohrbutter 3–5 BAG 3 AZR 505/63 vom 12. 3. 1965. Kommt es weder zur VglBestätigung noch zum Anschlußkonkurs, so besteht die Fdg für die Zukunft wieder in der ursprüngl Form. Das Nichtbestreiten der Fdg in umgewandelter Form hat alsdann keine Bedeutg mehr. Insbesondere kann darin (jedenfalls in der Regel) keine bedingungslose vertragl Schuldumwandlung gesehen werden. Vielmehr war die möglicherweise vorliegende Schuldumwandlung iZw bedingt durch das Zustandekommen des Vergleichs. Kommt es vor VglBestätigung zum Anschlußkonkurs, so gilt vom Zeitpunkt des Wirksamwerdens der Konkurseröff an KO § 69. – Wird der Schätzung im Termin widersprochen, so ist, wenn ein Vergleich zustande kommt, der Umrechnungsbetrag notfalls im Prozeßwege zu ermitteln, Krieg 5. Das gilt auch, wenn eine Einigung nur über das Stimmrecht erzielt wird (§ 71 II) oder eine sich nach § 71 II S 1 nur auf das Stimmrecht beziehende Entscheidung des Gerichts getroffen ist. – Ergänzend vgl Bem 1 zu § 82.

6) Maßgebend für Schätzung und Umrechnung ist der gemeine Wert (nicht ein Liebhaberwert für den Gläubiger), und zwar im Zeitpunkte der Eröff des VglVerf; Bley-Mohrbutter 2 BAG aaO. Eine gesetzl **Haftpflichtrente,** deren Dauer vom Erleben des Gläub abhängt, ist mit der Summe der bei Eröff des VglVerf schon fälligen Beträge und mit dem

Schätzungswert der künftigen Beträge anzusetzen, wobei für die Schätzung die Zeit der Eröff des VglVerf maßgebend ist; mögl ist jedoch, bei der Schätzung das zu beachten, was nach Eröff des Verf noch über die vermutl Lebensdauer und Erwerbsfähigkeit des Verletzten und über die wirtschaftl Entwicklung in seinem Erwerbszweige bekannt geworden ist. Die zu beantwortende Frage lautet aber stets: ,,Wie hoch war bei Beachtung der inzwischen gewonnenen Erkenntnisse zur Zeit der Eröff des VglVerf der Wert des damals unbestimmten Anspruchs des Gläub?", RG **170,** 280. Eine solche Berücksichtigg der späteren Entwicklung kann unerläßlich sein, wenn während des VglVerf Fdgen mit Rückwirkung auf einen vor der Eröff des VglVerf liegenden Zeitpunkt entstanden sind; vgl BFH BStBl **53** III 364 (366) betr Soforthilfeabgaben.

7) Ein **Anspr auf bezahlte Freizeit** wird bei Fortdauer des Arbeitsverhältnisses über die Eröff des VglVerf hinaus zufolge der besonderen Natur des Anspr von der Wirkung des § 34 sowie auch von der des § 30 nicht erfaßt, RAG DR **41,** 1804.

Wiederkehrende Leistungen

35 Forderungen auf wiederkehrende Leistungen, deren Betrag und Dauer bestimmt sind, sind mit dem Betrag beteiligt, der sich durch Zusammenrechnung der noch ausstehenden Leistungen unter Abzug des im § 30 bezeichneten Zwischenzinses ergibt. Ist die Dauer der Leistungen unbestimmt, so gilt § 34 sinngemäß.

1) § 35 setzt voraus, daß bei **wiederkehrenden Leistungen** die Hebungen dem Betrag und der Zeitdauer nach bestimmt sind. – Wiederkehrende Leistungen dieser Art werden kapitalisiert, und zwar so, daß die künftigen Beträge, jeder Betrag unter Abrechnung des Zwischenzinses (vgl Bem 6 zu § 30), addiert werden. – Der sich aus KO § 70 S 2 ergebende Höchstbetrag der Kapitalisierung gilt auch für VglO § 35; so Vogels-Nölte II; Bley-Mohrbutter 2 Abs 2.

2) Zur **inhaltlichen Änderung** einer Fdg nach Maßg des § 35 vgl Bem 5 zu § 34.

3) Zu wiederkehrenden Leistungen mit bestimmten Beträgen, bei denen aber die Dauer der Leistungen unbestimmt ist **(§ 35 S 2)** vgl Bem zu § 34.

Forderungen aus gegenseitigen Verträgen

36 ^I Ein Gläubiger, dessen Forderung auf einem gegenseitigen Vertrage beruht, ist nicht Vergleichsgläubiger, wenn zur Zeit der Eröffnung des Verfahrens noch keine Vertragspartei den Vertrag vollständig erfüllt hat.

^{II} Sind die geschuldeten Leistungen teilbar und hat der Gläubiger die ihm obliegende Leistung zur Zeit der Eröffnung des Verfahrens bereits teilweise erbracht, so ist er mit dem der Teilleistung entsprechen-

§ 36

den Betrage seiner Forderung auf die Gegenleistung Vergleichsgläubiger. Wegen dieser Teilleistung kann der Gläubiger ein etwa im Vertrage vereinbartes oder als vereinbart geltendes Rücktrittsrecht nach der Verfahrenseröffnung nicht mehr ausüben.

III Ist die vom Gläubiger geschuldete Leistung deshalb nicht als vollständig bewirkt anzusehen, weil die Leistung mangelhaft ist, so ist der Gläubiger mit dem Anspruch auf die ihm trotz des Mangels etwa zustehende Gegenleistung Vergleichsgläubiger; die dem Schuldner wegen des Mangels zustehenden Rechte bleiben unberührt.

1) § 36 behandelt die gegenseitigen Verträge im Vergleichsverfahren. Als den Sinn und Zweck der Regelung bezeichnet es der BGH (BGH **58**, 246, 259 f), bei gegenseitigen Verträgen in erster Linie und möglichst lange den Vertragsgegner des VglSchuldners zu schützen. So auch Jaeger-Henckel Anm 5 ff zu KO § 17. Anders Häsemeyer KTS **73**, 3, der das funktionelle Synallagma als das beherrschende Ordnungs- und damit auch Orientierungsprinzip ansieht.

2) Gegenseitige Verträge sind die vollkommen zweiseitig verpflichtenden Verträge, bei denen die beiderseits notwendigen Verpflichtungen in einem gegenseitigen Abhängigkeitsverhältnis zueinander stehen, vgl RG **147**, 342. Beispiele: Kauf (auch ein vom Schuldner in Schenkungsabsicht etwa zum halben Sachwert abgeschlossener Verkauf, Bley-Mohrbutter 2, Tausch, Werkvertrag, entgeltl Verwahrung, Lagergeschäft, Depotvertrag der Banken sowie uU Mäklervertrag (Jaeger-Henckel Anm 15 zu KO § 17), jeweils jedoch nur hinsichtl der gegenseitigen Leistungen, welche geschuldet werden, weil auch der andere Teil solche Verpflichtungen hat; unerhebl ist dabei, ob die beiderseitigen Leistungen Zug um Zug zu bewirken sind oder eine Partei vorleistungspflichtig ist. **Keine** Anw des § 36 auf nebenvertragl einseitige Bindungen (zB Konkurrenzklausel), RG **54**, 125. – An dem für § 36 erforderl Gegenseitigkeitsverhältnis fehlt es auch, wenn die Erfüllungsansprüche sich vor der Eröff des VglVerf bereits in einen einseitigen SchadErsatzanspr oder zufolge Minderung in einen einseitigen Rückzahlungsanspr verwandelt haben. – Bei Miete, Pacht und Dienstvertrag Anw des § 36 nur, soweit nicht § 51 Besonderes bestimmt. Als Mietvertrag ist der Stahlkammer- und Schrankfachvertrag zu behandeln, RG **141**, 101. – Beim Verlagsvertrag, welcher grundsätzl dem § 36 unterfällt, gehen die Sonderbestimmungen des Verlagsgesetzes vom 19. 6. 01 (RGBl S 217) vor; im einzelnen vgl dazu Bappert JZ **52**, 217; Bley-Mohrbutter 6 zu § 50. – Zu Verfilmungsverträgen Bley-Mohrbutter 7 zu § 50. – § 36 findet Anw beim Kommissions-, Speditions- und Frachtgeschäft; bei Versicherungsverträgen im Vergleichsverfahren über das Vermögen des Versicherungsnehmers, RG **52**, 53; Oellers JW **37**, 2937; Gilbert DR **41**, 2366; ferner im VglVerf über das Vermögen des Rückversicherungsnehmers und des Rückversicherers, Mentzel-Kuhn 2 zu KO § 17. Zu den Voraussetzungen für die Aufhebung des Gegenseitigkeitsverhältnisses bei Versicherungsverträgen vgl LG Münster KTS **58**, 28 = JMBL NW **58**, 15 (auch zu der Frage, ob der Versicherer mit einer Prämienforderung, die aus einer bereits abgelaufenen Versicherungsperiode stammt, am VglVerf teilnimmt). – Die

Vergleichsgläubiger **§ 36**

Gesellschaft (Gesellschaft des bürgerl Rechts, BGB § 705) sowie die Offene Handelsgesellschaft (HGB § 105) sind zweiseitiger Vertrag iS des § 36, Weipert im RGRKomm zum HGB § 131 Anm 28; JW **35**, 2362 m zust Anm von Vogels; vgl auch Bley-Mohrbutter 5 a–c. Zwar besteht kein Austauschverhältnis, aber die Leistung jedes Gesellschafters wird geschuldet, weil auch die Leistung des anderen geschuldet wird; dieses Gegenseitigkeitsverhältnis ist entscheidend und ausreichend für die Anw des § 36; Austauschverpflichtungen im eigentlichen Sinne werden nicht gefordert, RG **147**, 342. Beitragsschulden des im VglVerf befindlichen Gesellschafters sind daher keine VglFdgen der Gesellschaft, Vogels-Nölte II. Keine Anw des § 36 jedoch auch hier auf nebenvertragl, einseitige Bindungen, wie Konkurrenzklauseln, RG **54**, 125; vgl auch JW **38**, 527 = HRR **38**, 106. – **Keine** Anw des § 36 auf einseitig verpflichtende Verträge und zweiseitige Verträge, bei denen die Verpflichtungen beider Parteien nicht im Verhältnis von Leistung und Gegenleistung stehen, wie Leihe, unentgeltliche Verwahrung, Darlehen, Auslobung, Bürgschaft, Schenkung, Auftrag, Geschäftsführung ohne Auftrag. Rechtlich möglich ist aber die Ausgestaltung eines Darlehensvertrages und einer Bürgschaft als eines zweiseitigen Vertrages, RG **66**, 426; **84**, 232; alsdann möglicherweise Anw des § 36. – **Keine** Anw des § 36 auf die Beitragsschulden der Mitgl juristischer Personen, RG **100**, 1 ff (3); sowie auf Beitragsschulden bei Vereinen ohne Rechtsfähigkeit. – Keine Anw des § 36 auf den Krediteröffnungsvertrag und das Kontokorrent im allgemeinen, Bley-Mohrbutter 6, 9, Mentzel-Kuhn 7 zu KO § 17 (vgl auch Schönke JW **34**, 2745 ff; Siebel BB **54**, 521); sowie auf die Aktienübernahme bei der Einheitsgründung und die Aktienzeichnung bei der Stufengründung oder der Kapitalerhöhung einer AktGes, RG **79**, 177; Jaeger-Henckel Anm 36 zu KO § 17. Zur Frage der Anwendbarkeit des § 36 auf Nebenleistungsverbindlichkeiten von Aktionären und Mitgliedern einer GmbH vgl Jaeger-Henckel Anm 39 zu KO § 17 (m weit Hinw); Bley KuT **35**, 99 ff. – Keine Anw des § 36 auf die ZwVerst von Grundstücken nach Maßg des ZVG. – Zufolge des Zweckgedankens des § 36 ist die Vorschrift anwendbar auf die beiderseitigen Verpflichtungen nach erklärtem Rücktritt auf Grund gesetzl oder vertragl Rücktrittsrechts, auf die beiderseitigen Ansprüche nach vollzogener Wandlung (Näh – auch zur Bedeutung von Rücktritt und Wandlung nach Eröff des VglVerf – Bley-Mohrbutter 52, 53, 57) sowie uU auf die beiderseitigen Rückgewähranspr bei Anfechtung oder einer von vornherein bestehenden Nichtigkeit des Vertrages. Zu beachten ist aber, daß das Recht zum Rücktritt jetzt durch § 36 II S 2 eingeschränkt ist; vgl dazu Bem 8. – Anwendbar ist § 36 auch auf die beiderseitigen Pflichten auf Grund erklärten Vorkaufs, Wiederkaufs oder Wiederverkaufs. – Streitig könnte sein, ob bloße Abwicklungsverhältnisse unter § 36 fallen. Verneinend Berges KTS **72**, 8, im Rahmen eines Aufsatzes über die Grenzen des Gegenseitigkeitsprivilegs.

3) Vollständige Erfüllung des Vertrages auch nur **seitens einer Partei** schließt die Anw des § 36 aus. Was zur Erfüllung gehört, bestimmen die für den einzelnen Vertrag maßgebl Vorschriften des allgemeinen bürgerl Rechts. Gehört zur Erfüllung die Herbeiführung eines Erfolges, so ist

§ 36

3. Abschnitt

nicht schon erfüllt, wenn der Schuldner das zur Bewirkung der Leistung seinerseits Erforderliche getan hat, sondern erst, wenn auch der Rechtserfolg eingetreten ist. Beim **Versendungskauf** hat der Verkäufer seiner Eigentumsverschaffenspflicht erst in dem Augenblick genügt, in welchem der Käufer Eigentümer wird, nicht schon mit der Übergabe der Ware an die Versendungsperson nach Maßg des BGB § 447; beim **Kauf mit Eigentumsvorbehalt** nicht schon mit der Übergabe der Ware und der nach BGB § 455 aufschiebend bedingten Eigentumsverschaffung, RG **133**, 42; JW **36**, 2881 = HRR **36**, 1361; Düsseldorf NJW **60**, 157 m weit Hinw (auch auf abweichende Meinungen). Im VglVerf über das Vermögen des VorbKäufers ist demnach der VorbVerkäufer, wenn der Kaufpreis noch nicht gezahlt ist, kein VglGläubiger und kann die volle Zahlung des Kaufpreises verlangen, soweit nicht § 36 Abs 2 zum Zuge kommt (vgl Bem 7). Evtl Recht des Käufers nach § 50 zur Ablehnung der weiteren Erfüllung des Kaufvertrages mit der sich aus § 52 ergebenden Folge; vgl Bem zu §§ 50, 52. Bei Zahlungsverzug des VorbKäufers (mag dieser vor oder nach Eröff des VglVerf eingetreten und der Rücktritt vor oder nach diesem Zeitpunkt erklärt sein) ist der Verkäufer hinsichtlich der sich für ihn aus einem Rücktritt vom Vertrage ergebenden Rechte gleichfalls kein VglGläub, hL. Der einseitige Schadensersatzanspruch des Verkäufers aus BGB § 326 ist aber jedenfalls dann VglFdg, wenn der Verzug vor Eröff des VglVerf eingetreten ist; Serick § 14 II 5 S 396f, vgl auch Vogels-Nölte IV 3a Abs 2. – Ein Gläub, der als VorbVerkäufer nach § 36 am VglVerf über das Vermögen des VorbKäufers nicht beteiligt ist, kann seine Rechtsstellung als nicht beteiligter Gläub verwirken, wenn er sich ohne Vorbehalt am VglVerf durch Abstimmung und regelmäßigen Empfang der in Raten gezahlten VglQuote tatsächlich beteiligt, München NJW **59**; 1542. Im VglVerf über das Vermögen des VorbVerkäufers ist der Käufer, der noch nicht voll gezahlt hat, nach § 36 Abs 1 kein VglGläub. Evtl Recht des Verkäufers zur Ablehnung der weiteren Vertragserfüllung nach § 50; vgl Bem dazu. Bei Rücktritt des Verkäufers wegen Zahlungsverzuges des Käufers ist der Käufer auch wegen seines Rückgewähranspruchs kein Vgl Gläub, kann also die geleisteten Zahlungen voll zurückverlangen. – Ein **erweiterter Eigentumsvorbehalt** in Form eines sogenannten **Kontokorrentvorbehalts** gewährt, wenn die Sache, deren Eigentum vorbehalten ist, bereits voll bezahlt wurde, ein Absonderungsrecht; vgl Anm 2 aE zu § 27 mit Hinw auf BGH MDR **71**, 481 = NJW **71**, 799 = JZ **71**, 506 (dazu Gravenhorst JZ **71**, 494). Wer demgemäß absonderungsberechtigt ist, ist grundsätzlich (§ 36) nicht VglGläubiger, da ein beiderseits unerfüllter Vertrag vorliegt; BGH aaO (vgl dazu Böhle-Stamschräder/Kilger KO § 17, 3a; Bley-Mohrbutter 44f). – Bei der **Grundstücksübereignung** genügen Auflassung und Eintragungsantrag zur vollen Erfüllung nicht; die Eintragung selbst muß hinzukommen, RG **85**, 403; **113**, 405. Der Käufer hat grundsätzlich erst mit Zahlung des Kaufpreises und Abnahme voll erfüllt, RG **142**, 296. Dabei gehört zur Erfüllung der Abnahmepflicht der Erwerb des Eigentums. Solange dieser Erwerb noch aussteht, hat der Käufer den Kaufvertrag nicht vollständig erfüllt, und zwar auch dann nicht, wenn er den Kaufpreis gezahlt und das Grundstück in Besitz genommen hat. Vgl

BGH **58**, 246, 249f (= NJW **72**, 875 = KTS **72**, 256 = JZ **72**, 445) mit weit Hinw; kritisch zu der Entsch Häsemeyer KTS **73**, 2, 12. – **Mängel im Recht** und **Sachmängel** haben bei Kauf- und Werkvertrag zur Folge, daß der Verkäufer nicht voll erfüllt hat, vgl KO § 17 Bem 3a. Ergänzend greift aber § 36 Abs 3 ein (vgl Bem 10). – Ein **Gesellschaftsvertrag** ist so lange beiderseits nicht voll erfüllt, als die Gesellschaft besteht, RG **147**, 342; vgl auch BGH KTS **72**, 244. – Ein **auf Pfandbestellung mit Austauschvereinbarung gerichteter entgeltl Vertrag** ist nicht schon mit der Bestellung des Pfandrechts erfüllt, HRR **39**, 1374. – Der Erfüllung gleich stehen Leistungen einer anderen als der geschuldeten Sache **an Erfüllungs Statt** bei Zustimmung des Gläub, BGB § 364; **Hinterlegg** im Falle des BGB § 378, sowie **Aufrechnung**. – Erwerb seitens des Gläub im Wege der **Zwangsvollstr**, auch auf Grund Vorbehaltsurteils oder vorläufig vollstreckbaren Urteils, steht der Erfüllung gleich, RG **85**, 219; **114**, 386. – **Keine** Erfüllg bei Leistung am unrechten Ort, sofern der Leistungspflichtige noch weiter haftet, sowie wenn sich aus Leistung zu unrechter Zeit Nebenpflichten ergeben (in beiden Fällen jedoch uU § 36 III). – Keine Erfüllg bei Hingabe einer anderen als der geschuldeten Leistung erfüllungshalber (vgl aber RG **140**, 162); Wechselhingabe erfolgt in der Regel erfüllungshalber; volle Erfüllung seitens des Käufers alsdann erst, wenn eine Inanspruchnahme des Verkäufers aus dem weiter gegebenen Wechsel nicht mehr mögl ist.

4) Bei **Vollerfüllg seitens des VglSchuldners** vor Eröff des VglVerf hat dieser auch seinerseits den vollen Anspr auf die ihm gebührende Leistung. **Hat nur der Lieferant** und nicht der VglSchuldner **erfüllt,** so ist der Lieferant mit seinem unerfüllten Anspr VglGläub. Hat der Lieferant unter Eigentumsvorbehalt geliefert, so ist er kein VglGläub (vgl Bem 3) und durch die Eröff des VglVerf auch an der Geltendmachung seines Eigentumsrechts nicht gehindert. Hat der VglSchuldner die unter Eigentumsvorbehalt gekaufte Ware ohne Zustimmung des Lieferanten an einen Dritten veräußert und war dieser gutgläubig Eigentümer geworden, so kann der Lieferant im Wege der Ersatzaussonderung vom VglSchuldner Abtretung des Rechts auf die Gegenleistung verlangen, soweit diese noch aussteht, § 26 in Vbdg mit KO § 46 S 1. Hatte der VglSchuldner die Gegenleistung aber bereits eingezogen, so kann der Vorbehaltsverkäufer nach Maßg des § 26 in Vbdg mit KO § 46 S 2 die Gegenleistung nur beanspruchen, wenn diese **nach** Eröff des VglVerf vom VglSchuldner eingezogen wurde. Der Lieferant einer unter verlängertem Eigentumsvorbehalt gelieferten Ware kann im VglVorverf weder vom Schuldner noch vom vorl Verw Auskunft über die Zweitabnehmer der Ware verlangen, solange wie Zahlungen auf einem Sonderkonto des vorl Verw eingehen, LG Bonn, ZIP **84**, 867. Bei Einziehung der Gegenleistung durch den VglSchuldner **vor** Eröff des VglVerf hat der Vorbehaltsverkäufer weder ein Aussonderungs- noch ein Ersatzaussonderungsrecht. Er ist wegen seiner Ansprüche alsdann bloßer VglGläubiger, BGH **50**, 242 = NJW **68**, 2106 = MDR **68**, 837 = LM 2 zu VerglO §§ 26, 36 mit Anm von Gelhaar; auch WM **68**, 925, 927, dazu Kuhn WM **69**, 237. Weiteres in den Erläuterungen zu KO § 46. – Zur Erstreckung eines

§ 36
3. Abschnitt

Eigentumsvorbehalts für den Fall einer **Verarbeitung** der Ware vgl Bem 3b aa zu KO § 43; erg BGH **46,** 117 = NJW **67,** 34= MDR **67** 123. Da der Vorbehaltsverkäufer beim **Verarbeitungsvorbehalt** an der vom Vorbehaltskäufer gewonnenen neuen Sache lediglich noch ein Absonderungsrecht hat (vgl Bem 3b aa zu KO § 43), findet insoweit § 27 I Anwendung (§ 27 II). Gleiches gilt für den Vorbehaltsverkäufer bei dem durch **Vorausabtretung von Kaufpreisforderungen des Vorbehaltskäufers** verlängerten Eigentumsvorbehalt bzgl der abgetretenen Fdgen (KO § 43 Anm 11a, b erg VglO § 27 I, II). Vgl auch BGH MDR **71,** 208 = JZ **71,** 505; dazu Gravenhorst JZ **71,** 494. Zur **Stellung der NeuGläub** im Vergl vgl § 25 Anm 5a; zur Abwicklung beiderseits nicht vollständig erfüllter Verträge vgl § 50.

5) § 36 Abs 2. Klarstellung von Sinn und Tragweite dieser Bestimmung erfordert ein kurzes Eingehen auf die Entstehungsgeschichte der Vorschrift. Nach § 4 der alten VglO (1927) nahmen Gläub aus gegenseitigen, bei VerfEröff beiderseits nicht voll erfüllten Verträgen am VglVerf grundsätzl nicht teil; Teilnahme lediglich bei Erfüllungsablehnung oder vorzeitiger Kündigg nach Maßg der §§ 28–30 (alte VglO) mit dem sich daraus ergebenden SchadErsatzanspruch. Das hatte eine Schmälerung des für den Vergleich verfügbaren Vermögens zur Folge und gefährdete uU das Zustandekommen des Vergleichs. Auch widersprach diese Regelung ohne ausreichende innere Begründung dem Grundsatz möglichst gleichmäßiger Behandlung aller Gläub des VglSchuldners. Bei **Verträgen auf Lieferungen von Wasser, Gas, elektr Kraft und anderen Zuleitungsverträgen** schaffte die Rechtsprechung Abhilfe durch die Herausarbeitung des Begriffs des **„Wiederkehrschuldverhältnisses".** Ein solches wurde angenommen bei einem Schuldverhältnis, welches kraft einer, wäre es auch nur stillschweigend, Wiederholung des Vertragsschlusses fort und fort für weitere Zeitabschnitte oder für weitere Bezugsmengen neu entsteht, also nicht ein für allemal begründet ist, RG **148,** 330; erg vgl KO § 3 Anm 4c. Diese Wiederkehrschuldverhältnisse wurdem im Gegensatz gestellt zu den eigentl **Sukzessivlieferungsverträgen,** bei denen die Erfüllg zwar in zeitl getrennten Teilleistungen zu bewirken ist, der Vertrag selbst aber ein einheitl Ganzes bildet, RG aaO. Diese Sukzessivlieferungsverträge konnten weder durch einen Konkurs noch durch die Eröff eines VglVerf in verschieden zu behandelnde Verpflichtungen aufgelöst werden, RG aaO; vgl auch Ullmann JW **33,** 2635f. Hier setzt die **Neuregelung des § 36 Abs 2** (neue VglO) ein. Die Bestimmung bricht für das VglVerf aus Billigkeitsgründen im Interesse der Erleichterung des Vergleichs und der möglichst gleichmäßigen Behandlung aller Gläub des VglSchuldners mit der bisherigen Anschauung von der Einheitsnatur dieser Verträge und nähert sie den Wiederkehrschuldverhältnissen an, RG **148,** 335; **155,** 312. Ein Gläub, welcher aus einem gegenseitigen, zur Zeit der Verfahrenseröff beiderseits nicht voll erfüllten, beiderseits teilbaren Vertrage Leistungen schuldet, nimmt, wenn er Teilleistungen bewirkt hat, mit dem diesen Teilleistungen entsprechenden Betrage seiner Fdg am VglVerf teil. – Kritisch zu § 36 Abs 2 Häsemeyer KTS **73,** 2, 12. Häsemeyer schlägt vor, § 36 Abs 2 restriktiv auszulegen und dem

Gläubiger – da er mit den bereits erbrachten Leistungen jedenfalls nur Vergleichsgläubiger ist – das Recht zuzugestehen, seinerseits die noch ausstehende Leistung abzulehnen.

6) Voraussetzung für die Anwendung des § 36 Abs 2 ist die **Teilbarkeit** der beiderseits geschuldeten Leistungen. Nach RG **155,** 313 ist die Gesamtleistung eines Vertrages dann teilbar, wenn ein beliebiger Leistungsteil bei wirtschaftlicher Betrachtung seinem Wert und Wesen nach verhältnismäßig (anteilig) der Gesamtleistung entspricht, dh sich nur der Größe, nicht auch der Beschaffenheit nach von ihr unterscheidet. Wie das RG aaO selbst ausführt, erfordert der Gesetzeszweck eine weite Auslegung des Begriffes. Nach Ansicht des BGH ist die vom RG aufgestellte Formel jedenfalls für den Werkvertrag zu eng. Teilbar ist hiernach eine Leistung dann, wenn man sie in hinreichend verselbständigte Teile aufspalten kann, wobei es allerdings nicht genügt, daß sich die erbrachten Teilleistungen feststellen und bewerten lassen, BGH WM **76,** 1272 = Betr **76,** 2343 = KTS **77,** 111. Vgl dazu noch Bley-Mohrbutter 48 und Bley ZZP **61,** 244ff; ferner Neuschäffer JW **35,** 3519. Zur Frage der Teilbarkeit von geschuldeten Leistungen eines Versicherers vgl LG Münster KTS **58,** 28f. – Problematisch wird es bei den sog **Sonderkundenverträgen,** in denen die Menge (Strom, Gas, Wasser u.a.), die Zeit, die Dauer und der Preis für die in einem bestimmten Zeitraum – meistens einem Jahr – abzunehmende Leistung des Lieferanten vereinbart werden. Langhein, „Der Sonderkundenvertrag im Vgl", ZIP **85,** 385, legt dar, daß die vom Lieferanten zu erbringende Leistung regelmäßig teilbar sei; dies gelte aber nicht für das Entgelt, das wegen der dauernden Vorhalte- und Bereitstellungsverpflichtungen als Jahresentgelt einheitlich gebildet werde. Die rückständigen und zukünftigen Abschlagszahlungen seien voll zu entrichten, der Lieferant nehme insoweit nicht am Vgl teil; vgl dazu auch BGH **81,** 90 = NJW **81,** 2195 = LM KO § 17 Nr. 13m Anm Hoffmann = BB **81,** 1671 = ZIP **81,** 878 = KZS **82,** 126, wonach bei einem Eintritt in den Sonderkundenvertrag die Fdg aus der Zeit vor KEröff Masseschuld ist, aaO re. Sp; so auch Jaeger-Henckel 86; Kuhn-Uhlenbruck § 17 Anm 27. Soll oder muß diese Konsequenz vermieden werden, so müßte der Schuldner die Erfüllung ablehnen (§ 50 VglO). Diese Ablehnung verpflichtet den Vertragspartner nicht zum Abschluß eines neuen Sonderkundenvertrages, wohl aber zum Abschluß eines normalen Abnehmervertrages (Böhle-Stamschräder/Kilger § 17 Anm 3a; Kuhn-Uhlenbruck aaO.)

7) Bedeutung hat § 36 Abs 2 S 1 auch beim **Kauf mit Eigentumsvorbehalt.** Zwar gilt bei Teilzahlungen der Eigentumsvorbehalt nicht schon bezügl eines entsprechenden Teiles der Gegenleistung als erloschen. Hat aber der Vorbehaltskäufer einen Teil der Vorbehaltsware zulässigerweise weiter veräußert und ist der Vorbehalt insoweit erloschen, so ist der Vorbehaltsverkäufer mit Bezug auf den entsprechenden Teil des Kaufpreises lediglich noch VglGläubiger. Gleiches gilt, wenn ein Teil der Vorbehaltsware von einem Dritten gutgläubig erworben und der Vorbehaltsverkäufer dadurch von der Eigentumsverschaffenspflicht frei wurde. Vgl Bley-Mohrbutter 47b mit weit Hinw.

§ 36

8) § 36 Abs 2 S 1 verliert mit der Eröff des Anschlußkonkursverfahrens seine Bedeutung. Verlangt der KVerw im AnschlKVerf nach vorangegangenem VglVerf gem KO § 17 Erfüllung eines nicht vollständig erfüllten Vertrages, so wird auch der Teil der Forderung des Vertragsgegners, mit dem dieser nach VglO § 36 Abs 2 S 1 nur VglGläubiger gewesen ist, Masseschuld nach KO § 59 I Nr 2, BGH KTS **61,** 8 = MDR **61,** 140 = LM 3 zu KO § 17; Bley-Mohrbutter 47 c aE.

9) Um die Möglichkeit auszuschließen, durch **Rücktritt vom Vertrage** den Zweck der Bestimmung des § 36 Abs 2 S 1 zu vereiteln, schließt **§ 36 II S 2** das Recht zum Rücktritt wegen der vom Gläubiger bewirkten Teilleistung aus. Der Ausschluß des Rücktrittsrechts bezieht sich danach jedoch nur auf diese Teilleistung, hinsichtlich derer er nach § 36 II S 1 VglGläubiger ist. Die noch ausstehenden beiderseitigen Teilleistungen werden durch Eröff des VglVerfahrens nicht berührt; BGH NJW **72,** 827 f = KTS **72,** 243 f; Bley-Mohrbutter 50. Ein erst nach der Verfahrenseröffnung erklärter oder wirksam gewordener Rücktritt beschränkt sich demgemäß auch auf den bei der Eröff beiderseits noch unerfüllten Vertragsteil, BGH aaO; Bley-Mohrbutter 50. – § 36 II S 2 gilt auch für das nach **BGB § 455** als vereinbart geltende Rücktrittsrecht, Neuschäffer JW **35,** 3521; doch nur, wenn und soweit der Eigentumsvorbehalt nicht mehr besteht, Vogels-Nölte V 3.

10) § 36 Abs 3 beruht auf dem Gedanken, daß eine Leistung auch dann nicht voll bewirkt ist, wenn sie **mangelhaft** ist. Die Vorschrift will die ohne die Bestimmung gegebene Möglichkeit des Verkäufers, aus der Mangelhaftigkeit der eigenen Leistung im VglVerf Vorteile für sich herzuleiten, ausschließen. Im Sinne des § 36 Abs 1 und 2 gilt also eine mangelhafte Leistung des Gläub als vollständige Erfüllung, so daß er bezüglich der ihm trotz des Mangels etwa zustehenden Fdg VglGläubiger ist. – § 36 III ist, dem Zweck der Bestimmung entsprechend, **weit auszulegen.** Die Vorschrift gilt für Sach- und Rechtsmängel, vgl Neuschäffer JW **35,** 3518; sie kommt also zum Zuge nicht beim Vorliegen von Fehlern und beim Nichtvorhandensein von zugesicherten Eigenschaften (BGB § 459), sondern auch, wenn der Verkäufer etwa seinen Rechtsverschaffenspflichten nach BGB §§ 433 ff nicht nachgekommen ist, weil die Sache mit einem Pfandrecht oder Nießbrauch belastet ist oder weil sie dem Verkäufer überhaupt nicht gehörte. Anw des § 36 III uU auch bei Leistung des Gläub am unrechten Ort oder zu unrechter Zeit; vgl Anm 3. – Zur Bedeutung des § 36 III für den Fall, daß der Gläubiger dem VglSchuldner eine ihm nicht gehörende Sache unter Eigentumsvorbehalt veräußert hat, vgl Neuschäffer aaO.

Ausländische Gläubiger

37 Ausländische Gläubiger stehen den inländischen gleich.

1) Die Gleichstellung in **§ 37 bezieht sich auf die Vorschriften des materiellen und formellen Vergleichsrechts,** soweit sie in der VglO und anderen Gesetzen enthalten sind. Für die Frage nach Bestand, Umfang und Erzwingbarkeit des Gläubigerrechts sind die Regeln des Internationalen Privatrechts entscheidend. Zum Auslandsvermögen beim Inlandsvergleich und der Stellung ausländ Gl vgl § 2, 10.

4. Abschnitt. Vergleichsverwalter. Gläubigerbeirat

Bestellung des Vergleichsverwalters

38 Zum Vergleichsverwalter ist eine geschäftskundige, von den Gläubigern und dem Schuldner unabhängige Person zu bestellen.

1) Bestellung eines **Vergleichsverwalters** durch das VglGericht ist **zwingend** vorgeschrieben. Sie erfolgt zugleich mit der Eröffnung des VglVerf, § 20. – Eine Bestallung erhält der VglVerw nicht. Er weist sich durch den ihn bestellenden Gerichtsbeschluß aus.

2) Für die **Auswahl** des Verwalters gilt § 38 in Vbdg mit den Richtlinien der AV des RJM v 4. 11. 1935, DJ S 1659 (abgedruckt Anhang 2); erg vgl Vfg des Leiters der Abtlg Rechtswesen für Berlin v 16. 1. 1950 (JR **50,** 96); Schmitz WirtschPrüfg **51,** 327; Oldorf WirtschPrüfer **53,** 290; Baade KTS **59,** 40. – **Geschäftskunde** nach Maßgabe des § 38 erfordert nicht die Zugehörigkeit zu einer bestimmten Berufsgruppe. Geschäftskundig ist, wer das geschäftliche Leben der Gegenwart nach der wirtschaftlichen und rechtlichen Seite richtig zu beurteilen versteht. Erforderl ist dazu idR, daß der zu Wählende selbst längere Zeit im geschäftl Leben gestanden und eine gewisse wissenschaftl Vorbildung auf den Gebieten des Rechts, der Volks- und Privatwirtschaft sowie der Betriebswirtschaft hat. In kaufmännischer Beziehung muß er zur Prüfung der Bücher des Schuldners und zur Schätzung der Warenbestände in der Lage sein (nur in Ausnahmefällen Beiziehung eines Sachverständigen, vgl § 43 und Anm 1 d Abs 2 zu § 43). Es kommen sowohl Rechtsanwälte wie auch Wirtschaftstreuhänder, Diplomkaufleute, Buchprüfer oder sonstige entsprechend vorgebildete Personen in Frage. Ob im Einzelfall eine mehr rechtl oder wirtschaftl vorgebildete Person zu bestellen ist, hängt davon ab, ob wirtschaftl, buchtechnische oder rechtl Fragen im Vordergrunde stehen.

3) Der VglVerw soll nicht nur persönlich, sondern auch rechtl und wirtschaftl von den Gläub und dem Schuldner **unabhängig** sein. Ungeeignet als Verwalter ist also grundsätzlich derj, welcher den in Schwierigkeiten geratenen Schuldner zuvor beraten, den Versuch einer außergerichtl Einigg des Schuldners mit seinen Gläub gemacht und für seine frühere Tätigkeit eine Vergütung erhalten hat. Die Person des Verwalters muß die Gewähr dafür bieten, daß Bindungen rechtlicher und wirtschaftl Art seine Unparteilichkeit nicht beeinflussen. Bei einer vom Schuldner, aber auch bei einer vom Gläub als Verw vorgeschlagenen Person wird das Gericht deren Unabhängigkeit besonders sorgfältig prüfen müssen. Die erforderliche Unabhängigkeit fehlt dem **Vergleichshelfer** (vgl § 3, 1b), denn dieser soll dem Interesse des VglSch dienen. Diese Pflicht zu subjektiver Tätigkeit macht ihn ungeeignet für die objektiv zu beurteilenden Sachverhalte und zu treffenden Maßnahmen, die dem VglVerwalter obliegen; Bley-Mohrbutter 12, 14. Dgl. gilt für einen Lieferanten oder Abnehmer des VglSch, auch wenn jener nicht Gläubiger ist.

Vergleichsverwalter. Gläubigerbeirat **§ 39**

4) Auswahl des VglVerw **durch das VglGericht** im übrigen nach pflichtgemäßem Ermessen. Vorschläge der Berufsvertretg und der GläubMehrheit haben nur den Charakter von Anregungen. – Das Gericht kann, ohne in dieser Hinsicht gebunden zu sein, den vorläufigen Verwalter zum VglVerw bestellen. – **Nicht** bestellt werden können bzw dürfen der VglSchuldner selbst oder sein gesetzl Vertreter, eine juristische Person, eine Personenmehrheit als solche, Minderjährige sowie Entmündigte; vgl Bem 2 Abs 2 zu § 20.

5) Beginn des Amtes mit der Annahme. Keine Pflicht zur Annahme. Nach Annahme jedoch kein Recht zur selbständigen Niederleg. Der Verwalter kann ledigl seine Entlassg nach Maßg des § 41 II anregen. – **Ende** des Amtes durch Tod, Verlust der Geschäftsfähigk, Entlassung nach § 41 II und Beendigg des VglVerf (als Sachwalter kann der frühere VglVerw nach Maßg des § 92 noch nach Beendigg des VglVerf tätig sein). – Der VglVerw kann sich bei seiner Tätigkeit der Unterstützung von **Gehilfen** bedienen; Haftung für deren Tätigkeit nach BGB § 278, RG **142**, 188.

6) Keine Pflicht des Verwalters zur Sicherheitsleistung (anderes gilt uU nach KO § 78 II für den Konkursverwalter).

7) Zur Bestellung **mehrerer Verwalter** vgl Bem 1 zu § 20.

8) Zur Rechtsnatur der Stellung des VglVerw vgl Bem 3 zu § 20.

9) Zur **Schweigepflicht** des VglVerwalters Robrecht KTS **71**, 143.

Aufgaben des Vergleichsverwalters

39 Der **Vergleichsverwalter** hat **die wirtschaftliche Lage des Schuldners zu prüfen und die Geschäftsführung sowie die Ausgaben für die Lebensführung des Schuldners und seiner Familie zu überwachen.**

1) Die Vorschrift bestimmt den **Aufgabenkreis** des VglVerw. Dieser hat danach **Prüfungs- und Überwachungsaufgaben.**

2) Die **Prüfungspflicht** seitens des Verwalters bezieht sich auf die wirtschaftl Lage des Schuldners. Er hat sich insbesondere um die Klärung der Fragen zu bemühen, über welche er nach § 40 III im VglTermin zu berichten hat. Die Bücher des Schuldners sind von ihm selbst zu prüfen, die Warenbestände von ihm zu schätzen (nur in Ausnahmefällen Zuziehung eines Sachverständigen, § 43 I 2). In jedem Stadium des Verfahrens hat er zu prüfen, ob Anlaß zu einem Einschreiten des Gerichts besteht, ob insbesondere Verfügungsbeschränkungen nach Maßg der §§ 58 ff angezeigt sind, das Verfahren nach Maßg des § 100 einzustellen ist oder einem geschlossenen Vergleich die Bestätigg versagt werden muß. – Nach Maßg des § 40 II hat er erforderlichenfalls Anzeige zu erstatten und auf Verlangen dem Gericht jederzeit Auskunft zu erteilen. Im Vergleichstermin hat er nach Maßg des § 40 III zu berichten. Auf Erfordern des Gerichts hat er seinen Bericht zuvor schriftl dem Gericht einzureichen und Abschriften des Berichts den VglGläub zuzuleiten, § 40 III S 2.

§ 40

Zu der Frage, in welchem Umfange dem VglVerw Aufklärungspflichten gegenüber den VglGläubigern obliegen, BGH KTS **63**, 170. Vgl auch Bley-Mohrbutter 8.

3) Die **Überwachung** seitens des Verwalters bezieht sich auf die Geschäftsführung des Schuldners während des ganzen Verfahrens und dessen Lebensführung (§ 56). Bei der Überwachung der Geschäftsführung darf er sich nicht auf die Prüfung der Geschäftsbücher beschränken, sondern muß auch die Kassenführung überwachen, LG Düsseldorf JR **50**, 753. Feststellungen auf Grund der Überwachung können Anzeige nach Maßg des § 40 II, den Antrag auf Erlaß von Verfügungsbeschränkungen (§ 58 I) und Maßnahmen nach § 57 II erforderl machen.

4) Infolge der gegenüber dem KonkVerw andersartigen **Befugnisse und Rechtsstellung des VglVerw** (vgl § 20 Bem 3) ist dieser **nicht zur Fortführung eines Geschäftsbetriebes befugt;** diese obliegt dem Schuldner (vgl Bem 3). Führen im NachlaßVglVerf die Erben das zum Nachlaß gehörige Geschäft nicht selbst fort, so bedarf der VglVerw zur Fortführung einer besonderen Vollmacht der Erben; in diesem Fall haften die Erben nach HGB § 27 Abs 1, wenn sie nicht nach § 27 Abs 2 verfahren; BGH **35**, 13 = NJW **61**, 1304 = MDR **61**, 574 = BB **61**, 582 = Betr **61**, 671 = WM **61**, 576.

5) Zum **Einfluß des VglVerw auf die Geschäftsführung des VglSchuldners** vgl Bem zu § 57; ferner Bley ZZP **61**, 410 ff. Erg § 42 Anm 3.

6) Zur Frage der Mitwirkung des VglVerw im Hinblick auf eine vom Schuldner beabsichtigte **Stillegung des Betriebes** vgl BAG KTS **71**, 278 = BB **71**, 567 = Betr **71**, 534; Gaul KTS **55**, 182 f; jeweils zu §§ 72 ff BetrVG aF.

Weitere Rechte und Pflichten des Vergleichsverwalters

40 **I** Der Vergleichsverwalter ist berechtigt, die Geschäftsräume des Schuldners zu betreten und dort Nachforschungen anzustellen. Der Schuldner hat dem Vergleichsverwalter Einsicht in seine Bücher und Geschäftspapiere zu gestatten; er und seine Angestellten haben ihm alle erforderlichen Auskünfte zu erteilen.

II Der Vergleichsverwalter hat dem Gerichte sofort anzuzeigen, wenn ihm Tatsachen bekannt werden, die ein Einschreiten des Gerichts, insbesondere den Erlaß von Verfügungsbeschränkungen, die Einstellung des Vergleichsverfahrens oder die Versagung der Bestätigung des Vergleichs zu rechtfertigen vermögen. Er hat dem Gericht auf Verlangen jederzeit Auskunft zu erteilen.

III Im Vergleichstermin hat der Vergleichsverwalter über die Sachlage, insbesondere über die Ursachen des Zusammenbruchs des Schuldners, die Angemessenheit des Vergleichsvorschlags und die Aussichten auf Erfüllung des Vergleichs zu berichten. Das Vergleichsgericht kann anordnen, daß der Vergleichsverwalter auf Grund des Ergebnisses seiner Ermittlungen (§ 39) über die vorbezeichneten Punkte noch vor

Vergleichsverwalter. Gläubigerbeirat **§ 40**

dem Vergleichstermin schriftlichen Bericht erstatte und daß er Abschriften des Berichtes den Vergleichsgläubigern mitteile.

1) § 40 Abs 1 bezeichnet Mittel und Wege, deren sich der Verwalter zur Erfüllung seiner Aufgaben nach Maßg der §§ 39, 40 II und zur Vorbereitg seines nach § 40 III zu erstattenden Berichts bedienen kann.

2) § 40 Abs 1 S 1 stellt klar, daß das **Betreten der Geschäftsräume des Schuldners** durch den VglVerw kein Hausfriedensbruch ist. Bei Behinderg des Zutritts Notwehrzustand, Kiesow 8 zu § 47; Bley-Mohrbutter 2 Abs 1 aE. Staatl Hilfe zur Erzwingung seines Rechts kann der Verwalter aber nicht in Anspruch nehmen, Kiesow aaO. – **Kein** Recht zum Betreten der Wohnräume des Schuldners, es sei denn, daß auch darin eine Tätigkeit stattfindet, welche als ein Teil des Geschäftsbetriebes anzusehen ist, Kiesow aaO.

Die **Nachforschungen** können in einer tatsächl Besichtigg der Räume, ihrer Einrichtungen und der Warenbestände bestehen, aber auch der Ermittlung verborgen gehaltener Gegenstände und Aufzeichnungen dienen. Der Umfang der Nachforschungen obliegt dem pflichtgemäßen Ermessen des VglVerw.

3) Recht des Verwalters **zur Einsichtnahme in Bücher und Geschäftspapiere** des Schuldners. Unter Büchern sind nur solche zu verstehen, die sich über die Vermögensverhältnisse des Schuldners verhalten. Zu den Geschäftsbüchern gehören auch die EDV-Daten oder Bildträger (HGB § 38 Abs 2; hierzu Baltzer in Gedächtnisschrift für Bruns, S. 73 ff). Einsichtnahme in den Geschäftsräumen des Schuldners bzw dort, wo die Bücher und Geschäftspapiere vorgefunden werden, Kiesow 5 zu § 47. Überlassung ins Haus kann VglVerw nur verlangen, soweit die Bücher und Papiere für den Geschäftsgebrauch entbehrl sind. – Der **VglVerw kann sich nicht selbst Einsicht verschaffen.** Bei unberechtigter Weigerung des Schuldners Anzeige an das VglGericht nach § 40 II; dieses hat nach § 100 I 4, § 101 zu entscheiden.

4) Auskunftspflicht des Schuldners persönlich. Bei Weigerung Anzeige des Verwalters nach § 40 II an das Gericht, welches über die Begründetheit der Weigerung entscheidet und, wenn es den Grund als nicht genügend erachtet, das VglVerf nach § 100 I 4 einzustellen und gleichzeitig nach § 101 über die Eröff des KonkursVerf zu entscheiden hat.

5) Auskunftspflicht auch **der Angestellten des Schuldners.** Rechtsnachteile aus einer Weigerung der Angestellten erwachsen dem Schuldner nur, wenn er die Weigerung veranlaßt hat oder die Weigerung sonst in seinem Einverständnis erfolgt ist, Krieg 2. – Der Rechtsanwalt des Schuldners ist nicht sein Angestellter iS des § 40 I. Doch kann der VglVerw uU verlangen, daß der Schuldner seinen Anwalt anweist, die erbetene Auskunft zu erteilen, Kiesow 3 zu § 47; vgl auch Bley-Mohrbutter 4.

6) § 40 Abs 2. Jederzeitige **Auskunftspflicht des VglVerw gegenüber dem Gericht.** Die erforderl Unterlagen hat sich der Verwalter notfalls durch Befragen des Schuldners, durch Einsichtnahme in dessen Bücher und Geschäftspapiere oder durch Prüfung des Warenbestandes zu verschaffen. – Ohne Erfordern des Gerichts **Anzeigepflicht des Verwalters** gegenüber dem Gericht mit Bezug auf Tatsachen, welche ein Einschreiten des Gerichts insbesondere nach §§ 58 ff (Verfügungsbeschränkungen), § 100 (Einstellung), § 79 (Versagg der VglBestätigg), § 96 V (Entsch über die Eröff des KonkursVerf im Nachverfahren) erforderlich machen.

Verletzung der Auskunfts- und Anzeigepflicht des Verwalters nach § 40 II berechtigt das Gericht zu Maßnahmen nach § 41 II. Die Verletzung kann, da Auskunfts- und Anzeigepflicht unmittelbar dem Schutz der VglGläub dienen, Haftung nach § 42 auslösen.

7) § 40 Abs 3. Die Pflicht des Verwalters zur **mündlichen Berichterstattung im VglTermin** über die Sachlage, insbesondere über die in § 40 III S 1 genannten Punkte, soll Entscheidungen des Gerichts vorbereiten und die Gläub informieren, damit sich selbst entscheiden können, ob sie den VglVorschlag annehmen oder ablehnen wollen. Der Bericht dient auch dem unmittelbaren Schutz der Gläub, so daß Weigerung und unrichtige Angaben (bei Verschulden) Ersatzpflichten auslösen können, § 42. – Gleiches gilt für die Pflicht zur **vorherigen schriftlichen Berichterstattung** auf Anordnung des Gerichts. Der VglVerw soll nur die Fakten, die für oder gegen den Vorschlag sprechen, darstellen und sich tunlichst einer eigenen Empfehlung enthalten. Wenn er eine solche im Einzelfall gibt, soll er zum eigenen Schutz einen Antrag aus § 69 Abs 2 erwägen; Mohrbutter ZIP **83,** 1182.

Außerhalb des VglTermins und einer gerichtl angeordneten Gläub-Versammlung hat der Verw keine allg Auskunftspflicht gegenüber den einzelnen Gläubigern. Vogels-Nölte II 1; vgl auch Bley-Mohrbutter 7, 8 zu § 39. Dem Verwalter obliegt auch keine Beratungspflicht gegenüber den Sicherungsgebern, BGH WM **66,** 281. – Erg BGH KTS **63,** 170.

8) Pflicht des VglVerw zur Führung von **Handakten,** grundsätzlich jedoch keine Pflicht zur Herausgabe an einen späteren KonkursVerw; dazu Vogels-Nölte II 4 (vgl aber Bley-Mohrbutter 9).

Aufsicht des Gerichts

41 ^I **Der Vergleichsverwalter steht unter der Aufsicht des Gerichts.**

^II **Das Gericht kann gegen den Vergleichsverwalter Zwangsgeld festsetzen. Es kann ihn aus wichtigen Gründen seines Amtes entheben.**

^III **Das Zwangsgeld ist vorher anzudrohen. Vor der Entscheidung nach Absatz 2 Satz 2 ist der Vergleichsverwalter zu hören.**

^IV **Gegen die Entscheidung, durch die ein Zwangsgeld festgesetzt wird, steht dem Vergleichsverwalter die sofortige Beschwerde zu (§ 121). Das Vergleichsgericht kann der Beschwerde abhelfen.**

Vorbem: § 41 Abs. 2, 3 und 4 geändert durch Art. 101 Nr. 2 des Einführungsgesetzes zum Strafgesetzbuch (EGStGB) vom 2. 3. 1974 (BGBl I S. 469).

Vergleichsverwalter. Gläubigerbeirat **§ 41**

1) § 41 Abs 1 erfordert ein **Einschreiten des Gerichts, wenn der Verwalter Handlungen, die er vornehmen muß, unterläßt,** insbes wenn er seiner Anzeige- und Auskunftspflicht nach Maßg des § 40 II, III nicht nachkommt. Die Vorschr fordert darüber hinaus ein Einschreiten des Gerichts, **wenn der Verwalter bei einer nach pflichtgemäßem Ermessen vorzunehmenden Handlung dieses Ermessen nicht richtig anwendet.** Insoweit kann aber das Gericht dem Verwalter im allgemeinen keine bindenden Anweisungen zur Vornahme bestimmter Handlungen geben, Kiesow 1 zu § 45. Doch muß es befugt sein, vom Verwalter Maßnahmen nach § 57 II zu verlangen.

2) Ausübung der Aufsicht ist Recht und **Pflicht des VglGerichts.** Sind Entstehung eines Schadens und Aufsichtsverletzung des VglGerichts (des Richters oder des Rechtspflegers) nachgewiesen, so ist bis zum Beweis des Gegenteils anzunehmen, daß der Schaden auf der Pflichtverletzung beruht, sofern die Verfehlung des Richters oder des Rechtspflegers an sich geeignet ist, den dem ,,Beteiligten" erwachsenen Schaden hervorzurufen, RG **154,** 297 (betr den VglRichter).

3) § 41 Abs 2. Das Zwangsgeld kann nur als Beugemittel und nicht auch als Strafe für begangene Pflichtwidrigkeiten verhängt werden; es muß vorher angedroht sein, § 41 III. Die Verhängung ist nicht mehr zulässig, wenn der verfolgte Zweck erreicht ist; sie ist bei Zweckerreichung der Festsetzung aufzuheben. – Die Höhe des Zwangsgeldes muß bestimmt sein. (Mindestens 5 DM, höchstens 1000 DM; Art 6 I 1 EGStGB) – Wiederholte Festsetzung ist zulässig. Festsetzung ist VollstrTitel nach ZPO § 794 Nr 3; **Vollstreckung** von Amts wegen nach ZPO §§ 803 ff. Gegen die Festsetzung findet, wenn der Richter entschieden hat, die **sofortige Beschwerde** des Verwalters nach § 121 mit BeschwFrist nach § 121 II (§ 41 IV S 1) statt; erg Anm 1 Buchst f, Anm 2, 3 zu § 121. Hat der Rechtspfleger entschieden (vgl Anm 6 b zu § 2, Anm 1 f, Anm 4 zu § 121), so findet nach § 11 RpflG die **Erinnerung** statt; vgl Anm 4, 5 zu § 121. – Das VglGericht (Richter oder Rechtspfleger) kann der Beschwerde bzw der Erinnerung abhelfen, § 41 IV S 2; also die Strafe ermäßigen oder in Fortfall kommen lassen. Vgl Bley-Mohrbutter 4 zu § 11 RpflG im Nachtrag zum VglO-Kommentar (betr § 43 III S 2, § 45 II S 2).

4) Entlassung des Verwalters aus wichtigem Grunde, insbesondere bei grober Pflichtverletzg, doch auch, wenn sich der Verwalter objektiv seinen Aufgaben nicht gewachsen zeigt; Bley-Mohrbutter 9. Vor der Entsch ist der Verw mündlich oder schriftlich zu hören, § 41 III 2. – Schuldner und Gläubiger können die Entlassung anregen. Kommt das Gericht der Anregung nicht nach, so haben Schuldner und Gläub kein Beschwerderecht; doch findet, wenn der Rechtspfleger entschieden hat, nach § 11 I 1, 2 RpflG die Erinnerung statt, über die nach § 11 II 2, 3 RpflG der Richter – unanfechtbar – entscheidet; zum Verfahren vgl die Ausführungen in Anm 6 zu § 121. – Der VglVerwalter selbst kann seine Entlassung beantragen, doch entscheidet auch hierüber das Gericht nach Maßgabe des § 41 II (Entlassung nur aus wichtigem Grunde). Kein Beschwerderecht des Verw gegen die Entlassung oder die Zurückwei-

§ 42

sung des Entlassungsantrages, § 121 I; wohl aber, wenn der Rechtspfleger entschieden hat, nach § 11 I 1, 2 RpflG die Erinnerung. – Zur Frage der Verpflichtung eines früheren VglVerw, die Ausfertigung des Eröff- und Ernennungsbeschlusses zurückzugeben, sowie zur Erzwingbarkeit der Rückgabe vgl Bley-Mohrbutter 12.

Haftung des Vergleichsverwalters

42 Der Vergleichsverwalter ist allen Beteiligten für die Erfüllung seiner Pflichten verantwortlich.

1) Die Vorschrift entspricht der Bestimmung des KO § 82. – Für die Erfüllung seiner Pflichten (vgl insbesondere §§ 39, 40 m Anm) ist der VglVerw allen Beteiligten **persönlich** verantwortlich. Diese Verantwortlichkeit beruht weder auf Vertrag noch auf BGB § 839. § 42 begründet vielmehr ein gesetzl Schuld- (Geschäftsbesorgungs-) verhältnis zwischen VglVerw und Beteiligten, HRR **36**, BGH NJW **62**, 801; vgl hierzu aber Schmidt KTS **76**, 191. – Der Begriff „Beteiligte" ist weit auszulegen, RG **149**, 185; Serick § 36 I 2 Abs 7. Beteiligte sind alle, denen gegenüber der Verwalter als solcher (dh auf Grund der Vorschriften der VglO) Pflichten zu erfüllen hat, auch wenn „die anderen" nicht am Verfahren beteiligt sind, HRR **36**, 481; DR **39**, 1798. Beteiligt iS des § 42 sind auch Eigentumsvorbehalts- und Kommissionswarengläubiger (and wohl Düsseldorf KTS **58**, 48; danach keine Haftung des VglVerw aus § 42 – möglicherweise jedoch aus anderem Rechtsgrunde –, wenn ein aussonderungsberechtigter Gläub die Aussonderung der Ware verweigert und, entgegen seiner Zusage, die Aussonderung nicht alsbald selbst vornimmt und der Schuldner die Ware veräußert). Eigentumsvorbehalts- und Kommissionswarengläubiger sind bei Kenntnis des VglVerw von den Lieferungen möglicherweise selbst als Neugläubiger nach § 42 geschützt, Celle MDR **54**, 370; Serick § 14 I 1 Abs 2; zum Problem auch BGH **35**, 35f = LM 1 zu VerglO § 92 m Anm v Werthauer und im Anschluß daran BGH WM **76**, 1336 = KTS **77**, 106 (zu eng demgegenüber Koblenz KTS **56**, 125ff; doch wird dem OLG Koblenz darin beizupflichten sein, daß der VerglVerw grundsätzl nicht für die während des VglVerf fällig gewordenen Sozialversicherungsbeiträge persönlich haftbar gemacht werden kann). – Beteiligt iS des § 42 ist uU auch ein Darlehnsgeber, der dem Schuldner im VglVerfahren oder im Vorverfahren ein Darlehen gewährt hat, das er im Anschlußkonkurs unter den Voraussetzungen des § 106 als Masseanspruch geltend machen kann; vgl Serick § 36 I 2 Abs 7; Bley-Mohrbutter 8 Abs 5. – Zur Frage einer Haftung des VglVerw für den Schaden, der durch unbefugte Verfügung des VglSchuldners über Eigentumsvorbehaltsware entsteht, vgl Celle KTS **71**, 216 mit Anm von Skrotzki; sowie zur Frage der Haftung eines VglVerw, der einen ihm von dritter Seite zur Weiterleitung an einen Gläubiger übersandten Geldbetrag bestimmungswidrig auf „VglMasse" gezogen hat, Celle KTS **71**, 283. Der VglVerwalter haftet einem NeuGläub (vgl hierzu § 25 Anm 5a) als Beteiligtem für die Erfüllung einer Verbindlichkeit, wenn dem VglSch ein gerichtliches Veräußerungsverbot (§§ 12, 57) auferlegt, der

Verwalter die Kassenführung übernommen, dem Geschäft zugestimmt hat und der Lieferant unter Eigentumsvorbehalt lieferte, BGH **67**, 223 = BB **77**, 1222 (vgl. hierzu auch die Anm v. Timm zu LG Hannover, EWiR **85**, 711). – Der VglVerwalter haftet auch, wenn VglSch nach Ablehnung des VglAntrags aber vor Rechtskraft des KEröffBeschlusses, in dem ein anderer als KVerw bestellt wird, eigenmächtig Ware (hier Heizöl) bestellt; Celle ZIP **81**, 1233. – Der vorläufige Verwalter macht sich nach §§ 11, 42 schadensersatzpflichtig, wenn er einem vom Schuldner beauftragten Buchsachverständigen zusichert, er werde wegen seiner Honorarforderung zum vollen Betrage und nicht anteilgemäß in Höhe der Quote befriedigt werden, anstatt ihn nach § 43 I 2 mit Zustimmung des VglGerichts selbst beizuziehen, BGH **23**, 69 = NJW **57**, 753. – Zur Anwdg des § 42 auf einen Pfändungsgläub, welcher seine Anspr im VglVerf nicht angemeldet hat, vgl DR **41**, 387 mit Anm von Bley. – Beteiligt sind auch (und zwar vor Bestätigg des Vgl) die VglGaranten, RG **74**, 262 (betr den ZwangsvglBürgen im Konkursverfahren); ferner die künftigen Anschlußkonkursgläub, ohne Rücksicht auf ihre Stellung im VglVerf. – Zur Anw des § 42 im Rahmen des § 8 III (GläubBegünstigung) vgl Godenrath WirtschPrüfg **51**, 379.

2) Haftung des VglVerw setzt **Verschulden** voraus, doch genügt leichte Fahrlässigkeit. Rechtsirrtum kann entschuldbar sein, vgl KO Bem 3 zu § 82 m Nachw.

3) Für § 42 ist von Bedeutung, daß – sofern weder Maßnahmen nach § 57 Abs 2 getroffen noch Verfügungsbeschränkungen gem §§ 58 ff angeordnet sind – der VglVerw (im Gegensatz zum Konkursverwalter) keine Verwaltungs- und Verfügungsaufgaben hat. Er kann daher grundsätzl auch von dem Eigentümer eines Grundstücks, das sich im Besitz des VglSchuldners befunden hat und von diesem auch verwaltet worden ist, nicht persönlich für die Zeit seiner Tätigkeit als VglVerw auf Rechnungslegung in Anspruch genommen werden, Koblenz KTS **55**, 62.

Die in § 40 II, III bestimmten Pflichten dienen jedoch unmittelbar dem Schutz der Gläubiger. Ein Unterlassen kann nach § 42 Schadensersatzpflicht auslösen. Ob der Verw Maßnahmen nach § 57 zu treffen bzw Verfügungsbeschränkungen nach § 58 zu beantragen hat und ein Unterlassen Verschulden begründet, ist Tatfrage; dazu Bohnenberg KuT **37**, 47.

4) Für die SchadErsatzverbindlichk sind **BGB §§ 249 ff** maßgebend. Zu beachten sind die Grundsätze der Vorteilsausgleich (Palandt-Heinrichs BGB 7 vor § 249); eigenes Verschulden des Geschädigten ist nach BGB § 254 zu berücksichtigen. Mitwirkendes Verschulden eines dem Gläub-Beirat angehörenden Gläubigers kann den VglVerw nach BGB § 254 entlasten, soweit es sich um Schäden handelt, die diesem Gläub entstanden sind; vgl BGH KTS **61**, 151. – Haftung für Gehilfen uU nach BGB § 278 (RG **142**, 188; **152**, 128; erg KG KuT **37**, 86) oder nach BGB § 831 (vgl Jaeger-Weber 10a zu KO § 78; Bley-Mohrbutter 5 Abs 2); Anspruchsverjährung erst nach 30 Jahren, RG **78**, 190; JW **36**, 2927; auch bei unerlaubter Handlung des VglVerw, welche jedoch nur dann unter § 42 fällt, wenn sie in Ausübung und nicht nur bei Gelegenheit seiner Verwal-

§ 43
4. Abschnitt

tertätigkeit begangen ist, Hbg R **38** Nr 8135. Vgl zur Gehilfenhaftung und Verjährung neuerdings Schmidt KTS **76**, 191 ff.

5) Durch **Zustimmung des GläubBeirats** wird der VglVerw grundsätzl der Verantwortlichkeit für seine Entschließungen nicht enthoben, HRR **36**, 481. Zustimmung des Gläub-Beirats kann jedoch Indiz für sorgfältige Amtsführung des Verw sein, Bley-Mohrbutter 6 Abs. 1.

Auslagen und Vergütung des Vergleichsverwalters

43 $^\text{I}$ Der Vergleichsverwalter kann von dem Schuldner die Erstattung angemessener barer Auslagen und eine angemessene Vergütung für seine Geschäftsführung verlangen. Der Vergleichsverwalter kann Auslagen, die ihm dadurch erwachsen, daß er durch Sachverständige die Bücher des Schuldners prüfen und seine Warenbestände schätzen läßt, nur erstattet verlangen, wenn das Vergleichsgericht vorher der Beiziehung eines Sachverständigen zugestimmt hat; die Zustimmung soll nur erteilt werden, wenn die Prüfung oder die Schätzung besondere Schwierigkeiten bietet.

$^\text{II}$ Die Höhe der Auslagen und der Vergütung setzt das Vergleichsgericht fest. Wird das Vergleichsverfahren nach der Bestätigung des Vergleichs fortgesetzt, so ist zunächst nur die Vergütung für die vom Vergleichsverwalter bis zur Bestätigung des Vergleichs geleistete Tätigkeit zu bestimmen. Die Vergütung für die von ihm nachher entfaltete Tätigkeit ist nach ihrem Abschluß abgesondert zu bemessen; dabei ist insbesondere zu berücksichtigen, ob der Vergleich erfüllt worden ist.

$^\text{III}$ Die Entscheidung ist dem Vergleichsverwalter, dem Schuldner und jedem Mitglied des Gläubigerbeirats zuzustellen und kann von jeder der vorgenannten Personen angefochten werden (§ 121). Das Vergleichsgericht kann der Beschwerde abhelfen.

$^\text{IV}$ Vereinbarungen des Vergleichsverwalters mit dem Schuldner oder einem Vergleichsgläubiger über die Höhe der Auslagen oder der Vergütung sind nichtig.

$^\text{V}$ Der Reichsminister der Justiz kann über die dem Verwalter zu gewährende Vergütung allgemeine Anordnungen treffen.

1) Der VglVerw hat nach § 43 I 1 Anspr auf **angemessene Vergütung** für seine Geschäftsführung und auf **Erstattung angemessener barer Auslagen**. Anordnungen über die dem Verwalter zu gewährende Vergütung (vgl § 43 V) enthält die **VO über die Vergütung des KVerw, des VglVerw, der Mitgl des Gläubigerausschusses und der Mitgl des GläubBeirats** v 25. 5. 1960 (BGBl I 329; GVBl Bln 881) idF der VO vom 22. 12. 1967 (BGBl I S 1366; GVBl Bln 1968 S 223) und der VO vom 19. 7. 1972 (BGBl I S 1260; GVBl Bln S 1715). Abgedruckt ist die VO als Anhang 3. Im einzelnen gilt danach folgendes:

a) Die Vergütung des VglVerw wird grundsätzl nach dem **Aktivvermögen** des Schuldners (§ 8 I 1 VO) und lediglich in den Ausnahmefällen des

Vergleichsverwalter. Gläubigerbeirat **§ 43**

§ 8 III VO nach dem **Gesamtbetrag der VglFdgen** berechnet. Das Aktivvermögen ergibt sich aus der nach § 5 erstellten Vermögensübersicht unter Berücksichtigung späterer Berichtigungen (§ 8 I 2 VO). Gegenstände, die im Konkurs ausgesondert werden können, sind nicht einzubeziehen, weil sie keine Vermögensbestandteile des Schuldners sind (Berücksichtigung der besonderen Belastung eines VglVerw durch die Bearbeitung von Aussonderungsrechten aber nach § 10 II a VO). Für Gegenstände, aus denen abgesonderte Befriedigung verlangt werden kann, gilt die Regelung des § 8 II Nr 1 VO (auch hier vgl erg § 10 II a VO); hinsichtlich des Vermieterpfandrechts ist jedoch § 2 Nr 1 S 2 VO entspr anzuwenden. Weitere Vorschriften über die Bestimmung des Aktivvermögens sind enthalten in § 8 II Nr 2 bis 4 VO. **Im Vergleichsverfahren einer OHG oder KG ist** neben dem Aktiv-Vermögen der Gesellschaft **auch das Vermögen der persönlich haftenden Gesellschafter** in die Berechnungsgrundlage nach § 8 VO einzubeziehen, weil der Vergleich auch deren Haftung begrenzt (§ 109 Nr. 3) und der VglVerwalter bei der Prüfung der Angemessenheit des VglVorschlages auch das Vermögen der Komplementäre in Betracht ziehen muß, § 109, 3; so LG Darmstadt ZIP **81,** 1014 m zustim Anm v Eickmann.

b) Für die **Berechnung der Vergütung** des VglVerw ist nach § 9 VO die Staffel des § 3 I VO maßgebend. Der VglVerw erhält „in der Regel" ½ des Betrages, der sich bei Zugrundelegung des Aktivvermögens (§ 8 I, II VO) oder des Gesamtbetrages der VglFdgen (§ 8 III VO) aus der regelmäßigen KVerw-Vergütung ergibt. Der **Regelmindestsatz** der Vergütung beträgt 300 DM (§ 9 VO). Die „Regelsatz"-Vergütung (§ 4 I VO) des § 3 VO entspricht nach der seit langem in Literatur und Rechtsprechung vertretenen Ansicht auch in durchschnittlichen Verfahren bei weitem nicht mehr der angemessenen Honorierung der Verwaltertätigkeit (LG Hamburg ZIP **81,** 1116). Die Vergütung deckt auch die allgem Geschäftskosten des Verwalters (§ 11, 5 VO) ab, die „seit Erlaß der VO im Mai 1960 explosionsartig angestiegen" sind, „weshalb der Regelsatz entgegen seiner Bezeichnung im Regelfall nicht mehr als eine angemessene Vergütung ... angesehen werden kann"; LG Darmstadt ZIP **81,** 1015. Daher werden schon in durchschnittlichen Verfahren die Sätze des § 3 um das Dreifache als Regelsatz erhöht; LG Hamburg ZIP **81,** 1116. Dies ist herrschende Rspr; vgl statt vieler Schmidt, Die Vergütung des Insolvenzverwalters, KTS **81,** 65 ff u die dort zit Rspr. Böhle-Stamschräder/Kilger § 85 Anm 1 a–c; Eickmann, „Die Vergütung der Insolvenzverwalter", Köln 1984, S. 91 ff.

c) § 10 I VO (in Vbdg mit § 4 I VO) ermöglicht ein **Abweichen vom Regelsatz** der Vergütung, wenn **Besonderheiten der Geschäftsführung** des VglVerw es erfordern. § 10 I VO gilt allgemein, also auch, wenn einer der in § 10 II, III ausdrücklich angesprochenen Fälle nicht vorliegt. In § 10 II VO sind besondere Gründe aufgezeigt, bei deren Vorliegen die Voraussetzungen des § 10 I (§ 4 I) für ein **Überschreiten** des Regelsatzes als gegeben anzusehen sind. Alsdann ist also die Zubilligung einer über dem Regelsatz liegenden Vergütung erforderlich, ohne daß der Sachverhalt noch unter dem Gesichtspunkt des § 10 I (§ 4 I) besonders geprüft werden müßte. Zur Überschreitung der Regelsätze vgl LG Rottweil KTS **75,** 327 mit Anm Schmidt; LG Hamburg aaO gewährt den 6fachen Regelsatz (500% Zuschlag auf den Regelsatz).

§ 10 III VO dient vornehmlich als Hinweis, wann besonderer Anlaß besteht, zu prüfen, ob die Regelvergütung des § 9 VO sich als zu hoch erweisen würde und nach § 10 I (§ 4 I) ein **Zurückbleiben** hinter dem Regelsatz erforderlich ist.

Nach § 10 IV in Vbdg mit § 4 V S 1 (idF der VO vom 22. 12. 1967; BGBl I S 1366) ist in der nach §§ 8 ff VO errechneten Vergütung des VglVerw die von ihm zu zahlende Umsatzsteuer enthalten; sie kann dem Schuldner danach nicht besonders in Rechnung gestellt werden. Hat jedoch der Verw nach dem Umsatzsteuergesetz eine Umsatzsteuer in Höhe von dreizehn vom Hundert der Bemessungsgrundlage zu entrichten, so erhält er nach § 10 IV in Vbdg mit § 4 V S 2 (Anhang 3) zusätzlich zu seiner sonstigen, nach §§ 8 ff VO errechneten Vergütung einen Ausgleich im Betrage von fünfundeinhalb vom Hundert dieser sonstigen Vergütung. Vgl dazu Mohrbutter KTS **68,** 51 f und AG Bremen Rpfleger **73,** 218; zu den eigenen steuerlichen Angelegenheiten des VglVerwalters vgl Geist, RN 230 aE, 185 ff.

d) Für den **Umfang der durch die Vergütung abgegoltenen Tätigkeit** des VglVerw gelten nach § 11 I VO die Bestimmungen des § 5 I VO entsprechend. Die Vergütung deckt also idR die allgemeinen Geschäftsunkosten unter Einschluß des Büroaufwandes, nicht dagegen die besonderen Unkosten aus Anlaß des Einzelfalles (erg KO § 85 Anm 1e). Zu den Unkosten, welche durch die Vergütung abgegolten werden, gehören auch die Kosten einer Haftpflichtversicherung (§ 5 I 4 VO), vgl hierzu Uhlenbruck VersR **73,** 499. Die Versicherung wird zur Deckung der persönl Haftung des VglVerw nach § 42 VglO genommen, muß also grundsätzl auch zu seinen Lasten gehen. Das schließt jedoch nicht aus, daß sie im Einzelfall bei der Bestimmung der Höhe der Vergütung berücksichtigt wird, wenn das Haftungsrisiko des VglVerw besonders groß war und der Verwalter aus diesem Grunde eine **besondere Haftpflicht-Versicherung** abgeschlossen hatte (vgl auch Bley-Mohrbutter 3 Abs 2 zu § 42); Böhle-Stamschräder/Kilger KO § 85, 1 e; Kuhn-Uhlenbruck § 85, 10 e; so auch AG Köln Beschluß v 13. 2. 1975, 171 VN 12/74 (Herstatt VerglVerf).

Unter Bezugnahme auf § 43 I 2 VglO ist in § 11 I 2 VO zur Klarstellung bestimmt, daß die Vergütung idR auch die Auslagen des Verwalters für die Prüfung der Bücher oder die Abschätzung der Warenbestände des Schuldners deckt. Anderes gilt nur unter der in § 43 I 2 VglO genannten Voraussetzung; zu dieser Vorschr vgl BGH **23,** 69 = NJW **57,** 753. Jedoch kann VglVerw mit Zustimmung des Gerichts Sachverständige hinzuziehen, deren Tätigkeit gesondert zu honorieren ist; Bley-Mohrbutter 7 Abs 2.

e) Sind in einem Verfahren mehrere VglVerwalter bestellt, so findet die Vorschrift des § 3 III VO, nach der die Vergütungen mehrerer Verwalter so zu berechnen sind, daß sie zusammen den Betrag nicht übersteigen, den ein einzelner verlangen kann, nach Sinn und Zweck der VO auch auf die Vergütung der VglVerwalter Anwendung, wenn § 9

Vergleichsverwalter. Gläubigerbeirat **§ 43**

VO auch nicht auf § 3 III VO verweist; LG Schweinfurth MDR **75**, 853 = KTS **75**, 247.

2) Wer zunächst nach § 11 VglO als vorläufiger Verwalter für das **Vorverfahren** und sodann nach § 20 als VglVerw für das eigentl VglVerf bestellt wurde, erhält für seine Tätigk im Vorverfahren keine besondere Vergütung (§ 11 II 1 VO). Ergibt sich jedoch im Einzelfall, daß die Regelvergütung des VglVerw (§ 9 VO) zu seiner gesamten Geschäftsführung unter Einschluß der Tätigkeit im Vorverfahren nicht in dem rechten Verhältnis steht, so kann nach § 10 I VO in Vbdg mit § 4 I VO ein Überschreiten des Regelsatzes der Vergütung gerechtfertigt sein.

Wird der vorläufige Verwalter nicht auch zum VglVerw bestellt, so erhält er für seine Tätigk im Vorverfahren einen angemessenen Bruchteil der in § 9 VO für einen VglVerw vorgesehenen Regelvergütung. Die Bestimmungen des § 10 VO (vgl oben Anm 1 c) gelten insoweit entsprechend (§ 11 II 2 VO).

a) Der **vorläufige Verwalter**, der im Anschlußkonkursverfahren zum Konkursverwalter bestellt wird, erhält für seine Tätigkeit als vorläufiger Verw eine besondere Vergütung; so das LG Hamburg MDR **64**, 426, AG München KTS **65**, 54, LG Tübingen KTS **76**, 67, Bley-Mohrbutter 6 e, aA LG Münster KTS **66**, 188 = MDR **67**, 56. – Sind die vom vorläufigen Verw geleisteten „Vorarbeiten" so weitgehend, daß deutlich mehr als die Hälfte der gesamten Abwicklungstätigkeit erbracht ist, so ist es angemessen, für diese Tätigkeit ⅕ der Regelvergütung des VglVerw anzusetzen; LG Regensburg ZIP **80**, 1075. Nach LG Aachen ZIP **83**, 100 erhält der vorl Verw regelmäßig ⅔ der VglVerw-Vergütung, die bei Vorliegen von Besonderheiten des § 10 Abs 2 bis zur 4fachen Regelvergütung für VglVerw (8fache für KonkVerw) ansteigen kann.

3) Die Tätigk eines VglVerw im **Nachverfahren** (§ 96 VglO) wird besonders vergütet. Die Höhe der Vergütung richtet sich nach der Art und dem Umfang der Tätigkeit im Nachverfahren sowie nach dem Erfolg der Arbeit im Hinblick auf die VglErfüllung (§ 43 II VglO; § 11 III 1, 2 VO). Die Vergütung für das Nachverfahren soll nach § 11 III 3 VO idR einen angemessenen Bruchteil der Vergütung für das Vergleichsverfahren nicht übersteigen; Ausnahmen sind aber möglich, etwa wenn bei der Vergleichserfüllung unvorhergesehene Hindernisse auftraten, die nur durch den besonderen Einsatz des VglVerw behoben wurden.

4) Neben der Vergütung hat der VglVerw (auch der vorläufige Verw) nach § 43 I 1 VglO Anspr auf **Erstattung angemessener barer Auslagen.** Auslagen iS dieser Bestimmung sind die besonderen Unkosten aus Anlaß des Einzelfalles. In Frage kommen ua Ausgaben für Papier, Ferngespräche, Briefporto, Telegramme und Reisen, möglicherweise (allerdings wohl nur in besonders gelagerten Fällen) auch Ausgaben, die dadurch entstehen, daß der VglVerw gerade für dieses Verfahren eine besondere Hilfskraft eingestellt oder aus den bereits bei ihm beschäftigten Personen bestimmt hat. Ersetzt wird nur der tatsächliche Aufwand und dieser nur, soweit er erforderlich und angemessen war.

Auslagen, die einem VglVerw dadurch erwachsen, daß er durch

§ 43 4. Abschnitt

Sachverständige die Bücher des Schuldners prüfen und seine Warenbestände schätzen läßt, kann er nur erstattet verlangen, wenn das VglGericht vorher der Beiziehung eines Sachverständigen zugestimmt hat, § 43 I 2; Bley-Mohrbutter 7 Abs 2. Das VglGericht soll nach § 43 I 2 Halbsatz 2 nur zustimmen, wenn die Prüfung oder die Schätzung besondere Schwierigkeiten bietet. Die Einhaltung dieser Vorschrift durch das Gericht ist jedoch keine Wirksamkeitsvoraussetzung für die Zustimmung. Zu ersetzen sind in den Fällen des § 43 I 2 ebenfalls nur die angemessenen Ausgaben. Nach Bley-Mohrbutter 7 Abs 1 gilt § 43 I 2 sinngemäß auch für andere Fälle als die Buchprüfung und die Schätzung der Warenbestände.

Zu § 43 I 2 vgl BGH **23**, 69 = NJW **57**, 753.

5) Vergütung und Auslagen werden nach § 43 II 1 vom VglGericht **festgesetzt.** Erforderlich ist nach § 12 I der zu 1) genannten VO getrennte Festsetzung, weil Vergütung und Auslagen in einem Anschlußkonkursverfahren nach § 60 KO (§ 105 VglO) unterschiedlichen Befriedigungsrang haben. Die Festsetzung erfolgt von Amts wegen, Vogels-Nölte II 1; Bley-Mohrbutter 9, doch ist ein ,,Antrag" des VglVerw anzuraten, aus dem sich die für die Bemessung der Vergütung maßgebl Gesichtspunkte ergeben und in dem die baren Auslagen nachgewiesen sind. Zum Zeitpunkt der Festsetzung vgl § 43 II 2, 3.

6) Die Festsetzung erfolgt durch **Beschluß.** Der Beschluß ist nach § 43 III dem VglVerw, dem Schuldner und jedem Mitgl des GläubBeirats **zuzustellen** (dazu § 118 I). Jede dieser Personen (nicht auch der GläubBeirat als solcher) kann den Beschluß anfechten, und zwar, wenn der Richter entschieden hat, im Wege der sofortigen Beschwerde (§§ 43 III, 121 II) und bei Entsch durch den Rechtspfleger mit der Erinnerung (§ 11 I RpflG). Frist zur Einlegung der Beschwerde bzw der Erinnerung eine Woche; VglO §§ 43 III, 121 II, RpflG § 11 I 2. Zum Erinnerungsverfahren vgl Anm 5 zu § 121 VglO. Das VglGericht (Richter oder Rechtspfleger) kann der Beschwerde bzw der Erinnerung abhelfen (§ 43 III S 2); vgl Bley-Mohrbutter 4 zu § 11 RpflG im Nachtrag zum VglO-Kommentar. – Der Festsetzungsbeschluß ist **Vollstreckungstitel** nach § 794 I Nr 3 ZPO. – **Vorschußzahlungen** auf die Vergütung und Auslagen bedürfen der Bewilligung des Gerichts, die nur in Ausnahmefällen erteilt werden soll (§ 12 III der zu 1 genannten VO). Diese Voraussetzung kann gegeben sein, wenn außergewöhnlich hohe Ausgaben entstanden sind oder bevorstehen. Vergleiche LG Wiesbaden KTS **73**, 76. Die dort für den Konkursverwalter entwickelten Grundsätze gelten entspr für den Vergleichsverwalter: also keine Beschränkung der Gewährung eines Vorschusses auf **besondere** Ausnahmefälle; keine Begrenzung des Vorschusses auf die Regelvergütung.

7) Unzulässig sind nach **§ 43 Abs 4 Vereinbarungen** des VglVerw mit dem VglSchuldner oder einem Gläubiger **über die Höhe der Vergütung und des Auslagenersatzes;** dazu RG **147**, 367 = JW **35**, 2275 mit Anm von Matzke; ausführl BGH ZIP **81**, 1350; Bley-Mohrbutter 3, 3a. Die Unwirksamkeit solcher Vereinbarungen soll eine weitere Gewähr für die Unparteilichkeit des VglVerw sein. – Die in einer Entsch des LG Dessau

Vergleichsverwalter. Gläubigerbeirat **§ 44**

(KuT **38,** 134) vertretene Auffassung, daß gegen Honorarvereinbarungen mit Bezug auf eine über den gesetzl Rahmen der §§ 39, 40 hinausgehende Tätigk keine Bedenken bestänflaen, ist mit § 38 und dem Zweckgedanken des § 43 IV nicht vereinbar (vgl auch Düsseldorf KTS **71,** 50 mit Übersicht über Rspr und Schrifttum). Ein von dem VglSchuldner dem Verw gewährtes Entgelt ist bei der Bemessung der Vergütung nach § 43 anzurechnen, Düsseldorf aaO.

8) Der Vergleichshelfer hat Anspruch auf eine angemessene Vergütung, BGHZ **28,** 344; BGH, NJW **80,** 1962 = KTS **81,** 84 = ZIP **80,** 618. Das Honorar eines Rechtsanwalts ist nicht nur nach gesetzlichen Gebühren, §§ 79f, 118 BRAGO, zu bemessen; zulässig ist auch eine Honorarvereinbarung (§ 3 BRAGO). Da der Vergütungsanspruch regelmäßig vor VglEröff begründet wird, ist er eine am Vgl teilnehmende Forderung, sofern die Tätigkeit vorher beendet ist; anderenfalls gelten §§ 51 II, 50. Im Anschluß – KVerf ist der Anspruch KFdg. Es empfiehlt sich daher bei Übernahme des Mandats ein hinreichender Vorschuß und eine Besicherung des Vergütungsanspruchs bei Übernahme des Auftrags (bei späterer Besicherung wäre wohl KO § 30 Nr 2 anwendbar). Die Honorarvereinbarung, die Entgegennahme des Vorschusses bzw die Besicherung der Forderung sind regelmäßig im Anschluß – KVerf nicht anfechtbar; beachte jedoch BGH, NJW **80,** 1962 = ZIP **80,** 618 = KTS **81,** 84.

Gläubigerbeirat

44 ^I Zur Unterstützung und Überwachung des Vergleichsverwalters kann das Gericht einen Gläubigerbeirat bestellen, wenn der besondere Umfang des Unternehmens des Schuldners dies geboten erscheinen läßt. Zu Mitgliedern des Beirats können auch juristische Personen bestellt werden.

^{II} **Das Gericht kann die Bestellung zum Mitglied des Beirats jederzeit widerrufen.**

^{III} **Die Mitglieder des Beirats sind für die Erfüllung ihrer Pflichten allen Beteiligten verantwortlich.**

^{IV} **Ein Beschluß des Beirats ist gültig, wenn die Mehrheit der Mitglieder an der Beschlußfassung teilgenommen hat und der Beschluß mit der Mehrheit der abgegebenen Stimmen gefaßt worden ist.**

1) Der **Gläubigerbeirat** ist **selbständiges, gesetzl Hilfsorgan des VglVerw.** Keine Überwachung des Beirats durch das VglGericht. Kein Auftragsverhältnis zwischen GläubBeirat und VglGläubigern.

2) Bestellung eines GläubBeirats, wenn der besondere Umfang des Schuldnerunternehmens dies erfordert; aber auch, wenn die Eigenart des Betriebes aus anderem Grunde die Bestellung angezeigt erscheinen läßt. Das Gesetz sieht eben die Bestellung eines GläubBeirats als Ausnahme an. – Das **Gericht entscheidet** nach pflichtgemäßem Ermessen darüber, ob ein GläubBeirat zu bestellen ist. Es entscheidet ferner selbständig über die Zahl der Mitglieder, sowie darüber, wer in den GläubBeirat zu berufen ist. Auch NichtVglGläubiger und jur Personen können Mitgl des Gläub-

§ 44

Beirats sein. Als zweckmäßig kann sich im Einzelfall die Berufung eines Mitgl der Belegschaftsvertretung, evtl des Vorsitzenden des Betriebsrats, erweisen (dazu Mohrbutter KTS **55**, 57; Gaul KTS **55**, 182, Uhlenbruck BB **76**, 1198 ff, 1200). – Es gibt weder ein **BeschwRecht** gegen die Bestellung eines Beirats und die Berufung bestimmter Personen in denselben noch gegen die Ablehnung eines Antrages auf Bestellung eines Beirats; doch findet, wenn der Rechtspfleger entschieden hat, nach § 11 RpflG die Erinnerung statt; vgl Anm 6 zu 121.

3) Das **Amt** als Mitglied des GläubBeirats **beginnt** mit der Annahme. Keine Pflicht zur Annahme, auch nicht für Mitgl einer Belegschaftsvertretung. Das Amt **endet** mit Tod des Bestellten, mit der Beendigg des VglVerf, sowie durch Widerruf nach § 44 II. Anfechtung des Widerrufs uU nach § 11 RpflG. – Keine Kündigg seitens der Mitgl; zulässig nur Antr auf Amtsenthebung, Vogels-Nölte I 1 c; vgl auch Bley-Mohrbutter 6. – Bei Ausfall von GläubBeiratsMitgl Nachwahl von Ersatzmännern durch das VglGericht; dieses kann in beschränktem Umfange Selbstnachwahl durch den GläubBeirat anordnen.

4) Die **Aufgaben** des GläubBeirats bestehen nach § 44 I in der „**Unterstützung und Überwachung des VglVerw**". Die Pflicht zur Unterstützung und Überwachung, welche auch jedes Mitgl des Beirats persönlich trifft, bezieht sich auf den gesamten Aufgabenbereich des VglVerw. Besonders bedeutsam im Hinblick auf § 57. Hat der VglVerw nach § 57 II die Kassenführung übernommen, so sind die Mitglieder des GläubBeirats zu gelegentl Kassenprüfungen verpflichtet; vgl dazu Vogels-Nölte II 2. Zur Anzeigepflicht der Mitglieder des GläubBeirats gegenüber dem VglGericht vgl § 45 I S 2. Zu den Grenzen der Mitwirkung des Gläubigerbeirats, vgl Uhlenbruck BB **76**, 1198 ff. – Vor der Entscheidung über die Betätigg des Vergleichs ist der GläubBeirat nach § 78 II zu hören.

Den **einzelnen Mitgliedern** des GläubBeirats gibt das Gesetz noch besondere Rechte in § 43 III und § 58 I. Jedes Mitglied kann selbständig Beschwerde (oder Erinnerung; vgl § 11 RpflG) gegen die Festsetzung der Vergütung und der Höhe der Auslagen des VglVerw einlegen (§ 43 III; dazu § 43 Anm 7) und den Erlaß von Verfügungsbeschränkungen beantragen (§ 58 I).

5) Die **Verantwortlichkeit der Mitglieder des GläubBeirats** entspricht der des VglVerwalters, vgl Bem 1 zu § 42. Bestellung eines Mitgliedes zu besonderer Unterstützung und Überwachung, insbes im Hinblick auf erforderl Kassenprüfungen (Bem 4), durch den GläubBeirat entbindet die übrigen Mitgl nicht von der Pflicht, sich um die Durchführung und das Ergebnis der Tätigkeit zu kümmern, RG **150**, 287. Auch das VglGericht kann den Mitgliedern des GläubBeirats ihre Pflichten nicht erlassen. Erhöhte Überwachungspflichten bei Kenntnis von Verfehlungen des VglVerw, HRR **37**, 1252. Krankheit des Beiratsmitglieds entbindet nicht schlechthin von seinen Pflichten. – Die Aufgaben der Beiratsmitglieder sind höchstpersönlich und können nicht durch Vertreter wahrgenommen werden, Krieg 4. Für Gehilfen uU Haftung nach BGB § 278 oder nach BGB § 831 (Hinw in Anm 4 zu § 42). Bei gleich-

Vergleichsverwalter. Gläubigerbeirat **§ 45**

zeitiger Haftung mehrerer Beiratsmitgl oder Haftung derselben neben einer Haftung des VglVerw liegt Gesamtschuld vor, BGB §§ 421, 426.

6) **§ 44 Abs 4** bestimmt **zwingend,** daß, soweit es sich um die gesetzl Tätigkeit des GläubBeirats handelt, zur Gültigkeit eines Beschlusses die Teilnahme der Mehrheit der Mitglieder an der Beschlußfassung und die Beschlußfassung selbst mit einfacher Mehrheit der abgegebenen Stimmen erforderlich ist. Dabei hat jedes Mitgl eine und nur eine Stimme. Bei Stimmengleichheit ist der Antrag abgelehnt; kein Ausschlag der Stimme des Vorsitzenden; Bley-Mohrbutter 8. – Abgesehen von § 44 IV bestimmt der GläubBeirat seine Geschäftsordnung selbst.

7) Zu der Frage, unter welchen Voraussetzungen ein aus einer VglGarantie in Anspruch genommener VglGarant von dem VglVerw Vorlage von Protokollen des GläubBeirats verlangen kann, vgl BGH MDR **71,** 574 = WM **71,** 565 = BGH Warn **71** Nr 93.

8) Zur **Schweigepflicht** der Mitglieder des GläubBeirats Robrecht KTS **71,** 143 f.

Rechte und Pflichten der Mitglieder des Gläubigerbeirats

45 ᴵ **Die Mitglieder des Gläubigerbeirats sind berechtigt, die Bücher und Geschäftspapiere des Schuldners und des Vergleichsverwalters einzusehen und Aufklärung über hierbei sich ergebende Fragen zu verlangen. Sie haben dem Gerichte sofort anzuzeigen, wenn ihnen Tatsachen bekannt werden, die ein Einschreiten des Gerichts, insbesondere den Erlaß von Verfügungsbeschränkungen, die Einstellung des Vergleichsverfahrens oder die Versagung der Bestätigung des Vergleichs zu rechtfertigen vermögen.**

ᴵᴵ **Die Mitglieder des Gläubigerbeirats können von dem Schuldner die Erstattung angemessener barer Auslagen sowie angemessenen Ersatz für Zeitversäumnis verlangen. Die Vorschriften des § 43 Abs. 2 bis 5 finden entsprechende Anwendung.**

1) Der GläubBeirat und die einzelnen Mitgl desselben haben das **Recht zur Einsichtnahme in die Geschäftsbücher und die Geschäftspapiere des Schuldners und in die des VglVerwalters,** soweit sie das VglVerfahren betreffen. – Sie können **Auskunft** verlangen, jedoch nur über Fragen, die sich bei der Einsicht in die Bücher und Geschäftspapiere ergeben. Zur Frage der Auskunfterteilung durch Angestellte des Schuldners vgl Bley-Mohrbutter 3. – Bei Weigerung der Gestattung der Einsichtnahme und der Aufklärung seitens des Schuldners Anzeige an das Gericht nach § 45 I S 2 und Entscheidung des Gerichts über Einstellung des VglVerfahrens und Konkurseröff nach §§ 100 I 4, 101. – Verweigert der VglVerw die Einsichtnahme in seine das VglVerf betreffenden Bücher und Geschäftspapiere oder eine ergänzende Erklärung, so hat Anzeige an das Gericht zu erfolgen, welches dann nach § 41 II, III vorgehen kann.

2) Die **Pflicht der Mitgl des GläubBeirats zur Anzeige** von Tatsachen an das Gericht **nach § 45 I S 2** entspricht der Anzeigepflicht des VglVerw

§ 45

nach Maßg des § 40 II S 1. Die Anzeigepflicht bezieht sich darüber hinaus auch auf Tatsachen, die ein Einschreiten gegen den Verwalter rechtfertigen könnten; Bley-Mohrbutter 7. – Eine allg Auskunftspflicht, wie sie § 40 II S 2 für den VglVerw bestimmt, besteht jedoch für die Mitgl des GläubBeirats nicht, Krieg 3 (aber Bley-Mohrbutter 6 Abs 2).

3) Die Mitgl des GläubBeirats können nach § 43 II Erstattung angemessener barer Auslagen und angemessenen Ersatz für Zeitversäumnis verlangen. Der Anspr auf **Ersatz für Zeitversäumnis** bestimmt sich gemäß § 13 Abs 2 der in Anm 1 zu § 43 genannten VO (abgedruckt Anhang 3) nach dem erforderl Zeitaufwand. Das gilt auch für die Teilnahme an einer GläubBeiratssitzung und für die Vornahme der Kassenprüfung. Der als regelmäßig bezeichnete Stundensatz von DM 15,— (Anhang 3, § 13 I) ist durch die allgemeine Kosten- und Einkommensentwicklung völlig überholt. Er kann daher nicht mehr als „regelmäßig" bezeichnet werden. Auch die **Mitglieder des Gläubigerbeirats haben Anspruch auf angemessene Vergütung**, Schmidt KTS **81**, 75; AG Köln Beschluß v 13. 2. 75, Az 171 VN 12/74 (Herstatt-VglVerfahren). Dabei ist die vom GlBeirat übernommene Verantwortung zu berücksichtigen; Bley-Mohrbutter 9. – Bei schwierigen Verfahren ist im Interesse des GlBeirats, wie der Beteiligten, Abschluß einer Haftpflichtversicherung angezeigt; die Prämien sind Auslagen und zu ersetzen; Bley-Mohrbutter aaO; AG Köln aaO; Böhle-Stamschräder/Kilger KO § 91, 1. Zum Anspruch auf **Erstattung angemessener barer Auslagen** vgl Anm 5 Abs 1 zu § 43, die hier entspr gilt. Für die **Festsetzung** der Höhe des Anspruchs auf Ersatz für Zeitversäumnis und Erstattung von Auslagen sind nach § 45 II 2 die Vorschr in § 43 II, III maßgebend; dazu § 43 Anm 6, 7.

3a) Vorstehende Ausführungen zu 3) über den Anspruch der Mitglieder des GläubBeirats auf Ersatz für Zeitversäumnis beruhen auf der VO vom 25. 5. 1960 idF der VO v 22. 12. 1967 und der am 1. 8. 1972 in Kraft getretenen VO v 19. 7. 1972. Die Neuordnung durch die VO v 19. 7. 1972 machte eine **Übergangsregelung** erforderlich. Eine solche enthält Art 3 der VO v 19. 7. 1972. Inhaltlich entspricht sie der für die Verwaltervergütung getroffenen Regelung. Auf Anm 4) zu § 43 darf verwiesen werden.

4) Mitglieder des GläubBeirats können mit dem Schuldner, einem VglGläub oder dem VglVerw rechtswirksam **Vereinbarungen** über eine Vergütung oder die Höhe der Auslagen oder des Ersatzes für Zeitversäumnis nicht treffen, §§ 43 IV, 45 II S 2. Das gilt, da diese Bestimmungen eine mögl weitgehende Unabhängigk der Mitgl des GläubBeirats gewährleisten sollen, auch für die über den gesetzl Rahmen hinaus geleistete Tätigkeit.

5. Abschnitt. Wirkungen der Eröffnung des Vergleichsverfahrens

Allgemeines zu §§ 46 ff. Der VglSchuldner verliert durch die Eröff des VglVerf weder allgemein die Befugnis, sein Vermögen zu verwalten und über dasselbe zu verfügen, noch bewirkt die Eröff eine allgemeine Stundung der Schuldnerverbindlichkeiten. Es werden in der Hauptsache die Geschäfts- und Lebensführung des Schuldners überwacht. Verfügungsbeschränkungen sind jedoch zulässig, müssen aber besonders angeordnet werden; dazu §§ 58–65. Auch kann der VglVerw nach § 57 II dem Schuldner die Kassenführung nehmen. In der Eingehung von Verbindlichkeiten bleibt der VglSchuldner grundsätzlich frei; es besteht lediglich die Sollvorschrift des § 57 I. – Er hat weiterhin für die Abführung geschuldeter Steuerbeträge zu sorgen, BFH BB **54,** 432 = Betr **53,** 363 (betr Geschäftsführer einer GmbH; Abführung von Lohnsteuer); vgl auch betr Abführung von Sozialversicherungsbeiträgen Koblenz KTS **56,** 125. – Rechtsstreitigkeiten werden durch die Eröff des VglVerf nicht unterbrochen. Der Schuldner kann persönl auch nach Eröff des VglVerf klagen und verklagt werden. Für Rechtsstreitigkeiten, welche von VglGläubigern gegen den Schuldner anhängig gemacht werden, besteht lediglich die besondere Kostenbestimmung des § 49. Ferner besteht für VglGläub die VollstrBeschränkung des § 47. Auf **staatsbürgerlichem Gebiet** hat die Eröff des VglVerf als solche keinerlei Folgen. Streitig ist jedoch, ob der Erlaß eines **allgemeinen Veräußerungsverbots** nach Maßgabe der §§ 60–62 solche Wirkungen hat. In der 2. Aufl seines Kommentars zur VglO hat Bley (Anm 7 zu § 59) die Auffassung vertreten, bei einem allgemeinen Veräußerungsverbot träfen den Schuldner alle staatsbürgerl Nachteile, welche diejenigen erleiden, die ,,infolge gerichtlicher Anordnung in der Verfügung über ihr Vermögen beschränkt" seien (vgl ua GVG §§ 32 Nr 3, 109 III; BRAO § 7 Nr 9; ArbGG § 21 II Nr 3; FGO § 18 Nr 3); so auch Kiesow VglO aF § 28 mit weit Hinw; Vogels-Nölte III Abs 1 zu § 58. Im vergleichsrechtl Schrifttum wird jedoch zunehmend die Auffassung vertreten, das vergleichsrechtl allg Veräußerungsverbot führe lediglich zu einer vorübergehenden Einengung und nicht zu einer echten Beschränkung der vermögensrechtl Bestimmungsmacht des Schuldners, so daß der Erlaß des Verbots keine öffentlrechtl Wirkungen habe. So Berges KTS **57,** 183 und JR **68,** 318; Mohrbutter seit der 3. Auflage des VglO-Kommentars von Bley (Anm 20 zu § 2, Anm 7 zu § 59) sowie Uhlenbruck KTS **72,** 209 ff, 229 im Rahmen eines Aufsatzes über das ,,Vergleichsverfahren Kölner Prägung".

Konkursverbot

46 Die Entscheidung über einen Antrag auf Konkurseröffnung bleibt von der Stellung des Antrags auf Eröffnung des Vergleichsverfahrens bis zur Rechtskraft der Entscheidung, die das Verfahren abschließt, ausgesetzt.

§ 46

1) Wird vor der Entscheidung über einen Konkursantrag (KO § 103) die Eröff des gerichtl VglVerfahrens seitens des Schuldners beantragt, so bleibt die **Entscheidung über den Konkursantrag zunächst ausgesetzt.** Da KO § 105 II vor der Entsch des Gerichts über den KAntrag eines Gläub grundsätzlich die Anhörung des Schuldners fordert, erhält der Schuldner idR von jedem Konkursantrag Kenntnis und kann so durch Stellung des VglAntrages der Eröff des Konkurses zuvorkommen. Zulässigkeit des VglAntrages mit der Wirkung des § 46 (entgegen der früheren Regelung in § 1 Abs 3 der VglO aF von 1927) noch nach der Anhörung des Schuldners im Konkurseröffnungsverfahren, und zwar bis zum Eintritt der Rechtskraft des Konkurseröffnungsbeschlusses, Jaeger-Weber 5 zu KO § 105; Bley-Mohrbutter 6. § 46 schiebt den nach § 30 Nr. 2 maßgebenden Zeitpunkt der durch den Konk-Antrag gekennzeichneten Krise nicht zum Vorteil eines AnfGegners hinaus, wenn dieser während der Aussetzung der Entscheidung eine Sicherung oder Befriedigung zu Lasten der späteren K-Masse erlangt hat, BGH LM VerglO § 46 Nr. 1 = NJW **85,** 200 = MDR **85,** 139 = Betr **85,** 862 = WM **84,** 1103 = ZIP **84,** 978 = Rpfleger **84,** 429.

2) Die Konkurssperre nach Maßg des § 46 gilt für alle (auch die am VglVerf nicht beteiligten) Gläub, nicht für den Konkursantrag des Schuldners selbst; Bley-Mohrbutter 2, 3; Baumann § 16 I 3a Fn 38. Sie **beginnt** mit dem Eingang des VglAntrags. Sie **endet** bei Rücknahme des VglAntrags vor Eröff des VglVerf mit der Rücknahme, im übrigen mit der Rechtskraft der Entsch, welche das VglVerf (bzw das Vorverfahren, wenn das VglVerf nicht eröffnet wird) abschließt. Während dieser Zeit können also weder die vor dem Eingang des VglAntrags gestellten (Bem 1) noch die nach diesem Zeitpunkt eingebrachten Anträge von Gläub auf KEröff beschieden werden, Bley-Mohrbutter 3. Kommt es zum Abschluß eines Vergleichs und dessen Bestätigg, so wird der Konkursantrag, über den die Entsch nach § 46 ausgesetzt war, als nicht gestellt angesehen, § 84. Wird nach §§ 17f die Eröff des VglVerf abgelehnt, nach § 79 einem Vergleich die Bestätigg versagt oder nach §§ 99f das VglVerf eingestellt, so hat das Gericht nach §§ 19, 80, 101 gleichzeitig von Amts wegen über die Eröff des Anschlußkonkurses zu entscheiden. Bei Eröff des Anschlußkonkurses wird der Konkursantrag des Gläub, über den nach Maßg des § 46 noch nicht entschieden ist, gegenstandslos. Wird die Eröff des Anschlußkonkurses abgelehnt, so muß nunmehr das Konkursgericht über den Konkursantrag des Gläub entscheiden; vgl Bem 3 zu § 81; Bem 1 zu § 84.

3) Die Aussetzung der Entscheidung tritt **kraft Gesetzes** ein. Ein trotz § 46 ergangener Konkurseröffnungsbeschluß ist unzulässig und kann deshalb gemäß KO §§ 73 III, 109 mit der sofortigen Beschwerde angefochten werden, Bley-Mohrbutter 7 Abs 2. – Die Aussetzung hindert jedoch grundsätzl nicht den Erlaß eines **allg Veräußerungsverbots und anderer Maßnahmen nach KO § 106,** Bley-Mohrbutter 9; vgl auch Uhlenbruck KTS **67,** 21.

Wirkungen der Eröffnung § 47

Vollstreckungsverbot

47 Die Vergleichsgläubiger sowie die im § 29 bezeichneten Gläubiger können nach der Eröffnung des Vergleichsverfahrens bis zur Rechtskraft der Entscheidung, die das Verfahren abschließt, Zwangsvollstreckungen gegen den Schuldner nicht vornehmen.

1) Die **Vollstreckungssperre** des § 47 trifft
a) die **persönl Gläub des Schuldners**, welche einen zur Zeit der Eröff des VglVerf begründeten Vermögensanspruch gegen den Schuldner haben (§ 25), soweit sie nicht nach Maß der §§ 26, 36 von einer Teilnahme am Verfahren ausgeschlossen sind. – Zu betagten, bedingten, wiederkehrenden und nicht auf Geld (DM-West) lautenden Anspr sowie zu Fdgen mit unbestimmtem Geldbetrage vgl §§ 30–35 m Anm;
b) Gläub von Fdgen, welche nach Maß des **§ 29** im VglVerf nicht geltend gemacht werden können, sowie Gläub von Anspr, auf die § 29 sinngemäß Anw findet (vgl § 29 Anm 6), mögen sie vor oder nach VerfBeginn begründet sein (Bley-Mohrbutter 4 Abs 2 zu § 47/48);
c) Gläub, welche trotz Sicherung oder Befriedigg nach Maßg des **§ 28** VglGläubiger bleiben;
d) Gläubiger, deren Ansprüche auf einem bei Eröff des VglVerf noch von keiner Seite voll erfüllten gegenseitigen Vertrag beruhen, soweit sie nach Maßg des **§ 36 II, III** am Verfahren beteiligt sind.

2) § 47 erfaßt auch **Gläubiger**, welche wegen ihrer persönl Forderung aus einem Gegenstande des Schuldners **abgesonderte Befriedigg** verlangen können (VglO § 27; KO § 64). Diese Gläubiger nehmen in voller Höhe ihrer persönl Fdg am VglVerf teil. § 27 beschränkt ledigl die Teilnahme der Absonderungsberechtigten an der Abstimmung und die vergleichsmäßige Befriedigg; nicht aber die aktive Beteiligung in sonstiger Hinsicht und überhaupt nicht die passive Beteiligg, vgl Bem 3 zu § 27. Das bedeutet im Hinblick auf § 47, daß die absonderungsberechtigten persönl Gläubiger während des VglVerf nicht in das sonstige Vermögen des Schuldners vollstrecken können, Bley ZZP **61**, 160. – Die Verwertung des Gegenstandes, auf den sich das Absonderungsrecht bezieht, auch im Zwangswege, wird jedoch durch § 47 nicht ausgeschlossen. Sie erfolgt außerhalb des VglVerf und wird von den Vorschriften der VglO nicht berührt.

3) Gläubiger, welche nach Maßg des § 36 (beiderseits nicht voll erfüllter Vertrag) **NichtvergleichsGläub** sind, können durch eine VollstrMaßnahme die Ablehnung der Erfüllg des Vertrages nach § 50 nicht verhindern, solange die Maßnahme nicht zu einer vollständigen Befriedigg geführt hat. Bei Ablehnung nach Maßg des § 50 wird die VollstrMaßnahme nachträgl unwirksam, Krieg 2 unter Bezug auf RG **114**, 386.

4) Beginn der VollstrSperre des § 47 mit der Eröff des VglVerf (§ 21). **Ende** der Sperre
a) bei **Zustandekommen eines Vergleichs** mit dessen Bestätigg nach § 78; und zwar auch dann, wenn das Verf selbst nach Maßg des § 96 noch fortgesetzt wird;

§ 47

b) bei **Versagg der Bestätigg** des Vergleichs mit der Rechtskraft des ablehnenden Beschlusses, § 80 II, III;
c) bei **Einstellung des VglVerf** mit der Rechtskraft des EinstBeschlusses, § 101.

5a) Zwangsvollstreckungen iS des § 47 sind die einzelnen Vollstreckungsakte nach Maßg der ZPO §§ 803 ff, 864 ff, 887, 889, 899 ff und der Bestimmungen des ZVG; also die Pfändung, die Versteigerung, die FdgsÜberweisung, die Eintragg einer Sicherungshyp, die Ladung zur Abgabe einer eidesstattl Versicherung, die eidesstattl Versicherung, die Haftanordnung zur Erzwingung der Abgabe. Sofern ein solcher VollstrZugriff bei Eröff des VglVerfahrens nicht schon anhängig war (§ 48 I), kommt § 47 zur Anwendung. Anderes gilt jedoch, wenn ein vorangegangener Vollstreckungsakt bereits zu einer (wenn auch den Beschränkungen der §§ 28, 48 II, 87, 104 unterliegenden) dingl Sicherung oder gleichstehenden Rechtsposition (zB der des betreibenden Gläub nach ZVG § 10 Nr 5) geführt hat. Alsdann ist ein weiterer VollstrZugriff in Verfolgg des Sicherungsrechts für die Zeit nach Eröff des VglVerf nach § 48 I und nicht nach § 47 zu beurteilen. Hat ein GerVollz vor der Eröff des VglVerf, aber innerhalb der Sperrfrist des § 28^1 für einen Gläubiger Gegenstände des späteren VglSchuldners gepfändet, so gilt also für die nach Eröff des VglVerf unzulässigerweise vorgenommene Versteigerung und die etwaige Aushändigg des Erlöses an den Gläub nicht § 47, sondern § 48 I. Das hat zur Folge, daß der materiellrechtl Gehalt des (nur verfahrensrechtl unzulässigen) Maßnahmen nicht berührt wird. Das (nach Maßg der §§ 48 II, 87, 104 beschränkte) Sicherungsrecht bestand nach Versteigerung am Erlöse fort. Der Erlös war zu hinterlegen. Bei Hinterlegg wird er für den Gläub frei, wenn das Verf anders als durch Vergleichsbestätigung oder Anschlußkonkurs endet. Ist der Erlös nicht hinterlegt worden, sondern an den Gläub ausgezahlt, so ist dieser Eigentümer geworden, Bley-Mohrbutter 30 zu § 47/48. Im Sinne der §§ 87, 104 muß jedoch diese Befriedigg, welche in Verfolg einer während der Sperrfrist durch ZwVollstr erwirkten Sicherheit erlangt ist, gleichfalls als während der Sperrfrist erlangt angesehen werden, so daß für sie die Ausführungen in Bem 6 zu § 28 gelten.

Unwirksam nach Maßg des § 47 ist im Falle des **ZPO § 845** auch die nach Eröff des VglVerf erfolgte eigentl Pfändung des § 845 II, so daß durch sie die vor VerfEröff erfolgte Pfändungsankündigg des ZPO § 845 I nicht wirksam wird, RG **151**, 269 = DJ **36**, 1167 m zust Anm von Vogels; Lent-Jauernig § 19 X. – **Verfrüht vorgenommene Zwangsvollstreckungen** sind der Unwirksamkeit nach Maßg des § 47 nur entzogen, wenn die Voraussetzungen ihres Wirksamwerdens sämtl vor Eröff des VglVerf entstanden sind (ZPO §§ 750, 751, 794 Nr 5, 798), RG **125**, 288. – Maßnahmen in Vollziehung eines **Arrestes** und **einer einstw Verfügung** sind Akte der Zwangsvollstreckung, § 124. – Eine vor Eröff des VglVerf bewirkte **Arrestvollziehung ohne vorherige Zustellg des Arrestbefehls** behält aber für das VglVerf ihre Wirksamkeit, wenn innerhalb der Frist des ZPO § 929 III (vor oder nach Eröff des VglVerf) die Zustellung nachgeholt wird, Jaeger-Henckel 28 zu KO § 14 (beachte aber

Wirkungen der Eröffnung **§ 47**

VglO § 28). Ist ein Arrest vor Eröff des VglVerfahrens vollzogen, so ist eine Bestätigung nach Eröff des Verfahrens nicht ausgeschlossen, RG **56,** 148; BGH MDR **62,** 400. Der Arrestgrund entfällt beim vollzogenen Vergleich nicht bereits dadurch, daß im VglVerf Verfügungsbeschränkungen nach § 58 erlassen worden sind; aA LG Düsseldorf NJW **75,** 1367 mit abl Anm Baer-Henney. Da § 47 weit auszulegen ist, muß auch die Wirkung des **ZPO § 894** als Akt der Zwangsvollstreckung angesehen werden (KO § 14 bedarf einer so weitgehenden Ausdeutung nicht, weil diese Vorschr in KO § 15 ihre Ergänzung findet; dazu KO § 14 Bem 2 aE). Ist das Urteil nach Eröff des VglVerf rechtskräftig geworden und liegt auch die vorl Vollstreckbarkeit mit der Sicherungswirkung des **ZPO § 895** innerhalb der Sperrfrist des § 28, so ist der Eintritt der Wirkung des ZPO § 894 zunächst durch § 47 ausgeschlossen. Kommt es weder zum Vergleich noch zum Anschlußkonkurs, so tritt die Wirkung des ZPO § 894 mit der Rechtskraft der das VglVerf beendenden Entscheidung ein. Kommt es zum Anschlußkonkurs oder aber zum bestätigten Vergleich, so ist der Eintritt der Wirkung nunmehr endgültig ausgeschlossen, Kiesow 28, 29 zu § 32. Zum Fragenkomplex noch Bley-Mohrbutter 15, 16 zu § 47/48 (auch betr die Frage, ob ein Gläub, wenn die Urteilswirkung vor Eröff des VglVerf eingetreten ist, noch nach der Eröff die Vormerkung oder die dingl Rechtsänderung mit rechtsbegründender Wirkung eintragen lassen kann).

§ 47 schließt im VglVerf über das Vermögen des Schuldners auch die Anfechtung von Rechtshandlungen nach Maßg des AnfG aus, RG **139,** 50; Kiesow 12 zu § 32. – Zur Rechtslage im VglVerf über das Vermögen des AnfGegners Bley-Mohrbutter 9 b zu § 47/48.

5 b) Ist die Pfändung bereits vor dem Beginn der Sperrfrist des § 28 erfolgt, so kommt weder § 47 noch § 48 zur Anwendung, weil der Gläub durch seine Pfändung bereits eine Sicherung erlangt hat, welche ihn berechtigt, abgesonderte Befriedigg zu verlangen, § 27. Die Weiterverfolgg eines solchen Rechts erfolgt unabhängig vom VglVerf und wird von dessen Vorschriften nicht berührt.

6) Nicht zur Zwangsvollstreckung gehören Akte, welche nur **vorbereitenden Charakter** haben; das sind ua Vollstreckbarkeitserklärungen, Erteilung der VollstrKlausel. Auch die Umwandlung eines Arrestpfandrechts in ein VollstrPfandrecht durch einen nach Eröff des VglVerf erwirkten Befriedigungstitel ist keine ZwVollstr iS des § 47; so zutr AG Charlottenburg JW **25,** 845. – Freiwillige Sicherungen und Befriedigungen sind keine Akte der ZwVollstr, auch wenn sie zur Abwendung der Vollstreckung vorgenommen werden; vgl Bem 5 zu § 28.

7) § 47 betrifft nur Zwangsvollstreckungen **gegen den Schuldner.** Gegen mithaftende Dritte kann vollstreckt werden. Sondervergleichsverfahren über das Vermögen einer OHG hindert den Zugriff eines Gläub auf das Privatvermögen eines Gesellschafters nicht, umgekehrt ist beim VglVerf über das Vermögen eines Gesellschafters einer OHG der Zugriff auf einzelne Gegenstände, welche zum gesellschaftsgebundenen Sondergut des VglSchuldners gehören, zulässig. Im VglVerf über das Vermögen eines Gesellschafters ist den VglGläubigern jedoch die Pfändung des

§ 48

Anteils, welcher dem VglSchuldner als Gesellschafter zusteht, verboten; vgl Bem 6 zu KO § 14 m Nachw.

8) Die Gesetzesfassung **„können nicht vorgenommen werden"** besagt, daß die dem Verbot des § 47 zuwider vorgenommene Zwangsvollstreckung oder der verbotswidrige Arrest jeder materiellen Wirksamkeit, auch für die Zeit nach Beendigg des VglVerf, entbehrt. Zu beachten von Amts wegen. – Für Einwendungen gegen verbotswidrig vorgenommene Akte gilt **ZPO § 766**; die Erinnerung ist beim VollstrGericht einzulegen. Aufhebung der Vollstreckungsmaßnahmen nach ZPO §§ 775, 776. – Verbotswidrige Eintraggen in das **Grundbuch** machen dieses unrichtig. Der VglSchuldner kann Berichtigg verlangen. Keine Löschung von Amts wegen; lediglich Eintragg eines Amtswiderspruchs, GBO §§ 53, 71 II; vgl Kiesow 22 zu § 32. – Hat der VollstrGläub auf Grund einer nach § 47 materiell nichtigen VollstrMaßnahme etwa als Befriedigg erlangt, so ist er schon während der VollstrSperre des § 47 zur Herausgabe verpflichtet; dazu Bley-Mohrbutter 31 zu § 47/48.

Zur Beachtung des § 47 durch den **GerVollz** vgl die als Anhang 1 abgedruckten Bestimmungen der bundeseinheitl GVGA.

9) Gläub, welche von der VollstrSperre des § 47 nicht erfaßt werden, können auch nach Eröff des VglVerf unbeschränkt in das gesamte Vermögen des Schuldners vollstrecken. Es steht aber im Falle solcher Vollstr dem Schuldner frei, gleich jedem anderen Schuldner beim VollstrGericht VollstrSchutz nachzusuchen; vgl Büchert WirtschPrüfer **51**, 330.

10) Die Zwangsvollstreckung in ausländisches Vermögen des Schuldners ist, wenn die Bedingungen des ausländischen Vollstreckungsstatuts erfüllt sind, zulässig; Hanisch, „Das deutsche internationale Insolvenzrecht in Bewegung" ZIP **83**, 1289, 1290; Canaris ZIP **83**, 647, 648. Allerdings verstößt die Zwangsvollstreckung gegen den Grundsatz der gleichmäßigen Befriedigung aller Gläub und begründet dadurch einen durch die Eingriffskondiktion gestützten Herausgabeanspruch (BGB § 812). So entschied der BGH **88**, 147 = LM KO § 3 Nr 4 (Anm Merz) = NJW **83**, 2147 = MDR **83**, 930 = JZ **83**, 898 = BB **84**, 437 = Betr **83**, 1973 = WM **83**, 858 = ZIP **83**, 961, 963 für das KonkVerf. Da auch das VglVerf dem Grundsatz der gleichmäßigen Befriedigung der Gläub verpflichtet ist, gelten gleichermaßen die Erwägungen des BGH auch für das VglVerf; so auch Canaris aaO; abwägend kritisch Westermann in Festschrift für Werner, S 989 ff.

Anhängige Vollstreckungsmaßnahmen

48 ^I **Zwangsvollstreckungen, die zur Zeit der Eröffnung des Vergleichsverfahrens zugunsten eines Vergleichsgläubigers oder eines der im § 29 Nr. 3, 4 bezeichneten Gläubiger gegen den Schuldner anhängig sind, werden bis zur Rechtskraft der Entscheidung, die das Vergleichsverfahren abschließt, kraft Gesetzes einstweilen eingestellt.**

^{II} **Auf Antrag des Vergleichsverwalters kann das Vergleichsgericht die endgültige Einstellung und die Aufhebung einer Zwangsvollstrek-**

Wirkungen der Eröffnung § 48

kungsmaßnahme (Absatz 1) anordnen, wenn die Verfügung über den von der Vollstreckung betroffenen Gegenstand im Interesse der Vergleichsgläubiger geboten ist.

1) Der **Kreis der Gläub,** auf welche § 48 sich bezieht, ist grundsätzl der gleiche, wie im § 47 (vgl Bem 1, 2 zu § 47). – Besonderes gilt ledigl im Hinblick auf § 29. Während § 47 alle Gläub der im § 29 Nrn 1–4 genannten Fdgen erfaßt, gilt § 48 insoweit nur für Gläubiger der im § 29 Nrn 3 und 4 genannten Fdgen.

2) § 48 erfaßt, wie § 47, nur Zwangsvollstreckungen **gegen den VglSchuldner;** vgl Bem 7 zu § 47.

3) **§ 48 Abs 1.** Unter ,,Zwangsvollstreckung" iS dieser Bestimmung ist, wie im § 47, nicht die Zwangsvollstreckung als Ganzes, sondern jeweils nur der **einzelne Vollstreckungsangriff** zu verstehen, Bley-Mohrbutter 22; Kiesow 4 zu § 33. Also die Pfändung, die einzelne Eintragg einer Sicherungshyp, die einzelne Zwangsverwaltungsanordnung, die Ladung zur Abgabe einer eidesstattl Versicherung, die Abgabe der Versicherung, die Haftanordnung zur Erzwingung der Abgabe. Dieser einzelne Vollstreckungsangriff muß zur Zeit der Eröff des VglVerf bereits **anhängig** sein. Er muß also in diesem Zeitpunkt bereits begonnen haben. Die vom GerVollz zu bewirkende Pfändung bewegl Sachen beginnt iS dieser Bestimmung bereits mit dem Eingang des VollstrAuftrages beim GerVollz. Gerichtl VollstrMaßnahmen beginnen danach bereits mit dem Eingang des VollstrAuftrages bei Gericht; dazu Oldorf RPfleger **51,** 190f m weit Hinw. Besonderes im Hinblick auf das Erfordernis der Anhängigk gilt ledigl für **Vollstreckungszugriffe in Weiterverfolgg einer vor der Eröff des VglVerf bereits erfolgten VollstrMaßnahme,** wenn der frühere Zugriff bereits zu einer (allerdings durch §§ 28, 48 II, 87, 104 beschränkten) dinglichen Sicherung geführt hat. Die weiteren VollstrZugriffe in Verfolgung dieses dingl Rechts fallen unter § 48, auch wenn sie erst nach Eröff des VglVerf anhängig werden; vgl Bem 5 zu § 47. – Der einzelne VollstrZugriff darf bei Eröffn des VglVerf **noch nicht beendet** sein. Beendet ist derselbe bei der Sachpfändung mit der Anbringung der Pfandzeichen oder der Fortschaffung der Sachen durch den GerVollz; bei der Forderungspfändung mit der Zustellung des Pfändungsbeschlusses; bei Maßnahmen, welche eine Aufforderung zum Inhalt haben, jedoch erst mit deren Befolgg oder bei anderweitiger Erledigg der Maßnahme. Bei Ladung zur Abgabe einer eidesstattl Versicherung also Ende dieses VollstrZugriffs erst mit der freiwilligen Abgabe der Versicherung oder der endgültigen Weigerung (evtl nach rechtskräftiger Erledigg eines Widerspruchs). Antrag auf Anordnung der Haft ist jedoch neuer VollstrAngriff. Die Überweisung einer Forderung zur Einziehung ist anhängig, solange der Drittschuldner auf Grund der Überweisung zu Zahlungen an den Gläub (mit befreiender Wirkung) berechtigt ist.

4) Die Einstellung der ZwVollstr nach § 48 I erfolgt **kraft Gesetzes,** ohne daß es einer gerichtl Maßnahme bedarf. Doch kann ein Ausführungsakt erforderlich sein, welcher der Einstellung Rechnung trägt

§ 48 5. Abschnitt

(Bley-Mohrbutter 23), etwa die Aufhebung eines zur Abgabe einer eidesstattl Versicherung anberaumten Termins, die Entlassung des Schuldners aus der Haft zur Erzwingung der eidesstattl Versicherung. Im ZwangsverstVerfahren ist die gerichtl Feststellung der Einstellung mit Rücksicht auf ZVG § 31 angezeigt; bei Überweisung einer Fdg zur Einziehung ist die Feststellung der Einstellung durch gerichtl Beschluß mit Zustellung an den Drittschuldner angezeigt, um dem Gläub die Legitimation zu selbständiger Einziehung mit befreiender Wirkung für den Drittschuldner zu nehmen.

5) Die Einstellung nach § 48 I ist eine **einstweilige,** sie wirkt nur bis zur Rechtskraft der das VglVerf abschließenden Entscheidung; vgl Bem 4 zu § 47; ergänzend vgl §§ 87, 104. – Zur Frage der Wirksamkeit von Vollstr, die entgegen dem § 48 I vorgenommen werden, vgl Bem 5 Abs 1 zu § 47; ergänzend Bley-Mohrbutter 30, 32, 34.

6) § 48 Abs 2. Auf **Antrag des VglVerw** (nicht auch auf Antrag des Schuldners oder eines VglGläub) kann das Gericht die **endgültige Einstellung** anordnen. Insoweit bezieht sich § 48 II, wie Abs 1, nur auf die einzelnen VollstrZugriffe (Bem 3), welche nach Maßg des Abs 1 kraft Ges einstweilen eingestellt sind (Bem 4, 5). Anhörung der Gläub durch das Gericht ist nicht erforderlich; vgl dazu Büchert WirtschPrüfer **51,** 329f. Die endgültige Einstellung hat zur Folge, daß die Einstellung über das VglVerf hinaus wirkt, unabhängig von dem Ausgang des VglVerfahrens. – Nach § 48 Abs 2 kann das **VglGericht** auf Antrag des VglVerw auch die **Aufhebung einer vor Eröff des VglVerf getroffenen VollstrMaßnahme** anordnen. Die Anordnung, welche ohne vorherige Anhörung des Gläub ergehen kann (vgl Büchert aaO), ist solange mögl, wie die Vollstreckung als Ganzes noch nicht beendet ist. Es entscheidet hier, im Gegensatz zu Abs 1, nicht die Anhängigkeit des einzelnen VollstrAngriffs. Zulässig ist also insbes die Aufhebung einer durch den GerVollz bewirkten Pfändung, sofern nicht schon eine Pfandverwertung und Erlösaushändigung an den Gläubiger erfolgt ist. – **Nicht** zulässig ist jedoch die Aufhebung einer VollstrMaßnahme, welche bereits vor dem Beginn der Sperrfrist des § 28 zu einer dinglichen Sicherung des Gläub geführt hat, weil die Weiterverfolgg in Auswertung des Sicherungsrechts unabhängig vom VglVerf erfolgt. – Die Aufhebung von VollstrMaßnahmen durch das VglGericht in Anw des § 48 II ist **endgültig,** wirkt also unabhängig vom Ausgange des VglVerf über dasselbe hinaus.

7) Voraussetzung einer Anwendung des § 48 Abs 2 ist, daß der durch die VollstrMaßnahmen der Verfügung des Schuldners entzogene Gegenstand im Interesse der VglGläub, etwa zur Weiterführung des Betriebes des Schuldners oder zur erfolgreichen Durchführung des Vergleichs, dem Schuldner zur Verfügung stehen muß, Krieg 10. Das Gericht wird, da der Schuldner jedenfalls nach Aufhebung der VollstrMaßnahme in der Verfügung über den Gegenstand frei ist und dem Zweck der Aufhebung also zuwiderhandeln kann, entweder die Wirksamkeit seiner Anordnung von der Vornahme einer bestimmten Verfügung des Schuldners abhängig machen oder die Anordnung erst erlassen, wenn die Vornahme einer

Wirkungen der Eröffnung **§ 49**

Verfügung im Interesse der VglGläub auf andere Weise sichergestellt ist; vgl Kiesow 13 zu § 33; Bley-Mohrbutter 39 Abs 2.

8) Entscheidungen des VglGerichts nach Maßg des § 48 Abs 2 sind, da ein **Rechtsmittel** nicht ausdrücklich zugelassen ist, nach § 121 grundsätzl unanfechtbar. Doch muß ZPO § 793 – erg dazu RpflG § 11 – ausnahmsweise zugelassen werden, wenn der Gläubiger behauptet, er sei gar kein Vergleichs- oder unter § 29 Nrn 3, 4 fallender Gläubiger, Frankf JW **33**, 1142 m Anm v Mayer; Kiel JW **33**, 1144; Krieg 10; Bley-Mohrbutter 42; Künne KTS **55**, 78 f (and Frankf NJW **61**, 2023; Hamm MDR **67**, 930 = OLGZ **67**, 442; Vogels-Nölte I 1 zu § 121). Erg vgl Anm 5 zu § 13 m weit Hinw.

Klagen nach der Verfahrenseröffnung

49 Erhebt ein Vergleichsgläubiger nach der Eröffnung des Verfahrens Klage auf Leistung, so fallen ihm die Prozeßkosten zur Last, wenn der Schuldner den Anspruch sofort anerkennt. Dies gilt nicht, wenn der Gläubiger bei der Erhebung der Klage die Eröffnung des Vergleichsverfahrens nicht kannte oder an alsbaldiger Erlangung des Urteils ein berechtigtes Interesse hatte.

1) Die Eröff des VglVerf beeinträchtigt die **Prozeßführungsbefugnis des Schuldners** nicht. Ein Aktiv- oder Passivprozeß, welcher bei Eröff des VglVerf anhängig ist, wird fortgesetzt. Neue Klagen können vom Schuldner und gegen ihn anhängig gemacht werden. – § 49 sucht ledigl durch die in ihm angeordnete **besondere Kostenvorschrift** vermeidbare Prozesse nach Eröff des VglVerf zu verhindern.

2) § 49 **setzt voraus**, daß ein am VglVerf beteiligter Gläub (vgl §§ 25 ff) nach Eröff des Verfahrens Klage auf Leistung erhebt. Gläub, die nach § 29 von einer Teilnahme am VglVerf ausgeschlossen sind, und solche, auf die § 29 sinngemäß anzuwenden ist (§ 29 Anm 6), sind den am Verfahren beteiligten Gläubigern für den Bereich des § 49 gleichzustellen. – Da der Gläub **bei Klageerhebung** am VglVerf beteiligt sein muß, gilt § 49 nicht, wenn der Schuldner während des Rechtsstreits nach § 50 Erfüllung ablehnt und der Gläubiger zum Schadensersatz übergeht (§ 52) und wegen dieses Anspruchs nunmehr VglGläub ist, Kiesow 2 zu § 35; Bley-Mohrbutter 5 Abs 2. – Die **Klageerhebung muß nach Eröffnung des VglVerf** erfolgt sein (als Ausnahmevorschrift kann § 49 auf einen Rechtsstreit, der zur Zeit der Eröff des VglVerf bereits anhängig war, nicht ausdehnend angewendet werden, Köln MDR **57**, 369). Zum Zeitpunkt der Eröffnung des VglVerf vgl §§ 20 f. Klageerhebung grundsätzlich mit Zustellung der Klage, ZPO § 253 I. Geht der Klage ein Mahnverfahren voraus, so ist iS des § 49 der Zeitpunkt des Eintritts in das Streitverfahren maßgebend, Krieg 4; Kiesow 4 zu 35. – Die Klage muß **auf Leistung** gehen (vgl Köln MDR **57**, 369); dazu gehören auch Klagen auf künftige Leistung. Für Klagen auf Feststellung oder Gestaltung eines Rechtsverhältnisses gilt § 49 nicht.

§ 50

3) Sofortiges Anerkenntnis des Anspruchs im Sinne des § 49 liegt vor, wenn der Schuldner den prozessualen Anspr in der ersten mündl Verhandlg anerkennt, in welcher der Anspruch begründet war und der Schuldner die klagebegründenden Tatsachen kennen mußte. Erhebung einer begründeten Prozeßrüge steht sofortigem Anerkenntnis nicht im Wege; vgl Baumbach-Lauterbach-Hartmann 2 A zu ZPO § 93. Auch steht ein zunächst ergangenes Versäumnisurteil nach Einspruch gegen das Urteil nicht entgegen, Bley-Mohrbutter 7c. – **Teilanerkenntnis** reicht aus, wenn sich später erweist, daß der Anspr nur bezgl dieses Teils begründet war.

4) Nach § 49 S 2 kommt die besondere Kostenvorschrift des § 49 S 1 nicht zur Anwendung, wenn der **Gläub bei Klageerhebung die Eröff des VglVerf nicht kannte.** Fahrlässige Unkenntnis ist der Kenntnis nicht gleichzusetzen. Bei Prozessen, in denen der Gläub vertreten wurde, genügt Kenntnis des Vertreters. Aus der Fassung des Gesetzes folgt, daß der Gläub für Unkenntnis beweispflichtig ist. – **Kenntniserwerb während des Rechtsstreites** ist der Kenntnis bei Klageerhebung nicht gleichzusetzen, Krieg 7; vgl auch Bley-Mohrbutter 8a aE (and Breslau JW **27**, 729).

5) § 49 S 2 schließt die Anw von § 49 S 1 auch aus, wenn der Gläub ein **berechtigtes Interesse an alsbaldiger Erlangg eines Urteils** hatte. Das Interesse des Gläub kann sich daraus ergeben, daß der Schuldner den Anspr im VglTermin oder aber zuvor ernstlich bestritten hat, oder daß die Erwirkung eines Urteils gegen den Schuldner Voraussetzung für das Vorgehen gegen einen weiteren Verpflichteten ist. Ob ein berechtigtes Interesse schon dann gegeben ist, wenn aus einem Wechsel der Schuldner zugleich mit anderen Verpflichteten verklagt werden soll, ist Tatfrage; dazu Krieg 8 m Nachw. Drohender Verlust von Beweismitteln rechtfertigt mit Rücksicht auf die Möglichkeit eines Beweissicherungsverfahrens nicht schlechthin die Klageerhebung zur Vermeidung der Kostenlast.

Abwicklung gegenseitiger Verträge

50 ^I **Der Schuldner kann die Erfüllung oder die weitere Erfüllung eines gegenseitigen Vertrags ablehnen, wenn zur Zeit der Eröffnung des Vergleichsverfahrens noch keine Vertragspartei den Vertrag vollständig erfüllt hat. Im Falle des § 36 Abs 2 ist die Ablehnung nur insoweit zulässig, als der Vertragsgegner mit seiner Forderung auf die Gegenleistung nicht Vergleichsgläubiger ist.**

^{II} **Der Schuldner bedarf zur Ablehnung der vorgängigen Ermächtigung des Vergleichsgerichts. Das Gesuch um Ermächtigung kann bereits bei der Stellung des Antrags auf Eröffnung des Verfahrens und muß spätestens binnen zwei Wochen nach der öffentlichen Bekanntmachung des Eröffnungsbeschlusses (§ 22) bei dem Gericht angebracht werden. Vor der Entscheidung hat das Gericht den Verwalter (§§ 11, 20) und den Vertragsgegner zu hören. Die Anhörung kann unterbleiben, wenn sie untunlich ist. Die Ermächtigung soll nur erteilt werden, wenn die Erfüllung oder die weitere Erfüllung des Vertrags das Zu-**

standekommen oder die Erfüllbarkeit des Vergleichs gefährden würde und die Ablehnung der Erfüllung dem Vertragsgegner keinen unverhältnismäßigen Schaden bringt. Der Beschluß, durch den über das Ermächtigungsgesuch entschieden wird, ist dem Schuldner, dem Verwalter und dem Vertragsgegner zuzustellen.

III Der Schuldner kann die Erfüllung nur binnen zwei Wochen nach der Zustellung des Ermächtigungsbeschlusses an ihn ablehnen; nach dem Beginn der Abstimmung über den Vergleichsvorschlag kann die Ablehnung nicht mehr erklärt werden.

IV Ist zur Sicherung des Anspruchs des Gläubigers eine Vormerkung eingetragen, so steht dem Schuldner gegenüber dem Gläubiger die im Absatz 1 vorgesehene Ablehnungsbefugnis nicht zu. Dies gilt auch, wenn der Schuldner dem Gläubiger gegenüber weitere Verpflichtungen übernommen hat und diese nicht oder nicht vollständig erfüllt sind.

Vorbem: Satz 2 von Abs 4 eingefügt durch das Gesetz zur Änderung sachenrechtlicher, grundbuchrechtlicher und anderer Vorschriften vom 22. Juni 1977 (BGBl I 998).

1) Gegenseitige Verträge iS des § 50 sind die vollkommen zweiseitig verpflichtenden Verträge, bei denen die beiderseits notwendigen Leistungen in einem gegenseitigen Abhängigkeitsverhältnis zueinander stehen; vgl Bem 2 zu § 36. – Bei Miete, Pacht und Dienstvertrag gilt § 50 nur, soweit nicht § 51 anderes bestimmt. – Zur Anwendbark des § 50 auf Verlags-, Verfilmungs-, Lizenz- und Versicherungsverträge vgl Bley-Mohrbutter 6–9; zu Verlagsverträgen erg Bappert JZ **52,** 217 ff.

2) § 50 betrifft grundsätzlich (vgl erg Anm 8) nur gegenseitige Verträge, welche **bei Eröff des VglVerf** (§§ 20 f) noch **von keiner Seite voll erfüllt** sind. Zur Frage der Erfüllung vgl Bem 3 zu § 36. – Die Einfügung des § 36 II (vgl Bem 5 zu § 36) machte die Einfügung des **Abs 1 S 2 in § 50** erforderlich.

3) Die Erfüllung oder weitere Erfüllung eines gegenseitigen Vertrages kann nach § 50 lediglich **der VglSchuldner** ablehnen, nicht auch der Vertragspartner oder der VglVerw. Doch kann der VglVerw oder ein Dritter als Bevollmächtigter des Schuldners zur Ablehnung berechtigt sein; vgl dazu ObArbG Neustadt BB **51,** 894. – Die **Ablehnung** selbst ist einseitige empfangsbedürftige Willenserklärung. Sie ist an keine Form gebunden und kann auch durch konkludente Handlungen erfolgen, RG **96,** 295. Es gelten BGB §§ 130–132, 164 ff, 182; Vertretung ohne Vertretungsmacht ist nach BGB § 180 unzulässig. Die Erklärung muß eindeutig sein. Eine gültige Ablehnung kann nicht widerrufen, wohl aber nach Maßg der BGB §§ 119 ff angefochten werden. – Ablehnung der Vertragserfüllung nach § 50 kann unter besonderen Umständen trotz der gerichtl Ermächtigung in einem Einzelfall unzulässige Rechtsausübung sein, RG **140,** 162. – Tritt der Schuldner seine Rechte aus dem gegenseitigen Vertrage ab, so kann der Rechtsnachfolger des Schuldners nicht nach Maßg des § 50 ablehnen, wohl aber noch der VglSchuldner, Kiesow 18

§ 50

5. Abschnitt

zu § 28. – **Rechtswirksame Ablehnung ist endgültig und wirkt über das VerglVerf hinaus,** auch wenn dieses durch Einstellung endet.

4) Die Ablehnung der Vertragserfüllung seitens des Schuldners erfordert **vorherige Ermächtigung durch das VglGericht.** Hinweise für das Verfahren und die Ermächtigung nach §§ 50, 51 gibt Hoffmann ZIP **83,** 776. Sie muß zur Zeit der Ablehnung vorliegen. Nicht erforderlich ist, daß der Schuldner bei der Ablehnung auf sie Bezug nimmt. – Entscheidung des Gerichts darüber, ob die Ermächtigung zu erteilen ist, erfordert einen **Antrag** des Schuldners, welcher schon im Vorverf gestellt werden kann. Das Gericht darf jedoch erst nach Eröff des Verf darüber entscheiden. Vorherige Erteilung der Ermächtigg durch das Gericht hat Wirksamk nur und erst mit der Eröff, Bley-Mohrbutter 1 b. Nach Eröff kann der Antrag auf Ermächtigg ledigl noch binnen 2 Wochen nach der öffentl Bekanntgabe des EröffBeschlusses (§ 22; dazu § 119 II S 2) bei dem Gericht angebracht werden. Die Frist ist Ausschlußfrist; dazu Palandt-Heinrichs 1 zu BGB § 186. Für den gelten BGB §§ 187 I, 188 II. – Die **Entsch des Gerichts** über den Antrag auf Ermächtigung erfordert sorgfältiges Abwägen der Interessenlage, insbes nach Maßgabe des § 50 II S 5; Ermächtigung danach wohl nur in Ausnahmefällen. **Anhörung des Verwalters** (bzw des vorl Verwalters) **und des Vertragspartners** ist erforderlich, soweit dieselbe nicht untunlich ist. – **Zustellung** der Entscheidung über den Ermächtigungsantrag an Schuldner, VglGläubiger und Vertragspartner. Die **Ermächtigung kann nicht zurückgenommen werden,** Bley-Mohrbutter 22 Abs 2; doch ist das Gericht an einen ablehnenden Beschluß nicht gebunden. Es kann einem erneuten, noch fristgerechten Antrag des Schuldners stattgeben. – Die Entscheidung des Gerichts ist nicht beschwerdefähig, § 121; doch ist, wenn der Rechtspfleger entschieden hat, nach RpflG § 11 I die Erinnerung gegeben; erg hebt die Erinnerung Anm 6 zu § 121. – Offenbare Irrtümer können jedoch in entspr Anwendung des ZPO § 319 berichtigt werden, Krieg 9. – Der **Ermächtigungsbeschluß hat nur Bedeutung, wenn wirklich ein Fall des § 50 vorlag.** Sind dessen Voraussetzungen nicht gegeben, so rechtfertigt die gerichtl Genehmigg nicht die Ablehnung der Vertragserfüllung seitens des Schuldners, HRR **29,** 1961. Klärung notfalls im ordentl Verfahren (Leistungs- oder Feststellungsprozeß). Erg Bley-Mohrbutter 23 Abs 2.

5) § 50 Abs 3. Die **Ermächtigg des Gerichts** kann nicht befristet erteilt werden; doch **wird** sie **unwirksam,** wenn der Schuldner nicht **binnen 2 Wochen** nach der Zustellung des Ermächtigungsbeschlusses an ihn (dazu § 118) ablehnt; die Ablehnung muß dem anderen Teil innerhalb dieser Frist zugehen. Sie kann auch durch schlüssiges Verhalten erklärt werden (RG **112,** 57 f); doch genügt nicht bloßes Schweigen auf die Anfrage des Gegners, ob er ablehnen wolle (RG aaO). Als Gestaltungsakt muß die Ablehnung unbedingt und unbefristet sein. – **Nach dem Beginn der Abstimmung** über den VglVorschlag kann nicht mehr abgelehnt werden. Diese Regelung war erforderlich, um dem Vertragspartner, welcher bei Ablehnung mit seinem SchadErsAnspr nach Maßg des § 52 VglGläubiger wird, die Teilnahme an der Abstimmung zu ermöglichen, Vogels-

Wirkungen der Eröffnung **§ 50**

Nölte II 4. Zur Rechtzeitigkeit der Ablehnung, vgl ArbG Köln Betr **75**, 1994.

6) § 50 Abs 4. Ist der Anspr des Gläub durch eine **Vormerkung** gesichert, so hat der Schuldner nicht das Recht, die Erfüllung oder weitere Erfüllung des Vertrages nach Maßg des Abs 1 abzulehnen. Gleiches gilt für das dinglich gesicherte **Vorkaufsrecht** nach BGB §§ 1098 I, 504 (beachte aber § 507); dazu Bley-Mohrbutter 14. – Anderes gilt, wenn der Anspr durch ein **Pfandrecht** gesichert ist. Ob das Pfandrecht bei Ablehnung der Vertragserfüllung seitens des Schuldners auch für den durch die Ablehnung entstehenden SchadErsAnspr (§ 52) gilt, ist Tatfrage und regelmäßig auf Grund des BGB § 1210 zu bejahen, Kiesow 9 zu § 28. Das **Pfändungspfandrecht**, welches auf Grund des auf Erfüllung lautenden Titels erlangt ist, besteht jedoch nicht für den SchadErsAnspr wegen Nichterfüllung, RG **114**, 386 (str; vgl Anm 2 zu § 52).

7) Anlaß für die Einführung des Satz 2 von § 50 Abs 4 war die zum Konkursrecht ergangene Entscheidung des BGH vom 29. 10. 1976 Az V ZR 4/75 BB **76**, 1629 = NJW **77**, 146, nach der im allgemeinen KO § 24 in Ansehung der Übereignungsverpflichtung KO § 17 nicht verdrängt, wenn der einem – durch Vormerkung gesicherten – Übereignungsanspruch zugrundeliegenden Vertrag auch auf Erstellung eines Bauwerkes geht und dieses noch nicht erstellt ist. Diese Entscheidung hat in der Literatur (vgl Schmidt BB **76**, 164, Lichtenberger NJW **77**, 519, Götte NJW **77**, 524, Häsemeyer NJW **77**, 737 und Jacobs Betr **77**, 757) und in der notariellen Praxis starke Resonanz gefunden, da sie mit der allgemeinen Übung, den Käufer von nicht fertiggestelltem Wohnraum im Wege einer Auflassungsvormerkung abzusichern, nicht zu vereinbaren war. Um die insoweit entstandene Rechtsunsicherheit zu beseitigen, bestimmt § 50 Abs 4 S 2, daß im Falle eines zweiseitigen (gegenseitigen) Vertrages **das Wahlrecht des Schuldners** nach § 50 Abs 1 **gegenüber dem durch eine Vormerkung gesicherten Anspruch** auch dann **nicht durchgreift**, wenn der Gläubiger nach den mit dem Schuldner getroffenen Vereinbarungen von diesem noch weitere Leistungen verlangen konnte und der Schuldner diesen Verpflichtungen nicht nachgekommen ist; vgl BTDrucks 8/359 S 14. Dem Bedürfnis nach einer raschen Klärung der Frage hat der Gesetzgeber darüber hinaus durch eine Überleitungsvorschrift Rechnung getragen, in der bestimmt wird, daß § 50 Abs 4 S 2, der am Tage seiner Verkündung in Kraft getreten ist, auch für Ansprüche gilt, zu deren Gunsten eine Vormerkung bereits im Zeitpunkt des Inkrafttretens besteht, sofern nicht eine rechtskräftige gerichtliche Entscheidung das im Einzelfall ausschließt; vgl Art 8 § 4 Abs 2 des Gesetzes vom 22. Juni 1977 (BGBl I 998).

8) Beim Kauf mit Vereinbarung des **Eigentumsvorbehalts** ist im VglVerf des Verkäufers nach Übergabe der Sache und bedingter EigVerschaffung mit Rücksicht auf das Anwartschaftsrecht des Käufers das Ablehnungsrecht nach § 50 ausgeschlossen; erg vgl die Ausführungen bei Böhle-St/Kilger KO in Anm 3 b Abs 2 und 3 zu § 17, die hier entsprechend gelten (zum Problem auch Bley-Mohrbutter 15 b). Im Vergleichsverfahren des Käufers ist § 50 auf den Vorbehaltskauf jedoch anwendbar,

123

Bley-Mohrbutter 15a; vgl auch Böhle-St/Kilger KO Anm 3c zu § 17 (betr die Erfüllungsablehnung nach KO § 17). – Den Fragenkomplex behandelt Häsemeyer im Rahmen seines Aufsatzes über das funktionelle Synallagma im Konkurs- und Vergleichsverfahren (KTS **73**, 2, 12 ff).

9) Zu den **Folgen** einer rechtswirksamen Erfüllungsablehnung (auch im Hinblick auf die Gesellschaft beim VglVerf über das Vermögen eines Gesellschafters) vgl Bem zu § 52.

10) Nach Plander JZ **73**, 45 ff besteht ein Ablehnungsrecht des Schuldners nach § 50 I nicht, sofern im Zeitpunkt der Eröff des VglVerf die Voraussetzungen des § 878 BGB bzgl einer vom Schuldner eines gegenseitigen Vertrags vorgenommenen Verfügung vorlagen und der Eintritt der Erfüllungswirkung **lediglich** von der noch ausstehenden Eintragung im Grundbuch abhing.

Miet-, Pacht- und Dienstverträge

§ 51 ^I **Auf Miet- und Pachtverträge, bei denen der Schuldner der Vermieter oder der Verpächter ist, sowie auf Dienstverträge, bei denen der Schuldner der zur Dienstleistung Verpflichtete ist, finden die Vorschriften des § 50 keine Anwendung.**

^{II} **Auf Miet- und Pachtverträge, bei denen der Schuldner der Mieter oder Pächter ist und der Miet- oder Pachtgegenstand ihm vor der Eröffnung des Verfahrens bereits überlassen worden ist, sowie auf Dienstverträge, bei denen der Schuldner der Dienstberechtigte ist, finden die Vorschriften des § 50 mit der Änderung Anwendung, daß an die Stelle der Befugnis zur Ablehnung der Erfüllung oder der weiteren Erfüllung die Befugnis tritt, das Vertragsverhältnis ohne Rücksicht auf eine vereinbarte Vertragsdauer unter Einhaltung der gesetzlichen Frist zu kündigen.**

1) **§ 51** betrifft **Miete, Pacht und Dienstverhältnisse**; also
a) Rechtsverhältnisse, auf welche die für Miete und Pacht geltenden Bestimmungen direkt oder entsprechend Anw finden; vgl dazu (und zur Behandlung der gemischten Verträge) Bem 2 zu KO § 19;
b) Dienstverhältnisse. Das sind Verträge nach Maßg des BGB § 611 und Verträge, welche eine Sonderregelung erfahren haben, auf welche aber die BGB §§ 611 ff ergänzend Anw finden (vgl insbes HGB §§ 59 ff betr die Handlungsgehilfen). – Für Lehrverträge gilt § 51 ebenfalls, RAG KuT **36**, 58; vgl auch unten Anm 5.

Keine Anw des § 51 auf Werkverträge; zur Abgrenzung der Werkverträge von Dienstverhältnissen vgl Palandt-Putzo 2a vor BGB § 611; Palandt-Thomas Bem 1, 4 zu § 631 BGB. Keine Anwendung auf reine Auftragsverhältnisse nach Maßg des BGB § 662; wohl aber auf Dienstverträge, welche eine Geschäftsbesorgg zum Gegenstand haben, BGB § 675. Zur Anw des § 51 auf Verlagsverträge und andere Verträge im Rahmen des Buchhandelsverkehrs vgl Bappert JZ **52**, 217 ff.

Wirkungen der Eröffnung **§ 51**

2) § 51 unterscheidet 3 Fallgruppen:
a) Miet- und Pachtverhältnisse, bei denen der Schuldner der Vermieter oder Verpächter ist, sowie Dienstverträge, bei denen der Schuldner der Dienstleistungspflichtige ist. – Unerhebl ist, ob bei Miete und Pacht der Gegenstand des Vertragsverhältnisses bereits überlassen ist;
b) Miet- und Pachtverhältnisse, bei denen der Schuldner der Mieter oder Pächter ist und der Miet- bzw Pachtgegenstand dem Schuldner bei Eröff des VglVerf noch nicht überlassen war (zur Frage der Überlassung vgl KO § 19 Anm 3);
c) Miet- und Pachtverhältnisse, bei denen der Schuldner der Mieter oder Pächter ist und der Gegenstand des Miet- bzw Pachtverhältnisses bei Eröff des VglVerf dem Schuldner bereits überlassen war; sowie Dienstverträge, bei denen der Schuldner der Dienstberechtigte ist. Unerhebl ist dabei, ob der Dienstleistungsverpflichtete die Dienste bereits angetreten hat.

3) Auf die in **Bem 2a** genannten Fälle findet § 50 keine Anwendung. Die Erfüllung oder weitere Erfüllung des Vertrages kann also nicht nach Maßgabe dieser Bestimmung vom Schuldner abgelehnt werden. Es gilt lediggl § 36. – Der Anspr auf **Kautionsrückerstattung** ist nach Bley-Mohrbutter 13 Abs 4 am Verf nicht beteiligt (and München JW **33,** 1145). Die Vorschriften der **KO § 21 II, III** finden im VglVerf, das eine Vermögenssonderung nicht kennt, keine Anwendung; Bley-Mohrbutter 14.

4) Bei den in **Bem 2b** genannten Fällen gelten § 36 und § 50. Bei Ablehnung der Vertragserfüllung nach Maßg des § 50 evtl SchadErsAnsprüche des anderen Teils nach § 52; vgl Bley-Mohrbutter 1 b. Mit diesen SchadErsAnsprüchen nimmt der Gläub am VglVerf teil, § 52 I S 2.

5) Bei den in **Bem 2c** genannten Fällen gelten § 36 (auch § 36 Abs 2; so RG **155,** 311) und § 50; letztere Vorschrift jedoch mit der Maßg, daß an die Stelle der Befugnis zur Ablehnung der Erfüllung das Recht tritt, das Vertragsverhältnis ohne Rücksicht auf eine vereinbarte Vertragsdauer unter Einhaltung der gesetzl Frist zu kündigen. – Die Bestimmung gilt aber nur, wenn eine außervertragl fristlose Kündigg nicht möglich und die vertragl Kündigungsfrist länger ist als die gesetzliche; Bley-Mohrbutter 37. – Zur **gesetzl Kündigungsfrist bei Miete und Pacht** vgl BGB §§ 565, 581, 595. Gesetzl Miet- und Pachtschutzvorschriften sind zu beachten. – Stehen neben dem Schuldner noch ein oder mehrere unselbständige oder selbständige Mitmieter oder Mitpächter, so ist der Schuldner zur Kündigg auch mit Wirkung für die Mitmieter und Mitpächter befugt. Die nicht im VglVerf befindl Mietpartei hat jedoch kein vergleichsrechtl Kündigungsrecht, Bley-Mohrbutter 28 Abs 3; BGH VIII ZR 36/62 vom 27. 3. 1963 S 8. Das gilt auch, wenn ein Liquidationsvergleich vorgeschlagen ist, BGH aaO.

6) Die Rechte der Arbnehmer bleiben von VglEröff – abgesehen von der Kündigungsmöglichkeit nach § 51 – **unberührt.** Daraus folgt: Die vor VglEröff begründeten Ansprüche der Arbnehmer nehmen am Vergleich nicht teil, soweit sie im Konkurs Masseansprüche oder bevorrechte Fdgen sind (KO §§ 59 I, Nr 3; 61, I, Nr 1). Die Arbnehmer haben für die Zeit nach VglEröff gegen den VglSch Anspruch auf Zahlung der ArbBe-

§ 51

züge, wohingegen sie zur Leistung der vereinbarten Dienste verpflichtet sind. Der VglSch darf deshalb einem Arbnehmer nicht einfach eine andere Beschäftigung zuweisen (LAG Frankfurt, BB **55**, 89). Arbnehmer hat Anspr auf Urlaub, soweit vereinbart auf Urlaubsgeld und während des Urlaubs auf ArbEntgelt. Kann Arbnehmer während des VglVerf Urlaub aus betriebsbedingten Gründen nicht nehmen, hat er Anspr auf Urlaubsabgeltg. Arbnehmer ist aber auch verpflichtet, Urlaub während der Kündigungsfrist anzutreten (§ 7 III BUrlG). Die Anspr der Arbnehmer gehören zu den Fdgen iS § 36 I VglO.

VglSch kann Arbnehmer von ArbVerh freistellen, wenn – etwa beim LiquidationsVgl – wegen fehlender ArbMöglichkeit Dienste des Arbnehmers nicht in Anspr genommen werden können. Freistellung von ArbVerh bewirkt **keinen Verlust der Anspr aus ArbVerh**, BGB § 615; daraus folgt Verpflichtung des Arbnehm, unverzügl ein neues ArbVerh anzutreten und sich zum Zwecke der ArbVermittlg beim ArbAmt zu melden.

Zur gesetzl Kündigungsfrist bei Dienstverträgen vgl BGB §§ 621 – 624; weitere Hinw bei Böhle-Stamschräder/Kilger 7; Mentzel-Kuhn-Uhlenbruck 11; Jaeger-Henckel 22 sämtl zu KO § 22. Die in Tarifverträgen und Betriebsordnungen festgesetzten Kündigungsfristen sind keine gesetzl Fristen; dazu Jaeger-Henckel KO §§ 22, 24; ArbG Wuppertal DB **76**, 732 = BB **76**, 646; aA Bley-Mohrbutter 41. Die gegenteilige Auffassung – auch für allgemein verbindl erklärte Tarifverträge – der Vorauflage wird aufgegeben, weil die tarifvertragl Fristen nicht den Insolvenzfall berücksichtigen; Jaeger-Henckel aaO.

Die arbrechtl **Kündigungsschutzbestimmungen** des AngKündSchG (Schönfelder Nr 84a), des SchwerbeschädigtenG, des MutterschutzG und des HeimarbG sind auch im Rahmen des § 51 bindend, vgl dazu Böhle-Stamschräder/Kilger 7; Kuhn-Uhlenbruck § 22 Anm 12 ff; Bley-Mohrbutter 42, 49, 50. – Der **BetrRat** ist vor jeder Kündigung zu hören (§ 102 BetrVG); seine Anhörung im Ermächtigungsverfahren nach § 50 II VglO ist ratsam. Ist der Betrieb **stillgelegt**, so hat BetrRat noch ein Restmandat (zB für Sozialplan), BAG KTS **79**, 310. – Der Kündigungsschutz für **BetrRatsmitgl** (§§ 15, 16 KSchG) gilt auch im VglVerf. Vgl auch Bley-Mohrbutter Anm 47. – Der allg **Kündigungsschutz** (§§ 1–15 KschG) gilt auch im VglVerf, und zwar gleichgültig, ob das ArbVerh ohne gerichtl Ermächtigung mit vertragl Frist oder nach gerichtl Ermächtigung mit gesetzl Frist gekündigt wird. Im letzten Falle hat das VerglGericht eine Interessenabwägung vorzunehmen, die der Abwägung aus § 1 II, III KschG entspricht. Daher besteht für eine Entscheidung des ArbGer aus § 1 KschG nach vergleichsgerichtl Ermächtigung kein Raum mehr; dies gilt auch, wenn die Entscheidung vom Rpfl getroffen worden ist (§§ 3 Nr 2 f, 19 III RPflG); Bley-Mohrbutter 46 c. – **Massenentl** sind vom VglSch als ArbGeber dem ArbAmt rechtzeitig vor ihrer Vornahme unter Beifügung der Stellungnahme des BetrRats schriftl anzuzeigen (§ 17 I KSchG). Der VglSch ist an §§ 17, 18 KSchG auch gebunden, wenn er für die Kündigungen um vergleichsgerichtl Ermächtigung nachgesucht hat, da diese Entscheidung ,,daseinsvorsorgerechtliche Maßnahmen" von Verwaltungsbehörden nicht ersetzt; vgl Bley-Mohrbutter 48,

Schrader-Uhlenbruck-Delhaes Rdn 819 b; Brill, Arbeit und Recht **67**, 339). Für Einführung von **Kurzarbeit** ist § 19 KSchG zu beachten (vgl hierzu Bäringer-Speigelhalter ,,Kurzarbeit" Heider-Verlag, 6. Aufl 1979). Für den **Berufsausbildungsvertrag** besteht eine Kündigungsfrist nicht; er ist nach Maßg des § 51, also ohne Einhaltung einer Kündigungsfrist, kündbar; Böhle-Stamschräder/Kilger § 22 Anm 7; ArbG Bochum ZIP **85**, 1515; a.A. ArbG Oldenburg ZIP **85,** 952; so auch Jaeger-Henckel, § 22 Anm 36; modifiziert Kuhn-Uhlenbruck, § 22 Anm 8, der bei vorliegendem betrieblichen Erfordernis (Fortfall der Ausbildungsmöglichkeit) die fristlose Kündigung für zulässig hält. Ein nicht zu unterschätzender Schutz des Auszubildenden besteht jedoch darin, daß die Lösung des Berufsausbildungsverhältnisses nur mit Ermächtigung des VglGerichts vorgenommen werden kann, welches die im § 50 II S 5 genannten Erwägungen anstellen muß. Vorzeitige Lösung eines Berufsausbildungsverhältnisses dürfte im VglVerf nur in Ausnahmefällen (etwa bei Liquidation des Betriebes oder wenn infolge einer Änderung des Betriebes die erforderliche Ausbildung nicht mehr möglich ist) angezeigt sein; dazu Goldmann DJ **36**, 36; Bley-Mohrbutter 44. Das VglGericht ist nicht gehindert, zum Schutz des Auszubildenden das Wirksamwerden der Kündigung an einen späteren Termin zu knüpfen, Vogels-Nölte II 2 Abs 2. – Nachwirkende Anspr bei **Wettbewerbsverbot** nehmen am Vgl nicht teil, wenn Dienstverhältn irgendwann innerhalb eines Jahres vor Eröff des VglVerf endet (KO §§ 59, I, Nr 3b, 61 I Nr 1b, Mentzel-Kuhn-Uhlenbruck 39 zu § 61 KO, Bley-Mohrbutter 53). Wird Dienstverhältn **nach VglEröff gelöst**, so ist EntschädigungsAnspr nichtbeteiligte Fdg (§ 36 I), RGZ **140**, 294, wenn Fortführung des Unternehmens die Aufrechterhaltung des Verbots erfordert; wird Unternehmen jedoch liquidiert (§ 7 IV), kann VglSch Wettbewerbsabkommen mit vergleichsgerichtl Ermächtigung (§ 50) lösen, Bley-Mohrbutter 53; Bohnenberg KTS **69**, 129 ff, insb S 139–146; Wichmann S 70f mit weit Hinw.

Die Behandlung von **Ruhegeldansprüchen** im Insolvenzfall ist durch das Gesetz zur Verbesserung der **betrieblichen Altersversorgung** vom 19. 12. 1974 (BGBl I 3610), teilweise abgedruckt in Anhang 9 zu KO, geregelt. Nach §§ 7ff dieses Gesetzes wird dem in § 17 ebenda genannten Personenkreis Insolvenzschutz auch im Falle der Eröffnung des VglVerf gewährt. Versorgungsberechtigte, deren Ansprüche wegen des Insolvenzfalles nicht erfüllt werden, haben entsprechende (Ersatz-)Ansprüche gegen den Träger der Insolvenzsicherung. Dieser, ein PensionsSicherungsVerein, gewährleistet also bei Insolvenz die Aufrechterhaltung der betriebl Altersversorgung, soweit es sich um laufende Versorgungsrenten oder unverfallbare Versorgungsanwartschaften handelt, vgl Brill, Mathes, Oehmann, Insolvenz- und Zwangsvollstreckungsrecht, Schriften zur Arbeitsrechts Blattei, 1976 S 71.

Bei Fortbestehen eines Arbeitsverhältnisses kann uU eine **Gratifikationszusage** widerrufen werden, LAG Mannheim BB **54**, 196f; s auch BAG NJW **62**, 173 = MDR **62**, 164; Bley-Mohrbutter 51c; Oehmann-Brill aaO S 287.

§ 52

7) Für die gesetzl Kündigung des § 51 II gilt § 50 II–IV entsprechend; vgl Bem 4–6 zu § 50. – Der Miet-, Pacht- und Dienstvertrag läuft unverändert weiter bis zum Ablauf der gesetzl Kündigungsfrist. Wegen seiner vom Zeitpunkt der Eröff des VglVerf bis zum Ablauf der gesetzl Kündigungsfrist erwachsenen und erwachsenden Ansprüche ist der Vermieter, Verpächter, Dienstverpflichtete nicht am Verfahren beteiligt, Bley-Mohrbutter 33a. Für die Folgezeit ledigl SchadErsAnspr des Vermieters, Verpächters, Dienstverpflichteten nach Maßgabe des § 52; Bley-Mohrbutter 5 Abs 1.

Schadensersatz bei Abwicklung gegenseitiger Verträge

52 **I Wird die Erfüllung oder die weitere Erfüllung eines gegenseitigen Vertrags auf Grund des § 50 abgelehnt oder ein Miet-, Pacht- oder Dienstvertrag auf Grund des § 51 Abs 2 vorzeitig gekündigt, so kann der Vertragsgegner des Schuldners Schadenersatz wegen Nichterfüllung verlangen. Er ist mit dem Ersatzanspruch am Vergleichsverfahren beteiligt und wird von dem Vergleiche betroffen.**

II Das dem Vermieter oder dem Verpächter nach den §§ 559, 581, 585 des Bürgerlichen Gesetzbuchs zustehende Pfandrecht kann für einen gemäß Absatz 1 infolge der vorzeitigen Beendigung des Vertrags erwachsenden Schadensersatzanspruch nicht geltend gemacht werden.

1) Bei Ablehnung der Erfüllung eines gegenseitigen Vertrages nach Maßg des § 50 **und vorzeitiger Kündigg** eines Miet-, Pacht- oder Dienstverhältnisses nach Maßg des § 51 kommt der Vertrag nicht zum Erlöschen. Es **erlöschen** vielmehr **lediglich für die Zukunft** (RG **146**, 138 mit weit Hinw) **die gegenseitigen Erfüllungsansprüche. An ihre Stelle tritt eine einseitige Schadensersatzforderung des anderen Teils**, mit der dieser am VglVerf teilnimmt und vom Vergleich betroffen wird. Dieser Schadensersatzanspruch ist seiner Rechtsnatur nach kein lediglich vergleichsrechtlicher, sondern der allg Schadenersatzanspruch nach bürgerl Recht; doch braucht zur Begründung des Anspruchs auf die Vorschriften des bürgerl Rechts nicht zurückgegriffen zu werden, RG **135**, 170; vgl ergänzend Bem 4c zu KO § 17 m weit Nachw. – Maßgebend für die Berechnung des Schadens ist das Erfüllungsinteresse; zu ersetzen ist der durch die nicht vertragsgemäße Erfüllung entstandene Schaden (der verkaufte Gegenstand muß jetzt billiger abgegeben, die Wohnung weniger vorteilhaft vermietet werden). Berechnung des Schadens nach Wahl des Gläub konkret oder abstrakt; maßgeblicher Zeitpunkt ist die Vornahme des Deckungskaufes und bei abstrakter Schadensberechnung der Zeitpunkt der Ablehnung der Vertragserfüllung. Für Inhalt und Umfang des SchadErsAnspr gelten im übrigen die BGB §§ 249 ff (RG **140**, 14). Es gilt grundsätzlich auch BGB § 254. Übersteigt eine vom Schuldner bereits bewirkte Leistung die SchadErsFdg, so hat der Schuldner einen Bereicherungsanspr, RG **135**, 172 = HRR **32**, 1087. Ein vereinbartes Reugeld oder eine vereinbarte Vertragsstrafe bestimmen idR das Interesse des anderen Teils an der Vertragserfüllung und damit die Höhe des SchadErsatzes; jedoch nur, soweit ihre Höhe den Betrag des wirkl

Wirkungen der Eröffnung **§ 52**

entstandenen Schadens nicht übersteigt, Jaeger-Henckel 206 zu KO § 17; Bley-Mohrbutter 2 Abs 1 aE zu § 51, 4b zu § 53. – Zur Frage der Aufrechenbarkeit der Schadensersatzanspr vgl § 54 Anm 1.

Lehnt im VglVerf über das Vermögen eines Gesellschafters einer OHG der VglSchuldner nach Maßg des § 50 die Erfüllung seiner Verpflichtungen aus dem Gesellschaftsvertrage (restl Einlageschuld ua) ab, so wird dadurch nicht auch die Gesellschaft kraft Gesetzes aufgelöst. Die Ablehnung gewährt insoweit den Mitgesellschaftern lediglich die Lösungsmöglichkeit nach HGB §§ 133 ff; vgl Bley-Mohrbutter 11 d mit weit Hinw (and RG **147**, 380).

2) Da durch § 52 **kein neues Schuldverhältnis** entsteht, sondern lediglich kraft Gesetzes der Erfüllungsanspr sich in eine SchadErsFdg verwandelt, haften Bürgen iZw weiter, jedoch nunmehr für die SchadErsFdg (KuT **36**, 7). Gleiches gilt für ein Vertragspfandrecht nach Maßg des BGB § 1210. Das Pfändungspfandrecht deckt dagegen den Ersatzanspr nicht, RG **114**, 386; Kiesow 29 zu § 28; Mentzel-Kuhn 16 Abs 2 zu KO § 26, Bley-Mohrbutter 15 Abs 2; Jaeger-Henckel 47 zu KO § 17.

3) Der Ersatzanspr nach Maßg des § 52 **nimmt am VglVerf teil** und wird vom Vergleich betroffen. Ist der Anspr gesichert, so geht die Sonderregelung des § 52 der allg Regelung des § 27 vor. – Kommt es zum Vergleich, so bleiben aber die Rechte gegen Bürgen und aus dem Pfandvertrage in vollem Umfange der SchadErsFdg bestehen, Kiesow 3 zu § 30. – **Als aufschiebend bedingte Ansprüche bestehen die SchadErsFdgen des § 52 bereits vor der Ablehnung bzw Kündigg.** Der Gläubiger kann die Ansprüche also schon vorher anmelden und dadurch Erörterung im Termin erwirken. Von einer solchen Anmeldung ist aber die Teilnahme der Fdg am VglVerf nicht abhängig. Sie wird auch ohne eine solche vom Vergleich betroffen, dazu Krieg 3.

4) § 52 Abs 2. Wird ein Miet- oder Pachtvertrag nach Maßg des § 51 vorzeitig gekündigt, so kann **das dem Vermieter und Verpächter nach BGB §§ 559, 581, 585 zustehende Pfandrecht** für den nach § 52 I an die Stelle des Erfüllungsanspruchs getretenen SchadErsAnspr nicht geltend gemacht werden. Das gilt auch, wenn der SchadErsAnspr seinem Betrage nach für den Fall einer Kündigg nach § 51 zuvor vertraglich (Reugeld, Vertragsstrafe) bereits bestimmt war. Doch ist, da § 52 II nur für das VglVerf gilt, das Pfandrecht nur dann zu versagen, wenn es auch zum Vergleich oder zum Anschlußkonkurs kommt. Kommt es weder zum Vgl noch zum AnschlußK, so kann das gesetzl Pfandrecht für die Entschädigungsforderung geltend gemacht werden, soweit das nach BGB § 559 S 2 zulässig ist, Kiesow 19 aE zu § 29.

§§ 53, 54 5. Abschnitt

Unabdingbarkeit der §§ 50 bis 52

53 Auf eine Abrede, durch die im voraus die Anwendung der §§ 50 bis 52 ausgeschlossen oder beschränkt wird, können sich die Vertragsteile nicht berufen.

1) Die Rechte des Schuldners nach Maßg der **§§ 50, 51** können nach § 53 durch vorherige Vereinbarung des Schuldners mit dem anderen Teil nicht wegbedungen werden. Durch § 53 wird jedoch ein vertragl Vorbehalt des Gläubigers, im Falle der Eröff der VglVerf über das Vermögen des Schuldners die Erfüllung abzulehnen oder das Vertragsverhältnis zu kündigen, nicht ausgeschlossen, da solche Vereinbarung die Ablehnungsbefugnis des Schuldners unberührt läßt; Bley-Mohrbutter 2 Abs 2 zu § 50, 4a zu § 53.

2) Auch die Anwendung des **§ 52** kann nicht vorher ausgeschlossen oder beschränkt werden. Damit werden Vereinbarungen getroffen, welche zum Inhalt haben, daß bei Ablehnung der Vertragserfüllung nach § 50 oder vorzeitiger Kündigg nach § 51 II eine nicht am VglVerf beteiligte SchadErsFdg entsteht. Ausgeschlossen sind aber auch Vereinbarungen, welche eine den wirklichen Schaden übersteigende SchadErsFdg begründen sollen, etwa durch Vereinbarung einer Vertragsstrafe oder eines Reugeldes. Diese gelten stets nur in Höhe des wirkl Schadens, Bem 1 zu § 52. Ferner trifft § 53 Vereinbarungen, nach denen das Vermieter- und Verpächterpfandrecht entgegen der Bestimmung des § 52 II für die an die Stelle des Erfüllungsanspruchs getretene Schadensersatzforderung gelten soll. – Aus § 53 folgt **nicht** die Unwirksamkeit einer Vereinbarung des Inhalts, daß der gegenseitige Vertrag bei Eröff des VglVerf ohne Entstehen einer SchadErsFdg erlöschen soll. Auch kann zuvor wirksam vereinbart werden, daß bei vorzeitiger Kündigg (nach Maßgabe des § 51 II) das Vertragsverhältnis ohne Entstehen eines SchadErsAnspr beendet ist.

3) Die Unwirksamkeit einer Abrede nach Maßg des § 53 (die nach Beendigung des VglVerf fortwirkt; dazu Bley-Mohrbutter 5 Abs 2) ist auf **weitere Vereinbarungen** grundsätzlich ohne Einfluß, Vogels-Nölte zu § 53.

Aufrechnung

54 Die Vergleichsgläubiger und die im § 29 bezeichneten Gläubiger bleiben nach der Eröffnung des Verfahrens zur Aufrechnung befugt; die Vorschriften der §§ 54, 55 der Konkursordnung über die Erleichterung und die Beschränkung der Aufrechnung gelten sinngemäß. Soweit die Aufrechnung hiernach statthaft ist, wird die Befugnis hierzu durch die Wirkungen des Vergleichs nicht berührt.

1) **Aufrechnungen** sind im VglVerf grundsätzl soweit zulässig, wie sie außerhalb desselben statthaft wären. Dies gilt auch für ein vertraglich vereinbartes Aufrechnungsverbot für den Fall der Eröffnung des Vgl, denn die Beschränkung der Aufrechnung ist dafür nicht bestimmt, BGH

Wirkungen der Eröffnung **§ 54**

KTS **79**, 101 = BB **78**, 1278. – Jedoch enthält die VglO **für die von einem VglGläub** (unter Einschluß der Absonderungsberechtigten, vgl Bley ZZP **61**, 160) **und von einem Gläub nach Maß des § 29 ausgehende Aufrechnung** im § 54 eine besondere Vorschrift, durch welche für diese Gläub die **KO §§ 54, 55 sinngemäß in die VglO einbezogen** werden (vgl. Böhle-Stamschräder/Kilger KO §§ 54, 55). Die Aufrechnung wird also für diese Gläub nicht dadurch ausgeschlossen, daß zur Zeit der Eröff des VglVerf die aufzurechnenden Fdgen oder die eine von ihnen betagt oder noch bedingt oder die Fdg des Gläub nicht auf einen Geldbetrag gerichtet war, KO § 54. Als (aufschiebend) bedingte Fdg besteht bei Eröff des VglVerf auch bereits die SchadErsFdg nach Maßgabe des § 52, RG **140**, 17; dazu für das Konkursverfahren BGH **15**, 333 ff = JZ **55**, 285 m Anm v Blomeyer. Ist ein Vertrag, auf dem die später entstehende Forderung beruht, schon vor VglEröff begründet worden, so ist die Forderung ,,im Kern" (RGZ **121**, 367, 371) und damit der Sache nach gesetzlich bedingt im Sinne von KO § 54 schon vor VglEröff entstanden; BGH KTS **79**, 89 (92) = NJW **78**, 1807. Eine betagte Fdg des Gläub ist zum Zwecke der Aufrechnung nach der Vorschr des § 30 zu berechnen. Zum Zwecke der Aufrechnung einer aufschiebend bedingten Fdg bei dem Eintritt der Bedingung kann der Gläub Sicherstellung insoweit verlangen, als die Fdg der von ihm einzuzahlenden Schuld gleichkommt, KO § 54 III. Nicht auf Geld gerichtete und wiederkehrende Fdgen des Gläub sowie GläubFdgen mit unbestimmtem Geldbetrage sind zum Zwecke der Aufrechnung nach den Vorschriften der §§ 34, 35 zu berechnen, KO § 54 IV. – Zu den allg Erfordernissen der Aufrechnung vgl Bem 3–7, 9 zu KO § 53, und zu den vorgenannten Erleichterungen der Aufrechenbarkeit im VglVerf Bem 1–5 zu KO § 54.

Unzulässig ist nach Maßg des § 54 in Vbdg mit KO § 55 jedoch auch beim Vorliegen der allg Voraussetzungen der Aufrechenbarkeit die Aufrechnung im VglVerf,
a) wenn der Gläub seine Fdg an den VglSchuldner vor oder nach Eröff des VglVerf erworben hat und seinerseits nach der Eröff des VglVerf dem VglSchuldner etwas schuldig geworden ist;
b) wenn der Gläub dem VglSchuldner vor Eröff des VglVerf etwas schuldig war, aber seine Fdg gegen den VglSchuldner aber erst nach Eröff des VglVerf erlangt hat. Hat der Gläub seine Fdg (nach Eröff des VglVerf) von einem früheren Gläub des VglSchuldners erworben, so ist aber nach § 54 in Vbdg mit KO § 55 Nr 2 die Aufrechnung nur ausgeschlossen, wenn die Fdg, bevor sie auf den Gläub überging, bereits VglFdg war oder zu den nach § 29 ausgeschlossenen Fdgen gehörte; und auch alsdann nur, wenn in der Person des Vormannes eine Aufrechnungslage noch nicht bestanden hatte (vgl Bley-Mohrbutter 12a aE);
c) wenn der Gläub vor Eröffnung des VglVerf dem VglSchuldner etwas schuldig war und seine Fdg später (aber auch noch vor Eröff des VglVerf) durch ein Rechtsgeschäft mit diesem oder durch Rechtsabtretung oder Befriedigg eines Gläub erworben hat, falls ihm zur Zeit des Erwerbes bekannt war, daß der VglSchuldner seine Zahlungen eingestellt oder die Eröff des VglVerf beantragt hatte. Erwarb der

§ 54

Gläub seine Fdg jedoch früher als sechs Monate vor der Eröff des VglVerf, so schadet Kenntnis der Zahlungseinstellung nicht (KO § 55 Nr 3 in Vbdg mit KO § 33). – Unwirksam ist eine vom Gläub vor Eröff des VglVerf in Kenntnis der Zahlungseinstellung oder des VglAntrags vorgenommene Aufrechnung, wenn es innerhalb von sechs Monaten seit dem Erwerb der Fdg zum VglVerf oder zum Anschlußkonkurs kommt; vgl Bley-Mohrbutter 17b.

Zulässig ist die Aufrechnung in den Fällen des KO § 55 Nr 3 wiederum, wenn der Erwerber zur Übernahme der Fdg oder zur Befriedigg des Gläub verpflichtet war und zu der Zeit, als er die Verpflichtung einging, weder die Zahlungseinstellung noch den VglAntrag kannte, § 54 in Vbdg mit KO § 55 Nr 3 Abs 2.

Zu den vorgenannten Beschränkungen der Aufrechenbarkeit im VglVerf vgl die entspr maßgebl Bem 1–8 zu KO § 55. – Eine vertragl vereinbarte über das Gesetz hinausgehende Aufrechnungsmöglichkeit kann gegen § 8 Abs 3 verstoßen; § 8 Anm 4; Bley-Mohrbutter § 54 Anm 4.

2) Die in **KO § 21 Abs 3** zugunsten des Mieters und Pächters enthaltene besondere Aufrechnungsbestimmung gilt für das VglVerf nicht, weil mit Rücksicht auf das Fehlen einer Vermögenssonderung für das VglVerf auch die Anwendbarkeit des KO § 21 Abs 2 verneint werden muß; vgl auch Anm 3 zu § 51. Es ist aber **unzulässig, wenn** ein **VglGläub** gegen eine **PachtzinsFdg** für Pachtgebrauch nach VglEröff **mit einer VglFdg aufrechnet;** BGH **86**, 382 = LM VerglO § 54 Nr. 3 m Anm Groß = NJW **83**, 1119 = MDR **83**, 485 = JZ **83**, 461 = Betr **83**, 1252 = WM **83**, 372 = ZIP **83**, 332 = KTS **83**, 303.

3) Aus **§ 54 S 2** folgt, daß derj, welcher nach Maßg des § 54 I in Vbdg mit KO §§ 54, 55 während des VglVerf aufrechnungsbefugt war, auch **nach bestätigtem Vergleich** mit seiner Fdg in der ursprüngl Höhe aufrechnen kann, Bley-Mohrbutter Anm 3; der Vergleich hat insoweit keine Wirkung. – Nach Beendigung des VglVerfahrens ohne bestätigten Vergleich und ohne nachfolgenden Konkurs findet § 54 jedoch keine Anw mehr. Für die Aufrechenbarkeit der Fdg des vormaligen VglGläub gelten nunmehr die allg Bestimmungen; keine Ausweitung der Aufrechenbarkeit durch § 54 in Vbdg mit KO § 54, aber auch Wegfall der Beschränkungen des KO § 55. – Kommt es nach Beendigg des VglVerf zum Anschlußkonkurs, so gelten jetzt KO §§ 54, 55 unmittelbar, Karlsruhe KTS **72**, 111, 113. Verlängerung der Frist des in KO § 55 einbezogenen KO § 33 alsdann uU durch VglO § 107 II; dazu RG **124**, 349.

4) Für die **Aufrechnungsbefugnis des VglSchuldners** während des VglVerf gelten BGB §§ 387 ff. Doch kann der VglSchuldner mit Rücksicht auf § 30 gegen eine an sich betagte Fdg des anderen Teils und mit Rücksicht auf § 34 auch gegen eine vor Eröff des VglVerf nicht auf Geld gerichtete Fdg aufrechnen. Eine Bank kann sich als VglSchuldner gegenüber einem Gläub nicht auf die in den AGB vorgesehene Beschränkung der Aufrechnung berufen, BGH NJW **78**, 2244 = MDR **79**, 37 = BB **78**, 1278 = Betr **78**, 1927 = WM **78**, 1042.

Hemmung der Verjährung

55 Die Verjährung der Ansprüche der Vergleichsgläubiger ist, vorbehaltlich des § 96 Abs. 3, von der Eröffnung des Vergleichsverfahrens bis zur Rechtskraft der Entscheidung, die das Verfahren abschließt, gehemmt.

1) § 55 war erforderlich, weil BGB § 209 Abs 2 Nr 2 nur für das Konkursverfahren gilt und eine entspr Vorschr für das VglVerf fehlt.

2) Die Vorschrift bezieht sich nur auf **Ansprüche von VglGläub** nach Maßg der §§ 25 ff. Zu ihnen gehören auch Gläub, welche ledigl innerhalb der Sperrfrist des § 28 eine Sicherung oder Befriedigg erhalten haben; sowie auch die Absonderungsgläub, dazu Bley ZZP **61**, 159 f; ferner (als Gläub aufschiebend bedingter Fdgen) die Gläub, deren Erfüllungsansprüche aus zweiseitigen Verträgen sich infolge rechtswirksamer Erfüllungsablehnung oder vorzeitiger Kündigg (§§ 50, 51) nach Maßg des § 52 in SchadErsAnspr verwandelt haben.

3) Beginn der Verjährungshemmung kraft Gesetzes im Zeitpunkt der Eröff des VglVerfahrens (§§ 20, 21). **Ende** der Verjährungshemmung mit Rechtskraft der das eigentliche VglVerf abschließenden Entscheidung. Das ist die Rechtskraft des Einstellungs- oder Verwerfungsbeschlusses nach §§ 80, 101; bzw das Wirksamwerden des Bestätigungsbeschlusses nach § 78 III. Kommt es bei Verwerfung oder Einstellung zum Anschlußkonkurs, so wirkt die Hemmung des § 55 nicht fort; Anwendung findet alsdann BGB § 209 II Nr 2.

4) Folge der Verjährungshemmung ist nach BGB § 205, daß der Zeitraum vom Beginn bis zur Beendigg der Hemmung (Bem 3) in die Verjährungsfrist nicht eingerechnet wird, so daß die Verjährung nach dem Ende der Verjährungshemmung an der Stelle wieder einsetzt, an welcher sie bei Eröff des VglVerf zum Stillstand gelangt war. – Die Hemmung gilt nur für Verjährungs-, nicht auch für Ausschlußfristen; zur Abgrenzung vgl Palandt-Heinrichs 1 zu BGB § 186 mit weit Hinw.

5) Auf **Ansprüche des VglSchuldners** findet § 55 keine Anw.

6) Umstände, welche im Rahmen des VglVerf **unabhängig vom § 55** die Verjährung berühren können, sind
a) Nichtbestreiten einer Fdg im Prüfungstermin (§§ 70 f), sofern nicht der VglSchuldner bei der Aufstellung des GläubVerzeichnisses (§ 6) die Fdg bereits als bestritten bezeichnet hatte. Das Nichtbestreiten des Schuldners ist Anerkenntnis im Sinne des BGB § 208;
b) Stundung im bestätigten Vergleich, welche nach BGB § 202 I neue Verjährungshemmung auslöst;
c) Vollstreckbarkeit des Vergleichs nach Maßgabe des § 85 I (vgl Bem 1 zu § 85); alsdann Verjährung des Anspruchs nach BGB § 218 I erst in 30 Jahren.

6. Abschnitt. Verpflichtungs- und Verfügungsfähigkeit des Schuldners nach Eröffnung des Vergleichsverfahrens

Pflicht zu bescheidener Lebensführung

56 Der Schuldner darf während des Vergleichsverfahrens die vorhandenen Mittel nur insoweit für sich verbrauchen, als es zu einer bescheidenen Lebensführung für ihn und seine Familie unerläßlich ist.

1) § 56 betrifft **Eigenentnahmen des Schuldners** für die eigene Lebensführung und die seiner Familie. – Zugelassen sind solche Entnahmen nur aus den vorhandenen Mitteln, also nicht aus Mitteln, welche zu diesem Zwecke durch Darlehen usw eigens beschafft werden müssen. – Eigenentnahmen nur, soweit solche zu einer **bescheidenen** Lebensführung unerläßlich sind. Es kann also mehr verlangt werden als der notwendige Unterhalt; andererseits rechtfertigt § 56 nicht Entnahmen zur Deckung des angemessenen Unterhalts. Es entscheidet die Lage des einzelnen Falles. – **Familie** iS des § 56 ist kein rechtl bestimmter Begriff. Er umfaßt nicht nur Personen, denen der Schuldner unterhaltspflichtig ist. Hilfsbedürftige Verwandte des Schuldners und seiner Ehefrau, die mit ihm in Hausgemeinschaft leben, können einbezogen werden. Aber auch Zugehörigkeit zum Hauswesen ist nicht schlechthin entscheidend, Jaeger-Weber 8 zu KO § 129. Der Kreis darf jedoch nicht zu weit gezogen werden. – Im VglVerf über das Vermögen einer **OHG**, einer **KG** und einer **KGaA** sind alle persönlich haftenden Gesellschafter nach Maßg des § 56 verpflichtet, ihre und ihrer Familien Lebensführung bescheiden einzurichten, Kiesow 7 zu § 89.

2) Handelt der Schuldner seiner Verpflichtung zu bescheidener Lebensführung zuwider, so ist nach § 100 Nr 5 das VglVerf einzustellen und gleichzeitig nach § 101 über die Eröff des Anschlußkonkurses zu entscheiden. – Die Einhaltung des § 56 wird durch den VglVerw überwacht, § 39. Dieser hat, wenn das Zuwiderhandeln ein Einschreiten des VglGerichts nach § 100 Nr 5 erforderl macht, nach § 40 II dem VglGericht Anzeige zu erstatten.

3) Wird bei einem **Liquidationsvergleich,** bei dem das Vermögen des Schuldners einem Treuhänder überlassen ist (§ 7 Anm 3), das Verf nach VglBestätigg fortgesetzt (§ 96), so kann dem VglSchuldner bis zur VglErfüllung in den durch § 56 gezogenen Grenzen erforderlichenfalls Unterhalt aus dem Treugut (nicht ledigl aus dessen Erträgnissen) gewährt werden, Naumburg ZAkDR **38,** 102 mit Anm von Bley; vgl auch Bley-Mohrbutter 8.

Verpflichtungs- und Verfügungsfähigkeit des Schuldners   § 57

Stellung des Schuldners gegenüber dem Vergleichsverwalter

57 [I] **Verbindlichkeiten, die nicht zum gewöhnlichen Geschäftsbetriebe gehören, soll der Schuldner nur mit Zustimmung des Vergleichsverwalters eingehen. Auch die Eingehung von Verbindlichkeiten, die zum gewöhnlichen Geschäftsbetriebe gehören, soll er unterlassen, wenn der Verwalter dagegen Einspruch erhebt.**

[II] **Auf Verlangen des Verwalters hat der Schuldner zu gestatten, daß alle eingehenden Gelder nur von dem Verwalter entgegengenommen und Zahlungen nur von dem Verwalter geleistet werden.**

1) § 57 behandelt
a) in Abs 1 die **Begründung neuer Verbindlichkeiten** nach Eröff des VglVerf (zur Stellung von Neu-Gläub vgl. § 25 Anm 5 a);
b) in Abs 2 die **Bewirkung und Entgegennahme von Zahlungen,** wobei es gleichgültig ist, wann die Schuld entstanden ist.

2) **Zu § 57 Abs 1.** a) Die **Eingehung von Verbindlichkeiten** ist die rechtsgeschäftl Begründung von solchen durch Vertrag oder durch einseitiges Verpflichtungsgeschäft. – **Außer Betracht** bleiben also Geschäfte, welche jedenfalls auf seiten des VglSchuldners reine Handgeschäfte sind (zB Handkauf). Das Darlehnsgeschäft fällt, wenn der VglSchuldner der Darlehnsgeber ist, nur unter Abs 1, wenn ein Darlehnsversprechen vorliegt. Allgemeine **Voraussetzung einer Anwendung des § 57 ist, daß die neue Verbindlichkeit zum Bereich der Geschäftsführung** des VglSchuldners **gehört.** Für Schuldverträge mit Bezug auf die Lebensführung des VglSchuldners und seiner Familie gilt ausschließlich § 56.

b) Neue Verbindlichkeiten iS des § 57 I begründen kann nur der Schuldner; der VglVerw hat ledigl ein **Mitwirkungsrecht.** Dieses Recht besteht bei betriebsüblichen Verbindlichkeiten in einem Einspruchsrecht; Verbindlichkeiten, welche nicht zum gewöhnl Geschäftsbetrieb gehören, sollen nicht ohne seine Zustimmung eingegangen werden. Maßgebend für die Zuordng zu der einen oder anderen Gruppe von Geschäften sind Art und Umfang der einzelnen ,,neuen Verbindlichkeit", gemessen an Art und Umfang des bisherigen Schuldnergeschäfts.

c) Der **Einspruch** des VglVerw (bei betriebsübl Verbindlichk des VglSchuldners) kann die Vornahme eines bestimmten Geschäfts oder einer Gruppe von Geschäften betreffen, nicht jedoch die Vornahme von Schuldgeschäften ganz allgemein. Der Einspruch kann sich gegen die Vornahme des Rechtsgeschäfts (bzw der Gruppe von Rechtsgeschäften) schlechthin richten, aber auch die Vornahme nur unter bestimmten Voraussetzungen zulassen.

d) Ist die Vornahme eines Rechtsgeschäfts, weil nicht zum gewöhnl Geschäftsbetrieb gehörig, von der **Zustimmung** des VglVerw abhängig, so hat der VglSchuldner die Zustimmung vorher einzuholen. Eine nachträgl Genehmigung ist zulässig; sie hat aber, weil das Fehlen der Zustimmung die Rechtswirksamkeit des Verpflichtungsgeschäfts nicht berührt, nur die Bedeutung, daß der VglVerw von einer Anzeige an das VglGericht nach § 40 II absieht, so daß die Folge des § 100 Nr 3 nicht eintritt.

§ 57

e) Da der **Schuldner im VglVerf die Vermögensverwaltung im Sinne der rechtl wie auch der technischen und der wirtschaftl Disposition behält**, darf sich der VglVerw durch sein Einspruchs- und Zustimmungsrecht der Eingehung von Verbindlichkeiten nur widersetzen, wenn sie mit der Leistungsfähigkeit und der Vermögenslage des Schuldners sowie mit der Entwicklung und den Aussichten des Verfahrens nicht vereinbar erscheinen. Die dem Einzelgeschäft zugrunde liegende allg Disposition hat er dabei grundsätzl unberücksichtigt zu lassen, Bley ZZP **61**, 412f; Nürnberg KTS **65**, 174 mit Hinweis auf BGH VI ZR 162/63 vom 3. 11. 1964; Bley-Mohrbutter 5.

f) Das Mitwirkungsrecht des VglVerw berührt die **Rechtslage des anderen Vertragsteils** nicht. Verbindlichkeiten, welche der Schuldner ohne Beachtung des Mitwirkungsrechts des VglVerw eingeht, sind voll wirksam; die Erfüllungsakte sind ebenfalls rechtsbeständig, es sei denn, daß ein Verfügungsverbot nach Maßg der §§ 58 ff Rechtswirksamk ausschließt. Der VglVerw ist jedoch nach § 40 II beim Zuwiderhandeln des Schuldners gegen die Bestimmung des § 57 I zur Anzeige an das VglGericht verpflichtet. Erweist sich die Maßnahme des Schuldners als Zuwiderhandlung gegen diese Bestimmung und ist sein Verhalten nicht entschuldbar (Nachprüfungspflicht des Gerichts), so ist das VglVerf nach § 100 Nr 3 einzustellen und nach § 101 gleichzeitig über die Eröffnung des Konkursverfahrens zu entscheiden.

g) **§ 57 I gibt dem VglVerw keine Befugnis zur Vertretung des Schuldners,** doch kann ihm der Schuldner eine solche einräumen. Hierbei handelt es sich dann aber um eine gewöhnl Vollmacht, welche der Verwalter nicht zu übernehmen braucht und auf Grund des § 57 I auch vom Schuldner nicht verlangen kann; vgl BGH **35**, 17 f = NJW **61**, 1305. Bei Erledigung der dem VglVerw vom Schuldner besonders übertragenen, über die gesetzl Befugnisse des § 57 I hinausgehenden Aufgaben untersteht der VglVerw nicht der Aufsicht des Gerichts nach § 41; auch ist er insoweit nur dem Schuldner, und nicht allen Beteiligten nach § 42 verantwortl, Kiesow KuT **35**, 13 f.

3) § 57 Abs 2 betrifft die Befugnis des VglVerw zur Kassenführung.

a) Diese Befugnis ist gegeben, ohne daß es dazu (wie im Vorverfahren; vgl § 12 S 2) einer ausdrückl Anordnung des Gerichts bedarf. **Zweck** der Vorschrift ist es, unwirtschaftl Bargeschäfte des Schuldners unmöglich zu machen, rechtswidrigen Geldabfluß zu verhindern und die Aufnahme kurzfristiger Kredite ohne Zustimmung des Verwalters zu unterbinden. Daraus folgt, daß der Verwalter von dem ihm in § 57 II eingeräumten Recht auch nur Gebrauch machen darf, wenn die Besorgnis besteht, daß solche Geschäfte geschlossen werden; Nürnberg KTS **65**, 172; Bley-Mohrbutter 25 aE. Die Befugnis zur Kassenführung nach § 57 Abs 2 besteht jedoch, wie der Zusammenhang der Vorschrift mit § 57 Abs 1 ergibt, nur für den Geschäftsbetrieb des Schuldners; Nürnberg aaO.

b) Bei der Entgegennahme von Geld und der Leistung von Zahlungen nach Maßg des § 57 II handelt der VglVerw als **gesetzl Vertreter** des Schuldners, Bley-Mohrbutter 29. Er ist daher, auch wenn er von seinen Rechten aus § 57 II Gebrauch macht, nicht zur Prozeßführung im eigenen Namen berechtigt; Stuttgart WM **76**, 700. Anzuwenden sind BGB §§

Verpflichtungs- und Verfügungsfähigkeit des Schuldners **§ 57**

164 ff, soweit diese Vorschr nicht ausschließl die gewillkürte Vertretung betreffen. Die Vertretungsmacht beruht nicht auf dem Willen des Schuldners; er hat daher auch auf ihre Fortdauer keinen Einfluß, Bley-Mohrbutter 29 Abs 2. – Wenn das Gesetz vom VglSchuldner **Gestattung der Vertretung** fordert, so bringt es damit nicht zum Ausdruck, daß der Schuldner den VglVerw zu bevollmächtigen hat. Die Gestattung ist kein bürgerl Rechtsgeschäft; sie bezeichnet vielmehr nur den Kreis der Verfahrenslasten, welche sich aus der Erklärung des VglVerw, die Kassenführung zu übernehmen, ergeben; dazu Bley ZZP **61**, 426 (aA Kiesow KuT **35**, 113f, welcher in der Gestattung eine Bevollmächtigung erblickt).

c) Der **Umfang der Vertretungsmacht des VglVerwalters** ist nach § 57 II beschränkt auf die **Entgegennahme von Geldern** und die **Geldzahlung**. Doch umfaßt das Recht auch die dem Geldempfang und der Zahlung dienenden Hilfsgeschäfte, wie Mahnung (nicht jedoch Prozeßführung); Bley-Mohrbutter 35–37. – Bei Wechselverbindlichkeiten des VglSchuldners ist Vorlage des Wechsels an den kasseführenden VglVerw zulässig; doch genügt zur Wahrung der Wechselrechte auch Vorlage beim VglSchuldner. – Die Kassenführung des VglVerw umfaßt das Recht zu Ersatzgeschäften, insbes also Schuldtilgung in bargeldlosem Zahlungsverkehr und uU durch Hinterlegg. – **Keine** Befugnis des Verwalters zum Schulderlaß, zu Aufrechnungen oder zu Leistungen an Erfüllungs Statt und erfüllungshalber, auch wenn diese an die Stelle von Geldleistungen treten sollen. – Beschränkt wird die Vertretungsmacht des VglVerw durch den **Verfahrenszweck**. Zahlungen durch ihn, welche den Grundsätzen des VglVerfahrens offensichtl zuwiderlaufen, sind unwirksam; dazu Bley-Mohrbutter 33a. – Zur Vertretung des Schuldners bei Rechtsstreitigkeiten ist der Verwalter auf Grund des § 57 II nicht befugt.

d) **Die Vertretungsmacht des Verwalters nimmt dem Schuldner nicht die Befugnis, persönlich Zahlungen mit befreiender Wirkung entgegenzunehmen oder zu leisten.** Doch verstößt der Schuldner durch solche Maßnahmen, wenn er nicht im Einzelfall mit Einwilligung des VglVerw handelt, gegen ihm auferlegte Beschränkungen, so daß Anzeige seitens des Verwalters an das Gericht erforderlich ist und dieses bei Nichtentschuldbarkeit des Schuldnerverhaltens das VglVerf nach § 100 Nr 3 einzustellen und gleichzeitig nach § 101 über die KonkursEröff zu entscheiden hat.

e) Der VglVerw, welcher die Kassenführung an sich genommen hat, ist uU **verpflichtet, die Bewirkung von Zahlungen zu verweigern**, wenn er der Eingehung der zugrunde liegenden Verbindlichkeit widersprochen oder (bei Zustimmungsbedürftigkeit) nicht zugestimmt hat, § 57 I. Die dem Einzelgeschäft zugrunde liegende allg Disposition des VglSchuldners darf der VglVerw bei seiner Entscheidung auch im Rahmen des § 57 Abs 2 nicht berücksichtigen, vgl Bem 2e. – Der VglVerw kann aber auch zu einer Zahlungsweigerung berechtigt oder verpflichtet sein, wenn er den Anschlußkonkurs für unvermeidbar hält und das zugrunde liegende Rechtsgeschäft der GläubAnfechtung im Konkurse unterliegt.

f) Zum **Einbehaltungsrecht** des Verw vgl § 25 Anm 5a.

§ 58 6. Abschnitt

Verfügungsbeschränkungen (Grundsatz)

58 ^I **Das Gericht kann jederzeit von Amts wegen oder auf Antrag des Vergleichsverwalters, eines Mitglieds des Gläubigerbeirats oder eines Vergleichsgläubigers dem Schuldner Verfügungsbeschränkungen auferlegen.**
^{II} **Bei der Eröffnung des Verfahrens hat das Gericht zu prüfen, ob dem Schuldner solche Beschränkungen aufzuerlegen sind.**

1) Die Bestimmungen der §§ 58ff betr den Erlaß von Verfügungsbeschränkungen waren erforderlich, weil (anders als bei Eröff des Konkursverfahrens über das Vermögen des Schuldners) die Eröff des VglVerf als solche die Verwaltungs- und Verfügungsmacht des Schuldners nicht berührt.

2) Das VglGericht hat bereits nach Eingang des VglAntrags (§ 12) **von Amts wegen** zu prüfen, ob und welche Verfügungsbeschränkungen dem Schuldner aufzuerlegen sind. Darüber, welche Ermittlungen dieserhalb anzustellen sind, entscheidet das pflichtgemäße Ermessen des Gerichts. Es gilt § 116. – Hinreichender Anlaß kann vorliegen, wenn nur bei Anordnung von Verfügungsbeschränkungen die im Gesamtinteresse gerechtfertigte Vertagungs- und VglBereitschaft zu erreichen oder zu erhalten ist, wenn nur auf diese Weise Maßnahmen von Vergleichsstörern begegnet werden kann oder die Sicherung der Vermögensmasse für den Fall des Anschlußkonkurses Anordnungen erfordert; Bley-Mohrbutter 2 (erg vgl Berges KTS **55**, 4ff). Zweck der Anordnung darf es jedoch keinesfalls sein, den Schuldnerbetrieb stillzulegen. – Vor dem Erlaß einer Verfügungsbeschränkung, insbes eines allg Veräußerungsverbots, dürfte der Schuldner zu hören sein, wenn die Entscheidung nicht besonders dinglich ist. Anhörung des Verwalters wird idR zweckmäßig sein. Weitere Unterlagen für die Entscheidung (oder Ausgangspunkt für anzustellende Ermittlungen) wird die Äußerung der Berufsvertretung nach § 14 enthalten. – Sieht das Gericht von Verfügungsbeschränkungen ab, so bleibt die Entscheidung interne Angelegenheit des Gerichts. Doch ist es zweckmäßig, die Gründe, welche das Gericht veranlaßt haben, von Verfügungsbeschränkungen abzusehen, jedenfalls dann aktenkundig zu machen, wenn von einer in der Äußerung der Berufsvertretung enthaltenen oder einer anderweitigen Anregung abgewichen wird; vgl Kiesow 2 zu § 50.

3) Das Gericht kann im übrigen jederzeit, also **in jeder Lage des Verfahrens von Amts wegen** Verfügungsbeschränkungen anordnen. Prüfung des Gerichts bei gegebener Veranlassung nach pflichtgemäßem Ermessen. Es gelten alsdann sinngemäß die Ausführungen in Bem 2.

4) Das Gesetz gibt darüber hinaus dem VglVerwalter (im Vorverfahren auch dem nach § 11 bestellten vorläufigen Verwalter, im Verf nach § 91 gem § 94 auch dem Sachverwalter), jedem Mitgl eines nach § 44 bestellten GläubBeirats und jedem VglGläub das Recht, den Erlaß von **Verfügungsbeschränkungen zu beantragen.** Das Gericht entscheidet nach pflichtgemäßem Ermessen. Die Entscheidung, welche zweckdien-

Verpflichtungs- und Verfügungsfähigkeit des Schuldners § 59

lich mit Gründen versehen wird, ist nicht beschwerdefähig, § 121; doch ist, wenn der Rechtspfleger entschieden hat (vgl Anm 6b zu § 2), nach § 11 Abs 1 RpflG die Erinnerung gegeben; erg vgl betr die Erinnerung Anm 6 zu § 121.

5) Verfügungsbeschränkungen, welche im **Vorverfahren** nach § 12 ergehen, gelten nach § 24 von der Eröff des VglVerf an als Verfügungsbeschränkungen iS der §§ 58 ff; einer erneuten Anordnung bei Eröff des VglVerf bedarf es also nicht. – **Nach bestätigtem Vergleich** dauern die Verfügungsbeschränkungen fort, und zwar grundsätzl bis zur Aufhebung des VglVerfahrens, § 98 II. – Nach **Aufhebung des VglVerf** Fortbestehen der Beschränkungen, wenn sich der Schuldner im Vergleich der Überwachung durch einen Sachverwalter unterworfen hat, §§ 91, 94. – **Vorherige Aufhebung** ist jeweils nach Maßg des § 65 zulässig.

Eine Verfügungsbeschränkung, welche bereits im Vorverfahren angeordnet wurde, tritt bei Ablehnung der Eröff des VglVerf mit der Rechtskraft des Ablehnungsbeschlusses außer Kraft, § 19 III. Wird die Bestätigg des Vergleichs versagt (§ 79) oder das Verfahren eingestellt (§ 99f), so treten die Beschränkungen mit Rechtskraft des Versagungsbzw Einstellungsbeschlusses außer Kraft, §§ 81 II, 101 S 2. Doch gilt im Falle der Eröff des Anschlußkonkurses eine im VglVerf angeordnete und noch nicht aufgehobene Verfügungsbeschränkung als zugunsten der Konkursgläub angeordnet fort, § 103; vgl Anm 1, 2 zu § 103.

6) Hält der Schuldner die Beschränkung seiner Verfügungsbefugnis nicht ein und ist sein Handeln nicht entschuldbar, so hat das VglGericht, wenn das Verfahren noch nicht eröffnet ist, nach § 17 Nr 9 die Eröff abzulehnen und gleichzeitig über die Eröff des Konkurses zu entscheiden, § 19. Ist das Verfahren bereits eröffnet, so hat das Gericht nach § 100 Nr 3 das VglVerf einzustellen und nach § 101 über die Eröff des Konkursverf zu entscheiden. – Der VglVerw hat nicht entschuldbares Zuwiderhandeln des Schuldners dem Gericht nach Maßg des § 40 II anzuzeigen.

Allgemeines und besonderes Veräußerungsverbot

59 Die Verfügungsbeschränkungen können darin bestehen, daß an den Schuldner ein allgemeines Veräußerungsverbot erlassen wird, oder daß dem Schuldner die Verfügung über einzelne Vermögensgegenstände verboten wird. Das allgemeine Veräußerungsverbot ergreift auch das Vermögen, das der Schuldner nach Erlaß des Verbots erwirbt. Im übrigen bestimmen sich die Wirkungen dieser Maßnahmen ausschließlich nach den Vorschriften der §§ 62 bis 64.

1) Als Verfügungsbeschränkungen sind vorgesehen
a) ein **allgemeines Veräußerungsverbot**,
b) ein **Verbot der Verfügung über einzelne Gegenstände**.
Die Maßnahmen zu a und b unterscheiden sich nicht nur nach dem Umfang, sondern auch nach der ihnen zukommenden Rechtswirkung; im einzelnen vgl Bem zu §§ 60–64. – Ein **allg Veräußerungsverbot** kommt in seiner Wirkung dem Konkursbeschlag nahe (vgl aber Bem 7 zu § 62). Es geht insoweit noch über KO § 106 und den Konkursbeschlag

nach Maßg der KO §§ 1, 6 hinaus, als es auch das Vermögen erfaßt, welches der Schuldner nach Eröff des VglVerf erworben hat und noch nach dem Erlaß des Verbots erwirbt, § 59 S 2.

2) Ihrem Wesen nach sind die Verbote zu a und b **gerichtl Veräußerungsverbote** iS der BGB §§ 136, 135. Doch bestimmen sich die privatrechtl Wirkungen der Verbote ausschließlich nach den §§ 62–64 (§ 59 S 3).

Beginn des allgemeinen Veräußerungsverbots

60 ^I In dem Beschluß, durch den das allgemeine Veräußerungsverbot erlassen wird, ist die Stunde anzugeben, zu der das Verbot ergeht. Ist dies versäumt worden, so gilt als Zeitpunkt des Erlasses des Veräußerungsverbots die Mittagsstunde des Tages, an dem der Beschluß ergeht.

^II Das allgemeine Veräußerungsverbot ist öffentlich bekanntzumachen und dem Vergleichsschuldner sowie seinen Schuldnern und dem Vergleichsverwalter zuzustellen; hierbei hat das Gericht zugleich den Drittschuldnern die Leistung an den Schuldner zu verbieten.

1) § 60 ist bedeutsam, weil die Wirkungen der allg Veräußerungsverbots nach § 62 Abs 1 mit seinem Erlaß eintreten. **Erlassen wird das Verbot mit Unterschriftsleistung des Richters bzw des Rechtspflegers unter den gerichtl Beschluß.** Der Zeitpunkt ist nach Stunde und Minute genau anzugeben. – Der Verbotsbeschluß bleibt zunächst interne Angelegenheit des Gerichts. § 62 Abs 1, welcher das Verbot mit dem Erlaß des Gerichtsbeschlusses wirksam werden läßt, besagt insofern lediglich: Sofern der Beschluß nach Maßg des § 60 Abs 2 durch öffentl Bekanntgabe oder Zustellung (vgl Bem 3, 4) ins Dasein tritt, bestimmt sich der Eintritt der Wirkungen des Beschlusses bereits von dem im Beschluß genannten Zeitpunkt des Erlasses an. Das Gericht kann also noch nach Absetzung des Beschlusses ohne besondere Aufhebungsanordnung den Eintritt der Wirkungen des Verbots dadurch verhindern, daß es die für das Wirksamwerden des Beschl erforderl Maßnahmen (öfftl Bekanntgabe, Zustellung) unterläßt.

2) **§ 60 Abs 1 S 2.** Auch hier ist nachfolgende Bekanntgabe des Beschlusses nach Maßg des § 60 Abs 2 Voraussetzung für den Eintritt seiner Wirkungen vom vermuteten Zeitpunkt des Erlasses an. – Abs 1 S 2 stellt eine unwiderlegbare Rechtsvermutung auf. – Die Mittagsstunde ist 12 Uhr mittags.

3) **§ 60 Abs 2.** Das allg Veräußerungsverbot ist nach Maßg des § 119 **öfftl bekanntzugeben.** Für den Zeitpunkt des Wirksamwerdens ist jedoch nicht § 119 II S 2 maßgeblich, sondern ledigl § 62 I. Das Erfordernis der öfftl Bekanntmachung (§ 60 II S 1) hat insoweit nur die Bedeutung, daß Bekanntgabe schlechthin Voraussetzung für den Eintritt der Wirkungen des allg Veräußerungsverbots ist. – Der Zeitpunkt des Wirksamwerdens der öfftl Bekanntgabe (§ 119 II S 2) hat nur insoweit Bedeutung, als von diesem Zeitpunkt an die Kenntnis des Verbots vermutet wird, § 62 IV S 2.

Verpflichtungs- und Verfügungsfähigkeit des Schuldners **§ 61**

4) Neben öfftl Bekanntgabe ist **Zustellung** des Beschlusses an den VglVerw, den VglSchuldner und dessen Schuldner, soweit sie dem Gericht aus dem Schuldnerverzeichnis des § 6 oder sonst amtlich bekanntgeworden sind, erforderlich. Auch diese Zustellung hat für das Wirksamwerden des Veräußerungsverbots selbst nur die Bedeutg, daß dann, wenn sie der öffentl Bekanntgabe vorausgeht, der Verbotsbeschluß mit der ersten Zustellung ins Dasein tritt (vgl Bem 1). Für den Eintritt der Folgen des Verbots ist nunmehr der Zeitpunkt maßgebend, in welchem das Verbot nach dem in ihm angegebenen Zeitpunkt erlassen ist oder nach Maßg des § 60 I S 2 als erlassen gilt, § 62 I. – Bedeutung hat die Zustellung im übrigen für die Frage der Kenntnis, § 62 IV S 2. – Bei Erlaß des Veräußerungsverbots im Vorverfahren (§ 12) ist der Beschluß auch dem vorl Verwalter (§ 11) und bei Erlaß des Beschlusses im Überwachungsverfahren (§ 94 I S 1) dem Sachwalter (§ 92) zuzustellen. – Für die Zustellung vgl § 118.

5) Bei der Zustellung an die Drittschuldner (Schuldner des Schuldners) hat das VglGericht zugleich die **Leistung an den Schuldner zu verbieten.** Nicht erforderl, aber zweckdienl ist die Einfügg dieses Verbots in das Veräußerungsverbot. Der gesetzl Vorschrift wird jedoch genügt, wenn lediglich den Zustellungen an die Drittschuldner das ergänzende Verbot beigefügt wird. Vgl Bley-Mohrbutter 2.

Eintragung des Verbots im Grundbuch und im Schiffsregister

61 ^I Das allgemeine Veräußerungsverbot ist in das Grundbuch, das Schiffsregister und das Schiffsbauregister einzutragen

1. **bei den Grundstücken, eingetragenen Schiffen und Schiffsbauwerken, als deren Eigentümer der Schuldner eingetragen ist;**
2. **bei den für den Schuldner eingetragenen Rechten an Grundstücken, eingetragenen Schiffen oder Schiffsbauwerken, wenn nach der Art des Rechts und den Umständen des einzelnen Falles aus der Unterlassung der Eintragung eine Beeinträchtigung der Vergleichsgläubiger zu besorgen ist.**

^{II} **Das Vergleichsgericht hat, soweit ihm solche Grundstücke, eingetragenen Schiffe und Schiffsbauwerke oder Rechte bekannt sind, von Amts wegen oder auf Antrag des Vergleichsverwalters das Grundbuchamt oder das Registergericht um die Eintragung zu ersuchen.**

^{III} **Die Vorschriften der Absätze 1 und 2 gelten sinngemäß, wenn der Schuldner während des Bestehens des allgemeinen Veräußerungsverbots ein Grundstück, eingetragenes Schiff oder Schiffsbauwerk, ein Recht an einem solchen Gegenstand oder ein Recht an einem solchen Recht erwirbt.**

^{IV} **Die Eintragung geschieht gebührenfrei.**

1) § 61 Abs 1 entspricht dem KO § 113 I. – **Zweck der Eintragg** ist **Ausschaltung des Gutglaubensschutzes.** – Die Eintragung erfolgt **bei Grundstücken,** grundstücksgleichen Rechten, **Schiffen und Schiffsbauwerken,** welche auf den Namen des VglSchuldners eingetragen sind,

141

§ 61

schlechthin, § 61 I Nr 1; bei den für den VglSchuldner **eingetr Rechten an solchen Gegenständen** jedoch nur, soweit eine Beeinträchtigg der VglGläub zu besorgen ist, § 61 I Nr 2. Die Prüfung, ob Beeinträchtigg zu besorgen ist, nimmt das VglGericht, nicht das Grundbuchamt vor. Sie dürfte bei übertragbaren Rechten, auch bei Briefhypotheken, idR wohl anzunehmen sein. Vgl Bley-Mohrbutter 2 Abs 2. – Im Grundbuch erfolgt die Eintragg bei Grundstücken und Rechten, welche wie Grundstücke verbucht sind, in Abt II (bei Miteigentum des Schuldners Vermerk nur bzgl seines Anteils); bei anderen Rechten in Spalte „Veränderungen" der Abteilung, in welcher das betroffene Recht eingetragen ist; jeweils auf allen Grundbuchblättern, auf denen das Recht vermerkt ist. – Einzutragen ist auch ein Ausschluß des Zustimmungsrechts des VglVerw nach § 64 S 2; vgl Bley-Mohrbutter 4 Abs 2 zu § 64 (and Kiesow zu § 57). – Der VglVerw ist nicht befugt, einen Antrag auf Berichtigung des Grundbuchs oder die Eintragung eines Widerspruchs zu stellen, Kiesow 5 zu § 53; Bley-Mohrbutter 4. – Das allgemeine Veräußerungsverbot bewirkt **keine Grundbuch- (bzw Register-)sperre** gegen rechtsändernde Eintragungen; vgl dazu Vogels-Nölte IV Abs 3 zu § 62; Bley-Mohrbutter 4 zu § 62 mit weit Hinw.

§ 61 ist auch zu beachten, wenn der Schuldner neben anderen im Rahmen einer Gesamthandsgemeinschaft (Ges des bürgerl Rechts, Erbengemeinschaft) Eigentümer oder Berechtigter ist, Vogels-Nölte II 1 (str).

2) Eintragg seitens des Grundbuchamts und des Registergerichts nur auf **Ersuchen des VglGerichts.** Das VglGericht ist zum Eintragungsersuchen verpflichtet (dazu BGB § 839), soweit ihm in Frage kommende Grundstücke, Schiffe, Schiffsbauwerke und Rechte (bei Rechten mit der Einschränkg nach § 61 I 2) amtlich bekanntgeworden sind. Das Eintragungsersuchen ist auch erforderl, wenn das VglGericht zugleich Grundbuch- bzw Registergericht ist. – Weitere in Frage kommende Grundstücke usw und Rechte hat der VglVerw zu ermitteln. Dieser kann jedoch nicht selbst beim Grundbuchamt die Eintragung beantragen (anders nach KO § 113 III). Die Eintragg erfolgt vielmehr auch in diesen Fällen auf Ersuchen des VglGerichts. Trotz eines entsprechenden Antrages seitens des VglVerw ist das VglGericht zum Eintragungsersuchen nicht verpflichtet, wenn ein Fall des § 61 I 2 vorliegt und nach der Überzeugung des Gerichts eine Beeinträchtigung der VglGläub nicht zu besorgen ist; Bley-Mohrbutter 2 Abs 2.

3) § 61 Abs 3. Da das allg Veräußerungsverbot nach § 59 S 2 auch das **Vermögen** ergreift, **welches der Schuldner nach Erlaß des Verbots erwirbt,** mußte auch für nachfolgend erworbene Grundstücke, Schiffe, Schiffsbauwerke und Rechte die entspr Anw des § 61 I, II ausdrückl angeordnet werden; dazu Bem 1, 2.

4) § 61 Abs 4 entspricht dem KO § 115. – Die Vorschrift befreit nicht von der Pflicht zur Zahlung der baren Auslagen.

5) Bei **Luftfahrzeugen,** die in der Luftfahrzeugrolle oder nach Löschung in der Luftfahrzeugrolle noch im Register für Pfandrechte an Luftfahrzeugen eingetragen sind, gilt § 61 I Nr 2, II–IV nach Maßg des

Verpflichtungs- und Verfügungsfähigkeit des Schuldners **§ 62**

LuftfzRG § 98 II, III 1 hinsichtl der für den VglSchuldner eingetragenen Registerpfandrechte und der für den VglSchuldner eingetragenen Rechte an solchen Rechten. Für das Luftfahrzeug selbst gilt, wenn es im Register für Pfandrechte an Luftfahrzeugen auf den Namen des Schuldners eingetragen ist, § 61 I Nr 1, III (dazu § 61 II, IV) entsprechend, um zu verhindern, daß bei Bestellung eines Registerpfandrechts oder eines Rechts an einem solchen Rechte dieses Recht gutgläubig erworben werden kann (LuftfzRG § 98 II, III, § 16 I 2), vgl hierzu Bauer JurBüro **74,** 14.

Wirkungen des allgemeinen Veräußerungsverbots

62 ^I **Das allgemeine Veräußerungsverbot hat die Wirkung, daß eine rechtsgeschäftliche Verfügung, die der Schuldner nach seinem Erlaß über sein Vermögen trifft, den Vergleichsgläubigern gegenüber unwirksam ist.**

^{II} **Hat der Schuldner eine Verfügung am Tage des Erlasses des allgemeinen Veräußerungsverbots getroffen, so wird vermutet, daß er sie nach dem Erlaß des Verbots getroffen hat.**

^{III} **Die Vorschriften der §§ 892, 893 des Bürgerlichen Gesetzbuchs, §§ 16, 17 des Gesetzes über Rechte an eingetragenen Schiffen und Schiffsbauwerken vom 15. November 1940 (Reichsgesetzbl. I S. 1499) bleiben unberührt.**

^{IV} **Soweit sich nicht aus § 893 des Bürgerlichen Gesetzbuchs, § 17 des Gesetzes über Rechte an eingetragenen Schiffen und Schiffsbauwerken ein anderes ergibt, wird die Verfügungsbeschränkung gegenüber einem Schuldner des Schuldners erst in dem Zeitpunkt wirksam, in dem sie ihm bekannt wird. Ist die Anordnung des allgemeinen Veräußerungsverbots öffentlich bekanntgemacht oder dem Drittschuldner zugestellt (§ 60 Abs. 2), so wird die Kenntnis vermutet.**

1) Die privatrechtl Wirkung des allg Veräußerungsverbots ist in § 62 abschließend geregelt. Sie **besteht** grundsätzl **darin, daß** eine **rechtsgeschäftl Verfügung,** welche der Schuldner nach dem Erlaß des Verbots über sein Vermögen trifft, dem VglGläub gegenüber **unwirksam ist.** Das Veräußerungsverbot der §§ 59, 62 hat also nicht die weitergehende Wirkung desjenigen nach KO § 106.

a) **Verfügungen** sind Rechtsgeschäfte, welche die Rechtslage des Verfügungsgegenstandes unmittelbar ändern; also alle Geschäfte, welche ein Recht aufheben, ändern und übertragen (Veräußerungen, Abtretungen, Belastungen); vgl Palandt-Heinrichs 3 d Überbl vor BGB § 104. Verfügung iS des § 62 ist auch die Annahme einer Leistung, weil sie den durch die Leistung zu tilgenden Anspr unmittelbar zum Erlöschen bringt. Durch seine Leistung wird also der Drittschuldner unter den Voraussetzungen des § 62 (beachte § 62 Abs 4; dazu Bem 6) nicht befreit, Krieg 1; zur Frage der Ausgleichung, vgl Bley-Mohrbutter 18. Ein Prozeßvergleich kann nach § 62 unwirksam sein, nicht jedoch ein vom Gegner des Schuldners erwirktes Anerkenntnis- oder Verzichtsurteil; Bley-Mohrbutter 10a. Zwangsvollstreckungen seitens des Schuldners hindert § 62

§ 62

nicht, Bley-Mohrbutter 10b. – Reine **Verpflichtungsgeschäfte** des Schuldners trifft § 62 nicht; die Vorschrift § 62 läßt die Verpflichtungsfähigkeit unberührt. § 62 bezieht sich auch nicht auf **Verfügungen Dritter**, welche ohne Mitwirken des Schuldners unmittelbar Rechtswirkungen auslösen; zB Anfechtung (BGB §§ 119ff), Aufrechnung (Anm der KTS-Schriftleitung zu Karlsruhe KTS **72**, 111) und Kündigung.

b) § 62 trifft grundsätzl **alle nach dem Erlaß des Veräußerungsverbots getroffenen Verfügungen über beschlagsfähige Rechte**, wobei es unerhebl ist, ob der Gegenstand, auf den sich die Verfügung bezieht, bereits bei Eröff des VglVerf zum Vermögen des Schuldners gehörte; Bley-Mohrbutter 11a. – Der genaue **Zeitpunkt des Erlasses** des Veräußerungsverbots ist in dem gerichtl Beschluß anzugeben, § 60 I 1. Ist das versäumt, so gilt nach § 60 I 2 als Zeitpunkt des Erlasses die Mittagsstunde des Tages, an dem der Beschluß ergangen ist. – Ohne Bedeutg ist in diesem Zusammenhang, wann der Beschluß nach Maßg des § 60 II i Vbdg mit §§ 118, 119 wirksam wird. Erforderl ist ledigl, daß er überhaupt durch öfftl Bekanntgabe oder Zustellung ins Dasein tritt; alsdann bestimmen sich seine Wirkungen vom Zeitpunkt des Erlasses an; vgl Bem 1 zu § 60. Öffentl Bekanntgabe und Zustellung bewirken im übrigen nur eine Rechtsvermutung nach § 62 IV; dazu Bem 6.

c) Voraussetzung einer Anwendung des § 62 ist, daß es sich um **Verfügungen des Schuldners über sein Vermögen** handelt. Der Schuldner muß also der Betroffene sein. Es scheiden demnach Vfgen aus, welche Rechtswirkung lediglich auf fremdes Vermögen (der Ehefrau, eines Kindes, eines Dritten) haben; ferner Ausschlagg einer Erbschaft und eines Vermächtnisses, weil diese Maßnahmen nur den Nichterwerb von Vermögensgegenständen auslösen. Gleiches gilt für die Nichtannahme eines Vertragsangebots, es sei denn, daß es sich um eine Option handelte, Kiesow 8–11 zu § 54.

d) Der Gegenstand der Verfügung muß **vermögensrechtl Art** sein, also Geldwert haben. Nicht zum Vermögen in diesem Sinne gehören reine Persönlichkeitsrechte und reine familienrechtl Ansprüche (Recht auf Eheschließung, Ehescheidung, Kindesannahme). Doch können sich aus letzteren vermögensrechtl Ansprüche ergeben, wie Unterhaltsfdgen, so daß eine diesbezügl Verfügg nach § 62 zu beurteilen ist. Bei Eheverträgen kann die damit verbundene Rechtsänderung unter § 62 fallen. – Zu Ansprüchen nach Maßg der BGB §§ 847, 1300 und Pflichtteilsrechten vgl Böhle-St/Kilger KO § 1 Anm 6. – Zu Erfindungen und Urheberrechten vgl dort Anm 2 Cc.

2) § 62 Abs 1 bestimmt **Unwirksamk der Verfügungen des Schuldners gegenüber den VglGläubigern** (§§ 25ff). Die Unwirksamk reicht so weit, wie das Interesse dieser Gläub es erfordert; insoweit sind die verbotswidrig vorgenommenen Rechtsgeschäfte aber allen gegenüber unwirksam, RG **157**, 295 (zu KO § 7). Die am Verfahren beteiligten Gläub können die vom VglSchuldner verbotswidrig veräußerten und übergebenen Sachen vom Dritten an den Schuldner herausverlangen (so wohl auch Vogels-Nölte II 2); doch können wegen §§ 47, 48, 124 während des VglVerf die VglGläubiger aus den Gegenständen, über die verbotswidrig verfügt wurde, weder Befriedigung noch auch Sicherung

Verpflichtungs- und Verfügungsfähigkeit des Schuldners § 62

erlangen; Bley-Mohrbutter 16. Dritte können unter Berufung auf § 62 ua bei unbefugter Forderungsabtretung des Schuldners Zahlung an den Zessionar verweigern, RG **83,** 189.

3) Endet die Wirksamkeit des Veräußerungsverbots (vgl Bem 5 zu § 58), **so verliert es seine Kraft nur für die Zukunft.** Die zuvor verbotswidrig veräußerten Gegenstände können, wenn es nicht zum Anschlußkonkurs kommt, von den VglGläub als noch zum Vermögen des Schuldners gehörig in Anspr genommen werden, Krieg 1. Doch ist der VglSchuldner zu Neuverfügungen berechtigt. Durch nunmehrige Genehmigg seitens des VglSchuldners kann die nach § 62 unwirksame Verfügung nicht wirksam werden. Zulässig ist aber die nachträgliche Genehmigung zweiseitiger Verfügungen des VglSchuldners aus der Verbotszeit durch den VglVerwalter, sofern er noch im Amt ist. Vgl Bley-Mohrbutter 4 zu § 65. – Kommt es nach Beendigung des VglVerf zum **Anschlußkonkurs,** so gilt jetzt § 103; vgl Anm 1 und 2 zu § 103.

Die Anwendung der Bestimmung des § 103 im Anschlußkonkurs führt nicht dazu, daß die durch die Vorschriften der §§ 62–64 begrenzte Wirkung der Verbote aus §§ 60 Abs 1, 63 Abs 3 S 1 nachträglich rückwirkend auf Verfügungen im Wege der Zwangsvollstreckung erweitert werden. Die entgegenstehende Ansicht von Bley in der zweiten Auflage seines Kommentars zur VglO (Anm 7 zu § 62) ist von Mohrbutter seit der 3. Auflage (Bley-Mohrbutter 5 zu § 62) aufgegeben.

4) § 62 Abs 2 stellt eine **widerlegbare Vermutung** auf **für den Zeitpunkt der Vornahme einer am Tage des Erlasses des Veräußerungsverbots getätigten Verfügung.** Die Tatsache, daß die Vfg vor dem Zeitpunkt des Erlasses des Veräußerungsverbots vorgenommen worden ist, ist also von demj zu beweisen, welcher Rechte daraus herleitet. Dabei ist von Bedeutung, daß auch der in dem gerichtl Beschluß angegebene Zeitpunkt des Erlasses nur die Bedeutg einer (widerlegbaren) Vermutung hat. – Bei der Bestimmung des § 60 Abs 1, S 2 handelt es sich jedoch um eine unwiderlegbare Vermutung.

5) § 62 Abs 3. Auf dem Gebiete des **Immobiliarrechts** wird der gute Glaube des rechtsgeschäftl Erwerbers mit Bezug auf die Verfügungsbefugnis des Schuldners nach Maßg der BGB §§ 892, 893 geschützt, dh solange das Veräußerungsverbot nicht in das Grundbuch eingetragen ist (bei Briefhyp vgl ergänzend BGB § 1155). Es schadet solange nur positive Kenntnis des Veräußerungsverbots, nicht dagegen fahrlässige Unkenntnis (nicht auch Kenntnis der Eröff des VglVerf). – Der für den guten Glauben entscheidende Zeitpunkt wird durch BGB § 892 Abs 2 bestimmt. – Bei **eingetr Schiffen und Schiffsbauwerken** gelten SchiffsRG §§ 16, 17. Bei **Luftfahrzeugen,** die in der Luftfahrzeugrolle oder nach Löschung in der Luftfahrzeugrolle noch im Register für Pfandrechte an Luftfahrzeugen eingetragen sind, gelten LuftfzRG §§ 16, 17 (LuftfzRG § 98 III 2). – Bei der Veräußerung von **bewegl Sachen, nicht eingetragenen Schiffen und Schiffsbauwerken, nicht eingetragenen Luftfahrzeugen** sowie bei der **Forderungsbegründung und Abtretung** wird der gute Glaube an die Verfügungsbefugnis nicht geschützt.

§ 62

6) § 62 Abs 4 trifft eine Ausnahmeregelung für das **Wirksamwerden des Veräußerungsverbots gegenüber einem Schuldner des Schuldners.** Die Wirksamkeit beginnt für diese grundsätzl erst in dem Zeitpunkt, in welchem ihnen die Beschränkung **bekannt** wird. Durch eine Leistung vor diesem Zeitpunkt wird der Drittschuldner also grundsätzl frei. Das gilt jedoch nicht, wenn es sich um Leistungen auf Grund eingetragener Rechte handelt; alsdann ist die Eintragg des Veräußerungsverbots der Kenntnis desselben gleichzusetzen, § 62 IV S 1 in Vbdg mit § 893. – § 62 IV betrifft nicht nur Leistungen Dritter, sondern auch Verfügen des VglSchuldners, und zwar selbst dann, wenn sie (wie Kündigg, Anfechtung, Rücktrittserklärung) dem Dritten nachteilig sind, Kiesow 38 zu § 54; Bley-Mohrbutter 23.

Nach **§ 62 Abs 4 S 2** wird die Kenntnis des Drittschuldners von dem Veräußerungsverbot vermutet, wenn das Verbot öfftl bekanntgemacht und die Bekanntgabe nach Maßgabe des § 119 II S 2 wirksam geworden ist; sowie wenn das Verbot dem Drittschuldner besonders zugestellt ist, wobei als Bewirkung der Zustellung der Zeitpunkt gilt, in welchem nach § 118 I S 1 die Aufgabe zur Post (also Einwurf in den Briefkasten) erfolgt. Die Vermutung des § 62 Abs 4 S 2 hat zur Folge, daß die Beweislast sich umkehrt, mit and Worten, daß bei verbotswidrigen Rechtsgeschäften, welche nach dem für die Vermutung maßgebl Zeitpunkt vorgenommen worden sind, der Drittschuldner im Streitfall seine Nichtkenntnis zu beweisen hat.

7) Nach Bley (VglO 2. Aufl Bem 1–4 zu § 62) wirkt das vergleichsrechtl allg Veräußerungsverbot wie das konkursrechtl allg Veräußerungsverbot nach § 106 KO. Wie dieses soll es danach die (künftige) **Konkursmasse** sichern; also Unwirksamkeit von Verfügungen so weit, wie es das Interesse der Gläubiger eines möglichen (Anschluß-) Konkurses erfordert. Erst wenn rechtskräftig festgestellt wird, daß es nicht zum Anschlußkonkurs kommt, verwandelt sich danach das Verbot in ein solches ledigl zugunsten der VglGläub. Diese Auffassung dürfte mit der Gesetzesfassung nicht vereinbar sein, wonach das Verbot zunächst nur zugunsten der VglGläub wirkt (§ 62) und ledigl für den Fall des Anschlußkonkurses nach § 103 die vergleichsrechtl Verfügungsbeschränkungen als zugunsten der Konkursgläub erlassen fingiert werden. Sie verkennt auch, daß das Veräußerungsverbot nicht nur dem Schutze der Konkursgläub eines später mögl Anschlußkonkurses dient, sondern auch den Zweck haben kann, einen Vergleich zu ermöglichen (Begr S 29). Daß die jetzige VglO die Rechtsansicht Bleys nicht trägt, dürfte sich daraus ergeben, daß die Vorschriften betr das Veräußerungsverbot in der alten Fassung, welche nach der überwiegenden Lehrmeinung diese Rechtsauffassung ausschlossen, übernommen sind. – Wie hier Kiesow JW **35**, 766 f; Vogels-Nölte IV.

8) § 62 regelt nur die Wirkungen des allgemeinen Veräußerungsverbots auf dem Gebiete des Privatrechts. Zu der Frage, ob sich für den Schuldner weitere Folgen auf staatsrechtl Gebiete ergeben, vgl Bem vor § 46.

Verpflichtungs- und Verfügungsfähigkeit des Schuldners **§ 63**

Verbot der Verfügung über einzelne Gegenstände

63 ^I Das Verbot der Verfügung über einzelne Gegenstände ist dem Schuldner und dem Vergleichsverwalter zuzustellen. Ist dem Schuldner die Verfügung über einen Anspruch insbesondere die Einziehung einer Forderung, verboten worden, so ist das Verbot auch dem Drittschuldner zuzustellen; hierbei hat ihm das Gericht die Leistung an den Schuldner zu verbieten.

^{II} Ist dem Schuldner die Verfügung über ein Grundstück, ein eingetragenes Schiff oder Schiffsbauwerk, ein Recht an einem solchen Gegenstand oder über ein Recht an einem solchen Recht verboten worden, so gelten sinngemäß die Vorschriften des § 61 Abs 1, 2, 4.

^{III} Das Verbot der Verfügung über einzelne Vermögensgegenstände hat die Wirkung, daß eine rechtsgeschäftliche Verfügung über den Gegenstand den Vergleichsgläubigern gegenüber unwirksam ist. Die Vorschriften zugunsten derjenigen, die Rechte von einem Nichtberechtigten herleiten, gelten sinngemäß. Einem Drittschuldner gegenüber finden die Vorschriften des § 62 Abs 4 entsprechende Anwendung.

1) Gegenstände im Sinne dieser Bestimmung sind Grundstücke, bewegl Sachen, Forderungen und andere Rechte, soweit sie Vermögenswert besitzen (auch das Erfinder-, Urheber- und Lizenzrecht; dazu KO Bem 2 C c zu § 1). – Über die **zeitliche Zulassung** eines Einzelverfügungsverbots vgl Bem 2, 5 zu § 58. – Der Erlaß eines Einzelverfügungsverbots nach Maßg des § 63 hindert nicht den späteren Erlaß eines Verbots mit Bezug auf weitere Gegenstände oder den Erlaß eines allg Veräußerungsverbots. – § 63 bezieht sich auch auf Gegenstände, welche der Schuldner nach Eröff des VglVerf erworben hat. – Zum Begriff „Verfügung" vgl Bem 1 a zu § 62. – Das Verfügungsverbot nach Maßg des § 63 ist dem Schuldner und dem VglVerw bzw dem vorl Verwalter oder dem Sachwalter **zuzustellen.** Die Zustellung erfolgt nach § 118 durch Aufgabe zur Post. – Betrifft das Verbot die Verfügung über einen Anspruch, insbes die Einziehung einer Fdg, so ist es auch dem Drittschuldner nach Maßg des § 118 zuzustellen. Dem Drittschuldner hat das Gericht dabei die Leistung an den Schuldner zu verbieten, vgl Bem 5 zu § 60. – Keine öfftl Bekanntgabe des Einzelverfügungsverbots. – **Wirksam** wird das Verbot mit der Zustellung an den VglSchuldner. Ist es jedoch auf mündl Verhdlg ergangen, so Wirksamkeit mit der Verkündung.

Sofern das Verbot sich auf **Grundstücke, eingetr Schiffe** und **Schiffsbauwerke** bezieht, als deren Eigentümer der Schuldner eingetragen ist, ist das Verbot im Grundbuch und Schiffsregister einzutragen. Betrifft es Rechte, welche für den Schuldner eingetragen sind, so erfolgt die Eintragung des Verfügungsverbots im Grundbuch und Schiffsregister nur bei Besorgnis einer Beeinträchtigg der VglGläub, vgl Bem 1 zu § 61. – Eintragg auf Ersuchen des VglGerichts, vgl Bem 2 zu § 61. – Zur Gebührenfreiheit der Eintragg vgl Bem 4 zu § 61. – Für Luftfahrzeuge, Registerpfandrechte an Luftfahrzeugen und Rechte an solchen Rechten gilt Anm 5 zu § 61 entsprechend.

§ 64

2) § 63 Abs 3 bestimmt als **Wirkung** des Einzelverfügungsverbots die relative Unwirksamkeit der verbotswidrig getroffenen Verfügung gegenüber den VglGläubigern. Also Unwirksamkeit soweit, wie das Interesse dieser Gläub es erfordert. Insoweit sind die verbotswidrigen Verfüggen aber allen gegenüber unwirksam, vgl Bem 2 zu § 62. – **Endet** die Wirksamkeit des Verbots, so verliert es seine Kraft nur für die Zukunft; dazu Bem 3 zu § 62.

3) Nach § 63 Abs 3 S 2 gelten die Vorschr zugunsten derjenigen, die Rechte von einem Nichtberechtigten herleiten, sinngemäß. Entspr anwendbar sind daher nicht lediglich die Bestimmungen der BGB §§ 892, 893, 1138, 1155, SchiffsRG §§ 16, 17, LuftfzRG §§ 16, 17, 98 III 2, die für Grundstücke, grundstücksgleiche Rechte, eingetragene Schiffe und Schiffsbauwerke, Rechte an diesen Sachen und Rechten, Registerpfandrechte an Luftfahrzeugen und Rechte an den genannten Rechten gelten. Entspr anwendbar sind auch BGB §§ 185, 932ff, 1032, 1207f, 1244, HGB § 366, wenn es sich um Sachen und Rechte handelt, auf die sich diese Vorschriften beziehen. Dabei muß sich der gute Glaube auf das Nichterkennen des Verfügungsverbots beziehen, RG **90,** 338. Zu beachten ist, daß bei Grundstücken usw nur positives Kennen gutgläubigen Erwerb verhindert (dazu § 892 I S 2), während bei bewegl Sachen grobfahrlässiges Nichtkennen ausreicht (BGB § 932 II). – Gutgläubiger Erwerb im Wege der Zwangsvollstreckung ist hier, wie überall, ausgeschlossen, RG **90,** 338. Ebenso gutgläubiger Erwerb an Forderungen und anderen Rechten (BGB §§ 398, 413), zB an Urheberrechten. Bei Zahlung an den Nichtberechtigten jedoch uU Schutz nach BGB §§ 407f; Palandt-Heinrichs 3 zu BGB § 136.

Zustimmungsbefugnis des Vergleichsverwalters

64 Eine **Verfügungsbeschränkung** steht der Wirksamkeit einer Verfügung nicht entgegen, wenn der Vergleichsverwalter der Verfügung zustimmt. Das Gericht kann die Zustimmungsbefugnis des Vergleichsverwalters ausschließen oder beschränken.

1) § 64 bezieht sich auf das allg Veräußerungsverbot und das Verbot der Verfügung über einzelne Gegenstände. – Verfügungen, welche an sich von einem solchen Verbot erfaßt werden, sind wirksam, wenn sie mit **Einwilligg des VglVerw** vorgenommen werden. Sie werden mit Rückwirkung (RG **106,** 45) wirksam, wenn der VglVerw sie **genehmigt.** – Auf die Zustimmung (Einwilligg, Genehmigg) findet BGB § 185 i Vbdg mit BGB §§ 182ff Anw. Sie kann sowohl dem VglSchuldner wie auch dem anderen Vertragsteil gegenüber erklärt werden. Sie bedarf auch bei Formbedürftigkeit der Verfügung selbst keiner Form. Die Genehmigung kann nicht widerrufen werden, wohl aber die Einwilligung; letztere bis zur Vornahme der Verfügung. Einwilligg und Genehmigg können **für eine Reihe von Geschäften** oder **für bestimmte Arten von Geschäften** allg erteilt werden. Zu vorstehenden vgl Kiesow 2 zu § 57; Bley-Mohrbutter 1a.

Verpflichtungs- und Verfügungsfähigkeit des Schuldners **§ 65**

2) § 64 S 2. Die **Zustimmungsbefugnis** des VglVerw kann sowohl beim Erlaß des Verfügungsverbots als auch später **ausgeschlossen oder beschränkt** werden. – Nachträgl Ausschluß und nachträgl Beschränkg sind bei allg Veräußerungsverbot öffentl bekanntzumachen und nach Maßg des § 60 II zuzustellen. Gleiches gilt für nachträgl Zulassung der zunächst ausgeschlossenen Zustimmungsbefugnis, Kiesow 4 zu § 57. Die Beschränkung ist im Grundbuch etc einzutragen (vgl Anm 1 zu § 61). – **Nachträgl Ausschluß** macht Verfügungen, denen der Verwalter schon vorher zugestimmt hatte, nicht unwirksam. Auch eine zuvor erklärte Einwilligung des Verwalters wird durch eine die Zustimmungsbefugnis ausschließende Anordnung des Gerichts nicht unwirksam, so daß das Geschäft noch wirksam vorgenommen werden kann. Doch kann der Verwalter bis zur Vornahme des Rechtsgeschäfts seine Einwilligg widerrufen. Auch kann das Gericht durch Einzelverfügungsverbot dem Schuldner die Verfügung noch untersagen. Vgl Bley-Mohrbutter 5. – Trotz Zustimmung des VglVerw nach Maßg des § 64 S 1 kann die Wirksamk der Verfügung aus anderem Grunde in Frage gestellt sein. Insbesondere schützt sie nicht gegen eine Anfechtung in nachfolgendem Konkurs, Kiesow 5 zu § 57.

3) Bei Verhängung eines **allg Veräußerungsverbots** (§§ 59, 62) nähert sich der Aufgabenbereich des VglVerwalters weitgehend dem des KVerw an, BGH WM **76**, 1336 = KTS **77**, 106 (109); BGH KTS **81**, 79 (81) = ZIP **80**, 744. Damit besteht für den VglVerw eine der des KVerw vergleichbare Bindung an den Verfahrenszweck (zum vergleichbaren KZweck vgl Böhle-Stamschräder/Kilger KO §§ 6, 7) mit der Wirkung, daß die dem **Vergleichszweck** zuwiderlaufende Zustimmung unwirksam ist; BGH KTS **81**, 79 = ZIP **80**, 744.

Aufhebung der Verfügungsbeschränkungen

65

I Eine Verfügungsbeschränkung ist aufzuheben, wenn sie entbehrlich ist.

II Die Aufhebung ist in derselben Weise zuzustellen, öffentlich bekanntzumachen und in das Grundbuch, das Schiffsregister oder das Schiffsbauregister einzutragen wie die Anordnung (§ 60 Abs 2, §§ 61, 63 Abs 1 und 2).

1) Ob eine Verfügungsbeschränkung entbehrlich ist, entscheidet das VglGericht nach pflichtgemäßem Ermessen. Bei Entbehrlichkeit **muß** es die Beschränkung aufheben. – Ist die Verfügungsbeschränkung inhaltlich oder umfängl nicht mehr voll erforderl, ist sie in entspr Anw des § 65 so weit aufzuheben, als sie entbehrlich ist. So kann ein allg Veräußerungsverbot entbehrlich, das Verbot der Verfügung über bestimmte Einzelgegenstände aber noch erforderlich sein. Die Beschränkung der Zustimmungsbefugnis des VglVerw nach Maßg des § 64 S 2, welche eine zusätzl Beschränkung der Verfügungsgewalt des Schuldners bedeutet, ist in Anw des § 65 aufzuheben, wenn sie entbehrlich ist, Kiesow 1 zu § 58.

2) Die Aufhebung wirkt nur für die Zukunft, vgl Bem 3 zu § 62. Verfügungen, welche vor der Aufhebung verbotswidrig vorgenommen wurden und den VglGläubigern gegenüber unwirksam waren, bleiben diesen gegenüber unwirksam.

3) § 65 Abs 2. Die Aufhebung einer Verfügungsbeschränkung ist in derselben Weise und denselben Personen **zuzustellen,** wie es bei der Anordnung geschehen ist. War die Verfügungsbeschränkung öfftl bekanntgemacht, so ist auch die Aufhebung **öfftl bekanntzugeben.** Die Eintragg einer Verfügungsbeschränkung im Grundbuch oder Schiffsregister ist bei Aufhebung der Beschränkung auf Ersuchen des VglGerichts (Amtspflicht) zu löschen. – Die gleichen Grundsätze gelten bei inhaltl oder umfänglicher Einschränkung der Verfügungsbeschränkung.

4) § 65 II gilt nach LuftfzRG § 98 III 1 auch für Eintragungen im Register für Pfandrechte an Luftfahrzeugen.

7. Abschnitt. Anmeldung der Forderungen. Vergleichstermin

Verhandlung im Vergleichstermin

66 **I** **Im Vergleichstermin wird über den Vergleichsvorschlag verhandelt, das Stimmrecht der Forderungen, soweit es bestritten wird, festgestellt und abgestimmt. Der Vergleichsvorschlag ist zu verlesen; eine nach § 14 eingeholte Äußerung der Berufsvertretung ist ihrem Inhalt nach bekanntzugeben.**

II **Die an dem Vergleichsverfahren nicht beteiligten Gläubiger können in dem Vergleichstermin erscheinen und sind auf ihren Antrag zu hören.**

1) § 66 zeigt den allg Gang der Verhandlung **im VglTermin** auf. – Zur Vorbereitung des Termins (Ansetzung, Bekanntgabe, Ladungen) vgl § 20 m Bem. Ladung der Mitgl des GläubBeirats ist nicht vorgeschrieben, aber zweckmäßig. – Der **VglTermin selbst dient der Verhandlung und Abstimmung über den VglVorschlag.** Erforderl ist deshalb wörtl Verlesung des Vorschlages. Der VglSchuldner hat zu erklären, ob er bei dem Vorschlag verbleibt. Alsdann wird die Äußerung der Berufsvertretung (§ 14) inhaltlich bekanntgegeben. Der VglVerw berichtet nach Maßg des § 40 III S 1 über die Sachlage und die Aussichten der Erfüllung des vorgeschlagenen Vergleichs. Auf Verlangen des VglVerw oder eines VglGläub hat der VglSchuldner nach § 69 Abs 1 Auskunft zu geben und nach § 69 II die eidesstattl Versicherung abzugeben, sofern das Gericht die Abgabe anordnet. Es folgt die Erörterung der VglFdgen nach Maßg der §§ 70, 71. Zugrunde zu legen ist dieser Erörterung nach § 70, Akt-Ordn § 16 Abs 2 grundsätzlich das nach § 6 aufgestellte und vom Schuldner nach § 4 I 2 als Anlage des EröffAntrages eingereichte GläubVerzeichnis, unter Einbeziehung der vom Gericht nach § 67 Abs 3 vorgenommenen Berichtigungen. Das Ergebnis der Erörterung nach Maßgabe des § 71 I, II, III und eine evtl Entscheidung des Gerichts nach Maßg des § 71 II sind im GläubVerzeichnis zu vermerken, § 71 IV. – Die Erfahrung hat gezeigt, daß das vom Schuldner aufgestellte und vom Gericht ergänzte GläubVerz (§§ 6, 67 III) als Grundlage der Erörterung in der Regel unzulänglich ist und insbesondere die nach § 71 IV erforderl Ergänzungen nicht zuläßt. Es ist daher in der Mehrzahl der Fälle die Anfertigung eines neuen Verzeichnisses der Vergleichsgläubiger erforderlich. Dieses neue VglGläubVerzeichnis dient gleichzeitig als „Stimmliste zur Verhandlung über den Vergleich". – An die Erörterung der VglFdgen schließt sich die Abstimmung über den VglVorschlag nach näherer Maßg der §§ 72–75 an. Vergleiche die Anmerkungen zu diesen Vorschriften; erg Siegelmann BB **66,** 62 im Rahmen eines Aufsatzes über das Stimmrecht im Vergleichsverfahren. – Sieht der Vergleich jedoch eine ungleiche Behandlung der VglGläubiger vor, so ist auch nach Maßg des § 8 Abs 2 abzustimmen (vgl Bem 2, 3 zu § 8). – Zu Änderungen des VglVorschla-

§ 66

ges vgl § 76; zur Möglichkeit der Rücknahme § 99; zu einer Vertagung des VglTermins § 77.

Zur Aufstellung eines neuen GläubVerz als Stimmliste durch die Geschäftsstelle des VglGerichts und zur Abwicklung des VglTermins eingehend Schrader-Bauer II J (F III 239–241).

Der **VglTermin ist** grundsätzlich **nicht öffentlich;** das Gericht kann jedoch nach GVG § 175 Abs 2 einzelne **Presseberichterstatter** zulassen, wenn es sich um ein für die gesamte deutsche Wirtschaft bedeutsames Verf handelt und Pressemitteilungen der Justizverwaltung nicht ausreichen, LG Frankfurt ZIP **83,** 344; Kuhn-Uhlenbruck § 72 Anm 7. Da in der GläubVersamml auch über Ansprüche von oder gegen Beteiligte oder über Betriebsgeheimnisse gesprochen werden kann, bestehen **gegen die Zulassung der Presse** und damit der Öffentlichkeit jedenfalls dann Bedenken, wenn ein Beteiligter widerspricht oder ein für die Durchführung des Verf wesentlicher Sachverhalt erörtert werden soll, der der Vertraulichkeit bedarf.

2) Über die Verhandlung des Gerichts im Prüfungstermin ist ein **Protokoll** aufzunehmen. Dasselbe ist, auch für den Inhalt des VglVorschlages, nach ZPO § 417 beweiskräftig, RG **146,** 143. Unterschrieben wird das Protokoll nur von den Gerichtspersonen. Dem Protokoll als Anlage beizufügen ist das GläubVerzeichnis, an Hand dessen die Fdgen der VglGläub erörtert wurden und in welches das Ergebnis der Erörterungen eingetragen ist. Bei Beendigg des Verfahrens wird dieses Verzeichnis den Akten vorgeheftet, AktOrdn § 16 II S 2.

3) Die Entscheidungen des Gerichts sind nach ZPO § 329 Abs 1 zu verkünden. – Die Verhandlung ist nicht öffentlich. Persönlich erscheinen **muß** der VglVerw. Fehlt er, so ist Vertagg erforderl. Grundsätzlich muß auch der VglSchuldner (bzw sein gesetzl Vertreter) persönl erscheinen; doch kann Vertretung zulässig sein, § 68 II. Es können erscheinen die Mitglieder des GläubBeirats, alle Gläub des VglSchuldners sowie die sog VglGaranten (d s Personen, welche neben dem Schuldner für die Erfüllg des Vergleichs Verpflichtungen übernehmen wollen). – Die am VglVerfahren nicht beteiligten Gläub sind auf ihren Antrag im VglTermin zu hören, § 66 II.

4) Wird im VglTermin eine **Vergleichsbürgschaft** übernommen, so ist die Übernahme zu Protokoll zu erklären. Die Protokollierung ersetzt die erforderl Schriftform. – Wird die Bürgschaft außerhalb des Termins übernommen, so ist in jedem Falle Schriftform geboten, § 85 II. Die Bürgschaftserklärung wird alsdann zweckmäßig im Termin verlesen. Sie ist jedoch auch wirksam, wenn sie nicht verlesen wird, den VglGläub aber mit dem VglVorschlag bekanntgegeben oder zwar dem VglVorschlag nicht beigefügt, aber noch vor dem VglTermin mit dem Willen des Bürgen den Gläub mitgeteilt war, RG **146,** 300 ff; Bohnenberg DRiZ **50,** 284.

Anmeldung der Forderungen. Vergleichstermin **§ 67**

Anmeldung der Forderungen

67 ¹ **Ein Vergleichsgläubiger, dessen Forderung in das Gläubigerverzeichnis (§ 4 Abs 1 Nr 2, § 6) nicht aufgenommen ist, wird bei der Abstimmung berücksichtigt, wenn er seine Forderung bis zum Beginn der Abstimmung über den Vergleichsvorschlag schriftlich oder zu Protokoll der Geschäftsstelle anmeldet. Schriftliche Anmeldungen sind in zwei Stücken zu überreichen.**

^{II} **Die Anmeldung hat den Betrag und den Grund der Forderung zu enthalten; urkundliche Beweisstücke sind in Urschrift oder in Abschrift der Anmeldung beizufügen. Ist die Urschrift nicht beigefügt worden, so kann ihre Vorlage im Vergleichstermin verlangt werden.**

^{III} **Der Urkundsbeamte der Geschäftsstelle hat das Gläubigerverzeichnis nach den Anmeldungen zu berichtigen.**

1) Vom Vergleich betroffen werden alle Vergleichsgläubiger, unabhängig davon, ob ihre Forderungen im GläubVerzeichnis aufgeführt sind, sowie unabhängig von einer Anmeldung und von einer Teilnahme an der Abstimmg. – **Bei der Abstimmg berücksichtigt** werden:
a) VglGläub, deren Fdgen in das vom Schuldner nach § 4 I 2 als Anlage des EröffAntrages einzureichende **GläubVerzeichnis** des § 6 eingetragen sind. Seitens der darin angegebenen Gläub bedarf es einer besonderen Forderungsanmeldung nicht;
b) die VglGläub, welche ihre Fdgen bis zum Beginn der Abstimmung über den VglVorschlag **angemeldet** haben (dazu Bem 2).

2) Die **Anmeldung** (Bem 1 b) kann vor und im VglTermin geschehen. **Anmeldungen vor dem Termin** erfolgen schriftl (in zwei Stücken; Zweitschrift für den VglVerw) an das VglGericht oder zu Protokoll der Geschäftsstelle dieses Gerichts. Anmeldung beim VglVerw ist als solche unwirksam; bei Weitergabe an das VglGericht jedoch wirksam vom Zeitpunkt des Eingangs beim Gericht an. **Anmeldeberechtigt** ist der Gläubiger. Steht eine Fdg mehreren gemeinschaftl zu (§ 72 II), so ist jeder von ihnen anmeldeberechtigt, Krieg 2. Bei **juristischen** und **prozeßunfähigen Personen** Anmeldg durch den bzw die gesetzl Vertreter. Ein Vormund bedarf zur Anmeldung nicht der vormundschaftsgerichtl Genehmigung. Befindet sich der Gläub im Konkurs, so meldet der Konkursverwalter an. Befindet sich der Gläub im VglVerf, so erfolgt Anmeldung durch den VglSchuldner selbst. – Anmeldung durch **Bevollmächtigten** ist mögl; schriftl Vollmacht erforderl (ZPO § 80), doch muß das Gericht den Mangel der Vollmacht von Amts wegen nur berücksichtigen, wenn als Bevollmächtigter kein Rechtsanwalt auftritt, ZPO § 88 II. Vorläufige Zulassung nach § 89 I 1 möglich. Die Vollmacht muß aber dann vor Bestätigg des Vergleichs nachgereicht werden. – **Im Termin** erfolgt die Anmeldung schriftl oder zu Protokoll des Gerichts.

Von einer **devisenrechtl** Genehmigg ist die Anmeldung in keinem Falle abhängig; Bley-Mohrbutter 4 Abs 1 aE.

3) Es sind nach Maßg des § 67 auch Anmeldungen zuzulassen, bei denen lediglich geltend gemacht wird, daß die bereits in das GläubVerzeich-

§ 67

nis aufgenommene Fdg durch Erbgang oder Rechtsnachfolge den **Inhaber gewechselt** habe, Kiesow 2 zu § 60; ergänzend vgl Bem 5 Abs 1 aE.

4) Wesentl Inhalt der Anmeldung sind Betrag und Grund der Forderung; vgl Stuttgart NJW **62,** 1018f. Der **Betrag** ist in DM bestimmt anzugeben, auch hinsichtl der Nebenansprüche. Betragsangabe auch bei Fdgen aus BGB §§ 847, 1300. Bei unbestimmten Forderungen (§§ 34, 35) Angabe des Schätzungswertes. – **Grund** der Forderung ist der Tatbestand, aus dem die Fdg entspringt. Anzugeben sind die Tatumstände, welche der Fdg zugrunde liegen, nicht die rechtl Grundsätze, nach denen sie zu würdigen sind. Bei Anmeldung eines Saldos aus einem Kontokorrentverhältnis ist Forderungsgrund das Kontokorrentverhältnis als solches. Bei Wahlschulden ist Alternativanmeldung erforderlich; bei Fdgen, die nach §§ 34 f umzurechnen sind, auch Angabe des Umrechnungsbetrages. – Zum Forderungsgrund gehören uU Angaben über die **Inhaberschaft,** dh darüber, weshalb gerade der Anmelder Gläubiger ist (zB infolge Abtretung). – Gläubiger, denen der VglSchuldner auch dinglich haftet, haben, wenn sie auf ihr Absonderungsrecht verzichten, diese Tatsache zu vermerken und bei Nichtverzicht anzugeben, mit welchem Betrage sie bei der Verwertung des Sicherungsgegenstandes vermutlich ausfallen. – Nehmen mehrere die gleiche Forderung für sich in Anspruch, so melden alle an; vgl Bem 1 a zu KO § 139. – Der Anmeldung beizufügen sind (in Urschrift oder Abschrift) **urkundl Beweisstücke** wie Schuldscheine, Wechsel, Schecks, Vertragsurkunden, Urteile, Arrestbefehle, Abtretungsurkunden. – Bei abschriftl Beifügung kann nach § 67 II S 2 Vorlage der Urschrift im Termin verlangt werden.

5) Nach den Anmeldungen ist das GläubVerzeichnis (§ 6) vom Urkundsbeamten der Geschäftsstelle des Vergleichsgerichts zu berichtigen bzw zu ergänzen. Die Eintragg hat zu erfolgen, wenn die Anmeldung formell in Ordnung ist, also Grund und Betrag angegeben sind. Hält der Urkundsbeamte die Anmeldung insoweit für völlig unzureichend und erfolgt trotz Anmahnung keine Ergänzung, so kann er von der Eintragung zunächst absehen und die Sache dem VglGericht vorlegen. Dieses kann die Anmeldung, wenn sie offensichtl den notwendigen Erfordernissen des § 67 (Angabe von Grund und Betrag) nicht genügt, zurückweisen. – Beschränkt sich die Anmeldung auf die Rechtsnachfolge in die Fdg (Bem 3), so muß die Eintragg so vorgenommen werden, daß der bisherige Gläub ersichtlich bleibt und die Identität der Fdg erkennbar ist, Kiesow 5 zu § 60.

Das berichtigte GläubVerz ist die Grundlage der Mehrheitenberechnung nach § 74 Abs 1 (vgl § 74 Abs 2). – Es ist ratsam, jedenfalls die nach dem ersten Beginn der Abstimmung eingehenden Anmeldungen unter Angabe des Zeitpunktes des Eingangs nachzutragen, damit sie bei einem wiederholten Beginn der Abstimmung mitberücksichtigt werden können, Oldorf Rpfleger **51,** 192.

6) Die Anmeldung der Fdg seitens des Gläub hat nicht die für das Konkursverfahren im BGB § 209 II 2 bestimmte **Unterbrechung der Verjährung** zur Folge. Für die Hemmung der Verjährung von Forderungen im VglVerfahren gilt ausschließlich § 55.

Anmeldung der Forderungen. Vergleichstermin §§ 68, 69

Anwesenheitspflicht des Schuldners und des Vergleichsverwalters

68 ^I **Der Schuldner und der Vergleichsverwalter müssen in dem Vergleichstermin persönlich erscheinen.**

^{II} **Der Schuldner darf sich nur vertreten lassen, wenn er glaubhaft macht, daß ihn wichtige Gründe am Erscheinen verhindern.**

1) Ohne **Anwesenheit des VglVerw** kann der Termin nicht stattfinden. Bei Abwesenheit ist Vertagung erforderlich.

2) Auch der **VglSchuldner** muß grundsätzlich ebenfalls persönl erscheinen. Ist der prozeßunfähig, so trifft die Erscheinenspflicht den gesetzl Vertreter. Beim VglVerf über das Vermögen einer **OHG**, einer **KG** und einer **KGaA** müssen grundsätzlich alle persönl haftenden Gesellschafter erscheinen; im **NachlaßVglVerf** grundsätzlich alle Erben. Bei **jur Personen** (außer bei der KGaA) ist die Anwesenheit von soviel Vorstandsmitgliedern ausreichend, als zur Vertretung erforderl sind, Vogels-Nölte I 1.

Nach § 68 Abs 2 kann sich ein Schuldner jedoch durch einen **Bevollmächtigten** vertreten lassen, wenn er glaubhaft macht (ZPO § 294), daß ihn wichtige Gründe am Erscheinen verhindern. Ob ein wichtiger Grund vorliegt, ist Tatfrage; bei ernstl Erkrankung sicherlich, bei geschäftl Abhaltung jedoch nur in besonders gelagerten Fällen. Genügen dem Gericht die glaubhaft gemachten Gründe, so nimmt das Verf seinen Fortgang, und es kann zum Vergleich kommen, wenn der Vertreter des Schuldners zu hinreichender Auskunft in der Lage ist, und Abgabe einer eidesstattl Versicherung (§ 69 II) nicht verlangt wird. Wird Abgabe einer eidesstattl Versicherung angeordnet, so wird der Termin nach § 77 III vertagt. – Erachtet das Gericht die Gründe des Fernbleibens oder die Glaubhaftmachung nicht für zureichend, so ist nach Maßg des § 100 I 6 in Vbdg mit § 100 II zu verfahren; vgl Bem 7 zu § 100; Einstellung des VglVerfahrens also frühestens nach Ablauf von drei Tagen. Das gilt sowohl für den Fall, daß der Schuldner weder erschienen ist noch einen Vertreter geschickt hat, als auch für den Fall, daß ein Vertreter erschienen ist, das Ausbleiben des Schuldners aber nicht als hinreichend entschuldigt erachtet wird, Vogels-Nölte I 3; Bley-Mohrbutter 5.

Verpflichtung des Schuldners zur Auskunft und eidesstattlichen Versicherung

69 ^I **Der Schuldner ist auf Verlangen des Vergleichsverwalters oder eines Vergleichsgläubigers verpflichtet, die zur Beurteilung seiner Vermögenslage sowie der Angemessenheit und Erfüllbarkeit des Vergleichsvorschlages erforderlichen Auskünfte zu erteilen, insbesondere die nach § 4 Abs. 1 Nr. 3 abgegebene Erklärung zu erläutern und nähere Angaben über die im Vermögensverzeichnis angeführten Vermögensstücke sowie darüber zu machen, wo und in wessen Gewahrsam sie sich befinden.**

§ 69 7. Abschnitt

II Das Vergleichsgericht ordnet, wenn es dies zur Herbeiführung wahrheitsgemäßer Angaben für notwendig hält, von Amts wegen oder auf Antrag des Vergleichsverwalters oder eines Vergleichsgläubigers an, daß der Schuldner zu Protokoll an Eides Statt versichert, er habe nach bestem Wissen sein Vermögen und seine Verbindlichkeiten so vollständig angegeben und die verlangte Auskunft so vollständig erteilt, als er dazu imstande sei. Die Vorschriften der §§ 478 bis 480, 483 der Zivilprozeßordnung gelten entsprechend. Wird vom Schuldner keine Auskunft verlangt, so hat das Gericht den Gegenstand der eidesstattlichen Versicherung entsprechend einzuschränken.

Vorbem: Fassung der Überschrift zu § 69 und des Absatzes 2 dieser Bestimmung nach Art. 2 § 7 Nr 3b, c des in der Vorbem zu § 3 genannten Gesetzes vom 27. 6. 1970.

1) Nach Maßg des § 69 Abs 1 hat der VglSchuldner eine **weitgehende Auskunftspflicht.** – Berechtigt, Auskunft zu verlangen, sind der VglVerwalter und jeder VglGläub. Bei Weigerung des Schuldners ohne genügenden Grund Einstellung des Verfahrens nach § 100 I 4 und Entscheidung über Konkurseröff, § 101. Darüber, ob die Weigerung hinreichend begründet ist, entscheidet das Gericht nach pflichtgemäßem Ermessen.

2) Nach § 69 Abs 2 hat der Schuldner eine **eidesstattliche Versicherung** abzugeben, **wenn das Gericht dies zur Herbeiführung einer wahrheitsgemäßen Aussage für erforderlich hält.** Durch die im Wenn-Satz enthaltene Einschränkung sollen überflüssige eidesstattliche Versicherungen verhindert und eine zwecklose Schädigung gutwilliger Schuldner vermieden werden, Vogels JW **36,** 6. Es erscheint jedoch nicht angängig, von der Anordnung einer eidesstattl Versicherung nur in Ausnahmefällen Gebrauch zu machen. Das Wissen um die mögliche Pflicht zur Abgabe einer eidesstattl Versicherung wird wesentlich zu einer sorgfältigen Vorbereitung und lückenlosen Auskunfterteilung beitragen, Weiß BB **52,** 298. Eidesstattl Versicherung danach etwa, wenn begründeter Verdacht besteht, daß der Schuldner Vermögensstücke verheimlicht hat, wenn er sich bei seinen Angaben in Widersprüche verwickelt hat oder wenn die verlangte Auskunft zunächst unvollständig war. In besonderen Fällen kann schon die Art der Geschäftsführung des Schuldners die Anordnung der eidesstattl Versicherung rechtfertigen.

3) Berechtigt, die Anordnung der **Abgabe einer eidesstattl Versicherung zu beantragen,** sind der VglVerw und jeder VglGläub. Über den Antrag entscheidet das Gericht nach pflichtgemäßem Ermessen, dazu Bem 2. Die Entscheidung ist nicht beschwerdefähig, § 121; doch findet, wenn der Rechtspfleger entschieden hat, die Erinnerung nach RpflG § 11 statt (erg vgl betr die Erinnerung Anm 6 zu § 121). Das Gericht kann auch ohne einen Antrag die eidesstattl Versicherung anordnen.

4) Das Gesetz sieht in § 69 II 1, 2 mit Bezug auf das Vermögen und die Verbindlichkeiten des Schuldners lediglich eine **umfassende eidesstattliche Versicherung** vor. Die Anordnung einer auf Einzelangaben (bestimmte Vermögensgegenstände, bestimmte Verbindlichkeiten, Privat-

Anmeldung der Forderungen. Vergleichstermin **§ 70**

entnahmen) beschränkten eidesstattlichen Versicherung dürfte danach unzulässig sein (and wohl Weiß BB **52**, 298). Bestehen mit Bezug auf bestimmte Vorgänge Bedenken gegen die Angaben des Schuldners, so hat das Gericht nur die Möglichkeit der Abnahme einer umfassenden Versicherung. Doch wird es dem Schuldner zuvor hinsichtlich der konkreten Punkte Vorhaltungen machen. Vgl Vogels-Nölte II 2. – Abgabe einer eidesstattl Versicherung durch den **Schuldner** bzw seinen gesetzl Vertreter. Befinden sich mehrere in der VglSchuldnerrolle (etwa Miterben, Gesellschafter einer OHG), so obliegt die Abgabe der eidesstattl Versicherung den Personen, denen das Gericht die Abgabe auferlegt. – Die eidesstattl Versicherung bezieht sich, soweit sie das Vermögen und die Verbindlichkeiten des Schuldners betrifft, auf den Vermögensstand **zur Zeit der Abgabe der Versicherung;** vgl RGStr JW **34**, 2412. Das Vermögensverzeichnis ist entsprechend zu ergänzen; Bley-Mohrbutter 11.

5) Die eidesstattl Versicherung unterscheidet sich ihrem Wesen und ihrem Inhalt nach sowohl von der eidesstattl Versicherung nach Maßg der ZPO § 807, wie auch von der eidesstattl Versicherung des KO § 125. Sie ist lediglich verstärkte Auskunft. – **Abgenommen** wird die Versicherung durch das VglGericht. Bei Weigerung des Schuldners, die eidesstattl. Versicherung abzugeben, keine Anwendung des ZPO § 901; es kommen VglO §§ 100 I 7, 101 zur Anwendung.

Erörterung der Forderungen

70 Die Forderungen der Vergleichsgläubiger werden an der Hand des berichtigten Gläubigerverzeichnisses erörtert; der Schuldner hat sich über sie zu erklären.

1) § 70 betrifft nur **Fdgen von VglGläubigern.** Erörtert werden diese, sofern sie im berichtigten GläubVerz (§§ 6, 67 III) aufgeführt sind, mögen die Gläub im Termin anwesend bzw vertreten sein oder nicht. Erörterung auch bei Stimmrechtsausschluß oder -beschränkung, Bley-Mohrbutter 5. Die Erörterung wird eingeleitet jeweils durch **Einzelaufruf** und nicht lediglich durch Hinweis auf das Verzeichnis. Der Schuldner hat sich zu den einzelnen Fdgen zu erklären.

2) Ist die Fdg im Verzeichnis nicht als „streitig" bezeichnet und wird sie auch im Termin weder vom Schuldner noch vom VglVerw noch von einem VglGläub bestritten, so wird diese Tatsache im GläubVerzeichnis vermerkt, § 71 IV. Das **Nichtbestreiten** hat zur **Folge, daß die Fdg stimmberechtigt ist,** § 71 I S 1. – Zur Bedeutung des Nichtbestreitens (von Schuldner und Vergleichsverwalter) für die Vollstreckung des Vergleichs vgl § 85 m Anm.

3) Wird die Fdg vom Schuldner, VglVerw oder einem VglGläub **bestritten,** so wird dies bei der Fdg im GläubVerzeichnis vermerkt, daß und von wem sie bestritten ist. Alsdann erfolgt nach Maßg des § 71 II der Versuch einer Einigg über die Gewährung eines Stimmrechts. Kommt eine Einigg nicht zustande, so entscheidet (jedoch auch nur über die

§ 71

Gewährung eines Stimmrechts) das VglGericht; Näh dazu Bem 4 zu § 71.

4) Grundlage der Erörterung ist nach § 70 das berichtete GläubVerzeichnis. Weil dieses aber in der Mehrzahl der Fälle als Grundlage der Erörterung unzulänglich ist, fertigt das Gericht zweckmäßig unter Zugrundelegg des berichtigten GläubVerz ein neues GläubVerzeichnis an, das gleichzeitig als Stimmliste zu benutzen ist, und erörtert an Hand dieses Verzeichnisses die VglFdgen. Vgl Bem 1 zu § 66.

Feststellung des Stimmrechts

71 ^I Eine Forderung ist stimmberechtigt, wenn weder der Schuldner noch der Vergleichsverwalter noch ein Vergleichsgläubiger sie bestreitet. Der Vergleichsverwalter hat eine Forderung zu bestreiten, wenn sich gegen sie aus den Geschäftsbüchern und Aufzeichnungen des Schuldners oder sonst begründete Bedenken ergeben, die der Schuldner nicht zu zerstreuen vermag.

^{II} Wird eine Forderung bestritten und einigen sich der Schuldner, der Vergleichsverwalter und die im Termin erschienenen Vergleichsgläubiger nicht über die Gewährung des Stimmrechts, so entscheidet das Gericht. Es kann seine Entscheidung auf Antrag des Schuldners, eines im Termin erschienenen Vergleichsgläubigers oder des Vergleichsverwalters bis zum Beginn der Abstimmung über den Vergleichsvorschlag ändern. Die Wirkung der Entscheidung beschränkt sich auf das Stimmrecht und die im § 97 bezeichneten Rechtsfolgen.

^{III} Die Vorschriften des Absatzes 2 gelten sinngemäß für aufschiebend bedingte Forderungen und Forderungen, für die abgesonderte Befriedigung beansprucht wird.

^{IV} Der Urkundsbeamte der Geschäftsstelle hat nach der Erörterung einer jeden Forderung im Gläubigerverzeichnis zu vermerken, ob und von wem die Forderung bestritten wurde. Haben die Beteiligten sich über das Stimmrecht geeinigt oder hat das Gericht über das Stimmrecht entschieden, so ist auch diese Einigung oder Entscheidung zu vermerken.

1) § 71 betrifft die **Feststellung des Stimmrechts.** – Bedeutung hat die Vorschrift darüber hinaus noch gemäß § 85 I für die Vollstr nach bestätigtem Vergleich, sowie im Rahmen des § 97 I, II.

2) Nach **§ 71 Abs 1 S 1** ist eine Forderung stimmberechtigt, wenn weder der Schuldner noch der VglVerw noch ein erschienener oder vertretener VglGläub sie mündl im Termin bestreitet. Ein nur schriftl Bestreiten hat keine Bedeutung. – Das Bestreiten braucht nicht begründet zu werden. Es kann sich auf die ganze Fdg oder auf einen Teil derselben beziehen. Bestritten werden kann sowohl die Fdg als solche wie auch lediglich die Inhaberschaft derselben; doch gilt das Bestreiten lediglich der Inhaberschaft gleichfalls als Bestreiten der Fdg. Zulässig ist auch das Bestreiten lediglich der VglGläubEigenschaft; dazu Bley-Mohrbut-

Anmeldung der Forderungen. Vergleichstermin § 71

ter 24. – Eine Beseitigung des Widerspruchs, wie KO § 146 sie vorsieht, gibt es im VglVerf nicht; Bley-Mohrbutter 28.

Der VglVerw ist unter den im **§ 71 Abs 1 S 2** genannten Voraussetzungen verpflichtet, die in dieser Bestimmung bezeichneten Fdgen zu bestreiten, und zwar mit Rücksicht auf § 85 Abs 1 auch dann, wenn die Fdg bereits von einem Gläub bestritten wird. Selbst ein Bestreiten durch den Schuldner befreit den VglVerw nicht von der Pflicht, auch seinerseits zu bestreiten, weil mit der Möglichkeit gerechnet werden muß, daß der Schuldner sein Bestreiten zurücknimmt (vgl Anm 6), Bley-Mohrbutter 17. Bei Pflichtverletzung uU Haftung nach Maßg des § 42, vgl KuT **35**, 46 (Fragen und Antworten).

Sind **mehrere VglVerw** bestellt (dazu § 20 Anm 1), so schließt bei gemeinschaftl wie bei getrennter Verwaltung das Bestreiten eines Verw das gesetzl Stimmrecht aus, Bley-Mohrbutter 7 zu § 38.

2a) Der VglVerw hat eine Fdg auch zu bestreiten, wenn die zu der beanspruchten Leistung erforderl **devisenrechtl Genehmigung** nicht erteilt ist. – Wird eine devisenrechtlich noch genehmigungsbedürftige Leistung beansprucht, so braucht, wenn die Leistung von einer allgemeinen Genehmigung erfaßt wird oder für den Einzelfall genehmigt ist, die Forderung im VglVerf nicht aus dem Grunde bestritten zu werden, weil ein Nichtbestreiten nach § 85 die Titulierung der Fdg zur Folge haben würde. Die Leistungsgenehmigung umfaßt nämlich auch die Genehmigung zur Erwirkung eines entsprechenden Vollstreckungstitels (Mitteilung der Deutschen Bundesbank v 23. 12. 1970 Nr 6004/70 zu F I Satz 1).

Ist lediglich zur Erwirkung eines VollstrTitels die devisenrechtl Genehmigung erforderlich (was bei gesetzl Schuldverhältnissen praktisch werden kann), so ist der VglVerw zwar nicht gehalten, die Fdg wegen des Fehlens der devisenrechtl Genehmigung zu bestreiten. Er muß jedoch bei der Erörterung der Fdg auf das Fehlen der erforderl Genehmigung hinweisen. Der „Vorbehalt der devisenrechtl Genehmigg" ist alsdann gem § 71 IV S 1 im GläubVerzeichnis zu vermerken (vgl Mitteilung der Deutschen Bundesbank Nr 6004/70 zu F I Satz 2).

Wird eine Forderung geltend gemacht, die auf einem vom **Außenwirtschaftsgesetz** erfaßten Geschäfte beruht (dazu AWG §§ 1, 4), so muß der VglVerw prüfen, ob die Fdg etwa deswegen bestritten werden muß, weil die Leistung nach einer auf Grund des Außenwirtschaftsgesetzes erlassenen Verordnung verboten ist oder die auf Grund einer solchen Verordnung erforderl Genehmigung nicht vorliegt.

3) Wenngleich § 71 nur ein Bestreiten der Fdg erwähnt, so muß doch, da (insbes nach Maßg des § 72) auch unstreitige Fdgen von der Abstimmung ausgeschlossen sein können, ein **Bestreiten lediglich des Stimmrechts und der Stimmhöhe** zugelassen werden, Krieg 5.

4) Wenn und soweit die Fdg oder nur deren Stimmrecht (Bem 3) bestritten wird, ist eine **Einigg der Beteiligten** (ds Schuldner, VglVerw und erschienene bzw vertretene VglGläub) **über die Gewährung eines Stimmrechts in bestimmter Höhe** (nicht auch hinsichtl der Fdg) zu versuchen. Kommt eine Einigg zustande, so ist diese für das Stimmrecht bindend. **Andernfalls entscheidet das VglGericht, ob und in welcher**

§ 71

Höhe Stimmrecht gewährt wird. Die Entscheidung ist nicht beschwerdefähig, § 121; sie kann auch nicht mit der Erinnerung angefochten werden, RpflG § 11 Abs 5 S 2. Das Vergleichsgericht ist aber auf Antrag eines der vorgenannten Beteiligten bis zum Beginn der Abstimmung über den VglVorschlag zu einer Änderung seiner Entsch befugt; § 71 II S 2. – § 71 II S 3 ergibt, daß die **gerichtl Entscheidung sich nicht auf die Fdg bezieht.** Ihr Rechtsbestand kann, wenn sie streitig bleibt, nur im Prozeßwege geklärt werden.

Die Entsch des Gerichts nach Maßg des § 71 II hat außer für das Stimmrecht uU noch Bedeutg im Rahmen der §§ 97 II, 9 I. Sie erübrigt möglicherweise eine erneute Feststetzung der mutmaßlichen Höhe einer bestrittenen Fdg nach Maßg des § 97; vgl Anm 1–3 zu § 97; doch ist zu beachten, daß eine Entsch des Rechtspflegers über die Gewährung des Stimmrechts nach § 71 nicht die in § 97 bezeichneten Folgen hat; vgl Anm 1, 2 zu § 97 mit Hinw auf Mohrbutter KTS **70,** 191.

5) Nach § 71 Abs. **3** und § 110 Abs. 1 S 2 gelten die Vorschr des § 71 Abs 2 (vgl Bem 4) sinngemäß

a) für **aufschiebend bedingte Fdgen.** Diese sind am Verf beteiligt, vgl Bem 4 zu § 31. Ob und in welcher Höhe ein Stimmrecht zu gewähren ist, bestimmen nach § 71 II die Beteiligten und entscheidet danach notfalls das Gericht;

b) für **Fdgen, für welche abgesonderte Befriedigg beansprucht wird.** Diese sind zwar in voller Höhe der persönl Fdg VglFdgen; die Gläub nehmen aber, wenn sie auf abgesonderte Befriedigg nicht verzichten, an der Abstimmung nur in Höhe des (mutmaßl) Ausfalls teil, § 27 (vgl dort Anm 3 m Hinw). Der absonderungsberechtigte Gläub hat daher wegen seiner persönl Fdg kein Stimmrecht, wenn er voll gesichert ist, BGH **31,** 174; Kuhn WM **60,** 968. Ist ein Ausfall zu befürchten und wird ein bestimmter Betrag als AusfallFdg geltend gemacht, so hat der Gläub, wenn dieser Betrag als AusfallFdg nicht bestritten wird, Stimmrecht in dieser Höhe. Wird die AusfallFdg bestritten, so entscheidet, wenn die Beteiligten sich über die Gewährung eines Stimmrechts oder dessen Höhe nicht einigen können, das VglGericht nach Maßg des § 71 II;

c) für **Gesellschaftsgläub** im VglVerf über das Vermögen eines persönl haftenden Gesellschafters nach näh Maßg des § 110 I.

d) Gesellschafter-Gläubiger kapitalersetzender Darlehen können an der Abstimmung nicht teilnehmen; sie haben kein Stimmrecht, weil sie die Forderung auf Darlehensrückzahlung im Vgl nicht geltend machen können, GmbHG § 32a; vgl § 108, 3b.

6) Bis zum Beginn der Abstimmung über den VglVorschlag kann ein **Widerspruch zurückgenommen** werden. Spätere Rücknahme kann zulässig sein, wenn der Widerspruch sich nicht auf das Stimmrecht bezog, sondern nur die Forderung selbst und deren spätere Vollstreckbarkeit betraf. Vgl Bley-Mohrbutter 22, 27 und für das Konkursrecht Jaeger-Weber 10 zu KO § 141.

Die Rücknahme des Widerspruchs erfolgt entweder gegenüber dem Anmelder, der dann die Berichtigung des GläubVerzeichnisses zu erwir-

Anmeldung der Forderungen. Vergleichstermin **§ 72**

ken hat, oder gegenüber dem VglGericht, das die Erklärung als Berichtigungsantrag behandelt. – Nach Abschluß des VglVerfahrens kann die Beseitigung eines Widerspruchs im GläubVerzeichnis nicht mehr vermerkt werden, AG Düsseldorf KTS **64**, 192.

7) § 71 Abs 4. Das **Ergebnis der Erörterung einer jeden Fdg ist im GläubVerzeichnis durch den Urkundsbeamten der Geschäftsstelle zu vermerken.** Anzugeben ist, ob, von wem und in welchem Umfange die Fdg oder das Stimmrecht bestritten wurde. Rücknahme eines Widerspruchs (dazu Bem 6) ist ergänzend anzuführen. Zu vermerken sind auch eine Einigg der Beteiligten über die Gewährung eines Stimmrechts oder die Entscheidung des Gerichts nach Maßg des § 71 II. Vermerkt wird im Falle des Nichtbestreitens auch ein evtl. Vorbehalt mit Rücksicht auf das Erfordernis der devisenrechtl Genehmigg für die Titulierung (vgl Anm 2a). – Läßt das vom Gläub eingereichte GläubVerzeichnis (§ 6) räumlich solche Vermerke zu jeder Fdg nicht zu, so ist das Verzeichnis nach **Aktenordnung § 16 Abs 2** vom VglGericht neu aufzustellen; vgl Bem 1 zu § 66.

8) Wenn der Schuldner es unterläßt, gegen eine Fdg Widerspruch zu erheben und es damit auf sich nimmt, dem Gläub ein Stimmrecht zuzugestehen und im Falle des Zustandekommens des Vergleichs einen vollstreckbaren Titel an die Hand zu geben, so ist daraus **kein materieller Verpflichtungsgrund** zu entnehmen; das Nichtbestreiten ist insbes nicht ein vom Schuldgrunde losgelöstes Anerkenntnis der Fdg, KuT **38**, 10f.

Stimmrecht in besonderen Fällen

72 ^I **Vergleichsgläubiger, deren Kapitalsforderungen nach dem Vergleichsvorschlag nicht beeinträchtigt werden, haben kein Stimmrecht.**

^{II} **Gläubigern, denen eine Forderung gemeinschaftlich zusteht oder deren Forderungen bis zum Eintritt der Zahlungsunfähigkeit des Schuldners eine einzige Forderung gebildet haben, gebührt nur eine Stimme. Die Vorschrift gilt sinngemäß, wenn an einer Forderung ein Pfandrecht oder ein Nießbrauch besteht.**

1) In VglVorschlägen ist oft vorgesehen, daß bestimmte Gruppen von Gläub (idR die Kleingläubiger bis zu einem bestimmten FdgBetrage) **wegen ihrer Kapitalfdg alsbald** (also ohne Stundung) **voll befriedigt** werden sollen. Nach **§ 72 Abs 1** haben solche VglGläub bei der Abstimmung über den VglVorschlag **kein Stimmrecht**, Bley-Mohrbutter 1. Unerhebl ist, ob die Gläub wegen ihrer Nebenfdgen (Zinsen, Kosten) nach dem VglVorschlag Einbuße erleiden, Kiesow DRZ **35**, 244; Bley-Mohrbutter 9.

§ 72 Abs 1 bezieht sich **nicht** auf Gläub, welche zwar in voller Höhe ihrer KapitalFdg, aber erst bestimmte Zeit nach Bestätigung des Vergleichs voll befriedigt werden; ferner nicht auf Gläub, welche ihre Fdgen auf den mit Vorzugsstellung ausgestatteten Betrag ermäßigen, KuT **36**, 138f (Fragen und Antworten). Gläub der letztgenannten Fdgen haben

§ 73

nach § 71 I S 1 Stimmrecht in voller Höhe ihrer ursprünglichen Fdg, da der Forderungserlaß nur für den Fall des Zustandekommens des Vergleichs Geltung haben soll. – Gläub, die **aufrechnungsberechtigt** sind, aber nicht aufrechnen, nehmen wegen ihrer Fdgen an der Abstimmung teil, doch könnte in der Teilnahme an der Abstimmung in Kenntnis der Aufrechnungsbefugnis ein Aufrechnungsverzicht liegen; jedenfalls stände einer späteren Geltendmachung möglicherweise der Einwand der unzulässigen Rechtsausübung entgegen; vgl Krieg 2; Bley-Mohrbutter 6.

2) § 72 Abs 2. Mehrere, denen eine Fdg gemeinschaftlich zusteht, sind ua Gesamtgläub, Gesamthandsgläub, Forderungsberechtigter und Pfandgläub, Forderungsberechtigter und Nießbraucher, sowie Miterben hinsichtl einer zum ungeteilten Nachlaß gehörenden Fdg. Diese haben **jeweils nur eine Stimme.** Kommt eine Einigg nicht zustande und stimmen die mehreren gegensätzl, so gilt die Stimmabgabe als Stimmenthaltung, Krieg 3. – Haben mehrere Gläub eine teilbare Leistung zu fordern, so findet § 72 II keine Anw, da jedem Berechtigten iZw ein selbständiger Teil der Fdg zusteht, BGB § 420. – Ein Vertreter mehrerer stimmberechtigter Gläub hat so viele Stimmen, wie er Gläub vertritt.

3) Gläub, deren Fdgen bis zum Eintritt der Zahlungsunfähigkeit des Schuldners eine einzige (dh einheitliche) **Fdg gebildet haben, haben nur eine Stimme.** Damit soll verhindert werden, daß durch Forderungsteilung die nach § 74 I 1 erforderl Kopfmehrheit erreicht wird. Der Geltungsbereich der Vorschr ist daher sinngemäß auf solche Fälle zu beschränken, wo ohne die Vorschr die Forderungsteilung die Zahl der Kopfstimmen vermehren würde. – Ermittlungspflicht des Gerichts nach § 116, jedoch nur, soweit Beweismittel zur Stelle sind oder sofort beschafft werden können, insbes also Anhörung des Schuldners, der in Frage kommenden VglGläub und des VglVerw sowie Einsichtnahme in die Bücher und Geschäftspapiere des Schuldners. Schwierigkeiten wird dem VglGericht die Feststellung des Zeitpunktes des Eintritts der Zahlungsunfähigk bereiten. Die Entsch des Gerichts über das Stimmrecht ist jedoch nicht beschwerdefähig (§ 121); sie kann auch nicht mit der Erinnerung angefochten werden, RpflG § 11 Abs 5 S 2. Es muß aber angenommen werden, daß in entspr Anw des § 71 II S 2 bis zum Beginn der Abstimmung das Gericht auf Antrag seine Entscheidung ändern kann. – Anw nur bei gewillkürter Teilung, die jedoch nach Bley-Mohrbutter 21 auch anzunehmen ist, wenn vor Eintritt der Zahlungsunfähigkeit eine Rechtspflicht zur Teilung oder Teilübertragung bestand.

Schriftliche Zustimmung

73 ᴵ **Ein Gläubiger kann dem Vergleichsvorschlag auch schriftlich zustimmen; die Erklärung ist nur zu berücksichtigen, wenn sie dem Gericht bis zum Schluß der Abstimmung zugegangen ist.**

ᴵᴵ **Die Zustimmung gilt auch dann als erteilt, wenn die Forderung des zustimmenden Gläubigers bestritten wird; es sei denn, daß die Zustimmung für diesen Fall verweigert worden ist.**

Anmeldung der Forderungen. Vergleichstermin **§ 73**

1) § 73 Abs 1 läßt **schriftliche Zustimmung zum VglVorschlag** zu. – Ihrer **Rechtsnatur** nach ist die schriftl Zustimmung rechtsgeschäftl Erklärung des Gläub zu dem im VglVorschlag des Schuldners bereits enthaltenen (vgl Bem 2 zu § 3) Antrag auf Abschluß eines Vergleichs mit bestimmtem Inhalt, Kiesow 2 zu § 65. Die Erklärung der Gläub ist Teil der Gesamterklärung der GläubMehrheit, in der die Annahme des Vertragsantrags liegt, Kiesow aaO.

2) Die schriftl Zustimmungserklärung kann **jederzeit** erfolgen. Sie ist **dem Gericht gegenüber** abzugeben. Dem Erfordernis der Schriftform wird durch telegrafische Übermittlung genügt, wenn das Aufgabeformular handschriftl unterzeichnet ist, Bley-Mohrbutter 8. Die Schriftform kann durch die stärkere Form der öffentl Beurkundung ersetzt werden. – Die schriftl Zustimmung ist nur zu berücksichtigen, wenn sie dem Gericht **bis zum Schluß der Abstimmung über den VglVorschlag** vorliegt; später eingehende Zustimmungserklärungen sind ohne Bedeutung; Bley-Mohrbutter 3, 11. Unzulässig ist auch ein Nachbringen von Zustimmungserklärungen in der Rechtsmittelinstanz, Vogels-Nölte I 2; Krieg 2; LG Bln 28 T 296/52 v 30. 4. 1952 (aA KG KuT **32,** 183 f); vgl auch Bem 2 zu § 101. – Um den Zeiptunkt des Eingangs nachprüfen zu können, ist dieser von der Geschäftsstelle nach Tag, Stunde und Minute zu vermerken. – An seine Erklärung ist der Gläub erst von dem Zeitpunkt an **gebunden,** in welchem sich die Annahme im Termin durch Abstimmung ergibt. Bis zu diesem Zeitpunkt, also bis zum Schluß der Abstimmung, kann der Gläub seine Erklärung schriftl oder mündl im Termin widerrufen. – Die Zustimmung kann unter der **Bedingung** erfolgen, daß die Fdg des Gläub unbestritten bleibt, § 73 II; eine andere Bedingung kann dem Vergleich nicht beigefügt werden, Bley-Mohrbutter 10. Das hindert jedoch nicht, daß ein Gläub seine Zustimmung zum VglVorschlag davon abhängig macht, daß der Schuldner ihm auf seine (des Schuldners) Kosten die Prüfung seiner Kreditwürdigk ermöglicht (so mit Recht Burhenne NJW **58,** 173 f). Doch handelt es sich dann nicht um eine bedingte Zustimmung zum VglVorschlag. Der Gläub stellt vielmehr ledigl seine Zustimmung für den Fall in Aussicht, daß der Schuldner dem Ersuchen nachkommt und die Unterlagen die Kreditwürdigkeit des Schuldners ergeben.

3) Die schriftl Erklärung bezieht sich nur auf den VglVorschlag, auf den sie Bezug nimmt, bzw den bei ihrer Abgabe vorliegenden, dem Gläub bekannten VglVorschlag. Für einen später geänderten Vorschlag hat sie i Zw nur Bedeutung, wenn der neue Vorschlag den Gläub besser stellt, Kiesow 9 zu § 65. Vgl auch Bley-Mohrbutter 9, 12.

4) § 73 Abs 2 dient der Klarstellung. Es gilt also die Zustimmung grundsätzl auch dann als erteilt, **wenn die Fdg des Gläub bestritten wird.** Anders nur, wenn die Zustimmung für diesen Fall (was sich aus der Zustimmungserklärung ergeben muß) verweigert worden ist.

§ 74

Abstimmung über den Vergleichsvorschlag

74 ^I Zur Annahme eines Vergleichsvorschlages ist erforderlich, daß

1. die Mehrheit der im Termin anwesenden stimmberechtigten Gläubiger unter Einrechnung der schriftlich zustimmenden dem Vergleichsvorschlag zustimmt und
2. die Gesamtsumme der Forderungen der zustimmenden Gläubiger mindestens drei Viertele der Forderungen der stimmberechtigten Gläubiger beträgt.

^{II} Die Mehrheiten sind nach dem berichtigten Gläubigerverzeichnis zu berechnen.

^{III} Gewährt der Vergleichsvorschlag den Gläubigern nicht mindestens die Hälfte ihrer Forderungen, so muß die nach Absatz 1 Nr. 2 erforderliche Gesamtsumme der Forderungen der zustimmenden Gläubiger mindestens vier Fünftele der Forderungen der stimmberechtigten Gläubiger betragen.

1) § 74 Abs 1. Annahme des VglVorschlages erfordert eine Mehrheit nach Köpfen und nach Summen.

a) **Kopfmehrheit** ist erreicht, wenn mehr als 50% der anwesenden oder vertretenen stimmberechtigten Gläub unter Einrechnung der schriftl zustimmenden (§ 73) dem Vgl ausdrücklich zustimmen. – Stimmenthaltung gilt als Ablehnung. – Stimmen Mehrere, welche nach Maßgabe des § 72 II nur eine Stimme haben, uneinheitlich, so gilt ihre Abstimmung als ablehnend. – **Änderung der Stimmabgabe** ist bis zum Schluß der Abstimmung möglich. – Bei Berechnung der Kopfmehrheit ist auch zu beachten, daß bei Forderungsspaltung nach Eintritt der Zahlungsunfähigkeit gemäß § 72 II nur eine Stimme gewährt ist. Gläub mit mehreren Fdgen haben nur eine Stimme. Das gilt auch bei Fdgen eines Kaufmanns, welcher mehrere Geschäfte unter verschiedenen Firmenbezeichnungen betreibt, sowie für Fdgen von Handelsgesellschaften mit mehreren selbständigen Handelsniederlassungen; Bley-Mohrbutter 9 Abs 2 (and Vogels-Nölte III 1 zu § 72). – Ein **Vertreter mehrerer stimmberechtigter Gläub** hat aber soviel Stimmen, als er Gläubiger vertritt. – Vereinigt ein Gläub aufgrund vertraglicher oder gesetzlicher Zessionen (§ 9 Abs 2 Betr AVG) die Fdgen mehrerer Personen auf sich, so hat er für jede der auf ihn übergegangenen Fdgen eine Kopfstimme, wenn sich aus dem GläubVerzeichnis jede dieser einzelnen Fdgen ergibt.

b) **Summenmehrheit** nach Maßg des § 74 I 2 ist erreicht, wenn das durch die Kopfmehrheit vertretene Kapital zugleich drei Viertele der Gesamtsumme aller überhaupt stimmberechtigten Fdgen ausmacht (ergänzend vgl Bem 3). Bei Berechnung des Verhältnisses sind also auch die nicht erschienenen und nicht vertretenen VglGläub zu berücksichtigen (erg vgl aber Bem 2). – Ein **Gläub mit mehreren stimmberechtigten Fdgen** kann grundsätzl nur einheitl abstimmen (Grundsatz des einheitl Votierens, Schönke-Baur § 74 II 2; anders gilt, wenn mehrere Fdgen nur treuhandweise und mit verschiedenen Abstimmungsweisen abgetreten sind; dazu Bley-Mohrbutter 9 Abs 1.

Anmeldung der Forderungen. Vergleichstermin **§ 74**

Auszählung und Feststellung des Abstimmungsergebnisses nach Summen muß mit Rücksicht auf § 77 Abs 1 auch dann erfolgen, wenn die für die Annahme des Vgl nach § 74 Abs 1 S 1 erforderliche Kopfmehrheit nicht erreicht ist; vgl Bem 2 zu § 77.

2) § 74 Abs 2. Die Mehrheiten zu 1a und b sind nach dem **GläubVerzeichnis** des § 6 (unter Mitberücksichtigg der nach Maßg des § 67 III vorgenommenen Berichtigungen) zu errechnen. Zu beachten ist aber, daß in dem GläubVerzeichnis alle Gläub des Schuldners aufgeführt sind, also auch Gläub, die wegen ihrer Fdgen am VglVerf nicht teilnehmen oder zwar zur Teilnahme berechtigt, aber nicht stimmberechtigt sind. Diese scheiden natürlich bei der Errechnung der Mehrheiten aus. Gläub, deren Fdgen nur zum Teil stimmberechtigt sind, sind bei der Errechnung der Kopfmehrheit schlechthin als Gläub zu zählen; bei der Errechnung der Summenmehrheit jedoch nur in Höhe des stimmberechtigten Forderungsteiles.

3) § 74 Abs 3 bestimmt eine Erschwerung der Abstimmung, **wenn der VglVorschlag auf weniger als 50 vom Hundert lautet.** Die Summenmehrheit (Bem 1b) muß alsdann vier Fünfteile der stimmberechtigten Fdgen betragen.

4) Die **Stimmabgabe ist Willenserklärung.** Für sie gelten BGB §§ 104ff (wegen der Vertragsnatur des Vgl – dazu Bem vor § 82 – gilt auch BGB § 181). Ist der Gläub geschäftsunfähig oder in der Geschäftsfähigkeit beschränkt, so ist die Stimme vom gesetzl Vertreter abzugeben. Ein Vormund bedarf nach Maßgabe des BGB § 1822 Nr 12 der vormundschaftsgerichtl Genehmigung, wenn die Anspruchsverwirklichung in einer den Betrag von 300 DM übersteigenden Höhe ungewiß ist; vgl dazu Bley-Mohrbutter 22a aE, Jaeger-Weber KO § 173 Anm 16, 17 (abw Vogels-Nölte II 3d, wonach die Forderung auf Grund der VglQuote maßgebend sei; Kiesow § 63 Anm 3, wonach der Betrag der ursprünglichen Forderung entscheidet). Zum Erfordernis der vormundschaftsgerichtl Genehmigung und der Rechtslage beim Fehlen der Genehmigung noch Siegelmann MDR **66,** 470. – Die Zustimmungserklärung kann bis zum Schluß der Abstimmung widerrufen werden, Vogels-Nölte II 3d Abs 5; Kiesow 12 zu § 63; Bley-Mohrbutter 18. – **Anfechtung** der Stimmabgabe nach BGB §§ 119ff ist zulässig, jedoch nur bis zur Bestätigung des Vergleichs, RG **152,** 67; Bley-Mohrbutter 18 Abs 2.

Zu der Frage, ob die Zustimmung mit Vorbehalten oder Bedingungen versehen werden kann, vgl Bem 2 aE zu § 73.

5) Sieht der VglVorschlag eine **ungleiche Behandlung der Gläub** vor, so ist Abstimmung nach Maßg des § 8 II (vgl Bem 2, 3 zu § 8) erforderlich. Diese Abstimmung erfolgt zweckmäßigerweise gesondert vor der Abstimmung über den VglVorschlag, da bei Nichterreichen der Mehrheiten des § 8 II der Vorschlag schon im ganzen abgelehnt ist; vgl Bley-Mohrbutter 15 Abs1. Die gesonderte Vorwegabstimmung zu § 8 II dient auch der Übersichtlichkeit und der Vermeidung von Berechnungsfehlern; vgl Bley-Mohrbutter 15 Abs 1.

§ 75   7. Abschnitt

6) Für das VglVerf über das Vermögen **eingetr Genossenschaften** erfordert § 111 Nr 5, daß die Gläub, welche Genossen sind, und die übrigen Gläub gesondert abstimmen, und daß bei beiden Abstimmungen die im § 74 festgesetzten Mehrheiten erreicht werden; vgl Bem 6 zu § 111.

Stimmrecht des Ehegatten und seines Rechtsnachfolgers

75   ^I **Bei der Berechnung der Mehrheiten bleibt der Ehegatte des Schuldners außer Betracht, wenn er dem Vergleichsvorschlag zugestimmt hat.**

^{II} **Das gleiche gilt von demjenigen, dem der Ehegatte des Schuldners nach der Eröffnung des Vergleichsverfahrens oder in dem letzten Jahre vorher eine Forderung gegen den Schuldner abgetreten hat, soweit das Stimmrecht auf der abgetretenen Forderung beruht. Diese Vorschrift findet keine Anwendung, wenn der Ehegatte zu der Abtretung durch Gesetz oder durch einen Vertrag verpflichtet war, der früher als ein Jahr vor der Eröffnung des Vergleichsverfahrens geschlossen worden ist.**

1) **§ 75 Abs 1.** Stimmt der **Ehegatte** gegen den Vergleich oder enthält er sich der Stimme, so gilt nichts Besonderes. Stimmt er für den Vgl, so scheidet er mit seiner Fdg bei der Feststellung der GläubZahl und der Kapitalsumme, mithin bei der Errechnung der Mehrheiten des § 74 I, 1 und 2, ganz aus, Jaeger-Weber 3 zu KO § 183 (mit Beisp); Bley-Mohrbutter 3. – Im VglVerf über das Vermögen einer **OHG,** einer **KG** und über einen **Nachlaß** findet § 75 auch Anw auf die Ehegatten derj Personen, welche Träger oder Mitträger der VglSchuldnerrolle sind, also die Ehegatten aller persönl haftenden Gesellschafter bzw aller Miterben. In gleicher Weise scheiden auch der offene Teilhaber selbst und der Erbe aus, sofern sie selbst VglGläub sind. Im VglVerf über das Vermögen einer **jur Person** sind die Organe, Mitglieder, Genossen usw jedoch als Gläub gleich dritten Personen stimmberechtigt, Jaeger-Weber 11 zu KO § 183; gleiches gilt für den **nicht rechtsfähigen Verein.** Ledigl für den Alleingesellschafter einer im VglVerf befindl Einmanngesellschaft und dessen Ehegatten gilt § 75, Jaeger-Weber 9 zu KO § 183; Bley-Mohrbutter 11. – Steht das GläubRecht dem Ehegatten derart **gemeinschaftl mit and Personen** zu, daß er nur gemeinsam mit diesen eine Stimme abgeben kann, so findet § 75 keine Anw, Krieg 3.

2) **§ 75 Abs 2** unterwirft den **Rechtsnachfolger des Ehegatten** einer gleichen Behandlung wie diesen, wenn

a) die **Rechtsnachfolge während des VglVerf oder im letzten Jahr vor dessen Eröff erfolgt ist,** und zwar ohne Rücksicht auf Redlichkeit oder Unredlichkeit des Erwerbs. – Besteht Streit über den Zeitpunkt der Rechtsnachfolge und dringt der Rechtsnachfolger im VglTermin bei Erörterung seines Stimmrechts nicht durch, so kann er, sofern der Vgl bei Mitzählung seiner Stimme und Fdg „angenommen" sein würde, einen förml Antrag auf VglBestätigung stellen. Hierüber

Anmeldung der Forderungen. Vergleichstermin **§ 76**

entscheidet das Gericht nach Maßg der §§ 78 ff. Die Entsch des Gerichts kann vom Gläubiger nicht mit der Beschwerde angefochten werden, auch dann nicht, wenn das Gericht die Bestätigung des Vergleichs versagt und gleichzeitig eine Entsch über die Eröff des Konkursverfahrens trifft. Beschwerdeberechtigt ist in diesem Falle nach § 80 II nur der Schuldner; dieser kann aber mit der Beschw die unrichtige Anw des § 75 rügen. Hat der Rechtspfleger über den Antrag auf Vergleichsbestätigung entschieden, so findet die Erinnerung nach § 11 RpflG statt; vgl Anm 2 zu § 80, Anm 4, 5 zu § 121;

b) die **Rechtsnachfolge auf Abtretung beruht.** – Abtretung iS des § 75 II ist der durch Vertrag bewirkte FdgÜbergang sowie auch die durch Rechtsgeschäft unter Lebenden vom Ehegatten herbeigeführte Begründung eines Neurechts auf die Leistung, zB durch Anweisung, Verpfändung, Nießbrauchsbestellung, **nicht** jedoch FdgÜbergang kraft Gesetzes, zB durch Erbgang und Erwerb im Wege der ZwVollstr (anders bei unlauterem Zusammenwirken zwischen Pfändendem und Ehegatten zwecks Umgehung des Stimmrechtsausschlusses);

c) das **Stimmrecht auf der abgetretenen Fdg beruht.** – Hat der Zessionar noch andere Fdgen, so ist er mit diesen, soweit ihm dieserhalb ein Stimmrecht zusteht, bei der Errechnung der Kopf- und Summenmehrheit zu berücksichtigen; und

d) der Ehegatte **zu der Abtretung nicht durch Gesetz oder durch einen Vertrag verpflichtet** war, welcher früher als ein Jahr vor der Eröff des VglVerf geschlossen wurde.

3) § 75 kommt auch im Falle des Abs 2 nur zur Anw, wenn die Ehe des Zedenten mit dem VglSchuldner zur Zeit der Abstimmung noch besteht, Vogels-Nölte III.

4) Liegen die Voraussetzungen des § 75 Abs 2 vor, so unterliegt auch ein **weiterer Rechtsnachfolger** dieser Bestimmung. Beim Zweiterwerber kommt es dabei auf den Grund des Erwerbs durch ihn nicht mehr an, Jaeger-Weber 6 zu KO § 183; Bley-Mohrbutter 6 Abs 3.

Änderung des Vergleichsvorschlags zuungunsten der Gläubiger

76 Wird der Vergleichsvorschlag nach der Eröffnung des Verfahrens zuungunsten der Gläubiger geändert, so darf das Gericht den geänderten Vorschlag, sofern nicht alle Vergleichsgläubiger im Vergleichstermin anwesend sind, nur zur Abstimmung stellen, wenn er ihnen durch das Gericht vor dem Termin mitgeteilt worden ist; Gläubiger, die ihre Forderung so spät angemeldet haben, daß sie nicht rechtzeitig benachrichtigt werden konnten, bleiben außer Betracht. Darüber, ob der Vorschlag zuungunsten der Gläubiger geändert worden ist, entscheidet das Gericht.

1) § 76 betrifft die **Behandlung eines nach der Eröff des VglVerf geänderten VglVorschlags,** sofern die Änderung die Gläub ungünstiger stellt. Änderung ist möglich bis zum Beginn der Abstimmung, Bley-

§ 76

Mohrbutter 3. – Zur Änderung eines VglVorschlags im Vorverf vgl Bem 1 zu § 3.

2) Änderung des VglVorschlags **zuungunsten** der Gläub liegt vor, wenn ledigl der Hundertsatz der gebotenen Quote ermäßigt wird, sowie wenn ledigl der FälligkTermin hinausgeschoben wird. Bei Änderung sowohl des Hundertsatzes wie auch des Fälligkeitstermins kommt es darauf an, ob die Gläub im Endergebnis ungünstiger gestellt sind. So kann eine geringe Quotenherabsetzung durch wesentl Vorverlegung des FälligkTermins, ein Hinausschieben des Zeitpunktes der Fälligk durch eine Erhöhung des gebotenen Hundertsatzes voll ausgeglichen werden. Auch durch zunächst nicht vorgesehene Sicherung der VglErfüllung wird in besonders gelagerten Fällen möglicherweise ein Ausgleich erzielt werden können. – Darüber, ob im Endergebnis eine Änderung zuungunsten der Gläubiger vorliegt, entscheidet im Streitfall das VglGericht nach § 76 S 2. Streitig ist, ob auch das Absehen von der zunächst vorgeschlagenen Überwachung nach § 91 eine Verschlechterung darstellt; bejahend (für den Regelfall) Bley-Mohrbutter 4 Abs 3, verneinend Krantz NJW **52,** 171. – Der Beschluß nach § 76 S 2 ist nicht beschwerdefähig, § 121; er kann auch bei Entsch durch den Rechtspfleger (vgl Anm 6b zu § 2) nicht mit der Erinnerung angefochten werden, § 11 Abs 5 S 2 RpflG. Das Gericht ist aber an seine Entscheidung nicht gebunden und muß, wenn es zu einer anderen Überzeugung kommt, uU die Bestätigung des Vergleichs versagen; vgl Bley-Mohrbutter 13.

3) Den nach Eröff des VglVerf zuungunsten der VglGläub **geänderten** VglVorschlag, für den die gleichen Zulässigkeitserfordernisse gelten wie für den ursprüngl VglVorschlag, darf das Gericht nur zur **Abstimmung** stellen, wenn entweder

a) **alle VglGläubiger im Termin anwesend sind.** Dabei kommen jedoch nur VglGläub in Betracht, die im berichtigten GläubVerzeichnis (§§ 6, 67 III) aufgeführt oder dem VglGericht anderweitig (etwa durch Anzeige seitens des VglVerw oder eines anwesenden Gläub) amtl bekanntgeworden sind, und auch diese nur, sofern sie von der VglÄnderung betroffen werden und Stimmrecht haben (str; wie hier Bley-Mohrbutter 11); oder

b) **der geänderte VglVorschlag den VglGläub durch das Gericht vor dem Termin mitgeteilt ist.** Beschleunigte Benachrichtigg seitens des Gerichts. – Von der Mitteilung kann jedoch abgesehen werden bei Gläub, welche im GläubVerzeichnis nicht aufgeführt sind und ihre Fdgen nicht oder so spät angemeldet haben, daß sie nicht rechtzeitig benachrichtigt werden konnten; dh, daß sie trotz einer sofortigen Benachrichtigg weder hätten erscheinen noch auch schriftl (evtl telegrafisch) nach Maßg des § 73 sich hätten erklären können; Bley-Mohrbutter 9. Auch dürfte sich eine Mitteilung an Gläub, die von der Verschlechterung des Vorschlags nicht betroffen werden, sowie an Gläub, die kein Stimmrecht haben, u. U. erübrigen.

4) Kann der neue Vorschlag nicht zur Abstimmung gestellt werden, weil die Gläub weder sämtl erschienen noch benachrichtigt sind und eine Benachrichtigg auch nicht entbehrl war, so kann der Termin **vertagt**

Anmeldung der Forderungen. Vergleichstermin **§ 77**

werden, wenn drei Vierteile der erschienenen oder vertretenen VglGläub es beantragen und zu erwarten ist, daß der neue Termin zu einem Vgl führen wird, § 77 II; Bley-Mohrbutter 12. – Wird nicht vertagt, so ist das VglVerf nach § 99 einzustellen, weil in der Aufrechterhaltung des geänderten Vorschlags trotz Ablehnung der Vertagung eine Zurücknahme des VglAntrags zu erblicken ist, Vogels-Nölte I; Bley-Mohrbutter 2 Abs 2. Das Gericht hat gleichzeitig mit der Einstellung über die Eröff des Konkursverfahrens zu entscheiden, § 101. Die Entscheidung über die Eröff des KVerf unterliegt nach §§ 101 S 2, 80 Abs 2, wenn der Richter entschieden hat, der sofortigen Beschw. Hat der Rechtspfleger entschieden (vgl Anm 6b zu § 2), so findet nach RpflG § 11 I S 1 die Erinnerung statt, die nach § 11 I S 2 RpflG binnen einer Woche einzulegen ist. Erg vgl zum Verfahren betr die Erinnerung Anm 5 zu § 121. – Im Erinnerungs- und im BeschwVerfahren kann auch die Entsch des Vgl Gerichts nach § 76 S 2 nachgeprüft werden.

5) Die **Behandlung eines zugunsten der Gläub geänderten VglVorschlags** ist im Gesetz nicht geregelt. Auch eine solche Änderung teilt das Gericht zweckdienlich beschleunigt den VglGläubigern mit; doch kann es den neuen Vorschlag im Termin auch ohne solche Bekanntgabe zur Abstimmung zulassen. Bei der Abstimmung sind schriftl Zustimmungserklärungen zum ursprüngl Vorschlag alsdann grundsätzlich als Zustimmung zum geänderten Vorschlag zu behandeln, dazu Krieg 4; vgl auch Bley-Mohrbutter 15. Ob ein VglBürge auch für den neuen erweiterten Vorschlag haftet, ist Sache der Auslegung des Bürgschaftsvertrages. Im Zweifel ist seine Haftung nach Maßg des ursprüngl VglVorschlags begrenzt; dazu Bley-Mohrbutter 16.

Vertagung des Vergleichstermins

77 ^I Der Vergleichstermin ist auf Antrag des Schuldners zu vertagen, wenn nur eine der nach § 74 zur Annahme des Vergleichsvorschlages erforderlichen Mehrheiten erreicht worden ist; die Vertagung darf nicht wiederholt werden.

^II **Der Vergleichstermin kann vertagt werden, wenn drei Vierteile der erschienenen Vergleichsgläubiger es beantragen und zu erwarten ist, daß der neue Termin zu einem Vergleiche führen wird. Die Vorschriften des § 75 finden entsprechende Anwendung.**

^III **Der Vergleichstermin kann ferner vertagt werden, wenn der Schuldner sich in dem Termin zulässigerweise hat vertreten lassen (§ 68 Abs. 2) und das Gericht die Abgabe der im § 69 Abs. 2 vorgesehenen eidesstattlichen Versicherung für notwendig erachtet.**

^IV **Der neue Termin ist alsbald zu bestimmen und soll in der Regel nicht über zwei Wochen hinaus anberaumt werden.**

Vorbem: Wie Vorbem zu § 4, jedoch mit Bezug auf § 77 und Hinweis auf Bley-Mohrbutter Band 1 S 931 und Schönfelder, Deutsche Gesetze, 109 VerglO, Fußnote zu § 77.

§ 77

1) Eine **Vertagg des VglTermins** kann grundsätzlich nur nach Maßg des § 77 oder des § 100 Abs 2 erfolgen.

2) § 77 Abs 1 gibt für den Fall, daß bei der Abstimmung über den VglVorschlag nur die nach § 74 I Nr 1 geforderte Kopfmehrheit oder nur die nach § 74 I Nr 2 geforderte Summenmehrheit erreicht ist, dem VglSchuldner das Recht, die einmalige Wiederholung der Abstimmung zu verlangen. Das Gericht **muß** dem Antrage stattgeben. Eine Wiederholung der Vertagg ist unzulässig. – Damit der Schuldner feststellen kann, ob ihm das Vertagungsrecht nach § 77 Abs 1 zusteht, muß im Termin das Abstimmungsergebnis nach Köpfen und Summen ermittelt und zu Protokoll genommen werden. Auszählung und Feststellung nur einer Mehrheit genügt nicht. Die schriftliche Zusammenstellung des Abstimmungsergebnisses nach Köpfen und Summen oder auch nur nach Summen in einer nach Schluß des Termins gefertigten Aufstellung kann die fehlende Auszählung und Feststellung auch nur einer Mehrheit im Termin nicht ersetzen; vgl LG Berlin 28 T 296/52 v 30. 4. 1952; Bley-Mohrbutter 4 Abs 3. – Im Termin wird der **neue Termin** bestimmt und verkündet; alsdann weder öffentl Bekanntmachung noch Ladungen. Diese sind nur erforderl, wenn das Gericht die Verkündung des neuen Termins unterlassen hat und derselbe nachträglich anberaumt wird. Anberaumung idR nicht über 2 Wochen hinaus, § 77 Abs 4.

3) § 77 Abs 2, 3. Das Gesetz gibt dem VglGericht die Möglichkeit, einen VerglTermin zu vertagen,

a) **auf Antrag;** und zwar wenn der Antrag von drei Vierteilen der erschienenen oder vertretenen VglGläub (vgl Bem 4) gestellt wird und zu erwarten steht, daß der neue Termin zu einem Vgl führen wird. Stellen nur wenige Gläub den Vertagungsantrag und wird die notwendige ¾-Mehrheit nicht erreicht, so hat das VglGericht uU die Gläub über die Rechtslage aufzuklären und zu ermitteln, ob sich nunmehr weitere Gläub dem Vertagungsantrag anschließen;

b) oder **von Amts wegen,** wenn der VglSchuldner im Termin zulässigerweise vertreten ist (§ 68 II) und das Gericht eine eidesstattl Versicherung nach § 69 II für notwendig erachtet (ergänzend vgl Bem 5).

4) Zu Bem 3a: Errechnung der drei Vierteile nach der Kopfzahl der anwesenden oder vertretenen VglGläub, nicht nach der Summe der durch sie vertretenen Fdgen; Bley-Mohrbutter 9. Zu berücksichtigen sind auch VglGläub ohne Stimmrecht, Vogels-Nölte II 1 b Abs 3 (and Bley-Mohrbutter 9 Abs 2); doch bleiben, da § 75 für entspr anwendbar erklärt ist, bei der Berechnung der drei Vierteile der Ehegatte und seine Rechtsnachfolger nach näh Maßg des § 75 Abs 2 unberücksichtigt, wenn sie für Vertagg stimmen. – Ob zu erwarten steht, daß der neue Termin zu einem Vgl führt, die derzeitigen Hindernisse also beseitigt werden können, entscheidet das Gericht nach pflichtgemäßem Ermessen. – Mehrfache Vertagg nach Maßg des § 77 Abs 2 ist mögl, Krieg 4.

5) Zu Bem 3b: Ob **Vertretung des Schuldners** im Termin zulässig war, beurteilt sich nach § 68 II; vgl Bem 2 zu § 68. Zur Frage der Notwendigkeit einer **eidesstattl Versicherung** vgl Bem 2 zu § 69. – Ist

Anmeldung der Forderungen. Vergleichstermin **§ 77**

der Schuldner weder erschienen noch vertreten, so kommt § 100 Abs 2 zur Anw.

6) Für **Anberaumung des neuen Termins** gilt das in Bem 2 aE Gesagte. Doch erscheint bei Vertagg nach Maßg des § 77 III besondere Benachrichtigung des VglSchuldners angezeigt, damit er bei weiterer Verhinderung (etwa durch Krankheit) eidesstattl Versicherung in der Wohnung oder im Wege der Rechtshilfe beantragen kann; dazu Krieg 6.

7) Beschwerdefähig ist weder ein Vertagungsbeschluß noch die Ablehnung einer Vertagg, § 121; ausgeschlossen ist auch die Erinnerung, RpflG § 11 Abs 5 S 2. Bei Ablehnung der Vertagung muß aber das Gericht das Verfahren einstellen und über die Eröff des Konkursverf entscheiden, §§ 100 I 6–8, 101. Gegen die Entscheidung über die Eröff des KonkursVerf (mag sie auf Eröff oder Ablehnung lauten) steht dem Schuldner, wenn der Richter entschieden hat, das BeschwRecht nach § 80 II zu (§ 101 S 2). Mit der Anfechtung kann der Schuldner auch geltend machen, es sei das Verfahren zu Unrecht eingestellt worden (etwa, weil das Gericht den VglTermin hätte vertagen müssen), § 101 S 2; vgl Bem 2 zu § 101. Hat der Rechtspfleger über die Konkurseröffnung entschieden (vgl 6b zu § 2), so findet die Erinnerung statt; zum Verf vgl Anm 5 zu § 121.

8) Der **neue Termin** ist hinsichtl der Abstimmung über den VglVorschlag als völlig neuer Termin anzusehen. Bei der neuen Abstimmung sind auch die VglGläub zu berücksichtigen, welche ihre Fdg nach dem früheren Termin, aber bis zum Beginn der neuen Abstimmung nach § 67 I anmelden. Schriftl Zustimmungen (§ 73) sind bis zum Schluß der erneuten Abstimmung zulässig. Auch kann bis zum Beginn der erneuten Abstimmung (vgl Anm 6 zu § 71) das Bestreiten einer Fdg (§ 71 I) nachgeholt und ein früheres Bestreiten zurückgenommen werden. Im übrigen behalten aber die früh Erklärungen nach § 71 ihre Bedeutung. Das gilt auch für die Einigg und die gerichtl Entscheidung über die Gewährung eines Stimmrechts nach § 71 II. Doch kann das Gericht bis zum Beginn der neuen Abstimmung nach § 71 II S 2 seine frühere Entscheidung auf Antrag noch ändern, Bley-Mohrbutter 33, 36 zu § 70/71. Der VglSchuldner kann bis zur Beendigung der erneuten Abstimmung den VglAntrag noch zurücknehmen, § 99 S 2. – Wie hier auch Vogels-Nölte III mit weit Nachw.

8. Abschnitt. Bestätigung des Vergleichs

Bestätigungsverfahren

78 ᴵ Der angenommene Vergleich bedarf der Bestätigung des Gerichts.

ᴵᴵ **Das Gericht hat vor der Entscheidung über die Bestätigung den Schuldner, den Vergleichsverwalter und den Gläubigerbeirat zu hören.**

ᴵᴵᴵ **Die Entscheidung über die Bestätigung ist in dem Vergleichstermin oder in einem alsbald zu bestimmenden, nicht über eine Woche hinaus anzusetzenden Termine zu verkünden.**

ᴵⱽ **Wird der Vergleich bestätigt, so ist sein wesentlicher Inhalt den aus dem berichtigten Gläubigerverzeichnis ersichtlichen Vergleichsgäubigern unter Hinweis auf die Bestätigung mitzuteilen.**

1) § 78 Abs 1. Wirksamkeitserfordernis des „angenommenen" Vergleichs ist die **Bestätigung** durch das VglGericht. Sie ergeht durch Beschluß. Eine Änderung des Vergleichs im Bestätigungsbeschluß ist nicht angängig. – Der Vergl **muß** bestätigt werden, wenn die für den VglAbschluß maßgebl formellen und materiellen Vorschriften beachtet sind und einer der Versagungsgründe des § 79 nicht vorliegt (Bley-Mohrbutter 4), anderenfalls ist die Bestätigung zu versagen; Prüfung von Amts wegen. Den Beteiligten ist vorweg Gelegenheit zu geben, behebbare Mängel zu beseitigen (zB eine Vollmacht oder Genehmigg nachzubringen).

2) § 78 Abs 2. Der Entscheidung des Gerichts geht eine **Verhandlung mit dem Schuldner, dem VglVerw und dem GläubBeirat voraus.** Diese sind zu hören. Die Verhandlung erfolgt noch im VglTermin, notfalls in einem noch im Termin zu bestimmenden und zu verkündenden neuen Termin, welcher nicht über eine Woche hinaus anzusetzen ist. Keine weitere Bekanntgabe des neuen Termins und keine Ladungen, ZPO § 218. Die Verhandlung dient der Prüfung der Frage, ob Gründe vorliegen, welche die Versagg der Bestätigg erfordern. – Zulässig ist vor Bestätigg des Vergleichs auch eine Anfechtung der Stimmabgabe seitens eines Gläub nach BGB §§ 119ff (vgl Bem 4 zu § 74). Die Anfechtung kann zu einer Verschiebung des Mehrheitsverhältnisses nach § 74 I führen. – Zu berücksichtigen sind bei der Entsch des Gerichts über die Bestätigg auch schriftl Eingaben von Beteiligten, nicht jedoch nachgebrachte Zustimmungserklärungen als solche.

3) § 78 Abs 3. Der Beschluß, welcher den Vgl bestätigt oder die Bestätigg versagt, ergeht, sobald das Gericht seiner Anhörungspflicht nach § 78 II nachgekommen ist und sich Gewißheit verschafft hat, ob ein Versagungsgrund vorliegt, also entweder noch im VglTermin oder aber in dem nach Maßg des Abs 3 anberaumten neuen Termin. – Anberaumung eines neuen Termins ist auch erforderl, wenn behebbare Mängel (zB Fehlen einer Vollmacht) vorliegen oder wenn der Eintritt einer

Bestätigung des Vergleichs **§ 78**

Bedingung des Vergleichs (zB Nachbringen einer weiteren bestimmten Sicherung) abgewartet werden soll. Solch **bedingter Vergleich** ist zulässig; doch wird mit Bley-Mohrbutter 6 angenommen werden müssen, daß ein aufschiebend bedingter Vgl vor Eintritt der Bedingg nicht bestätigt werden darf.

4) § 78 Abs 4. Der Vergleich ist seinem wesentl Inhalte nach den aus dem berichtigten GläubVerzeichnis (§§ 6, 67 III) ersichtl Gläubigern unter Hinweis auf die Bestätigg **mitzuteilen**. Für die Mitteilung ist eine besondere Form nicht vorgeschrieben. – Keine öfftl Bekanntgabe.

5) Wirksam wird der Bestätigungsbeschluß schon mit der Verkündung. Er ist nach § 121 nicht beschwerdefähig; kann aber, wenn der Rechtspfleger entschieden hat (Anm 6 b zu § 2), nach RpflG § 11 mit der Erinnerung angefochten werden; zum Verfahren betr die Erinnerung vgl Anm 6 zu § 121.

6) Die VglBestätigg **heilt im Verhältnis zwischen VglSchuldner und VglGläubigern** alle Willens- und Verfahrensmängel des vorangegangenen Verfahrens. Der Bestätigungsbeschluß bleibt also wirksam, auch wenn dem VglSchuldner oder einem zustimmenden Gläub, dessen Zustimmung für die Annahme des Vergleichs wesentlich war, die Prozeßfähigkeit fehlte, wenn eine im Vgl vorgesehene Bürgschaftsübernahme – entgegen der Annahme eines beteiligten Gläub – noch nicht voll wirksam vereinbart war (BGH BB **56**, 447 = Betr **56**, 474 = WM **56**, 667), wenn ein Vergleichsgrund (Bem 4 zu § 2) nicht gegeben war, oder wenn eine der nach § 74 erforderl Mehrheiten in Wirklichk nicht erreicht wurde (zu letzterem vgl aber Bley-Mohrbutter 15). Auch ein Mangel der VglFähigkeit kann geheilt werden (zB beim Vergl über das Vermögen einer Gesellsch des bürgerl Rechts). Eine Anfechtung von Willenserkl nach Maßg der BGB §§ 119 ff ist nunmehr ausgeschlossen, RG **56**, 272; **122**, 364. Ursprüngl Unwirksamkeit nach BGB § 779 wird geheilt. Lediglich unter den Voraussetzungen der §§ 88, 89 kann insoweit der Bestand des Vergleichs noch in Frage gestellt sein. War während des ganzen VglVerfahrens ein Dritter für den VglSchuldner tätig (was mit Rücksicht auf die grundsätzl Erscheinenspflicht des Schuldners im VglTermin kaum praktisch werden kann), so wird die etwa fehlende Legitimation des Dritten durch die Bestätigg des Vergl geheilt, wenn der Dritte als Vertreter oder doch im Interesse des VglSchuldners gehandelt hat. – **Nicht geheilt** werden jedoch solche Teile des Vergleichs, die gegen zwingendes Recht, wie zB § 7 (Mindestsätze) oder das Erfordernis einer devisenrechtlichen Genehmigung, verstoßen und daher nichtig sind; Bley-Mohrbutter 15; KG KTS **73**, 184 = Rpfleger **73**, 177.

Die gleichen Grundsätze können nicht gelten für eine **VglBürgschaft**. Zwar wird auch der VglBürge sich nach VglBestätigung auf Verfahrensmängel grundsätzlich nicht berufen können. Auch kann die Bürgschaftserklärung nicht durch Rechtshandlungen nach Bestätigg des Vergleichs in Frage gestellt, insbes nicht nach Maßg der BGB §§ 119 ff angefochten werden. Die **VglBestätigg ist jedoch für den Bürgen nicht verbindl, wenn im Augenblick der Bestätigg eine wirksame Bürgschaftsverpflichtung nicht vorlag.** Das ist ua der Fall, wenn der Bürge

§ 79

nicht geschäftsfähig war und seine Erklärungen auch nicht genehmigt sind, wenn ein nicht legitimierter Dritter für den Bürgen gehandelt hat und das Handeln auch nachträglich nicht genehmigt worden ist, wenn eine anfechtb Verpflichtungserklärung wirksam vor Vergleichsbestätigg nach BGB §§ 119ff angefochten wurde, sowie wenn ledigl eine Bürgschaft in Aussicht gestellt war, RG **122**, 364; Bley-Mohrbutter 14c (teilw anders Vogels-Nölte III 2 zu § 78; Kiesow 7 zu § 67). Die Frage der Wirksamkeit der Bürgschaftsverpflichtung kann im ordentl Verfahren nachgeprüft werden, RG aaO.

Zur **Erfüllungsverpflichtung eines Dritten,** die zwar nicht Gegenstand des gerichtl Vgl ist, wohl aber Voraussetzung des VglVorschlags und damit des Vgl war, vgl § 85 Anm 3 Abs 2.

7) Wird die Bestätigg des Vergleichs versagt, so ist nach § 80 I zugleich von Amts wegen über die Eröff des Konkursverfahrens zu entscheiden. Zur Anfechtung dieser Entscheidung und zur Rechtskraft des Versagungsbeschlusses vgl § 80 II, III.

Versagungsgründe

79 Die Bestätigung ist zu versagen,
1. wenn die für den Inhalt und den Abschluß des Vergleichs gegebenen Vorschriften oder die Vorschriften über das nach der Eröffnung einzuhaltende Verfahren in einem wesentlichen Punkte nicht beobachtet worden sind und das Fehlende nicht ergänzt werden kann;
2. wenn der Schuldner flüchtig ist oder sich verborgen hält, wenn gegen ihn wegen Bankrotts nach § 283 Abs. 1 bis 3, § 283a des Strafgesetzbuches eine gerichtliche Untersuchung oder ein wiederaufgenommenes Verfahren anhängig ist, oder wenn sich ergibt, daß er wegen betrügerischen Bankrotts rechtskräftig verurteilt worden ist;
3. wenn der Vergleich unlauter, insbesondere durch Begünstigung eines Gläubigers, zustande gebracht worden ist;
4. wenn der Vergleich dem gemeinsamen Interesse der Vergleichsgläubiger widerspricht.

Vorbem: Nr. 2 geändert durch Art 6 Nr 2a des Ersten Gesetzes zur Bekämpfung der Wirtschaftskriminalität (1. WiKG) vom 29. 7. 1976 (BGBl I 2034).

1) § 79 bestimmt die Gründe, aus denen die **Bestätigg des Vergleichs zu versagen** ist.

2) § 79 Nr 1 betrifft
a) **Nichtbeachtung der für den Inhalt und den Abschluß des Vergleichs geltenden Bestimmungen.** Den Inhalt des Vergleichs betreffen die Vorschr über die Gleichbehandlung der Gläub, § 8; die Bestimmtheit des Vergleichs und den Mindestsatz, § 7; sowie die allgemeinen Bestimmungen über die Unwirksamkeit eines Vertrages wegen inhaltlicher Unmöglichkeit, Verstoßes gegen ein gesetzl Verbot und wegen Versto-

Bestätigung des Vergleichs **§ 79**

ßes gegen die guten Sitten, BGB §§ 306, 308, 309, 134, 138. Den Abschluß des Vergleichs betreffen die Vorschr über die Erörterung der Forderungen, § 70; das Stimmrecht, §§ 71, 73, 75; die Mehrheitsberechnung, § 74; die allg Bestimmungen über Willenserklärungen und Vertretung, BGB §§ 104ff, 164ff, ZPO §§ 79ff.

b) **Nichtbeachtung der Vorschr über das Verf nach Eröff des VglVerf in einem wesentl Punkte.** Geheilt sind also durch die VglAnnahme etwaige Mängel des EröffVerf. – Wesentl, für § 79 in Frage kommende VerfMängel nach VerfEröff sind ua das Unterlassen der öfftl Bekanntgabe des EröffBeschlusses und des VglTermins, § 22 I; das Unterbleiben der Niederleg des Antrags mit Anlagen auf der Geschäftsstelle, § 22 III; die Nichtbestellg eines VglVerw, § 20 I. – Unwesentl Mängel sind dagegen ua Verletzung der Vorschr über die Einstellung einer ZwVollstr, über die Auswahl des VglVerw, über die öfftl Bekanntgabe des Namens des Verw, über die Bestellung eines GläubBeirats, sowie über die öfftl Bekanntgabe und die grundbuchmäßige Verlautbarung von Verfügungsbeschränkungen; dazu Kiesow 3 zu § 68. – **Unwesentl Mängel hindern die Bestätigg nicht; wesentl Mängel nur, wenn das Fehlende nicht ergänzt werden kann,** etwa weil die Beseitigung ein Zurückgehen in einen früheren VerfAbschnitt (zB die Wiederholung des VglTermins) erfordern würde. Heilbar ist uU das Fehlen einer Vollmacht, das Fehlen einer Genehmigung. Die Ergänzung muß bis zum Verkündungstermin erfolgen.

3) **Zu § 79 Nr 2** vgl Bem 3, 4 zu § 17.

4) **Zu § 79 Nr 3. Unlauter** ist ein gegen Treu und Glauben verstoßendes Verhalten, wobei nur ein Verhalten des Schuldners selbst oder seines Vertreters in Betracht kommt (and Bley-Mohrbutter 10). Beispiele unlauteren Verhaltens sind: Anerkennen erdichteter Fdgen, vgl dazu Dreher 17 zu StGB § 283; Verheimlichen von Vermögensstücken, vgl Dreher 5 zu StGB § 283; schließlich, worauf das Gesetz besonders hinweist, GläubBegünstigg, § 8 III (dazu § 8 Anm 4 m weit Hinw). Voraussetzung ist ursächl Zusammenhang zwischen dem unlauteren Verhalten und dem Vergleich (Bley-Mohrbutter 41 zu § 8); doch braucht das unlautere Verhalten nicht dessen einzige und unmittelbare Ursache zu sein. – Im VglVerf über das Vermögen einer **OHG** kann unlauteres Verhalten **eines** Gesellschafters, im **NachlVglVerf** unlauteres Verhalten **eines** Miterben, im VglVerf über das Vermögen einer **jur Person** unlauteres Verhalten **eines** Vertreters die Anw des § 79 Nr 3 rechtfertigen.

5) **Zu § 79 Nr 4.** Dem **gemeinsamen Interesse der VglGläub** widerspricht der Vgl, wenn anzunehmen ist, daß die Gläub beim Nichtzustandekommen des Vergleichs besser gestellt sein würden; insbes also, wenn anzunehmen ist, daß im Konkurs (unter Berücksichtigg der dort vorgesehenen Anfechtung) eine höhere Dividende zu erwarten und die im Vergleich vereinbarte geringere Quote nicht durch andere Vorteile (sofortige Auszahlung) voll ausgeglichen ist. In RG **74**, 262f ist die Anwendung des § 79 Nr 4 als gerechtfertigt angenommen worden in einem Falle, in welchem sich der VglBürge als unzuverlässig erwies; dazu Lucas III b zu § 68. Vgl auch Bley-Mohrbutter 11 b aE.

§ 80

Entscheidung über die Eröffnung des Konkurses bei Versagung der Bestätigung

80 ⁱ Wird die Bestätigung des Vergleichs versagt, so ist zugleich von Amts wegen über die Konkurseröffnung zu entscheiden.

ⁱⁱ **Gegen die Entscheidung, durch die das Konkursverfahren eröffnet oder die Eröffnung des Konkursverfahrens abgelehnt wird, steht dem Schuldner binnen einer Woche die sofortige Beschwerde zu (§ 121). Der Schuldner kann dabei auch geltend machen, daß die Bestätigung zu Unrecht versagt worden sei.**

ⁱⁱⁱ Die Entscheidung, welche die Bestätigung versagt, und die Entscheidung über die Eröffnung des Konkursverfahrens werden erst mit der Rechtskraft wirksam.

1) Zugleich mit der Ablehnung der Bestätigg des Vergleichs ist von Amts wegen **über die Konkurseröff zu entscheiden,** vgl Bem 1 zu § 19. – Aus § 80 Abs 1 folgt, daß das Gericht, welches die Bestätigg des Vgl versagt, für die Entsch über die Eröff des Konkurses schlechthin zuständig ist (also auch dann, wenn der Schuldner inzwischen seine gewerbl Niederlassung geändert hat), Bley-Mohrbutter 1 a; Jaeger-Weber 6 zu KO § 102; Berges KTS **56**, 96 (aber Stuttgart NJW **55**, 1932; AG Bad Pyrmont KTS **56**, 95; doch betreffen diese Entscheidungen unmittelbar nicht einen Fall des § 80 I, sondern einen Fall des § 96 V).

2) Die Versagung der VglBestätigung ist für sich allein nicht anfechtbar, wohl aber mittelbar und in Verbindung mit dem nach Abs 2 zulässigen Rechtsbehelf gegen die Entscheidung über die Eröff des KVerf, § 80 Abs 2 S 2; vgl Bem 2 zu § 19. Zulässiger Rechtsbehelf gegen die Entsch über die Eröff des KVerf ist, wenn der Richter entschieden hat, die sofortige Beschwerde (§ 80 II, § 121) und, wenn der Rechtspfleger entschieden hat (vgl Anm 6 b zu § 2), die Erinnerung (§ 11 I RpflG); zum Verfahren betr die Erinnerung vgl Anm 5 zu § 121. Anfechtungsberechtigt ist nur der Schuldner. – In besond Fällen können auch Entscheidungen des VglGerichts, die dem Versagungsbeschluß vorausgehen, selbständig aber nicht anfechtbar sind, Grundlage der sofortigen Beschw nach § 80 II oder der Erinnerung sein; und zwar dann, wenn die Entscheidung den Beschluß über die Bestätigg beeinflußt und das Gesetz nicht die Endgültigkeit der Entscheidung zum Ausdruck gebracht hat. So kann der Schuldner geltend machen, das Gericht habe zu Unrecht eine Fdg als nichtbeteiligt angenommen; er kann dagegen nicht vorbringen, einer Fdg sei zu Unrecht ein Stimmrecht gewährt oder versagt worden; näh dazu Kiesow § 71 Bem 2.

Als Entsch im VglVerf ist die Entscheidung über die Konkurseröffnung nach § 80 I grundsätzlich (vgl Anm 6 b zu § 2) vom Rechtspfleger zu treffen. Aus § 18 Abs 1 RpflG, wonach die Entsch über die Konkurseröffnung dem Richter vorbehalten ist, ergeben sich hiergegen keine Bedenken, weil diese Bestimmung für die Entsch über die nach § 80 II erfolgte Eröff des Konkursverfahrens nicht gilt (§ 19 II RpflG).

Bestätigung des Vergleichs **§ 81**

3) Wirksamkeit der Ablehnung der Bestätigg erst mit Rechtskraft der Entsch über die Konkurseröff, § 80 III; also mit Ablauf der Frist für die Einlegung der sofortigen Beschw bzw der Erinnerung oder, da eine weitere Beschw nicht zulässig ist, mit der Entsch des BeschwGerichts. Verfügungen, die nach Ablehnung der Bestätigg des Vgl und vor Rechtskraft des Beschl über die Eröff des Anschlußkonkurses vorgenommen werden, sind (sofern nicht Verfügungsbeschränkungen nach §§ 58 ff entgegenstehen) wirksam, LG Kiel SchlHolstAnz **53,** 157 (betr zwischenzeitl Übernahme des Geschäfts einer OHG durch einen Gesellschafter). – Bis zur Rechtskraft der Entsch über die Eröff des KVerf bleiben VglVerw und GläubBeirat im Amt; Verfügungsbeschränkungen nach §§ 58 ff sind noch zulässig. – Beschließt das VglGericht bei Ablehnung der Bestätigg des Vergleiches die **Konkurseröff,** so wird diese nicht schon, wie KO § 108 es vorsieht, mit der Eröff, sondern **erst mit der Rechtskraft des EröffBeschl wirksam. Darauf ist im EröffBeschl hinzuweisen;** der Konkurs ist darin als Anschlußkonkurs zu bezeichnen (vgl § 102 I). Maßnahmen, welche bei sofortiger Wirksamkeit der Konkurseröff im EröffBeschluß enthalten sein müssen, insbes die Bestimmung von Terminen, sind fortzulassen und einem Ergänzungsbeschluß nach Rechtskraft des Beschlusses vorzubehalten. Bestellung des Konkursverwalters und Erlaß des offenen Arrestes haben jedoch so rechtzeitig zu erfolgen, daß beides mit der Rechtskraft des KonkurseröffBeschlusses in Kraft treten kann. Vor Rechtskraft Sicherungsmaßnahmen nach KO § 106 nur, wenn auch ein (noch nicht beschiedener; § 46) Konkursantrag vorliegt; anderenfalls, da das VglVerf noch besteht, Sicherungsmaßnahmen nur nach VglO §§ 58 ff. Vgl Bley-Mohrbutter 9; Uhlenbruck KTS **67,** 21.

Der Anspruch auf Kaug entsteht daher auch **erst mit der Rechtskraft** des EröffBeschlusses, BSG ZIP **80,** 781 = KTS **81,** 102 = DienstBl d BA-Rspr v 25. 9. 81. –

Verfahren bei Nichteröffnung des Konkurses

81 ^{I} **Der Beschluß, der die Bestätigung versagt, ist, wenn der Konkurs nicht eröffnet wird, nach Rechtskraft in derselben Weise öffentlich bekanntzumachen, zuzustellen und in die öffentlichen Register einzutragen, wie die Eröffnung des Verfahrens (§§ 22, 23); der Beschluß ist ferner den Mitgliedern des Gläubigerbeirats zuzustellen; eine Ausfertigung des Beschlusses ist der Registerbehörde mitzuteilen.**

^{II} **Eine Verfügungsbeschränkung tritt außer Kraft. § 65 Abs. 2 gilt sinngemäß.**

^{III} **Das Amt des Vergleichsverwalters und der Mitglieder des Gläubigerbeirats endigt.**

1) Bei **Versagg der Bestätigung des Vergleichs und Ablehnung der KonkursEröff** endet das VglVerf erst mit Rechtskraft des die Konkurseröff ablehnenden Beschlusses, § 80 III. – Nach Rechtskraft ist die Ablehnung der VglBestätigung (nicht auch die Ablehnung der KonkursEröff)

§ 81

in derselben Weise und in demselben Umfange (insbes in denselben Blättern) öfftl bekanntzugeben wie die Eröff des Verfahrens, dazu §§ 22, 23 m Anm. Die Bekanntmachung unterbleibt, wenn und soweit die Eröff nicht bekanntgemacht wurde. – Zuzustellen ist der die VglBestätigg versagende Beschluß ebenfalls in derselben Weise wie der EröffBeschluß. § 22 II gilt entspr. Als zu benachrichtigende VglGläub kommen nunmehr aber auch die in Frage, welche ihre Fdgen nach § 67 angemeldet haben. Zuzustellen ist der Beschluß ferner allen Mitgliedern des GläubBeirats, unabhängig davon, ob sie VglGläub sind und ihnen der EröffBeschl zugestellt wurde. – Eine Ausfertigg des Beschlusses erhalten die Registerbehörden, denen auch die Eröff des VglVerf mitgeteilt wurde; vgl § 23 m Anm.

2) Mit Rechtskraft des Beschl endet das Amt des **VglVerw** und das Amt der Mitglieder des **GläubBeirats. – Verfügungsbeschränkungen** nach §§ 58 ff treten außer Kraft, jedoch nur mit Wirkung für die Zukunft; vgl Bem 3 zu § 62. Für öfftl Bekanntgabe, Zustellung und Grundbucheintragung des Außerkrafttretens der Verfügungsbeschränkungen gilt § 65 II entspr; vgl § 65 Anm 3, 4.

3) Da mit Rechtskraft des Beschlusses auch der Konkursschutz des § 46 endet, **muß nunmehr das Konkursgericht über einen** etwa vorliegenden **und nach Maßg des § 46 noch nicht beschiedenen Konkursantrag entscheiden.** Dabei keine Bindung des KGerichts an die Entsch des VglGerichts. Das KGericht kann insbesondere bei Vorschußzahlung (§ 107 KO) das Konkursverfahren eröffnen. – Gegen die Ablehnung der Eröff des KonkursVerf durch das KGericht sofortige Beschw nach KO § 109; also auch BeschwRecht des Gläubigers.

9. Abschnitt. Wirkungen des bestätigten Vergleichs

Der vom Gericht bestätigte Vgl im VglVerf stellt seinem Inhalt nach einen Tatbestand des bürgerl Rechts, seiner Form nach einen Prozeßvorgang dar. Er ist idR Vergleich iS des BGB § 779. Er ist auslegungsfähig nach Maßg der BGB §§ 133, 157. Auch gelten die BGB §§ 270 I, 271. Willensmängel jeder Art werden jedoch durch die gerichtl Bestätigg grundsätzlich geheilt, vgl Bem 6 zu § 78; die Bestätigg schließt auch eine nachfolgende Anfechtung nach Maßg der BGB §§ 119 ff aus. Anfechtungsmöglichk nur nach VglO § 89, vgl Bem 6 zu § 78. – Zur Anw des BGB § 116 S 1 auf den Vergleich vgl RG **77,** 405.

Grundsatz

82 ^I Der Vergleich ist wirksam für und gegen alle Vergleichsgläubiger, auch wenn sie an dem Verfahren nicht teilgenommen oder gegen den Vergleich gestimmt haben.

^{II} Die Rechte der Gläubiger gegen Mitschuldner und Bürgen des Schuldners sowie die Rechte aus einem für die Forderung bestehenden Pfandrecht, aus einer für sie bestehenden Hypothek, Grundschuld oder Rentenschuld oder aus einer zu ihrer Sicherung eingetragenen Vormerkung werden, unbeschadet der Vorschrift des § 87, durch den Vergleich nicht berührt. Der Schuldner wird jedoch durch den Vergleich gegenüber dem Mitschuldner, dem Bürgen oder anderen Rückgriffsberechtigten in gleicher Weise befreit wie gegenüber dem Gläubiger.

1) Der **bestätigte Vergleich** wirkt für und gegen alle VglGläubiger, unabhängig davon, ob ihre Fdgen im GläubVerzeichnis aufgeführt waren, ob sie an der Abstimmung teilgenommen haben; und bei Teilnahme unabhängig davon, wie sie abgestimmt haben, **§ 82 I S 1**. Diese Bestimmung gilt auch für Fdgen, bzgl welcher im Verfahren irrtümlicherweise angenommen wurde, es handele sich um nichtteilnahmeberechtigte Vorrechtsforderungen, Königsberg JW **27,** 1330. – Der Vergleich wirkt auch für und gegen Gläub betagter und bedingter Fdgen, sowie für Gläub von Fdgen, welche nicht auf Geld gerichtet sind, oder bei denen der Geldbetrag unbestimmt oder ungewiß ist. Diese Fdgen erleiden, auch wenn sie nicht angemeldet waren, durch den Vergleich die Änderungen nach Maßg der §§ 34, 35; vgl Bley-Mohrbutter 14a. Streit über die Höhe des Umrechnungsbetrages ist erforderlichenfalls im ordentl Prozeß auszutragen, Jaeger-Weber 3 zu KO § 193; Bley-Mohrbutter 14b. Der Vergl wirkt auch auf alle Fdgen **ausländischer Gläub, § 37**. – Auf Forderungen, welche in Wirklichkeit **keine VglFdgen** sind (zB Vorrechtsforderungen, vgl § 26), bezieht sich § 82 I S 1 auch dann nicht, wenn dieselben in der irrigen Annahme, es handele sich um VglFdgen, als solche an der Abstimmung teilgenommen haben, Kiesow 4 zu § 73; Bley-Mohrbutter

§ 82

7d. Feststellung im Streitfalle durch Klage im ordentl Verf, Vogels-Nölte II 5; LAG Kiel NJW **52**, 800 betr Arbeitslohn.

1a) Für die **Befriedigung der Nachzügler** ergeben sich Schranken: Ist die VglBürgschaft nur bis zu bestimmter Höhe übernommen worden, kann der Nachzügler auch nicht anteilige Befriedigung daraus verlangen; gleiches gilt für VglGläub-Hypothek. Die Gründe verspäteten Geltendmachens sind unerheblich, da der VglGläub der gerichtl Aufforderung, die Fdg anzumelden, nicht rechtzeitig gefolgt ist; Bley-Mohrbutter Anm 6c. Hat ein Gläub seine Fdg im Vgl überhaupt nicht geltend gemacht – z.B. weil er glaubte, dinglich hinreichend gesichert zu sein, – so muß er seine Ausfall-Fdg erst gem § 97 vom VglGericht feststellen lassen; BGH **32**, 218, 225 = NJW **60**, 1454 = MDR **60**, 757 = BB **60**, 680 = Betr **60**, 1097 = WM **60**, 781.

2) Der **Charakter der vom Vgl betroffenen Fdgen** (Darlehen, SchadensErsFdg) wird durch den Vergleich nicht geändert, RG **119**, 396. Auch enthält der **Vergleich weder ein Schuldanerkenntnis noch einen Verzicht auf Einwendungen.**

3) Bei Forderungserlaß zufolge des Vergleichs **besteht für den erlassenen Teil eine natürl** (erfüllbare, aber nicht erzwingbare) **Verbindlichkeit fort** (Schuld ohne Haftung), RG **160**, 138; BGH WM **68**, 39. Sie ist die Grundlage für den **Fortbestand von Bürgschaften und Pfandrechten** nach Maßg des **§ 82 Abs 2 S 1**, der nicht durch Mehrheitsbeschluß im VglVerf wegbedungen werden kann, Hbg KuT **33**, 6. – § 82 II S 1 bezieht sich ledigl auf Sicherheiten, die bereits vor VglBestätigg bestanden, und nicht auch auf die erst später zur Durchführung des Vgl gewährten Sicherheiten, LG Hvr MDR **52**, 239f = BB **52**, 359 mit Anm v Gascard. – Unter Mitschuldnern iS des § 82 II sind mehrere durch Mithaftung oder durch gegenseitiges Rückgriffsrecht verbundene Schuldner zu verstehen, **nicht** auch der Anfechtungsschuldner, RG **139**, 51. – Zur persönl Haftung des Gesellschafters einer OHG beim FdgsNachlaß im GesellschaftsVglVerf vgl § 109 Nr 3. Doch findet § 82 II 1 Anw bei persönl Verbürgg eines Gesellschafters für eine Gesellschaftsschuld; auch eine dingl Haftung des persönl haftenden Gesellschafters bleibt von einem FdgsNachlaß im GesellschaftsVglVerf unberührt, Bley-Mohrbutter 21e mit weitHinw. – Außer den in § 82 II 1 ausdrücklich genannten Rechten bleiben ua (vgl Bley-Mohrbutter 21d) auch Rechte aus einem **Eigentumsvorbehalt** und aus einer **Sicherungsübereignung** vom Vergleich unberührt; dazu BGH LM 1 zu VerglO § 82 = NJW **56**, 1594f; Serick § 36 I 2 Abs 10. – Zulässig ist die **Neubegründg von Sicherungsrechten.**

Die natürl Verbindlichkeit kann die Rechtsgrundlage für selbständige **Schuldanerkenntnisverträge** bilden, RG **160**, 134ff = HRR **39**, 969. **Sicherung und Tilgung der natürlichen Verbindlichkeit** sind keine Schenkung; Bley-Mohrbutter 16b Abs 3. Auf die schuldrechtl Verpflichtung zur Sicherung und Tilgung (zulässig nach Bestätigung des Vergleichs) findet BGB § 518 keine Anwdg. Das auf die natürl Verbindlichkeit Geleistete kann nicht als ohne Rechtsgrund gezahlt zurückverlangt werden, BGH WM **68**, 39. Klage auf Feststellung des Bestehens der

Verbindlichkeit ist unter den Voraussetzungen des ZPO § 256 zulässig, Jaeger-Weber 7 zu KO § 193; Bley-Mohrbutter 16b Abs 4. Ein VglGläubiger kann mit seiner vollen Fdg gegen eine Fdg des Schuldners aufrechnen; vgl Anm 3 zu § 54.

4) Auf Sicherungen, welche nach Maßg des **§ 87** mit der VglBestätigung unwirksam werden, findet § 82 II S 1 keine Anw.

5) Nach **§ 82 Abs 2 S 2** wird jedoch durch den Vergleich **der Schuldner gegenüber Mitschuldnern, Bürgen oder anderen Rückgriffsberechtigten in gleicher Weise befreit, wie gegenüber dem Gläubiger.** Diese Bestimmung ist nur aus dem Zusammenhang mit § 33 zu verstehen. Sie besagt nicht, die RückgriffsFdg werde in gleicher Weise gemindert wie die Fdg des Gläub, nämlich nach Maßg des Vergleichs. Dazu hätte es keiner besonderen Bestimmung bedurft, da auch die Rückgriffsrechte als aufschiebend bedingte Ansprüche bereits bei Eröff des VglVerf bestanden (vgl Bem 1 zu § 33) und daher nach § 82 I vom Vergleich betroffen wurden. **§ 82 II S 2 besagt** vielmehr, **daß die Fdg des Gläub und die in § 33 genannten Rückgriffsansprüche zusammen eine Quote erhalten, welche nach der Fdg des Gläub bemessen wird.** Der zur Teilnahme am Verfahren nicht befugte Rückgriffsberechtigte (§ 33) kann eine eigene Quote überhaupt nicht und von der auf den Gläub entfallenden Quote nur das in Anspr nehmen, was der Gläub (zB weil er während des Verfahrens vom Rückgriffsberechtigten eine den Ausfallbetrag beim Schuldner übersteigende Teilzahlung erhalten hat) übrig läßt, Kiesow KuT **37**, 141; Bley-Mohrbutter 22a Abs 1. Hat der Gläub im VglVerf seine Quote erhalten, so ist der VglSchuldner auch gegenüber vertragl Freistellungsansprüchen eines Bürgen oder eines Sicherungszedenten befreit, BGH **55**, 117 = KTS **71**, 201 = NJW **71**, 382 = MDR **71**, 390 = LM 2 zu VerglO § 82 mit Anm von Braxmaier.

§ 82 II S 2 gilt für Bürgen und Mitschuldner hinsichtl ihrer Rückgriffsansprüche nur, wenn sie bei Teilnahmeberechtigg im Verfahren lediglich die Stellung von VglGläub hätten in Anspruch nehmen können; **nicht** dagegen, wenn sie ein Recht auf abgesonderte Befriedgg haben oder aufrechnungsberechtigt sind, dazu Kiesow aaO; Bley-Mohrbutter 22a Abs 3.

Bei fahrlässiger Amtspflichtverletzung haftet ein Beamter nach BGB § 839 I nur, wenn der Verletzte von einem Dritten keinen Ersatz verlangen kann. Entfällt die zunächst gegebene Haftpflicht eines Dritten teilweise, weil in dem VglVerf über sein Vermögen ein Vgl geschlossen wird, so steht einer Haftung des Beamten in Höhe des Betrages, um den die Verpflichtung des Dritten ermäßigt wurde, § 82 II 2 nicht entgegen, BGH WM **58**, 258, 260.

6) Änderungen des Vergleichs nach dessen Bestätigung sind (wie Änderungen anderer Verträge) jederzeit zulässig. Erforderlich ist nunmehr jedoch, wenn der Vgl als Ganzes (mit Wirkung für und gegen alle VglGläub) geändert werden soll, Vereinbarung des VglSchuldners mit allen vom Vgl betroffenen Gläubigern. Diese werden nicht schlechthin durch eine zur Überwachung der VglErfüllung eingesetzte Person (Sachwalter, Treuhänder) vertreten, Dresden KuT **34**, 133; KG JW **31**, 2163. –

§ 83

Annahme eines vom Schuldner ausgehenden Änderungsantrages seitens eines Gläubigers erfolgt iZw unter der aufschiebenden Bedingung, daß auch die übrigen Gläub annehmen, Breslau JW **31**, 2164. – Zu Fragen eines außergerichtl Vergleichs im Anschluß an einen gerichtl Vgl Trude KTS **55**, 17; Bley-Mohrbutter 5 a.

7) Zu der Frage, ob die durch einen gerichtl Vgl eingetretenen Gläubigererlasse beim Schuldner als einkommensteuerfreier Sanierungsgewinn zu behandeln sind, vgl BFH WM **64**, 281; Geist RN 254 ff, 120 ff mit weit Hinw; Rosenau KTS **72**, 153 ff im Rahmen eines Aufsatzes über steuerrechtl Probleme im Konkurs- und Vergleichsverfahren eines Steuerpflichtigen.

Wirkung für besondere Ansprüche

83 ^I **Der Vergleich wirkt nach Maßgabe des § 82 auch für und gegen die Forderungen aus einer Freigebigkeit des Schuldners.**

^{II} **Die für die Zeit von der Eröffnung des Verfahrens laufenden Zinsen der von dem Vergleiche betroffenen Forderungen sowie die Kosten, die den betroffenen Gläubigern durch die Teilnahme an dem Verfahren oder eine nach § 87 wirkungslos werdende Vollstreckungsmaßnahme erwachsen sind, gelten, wenn der Vergleich nichts anderes bestimmt, als erlassen.**

1) § 83 Abs 1. Forderungen aus einer Freigebigkeit des Schuldners, die vor Eröff des VglVerf begründet sind (vgl Bem 5 zu § 29), sind keine VglFdgen; vgl Bem 1 zu § 29. Dennoch wirkt (um eine Bevorzugung dieser Fdgen auszuschalten) der bestätigte Vergleich nach Maßg des § 82 auch für und gegen die Gläub dieser Fdgen.

2) Die im § 83 Abs 2 genannten **Zinsansprüche und Kosten der Teilnahme am VglVerfahren** sind nach § 29 Nrn 1, 2 gleichfalls keine VglFdgen. Sie werden also grundsätzl auch vom Vergleich nicht betroffen und würden daher nach Bestätigg eines Vergleichs, welcher sich nicht auf sie bezieht, eine Vorzugsstellung haben. Diese Stellung wird ihnen durch § 83 II nicht nur genommen, vielmehr bestimmt diese Vorschr darüber hinaus, daß **die genannten Fdgen iZw** (dh, wenn der Vergleich nichts anderes bestimmt) **als erlassen gelten.** Für absonderungsberechtigte Gläub wird, sofern die Sicherheiten für alle Fdgen des Gläub haften, das AbsondRecht sich also auch auf Zinsen der jeweils bestehenden Fdgen bezieht, die Bestimmung des § 83 Abs 2 erst bedeutsam, wenn die Sicherheiten verwertet sind, Bley-Mohrbutter 8, Serick § 36 I 3 Abs 3. Nach BGB § 367 I darf der Absonderungsberechtigte den Erlös aus den Sicherheiten zunächst auf die Kosten und Zinsen verrechnen. Vergleiche § 29 Anm 2 Abs 2 mit weit Hinw; Serick § 36 I 3 Abs 4.

Aus § 83 II wird gefolgert werden können, daß **der nichterlassene Teil der Fdgen der VglGläub** auch **nach der Bestätigg des Vergleichs unverzinslich** bleibt, wenn keine abweichende Vereinbarung getroffen ist, Vogels-Nölte III Abs 2; Bley-Mohrbutter 10 Abs 1; vgl auch Serick § 36 I 3 Abs 5.

Wirkungen des bestätigten Vergleichs **§§ 84, 85**

3) Als erlassen gelten nach § 83 II auch die Kosten, welche VglGläubigern durch eine nach § 87 wirkungslos werdende VollstrMaßnahme (vgl Bem zu § 87) erwachsen sind.

4) Die in § 29 Nr 3 genannten **Geldstrafen usw** sind gleichfalls keine VglFdgen. Die Wirkungen des Vergleichs beziehen sich nicht auf sie. Sie können also nach Bestätigg des Vergleichs, da § 83 eine Sonderregelung für sie nicht trifft, wieder unbeschränkt beigetrieben werden. – **Die aus der Verhängung und Beitreibung der in § 29 Nr 3 genannten Geldstrafen usw entstandenen Kosten** fallen nicht unter § 29 Nr 3, nehmen also grundsätzl am VglVerf teil und werden vom Vergleich betroffen, wenn sie vor Eröff des Verf entstanden sind.

5) Zur Wirkung ggüb ausländ VglGl vgl § 2, 10.

Wirkung auf einen Konkursantrag

84 Wird der Vergleich bestätigt, so gilt ein Antrag auf Konkurseröffnung, über den die Entscheidung gemäß § 46 ausgesetzt war, als nicht gestellt.

1) Nach § 46 bleibt ein vor dem VglAntrag gestellter **Konkursantrag** bis zur Rechtskraft der das VglVerf abschließenden Entscheidung ausgesetzt. Endet das VglVerf mit bestätigtem Vergleich, so gilt nach § 84 der Konkursantrag, über den die Entscheidung nach § 46 ausgesetzt war, auch wenn er von einem Gläub gestellt war, als nicht gestellt. Damit entfällt gleichzeitig die Gerichtsgebühr nach Nr 1411 des Kostenverzeichnisses Anlage 1 zu § 11 Abs 1 GKG (Nr 1412b Kostverz) für das Verfahren über den Antr auf Konkurseröffnung. – Endet das VglVerf, ohne daß es zum Vgl oder zum Anschlußkonkurs kommt, so hat nunmehr das Konkursgericht über einen vor dem VglAntrag gestellten Konkursantrag zu entscheiden. Das Konkursgericht ist an die Entscheidung des VglGerichts, welches die Eröff des (Anschluß-)Konkurses abgelehnt hat, nicht gebunden. Abweichende Entscheidung des Konkursgerichts ist insbes dann möglich, wenn nach der Entsch des VglGerichts ein Gläub nach Maßg des KO § 107 Vorschuß leistet, weil es sich von der Durchführung des Konkurses (etwa im Hinblick auf die in diesem Verfahren mögliche Anfechtung nach KO §§ 29 ff) Erfolg verspricht.

Vollstreckung des Vergleichs

85 ^{I} Aus dem bestätigten Vergleich in Verbindung mit einem Auszug aus dem berichtigten Gläubigerverzeichnis findet wegen der darin eingetragenen Vergleichsforderungen gegen den Schuldner die Zwangsvollstreckung in gleicher Weise statt wie aus einem vollstreckbaren gerichtlichen Urteil, sofern nicht im Gläubigerverzeichnis vermerkt ist, daß die Forderung vom Schuldner oder vom Vergleichsverwalter bestritten wurde.

^{II} **Das gleiche gilt für die Zwangsvollstreckung gegen einen Dritten, der für die Erfüllung des Vergleichs neben dem Schuldner ohne Vorbehalt der Einrede der Vorausklage durch eine dem Vergleichsgericht**

§ 85

eingereichte schriftliche Erklärung oder im Vergleichstermin durch mündliche Erklärung zu Protokoll Verpflichtungen übernommen hat; hierbei macht es keinen Unterschied, ob die Verpflichtungserklärung gemäß § 4 Abs. 1 Nr. 4 dem Vergleichsantrag beigefügt oder erst später dem Gericht eingereicht worden ist.

III Macht der Gläubiger die Rechte geltend, die ihm im Fall des Verzuges des Schuldners zustehen, so bedarf es zur Erteilung der Vollstreckungsklausel für diese Rechte und zur Durchführung der Vollstreckung, außer der Glaubhaftmachung der Mahnung und des Ablaufs der Nachfrist (§ 9), nicht des Nachweises, daß der Schuldner sich im Verzug befindet.

1) **§ 85 Abs 1** läßt die Frage offen, ob der Vergleich, seine Bestätigg oder der Auszug aus dem berichtigten GläubVerz (§§ 6, 67 III) als der **VollstrTitel** anzusehen ist. Der Vergleich kann es nicht sein, weil andernfalls die Vollstreckbarkeit endgültig durch den VglInhalt beschränkt sein müßte, was jedoch im Hinblick auf § 85 III (i Vbdg mit § 9) nicht zutrifft. Aber auch der Bestätigungsbeschluß kann es nicht sein, weil dieser nur eine Voraussetzung der Vollstreckbarkeit bildet. **Tituliert ist vielmehr im Falle der VglBestätigung die einzelne VglFdg, sofern sie weder ihrem Bestande, noch ihrem Inhalt, noch der Zuständigkeit (Inhaberschaft) nach vom Schuldner oder vom VglVerw bestritten ist.** Bestreiten eines Gläub ist im Rahmen des § 85 ohne Bedeutung. **Der in das GläubVerzeichnis eingetragene Vermerk, die Fdg sei weder vom Schuldner noch vom VglVerw bestritten, ist Vollstreckungstitel,** steht aber – da das Vergleichsverfahren anders als das Konkursverfahren gem KO § 145 Abs 2 nicht zu einer erneuten ,,rechtskräftigen Feststellung" bereits in Rechtskraft erwachsener Ansprüche führt – **nicht einem rechtskräftigen Urteil gleich;** vgl Gaul in Festschrift für Schiedermair 1976 S. 155 ff (170), ähnlich Bley-Mohrbutter 4 b; aA Bley JW 38, 2252, Habscheid NJW 71, 1688 ff und die Vorauflage dieses Kommentars. **Vollstreckbarkeit des Vermerks aber nur für den Fall und erst mit VglBestätigg.** Dabei ist die Vollstreckbarkeit zunächst, nicht aber schlechthin (vgl Bem 5), beschränkt durch den Vergleichsinhalt. – Sind **mehrere VglVerw** bestellt (dazu § 20 Anm 1), so schließt bei gemeinschaftl wie bei getrennter Verwaltung das Bestreiten **eines** Verw die Titulierung der Fdg aus; Bley-Mohrbutter 7 zu § 38 und 1 b Abs 2 zu § 85.

a) **§ 85 I S 1** findet dann keine Anw, wenn das **GläubVerzeichnis überhaupt keinen Vermerk enthält;** also weder zum Ausdruck bringt, daß die Fdg bestritten noch daß sie unbestritten geblieben ist. – Die Gesetzesfassung ,,sofern . . . nicht bestritten wurde" steht nicht entgegen. Sie will ledigl die Unbeachtlichkeit von GläubWidersprüchen für die Frage der Titulierung zum Ausdruck bringen, Bley JW **38**, 2249.

b) **Der neue Schuldtitel vermag einen bestehenden alten Schuldtitel weder zu verdrängen noch zu ersetzen,** da er nicht in Rechtskraft erwächst (Gaul aaO S 176; ähnlich RG **132**, 115, LG Osnabrück MDR **51**, 755 mit Anm Vogel; LG Hannover DGVZ **54**, 8 f mit kritischer Stellungnahme der Schriftleitung, Oldenburg MDR **54**, 747, LG Bielefeld KTS

Wirkungen des bestätigten Vergleichs **§ 85**

59, 175f, Vogels-Nölte I 3, Kiesow 27 zu § 75, Noack S 353f, Bley-Mohrbutter 30, Mohrbutter § 117 II; aA Bley JW **38**, 2252f, Schönke-Baur § 75 II 2b, Herfurth DGVZ **51**, 86, Petermann Rpfleger **62**, 220, und Vorauflage dieses Kommentars; vgl auch Pohle JZ **54**, 344f). Dennoch darf aus dem alten Titel, solange die Vergleichswirkungen bestehen, nicht vollstreckt werden, da der Vergleich nicht nur ein materiellrechtliches, sondern auch ein vollstreckungsrechtliches ,,Stillhalteabkommen" beinhaltet (so Gaul aaO S 177). Streitig ist in diesem Zusammenhang insbesondere, ob der Schuldner einer Vollstreckung mit der Erinnerung nach ZPO § 766 begegnen kann, oder ob er nur die Möglichkeit der Vollstreckungsgegenklage nach ZPO § 767 hat. Die Rechtsprechung und ein Teil des Schrifttums hält auf der Grundlage der Lehre von der Fortwirkung alter Titel nur den Weg über die Vollstreckungsgegenklage gem ZPO § 767 für gangbar; während Bley aaO und andere (siehe oben) den einfachen Weg der Erinnerung nach ZPO § 766 für gegeben halten, da ihrer Ansicht nach der neue Schuldtitel aufgrund seiner Rechtskraftwirkung den alten aufzehre; so auch die Vorauflage dieses Kommentars. Gaul aaO S 176ff differenziert wie folgt: Ein Bedürfnis, die Vollstreckung aus dem alten Schuldtitel zu verhindern, besteht nur für die Zeit des Andauerns der Vergleichswirkungen. Nach Fortfall der Vergleichswirkungen (§§ 9 I, 88 I, 89 I) sei es nicht erforderlich, daß der Schuldner sich nach § 85 III eine erweiterte Vollstreckungsklausel beschaffe; ihm stehe ungehindert die Möglichkeit der Vollstreckung aus dem alten Titel offen, da die Vollstreckbarkeit des alten Titels durch den Vergleich nicht aufgehoben, sondern lediglich für die Laufzeit der Vergleichswirkungen suspendiert sei. Auch für die Frage, wie sich der Schuldner während des Bestehens der Vergleichsschranken gegen die Vollstreckung aus dem alten Titel wehren müsse, ergebe sich die Lösung aus der Parallele zum vollstreckungsbeschränkenden Vertrag. Wie dort könne die Vollstreckung nur im Wege einer Vollstreckungsgegenklage analog ZPO § 767 abgewehrt werden; vgl zu dieser Frage im einzelnen BGH NJW **68**, 700, Schug, Zur Dogmatik des vollstreckungsrechtlichen Vertrages Diss. Bonn 1969, 190f, Gaul aaO S 180 und JuS **71**, 349.

c) **Es gelten für den neuen Schuldtitel ohne Einschränkung die ZPO §§ 724–793, auch § 767 Abs 2.** Maßgebl Zeitpunkt für § 767 II ist der Beginn der Abstimmung, Bley-Mohrbutter 3a (and Vogels-Nölte I 2c Abs. 2). Damit ist der Einwand des Schuldners, er habe irrtüml die Fdg nicht bestritten, ausgeschlossen.

d) **Die ZPO §§ 579f sind anwendbar.** In Betracht kommen kann namentl eine Restitutionsklage nach § 580 Nrn 2, 4, 7; zB beim Auffinden neuer Urkunden.

2) Die **VollstrUrkunde** besteht nach Aktenordnung § 16 III aus einer Ausfertigung des VglProtokolls (nebst VglVorschlag, wenn derselbe im Protokoll nicht wörtl enthalten ist), des Bestätigungsbeschlusses und eines Auszuges aus dem GläubVerzeichnis (§§ 6, 67 III). Auf den Auszug ist die **VollstrKlausel** (ZPO § 725) zu setzen. – VollstrUrkunde nebst Klausel erhalten auf Antrag die im berichtigten GläubVerzeichnis eingetragenen VglGläub, sofern und soweit ihre Fdg weder vom Schuldner

§ 85

noch vom VglVerw bestritten wurde und dies im GläubVerzeichnis vermerkt ist; vgl Bem 1. Die Klausel kann, da ihre Erteilung nicht bereits VollstrMaßnahme ist und § 47 daher nicht zur Anw gelangt, bereits vor Aufhebung des VglVerf erteilt werden (aA Vogels-Nölte IV 1a Abs 3); jedoch nicht vor der Bestätigung des Vgl, da die Bestätigung notwendige Voraussetzung der Titulierung ist, Bley-Mohrbutter 25; vgl auch (für das KVerf) Bem 3 zu KO § 164 mit weit Hinw. Bei aufschiebend bedingten Fdgen Erteilung der VollstrKlausel erst nach Bedingungseintritt; dazu ZPO §§ 726, 731; Bley-Mohrbutter 25 Abs 1. Bei Fdgen, für die nach dem Inhalt der Eintragung oder dem Vermerk ein AbsondRecht besteht, Erteilung der VollstrKlausel nur bei Nachweis des Verzichts auf das AbsondRecht oder des erlittenen Ausfalls; vgl Bley-Mohrbutter 15b Abs 1. Beim Nichtbestreiten ,,vorbehaltlich der devisenrechtl Genehmigg" (Anm 2a, 7 zu § 71) setzt die Erteilung der VollstrKlausel den Nachweis der devisenrechtl Genehmigg voraus. Zu weiteren Einzelfragen mit Bezug auf die Erteilung der VollstrKlausel vgl Bauer KTS **60,** 49, 51 ff; erg dazu Klemmer KTS **60,** 73.

3) Vollstreckt werden kann ,,aus dem bestätigten Vergleich in Vbdg mit dem Auszug aus dem berichtigten GläubVerzeichnis" **gegen den Schuldner und** nach Maßg des § 85 II auch **gegen die Vergleichsgaranten.** VglGarant ist derjenige, der im Wege der Schuldübernahme oder durch Bürgschaft oder durch einen Garantievertrag für die Erfüllung eines Vergleichs neben dem Schuldner oder an dessen Stelle den Vergleichsgläubigern gegenüber eine zum Gegenstand des gerichtl Vergleichs gewordene Verpflichtung übernommen hat, BGH Warn **69** Nr 132 (betr die ZwVollstr nach § 85 II im Rahmen eines Liquidationsvergleichs gegen einen VglGaranten) = KTS **70,** 45 = LM 3 zu VerglO § 85 = MDR **69,** 832. – VglGarant kann auch ein VglGläub sein; dieser verliert dadurch nicht den Anspr auf die Vgl-Quote und seine Rechte gegen andere VglGläub. – Zur Inanspruchnahme des begrenzt haftenden Bürgen (Bem 5 zu § 4) vgl Bohnenberg DRiZ **50,** 283 ff m weit Hinw. – Die **VollstrUrkunde gegen einen VglGaranten** entspricht der gegen den VglSchuldner. Sie muß jedoch auch die Garantieerklärung enthalten. Ist dieselbe nicht im VglProtokoll enthalten, so ist die schriftliche Erklärung in Ausfertigung als Teil der VollstrUrkunde den übrigen Ausfertigungen (vgl Bem 2) anzufügen. – Zu der Frage, unter welchen Voraussetzungen ein aus einer VglGarantie in Anspruch genommener VglGarant von dem VglVerw Vorlage von Protokollen des GläubBeirats verlangen kann, vgl BGH Warn **71** Nr 93 = MDR **71,** 574.

Übernimmt jemand den VglGläubigern gegenüber **eine Verpflichtung zur Erfüllung des Vgl und wird diese Erklärung** mit Wissen und Willen des Erklärenden zwar nicht Gegenstand, aber **Voraussetzung** des VglVorschlags des Schuldners und damit **des gerichtl Vgl,** so liegt zwar eine VglGarantie nach § 85 II nicht vor. Der Erklärende muß sich alsdann jedoch möglicherweise **materiellrechtlich** so behandeln lassen, als wäre er VglGarant iS dieser Bestg, BGH KTS **61,** 152 = MDR **61,** 918 = LM 2 zu VerglO § 85 (auch zur Frage einer Anfechtung der Erklärung); ferner Bley-Mohrbutter 21d Abs 2.

4) Entgegen dem BGB § 771 hat der VglBürge die **Einrede der Vorausklage** nur, wenn er sich dieselbe ausdrückl vorbehalten hat. Alsdann ist aber ein Vorgehen gegen den VglBürgen nach Maßg des § 85 schlechthin ausgeschlossen, und zwar auch, wenn der Schuldner fruchtlos ausgepfändet und die Einrede nach BGB § 773 erloschen ist, Jaeger-Weber 7 zu KO § 194; vgl auch BGH KTS **57**, 157. – Übernahme bloßer Ausfallbürgschaft schließt den Vorbehalt der Vorausklageeinrede ein, LG Berlin KuT **33**, 46; BGH aaO.

Befriedigt ein Bürge, der wegen Nichterfüllung der vom VglSchuldner im Vgl eingegangenen Zahlungsverpflichtungen in Anspr genommen wird, entsprechend seiner Bürgschaftsverpflichtung VglGläub, so gehen die Fdgen dieser Gläubiger nach BGB § 774 I 1 in Höhe der Zahlungen des Bürgen auf diesen über. Neben dem gesetzlichen Rückgriffsanspr nach BGB § 774 I 1 hat der Bürge gegen den VglSchuldner idR einen Anspr auf Ersatz des zur Befriedigung der Gläub Aufgewandten aus dem **Auftrag**, wie er der Bürgschaftsübernahme im Verhältnis zum VglSchuldner regelmäßig zugrunde liegt, BGB §§ 670, 675. Vgl Mainka zu Eingang eines Aufsatzes KTS **70**, 13 ff betr Fragen, die sich für den gesetzl Rückgriffsanspr des Bürgen im Falle des Liquidationsvergleichs stellen, wenn nach der Inanspruchnahme des Bürgen noch liquide Mittel zur Liquidationsmasse gelangen (zu dem Aufsatz von Mainka vgl Künne KTS **70**, 190).

5) Die Vollstreckbarkeit ist durch den Vergleichsinhalt nicht schlechthin beschränkt. **Liegen die Voraussetzungen des § 9 I vor, so kann der Gläub aus dem Titel nach Maßg des § 85 gegen den Schuldner in voller Höhe der ursprüngl Fdg vollstrecken.** Eine demgemäß **erweiterte VollstrKlausel** erhält der Gläub nach § 85 Abs 3, wenn er **Mahnung und Ablauf der Nachfrist des § 9 I glaubhaft macht** (dazu ZPO § 294; Glaubhaftmachung etwa durch Vorlage von Briefdurchschriften i Vbdg mit Einschreibezetteln, eidesstattl Versicherung). Nachweis des Schuldnerverzuges nach Maßg des ZPO § 726 ist nicht erforderl. – Entspr Anwdg des § 85 III beim Wegfall der VglSchranken nach § 88 I; dazu § 88 Anm 5; Bley-Mohrbutter 27 a. – Gegen die Erteilung oder Versagung der VollstrKlausel stehen den jeweils Betroffenen die Rechtsbehelfe der ZPO zu, Hbg MDR **58**, 853. Demnach können die Einwendungen des Schuldners, mit denen er die Voraussetzungen für das Wiederaufleben der vom Vgl betroffenen Fdgen (§§ 9 I, 85 III) in Frage zieht, gemäß ZPO § 732 verfolgt werden, sofern im übrigen die Voraussetzungen dieser Vorschr vorliegen, Hamburg aaO.

6) Soweit nach § 85 I–III gegen den Schuldner oder einen VglGaranten vollstreckt werden kann, ist für eine denselben Streitgegenstand betreffende Klage wegen fehlenden Rechtsschutzbedürfnisses regelmäßig kein Raum, BGH WM **56**, 825; KTS **57**, 157. (Nach Petermann Rpfleger **62**, 220 ist eine solche Klage grundsätzlich als unzulässig abzuweisen, weil ihr das Prozeßhindernis der rechtskräftig entschiedenen Sache entgegensteht.) Nur besondere Umstände können die klageweise Erwirkung eines neuen Titels rechtfertigen. Eine solche Ausnahme wird gegeben sein, wenn der Vermerk des Prüfungsergebnisses im GläubVerzeichnis so

§ 85

unklar ist, daß dadurch die Verwertung des etwa bereits bestehenden Titels unmöglich gemacht oder erschwert ist, BGH WM **56,** 825; Kuhn WM **57,** 150, 158. – Eine Klage, mit der ein VglGläubiger seine volle Forderung – unter Einbeziehung des erlassenen Forderungsteils – geltend macht, nachdem sie in das berichtigte GläubVerzeichnis eingetragen und nicht bestritten wurde, ist, wenn die gerichtl Bestätigung des Vergleichs vorliegt, in vollem Umfang als unzulässig abzuweisen; vgl AG Detmold Rpfleger **62,** 219 m Anm v Petermann (Rechtskraftwirkung des Tabelleneintrags; vgl oben Anm 1).

7) Beim Fehlen der Voraussetzungen des § 85 (insbesondere also, wenn die Forderung vom Schuldner oder VglVerw bestritten wurde) erfordert die Vollstreckung eines VglGläub gegen den vormaligen VglSchuldner und gegen einen VglGaranten Klage auf Zahlung der VglSumme, dazu RG **22,** 155; es sei denn, daß bereits ein Titel vorliegt oder der Schuldner dem Gläub eine vollstreckbare Schuldurkunde ausstellt, dazu Oldorf RPfleger **51,** 192. **Einklagbar ist,** da der bestätigte Vgl rechtsgestaltende Wirkung hat und den Inhalt der ursprüngl Fdg entspr dem Vgl ändert, **die Fdg zunächst nur unter Berücksichtigg der im Vgl enthaltenen Beschränkungen,** beim ErlaßVgl also nur in Höhe des Betrages, welcher der Vgl-Quote entspricht, RG **160,** 138f; München MDR **55,** 750; BGH KTS **69,** 50, 53 (and LG Osnabrück MDR **51,** 754 m Anm v Vogel). Der Fortbestand einer natürl Verbindlichkeit hinsichtl des erlassenen Teils der Fdg ist lediglich zweckbedingt (vgl Bem 3 zu § 82). Es handelt sich dabei um eine Schuld ohne Haftung, die zwar erfüllt, nicht aber erzwungen werden kann. Solche Verbindlichkeiten sind aber nicht einklagbar. Jedenfalls kann sich bei Volleinklagung der Schuldner im Prozeß mit Erfolg auf den Vgl berufen. Auf **volle Leistung** (Fdg ohne Berücksichtigung des Vgl) kann erst geklagt werden, wenn die Fdg nach Maßg des § 9 wiederaufgelebt ist. Als zu unbestimmt ist nach Bestätigg eines ErlaßVgl auch eine Verurteilung auf Leistung „nach Maßgabe des Vergleichs" abzulehnen; auf ein solches Urteil würde § 85 III nicht angewendet werden können, München aaO. – Bzgl den erlassenen Teils der Fdg kann uU auf Feststellung geklagt werden, Bley-Mohrbutter 16b Abs 4 zu § 82; Jaeger-Weber 7 zu KO § 193. – Hat der VglSchuldner nach Bestätigg des gerichtl Vgl mit FdgsNachlaß die Fdg eines Gläub in voller Höhe anerkannt und ist Anerkenntnisurteil ergangen, so kann der Schuldner den Einwand der VglBetroffenheit der Fdg nicht nach ZPO §§ 767, 768, 732 geltend machen, LG Braunschweig JZ **56,** 660 mit weit Hinw (aA LG Osnabrück MDR **51,** 754 m Anm v Vogel). Ist das Anerkenntnis jedoch in Verkennung der Rechtslage abgegeben worden, so ist durch das Urteil nicht ohne weiteres die materielle Verpflichtung des Gläub beseitigt, „stillezuhalten, solange der Schuldner seine Verpflichtungen aus dem Vgl erfüllt"; dazu Baur in Anm zu LG Braunschweig JZ **56,** 660f.

Ein Titel gegen den VglSchuldner reicht nicht zur Vollstr gegen einen VglGaranten, RG **71,** 59.

8) Sieht der Vgl eine Nachzahlungspflicht bei Besserung der Vermögensverhältnisse des Schuldners **(Besserungsklausel)** vor, so tritt mangels anderweitiger Vereinbarung die Pflicht ein, wenn der Schuldner die Restschulden des Vgl ohne Beeinträchtigung seines Geschäftsbetriebes und seiner nicht vom Vgl betroffenen Gläub, insbesondere der Neugläubiger, sowie des standesgemäßen Unterhalts für sich und seine Familie zahlen kann; dazu Bley-Mohrbutter 24 zu § 82; Künne KuT **27**, 103. – Die Nachzahlung ist nach Maßg des § 85 erzwingbar; doch setzt die Erteilung der VollstrKlausel, wenn die Nachzahlung unmittelbar von der Besserung der Vermögenslage abhängig gemacht ist, Klage nach ZPO § 731 voraus. – Von der Besserungsklausel zu unterscheiden ist der **Besserungsschein,** welcher idR als abstraktes Schuldanerkenntnis gemeint ist und, wenn der Schuldner Kaufmann ist, als indossabler Verpflichtungsschein erteilt sein kann. – Zu ,,Besserungsklausel'' und ,,Besserungsschein'' vgl noch Bley-Mohrbutter 24–26 zu § 82; Künne KTS **68,** 201 ff.

9) Die hinsichtlich ihrer Befriedigung **zurückgetretenen Gläub** (vgl Bem 3 Abs 2 zu § 8) sind von einer ZwVollstr nach Maßg des § 85 nicht ausgeschlossen, mag das Zurückstehen vor Abschluß des Vgl oder im Vgl vereinbart sein. Das gilt nicht lediglich dann, wenn der Gläub bis zu einem bestimmten Zeitpunkt zurückgetreten ist, sondern auch, wenn er erst nach Vollzahlung der sämtlichen Quoten an alle vorgehenden VglGläub zum Zuge kommen kann, sofern nur für die Befriedigung der vorgehenden Gläub eine bestimmte, wenn auch äußerste, Frist gesetzt ist. Die VollstrKlausel wird dem Zurückgetretenen schon vor dem Ablauf dieser Frist erteilt. Dem Schuldner stehen, wenn die Vollstr vorzeitig erfolgt, die Rechtsbehelfe der ZPO §§ 732, 768 zu; Bley-Mohrbutter 26 c zu § 8. Die vorgehenden Gläubiger können der Vollstr nicht nach ZPO § 771 widersprechen. Sie haben gegenüber dem zurückgetretenen Gläub auch keinen Anspruch auf Unterlassung oder Schadensersatz, Bley-Mohrbutter aaO mit Hinw auch auf and Meinungen.

Zuständigkeit bei Vollstreckung des Vergleichs

86 Bei Zwangsvollstreckungen auf Grund des bestätigten Vergleichs (§ 85) ist für Klagen auf Erteilung der Vollstreckungsklausel sowie für Klagen, durch die eine die Forderung selbst betreffende Einwendung geltend gemacht oder der bei der Erteilung der Vollstreckungsklausel als bewiesen angenommene Eintritt der Voraussetzungen für ihre Erteilung bestritten wird, das Amtsgericht, bei dem das Vergleichsverfahren anhängig ist oder anhängig war, und, wenn der Streitgegenstand die Zuständigkeit des Amtsgerichts übersteigt, das Landgericht ausschließlich zuständig, zu dessen Bezirk das Vergleichsgericht gehört.

1) § 86 betrifft **Klagen im Rahmen einer ZwVollstr nach Maßg des § 85,** und zwar:
a) Klagen des Gläub auf Erteilung der VollstrKlausel nach ZPO § 731;
b) Klagen, durch welche gemäß ZPO § 767 eine die Fdg selbst betreffende Einwendung geltend gemacht wird;

§ 87

9. Abschnitt

c) Klagen, durch welche der bei der Erteilung der VollstrKlausel als bewiesen angenommene Eintritt der Voraussetzungen für ihre Erteilg nach ZPO § 768 bestritten wird.

2) Örtlich zuständig für die zu 1 a–c genannten Klagen ist nach § 86 das Amtsgericht, bei welchem das VglVerf anhängig ist oder war, bzw das übergeordnete Landgericht. – Die **sachliche** Zuständigkeit wird nach GVG § 23 Nr 1 bestimmt durch den Streitwert.

Die örtliche, durch § 86 bestimmte Zuständigkeit ist eine ausschließliche, nicht auch die sachliche; vgl Bley-Mohrbutter 2 mit weit Hinw.

Auswirkung der Sperrfrist

87 ^{I} Hat ein Vergleichsgläubiger oder einer der im § 29 Nr. 3 und 4 bezeichneten Gläubiger später als am dreißigsten Tage vor der Stellung des Antrags auf Eröffnung des Vergleichsverfahrens durch eine Zwangsvollstreckungsmaßnahme eine Sicherung oder Befriedigung erlangt, so wird mit der Bestätigung des Vergleichs die Sicherung unwirksam und ist das zur Befriedigung Erlangte nach den Vorschriften über die Herausgabe einer ungerechtfertigten Bereicherung herauszugeben.

^{II} **Die Vorschrift des § 28 Abs. 2 findet Anwendung.**

1) Die Vorschrift **betrifft nur Gläub, welche am VglVerf beteiligt sind** (§§ 25ff) **und Gläub der in § 29 Nr 3 und in § 29 Nr 4 genannten Fdgen,** sowie – über den Wortlaut der Bestimmung hinaus – Gläub der in § 29 Nr 1 gen Fdgen hinsichtl der dort gen Anspr (hierzu Bley-Mohrbutter 6a). Sie erfaßt nur **Maßnahmen der Zwangsvollstreckung** (vgl Bem 2, 5 zu § 28), welche

a) **vor der Eröff** des VglVerf vorgenommen wurden. – Für Maßnahmen nach Eröff des VglVerf gilt ausschließlich § 47, vgl Kiesow 2 zu § 70;

b) **später als am 30. Tage vor der Stellung des VglAntrages** zu einer Sicherung oder zur Befriedigg des Gläub geführt haben (§ 28).

Hat ein Gläub bereits **vor dem Beginn der Sperrfrist** (Bem 1 b) auf Grund einer VollstrMaßnahme oder auf andere Art eine Sicherung erlangt, welche zur abgesonderten Befriedigung berechtigt, so kann er die Vollstreckung in Auswertung des Sicherungsrechtes auch während der Sperrfrist und des nachfolgenden VglVerfahrens weiter verfolgen. VollstrMaßnahmen in Weiterverfolgung dieses Rechts werden von § 87 nicht erfaßt.

2) Die **Unwirksamkeit** nach Maßg des § 87 tritt **kraft Gesetzes** ein. Damit entfallen die materiell-rechtl Wirkungen, die der Zugriff für den Gläub zunächst gehabt hat. Es ist jedoch nicht auch das VollstrVerfahren als aufgehoben anzusehen. Bestehen bleibt insbesondere vorerst die öfftl-rechtl Verstrickung. Die VollstrOrgane haben aber die bereits erfolgten VollstrMaßnahmen von Amts wegen zu beseitigen; vgl Bley-Mohrbutter 17; Vogels-Nölte III 1 Abs 2. So ist gepfändetes Geld dem Schuldner freizugeben. Ein Pfändungs- und Überweisungsbeschluß ist aufzuheben, damit der Drittschuldner nicht noch mit befreiender Wirkung an den pfändenden Gläub zahlen kann. Ein Zwangsversteigerungsverfahren ist aufzuheben und das Grundbuchamt nach ZVG § 34 um Löschung des Vermerks zu ersuchen. Vormerkungen sind auf Antrag des Schuldners zu löschen. Zur Aufhebung von VollstrMaßnahmen bei der Sachpfändung durch den GerVollz vgl GVGA § 89 Abs 5 (abgedruckt Anhang 1). Führt der GerVollz trotz § 87 die Versteigerung einer vorher gepfändeten Sache durch, so wird der Ersteher – ohne Rücksicht auf guten oder bösen Glauben – durch den Zuschlag und die Ablieferung der Sache an ihn Eigentümer der Sache, weil § 87 kraft Gesetzes lediglich das Pfändungspfandrecht beseitigt, und nicht auch die öffentl-rechtl Verstrickung, auf der das staatliche Verwertungsrecht beruht; vgl Celle KTS **62,** 112 = MDR **62,** 141 (betr § 104). Entsprechendes gilt für die Immobiliarvollstreckung. – Besteht Streit über die Unwirksamkeit nach § 87 oder verweigert ein VollstrOrgan die Aufhebung einer VollstrMaßnahme, so ist die Erinnerung nach ZPO § 766 (nicht die VollstrAbwehrklage nach ZPO § 767) gegeben, BGH NJW **60,** 435 = MDR **60,** 222 = KTS **60,** 14 (zu § 104); Mohrbutter aaO. – **Sicherungshypotheken** gehen in entspr Anw des ZPO § 868 auf den Eigentümer über, Krieg 5; Bley-Mohrbutter 21 b; so auch LG Darmstadt KTS **74,** 243 (aA Kiesow 6 zu § 70). Das Ziel des Berichtigungsanspruchs ist nicht Löschung, sondern Umschreibung in eine Eigentümergrundschuld; erg dazu Müller KTS **55,** 92.

3) Hat die VollstrMaßnahme zur Befriedigg geführt, so ist das zur Befriedigg Erlangte nach den Vorschr über die Herausgabe einer ungerechtf Bereicherung (BGB §§ 812 ff) an den Schuldner **herauszugeben;** Bösgläubigkeit iS des BGB § 819 I vom Zeitpunkt der Kenntnis des EröffAntr an, Kiesow 10 zu § 70 (and Bley-Mohrbutter 31 b, 32, 33. Danach Bösgläubigkeit nicht früher, als der Schuldner von der VglBestätigung bzw der Eröff des Anschlußkonkurses erfährt). – Soweit Herausgabe erfolgen muß, lebt die Fdg des Gläub als VglFdg mit rückwirkender Kraft wieder auf, RG **131,** 202; Bley-Mohrbutter 30 c. – Gegen den Herausgabeanspruch des Schuldners kann der Gläubiger mit seinem nunmehr fälligen Anspr aus dem Vgl (soweit nicht die Vergleichsschranken entgegenstehen, Bley-Mohrbutter 41) **aufrechnen** (auch gegenüber einem Treuhänder bzw Sachwalter, dem die Masse übereignet ist), KG JW **31,** 2163. Der Gläub hat, wenn andere Gegenstände als Geld geschuldet werden, wegen seiner Fdgen ein uU ein **Zurückbehaltsrecht,** Vogels-Nölte III 2; Bley-Mohrbutter 44 (and Kiesow 12 zu § 70). – § 87 schafft einen **endgültigen Zustand.** Auch bei späterem Konkurs kein Erlöschen der Bereicherungsansprüche aus § 87, Krieg 6 aE (str).

4) Aus § 87 folgt, daß VollstrAnträge von VglGläub und Gläub der in § 29 Nrn 1, 3 und 4 (vgl Bem 1) gen Fdgen, welche bei Eröff des VglVerf noch zu keinerlei Deckung des Gläub geführt hatten **(unerledigte VollstrAnträge),** nach der VglBestätigung als nunmehr unzulässig zurückzuweisen sind, wenn sie nicht zuvor zurückgenommen werden, Bley-Mohrbutter 7 b.

§ 88

Wegfall der Vergleichswirkung

88 ^I **Der Vergleich verliert für alle von ihm betroffenen Gläubiger, unbeschadet der ihnen durch den Vergleich gewährten Rechte, seine Wirkung, wenn der Schuldner im Zusammenhang mit dem Vergleichsverfahren wegen Bankrotts nach § 283 Abs. 1 bis 3, § 283a des Strafgesetzbuches oder deswegen rechtskräftig verurteilt wird, weil er eine eidesstattliche Versicherung nach § 3 Abs. 4 oder nach § 69 Abs. 2 vorsätzlich falsch abgegeben hat.**

^{II} **Auf Antrag eines von dem Vergleiche betroffenen Gläubigers kann das Gericht, bei dem das Vergleichsverfahren anhängig ist oder anhängig war, auch schon vor der rechtskräftigen Verurteilung des Schuldners Sicherungsmaßregeln, insbesondere Verfügungsbeschränkungen nach Maßgabe der §§ 59 bis 65 anordnen.**

Vorbem: Fassung von Abs 1 nach Art 2 § 7 Nr 4 des in der Vorbem zu § 3 genannten Gesetzes vom 27. 6. 1970 und nach Art 6 Nr 2c des Ersten Gesetzes zur Bekämpfung der Wirtschaftskriminalität (1. WiKG) vom 29. 7. 1976 (BGBl I 2034).

1) § 88 hat zur **Voraussetzung,** daß entweder
a) **der Schuldner wegen vorsätzl Verletzung der Verpflichtung zur Abgabe einer eidesstattl Versicherung bei Abgabe der Versicherung nach § 69 II** oder – wie sich aus Art 2 § 15 III des in der Vorbem zu § 3 genannten Gesetzes vom 27. 6. 1970 ergibt – **wegen vorsätzlicher Verletzung der Eidespflicht bei Leistung des Eides nach § 69 II aF rechtskräftig verurteilt wird;** oder
b) **rechtskräftige Verurteilung des Schuldners wegen vollendeten Bankrotts nach StGB §§ 283 Abs 1–3, 283a** mit Bezug auf das VglVerf erfolgt (die Zahlungseinstellung, welche den Anlaß zur Eröffnung des VglVerf gegeben hat, muß auch die Grundlage für die Verurteilung gewesen sein); oder
c) der **Schuldner rechtskräftig verurteilt** wird **wegen vorsätzl falscher Abgabe der mit dem Antrag (§ 3 IV) zu verbindenden eidesstattl Versicherung,** also nach StGB § 156. – Keine ausdehnende Auslegg auf andere eidesstattl Versicherungen, welche zur Glaubhaftmachung bestimmter Umstände erforderl wurden; oder auf Verurteilung wegen anderer Straftaten, etwa Urkundenfälschung bei Stellung des VglAntrages, Kiesow 2 zu § 76.
Zu a bis c: Wiederaufleben der VglSchranken, und zwar mit rückwirkender Kraft, bei rechtskräft Freispruch im Wiederaufnahmeverf, nicht bei Begnadigg, Bley-Mohrbutter 8 a.

2) Im VglVerf über das Vermögen einer **OHG** und einer **KG** genügt für § 88 Verurteilung **eines** persönl haftenden Gesellschafters, im VglVerf über das Vermögen einer **jur Person** Verurteilung **eines** Mitglieds des vertretungsberechtigten Organs, bei der **KGaA** Verurteilung eines persönlich haftenden Gesellschafters (StGB §§ 283 Abs 1–3, 283a iVm StGB § 14), im VglVerf über einen **Nachlaß** Verurteilung eines **Erben.**

Wirkungen des bestätigten Vergleichs § 88

3) § 88 stellt es nach seiner Fassung darauf ab, daß Verurteilung nach VglBestätigung erfolgt ist. Die Vorschr findet jedoch auch Anw, wenn die Verurteilung zwar vor der Bestätigg des Vgl erfolgt, die Bestätigg aber in Unkenntnis der Verurteilung vorgenommen war; ebenso Bley-Mohrbutter 1 Abs 2 (and Kiesow 2 b zu § 76).

4) § 88 bestimmt als **Rechtsfolge der Verurteilung** von Rechts wegen und **für alle vom Vergleich betroffenen Gläubiger** (Bem 1 zu § 82), **daß der Vergleich, soweit er den Gläub Nachteile gebracht hat, seine Wirkung verliert.** Erlaß und Stundung fallen also rückwirkend fort, ebenso die Rechtsnachteile nach Maßg des § 83 II.

Unberührt bleiben die Wirkungen des Vergleichs, die sich aus der Tatsache der VglBestätigung ohne Rücksicht auf den Inhalt des Vergleichs und sein späteres Schicksal ergeben. Dazu gehört insbesondere die mit der VglBestätigung eingetretene Unwirksamkeit von Zwangsdeckungen nach §§ 28, 87 I. Vgl Bley-Mohrbutter 6; Vogels-Nölte II 1.

5) Bestehen bleiben die durch den Vgl gewährten Rechte; vgl Bley-Mohrbutter 4. VglGaranten haften weiter, Sachsicherungen bestehen fort; Haftung eines VglGaranten jedoch iZw nur mit der im Vgl vorgesehenen Forderungsermäßigung, Bley-Mohrbutter 7d. – Bestehen bleibt auch die Vollstreckbarkeit nach Maßgabe des § 85, und zwar jetzt ohne die durch den Vergleich bewirkte Stundung und Minderung, Kiesow 4 zu § 76; Bley-Mohrbutter 7b. Der vollstreckbaren Ausfertigung (Bem 2, 5 zu § 85) ist die nachgewiesene rechtskräftige Verurteilung einzuverleiben, Jaeger-Weber 2 zu KO § 197.

6) Nur der Vergleich verliert in dem genannten Umfange seine Wirkung, nicht auch das VglVerfahren. Die nach Maßg der §§ 50, 51 erfolgte Ablehnung einer Vertragserfüllung oder Kündigg eines Vertragsverhältnisses bleibt bestehen. Maßnahmen der Zwangsvollstreckung, die nach § 47 unwirksam waren, bleiben unwirksam; Bley-Mohrbutter 7a. Das VglVerf bleibt beendet und wird nicht wieder aufgenommen.

7) § 88 Abs 2 läßt schon vor der rechtskräftigen Verurteilung des Schuldners **Sicherungsmaßnahmen** zum Schutze der vom Vergleich betroffenen Gläubiger zu. Als Sicherungsmaßnahmen kommen wohl nur ein allg Veräußerungs- oder ein Einzelverfügungsverbot nach §§ 59–64 in Frage. Wirkung der Verbote nur zugunsten der vom Vergleich betroffenen Gläub, Kiesow 8 zu § 76; Bley-Mohrbutter 11 Abs 2 aA Lucas III d zu § 76, welcher die Wirkung auf die künftigen Konkursgläubiger erstreckt sehen will; vgl auch Bley 9, 11 in der 2. Aufl seines VglO-Kommentars). **Zulässig** sind solche Schutzmaßnahmen **vom Zeitpunkt der Anhängigk des Strafverf beim Gericht oder des Ermittlungsverf der Staatsanwaltschaft an;** nicht jedoch schon, wenn lediglich polizeiliche Ermittlungen angestellt werden. Das Einschreiten des VglGerichts setzt begründeten Tatverdacht voraus. Ist bereits das Hauptverfahren eröffnet oder ein Haftbefehl erlassen, so kann das VglGericht begründeten Tatverdacht ohne weiteres als gegeben annehmen; andernfalls hat es die Frage unter eigener Verantwortung zu prüfen. – Anordnung von Sicherungsmaßnahmen erfordert einen **Antrag,** den jeder vom Vergleich betroffene Gläub stellen kann. – **Zuständig** für die Entsch ist das **frühere VglGericht.** Die Entsch ist nicht beschwerdefähig, § 121; doch ist, wenn der Rechtspfleger entschieden hat (vgl Anm 6b zu § 2), nach § 11 RpflG die Erinnerung gegeben. Zum Verf betr die Erinnerung Anm 6 zu § 121.

Anfechtung des Vergleichs

89 ^I **Jeder von dem Vergleiche betroffene Gläubiger kann, unbeschadet der durch den Vergleich gewährten Rechte, den Vergleich anfechten, wenn der Vergleich durch arglistige Täuschung zustande gekommen ist und der Gläubiger ohne sein Verschulden außerstande war, den Anfechtungsgrund im Vergleichsverfahren geltend zu machen.**

^{II} **Es kann nicht deshalb auf Aufhebung des Vergleichs geklagt werden, weil der Vergleich nicht erfüllt wird.**

1) § 89 Abs 1 hat zur **Voraussetzung,** daß
a) der **Vergleich durch arglistige Täuschung zustande gekommen** ist. Argl Täuschung ist gleichbedeutend mit dem gleichen Begriff des BGB § 123 und mit dem „Betrug" des KO § 196; dazu RAG KuT **30,** 167; vgl auch RG **39,** 23. – Bloßer Irrtum oder das Vorliegen eines Verfahrensmangels reichen nicht aus, RG **127,** 372 ff; **152,** 67. – Gleichgültig ist, ob die Täuschung vom VglSchuldner, vom VglVerw oder von einem Dritten verübt worden ist (vgl Anm 1 zu KO § 196), Bley-Mohrbutter 2b. Nur muß die Täuschung für den Vergleich ursächlich gewesen sein, wenn auch nicht dessen einzige und unmittelbare Ursache; vgl KO § 196 Bem 1 mit Nachw;
b) der **Gläub ohne sein Verschulden außerstande** war, **den Anfechtungstatbestand im VglVerfahren geltend zu machen.** – „Geltend machen" hat dabei nur die Bedeutung von „Vorbringen", „Anführen", „Behaupten". Anfechtungsausschluß also schon dann, wenn der Gläub den Anfechtungsgrund nur vorbringen, nicht aber auch glaubhaft machen konnte; dazu RG **158,** 81. – Der Gläub muß die Kenntnis seines Vertreters gegen sich gelten lassen. Eine gewisse Einschränkung gilt nach Warn 11 Nr. 353 im Hinblick auf die Kenntnis des Substituten eines nur mit Terminsvollmacht versehenen Vertreters.

2) Für die **Geltendmachung der Anfechtung** gilt **BGB § 143.** Anfechtungsberechtigt ist jeder vom Vergleich betroffene Gläub; Bley-Mohrbutter 4 b. Anfechtungsgegner ist der vormalige VglSchuldner, auch wenn ein Dritter die Täuschung verübt hat. Zulässig ist die Anfechtung in entspr Anw des BGB § 124 nur binnen Jahresfrist seit der Entdeckung der Täuschung, Kiesow 7 zu § 77. – **Bestreitet der Schuldner die Anfechtungsvoraussetzungen,** so muß der Gläub, welcher im Besitz eines Titels nach Maßg des § 85 I ist, nach ZPO § 731 auf Erteilung einer umfassenden Vollstreckungsklausel klagen. – Einen alten Titel kann der Gläub nur benutzen, wenn derselbe nicht durch den neuen Titel seine Kraft verloren hat; dazu § 85 Bem 1 b.

Wirkungen des bestätigten Vergleichs § 89

3) Folge der Anfechtung ist, daß der Vergleich (nur) dem anfechtenden Gläub gegenüber unwirksam wird, soweit er ihm nachteilig ist. Stundung und Erlaß fallen also im Verhältnis zu ihm fort. Die dem Anfechtenden durch den Vergleich gewährten **Rechte bleiben** aber **bestehen.** VglGaranten haften weiter, Sachsicherungen wirken fort; Haftung der VglGaranten jedoch nur mit der im Vergleich vorgesehenen Minderung. Bestehen bleibt auch die Vollstreckbarkeit, und zwar für den Anfechtenden jetzt ohne die durch den Vergleich bewirkte Stundung und Minderung. Zur Erwirkung der VollstrKlausel vgl Bem 2.

4) § 89 Abs 2. Die bloße Tatsache der Nichterfüllung eines Vergleichs gibt, wenn der Vergleich selbst nichts anderes vorsieht (RG **156,** 250), dem Gläub nicht schon das Recht, **auf Aufhebung des Vergleichs** zu **klagen.** Der Vergleich im ganzen kann, wenn er einmal bestätigt ist, grundsätzl nicht beseitigt werden (außer durch Vertrag mit allen betroffenen Gläub, vgl Anm 6 zu § 82). Einzelne Gläub können auch nicht nach BGB § 326 vom Vgl zurücktreten, Kiesow 1 zu § 78. – Die Interessen der Gläub werden hinreichend gewahrt durch die Wiederauflebensklausel des § 9 I und die sich aus §§ 88, 89 I ergebenden Rechte. – Zur Bedeutung des § 89 II vgl auch BGH LM 2 (Bl 3) zu ZPO § 771.

Zulässig ist jedoch – vorbehaltlich der nach Maßgabe des § 9 IV zwingenden Regelung des § 9 III – Abschluß des **Vgl unter einer auflösend Bedingg;** dazu Schönke-Baur § 74 II 4; Bley-Mohrbutter 9.

10. Abschnitt. Aufhebung des Verfahrens. Überwachung der Vergleichserfüllung

Aufhebung des Verfahrens

90 ^I Das Vergleichsverfahren ist mit der Bestätigung des Vergleichs aufzuheben,

1. wenn es die Vergleichsgläubiger im Vergleichstermin mit der zur Annahme des Vergleichs erforderlichen Mehrheit vor der Entscheidung über die Bestätigung beantragen;
2. wenn die Summe der vollstreckbaren Vergleichsforderungen ohne Berücksichtigung des im Vergleich vorgesehenen Erlasses zwanzigtausend Deutsche Mark nicht übersteigt.

^{II} Widerspricht die Aufhebung des Verfahrens dem gemeinsamen Interesse der Vergleichsgläubiger, so hat das Gericht auf Antrag eines Vergleichsgläubigers oder von Amts wegen im Falle der Nummer 1 den Antrag abzulehnen und im Falle der Nummer 2 von der Aufhebung abzusehen.

1) Die gerichtl Bestätigg des Vergleichs beendet das VglVerf nicht von selbst, es bedarf eines besonderen **Aufhebungsbeschlusses.** Dieser ist nur in den Fällen der §§ 90, 91 zugleich mit der Bestätigg des Vergleichs zu erlassen. Liegen die Voraussetzungen dieser Bestimmungen nicht vor, so wird das VglVerf nach Maßg des § 96 fortgesetzt.

2) § 90 Abs 1 Nr 1 betrifft die **sofortige Aufhebung des VglVerf im Einverständnis der Gläubiger.** – Erforderl ist ein im VglTermin vor der Bestätigg des Vgl zu stellender **Antrag.** Dieser muß von der Mehrheit der im Termin anwesenden stimmberechtigten VglGläubiger ausgehen, § 74 I 1 (Kopfmehrheit). Die Gesamtsumme der Forderungen der zustimmenden Gläub muß dabei drei Viertele oder (wenn der VglVorschlag den Gläub nicht mindestens die Hälfte ihrer Forderungen gewährt) vier Fünfteile der Forderungen der stimmberechtigten Gläub betragen, § 74 I 2, III (Summenmehrheit). Gläubiger, welche der sofortigen Aufhebung des VglVerf schriftlich zugestimmt haben, werden bei der Errechnung der Kopf- und Summenmehrheit mitgezählt, Vogels JW **36,** 7. – Nicht mitgerechnet werden der Ehegatte des VglSchuldners und seine Rechtsnachfolger nach näh Maßg des § 75, wenn sie der sofortigen Aufhebung zustimmen. – Die Mehrheiten sind nach dem berichtigten GläubVerzeichnis (§§ 6, 67 III) zu bestimmen, § 74 II. – Die Abstimmung zur Frage der Verfahrensaufhebung kann mit der Abstimmung über den VglVorschlag verbunden werden, Krieg 2.

Dem mit den erforderl Mehrheiten gestellten Antrag muß das Gericht entsprechen, vorausgesetzt, daß die Aufhebung des Verfahrens den gemeinsamen Interessen der Gläub nicht widerspricht; andernfalls (möglicherweise zB, wenn eine größere Zahl von Kleingläubigern der Aufhebung widersprochen hat) hat das Gericht auf den Antrag eines VglGläub oder von Amts wegen den Aufhebungsantrag abzulehnen, **§ 90 II.** Das Gericht entscheidet nach pflichtgemäßem Ermessen durch Beschluß. Der

Aufhebung. Überwachung **§ 91**

Beschluß ist nicht beschwerdefähig, § 121; doch ist, wenn der Rechtspfleger entschieden hat, die Erinnerung gegeben, RpflG § 11 (zum Erinnerungsverfahren vgl Anm 6 zu § 121). – Ist der Aufhebungsantrag abgelehnt und der Ablehnungsbeschluß auch mit der Erinnerung nicht mehr anfechtbar, so wird das VglVerf nach § 96 fortgesetzt.

3) § 90 Abs 1 Nr 2. Sofortige Aufhebung des VglVerf bei geringer Masse. Die Summe der vollstreckbaren VglFdgen darf ohne Berücksichtigg des im Vgl vorgesehenen Erlasses 20000 DM (zur Änderung der Gesetzesfassung – ,,Deutsche Mark" statt ,,Reichsmark" – vgl WährungsG § 2) nicht übersteigen. Berechnung der Forderungen mit Zinsen und Nebenkosten bis zur Eröff des VglVerf. Ansetzung der in §§ 34, 35 genannten Fdgen mit ihrem Schätzungswert. Mitzuzählen sind die Fdgen der in § 72 I genannten Gläub, sowie die Fdgen des Ehegatten und seiner Rechtsnachfolger, Krieg 3. – Gezählt werden (da lediglich vollstreckb VglFdgen zu berücksichtigen sind) jeweils nur die im berichtigten Gläub-Verzeichnis aufgeführten Fdgen, bei denen vermerkt ist, daß sie **weder vom Schuldner noch vom VglVerw bestritten** sind; vgl Bem 1 zu § 85.

Widerspricht die Aufhebung des VglVerf dem gemeinsamen Interesse der VglGläub, so hat auch im Falle des § 90 Abs 2 das Gericht von der sofortigen Aufhebung abzusehen, § 90 Abs 2. Das könnte etwa der Fall sein, wenn die Gesamtsumme der Fdgen der VglGläub erheblich höher als 20000 DM ist und nur infolge (offensichtl unbegründeten) Bestreitens die Summe der vollstreckb Fdgen den genannten Betrag nicht übersteigt; oder wenn begründete Zweifel an der Zuverlässigkeit des Schuldners die Fortsetzung des Verfahrens nach Maßg des § 96 notwendig machen. Das Gericht entscheidet auch hier nach pflichtgemäßem Ermessen durch Beschluß. Erg vgl Anm 2 aE.

4) Keine Anw des § 90 Abs 2 im Falle der Sachwalterüberwachung nach § 91; vgl Bem 3 zu § 91.

Im Vergleich vereinbarte Überwachung des Schuldners

91 ᴵ **Das Vergleichsverfahren ist ferner mit der Bestätigung des Vergleichs aufzuheben, wenn sich der Schuldner im Vergleich der Überwachung durch eine oder mehrere im Vergleich bezeichnete Personen als Sachwalter der Gläubiger bis zur Erfüllung des Vergleichs oder bis zum Eintritt einer im Vergleich festgesetzten Bedingung unterworfen hat.**

ᴵᴵ **Für die im Absatz 1 vorgesehene Überwachung des Schuldners gelten die Vorschriften der §§ 92 bis 95. Im Vergleich kann eine von §§ 92, 93 Abs. 1, 3 abweichende Regelung getroffen werden.**

1) Die freiwillige Unterwerfung des Schuldners unter die **Überwachung der VglErfüllung** durch einen Sachwalter muß **im Vergleich** erfolgen, also als wesentl Bestandteil des Vergleichs darin ausdrückl vereinbart sein. Die Unterwerfung muß gelten ,,bis zur Erfüllung des Vergleichs oder bis zum Eintritt einer im Vergleich festgesetzten Bedingung". Was als **Bedingung** iS dieser Bestimmung zu gelten hat, läßt sich

§ 92

nur aus dem Zweck der Vorschrift erkennen. Das VglVerf soll, damit die Erfüllung des Vergleichs möglichst gewährleistet ist, erst aufgehoben werden, wenn der Vergleich erfüllt ist, § 96. Nur bei GläubZustimmung (§ 90 I 1) oder geringem Vermögensbestand (§ 90 I 2), oder wenn die Erfüllung durch die freiw Unterwerfung des Schuldners unter die Überwachung durch einen Sachwalter (§ 91) als hinreichend sichergestellt erscheint, wird das VglVerf bereits früher aufgehoben. Unter Bedingung iS des § 91 kann daher nur eine solche verstanden werden, welche eine weitere Überwachung überflüssig macht. Der als Bedingg gesetzte Umstand muß als solcher bereits die weitere Erfüllung des Vergleichs außer Zweifel stellen. In Frage kommen also ua das Nachbringen eines absolut sicheren Bürgen oder das Nachbringen einer anderen gleichwertigen Sicherung; Vogels-Nölte I 2; Krieg 2; dazu Bley-Mohrbutter 7b Abs 2.

2) § 91 Abs 2. Für die Überwachung des Schuldners nach Aufhebung des VglVerf durch einen Sachwalter gilt grundsätzl der Inhalt des Vergleichs; doch gibt das Gesetz in den §§ 93 II, 94, 95 **zwingende Vorschriften** mit Bezug auf die Art einer Hyp, welche zur VglErfüllung vorgesehen ist, die Fortdauer von Verfügungsbeschränkungen und die Beendigg der Überwachung. Die §§ 92, 93 enthalten weitere Bestimmungen, welche aber nur beim Fehlen anderweitiger Vereinbarung im Vergleich gelten. **§ 91 II S 2.**

3) Beim Vorliegen der Voraussetzungen des § 91 ist das VglVerf mit der Bestätigung des Vgl aufzuheben. Die Vorschr ist zwingend. § 90 Abs 2 kann weder unmittelbar noch entspr Anw finden, Krantz NJW **51,** 170f. Auch für ein Nachverfahren in entspr Anw des § 96 ist kein Raum (and wohl Specht BB **51,** 549, der aber mit Recht auf die unzulängliche gesetzl Regelung der Sachwalterüberwachung hinweist; vgl auch Weiß BB **52,** 299; Bley-Mohrbutter 3b).

Regelung der vereinbarten Überwachung

92 ^I **Der Sachwalter hat die in den §§ 39, 40 Abs. 1, 42 und 57 bezeichneten Rechte und Pflichten des Vergleichsverwalters. Mehrere Sachwalter führen die Geschäfte gemeinschaftlich.**

^{II} **Das Gericht kann einen Sachwalter aus wichtigen Gründen seines Amtes entheben; vor der Entscheidung soll es ihn hören.**

^{III} **Lehnt ein Sachwalter die Übernahme der Tätigkeit ab, wird er seines Amtes enthoben oder fällt er sonst weg, so kann das Gericht einen anderen Sachwalter bestellen.**

^{IV} **Hat der Schuldner im Vergleich dem Sachwalter eine Vollmacht erteilt, so kann er die Vollmacht bis zur Beendigung der Tätigkeit des Sachwalters nicht widerrufen.**

^V **Ist dem Sachwalter zum Zwecke der Erfüllung des Vergleichs Vermögen des Schuldners übertragen worden, so finden die Vorschriften des bürgerlichen Rechts über die Haftung des Vermögensübernehmers keine Anwendung.**

Aufhebung. Überwachung **§ 92**

1) Der Sachwalter der §§ 91–95 ist eine völlig neue Rechtsfigur, dazu eingehend Levy KuT **35**, 50. Seine Rechte und Pflichten entsprechen weitgehend (dazu § 92 I) denen des VglVerw. Seine **Rechtsstellung** dürfte jedoch eine andere sein, da er seinen Auftrag vom Schuldner herleitet (Kiesow DRZ **35**, 245; BGH **35**, 36). Der Sachwalter steht in einem privatrechtl. Geschäftsbesorgungsverhältnis zum Schuldner, Bley-Mohrbutter 4 b. Der zwischen ihnen zustandegekommene Vertrag ist zugleich ein Vertrag zugunsten Dritter, die nicht notwendig VglGläubiger sein müssen, BGH **35**, 36; BGH **62**, 1 = KTS **74**, 106; Bley-Mohrbutter 4a (vgl auch unten Anm 3 Abs 1 aE). Zur Kassenführung nach § 57 II bedarf der Sachwalter einer Vollmacht des Schuldners; dazu Bley-Mohrbutter 10 c. Der Sachwalter ist kein Erfüllungsgehilfe des Schuldners, BGH LM 2 zu ZPO § 771. – Wird beim Liquidationsvergleich (§ 7 IV) Sachwalterüberwachung vereinbart, so wird dem Sachwalter regelmäßig wohl auch als Treuhänder die Verwertung des Schuldnervermögens und die Erlösverteilung übertragen; vgl BGH LM 2 zu ZPO § 771; Bley-Mohrbutter 16b; und die Ausführungen in Anm 3 zu § 7. – Aus dem Charakter des mit dem Sachwalter geschlossenen Geschäftsbesorgungsvertrages ergibt sich grundsätzlich die Pflicht auch zugunsten der einzelnen Gläubiger, diesen Auskunft über den Stand der Abwicklung eines gerichtl bestätigten Liquidationsvergleichs zu geben, die jedoch im Einzelfall – wie zB bei Großinsolvenzen – aus der Natur der Sache dem Umfang und der Art nach gewissen Begrenzungen unterliegen kann, BGH **62**, 1 = KTS **74**, 106 mit Anm Mohrbutter = LM Nr 2 zu § 92 mit Anm Schmidt; so auch schon Hamm NJW **60**, 2288. – **Bevorzugt der Sachverwalter** vor Beendigung der Liquidation einzelne **VglGläub**, ohne daß die Voraussetzungen des § 8 Abs 2 vorgelegen haben, so kann seine die Quote der anderen Gläub übersteigenden Leistung aus BGB § 812 zurückverlangt werden, BGH **71**, 309 = NJW **78**, 1578 = MDR **78**, 832 = BB **78**, 985 = Betr **78**, 2310 = WM **78**, 954.

2) Der erste Sachwalter wird nicht durch das VglGericht, sondern durch die Parteien im Vergleich bestellt. – Zur **Annahme des Amts** ist der als Sachwalter im Vergleich Vorgesehene nicht verpflichtet (ergänzend vgl Bem 6).

3) Zu § 92 Abs 1. Der Sachwalter hat die wirtschaftl Lage des Schuldners zu prüfen und die Geschäftsführung sowie die Ausgaben für die Lebensführung des Schuldners und seiner Familie zu überwachen (**§ 39;** dazu BGH **35**, 37f = LM 1 zu VerglO § 92 m Anm v Werthauer). Er darf in den Geschäftsräumen des Schuldners Nachforschungen anstellen, Einsicht in die Bücher und Geschäftspapiere des Schuldners nehmen und Auskünfte vom Schuldner und seinen Angestellten einholen (**§ 40 I**). Verbindlichkeiten, welche nicht zum gewöhnl Geschäftsbetriebe des Schuldners gehören, soll der Schuldner nur mit seiner Zustimmung eingehen; gegenüber Verbindlichkeiten, welche zum gewöhnl. Geschäftsbetrieb des Schuldners gehören, hat er ein Einspruchsrecht, **§ 57 I.** Der Schuldner muß sich auf sein Verlangen der Kassensperre nach Maßg des § 57 II unterwerfen. – Für die Erfüllung seiner Aufgaben ist der Sachwalter allen Beteiligten nach § 42 verantwortlich; dazu DR **41**, 387;

§ 92

10. Abschnitt

BGH **35**, 34 ff = LM 1 zu VerglO § 92 m Anm v Werthauer (betr Neugläubiger).

Eine ausdrückl Unterstellung des Sachwalters unter die **Aufsicht des Gerichts** ist nicht angeordnet. Über den Rahmen der §§ 91, 92 hinaus kann daher eine solche nicht angenommen werden. Insbes ist der Sachwalter nicht allgemein dem Gericht gegenüber zur Auskunft verpflichtet, LG Hbg KuT **38**, 14 f. Keine Anzeigepflicht nach Maßg des § 40 II. Doch kann er nach § 94 beim VglGericht die Verhängg von Verfügungsbeschränkungen beantragen und erforderlichenfalls bei den Gläubigern die Stellung des Konkursantrages anregen. Das VglGericht ist, da das VglVerf beendet ist (vgl Bem 3 zu § 91) und demgemäß auch § 96 Abs 5 nicht angewendet werden kann, zu einer Eröff des Konkurses nicht mehr befugt. – Ordnungsstrafen können gegen den Sachwalter nicht verhängt werden.

4) Im Vergleich kann die Überwachung des Schuldners durch **mehrere Sachwalter** vorgesehen sein. Für die Abgrenzung ihrer Befugnisse ist der Inhalt des Vergleichs maßgebend. Ist im Vergleich eine solche Abgrenzung nicht erfolgt, so führen die mehreren Sachwalter die Geschäfte gemeinschaftlich. Es gilt alsdann dasselbe wie nach BGB §§ 709, 714 bei der Gesellschaft des bürgerl Rechts und nach HGB § 125 II bei der OHG im Falle der Vereinbarung der Gesamtvertretung, Krieg 3.

5) § 92 Abs 2 läßt die **Entlassung des Sachwalters durch das VglGericht aus wichtigem Grunde** zu. Die Anregung zur Entlassung wird idR von Gläub ausgehen, doch kann das Gericht von Amts wegen tätig werden. Entlassung, wenn der Sachwalter schuldhaft gegen seine Pflichten verstößt oder sein Amt nicht mit der erforderl Unparteilichkeit führt. Sie ist jedoch schon möglich, wenn er sich objektiv den Aufgaben nicht gewachsen zeigt. Zulässig ist die Entlassung auch auf einen Antrag des Sachwalters selbst hin (Gründe: Krankheit, anderweitige Arbeitsüberlastung). – Vor der Entlassung eigene Ermittlungspflicht des Gerichts nach Maßg des § 116. Im Rahmen seiner Ermittlungen soll es den Sachwalter selbst hören, § 91 II.

6) § 92 Abs 3. Nach dem Zweck des § 92 kann eine Aufhebung des VglVerf bei vereinbarter Überwachung nur in Frage kommen, wenn ein Sachwalter das Amt auch angenommen hat. Ermittlungspflicht des Gerichts. – Lehnt der im Vgl als Sachwalter Benannte das Amt ab, so kann das Gericht einen anderen Sachwalter bestellen. Alsdann Aufhebung des VglVerf, wenn dieser das Amt annimmt. – Das Gericht kann aber auch (pflichtgemäßes Ermessen) von der Bestellung eines anderen Sachwalters absehen (and Bley-Mohrbutter 14 a). Alsdann wird das Verfahren nach § 96 fortgesetzt.

Wird **nach Aufhebung des VglVerf** ein **Sachwalter seines Amtes enthoben** (Bem 5) **oder fällt er aus anderem Grunde** (Tod, Geschäftsunfähigk) **fort**, so kann das Gericht einen anderen Sachwalter bestellen. Es ist dazu verpflichtet, wenn die weitere VglErfüllung seitens des Schuldners nicht anderweitig hinreichend gewährleistet ist.

7) Als Auslegungsregel bestimmt **§ 92 Abs 4**, daß eine dem Sachwalter vom Schuldner im Vergleich erteilte **Vollmacht** bis zur Beendigg der Tätigk des Sachwalters unwiderruflich ist. Die Bestimmung wird dahin

Aufhebung. Überwachung **§ 92**

ausdehnend auszulegen sein, daß eine im Vergleich erteilte Vollmacht auch für einen nach Maßg des § 92 III vom Gericht neu bestellten Sachwalter gilt (vgl Bley-Mohrbutter 6 b) und auch diesem gegenüber idR nicht widerrufen werden kann.

8) § 92 Abs 5 betrifft den Fall, daß ein Treuhandvergleich (mit echtem Treuhandverhältnis, vgl Bem 3 zu § 7) geschlossen, der Sachwalter zum Treuhänder bestimmt und ihm zum Zwecke der Erfüllung des Vergleichs das Vermögen des Schuldners übereignet worden ist. Als Treuhänder haftet er **nicht** wie ein Vermögensübernehmer nach **BGB § 419**.

9) Soweit das **VglGericht** hinsichtl des Sachwalters tätig wird, geschieht dies trotz der zuvor erfolgten Aufhebung des VglVerf im Rahmen der Vergleichsordnung. Es findet also auch VglO § 121 (dazu Hamburg KuT **38**, 15), evtl in Vbdg mit RpflG § 11, Anwendung.

10) Das Gesetz enthält über die **Vergütung des Sachwalters** keine Bestimmung. Maßgebend ist der Inhalt des Vergleichs. Fehlt im Vergleich eine ausdrückl Bestimmung und haben die Beteiligten auch keine entsprechende Vereinbarung getroffen, so kann der Sachwalter die Höhe seines Vergütungsanspruchs, der sich gegen den VglSchuldner richtet, im Rahmen der Angemessenheit selbst bestimmen, und zwar nach BGH ZIP **81**, 1353 gem BGB § 612 II. Einen Anhalt für die Angemessenheit bieten die Bestimmungen der VO vom 25. 5. 1960 idF der VOen vom 22. 12. 1967, 19. 7. 1972; maßgebend sind dabei die Sätze für den KVerw, denn die Liquidationsmasse entspricht der Konkursmasse und die Tätigkeit des Sachwalters gleicht in Art, Aufgabe und Ziel der des KVerw, Bley-Mohrbutter 15 a. Hat der Sachwalter die Geschäftsführung des VglSchuldners übernommen, so kann eine erheblich höhere Sachwaltervergütung in Frage kommen, Braunschweig NdsRpfl **63**, 34, Bley-Mohrbutter 15 a. Verschlechtern sich die Vermögensverhältnisse des VglSchuldners, so hat der Sachwalter möglicherweise Anspruch auf Sicherheitsleistung wegen seiner Vergütung, Braunschweig aaO. – Zur Rechtsnatur des Vergütungsanspr in nachfolgendem Konkursverf vgl § 105 Anm 2 m weit Hinw. – Eine **Festsetzung** der Vergütung durch das VglGericht **erfolgt nicht**; BGH ZIP **81**, 1353; Bley-Mohrbutter 15 b; Uhlenbruck KTS **71**, 17. Ein Streit über die Höhe der Vergütung und der zu erstattenden Auslagen ist im ordentl Prozeß auszutragen, Levy KuT **35**, 50; BGH aaO. Eine zwischen Sachwalter und VglSch vor Annahme und Bestätigung des Vgl getroffene **Honorarvereinbarung** ist unwirksam; BGH, ZIP **81**, 1350.

Zur Vergütung des Sachwalters und seiner Befugnis zur Entnahme von Vorschüssen, Auslagen und Vergütung beim treuhänderischen Liquidationsvergleich vgl noch Uhlenbruck KTS **61**, 17 ff.

11) Im Rahmen der ihm obliegenden Pflichten **haftet** der Sachverwalter, wer er diese schuldhaft verletzt; § 42 ist auf ihn entsprechend anwendbar (Abs 1). Ist das dem Vgl unterliegende Vermögen auf ihn als Treuhänder übertragen worden und hat er auch die Kassenführung gehabt, so haftet er, wenn der VglSch wegen erneuter Insolvenz Neu-Schulden nicht erfüllen kann, BGH LM VerglO § 92 Nr 5 = MDR **84**, 135 = Betr **83**, 2573 = VersR **83**, 1053 = SM **83**, 1132 = ZIP **83**, 1221.

§ 93

10. Abschnitt

Sicherungshypothek bei vereinbarter Überwachung

93 [I] Ist im Vergleich vorgesehen, daß zur Sicherung seiner Erfüllung eine Hypothek bestellt werden soll, so kann die Hypothek in der Weise eingetragen werden, daß die Vergleichsgläubiger ohne nähere Angabe als Berechtigte bezeichnet werden.

[II] Diese Hypothek kann nur als Sicherungshypothek bestellt werden. Sie gilt als Sicherungshypothek auch dann, wenn sie im Grundbuch nicht als solche bezeichnet ist.

[III] Der jeweilige Sachwalter ist berechtigt, mit Wirkung für und gegen die Gläubiger der Hypothek über die Hypothek zu verfügen. Er ist als Vertreter der Gläubiger ins Grundbuch einzutragen. Ist der Eigentümer berechtigt, von den Gläubigern eine Verfügung zu verlangen, zu der der Sachwalter befugt ist, so kann er die Vornahme der Verfügung von dem Sachwalter verlangen.

[IV] Die vorstehenden Vorschriften gelten sinngemäß, wenn zur Sicherung der Erfüllung des Vergleichs eine Schiffshypothek bestellt werden soll.

1) Die Bestimmung des § 93 war notwendig, um eine hypothekarische Sicherung der VglErfüllung zu ermöglichen. Ohne die Vorschrift wäre eine solche Sicherung der Gläub direkt wohl kaum jemals möglich, weil BGB § 1115 die namentliche Angabe der HypGläub fordert. Eine namentl Angabe der (dh aller) VglGläub, welche gesichert werden sollen, kann aber idR nicht erfolgen, weil vom Vergleich auch die VglGläub erfaßt werden, welche am Verfahren nicht teilgenommen haben und uU nicht bekannt sind. – § 93 sieht eine besonders gestaltete „Sicherungshypothek" für die VglGläub bei vereinbarter Überwachung vor; dazu Moos, Die Vergleichsgläubigerhypothek (§ 93 VglO), Heidelberger Diss. 1965. Das Gesetz enthält für diese Hypothek folgende Vorschriften:
a) Die Hypothek ist immer Sicherungshypothek, auch wenn sie im Grundbuch als solche nicht bezeichnet ist, § 93 Abs 2. – Diese Vorschr ist zwingend. Folge der Rechtsnatur der Hyp ist, daß das Recht der Gläub aus der Hyp sich nur nach der Fdg in ihrem jeweiligen Bestande richtet und darüber hinaus guter Glaube nicht geschützt wird; vgl BGB §§ 1184 I, 1185.
b) Die VglGläub können ohne näh Angabe als Berechtigte eingetragen werden. Doch muß, um dem Erfordernis des BGB § 1115 möglichst zu genügen, im Grundbuch auf das VglVerf Bezug genommen werden unter genauer Angabe des VglGerichts, der Sachbezeichnung und des Aktenzeichens (dazu Köst KuT **36**, 21).
c) Der Sachwalter ist als Vertreter der Gläub einzutragen. Namentl Angabe ist nicht erforderl. Es genügt der allg Hinweis, daß der Sachwalter die Berechtigten bei der Verfügung über die Hyp vertritt. Auf diese Weise wird bei einem Wechsel in der Person des Sachwalters vermieden, daß das Grundbuch unrichtig wird; vgl Köst aaO.
d) Der jeweilige Sachwalter ist berechtigt, mit Wirkung für und gegen die VglGläub über die Hyp zu verfügen. Er ist dem Grundbuchamt

Aufhebung. Überwachung **§ 93**

gegenüber zur Vornahme der das dingl Recht betreffenden Rechtshandlungen berechtigt und verpflichtet.

2) Das nach Maßg des § 93 eingetragene Recht ist **echte Hypothek** (HRR **36**, 284). Persönl und dingl Gläubigerschaft fallen nicht auseinander, weil der Sachwalter ledigl als Vertreter der VglGläub eingetragen wird und über das Recht auch nur als Vertreter verfügen kann. Da es sich um eine echte Hyp handelt, muß der Gesamtbetrag, für den das Grundstück haften soll, im Grundbuch eingetragen werden. Der Gesamtbetrag wird auf Grund des berichtigten GläubVerzeichnisses errechnet. Daraus können sich, ohne daß damit gegen das Gebot der Gleichbehandlung nach § 8 verstoßen würde, Rechtsnachteile für Nachzügler ergeben (vgl Mohrbutter KTS **56**, 24f). Die Hyp des § 93 gewährt den VglGläub **dingl Sicherung.** In **späterem Konkurs** über das Vermögen des Schuldners haben die VglGläub ein Recht auf abgesonderte Befriedigg (so auch Vogels-Nölte I 2c zu § 102; Mohrbutter KTS **56**, 20; Moos aaO S 52, 57; Bley-Mohrbutter 3a). – Eintragung einer **Vormerkung** ist zulässig; dazu Mohrbutter aaO S. 24. – An der Hyp sind die **VglGläub gem BGB §§ 741ff nach Bruchteilen berechtigt.** Nach BGB § 747 kann jeder VglGläub über seinen Anteil frei verfügen. Jeder kann mit seiner Fdg seinen Bruchteil an der Hyp (BGB § 747) auf einen Dritten übertragen, Köst KuT **36**, 22; Bley-Mohrbutter 8b. – Die **Verfügungsmacht des Sachwalters beschränkt sich,** da er über die zugrunde liegende Forderung nicht verfügen und ohne diese das dingl Recht nicht abgetreten werden kann, **auf solche Rechtsgeschäfte, welche die persönl Forderung nicht berühren.** Das sind ua: Entlassung von Grundstücken aus der Pfandhaft, Kündigung der Hypothek, Rangänderungen. Er kann Zwangsverwaltung und ZwVerst des Grundstücks beantragen; zur Entgegennahme des Erlöses aus der Zwangsverwertung ist er ebenfalls befugt. Der Grundstückseigentümer kann vom Sachwalter nur Verfügungen verlangen und ihm gegenüber nur solche Handlungen vornehmen, welche sich ausschließlich auf das dingl Recht beziehen, zB Verzichtserklärung nach BGB § 1169 verlangen oder die Hyp kündigen. – Soweit die Verfügungsmacht des Sachwalters reicht, sind die VglGläub selbst vom rechtswirksamen Handeln ausgeschlossen. Näh (auch zur Frage der Stellung des Sachwalters im Prozeß) Köst aaO.

3) Die Bestimmungen des § 93 Abs 2 und Abs 3 S 2 sind zwingend (vgl Bem 1a, c). Die Vorschr des Abs 1 und des Abs 3 S 1 und 3 gelten jedoch nur, wenn und soweit im Vergleich abweichendes nicht vereinbart ist.

4) Nach § 93 IV gelten die Vorschr des § 93 I–III sinngemäß, wenn zur Sicherung der VglErfüllung eine Schiffshypothek bestellt worden ist. Bei Luftfahrzeugen, die in der Luftfahrzeugrolle oder nach Löschung in der Luftfahrzeugrolle noch im Register für Rechte an Luftfahrzeugen eingetragen sind, gelten nach § 93 IV in Vbdg mit LuftfzRG § 98 II, III 1 die Vorschr in § 93 I–III sinngemäß, wenn zur Sicherung der VglErfüllung ein Registerpfandrecht bestellt worden ist.

5) Die Ausnahmebestimmung des § 93 gilt nicht (auch nicht entsprechend), wenn das VglVerf nach Bestätigung des Vergleichs gem § 96 fortgesetzt wird, BGH KTS **63**, 170.

§§ 94, 95

Fortdauer der Verfügungsbeschränkungen bei vereinbarter Überwachung

94 **I** Verfügungsbeschränkungen dauern fort; neue können auf Antrag des Sachwalters angeordnet werden. Mit der Beendigung der Überwachung sind die Verfügungsbeschränkungen aufzuheben.

II Im übrigen gelten die Vorschriften der §§ 59 bis 65 sinngemäß; an die Stelle des Vergleichsverwalters tritt der Sachwalter.

1) **Verfügungsbeschränkungen,** welche nach Maßg der §§ 58ff angeordnet wurden, gelten für die Dauer der Überwachung der VglErfüllung fort. Bestehen bleiben auch die im Vorverfahren nach § 12 angeordneten Beschränkungen, welche nach Eröff des VglVerf als Beschränkungen im Sinne der §§ 58ff fortdauern (§ 24).

2) **Neue Verfügungsbeschränkungen** können angeordnet werden. Zuständig für den Erlaß ist das frühere VglGericht. Voraussetzung des Erlasses ist ein **Antrag des Sachwalters.** Es gelten für die Beschränkungen die §§ 59–65 (vgl Bem dazu) entsprechend. Doch tritt an die Stelle des VglVerw jeweils der Sachwalter.

3) Verfügungsbeschränkungen sind während der Überwachung der VglErfüllung nach Maßg des § 65 **aufzuheben,** wenn und soweit sie entbehrlich sind. Sie sind im übrigen aufzuheben bei Beendigg der Überwachung nach § 95.

Beendigung der vereinbarten Überwachung

95 Die Beendigung der Überwachung ist auf Antrag des Schuldners oder des Sachwalters durch das Vergleichsgericht auf Kosten des Schuldners öffentlich bekanntzumachen. Dem Antrag des Schuldners ist nur stattzugeben, wenn der Schuldner glaubhaft macht, daß der Vergleich erfüllt oder daß die festgesetzte Bedingung eingetreten ist. Der Umstand, daß der Schuldner im Falle des § 7 Abs. 4 noch nicht den Betrag gezahlt hat, für den er nach Verwertung des Vermögens weiterhaftet, steht der Beendigung der Überwachung nicht entgegen.

1) Die Überwachung **endet** kraft Gesetzes mit der Erfüllung des Vergleichs bzw beim Eintritt der im Vergleich festgesetzten Bedingung, dazu § 91 Bem 1.

2) **Öfftl Bekanntgabe der Beendigung** der Überwachung durch das Gericht **nur auf Antrag** des Schuldners oder des Sachwalters, auf Kosten des Schuldners. Dem **Antrag des Schuldners** hat das Gericht nur stattzugeben, wenn dieser die Erfüllung des Vergleichs oder den Eintritt der Bedingg (§ 91 Bem 1) glaubhaft macht. Zu den Erfordernissen der Glaubhaftmachung vgl ZPO § 294; doch wird eidesstattl Versicherung nur ergänzend in Frage kommen. Wesentl ist idR Vorlage von Urkunden. Das Gericht hört zweckmäßig auch den Sachwalter. Bei **Antragstellung durch den Sachwalter** verlangt das Gesetz keine Glaubhaftmachung

der VglErfüllung oder des Eintritts der Bedingung. Doch wird das Gericht dem Antrag nicht entsprechen dürfen, wenn es Grund zu der Annahme hat, daß der Vergleich nicht erfüllt oder die Bedingung nicht eingetreten ist. In diesem Falle Nachprüfungspflicht des Gerichts. Erweisen sich die Angaben des Sachwalters als unrichtig, so hat das Gericht uU den Sachwalter abzuberufen und einen neuen zu bestellen, § 92 II, III.

3) Die Beendigg der Überwachung ist mit Rücksicht auf § 98 III S 3 auch **den Registerbehörden mitzuteilen,** Krieg 2 aE; Bley-Mohrbutter 6.

4) Hat der Schuldner beim **Liquidationsvergleich** nach Maßg des § 7 IV sein Vermögen den VglGläub zur Verwertung überlassen, und ist das überlassene Vermögen verwertet und der Erlös den VglGläub anteilig zugeführt, so steht die Tatsache, daß der Schuldner den Betrag noch nicht gezahlt hat, für welchen er nach Maßg des Vergleichs noch weiter haftet (Unterschiedsbetrag; vgl § 7 Bem 4), der Beendigung der Überwachung nicht entgegen. Das muß, da § 95 S 3 keine Einschränkung enthält, auch für den Fall gelten, daß der Schuldner sein Vermögen den Gläubigern nach Maßg des § 7 IV nur teilweise zur Verwertung überlassen hat; so auch Bley-Mohrbutter 5.

Fortsetzung des Vergleichsverfahrens

96 ^I Wird das Vergleichsverfahren nicht mit der Bestätigung des Vergleichs aufgehoben (§§ 90, 91), so ist es nach Maßgabe der folgenden Vorschriften fortzusetzen.

^{II} Der Vergleichsverwalter hat die Erfüllung des Vergleichs zu überwachen.

^{III} Der in den §§ 46, 47 dem Schuldner gewährte Konkurs- und Vollstreckungsschutz sowie die im § 55 vorgesehene Hemmung der Verjährung enden mit der Bestätigung des Vergleichs.

^{IV} Das Verfahren ist aufzuheben, wenn der Vergleichsverwalter anzeigt, daß der Schuldner den Vergleich erfüllt hat, oder wenn der Schuldner unter Glaubhaftmachung der Erfüllung die Aufhebung beantragt. Der Umstand, daß der Schuldner im Falle des § 7 Abs. 4 noch nicht den Betrag gezahlt hat, für den er nach Verwertung des Vermögens weiterhaftet, steht der Aufhebung des Verfahrens nicht entgegen.

^V Zeigt der Vergleichsverwalter dem Gerichte an, daß der Vergleich nicht erfüllt werden kann, oder liegt binnen zwei Wochen nach Ablauf des letzten im Vergleich bestimmten Zahlungstages weder eine Anzeige des Vergleichsverwalters über die Erfüllung des Vergleichs noch ein Antrag des Schuldners auf Aufhebung des Vergleichsverfahrens vor, oder wird ein solcher Antrag nach Ablauf des letzten im Vergleich bestimmten Zahlungstages abgelehnt, so ist von Amts wegen über die Eröffnung des Konkursverfahrens zu entscheiden. Vor der Entscheidung soll das Gericht den Schuldner und den Vergleichsverwalter hören.

§ 96

VI Wird während eines nach Absatz 1 fortgesetzten Verfahrens auf Antrag oder von Amts wegen der Konkurs über das Vermögen des Schuldners eröffnet oder die Eröffnung des Konkurses mangels Masse abgelehnt, so ist in dem Beschluß zugleich die Einstellung des Vergleichsverfahrens auszusprechen. Die Vorschriften des § 80 Abs. 2, 3 und des § 81 gelten mit der Änderung, daß der Schuldner mit der Anfechtung auch geltend machen kann, es sei die Aufhebung des Vergleichsverfahrens zu Unrecht abgelehnt worden.

VII In den Fällen des Absatzes 5 kann das Gericht davon absehen, von Amts wegen über die Eröffnung des Konkursverfahrens zu entscheiden, wenn die Rückstände in der Vergleichserfüllung verhältnismäßig geringfügig sind. In diesem Falle kann das Gericht das Vergleichsverfahren aufheben.

1) Aufhebung des VglVerf zugleich mit der Bestätigg des Vergleichs nur in den Fällen der §§ 90, 91 (vgl Bem 1 zu § 90); **Fortsetzung des Verfahrens nach Maßg des § 96 ist die Regel.**

2) Bei Fortsetzung des Verfahrens nach Maßg des § 96 bleiben der **VglVerw** und der etwaige **GläubBeirat** im Amt. Ihre Rechte und Pflichten sind die gleichen wie vor der Bestätigung des Vergleichs. Als weitere Aufgabe des VglVerw bestimmt § 96 die Überwachung der VglErfüllung. Der GläubBeirat hat den VglVerw nunmehr auch hierbei zu unterstützen und zu überwachen. – Die Anzeigepflicht des VglVerw nach Maßg des § 40 II besteht fort, kann aber **nicht mehr** zu einer **Einstellung des Verfahrens** führen, sondern lediglich noch zu Verfügungsbeschränkungen oder zur Entscheidung über die Eröff des Konkursverfahrens nach § 96 V.

3) **Verfügungsbeschränkungen**, welche nach Eröff des VglVerf angeordnet wurden, **wirken fort**, sofern sie nicht nach Maßg des § 65 bereits aufgehoben sind. Gleiches gilt für die im Vorverfahren nach § 12 angeordneten Verfügungsbeschränkungen, welche nach § 24 von der Eröff des VglVerf an als Verfügungsbeschränkungen iS des §§ 58 ff gelten. Für die **Beendigg** der nach bestätigtem Vergleich fortwirkenden Verfügungsbeschränkungen gilt neben § 65 die Bestimmung des § 98 II. – Zur Übernahme der Kassenführung nach 57 II wegen eines dem VglSchuldner von dritter Seite im Vorverfahren gegebenen **„Verwalterdarlehens"** (§ 106) vgl Bley-Mohrbutter 7b mit wert Hinw.

4) **Konkursschutz** nach § 46 und **VollstrSchutz** nach § 47 wirken für das Nachverfahren des § 96 **nicht fort;** sie enden mit der Bestätigg des Vergleichs, § 96 III. Ein vor Bestätigg des Vgl gestellter Konkursantrag, über den die Entsch gem § 46 ausgesetzt war, kann jedoch nicht mehr beschieden werden, da er nach § 84 als nicht gestellt gilt. VollstrHdlgen, die nach § 48 I einstweilen eingestellt waren, können wegen § 87 nicht fortgesetzt werden. – Die im § 55 für die Dauer des VglVerf bestimmte **Verjährungshemmung** gilt für das Nachverfahren gleichfalls nicht, § 96 III. Sie endet mit der Bestätigung des Vergleichs nach Maßg des § 78 III.

Aufhebung. Überwachung **§ 96**

5) Das VglVerf ist nach § 96 Abs 4 aufzuheben, wenn der **Vergleichsverwalter die VglErfüllung anzeigt** (zur Frage einer Berücksichtigg bestrittener Fdgen bei der Anzeige vgl Mark NJW **60,** 1238 f). Das Gesetz geht davon aus, daß die Anzeige des Verw, welcher nach Maßgabe des § 42 allen Beteiligten persönlich verantwortlich ist, den Tatsachen entspricht. Das Gericht darf sich jedoch nicht auf die Anzeige des Verwalters schlechthin verlassen, wenn hinsichtl der VglErfüllung Bedenken bestehen. Es hat solchenfalls eigene Ermittlungen anzustellen (§ 116) und kann alsdann das Verfahren nur aufheben, wenn das Ergebnis der Ermittlungen positiv ist (ebenso Krieg 5). – Aufhebung des Verfahrens ferner, wenn der **Schuldner unter Glaubhaftmachung der Erfüllung die Aufhebung beantragt.** Glaubhaftmachung erfordert idR Vorlage von Unterlagen (Quittungen usw); eidesstattl Versicherungen haben nur ergänzende Bedeutung. Hat das Gericht trotz Glaubhaftmachung seitens des Schuldners Bedenken, so obliegt ihm die Pflicht zu eigenen Ermittlungen (§ 116); es hört alsdann zweckmäßig den VglVerw. Gewinnt das Gericht die Überzeugung, daß der Vergleich nicht erfüllt ist, so lehnt es den Antrag des Schuldners ab. Gegen diese Entsch gibt es keine Beschwerde, § 121; doch findet, wenn der Rechtspfleger entschieden hat, die Erinnerung nach RpflG § 11 statt (zum Verfahren betr die Erinnerung vgl Anm 6 zu § 121). Das Nachverfahren nimmt seinen Fortgang; vgl erg Bem 6. – **§ 96 IV S 2** entspricht dem § 95 S 3. Es gilt Bem 4 zu § 95 entspr. Aus § 96 IV S 2 in Vbdg mit IV S 1 wird aber weiter gefolgert werden müssen, daß der Verw bereits die vollzogene Verteilung des Liquidationserlöses dem Gericht anzeigen muß. – Zur Verfahrensbeendigung bei Nichterfüllung eines Liquidationsvergleichs noch Uhlenbruck KTS **69,** 65 ff.

6) § 96 Abs 5 bestimmt, daß das **Gericht im Nachverfahren von Amts wegen über die Eröff des Konkursverfahrens entscheidet,** wenn eine der nachfolgenden Voraussetzungen gegeben ist; wenn also entweder
a) der VglVerw dem Gericht anzeigt, daß der Vergleich nicht erfüllt werden kann; oder
b) binnen 2 Wochen nach Ablauf des letzten im Vergleich bestimmten Zahlungstages weder eine Anzeige des VglVerw über die Erfüllung des Vergleichs noch ein Antrag des VglSchuldners auf Aufhebung des VglVerf vorliegt; oder
c) ein Antrag des Schuldners auf Aufhebung des Verfahrens nach Ablauf des letzten im Vergleich bestimmten Zahlungstages abgelehnt wird.
Durch die Vorschrift des § 96 Abs 5 soll vermieden werden, daß im Falle der VglErfüllung die Aufhebung des Verfahrens nach Maßg des Abs 4 und im Falle der Nichterfüllung die Entscheidung über die Konkurseröffnung hinausgezögert wird. Das VglGericht hat durch entsprechende Wiedervorlageverfügung Sorge dafür zu tragen, daß es zur gegebenen Zeit die Voraussetzungen zu b und c prüfen und die Entscheidung vorbereiten kann. **Vor der Entscheidung selbst sollen der Schuldner und der VglVerw** gehört werden. Die Anhörung soll für den Fall, daß der Vergleich erfüllt ist, die Aufhebung des Verfahrens nach § 96 Abs 4 ermöglichen. Ergibt die Anhörung, daß die Rückstände in der

§ 96

VglErfüllung verhältnismäßig gering sind, so kann das Gericht das VglVerf aufheben und von einer Entscheidung über die Eröff des Konkursverfahrens absehen, **§ 96 Abs 7** (vgl dazu Mohrbutter KTS **55**, 116 f; Goldmann KTS **62**, 97). – **Gericht** iS des § 96 Abs 5 ist, wie aus der Bestimmung selbst und ihrem Zusammenhang mit den Vorschr des § 96 Abs 2 und 4 folgt, das bisherige VglGericht. Das bisherige VglGericht entscheidet im Falle des § 96 V über die Eröff des (Anschluß-)Konkurses selbst dann, wenn der Schuldner nach Eröff des VglVerf seine gewerbl Niederlassung geändert hat, Bley-Mohrbutter 16 a; Berges zu AG Bad Pyrmont KTS **56**, 96; Mohrbutter § 121 bei Fußnote 9; vgl auch Jaeger-Weber Anm 6 zu KO § 102 und Anm 18 zu KO § 103 (aA Stuttgart NJW **55**, 1932; AG Bad Pyrmont KTS **56**, 95). – **Für die Anfechtung der Entsch über die Eröff des Konkursverfahrens nach Maßgabe des § 96 V gilt § 96 VI;** vgl Bem 7 a, c. – Mit der Eröff des Anschlußkonkurses endet regelmäßig nicht auch die Haftung des **Vergleichsbürgen,** dazu LG Frankenthal MDR **54**, 238 f; BGH NJW **57**, 1319 m weit Hinw (Anderes kann in Betracht kommen, wenn sich ein entsprechender Wille der Beteiligten aus ihren Erklärungen oder den besonderen Sachumständen ergibt; vgl BGH KTS **63**, 173 f). Dies gilt auch dann, wenn die Eröff des Verf mangels Masse abgelehnt wird, AG Bremerhaven KTS **77**, 134.

Zur Bedeutung eines inzwischen abgeschlossenen **außergerichtl Vergleichs** (Bem 6 zu § 82) für § 96 Abs 5 vgl Trude KTS **55**, 19; Berges KTS **64**, 131; ferner LG Osnabrück KTS **70**, 64 ff m Anm von Mohrbutter.

Neben dem nach § 96 V von Amts wegen eröffneten Anschlußkonkurs kann nicht gleichzeitig über dasselbe Vermögen des Schuldners ein selbständiges Konkursverfahren auf Antr eines Gläub (KO §§ 102, 103) eröffnet werden, LG Düsseldorf KTS **57**, 96.

7) a) Entscheidet das Gericht nach Maßg des Abs 5 (vgl Bem 6) über die Eröff des Konkursverfahrens (Eröff oder Ablehnung mangels Masse), so ist **in dem Beschluß zugleich die Aufhebung des VglVerf auszusprechen.** Diese Entsch ist nach Maßg des § 96 VI in Vbdg mit § 80 anfechtbar. Zulässiger Rechtsbehelf gegen die Entsch über die Eröffnung des KVerfahrens ist, wenn der Richter entschieden hat, die sofortige Beschwerde (§ 80 II, § 121), und, wenn der Rechtspfleger entschieden hat (vgl Anm 6 b zu § 2), die Erinnerung (§ 11 I RpflG). Anfechtungsberechtigt ist nur der Schuldner. Frist zur Einlegung der sofortigen Beschw oder der Erinnerung eine Woche, beginnend mit der Zustellung an den Schuldner; dazu §§ 118, 121 II. Zum Verfahren betr die Erinnerung vgl im übrigen Anm 5 zu § 121. Der Schuldner kann mit der Beschwerde oder der Erinnerung auch geltend machen, die Aufhebung des VglVerf sei zu Unrecht abgelehnt worden (etwa weil der Vergleich erfüllt gewesen sei). Damit wird die Entsch über die Aufhebung des VglVerf, welche für sich allein der Anfechtung entzogen ist, mittelbar anfechtbar, wenn gleichzeitig eine Entsch über die Eröff des Konkurses ergeht; vgl Bem 2 zu § 19, Bem 2 zu § 80. Eine weitere Beschwerde findet nicht statt, § 121 III.

b) **§ 96 VI** bezieht sich auch auf den Fall, daß **während des Nachverfahrens auf einen Konkursantrag hin über die Eröff des Konkursver-**

Aufhebung. Überwachung **§ 97**

fahrens entschieden und der Konkurs entweder eröffnet oder die Eröff mangels Masse abgelehnt wird. Auch hier entscheidet das VglGericht; vgl Bley-Mohrbutter 19a; Jaeger-Weber KO § 71 Anm 9 aE. Das VglGericht hat, sofern es den Konkurs eröffnet oder die Eröff mangels Masse ablehnt (KO § 107), zugleich das VglVerf einzustellen. Die **Entsch** ist **beschwerdefähig.** Für die Beschw des Schuldners gilt nach § 96 VI S 2 die Bestimmung des § 80 II (§ 80 II S 2 jedoch mit der Änderung nach § 96 VI S 2). Hat der Rechtspfleger entschieden, so findet die Erinnerung (§ 11 RpflG) statt; zum Erinnerungsverfahren vgl Anm 5 zu § 121. – § 80 Abs 2 (dazu § 11 RpflG) ist entsprechend anzuwenden, wenn der **Gläubiger** Beschwerde bzw Erinnerung einlegt, Jaeger-Weber 11 zu KO § 109; vgl auch Bley-Mohrbutter 19d.

c) Wirksam werden die Entscheidung, durch die das VglVerf eingestellt wird, und die Entsch über die Eröff des Konkursfahrens nach § 96 VI S 2 in Vbdg mit § 80 III erst mit der **Rechtskraft.** Bis zu diesem Zeitpunkt kann im Falle des § 96 VI ein Gläub seinen Konkursantrag zurücknehmen; so zutr Mohrbutter KTS **55,** 116.

d) Für **Bekanntmachung, Zustellung und Eintragg** der die Aufhebung des VglVerf betreffenden Entscheidungen des Vgl- und des Konkursgerichts gilt § 81 entsprechend, vgl Bem dazu.

Behandlung bestrittener und teilweise gedeckter Forderungen

97 [I] Ist eine Forderung vom Schuldner oder Vergleichsverwalter bestritten oder steht bei einer teilweise gedeckten Forderung (§ 27) die Höhe des Ausfalls noch nicht fest und liegt hierüber keine gemäß § 71 Abs. 2, 3 ergangene Entscheidung vor, so hat das Vergleichsgericht, gleichviel ob das Verfahren nach der Bestätigung aufgehoben wurde oder nicht, auf Antrag des Schuldners oder des Gläubigers die mutmaßliche Höhe der bestrittenen Forderung oder des Ausfalls mit der im folgenden Absatz bezeichneten Wirkung festzustellen.

[II] Die für den Fall des Verzugs in der Erfüllung des Vergleichs vorgesehenen Rechtsfolgen (§ 9 Abs. 1) können den Schuldner dann nicht treffen, wenn er bei der Erfüllung des Vergleichs die bestrittene oder teilweise gedeckte Forderung bis zur endgültigen Feststellung der Forderung oder des Ausfalls in dem Ausmaße berücksichtigt, das einer vom Vergleichsgericht gemäß Absatz 1 oder nach § 71 Abs. 2, 3 getroffenen Entscheidung entspricht.

[III] Nach endgültiger Feststellung der Höhe der bestrittenen Forderung oder des Ausfalls hat der Schuldner, der bis dahin die Forderung in dem aus der Entscheidung des Vergleichsgerichts sich ergebenden geringeren Ausmaße bei der Erfüllung des Vergleichs berücksichtigt hat, das Fehlende nachzuzahlen. Verzug in der Erfüllung des Vergleichs ist jedoch erst anzunehmen, wenn der Schuldner den Fehlbetrag trotz einer vom Gläubiger unter Einräumung einer mindestens zweiwöchigen Nachfrist an ihn gerichteten Mahnung nicht bezahlt hat.

§ 97

IV Ergibt die endgültige Feststellung, daß der Schuldner zuviel gezahlt hat, so kann er den Mehrbetrag nur insoweit zurückfordern, als der Gläubiger durch die vom Schuldner geleisteten Zahlungen mehr erhalten hat, als die gesamte ihm nach dem Vergleich zustehende, wenn auch noch nicht fällige Forderung beträgt.

1) Die **Behandlung bestrittener Fdgen** bedurfte wegen der Wiederauflebensklausel des § 9 I einer besonderen Regelung. Zahlt der Schuldner auf die bestrittene Fdg trotz Mahnung und Nachfrist nicht, so kommt er durch die Mahnung des Gläub in Verzug. Siegt der Gläub im nachfolgenden Prozeß ob, so würde beim Fehlen einer Sonderregelung der Vergleich regelmäßig diesem Gläub gegenüber hinfällig sein. Dadurch kann gleichzeitig die Erfüllung des ganzen Vergleichs gefährdet werden. – Für § 97 stehen den bestrittenen Forderungen die nicht im GläubVerzeichnis enthaltenen sinngemäß gleich, Bley-Mohrbutter 5a weitere Hinweise in Anm 1 Abs 3 zu § 9. – **§ 97 sieht die Möglichkeit vor, daß das VglGericht die mutmaßl Höhe der bestrittenen oder nicht im GläubVerz enthaltenen Fdg durch unanfechtbaren Beschluß festsetzt.** Voraussetzung der Festsetzung ist ein **Antrag** des Schuldners oder des Gläub der Fdg. – Die Festsetzung unterbleibt, wenn das Gericht bereits nach Maßg des § 71 II über die Gewährung eines Stimmrechts in bestimmter Höhe entschieden hat (nicht jedoch schon dann, wenn sich die Beteiligten nach Maßg dieser Vorschrift geeinigt hatten). Hat ein Gläub seine Fdg im Vgl überhaupt nicht geltend gemacht – z. B. weil er glaubte, dinglich hinreichend gesichert zu sein –, so muß er seine AusfallFdg erst gem § 97 vom VglGericht feststellen lassen; BGH **32**, 218, 225 = NJW **60**, 1454 = MDR **60**, 757 = BB **60**, 680 = Betr **60**, 1097 = WM **60**, 781.

2) Diese Regelung gilt nach wie vor, wenn der **VglRichter** sich das VglVerfahren vorbehalten und demgemäß nach § 97 I die mutmaßliche Höhe der bestrittenen Fdg festzustellen oder nach § 71 II über die Gewährung eines Stimmrechts entschieden hat. – Wird (wie es die Regel ist; vgl Anm 6b zu § 2) das Verfahren vom **Rechtspfleger** geführt, so gilt folgendes:

a) Liegt eine Entsch nach § 71 II über die Gewährung eines Stimmrechts nicht vor, so stellt der Rechtspfleger nach § 97 I auf Antrag die mutmaßliche Höhe der bestrittenen (oder nicht eingetragenen) Fdg fest. Die Entsch des Rechtspflegers nach § 97 ist nach § 11 I S 2 mit der Erinnerung anfechtbar (da gegen die Entsch, falls sie der Richter erlassen hätte, kein Rechtsmittel gegeben wäre). Zum weiteren Verfahren betr die Erinnerung vgl Anm 6 zu § 121.

b) Liegt eine Entsch nach § 71 II über die Gewährung eines Stimmrechts vor, so kommt § 19 IV RpflG zum Zuge, wonach die auf Grund des § 71 II ergangene Entsch des Rechtspflegers nicht die in § 97 bezeichneten Rechtsfolgen hat. Demgemäß ist (wenn der VglSchuldner die Wiederauflebensklausel des § 9 I ausschließen und zu diesem Zwecke bestrittene oder nicht eingetragene VglFdgen bei der VglErfüllung zunächst in einer vom VglGericht festzustellenden Höhe berücksichtigen will) trotz der bereits ergangenen Stimmrechtsentscheidung des Rechtspflegers eine mit der Erinnerung anfechtbare Entsch des Rechtspflegers

Aufhebung. Überwachung **§ 97**

nach § 97 I zulässig und erforderlich. Erg vgl Mohrbutter KTS **70,** 191 und **74,** 120.

3) Berücksichtigt der Schuldner unter Zugrundelegung des vom VglGericht nach § 97 I oder (in den Fällen, in denen nach Anm 1 eine Festsetzung nach § 97 unterbleibt) nach § 71 II festgesetzten Betrages die bestrittene (oder die im Gläubigerverzeichnis nicht vermerkte) Fdg bei der VglErfüllung, so treffen ihn die für den Fall des Verzuges in der VglErfüllung nach § 9 I vorgesehenen Rechtsfolgen nicht (§ 97 II). Sache des **Schuldners** ist es, bei bestrittenen (und bei nicht eingetragenen) Fdgen das Feststellungsverfahren nach § 97 I zu betreiben; vgl § 9 Anm 1 Abs 2, 3 mit Hinw auf BGH WM **60,** 783.

4) Sinngemäß gelten die Ausführungen zu 1–3 für aufschiebend bedingte Fdgen; vgl § 71 II S 3, III; dazu Bley-Mohrbutter 9.

5) Die Ausführungen zu 1–3 gelten sinngemäß auch für die Forderungen, welche nach § 27 I S 2 bei der VglErfüllung in Höhe des mutmaßl Ausfalls zu berücksichtigen sind. Doch ist es hier Sache des **Gläubigers,** erforderlichenfalls die Feststellung nach § 97 I herbeizuführen; vgl § 9 Anm 1 Abs 1 m Hinw auf BGH **31,** 174; vgl ferner Anm 5 aE zu § 27.

6) Die Regelung nach § 97 I, II ist eine nur **vorläufige.** Nach endgültiger Feststellung der Höhe der bestrittenen Fdg oder der nicht im Gläub-Verzeichnis eingetragenen Fdg oder der aufschiebend bedingten Fdg oder des Ausfalls ist der Schuldner zur **Nachzahlung eines evtl Fehlbetrages** verpflichtet. **Verzug des Schuldners** als Voraussetzung für den Eintritt der Rechtsnachteile nach § 9 I ist alsdann **jedoch nur** anzunehmen, **wenn der Gläub nach endgültiger Feststellung den Schuldner gehörig gemahnt und ihm gleichzeitig eine mindestens zweiwöchige** (§ 97 III S 2) **Nachfrist** zur Entrichtung des Fehlbetrages **gesetzt hat** und Zahlung seitens des Schuldners nicht fristgerecht erfolgt ist. – Str ist, ob der Ausschluß der Wiederauflebensklausel zugleich auch die bürgerl-rechtl Verzugsfolgen ausschließt (verneinend Bley-Mohrbutter 15 b, wohl auch BGH KTS **56,** 94 f = NJW **56,** 1200; vgl auch Vogels-Nölte III 1). – Zur Frage der örtlichen Zuständigkeit in einem Rechtsstreit über die endgültige Feststellung einer vom VglSchuldner und VglVerwalter bestrittenen Fdg vgl LG Osnabrück KTS **75,** 246.

7) Rückforderung einer bei der endgültigen Feststellung sich ergebenden **Zuvielzahlung** des Schuldners kann nur, wenn und soweit der gezahlte Betrag den Gesamtbetrag der dem Gläub nach dem Vergleich zustehenden Fdgen (Gesamtbetrag dessen, was der Gläub bei der VglErfüllung noch zu erhalten hat), ohne Rücksicht auf deren Fälligkeit übersteigt, **§ 97 IV.** Erg vgl Bley-Mohrbutter 24, 25 a.

4) Hat der VglSch während des VglVerf seinen Wohnsitz ins Ausland verlegt, so ist für die Eröff des Anschluß-Konk-Verf das für die Eröff des VglVerf zuständig gewesene VglGericht zuständig, LG Stuttgart, ZIP **83,** 348.

§ 98

10. Abschnitt

Wirkung der Aufhebung des Verfahrens

98 ^I Mit der Aufhebung des Verfahrens erlischt das Amt des Vergleichsverwalters und der Mitglieder des Gläubigerbeirats.

^{II} Eine Verfügungsbeschränkung tritt, soweit sich aus § 94 nichts anderes ergibt, außer Kraft. § 65 Abs. 2 gilt sinngemäß.

^{III} Die Aufhebung ist in derselben Weise öffentlich bekanntzumachen, zuzustellen und in die öffentlichen Register einzutragen wie die Eröffnung des Verfahrens (§§ 22, 23); der Beschluß ist ferner den Mitgliedern des Gläubigerbeirats zuzustellen; eine Ausfertigung des Aufhebungsbeschlusses ist der Registerbehörde mitzuteilen. Hat sich der Schuldner einer Überwachung durch Sachwalter der Gläubiger unterworfen, so ist in der Bekanntmachung hierauf hinzuweisen. Die Aufhebung wird erst nach der Beendigung der Überwachung in die öffentlichen Register eingetragen.

1) Aufhebung des VglVerfahrens erfolgt in den Fällen der §§ 90, 91 sofort mit der VglBestätigung (vgl Bem 1, 2 zu § 90; Bem 1 zu § 91), im übrigen erst nach VglErfüllung, § 96 IV. – Die Aufhebung des VglVerfahrens ist nach § 98 III

a) **öfftl bekanntzumachen,** dazu § 119. Hat der Schuldner sich der Überwachung der VglErfüllung (§ 91) unterworfen, so ist dies in der Bekanntmachung zu vermerken;

b) dem Schuldner, dem VglVerw und den sich aus dem berichtigten GläubVerzeichnis (§§ 6, 67 III) ergebenden Gläubigern, sowie den Mitgl des GläubBeirats **zuzustellen,** dazu § 118;

c) **den Registerbehörden** (Handels-, Vereins- und Genossenschaftsregister) durch Übersendung einer Ausfertigung des Aufhebungsbeschlusses **mitzuteilen.** Die Mitteilung ergeht an die gleichen Behörden, denen auch die Eröff des Verfahrens bekanntgegeben wurde. – Die Registerbehörden tragen die Aufhebung des VglVerf sofort von Amts wegen ein. Lediglich bei Überwachung nach Aufhebung (§ 91) wird die Eintragg erst nach Beendigg der Überwachung (§ 95), welche das VglGericht den in Frage kommenden Registerbehörden gleichfalls mitzuteilen hat, vorgenommen. Kommt es vor Beendigg der Überwachung zum Konkurs über das Vermögen des Schuldners, so wird nicht die Aufhebung des VglVerfahrens, sondern lediglich die Konkurseröff eingetragen, Krieg 6 aE.

Vor der Aufhebung des VglVerfahrens bzw der Beendigung der Überwachung ist der im **Handelsregister** eingetragene Vermerk über die Eröff des VglVerfahrens **zu löschen,** wenn das Handelsgeschäft mit Firma veräußert und der neue Firmeninhaber eingetragen wird, München HRR **39,** 970.

2) Mit der Aufhebung des VglVerfahrens erlischt das **Amt des VglVerw.** Das gilt auch für den Fall des § 91. Überwacht wird die VglErfüllung nach Aufhebung des Verfahrens gegebenenfalls durch einen Sachwalter; vgl Bem zu §§ 91, 92. – Mit der Aufhebung des VglVerfahrens erlischt ferner das **Amt der Mitglieder des GläubBeirats.**

Ein dem GläubBeirat ähnl gestaltetes Kontrollorgan ist für die Überwachung der VglErfüllung nach Maßg des § 91 nicht vorgesehen.

3) Verfügungsbeschränkungen nach Maßg der §§ 58 ff und solche, welche in Anw des § 12 angeordnet sind und nach Eröff des VglVerf als Beschränkungen iS der §§ 58 ff weiter wirken (§ 24), treten **grundsätzl mit der Aufhebung des VglVerf** (vgl Bem 1) für die Zukunft (vgl § 62 Anm 3) **außer Kraft.** Doch gilt hier die **Ausnahme**bestimmung des **§ 94,** wonach bei Überwachung die Verfügungsbeschränkungen fortdauern und neue angeordnet werden können. – Für die Zustellung, Bekanntgabe und registermäßige Eintragg des Außerkrafttretens der Verfügungsbeschränkungen gilt § 65 II sinngemäß, vgl § 65 Bem 3, 4.

11. Abschnitt. Einstellung des Verfahrens

Allgemeines. Das VglVerfahren endet durch Aufhebung, Versagung der Bestätigung des Vergleichs oder Einstellung. – Aufhebung ist die ordentl Beendigung des Verf nach bestätigtem Vergleich. Versagung der VglBestätigg und Einstellung sind der zweckwidrige Abschluß des Verfahrens. Die Gründe für die Versagung der VglBestätigg sind im § 79, die Gründe für die Einstellung des Verfahrens in §§ 99, 100 **erschöpfend** aufgeführt.

Einstellung wegen Rücknahme des Vergleichsvorschlags

99 Das Vergleichsverfahren ist einzustellen, wenn der Schuldner den Antrag (§ 2) zurücknimmt. Die Rücknahme des Antrags ist bis zur Beendigung der Abstimmung über den Vergleichsvorschlag zulässig.

1) Einstellung des VglVerfahrens bei **Zurücknahme des VglAntrags**. – Die Bestimmung betrifft nur die Rücknahme **nach Eröff des Verfahrens**. – Bei Rücknahme des Antrags im Vorverfahren bedarf es einer Einstellung nicht; es erfolgen ledigl die im § 15 II genannten Maßnahmen. – **Zulässig** ist die Rücknahme des VglAntrags nach § 99 bis zur Beendigg der Abstimmung über den VglVorschlag; Rücknahme im Bestätigungsverf ist rechtl bedeutungslos. – Die Rücknahme muß **eindeutig, unbedingt** und **vorbehaltlos** erklärt werden. – In der **Änderung des VglVorschlags** zuungunsten der VglGläub liegt dann eine Rücknahme des VglAntrags, wenn die Änderung im VglTermin aufrechterhalten wird, obwohl der neue Vorschlag nicht sofort zur Abstimmung gestellt werden kann und eine Vertagung nicht zulässig ist oder das Gericht eine mit der erforderl Mehrheit beantragte Vertagung ablehnt; vgl Bem 4 zu § 76. – Die Rücknahme des VglAntrags erfolgt schriftl oder zu Protokoll der Geschäftsstelle oder mündlich im VglTermin. Verfahrensrechtl gilt das gleiche wie bei Stellung des VglAntrags; also bei prozeßunfähigem Schuldner und jur Personen durch die gesetzl Vertreter. Gewillkürte Vertretung ist zulässig, doch muß die Vollmacht nachgewiesen werden.

2) **Rücknahme** des VglAntrags nach Eröff des VglVerf (§ 99) **hat zur Folge**, daß das Gericht mit der Einstellung nach § 101 von Amts wegen über die Konkurseröff entscheiden muß. Vgl Bem zu § 101.

Weitere Einstellungsgründe

100 [I] Das Vergleichsverfahren ist ferner einzustellen,
1. wenn sich ergibt, daß die Eröffnung des Verfahrens hätte abgelehnt werden müssen; die Einstellung unterbleibt, wenn das Fehlende ergänzt werden kann oder der Vergleichsvorschlag bereits angenommen ist (§ 74);

Einstellung des Verfahrens § 100

2. wenn der Schuldner flüchtig wird, sich verborgen hält oder auf eine Ladung des Gerichts (§ 116) ohne genügende Entschuldigung ausbleibt;
3. wenn der Schuldner die Beschränkungen seiner Verpflichtungs- oder Verfügungsfähigkeit (§§ 57 bis 65) nicht einhält und sein Verhalten nicht entschuldbar ist;
4. wenn der Schuldner dem Vergleichsverwalter oder einem Mitglied des Gläubigerbeirats die Einsicht in seine Bücher und Geschäftspapiere oder ohne genügenden Grund eine Auskunft oder eine Aufklärung verweigert;
5. wenn der Schuldner seiner Pflicht zu bescheidener Lebensführung (§ 56) zuwiderhandelt;
6. wenn der Schuldner in dem Vergleichstermine nicht erscheint und sich auch nicht, soweit dies zulässig ist, vertreten läßt;
7. wenn der Schuldner die Abgabe der im § 69 Abs. 2 vorgesehenen eidesstattlichen Versicherung verweigert;
8. wenn sich im Vergleichstermine die zur Annahme des Vergleichsvorschlages erforderliche Mehrheit nicht ergibt und ein Antrag auf Vertagung des Termins nicht gestellt oder abgelehnt wird.

II Im Falle der Nummer 6 darf der Einstellungsbeschluß erst am dritten Werktag nach dem Terminstag erlassen werden. Macht der Schuldner vor dem Erlasse des Beschlusses dem Gericht glaubhaft, daß er oder, soweit Vertretung zulässig war, sein Vertreter durch ein auch bei äußerster Sorgfalt nicht zu vermeidendes Ereignis am Erscheinen im Termin verhindert war und auch keine Möglichkeit hatte, dem Gericht vor dem Termin anzuzeigen, so unterbleibt die Einstellung. Die Einstellung kann unterbleiben, wenn drei Vierteile der in dem Termin erschienenen Vergleichsgläubiger mit der Fortsetzung des Verfahrens einverstanden sind; die Vorschriften des § 75 finden entsprechende Anwendung. Wird das Verfahren nicht eingestellt, so ist alsbald ein neuer Vergleichstermin zu bestimmen, der in der Regel nicht über zwei Wochen hinaus anberaumt werden soll.

III Die Vorschriften der Absätze 1, 2 gelten nicht für ein nach § 96 fortgesetztes Verfahren.

Vorbem: Fassung von Abs 1 Nr 7 nach Art 2 § 7 Nr 5 des in der Vorbem zu § 3 genannten Gesetzes vom 27. 6. 1970.

1) Einstellung des VglVerf nach § 100 setzt (wie die Einstellung nach § 99) **voraus, daß das VglVerf eröffnet ist.** Die Möglichkeit einer Einstellung endet endgültig mit der Bestätigg des Vergleichs, und zwar auch, wenn das VglVerf nicht zugleich mit der Bestätigg aufgehoben, sondern nach Maßg des § 96 fortgesetzt wird, § 100 III. – Einstellung nach Maßg des § 100 I Nr 1 ist schon dann nicht mehr zulässig, wenn der VglVorschlag im Termin mit den erforderl Mehrheiten angenommen ist.

2) Zu Nr 1. Einstellung des VglVerf, **wenn sich nachträgl ergibt, daß der Antrag auf Eröff des gerichtl VglVerf aus einem der in §§ 17, 18 genannten Ablehnungsgründe** (Vogels-Nölte I; Krieg 3) oder wegen fehlender VglFähigkeit oder VglReife (vgl Bley-Mohrbutter 6 Abs 2) **im**

§ 100

Zeitpunkt der Eröff des VglVerf hätte abgelehnt werden müssen. Ist der Mangel jedoch heilbar, so muß das Gericht, auch bei Verschulden des Schuldners (Krieg 3), unter Setzung einer Frist den Schuldner zur Behebung des Mangels auffordern. Einstellung dann erst nach fruchtlosem Ablauf der Frist. Keine Einstellung nach Maßg der Nr 1 mehr, wenn der Vergleich mit den erforderl Mehrheiten angenommen ist; alsdann ist nur noch Versagg der Bestätigg aus einem der im § 79 genannten Gründe zulässig, vgl Bem zu § 79.

3) Zu Nr 2. Einstellung des VglVerf, wenn der **Schuldner nach der Eröff des Verfahrens flüchtig wird, sich verborgen hält oder auf eine Ladung des Gerichts ohne genügenden Grund nicht erscheint;** vgl die entspr Bem zu § 17 Nr 2. Dabei ist zu berücksichtigen, daß, wenn der Schuldner bereits bei Eröff des VglVerf flüchtig war, Einstellung nach § 100 Nr 1 in Vbdg mit § 17 Nr 2 in Frage kommt.

4) Zu Nr 3. Einstellung bei **unentschuldbarem Nichteinhalten von Verpflichtungs- und Verfügungsbeschränkungen (§§ 57 bis 64).** – Ob das Verhalten des Schuldners entschuldbar war, entscheidet das VglGericht nach pflichtgemäßem Ermessen. Entschuldbarkeit kann vorliegen, wenn es sich um eine eilbedürftige Maßnahme handelte und der Schuldner mit einer nachträgl Genehmigung seitens des VglVerw rechnen konnte. – Zu Nr 3 vgl erg § 109 Nr 2 (betr die OHG).

5) Zu Nr 4. Bei **Weigerung des Schuldners, dem VglVerw** nach § 40 I **Einsichtnahme in die sein Vermögen betreffenden Bücher und Geschäftspapiere zu gestatten,** erfolgt Einstellung, ohne daß der Schuldner sich auf eine Entschuldbarkeit seines Verhaltens berufen kann. Doch hat das VglGericht zu prüfen, ob es sich nicht um reine Privatbücher oder etwa um Bücher und Geschäftspapiere handelt, welche aus anderem Grunde in keinem Zusammenhange mit dem VglVerf stehen. – Bei **Weigerung einer Auskunft oder einer Aufklärung seitens des Schuldners** Einstellung des Verfahrens nur, wenn die Weigerung ohne genügenden Grund erfolgt ist. Entscheidung des Gerichts nach pflichtgemäßem Ermessen. Zu berücksichtigen ist dabei die Wichtigkeit der verlangten Auskunft, Vogels-Nölte IV. – Bei **Weigerung eines Angestellten des Schuldners** Einstellung nur, wenn der Angestellte vom Schuldner angewiesen war oder sonst in seinem Einverständnis handelte, Krieg 6. – Zu Nr 4 vgl erg § 109 Nr 2 (betr OHG); § 113 Nr 5 (Nachlaß).

6) Zu Nr 5 vgl Bem zu § 56. – Erg vgl für das Gesellschaftsvergleichsverf Bem 4 zu § 109; für das Genossenschaftsvergleichsverf Bem 4 zu § 111; für das Nachlaßvergleichsverf Bem 10 zu § 113.

7) Zu Nr 6 vgl Bem 2 zu § 68. – **Einstellung** in diesem Falle jedoch **frühestens am dritten Werktag nach dem Terminstage.** – Einstellung unterbleibt, wenn der Schuldner vor dem Erlaß des Beschlusses seine Behinderung am Erscheinen und an rechtzeitiger Anzeige nach Maßg des § 100 II S 2 hinreichend glaubhaft macht (ZPO § 294). – Die Einstellung kann unterbleiben, wenn drei Vierteile der im VglTermin erschienenen VglGläub mit der Fortsetzung des Verfahrens einverstanden sind. Bei der Zählung bleiben der Ehegatte des Schuldners und dessen Rechtsnachfol-

Einstellung des Verfahrens **§ 101**

ger nach näh Maßg des § 75 außer Betracht, wenn sie für die Fortsetzung des VglVerf stimmen. – Beim Ausbleiben des Schuldners im Termin sowie bei nicht genügender Vertretung ist es angezeigt, jedenfalls die Frage der Fortsetzung zur Abstimmung zu bringen, damit das VglGericht, wenn innerhalb der folgenden drei Tage eine genügende Entschuldigung des Schuldners nicht eingeht, die Stellungnahme der Gläub bei seiner Entscheidung berücksichtigen kann. – Sieht das Gericht von einer Einstellung ab, so hat es alsbald neuen Termin zu bestimmen, der idR nicht über 2 Wochen hinaus anberaumt werden soll. Für öfftl Bekanntmachung des neuen Termins und Ladungen gilt § 22. – Zu Nr 6 vgl erg § 109 Nr 2 (betr OHG) und § 113 Nr 5 (Nachlaß).

8) Zu Nr. 7. Weigerung des Schuldners, eine eidesstattl Versicherung nach § 69 II abzugeben, ist absoluter Einstellungsgrund. Doch kann das Gericht, da es nach pflichtgemäßem Ermessen zu entscheiden hat, ob die eidesstattl Versicherung zur Herbeiführung einer wahrheitsgemäßen Aussage erforderlich ist, und an Anträge nicht gebunden ist, dem Schuldner die eidesstattl Versicherung erlassen, wenn dieser seine Weigerung hinreichend begründet und das Gericht (etwa nach Vorlage anderer Beweisstücke durch den Schuldner) die eidesstattl Versicherung nicht mehr für erforderlich hält. Hält das Gericht das Verlangen nach eidesstattl Versicherung aber aufrecht, so muß es bei weiterer Weigerung des Schuldners das Verfahren einstellen, Bley-Mohrbutter 15c. – Zu Nr 7 erg § 109 Nr 2 (für die OHG).

9) Zu Nr 8. Einstellung des Verfahrens, wenn bei der Abstimmung die **Mehrheiten** nach § 74 (oder § 8 II; vgl § 8 Anm 3) **nicht erreicht** sind **und** ein **Vertagungsantrag nicht gestellt oder ein gestellter abgelehnt** wird. – Zur Frage der Vertagung vgl § 77 m Anm.

Entscheidung über die Eröffnung des Konkurses

101 Wird das Verfahren eingestellt, so ist zugleich von Amts wegen über die Eröffnung des Konkursverfahrens zu entscheiden. Die Vorschriften des § 80 Abs. 2 und 3 und des § 81 gelten mit der Änderung, daß der Schuldner mit der Anfechtung auch geltend machen kann, es sei das Verfahren zu Unrecht eingestellt worden.

1) Bei Einstellung des Verfahrens aus einem der in §§ 99, 100 genannten Gründe ist zugleich **von Amts wegen über die KonkursEröff zu entscheiden.** KonkursEröff aber nur, wenn die Voraussetzungen für dieselbe nach Maßg der KO gegeben sind; lediglich das besondere Antragserfordernis entfällt, weil der VglAntrag als bedingter Konkursantrag gilt. Insbesondere muß also noch im Zeitpunkt der Entscheidung der Konkursgrund (Zahlungsunfähigkeit, Überschuldung) vorliegen. Hat der Schuldner seinen VglAntrag zurückgenommen, weil ihm von dritter Seite Mittel zugeflossen sind, welche ihn in den Stand versetzen, seine Gläub voll zu befriedigen, oder hat er sich außergerichtl mit ihnen verglichen, so ist die KonkursEröff abzulehnen. Die Ablehnung kann auch nach Maßg des KO § 107 (mangels Masse) erforderl sein.

§ 101

2) Der Beschluß, welcher das VglVerf einstellt, kann für sich allein nicht angefochten werden, wohl aber nach § 101 S 2, § 80 Abs 2 mittelbar durch Anfechtung der Entsch über die Eröff des Konkurses; vgl Bem 2 zu § 19, Bem 2 zu § 80. Das für die Entsch über die Beschwerde bzw die Erinnerung zuständige Gericht ist dann ua zu einer Nachprüfung der Frage berechtigt, ob bei Einstellung nach § 99 eine wirksame Rücknahme des VglAntrags vorlag; im Falle des § 100 Nr 1 kann es nachprüfen, ob das Fehlende zu ergänzen und die dem Schuldner zur Nachreichung gesetzte Frist ausreichend war. In den Fällen des § 100 Nrn 2–6 kann es auch eine Ermessensentscheidung des VglGerichts nachprüfen. Im Falle des § 100 Nr 8 muß es ggf das Ergebnis der Abstimmung nachprüfen und feststellen, ob Vertagung hätte erfolgen müssen. Die Beschw bzw Erinnerung kann hier uU auch begründet sein, wenn das Abstimmungsergebnis nach Köpfen und Summen im Termin nicht festgestellt wurde, vgl Bem 2 zu § 77; dazu LG Bln v 30. 4. 1952 (28 T 296/52). – Schriftliche Zustimmungserklärungen (§ 73), welche nach dem Schluß der Abstimmung bei Gericht eingehen, dürfen jedoch nicht berücksichtigt werden, können also auch im Beschw- bzw Erinnerungsverfahren nicht nachgebracht werden; vgl Bem 2 zu § 73 mit Nachw.

3) Erst mit der Rechtskraft der Entscheidung über die Eröff des KonkursVerf wird auch der Einstellungsbeschluß **wirksam**. Es gilt entspr Bem 3 zu § 80. – Bei Einstellung i Vbdg mit Ablehnung der Eröff des Konkursverf nach § 107 KO ist § 81 VglO sinngemäß anzuwenden; vgl Bley-Mohrbutter 1 c.

12. Abschnitt. Anschlußkonkurs

Grundsatz

102 ^I **Wird bei der Ablehnung der Eröffnung des Vergleichsverfahrens, bei der Versagung der Bestätigung, bei der Einstellung des Vergleichsverfahrens oder in einem nach § 96 fortgesetzten Verfahren der Konkurs eröffnet, so ist er im Eröffnungsbeschluß als Anschlußkonkurs zu bezeichnen.**

^{II} **Für den Anschlußkonkurs gelten die Vorschriften der §§ 103 bis 107.**

1) **Anschlußkonkurs** ist der Konkurs, welcher sich unmittelbar an einen fehlgeschlagenen VglVersuch anschließt. Die **Fälle des Anschlußkonkurses** sind im § 102 abschließend aufgezählt. Anschlußkonkurs (iS der §§ 102–107) liegt vor, wenn
a) bei der **Ablehnung der Eröff** des VglVerf (§§ 17, 18),
b) bei der **Versagg der Bestätigg** des Vergleichs (§ 79),
c) bei der **Einstellung** des VglVerf (§§ 99, 100),
d) während eines nach § 96 fortgesetzten Verfahrens
nach Maßg der §§ 19 I, 80 I, 101, 96 V, VI über das Vermögen des VglSchuldners das KonkursVerf eröffnet wird.

2) Für den Anschlußkonkurs gelten, sofern in der VglO – insbes §§ 103 bis 107 – nicht Abweichendes bestimmt ist, die **Vorschr der KO**. – Die **Eröff des Anschlußkonkurses** setzt voraus, daß noch im Zeitpunkt der Eröff ein Konkursgrund (Zahlungsunfähigkeit, Überschuldung) vorliegt. Das ist möglicherweise nicht der Fall, wenn bei einem gerichtlich bestätigten Liquidationsvergleich der Schuldner während des Laufs des gerichtl VglVerf einen auf Verlängerung der Zahlungsfristen gerichteten außergerichtl Vergleich mit seinen Gläub abgeschlossen hat; vgl die Hinweise in Anm 6 Abs 2 zu § 96. – Das Antragserfordernis der KO § 103 entfällt (abgesehen von dem in Anm 7b zu § 96 erläuterten Fall) für den Anschlußkonkurs, weil der VglAntrag bereits als bedingter Konkursantrag anzusehen ist. Der **Kreis der KonkursGläub** des Anschlußkonkurses entspricht nicht dem Kreis der VglGläub des vorangegangenen VglVerf. Die Konkursgläubigerschaft richtet sich ausschließlich nach KO § 3. Für die Zuordnung einer Fdg zu den KonkursFdgen ist somit auch im Anschlußkonkurs ausschließlich die Zeit der Eröff des Konkurs-Verf maßgebend, doch ist der Anspruch auf Rückzahlung eines unter den Voraussetzungen und nach Maßg des § 106 aufgenommenen Darlehens keine Konkurs-, sondern Masseforderung; vgl Anm zu § 106. – Die **Kosten des VglVerf** sind nach § 105 gleichfalls keine Konkurs-, sondern Masseforderungen. – Die **Jahresfrist des KO § 61 Nr 1** ist auch im Anschlußkonkurs vom Tage der KonkursEröff und nicht nach dem Tage der Eröff des vorangegangenen VglVerf zu berechnen, Kiesow 3 Nr 5 zu § 82 mit weit Hinw; Bley-Mohrbutter 8 a. – Die Aufnahme einer Fdg in das GläubVerzeichnis des § 6 oder nachfolgende Anmeldung einer

219

§ 102
12. Abschnitt

Fdg im VglVerf macht neue Anmeldung im Konkurs nicht entbehrlich. Die im VglTermin erfolgte Abgabe einer eidesstattl Versicherung nach § 69 II befreit den Schuldner nicht von der Pflicht zur Abgabe einer eidesstattl Versicherung nach Maßgabe des KO § 125. Die Forderungsprüfung im Konkursverfahren ist von den Ergebnissen der Prüfung im VglTermin unabhängig, Kiesow 3 vor § 82. – **Eine weder vom VglSchuldner noch vom VglVerwalter bestrittene Fdg** ist in den zu 1 a–c genannten Fällen keine titulierte Fdg iS des KO § 146 VI, solange der Vergleich noch nicht bestätigt ist, weil erst die Bestätigg des Vergleichs nach § 85 den Titel wirksam macht; vgl Bem 1 zu § 85. Anderes gilt jedoch für den nach Bestätigg des Vergleichs während des nach § 96 fortgesetzten Verfahrens eröffneten Anschlußkonkurs (Bem 1 d), Kiesow 3 vor § 82; Vogels-Nölte I 2 b Abs 3 zu § 102. Die **Umrechnung einer Forderung** nach VglO §§ 34, 35 hat in den Fällen des Anschlußkonkurses zu 1 a–c für den Anschlußkonkurs keine Bedeutung, weil die Umrechnung erst mit der Bestätigung des Vgl endgültig wird. Für den während des nach § 96 fortgesetzten Verfahrens eröffneten Anschlußkonkurs (Bem 1 d) ist die im VglVerf erfolgte Umrechnung jedoch maßgebl, weil sie durch die VglBestätigg endgültig geworden ist; vgl Bem 1 zu § 82. – Die nach §§ 50, 51 durchgeführte **Abwicklung gegenseitiger Verträge** bleibt für den Anschlußkonkurs in jedem Falle bestehen. Rechtswirksame Ablehnung der Vertragserfüllung nach § 50 und vorzeitige Kündigg nach § 51 behalten also ihre Wirksamkeit. Die nach **§ 52** an die Stelle des Erfüllungsanspruchs getretene SchadErsFdg ist KonkursFdg. – **Akte der ZwVollstr,** welche trotz des Vollstreckungsverbots des § 47 während des VglVerf vorgenommen wurden, bleiben, da sie absolut nichtig sind (Bem 8 zu § 47), auch für den nachfolgenden Anschlußkonkurs unwirksam; vgl Bem 8 zu KO § 14. **Vermögensgegenstände, die nach dem Zustandekommen des Vergleichs vom Schuldner dem VglVerw oder Sachwalter treuhänderisch zur Sicherung der VglErfüllung bereits übereignet oder abgetreten waren,** fallen durch die KonkursEröff idR in das Vermögen des Schuldners zurück und gehören zur Konkursmasse, weil die Übereignung bzw Abtretung unter der aufschiebenden Bedingung der Zweckerreichung (VglErfüllung) erfolgte; erg vgl Anm 3 Abs 3 zu § 7. – Ordnungsmäßige, dem Vgl entsprechende **Erfüllungshandlungen,** die vor der KEröff vorgenommen wurden und zu einer gleichmäßigen Teilbefriedigung gleichberechtigter VglGläubiger geführt haben, bleiben jedoch – wenn der Vgl nichts anderes bestimmt – von der KEröff unberührt, Frankf aaO; BGH **41,** 98, 101. Anderes gilt nach dieser Entscheidung für Zahlungen, die nur an einen Teil gleichberechtigter VglGläub geleistet wurden und nicht durch rechtswirksame Sonderabkommen nach § 8 II gedeckt sind (streitig; vgl die Hinweise in Anm 3 Abs 3 zu § 7). – **Vergleichssicherheiten,** die von Dritten gestellt wurden, bestehen, sofern nichts Abweichendes vereinbart war, im Anschlußkonkurs fort; Köln NJW **56,** 1322 betr Grundschuld (m zust Anm von Böhle-St; anders Kubisch NJW **56,** 1841 f); BGH NJW **57,** 1319 betr Bürgschaft; BGH WM **66,** 281 = BB **66,** 229 betr Grundschuld und Bürgschaft. – **Zuständig** für die Eröff des Anschlußkonkurses ist ausschließlich das VglGericht. Das gilt auch für die Fälle, in denen während des Nachver-

Anschlußkonkurs **§ 103**

fahrens auf den Antrag eines Gläub über die Konkurseröffnung entschieden wird (vgl. Anm 7b zu § 96). – Zu den Besonderheiten betr die **Anfechtung** der Entsch über die Eröff des Anschlußkonkurses vgl Anm 1a–d, 2–5 zu § 121.

3) Abweichungen vom gewöhnl Konkurs ergeben sich für den Anschlußkonkurs noch aus der Tatsache, daß die **Eröff des Anschlußkonkurses nach Maßg der §§ 80 III, 96 VI, 101 S 2** (anderes gilt für die KEröff nach § 19; vgl Bem 3 zu § 19) **erst mit der Rechtskraft des EröffBeschl wirksam** wird, während die Eröff des KonkursVerf im übrigen nach KO § 108 bereits mit dem Erlaß des Beschl Wirksamkeit erlangt. Daraus folgt, daß bei Eröff des Anschlußkonkurses in diesem Fällen im Eröff-Beschl die Maßnahmen, welche bei sofortiger Wirksamkeit der Konkurs-Eröff darin enthalten sein müßten, zunächst fortzulassen und Ergänzungsbeschlüssen vorzubehalten sind; Näh in Bem zu 80.

Wirkung der Verfügungsbeschränkungen des Vergleichsverfahrens

103 Eine im Vergleichsverfahren angeordnete Verfügungsbeschränkung gilt als zugunsten der Konkursgläubiger angeordnet.

1) Die Bestimmung bezieht sich sowohl auf das allg Veräußerungsverbot des § 60 wie auch auf das Einzelverfügungsverbot des § 63. Sie **erweitert** mit Rücksicht auf den Zeitpunkt des Verbotserlasses den Kreis der Personen, die durch das Verbot geschützt werden sollen. Die im VglVerfahren (nach §§ 58 ff) und im Vorverfahren (nach §§ 12, 58 ff) angeordneten Verfügungsbeschränkungen gelten als zugunsten der Konkursgläubiger des Anschlußkonkurses angeordnet, auch soweit die Konkursgläubiger nicht VglGläubiger waren. Einbezogen in den Kreis der geschützten Personen sind demnach insbesondere die bevorrechtigten Konkursgläubiger und neue persönliche Gläubiger. – **Beschränkt** wird durch § 103 andererseits mit Rücksicht auf den Schutzzweck der Bestimmung – Erhaltung der Konkursmasse – die gegenständliche Wirksamkeit der Verfügungsbeschränkungen. Sie gelten – rückwirkend – lediglich noch für konkursbeschlagsfähige Gegenstände, Jaeger-Weber KO § 106 Anm 15; Mohrbutter § 124 I. Mit der Beendigung des VglVerfahrens verlieren die in diesem Verfahren erlassenen Verfügungsverbote für die Zukunft ihre Wirksamkeit, Bley-Mohrbutter 3b; Jaeger-Weber aaO (anders LG Verden MDR **65**, 585; **66**, 62). Im Konkursverfahren gilt nur der Konkursbeschlag. Die Rechtsfolgen von Verstößen gegen die Verfügungsverbote aus der Zeit vor der Beendigung des VglVerfahrens bleiben jedoch nach Maßgabe des § 103 aufrechterhalten. Sie werden im Anschlußkonkurs vom Konkursverwalter für die Masse geltend gemacht.

2) Die Erweiterung des geschützten Personenkreises, welche der Anschlußkonkurs gebracht hat, ist endgültig. Nach Beendigung des Konkurses können die Konkursgläubiger selbst die Rechte aus der Unwirksamkeit einer – auch unter Berücksichtigung des § 103 – verbotswidrigen Verfügung geltend machen.

§ 104

Wirkung der Sperrfrist

104 ^I Hat ein Vergleichsgläubiger oder einer der im § 29 Nr. 3 und 4 bezeichneten Gläubiger später als am dreißigsten Tage vor der Stellung des Antrags auf Eröffnung des Vergleichsverfahrens durch eine Zwangsvollstreckungsmaßnahme eine Sicherung oder Befriedigung erlangt, so wird mit der Eröffnung des Konkursverfahrens die Sicherung unwirksam, und ist das zur Befriedigung Erlangte nach den Vorschriften über die Herausgabe einer ungerechtfertigten Bereicherung herauszugeben.

^{II} Die Vorschrift des § 28 Abs. 2 findet Anwendung.

1) **Die Vorschr bezieht sich,** wie die Bestimmung des § 87, **nur auf Maßnahmen von Gläub, welche am VglVerf beteiligt waren** (§§ 25 ff), sowie von Gläub, die nach Maßg des § 29 Nrn 3, 4 (und wohl auch Nr 1; dazu Bley-Mohrbutter 7 a zu § 104 in Vbdg mit Anm 6 a zu § 87) von einer Teilnahme am VglVerf ausgeschlossen waren. Wird der Anschlußkonkurs unter Ablehnung des VglAntr (§ 19) eröffnet, ist für die Entsch nach § 104, ob ein Gläubiger VglGläubiger ist, die Rechtslage im Zeitpunkt der Eröff des AnschlKonk maßgebend, München KTS **57,** 47.
– Die Maßnahmen (vgl § 28 Anm 5) müssen, um von § 104 erfaßt zu werden, innerhalb der Sperrfrist des § 28, also innerhalb des Zeitraumes vom 29. Tage vor dem (nicht einzurechnenden) Tage, an welchem der VglAntrag beim VglGericht einging, bis zum Zeitpunkt der Eröff des VglVerf unmittelbar eine Sicherung oder Befriedigg des Gläub ausgelöst haben. VollstrMaßnahmen, welche weiter zurückliegen, fallen nicht unter § 104. Hat ein Gläub durch eine weiter zurückliegende VollstrMaßnahme eine Sicherung erlangt, welche ihn berechtigte, abgesonderte Befriedigg zu verlangen, so fällt auch eine nach dem Beginn der Sperrfrist in Verfolgg des AbsondRechts vorgenommene weitere VollstrMaßnahme nicht unter § 104. – § 104 bezieht sich nicht auf VollstrMaßnahmen, welche nach der Eröff des VglVerf vorgenommen wurden. Für sie gilt ausschließlich § 47.

Zur Frage des Rechtsschutzinteresses für eine Widerspruchsklage nach ZPO § 771, wenn innerhalb der Sperrfrist des § 104 gepfändet ist, vgl LG Kleve MDR **55,** 621 m weit Hinw.

2) § 104 kommt grundsätzlich auch zur Anw, wenn der VglAntrag nicht mit allen Unterlagen (§§ 3 ff) eingereicht worden ist; es genügt uU Antragstellung als solche, und zwar auch, wenn der Antrag in der sicheren Erwartung der Ablehnung unter gleichzeitiger Eröff des Konkurses (§§ 19, 102) gestellt wurde, Vogels-Nölte II 2 Abs 2; Oldorf RPfleger **51,** 192; München KTS **57,** 47 f; Düsseldorf MDR **76,** 675 = KTS **76,** 242; Klemmer KTS **57,** 70; Bley-Mohrbutter 4 b. Der BGH LM VerglO § 104 Nr 4 = NJW **84,** 440 = MDR **84,** 397 = JZ **84,** 151 = BB **84,** 566 = Betr **84,** 1091 = WM **83,** 1358 = ZIP **83,** 1472 = Rpfleger **84,** 111, bestätigt diese nunmehr einhellige Auffassung, weil es nach dem Gesetz nicht auf die Motive des Antrags ankommt. Das Gesetz verbietet

Anschlußkonkurs § 104

dem Schuldner nicht, den Weg zu gehen, der gegenüber vollstreckenden Gläub der aussichtsreiche ist (§ 104 oder §§ 29 ff KO). Die Unwirksamkeit nach Maßg des § 104 ist **endgültig.** Unerhebl ist, wie der Anschlußkonkurs ausgeht. – Der **Wegfall der Sicherungen** nach Maßg des § 104 ist von den VollstrOrganen von Amts wegen zu berücksichtigen, dh die VollstrMaßnahmen sind von Amts wegen aufzuheben, ohne daß hierzu eine Mitwirkung der Gläub, zu deren Gunsten die Maßnahmen getroffen wurden, erforderlich ist (BGH MDR **60,** 222 = NJW **60,** 435, 436 = KTS **60,** 14, 16; BGH ZIP **80,** 24 = Rpfl **80,** 58). Ergänzend vergleiche die Ausführungen in Anm 2 zu § 87, die für § 104 entspr gelten mit der Maßg, daß im Anschlußkonkurs gem KO § 6 an die Stelle des Schuldners der Konkursverwalter tritt. Die Unwirksamkeit des § 104 wird durch ein relatives Veräußerungsverbot nach KO § 106, das das Konkursgericht in einem vor VerglAntrag anhängigen KAntragsverfahren erlassen hat, im nachfolgenden Anschlußkonkurs nicht beeinträchtigt, BGH ZIP **80,** 23 = Rpfl **80,** 58 dazu Gerhardt ZIP **80,** 248. – Der **Herausgabeanspruch** des § 104 ist unabhängig davon, ob der VollstrGläub bei der Vollstr von einem laufenden oder bevorstehenden VglVerf und der Möglichk eines künftigen AnschlKonkVerf Kenntnis hatte, München KTS **57,** 47 f. Der Anspr gehört zur Konkursmasse, denn er entsteht mit der KonkursEröff. Der Gläub ist, weil der Herausgabe-Anspr mit der KonkursEröff entsteht, im Falle des § 104 durch KO § 55 Nr 1 gehindert, mit seiner wiederaufgelebten Fdg aufzurechnen, RG **131,** 202; BGH **15,** 337; München KTS **57,** 47 f (anders beim AnschlKonk nach § 96 V, VI, für den § 104 nicht gilt; vgl Bem 4). Maßnahmen der Zwangsversteigerung oder Zwangsverwaltung, die innerhalb der 30-Tage-Frist eingeleitet wurden, sind vom VollstrGericht aufzuheben (ZVG § 28), AG Cuxhaven 4 K 36/74).

3) Für den Bereich des § 104 verlieren im Anschlußkonkurs die **KO §§ 29 ff** nicht ihre Bedeutung. Zwar ist nach § 104 eine während der Sperrfrist erlangte Sicherung unwirksam und eine Befriedigg nach den Vorschr über die ungerechtfertigte Bereicherung zur Masse herauszugeben, ohne daß es einer konkursrechtl Anfechtung bedarf. Aber der Anfechtungsanspr des KO § 37 hat eine größere Tragwerte als der normale Bereicherungsanspr, weil er auf vollen Wertersatz geht. Konkursrechtl Anfechtung muß daher auch innerhalb des Wirkungsbereiches des § 104 zugelassen werden, weil diese Bestimmung nicht eine Einschränkung der Konkursmasse, sondern nur die Erleichterung der Sammlung der Masse durch den KonkursVerw bezweckt, Mentzel-Kuhn-Uhlenbruck 63 zu KO § 30 mit weit Nachw; Vogels-Nölte III 2, LG Aachen MDR **52,** 368 f = BB **51,** 766 (aA Krieg 4).

4) Für den nach Bestätigg des Vgl im **Nachverfahren** (§ 96 V, VI) eröffneten **Anschlußkonkurs** gilt § 104 nicht. Dennoch ergibt sich im wesentl dieselbe Rechtslage. Die Bestätigg des Vergleichs hatte nach § 87 die Unwirksamkeit der während der Sperrfrist erlangten Sicherungen und die Herausgabepflicht mit Bezug auf das Erlangte zur Folge. Diese Rechtsfolgen der VglBestätigg bleiben im nachfolgenden Konkurs bestehen (und zwar sowohl, wenn es sich um einen Anschlußkonkurs –

§ 105

§ 96 V, VI – handelt, wie auch bei späterem selbständigen Konkurs), Kiesow 7 zu § 84; Mentzel-Kuhn-Uhlenbruck 63 zu KO § 30; Jaeger-Lent 64 zu KO § 30 (aA KG LZ **30**, 269). Zu beachten ist aber, daß der Gläub in diesem Falle durch KO § 55 I nicht gehindert wird, mit seiner Forderung aufzurechnen, weil der Herausgabeanspr schon vor der Eröff des Konkurses entstanden war; vgl Bem 3 zu § 87.

5) Zur Auslandszwangsvollstreckung vgl § 47 Anm 10.

Kosten des Vergleichsverfahrens als Massekosten

105 Die gerichtlichen Kosten des Vergleichsverfahrens sowie die vom Gericht gemäß §§ 11, 43, 45 festgesetzten Beträge für den vorläufigen Verwalter, den Vergleichsverwalter oder die Mitglieder des Gläubigerbeirats gehören zu den Massekosten im Sinne des § 58 Nr. 1, 2 der Konkursordnung.

1) § 105 erweitert für die Fälle des Anschlußkonkurses den Kreis der MasseGläub. **Massekosten iS des KO § 58 Nrn 1, 2 sind** nach Maßg des § 105 im Anschlußkonkurs

a) **die gerichtl Kosten des VglVerf.** – Das hat nur Bedeutung für die gerichtl Auslagen, weil die Gerichtsgebühr für das VglVerf auf die Gebühr für das KonkursVerf angerechnet wird (vgl Anm 2a zu § 129). – Ein Widerspruch des KonkVerw gegen einen Kostenansatz als Erinnerung nach GKG aF § 5 auszutragen. Diese Vorschr gilt auch, wenn der KonkursVerw die Zahlungsweigerung damit begründet, die Masse reiche zur Befriedigg aller MasseGläub nicht aus (KO § 60), RG **124**, 351, 355 = JW **29**, 2611 f mit zust Anm v Leo JW **29**, 3167;

b) **die** nach Maßg der §§ 11, 43, 45 **für den vorl Verwalter, den VglVerw und die Mitgl des GläubBeirats festgesetzten Beträge.** Erforderl ist also gerichtl Festsetzung der Beträge; doch kann die Festsetzung durch das VglGericht noch nach rechtskr Eröff des KonkursVerf erfolgen. – Keine Anw des § 105 auf VglMittler für die Bemühung um eine außergerichtl Sanierung des Schuldners, RG **136**, 157.

2) Ein Gläubiger, der im eigenen Namen den Kostenvorschuß für ein vom Schuldner beantragtes VglVerf beim Gericht einzahlt, ist im Falle des Anschlußkonkurses wegen dieser Kosten in gleicher Weise bevorrechtigter Masseglübiger, wie wenn er sogleich im eigenen Namen das Konkursverfahren beantragt und den Vorschuß eingezahlt hätte; Hamburg MDR **67**, 1019.

3) Eine gewisse **ausdehnende Auslegg des § 105 mit Bezug auf einen einem VglVerf nachfolgenden selbständigen Konkurs** ist zulässig. Ist das KonkursVerf nur formell selbständig, materiell aber unselbständig, weil es auf derselben Zahlungsunfähigk beruht wie das VglVerf, und tritt es nur als richtig gezogene Konsequenz dieser Zahlungsunfähigk an die Stelle des nur vermeintl gerechtfertigten Vergleichs, so findet § 105 sinngemäß Anw. Solchenfalls gehört also ua die Vergütung des VglVerw gleichfalls zu den Massekosten, Dresd KuT **36**, 27 ff (29); LG Detmold

Anschlußkonkurs **§ 106**

JMBl NW **51,** 194; LG Bochum KTS **66,** 119, 121; LG Karlsruhe **81,** 1236; ebenso Vogels-Nölte 2 Abs 2; Robrecht KTS **66,** 160, 162 ff; auch Bley-Mohrbutter 5 b, BGH NJW **73,** 51, 53 (and Nürnberg KTS **58,** 76; dazu Böhle-St KTS **58,** 78; Künne KTS **71,** 248 f). – Unter den genannten Voraussetzungen wird auch die Vergütung des Sachwalters uU entspr in die Vorschr des § 105 einbezogen werden können; dazu Stein NJW **56,** 1308 unter Bezugnahme auf eine Entsch des AG Stuttgart v 7. 3. 1956 (and Nürnberg KTS **58,** 76). – Ein allgemeiner Grundsatz des Inhalts, daß die Kosten einer den Interessen der Gläubiger dienenden Verwaltung durch eine behördl eingesetzte Vertrauensperson, auch wenn es zum Konkurs kommt, aus dem verwalteten Vermögen vorweg zu decken sind, läßt sich aber weder aus § 105 noch aus dieser Vorschrift in Vbdg mit KO § 224 herleiten. § 105 gilt auch nicht für ein dem Konkurs vorausgegangenes außergerichtl VglVerf, Frankfurt MDR **54,** 111.

Ansprüche aus Darlehen des Schuldners als Masseschulden

106 Ansprüche aus Darlehen, die der Schuldner während des Vergleichsverfahrens, im Falle des § 96 bis zur Bestätigung des Vergleichs, zur Fortführung seines Geschäfts, insbesondere zur Bezahlung von Löhnen oder ähnlichen Forderungen, oder im Interesse des Zustandekommens oder der Durchführung des Vergleichs, insbesondere zur Befriedigung von Kleingläubigern, mit Zustimmung des Vergleichsverwalters aufgenommen hat, gehören zu den Masseschulden im Sinne von § 59 Abs. 1 Nr. 1 der Konkursordnung.

Vorbem: § 106 geändert durch Art 2 § 2 Nr 2 des Gesetzes über Konkursausfallgeld vom 17. 7. 1974 (BGBl I 1481).

1) Die Vorschrift bringt eine weitere **Ausweitung des Kreises der MasseGläub**. – **Voraussetzung** der Anw der Bestimmung ist, daß sich das Rechtsgeschäft, welches § 106 zum Inhalt hat, nach seinem obj Gehalt als ein Darlehen nach BGB § 607 I darstellt und rechtswirksam ist. Kreditgeschäfte anderer Art, insbesondere kreditierte Fdgen aus Waren- oder anderen Geschäften, genießen das Vorrecht des § 106 nicht, LG Aachen JZ **52,** 48; Krieg 3 m Nachw; Bley-Mohrbutter, Anm 3, 5; Obermüller, „Kredite im VglVerf" ZIP **83,** 17, 18. Nach dem Zweck der Vorschr, dem VglSchuldner die Hereinnahme neuen Kapitals zu erleichtern, wird man auch das Vereinbarungsdarlehen des BGB § 607 II von der Begünstigung des § 106 ausschließen müssen, Kiesow 2 zu § 86. **Wer das Darlehen gegeben hat,** ist unerhebl; auch nahe Angehörige des Schuldners können die Vergünstigg für sich in Anspr nehmen, Kiesow aaO. – Das **Darlehen muß aufgenommen** (dazu Künne KTS **71,** 244 ff), die Valuta also dem Schuldner wirklich zugekommen, also ausgezahlt oder bereitgestellt **sein.** – Die Vorschrift gilt auch für das in §§ 11 ff geregelte **Vorverfahren,** wenn das VglGericht dem vorläufigen Verwalter die dem VglVerw in § 57 eingeräumten Befugnisse nach § 12 übertragen hat, BGH **32,** 268 = MDR **60,** 756 = LM 2 zu VerglO § 106 m Anm v Rietschel = KTS **60,** 138 m Anm v Berges = NJW **60,** 1456, dazu Anm v Franke NJW **60,** 1953; erg vgl Anm 2 zu § 12. Sie gilt jedoch kraft

§ 106

ausdrückl Bestimmung nicht auch für das in § 96 geregelte Nachverfahren und wohl auch nicht für ein dem VglVorverfahren oder VglVerfahren alsbald nachfolgendes technisch selbständiges Konkursverfahren, BGH NJW **73**, 51 (anders insoweit Bley-Mohrbutter 2 c für die Fälle, in denen das Konkursverfahren auf dieselbe Zahlungsunfähigkeit zurückzuführen ist wie das Vergleichsvorverfahren bzw Vergleichsverfahren. Zu der Entscheidung auch Mohrbutter NJW **73**, 190 und Bongartz Betr **73**, 871). Auf Darlehen, die in einem außergerichtl VglVerf gegeben werden, ist § 106 ebenfalls nicht (auch nicht entsprechend) anwendbar, Frankfurt MDR **54**, 111; Bley-Mohrbutter 2 b. – Der **VglVerw muß** der Darlehensaufnahme **zugestimmt haben;** dazu LG Aachen JZ **52**, 48. Nicht erforderl ist vorherige Zustimmung (Einwilligung). Es genügt nachträgl Genehmigung; Bley-Mohrbutter 11 a Abs 2. Die Darlehnshingabe muß nach näh Maßg des § 106 **zum Zwecke der Fortführung des Schuldnergeschäfts oder im Interesse des Zustandekommens des Vergleichs oder dessen Ausführung** erfolgt sein.

1 a) Die Aufzählung der Geschäfte, für die das Darlehen verwendet werden soll, ist nicht abschließend; es muß aber jedenfalls in unmittelbarem Zusammenhang mit dem Vgl-Zweck stehen und auch nur dafür verwendet werden; die Zustimmung des Verw zu anderweitiger Verwendung begründet seine Haftung; nimmt dem Darlehen aber nicht den Massenschuldcharakter des § 106; Bley-Mohrbutter Anm 1.

Werden **Arbeitsbezüge** dadurch **finanziert,** daß ihre Netto-Teile von ArbNehmern an einen Finanzier verkauft werden, damit dieser entweder später im Vgl deswegen befriedigt oder im Anschluß-Konk Kaug-Ansprüche an die BA stellt, so ist das kein Darlehen, das unter § 106 fällt, weil der ArbNehmer seine Fdg an den Finanzier verkauft.

2) Der Gläub hat bei **Geltendmachung seines Masseanspruchs** nach § 106 nur darzutun und im Streitfalle zu beweisen, daß das Darlehen mit Zustimmung des VglVerw zu einem der vorgenannten Zwecke (Bem 1 aE) aufgenommen worden ist. Dabei genügt idR die Erkl dieser Zweckbestimmung seitens des VglVerw gegenüber dem Darlehnsgeber. Der Darlehnsgeber braucht nicht darzutun und im Streitfalle zu beweisen, daß das Darlehen zu diesen Zwecken auch wirklich verwandt worden ist, weil ihm jede Kontrollmöglichkeit hinsichtlich der Verwendung fehlt, Mentzel-Kuhn-Uhlenbruck 8 zu KO § 59 mit weit Nachw. Vgl auch Bley-Mohrbutter 1. – Erfährt der VglVerw, daß Darlehnsbeträge zweckwidrig verwendet werden, so kann er u U mit Bezug auf weitere Darlehnsbeträge die für die Privilegierung des Darlehns erforderl Zustimmung zurücknehmen; vgl Mohrbutter/Drischler NJW **71**, 361, 362.

2 a) Folgt dem VglAntrag – oder VglVerf – kein Anschluß-KonkVerf, sondern wird – z. B., weil der Schuldner den VglAntrag zurücknimmt, – auf vorliegenden GläubAntrag **ein selbständiges KonkVerf** eröffnet, **so ist** das gem § 106 aufgenommene **Darlehen** auch in diesem Konk **Masseschuld, wenn der Insolvenzgrund** des VglVerf und des selbständigen KonkVerf **der gleiche ist,** Bley-Mohrbutter, 2 c; Obermüller ZIP **83**, 18; a. A. BGH **59**, 356 = LM VerglO § 106 Nr 3 L, Anm Arndt = NJW **73**,

Anschlußkonkurs § 107

51, 190 Anm Mohrbutter = MDR **73**, 123 = BB **72**, 1477 = Betr **73**, 864 = WM **72**, 1424; dazu Franke, NJW **60**, 1953.

3) Darlehnsaufnahme (unter den Voraussetzungen und nach Maßg des § 106) und Rückzahlung des Darlehns sowie deren Sicherstellung können im Anschlußkonkurs **nicht nach Maßg der KO §§ 29 ff angefochten** werden, Mentzel-Kuhn-Uhlenbruck aaO; Jaeger-Lent 18 zu KO § 57 (einschr Bley-Mohrbutter 15 b zu § 106, erg vgl dort 21 b zu § 107).

Anfechtung. Erstreckung von Fristen

107 ^I **Für die Anfechtbarkeit einer Rechtshandlung steht dem Antrag auf Eröffnung des Konkursverfahrens der Antrag auf Eröffnung des Vergleichsverfahrens gleich.**

^{II} **Die nach § 31 Nr. 2, §§ 32, 32a Satz 2, § 33, § 55 Nr. 3, § 183 Abs. 2 der Konkursordnung nach § 342 des Handelsgesetzbuchs und nach § 32 b Satz 1 des Gesetzes, betreffend die Gesellschaften mit beschränkter Haftung vom Tage der Konkurseröffnung zu berechnenden Fristen sind vom Tage der Eröffnung des Vergleichsverfahrens zu berechnen.**

Vorbem: § 107 Abs 2 geändert durch das ,,Gesetz zur Änderung des Gesetzes betr. die GmbH und anderer handelsrechtl Vorschriften" v 4. 7. 1980 BGBl I 1980, S 836; Art 6 (GmbH-Novelle); 3. Gesetz zur Änderung des Kreditwesengesetzes v. 20. 12. 84 BGBl I 1693.

1) Für die **Anfechtung von Rechtshandlungen im Anschlußkonkurs** gelten die KO §§ 29 ff. Die Anfechtung selbst unterliegt im Anschlußkonkurs keinen Besonderheiten. § 107 bestimmt lediglich, daß für die **Anfechtbarkeit** einer Rechtshandlg der VglAntrag dem KonkursAntrag gleichzusetzen ist, und daß bestimmte für das Anfechtungsrecht geltende Fristen erstreckt werden, um den KonkursGläub nach Möglichk die Masse zur Verfügung zu stellen, welche ihnen zur Verfügg gestanden hätte, wenn von vornherein statt des erfolglosen Vergleichsversuchs der Konkurs eröffnet worden wäre (Krieg 2).

2) **§ 107 Abs 1 erfaßt die in KO § 30 Nrn 1 und 2 geregelten Anfechtungsfälle, soweit in ihnen Kenntnis des KAntrages Voraussetzung der Anfechtbarkeit ist.** Alsdann steht die Kenntnis des VglAntrags der Kenntnis des Konkursantrags gleich. – Da die Eröff des VglVerfahrens öffentl bekanntgemacht wird und schon ein VglAntrag idR nicht verborgen bleibt, sind durch § 107 I, da Kenntnis der Eröff des VglVerf die Kenntnis des VglAntrags selbst in sich schließt, VglSchuldner während des VglVerfahrens in ihrer Geschäftsführung stark behindert, da die Gläub bei vielen Geschäften mit der Möglichk einer Anfechtung im nachfolgenden Konkurs rechnen müssen. Diese Folge hat das Gesetz bewußt in Kauf genommen. VglSchuldner sind im wesentl auf die Eingehung von Geschäften angewiesen, welche von KO § 30 nicht erfaßt werden, ds in erster Linie die wirkl Bargeschäfte, vgl Bem 8 zu KO § 30. Einer späteren Anfechtung entzogen sind aber auch die unter den Voraussetzungen des § 106 eingegangenen Darlehnsverträge, vgl Bem 3 zu § 106.

§ 107

Durch § 107 Abs 1 wird außerdem die **Zehntagefrist des KO § 30 Nr 2** um die Dauer des VglVerf verlängert, so daß die innerhalb der letzten zehn Tage vor der Stellung des VglAntrags vorgenommenen Handlungen des Gemeinschuldners, wenn es sich um Deckungsgeschäfte nach KO § 30 Nr 2 handelt, der Anfechtung ausgesetzt sind, BGH WM **60**, 377, 381 = KTS **60**, 55, 56 f; Vogels-Nölte II 3; Kuhn-Uhlenbruck § 30 Anm 57; Böhle-Stamschräder/Kilger § 30 Anm 17.

3) Nach KO § 30 sind auch Rechtsgeschäfte der in dieser Bestimmung genannten Art anfechtbar, wenn sie nach der **Zahlungseinstellung** eingegangen sind, sofern die Zahlungseinstellung dem anderen Teile bekannt war. Es ergibt sich die **Frage, ob die Zahlungseinstellung, welche zum VglVerf geführt hat, auch die für den Anschlußkonkurs maßgebl Zahlungseinstellung ist oder jedenfalls sein kann.** § 107 setzt die Zahlungseinstellung, welche zur VglVerfEröff geführt hat, nicht der für das Konkursverfahren maßgebl Zahlungseinstellung gleich. **Es kommt** also **für den Anschlußkonkurs nur die Zahlungseinstellung in Frage, welche für diesen Konkurs ursächlich war; dabei kann es sich aber um die gleiche Zahlungseinstellung handeln, welche auch das VglVerf ausgelöst hat.** Durch die Eröff des VglVerf wird nämlich die vorangegangene Zahlungseinstellung nicht schon beseitigt; auch ein Stillhalten der VglGläub während des VglVerf beseitigt die Zahlungseinstellung nicht. Kreditgewährung beseitigt die Zahlungseinstellung nicht, wenn durch sie der Schuldner lediglich in den Stand gesetzt wird, den Betrieb weiterzuführen, Löhne und Steuern zu zahlen, sondern nur, wenn die erhaltenen Mittel darüber hinaus zu nennenswerten Zahlungen auch an Hauptgläubiger ausreichen und verwendet werden. Stundung beseitigt die Zahlungseinstellung nur, wenn mit Hilfe der Stundung die Zahlungen in dem vorgenannten Umfange allgemein wieder aufgenommen werden können und werden, RG **136**, 154 f (vgl auch BGH LM 1 b zu KO § 30). In den Fällen, in denen es bei Ablehnung des VglAntrags, bei Einstellung des VglVerfahrens und bei Versagung der VglBestätigung nach Maßgabe der §§ 19, 101, 80 zum Anschlußkonkurs kommt, wird also kaum jemals die Zahlungseinstellung, welche für das VglVerfahren maßgeblich war, wieder beseitigt sein, **so daß in diesen Fällen idR die für das VglVerf entscheidende Zahlungseinstellung auch die für die KonkursEröff bedeutsame ist.** – Aber auch in den Fällen, in denen es nach bestätigtem Vergleich nach Maßg des **§ 96 VI** zum Anschlußkonkurs kommt, kann noch die für das VglVerf maßgebl Zahlungseinstellung auch iS des KO § 30 für den Anschlußkonkurs ursächl sein. Ein bestätigter ZwVgl beseitigt nämlich nicht schlechthin eine Zahlungseinstellung; die in ihm gewährte Forderungsermäßigg und Stundung hebt die Zahlungseinstellung nicht schlechthin auf. Erforderlich ist vielmehr auch hier die mit Hilfe der Stundung erfolgte allgemeine Wiederaufnahme der Zahlungen, RG **136**, 154 f; KO § 30 Bem 6 aa; Dresden KuT **36**, 28 (vgl aber Bley-Mohrbutter 4 c). – Die Zahlungseinstellung, welche zum VglVerf geführt hat, kann demzufolge noch in einem dem VglVerf nachfolgenden **selbständigen Konkurs** maßgebend sein, Kiesow KuT **35**, 162.

Anschlußkonkurs **§ 107**

4) § 107 Abs 2 bestimmt, daß gewisse Fristen, deren Lauf im übrigen mit der KonkursEröff beginnt, im Falle des Anschlußkonkurses bereits vom Tage der Eröff des VglVerf an zu berechnen sind. – Die **Absichtsanfechtung** des KO § 31 Nr 2 bezieht sich nach näh Maßg dieser Bestimmung im Anschlußkonkurs also auf die in dem letzten Jahre vor der Eröff des VglVerf geschlossenen Verträge des Gemeinschuldners mit nahen Angehörigen. Die **Schenkungsanfechtung** des KO § 32 erfaßt nach näh Maßg dieser Bestimmung im Anschlußkonkurs also die im letzten Jahre bzw in den letzten zwei Jahren vor der Eröff des VglVerf getroffenen Verfügungen. **KO § 32a** ist durch die GmbH-Novelle in dieser Vorschrift eingefügt worden. Dadurch wird sichergestellt, daß die in KO § 32a genannten Handlungen bezüglich **kapitalersetzender Darlehen**, vgl § 108, 3 b durch ein sich längere Zeit hinziehendes Vergleichsantragsverfahren, das in einen Anschlußkonkurs überführt wird, wegen Fristablaufs nicht mehr angefochten werden könnten. Die **in KO § 33 bestimmte Zeitgrenze** der Anfechtung wird für den Anschlußkonkurs dahin geändert, daß nur Rechtshandlungen, welche früher als sechs Monate vor der Eröff des VglVerf erfolgten, aus dem Grunde einer Kenntnis der Zahlungseinstellung nicht mehr angefochten werden können. Geltung des § 107 auch für KO § 34 II, III sowie für AnfG § 13 III. – § 107 erstreckt für den Anschlußkonkurs auch **die im KO § 55 Nr 3 Schlußsatz bestimmte zeitl Grenze** für den Ausschluß der Aufrechenbarkeit um die Dauer des VglVerf. – Die Bestimmung des **KO § 183 II** gilt für den Anschlußkonkurs mit der Maßg, daß an die Stelle der Worte ,,vor der Eröff des (Konkurs-)Verfahrens" die Worte ,,vor der Eröff des Vergleichsverfahrens" zu setzen sind. – **HGB § 342** gilt im Anschlußkonkurs mit der Maßg, daß die Anfechtung gestattet ist, wenn dem stillen Teilhaber im letzten Jahre vor der Eröff des VglVerfahrens seine Einlage ganz oder teilweise zurückgewährt oder sein Verlustanteil erlassen worden ist.

Eine Erstreckung der Jahresfrist des KO § 61 Abs 1 Nr 1 findet nicht statt; vgl Betr **62**, 485.

5) Da § 107 II **Eröffnung** des VglVerf voraussetzt, kommt die Bestimmung im **Anschlußkonkurs nach Maßg des § 19** nicht zur Anwendung; vgl BGH NJW **62**, 103.

6) Die Fristenerstreckungen, welche nach **§ 107 Abs 2** für den Anschlußkonkurs gelten, finden **entspr Anw auf einen dem VglVerf alsbald nachfolgenden selbständigen Konkurs**, wenn die Zahlungseinstellung inzwischen nicht behoben war. Auch dann wird die Dauer des VglVerf in den Lauf der in § 107 II genannten Fristen nicht eingerechnet, Mentzel KuT **35**, 162; Vogels-Nölte II 1 Abs 7; Bley-Mohrbutter 7 b.

7) Auf **Zinsforderungen** eines Gläub, die nach KO § 63 Nr 1 im Konkursverfahren nur bis zur Eröff des KVerf geltend gemacht werden können, findet § 107 II weder unmittelbar noch entsprechend Anwdg. Auch im Anschlußkonkurverfahren kann daher der Gläub Zinsen aus seiner Fdg nicht nur bis zum Tage der Eröff des VglVerf, sondern bis zum Tage der KEröff verlangen. Vgl Schneider KTS **55**, 150 ff; Stein KTS **59**, 152.

13. Abschnitt. Besondere Arten des Vergleichsverfahrens

Die VglO läßt grundsätzl den Antrag auf Eröff des gerichtl VglVerf in den Fällen zu, in denen die Eröff des KonkursVerf beantragt werden kann. Die **Vergleichsfähigkeit** entspricht daher (von Ausnahmen abgesehen, vgl § 112) der Konkursfähigkeit, vgl Bem 1 zu § 2. – Die **§§ 108–111, 113, 114, 114a, 114b** enthalten besondere Vorschriften für das VglVerf über das Vermögen von jur Personen, Handelsgesellschaften und nicht rechtsfäh Vereinen, über einen **Nachlaß**, über das **Gesamtgut einer fortgesetzten Gütergemeinschaft** sowie über das (von Ehegatten gemeinschaftlich verwaltete) **Gesamtgut einer Gütergemeinschaft.** – In § 112 I wird bestimmt, daß über das Vermögen beaufsichtigter Versicherungsunternehmungen und Bausparkassen ein VglVerf nicht stattfindet. Bei beaufsichtigten Kreditinstituten, die nicht Bausparkassen sind, kann der Antrag auf Eröffnung des VglVerf nur mit Zustimmung des Bundesaufsichtsamtes für das Kreditwesen gestellt werden, § 112 II. – Soweit sich aus den Bestimmungen der §§ 108–111, 113–114b Besonderes nicht ergibt, gelten für die darin genannten VglVerf die allgemeinen Vorschriften der VglO. – Die grundsätzl Gleichstellung der Vergleichs- und Konkursfähigkeit hat dazu geführt, daß in die jetzige VglO die Vorschr der §§ 88, 89 Nr 1, 91 Nr 1 der früh VglO (1927), nach denen über das Vermögen einer **bereits aufgelösten Gesellschaft** ein VglVerf nicht stattfand, nicht übernommen worden sind. Gerade im VglVerf lassen sich häufig die Wege finden, welche das Fortbestehen eines sanierungsfähigen Unternehmens und damit die Rückgängigmachung der Auflösung ermöglichen, RG 154, 77. – Die Vergleichsfähigkeit besteht nach Auflösung bis zur endgültigen Vollziehung der Verteilung. – Zur (Konkurs- und) Vergleichsfähigkeit **faktischer Gesellschaften** vgl Kalter KTS **58,** 97 ff m weit Hinw.

Durch das **Gleichberechtigungsgesetz** (Art 3 II 1, 2) ist die frühere Nr 8 des § 113 gestrichen und dem § 113 ein neuer Absatz II angefügt (vgl Vorbem zu § 113). Außerdem sind mit Rücksicht auf die Zulässigkeit eines **VglVerf über das** (von Ehegatten gemeinschaftl verwaltete) **Gesamtgut einer Gütergemeinschaft** (vgl Anm 1 Abs 2 zu § 2) als neue Vorschriften die §§ 114a und 114b in die VglO eingefügt.

Aktiengesellschaft usw.

108 ¹ **Bei Aktiengesellschaften, Gesellschaften mit beschränkter Haftung, anderen juristischen Personen sowie bei Vereinen, die als solche verklagt werden können, ist vorbehaltlich des § 112 das Vergleichsverfahren insoweit zulässig, als der Konkurs über ihr Vermögen eröffnet werden kann. Bei eingetragenen Vereinen ist die Eröffnung des Vergleichsverfahrens nach Maßgabe des § 23 in das Vereinsregister einzutragen.**

Besondere Arten des Vergleichsverfahrens **§ 108**

II Im Vergleichsverfahren über eine Gesellschaft mit beschränkter Haftung gelten die Gesellschafter und frühere Gesellschafter, wenn sie im letzten Jahre vor dem Antrag auf Eröffnung des Vergleichsverfahrens aus der Gesellschaft ausgeschieden sind, als nahe Angehörige der Gesellschaft (§ 4 Abs. 2). Das gleiche gilt für die nahen Angehörigen der im Satz 1 bezeichneten Gesellschafter. Für die Anwendung von §§ 13, 47, 48, 87, 104 stehen die in § 32a Abs. 1, 3 des Gesetzes betreffend die Gesellschaften mit beschränkter Haftung bezeichneten Gläubiger den in § 29 Nr 3, 4 bezeichneten Gläubigern gleich.

Vorbem: § 108 Abs 2 geändert durch das ,,Gesetz zur Änderung des Gesetzes betr. die GmbH und anderer handelsrechtlicher Vorschriften" v 4. 7. 1980, BGBl 1980, S 836, Art 6 (GmbH-Novelle).

1) Die **Vergleichsfähigkeit der Aktiengesellschaft** als solche **beginnt** mit der Entstehung der Gesellschaft; dazu AktG § 41 I. – **Nicht** vergleichsfähig ist die auf eine AktGes gerichtete **Vorgründungsgesellschaft**, da es sich bei ihr um eine Gesellschaft des bürgerl Rechts handelt. (Anderes gilt nur, wenn diese Vereinigung bereits ein vollkaufmännisches Unternehmen betreibt, das später in die AktGes eingebracht werden soll. Es liegt dann eine OHG vor, auf die § 109 Anwendung findet, Jaeger-Weber 2 zu KO § 207). **Vergleichsfähig** ist aber der **Gründerverein** der AktGes nach Satzungserrichtung. Es handelt sich bei dem Gründerverein um eine nicht rechtsfähige, körperschaftlich organisierte Gesamthandsgemeinschaft eigener Art, auf die aber § 108 entspr anzuwenden ist; vgl Jaeger-Weber 3 b Abs 2 zu KO § 207, Mentzel-Kuhn-Uhlenbruck 2 zu KO § 207 (aA Baur DRZ **50,** 10 und Vorauflage). – Nach Auflösung der AktGes dauert die Vergleichsfähigkeit fort, bis die Verteilung des Vermögens vollzogen ist, mag auch die Firma im Handelsregister bereits gelöscht sein, § 108 I in Vbdg mit KO § 207 II. Vergleichsfähig ist, bis zur Vollziehung der Verteilung, auch die nach Maßg des AktG § 275 für nichtig erklärte Gesellschaft, Mentzel-Kuhn-Uhlenbruck 4 zu KO § 207. – Bei der Verschmelzung zweier Aktiengesellschaften (AktG § 339) und der Umwandlung einer Kapitalgesellschaft in eine andere Kapitalges (AktG §§ 362 ff) gibt es nach Verschmelzung oder Umwandlung nur das VglVerf über das Vermögen der übernehmenden Gesellschaft; erg Bley-Mohrbutter 10.

2) **Konkursgrund,** welcher auch die Voraussetzung für die Eröff des gerichtl VglVerf ist (§ 2 I S 3), ist bei der AktGes sowohl Zahlungsunfähigkeit wie auch Überschuldung; vgl KO § 207 Bem 2. – Zur **Pflicht der Organe, Konkursantrag zu stellen,** und zu den Folgen des Unterlassens vgl KO § 103 Bem 3. Durch Stellung eines VglAntrags wird der Pflicht zur Stellung des Konkursantrags genügt. – Der **VglAntrag** wird, da er Prozeßhandlung und der mit dem Antrag einzureichende Vergleichsvorschlag materiellrechtl Willenserklärung ist, **von den zur Vertretung der AktGes berechtigten Vorstandsmitgliedern** gestellt. Es ist die Mitwirkung von so vielen Vorstandsmitgl erfordert, wie auch im übrigen bei Prozeßhandlungen und der Abgabe von Willenserklärungen gefordert wird. – **VglGläubiger** sind diej Personen, welche bei Eröff des VglVerf eine VglFdg iS der §§ 25 ff gegen die AktGes haben.

231

§ 108

3a) Für die **Vergleichsfähigkeit der GmbH** gilt GmbHG § 63. Vorgründungs-Gesellschaften, gerichtet auf eine GmbH, sind als Gesellschaften des bürgerl Rechts nicht vergleichsfähig. Die Vorgesellschaft der GmbH (nach Satzungserrichtung) wird jedoch als konkurs- und damit nach § 2 Abs 1 S 3 auch als vergleichsfähig angesehen werden müssen. Bei ihr handelt es sich um eine ledigl noch nicht voll entwickelte GmbH, auf welche aber weitgehend bereits die für die GmbH geltenden Vorschr Anw finden (BGH NJW **56**, 1435); vgl auch Skrotzki KTS **62**, 136 ff m weit Hinw. **Konkursgrund**, der auch die Voraussetzung für die Eröff des VglVerf ist (§ 21 S 3), ist nach GmbHG § 63 I sowohl Zahlungsunfähigkeit wie auch Überschuldung. Zur Stellung des **VglAntrags** vgl Bem 2. Zur **Konkursantragspflicht**, welcher durch Stellung des VglAntrags genügt wird, vgl GmbHG §§ 64 (dazu BGH KTS **62**, 169), 71, 83, 84; ergänzend vgl Böhle-St/Kilger KO § 103 Anm 3.

§ 108 Abs. 2 bestimmt den Kreis der Personen, die für das VglVerf als „**nahe Angehörige**" des VglSchuldners (also der GmbH) iS des § 4 II gelten. Es sind das
a) die derzeitigen Gesellschafter;
b) frühere Gesellschafter, wenn sie im letzten Jahr vor dem Tage, an welchem der VglAntrag beim VglGericht eingegangen ist, ausgeschieden sind;
c) die Angehörigen der zu a und b genannten Personen, sofern sie nach Maßg des § 4 II als deren nahe Angehörige gelten.

3b) Das **Recht der kapitalersetzenden Darlehen** ist in Anlehnung an die von der Rspr entwickelten Grundsätze durch die GmbH-Novelle neu geregelt worden. Die §§ 107 Abs 2, 108 Abs 2 stehen in unmittelbar rechtlichem Zusammenhang mit der im GmbHG geregelten Behandlung der **kapitalersetzenden Darlehen**, GmbHG §§ 32 a, 32 b; vgl. dazu: Gessler BB 80, ders ZIP **81**, 228 ff; ZIP **82**, 379; Ulmer, „Das neue GmbH-Recht in der Diskussion", 1981; K. Schmidt ZGR **80**, 567 ff; ders ZIP **81**, 689; Mohrbutter KTS **81**, 55. Der Normzweck GmbHG § 82 a + b richtet sich auf den GläubSchutz in der Insolvenz der GmbH; sie sind iS der bisherigen Rechtsprechungsgrundsätze zum kapitalersetzenden Darlehen zu interpretieren, Ulmer, „Umstrittene Fragen im Recht der Gesellschafterdarlehen", ZIP **84**, 1163, 1166; BGH **90**, 370 = LM GmbHG § 19 Nr 10 m Anm Fleck = NJW **84**, 1891 = MDR **84**, 737 = JZ **84**, 1028 = BB **84**, 1067 = Betr **84**, 1338 = WM **84**, 652 = ZIP **84**, 698 = GmbHRdsch **84**, 313. „Das kapitalersetzende Darlehen in der GmbH" behandelt Fleck in „Festschrift für Werner" S 107.

a) **Gesellschafterdarlehen sind kapitalersetzend,** wenn die Gesellschafter der Gesellschaft im Zeitpunkt der Darlehensgewährung anstelle des Darlehens Eigenkapital zugeführt hätten, GmbHG § 32 a I 1. Nicht jedes Gesellschafterdarlehen unterliegt daher diesen Vorschriften; sie sind nur anwendbar auf solche Darlehen, die zum Ausgleich einer Unterkapitalisierung der Gesellschaft oder zur Beseitigung einer **Überschuldung** (vgl Böhle-St./Kilger KO § 102 Bem 2) geeignet und bestimmt sind. **Unterkapitalisierung** einer Gesellschaft ist dann gegeben, wenn das haftende Eigenkapital unzureichend ist, um den nach Art und Umfang der angestrebten oder ausgeübten Geschäftstätigkeit unter Berücksichti-

Besondere Arten des Vergleichsverfahrens **§ 108**

gung sämtlicher Finanzierungsmethoden bestehenden, nicht durch Kredite Dritter zu deckenden mittel- oder langfristigen Finanzbedarf zu befriedigen; OLG Hamburg ZIP **80**, 911; Ulmer in Hachenburg Fn 8 Anh § 30 RZ **17**; K. Schmidt ZPI **81**, 690; Gessler ZIP **81**, 228. Konkursreife ist aber nicht erforderlich, um ein Gesellschafter-Darlehen zum kapitalersetzenden werden zu lassen; ausreichend für diese Funktion ist, daß die **Gesellschaft** im Zeitpunkt der Leistung wegen unzureichender eigener Vermögensverhältnisse **kreditunwürdig** war, **dh** von Dritten **keinen Kredit zu marktüblichen Bedingungen** hätte erhalten können und ohne das Darlehen des Gesellschafters hätte liquidiert werden müssen, BGH **76**, 326, 330; **81**, 311, 314f, 317f; Fleck aaO S. 117. – Verfügt die Gesellschaft zu dieser Zeit jedoch noch über genügende Sicherheiten, so kann dies Indiz für Kreditfähigkeit sein, Fleck aaO; K. Schmidt ZIP **81**, 689, 695. – Auch ein Konsortialkredit, an dem neben fremden Darlehensgebern ein Gesellschafter beteiligt ist, spricht für Kreditfähigkeit, Fleck aaO S. 127. – Ein Organschaftsvertrag mit Verlustausgleichspflicht, schließt Kreditunfähigkeit aus, Hommelhoff WM **84**, 1105, 1112ff. Ein Gesellschafter-Darlehen, das bei Hergabe nicht kapitalersetzend war, wird dies, wenn der Gesellschafter es stehen läßt, nachdem die Überschuldung eingetreten ist, obwohl er erkennen kann und muß, daß die Darlehensvaluta als Kapitalgrundlage unentbehrlich ist; BGH ZIP **80**, 279; BGH **75**, 334 = LM GmbHG § 30 Nr 9 (m Anm Fleck) = NJW **80**, 592 = MDR **80**, 287 = JZ **80**, 197 = BB **80**, 222 = Betr **80**, 297 = WM **80**, 78 = GmbHRdsch **80**, 28 = DNotZ **80**, 373 = ZGR **80**, 567 (m Anm Schmidt) = ZIP **80**, 115 m Anm v Klasmeyer. Dies gilt auch für Darlehen, auf die das Recht der GmbH-Novelle anzuwenden ist, obwohl GmbHG § 32a von „gewähren" und nicht auch von „belassen" spricht; so mit Recht K. Schmidt ZIP **81**, 692; ZGR **80**, 573f; Lutter Betr **80**, 1321; Fischer GmbHG §§ 32a, 32b; aA Thöne Betr **80**, 2179. Auch Ulmer ist nunmehr – unter Aufgabe seiner früheren Ansicht – der Meinung, daß es für das in der Krise stehengelassene Darlehen einer rechtsgeschäftlichen Vereinbarung bedarf (Ulmer ZIP **84**, 1163, 1169f). Gegenteiliger Meinung ist BGH NJW **85**, 2719 = BB **85**, 1813 = Betr **85**, 2036 = WM **85**, 1028 = ZIP **85**, 1075 = GmbHRdsch **85**, 355 = EWir **85**, 685 m Anm v Fleck, der objektiven Kapitalersatz genügen, die Frage der Kenntnis der Krise aber ausdrücklich offen läßt. – Es ist nicht erforderlich, daß der Gesellschafter den kapitalersetzenden Charakter des Darlehens gekannt hat oder kennen mußte; die objektive Sachlage reicht aus, Fischer aaO 2c; Lutter/Hommelhoff ZGR **79**, 31ff, 36; Rümker ZIP **82**, 1385, 1387.

b) **Gesellschafter ist**, wer Inhaber eines Geschäftsanteils ist. Die Größe des Anteils ist bedeutungslos; K. Schmidt ZIP **81**, 690. Nicht betroffen ist der stille Gesellschafter, Nießbraucher, Treugeber, wohl aber ein institutioneller Kreditgeber (zB Bank), der Inhaber eines Geschäftsanteils ist. Der BGH (Sonnenring-Fall) **81**, 311 = MDR **82**, 120 = BB **81**, 2026 (zu 1) = Betr **81**, 2373 (zu 1), 2375 (zu 2) = GmbHRdsch **82**, 133 = NJW **82**, 383 = ZIP **81**, 1200 = WM **81**, 1200 sieht sogar den belassenen, wie den weiter eingeräumten Kredit auch dann als kapitalsersetzendes Darlehen an, wenn nicht die Bank selbst, sondern eine 100%ige Tochter-Gesellschaft Gesellschafter des Kredit-Schuldners ist. K. Schmidt ZIP **81**, 690,

§ 108

bejaht im Prinzip diesen Grundsatz, hält jedoch eine teleologische Reduktion für erwägenswert, um der Doppelrolle kreditgebende Bank/Gesellschafter gerecht zu werden; vgl. ders in ZHR **83**, 165 ff „Kapitalersetzende Bankkredite?" Westermann ZIP **82**, 379 ff will über die teleologische Reduktion hinausgehen und Sanierungskredite von den kapitalersetzenden Darlehen ausnehmen, aaO 389 ff, weil dieser Kreditgeber im Interesse der Gl das Risiko auf sich nimmt, den Sanierungskredit als KFdg durchzusetzen oder seine Sicherheit verwerten zu müssen. – Dieser Standpunkt steht im Widerspruch zu BGH **31**, 258; **67**, 171 = LM GmbHG § 30 Nr 6 Anm Fleck = NJW **77**, 104 Anm K. Schmidt; BGH WM **63**, 121 und zu GmbHG § 32 a III, in dessen RegEntw Abs I Satz 2, dieser Sachverhalt ausdrücklich erwähnt war (vgl Bem 3). Das Thema wird ausführlich behandelt von Fleck in „Festschrift für Werner" S. 107 ff.

c) **GmbHG § 32 a III** erstreckt den Inhalt der Abs I und II auf andere **Rechtshandlungen, die der kapitalersetzenden Darlehensgewährung wirtschaftlich entsprechen.** Diese vom Rechtsausschuß des Bundestages gewählte Generalklausel ersetzt die im Reg-Entw-GmbHG § 32 a in den Abs II, III, V, VI, VII (BT-Drucksache 8/1347, S. 9 f, Begründung S. 39 f) fixierte Kasuistik. – Die im Reg-Entw geregelten Fälle unterliegen aber in jedem Falle der Generalklausel des GmbHG § 32 a III, denn der Gesetzgeber ist in die Generalklausel ausgewichen, um der Gefahr zu begegnen, „das Lücken bestehen bleiben" (BT-Drucksache 8/3908, S. 74); so auch Mohrbutter KTS **81**, 57. – **Kapitalersetzende Darlehen stehen gleich** die Stundung einer Fdg des Gesellschafters gg die Gesellschaft (BGH **81**, 252 = LM GmbHG § 30 Nr 11 (m Anm Fleck) = NJW **81**, 2570 = MDR **81**, 912 = JZ **81**, 840 = Betr **81**, 2066 = ZIP **81**, 974 = WM **81**, 870 = GmbHRdsch **82**, 19 = BB **81**, 1664); die Sicherungsrundschuld des Kommanditisten einer GmbH & Co., OLG Hamburg, ZIP **84**, 584; die Verrechnung der bar zu erfüllenden Stammeinlage mit einem Darlehensanspruch des Gesellschafters, BGH **90**, 370 = LM GmbHG § 19 Nr 10 (Anm Fleck) = NJW **84**, 1891 = MDR **84**, 737 = JZ **84**, 1028 = BB **84**, 1067 = Betr **84**, 1338 = WM **84**, 652 = ZIP **84**, 698 = GmbHRdsch **84**, 313; der Erwerb einer gestundeten Fgd gegen einen Dritten durch einen Gesellschafter; der Erwerb der DarlehensFdg eines Gesellschafters durch einen Dritten im letzten Jahr vor Eröff des KVerf oder VglVerf; Fdgn, Sicherungen, Bürgschaften eines mit der Gesellschaft oder Gesellschafter verbundenen Unternehmens iS AktG §§ 15–19 oder eines Ehegatten oder minderj Kindes (BGH LM GmbHG § 30 Nr. 15 = NJW **84**, 1036 = MDR **84**, 202 = BB **83**, 2205 = Betr **83**, 2677 = WM **83**, 1278 = ZIP **83**, 1448 = GmbHRdsch **84**, 18) eines Gesellschafters, sofern die Fdg oder Sicherung aus Mitteln des Gesellschafters erworben wurde; dies gilt auch für einen Dritten, der auf Rechnung des Ehegatten o Kindes handelte; die stille Beteiligung eines Gesellschafters; so RegEnt § 32 a II, III, V – VII – der Kommanditist einer GmbH & Co. kann seine Einlage dann nicht mit haftungsbefreiender Wirkung gegen die Forderung auf Rückzahlung eines der Gesellschaft gewährten Darlehens verrechnen, wenn dieses kapitalersetzend ist. BGH NJW **85**, 2947 = BB **85**, 1814 = Betr **85**, 2292 = WM **85**, 1224 = ZIP **85**, 1198. – Kapitalersetzend sind auch ähnliche

Besondere Arten des Vergleichsverfahrens **§ 108**

Leistungen wie z. B. stehengelassener Gewinn, Geschäftsführervergütung (BGH **76**, 326 = LM GmbHG § 43 Nr 8 (m Anm Fleck) = MDR **80**, 649 = BB **80**, 797 = Betr **80**, 1159 = WM **80**, 589 = GmbHRdsch **80**, 178 = ZGR **80**, 568 (m Anm Schmidt) = DNotZ **80**, 639 = ZIP **80**, 361 = NJW **80**, 1524), Mietzinsforderung OLG Celle Betr **77**, 1839 oder andere stehengelassene Fdgn (einschränkend K. Schmidt ZIP **81**, 692, der mindestens eine konkludente Finanzierungsabrede für erforderlich hält). –

Die **Gebrauchsüberlassung von Anlagegegenständen** durch einen Gesellsschafter an die Gesellschaft erfüllt nicht den Tatbestand des kapitalersetzenden Darlehens, Ulmer ZIP **84**, 1163, 1171 ff; dies gilt insbesondere für Miet- oder Pachtverträge, nicht aber für das Finanzierungsleasing. Die Meinungen zu diesen Fragen sind gegensätzlich. Zum Meinungsstand vgl. aaO Fn 74. Knobbe-Keuk, BB **84**, 1 stellt heraus, daß sich schon wegen der unterschiedlichen dinglichen Lagen beim Darlehen und der Gebrauchsüberlassung die Frage der Einbeziehung solcher Sachen in die Grundsätze zum kapitalersetzenden Darlehen nicht stelle. Der Miet- oder Pachtzins für die vom Gesellschafter der Gesellschaft überlassenen Sachen ist aber eine verdeckte, der Gesellschaft zurückzuerstattende Dividende; aaO S. 4.

d) **GmbHG § 32b** ergänzt GmbHG § 32a II und bestimmt, daß dann, wenn das Darlehen an den Dritten im letzten Jahr vor KEröff zurückgezahlt worden ist, der Gesellschafter, der dem Dritten eine Sicherung oder Bürgschaft gestellt hatte, den dem Dritten zurückgezahlten Betrag der GSch-Gesellschaft zu erstatten hat, jedoch nur bis zur Höhe der Bürgschaft oder des Wertes, der von ihm bestellten Sicherheit. Der Gesellschafter kann sich von der Zahlungsverpflichtung befreien, wenn er die Sicherheit der Gesellschaft zur Verfügung stellt. Das gleiche gilt sinngemäß für Rechtshandlungen iS von GmbHG § 32a III.

e) KO § 32a knüpft unmittelbar an GmbHG § 32a an. Seine rechtl Konstruktion als Anfechtungsanspruch ist juristisch unglücklich und verstellt für andere Probleme (vgl zB Bem h) den Blick. Tatsächlich handelt es sich bei ihm auch um eine weitere Variante des Kapitalerhaltungsgrundsatzes der GmbHG §§ 30, 31. Es wäre daher richtiger gewesen, der Gesellschaft entsprechend dem GmbHG § 31 einen unmittelbaren Rückgewähranspruch zu geben.

Die **Befriedigung der DarlehensrückFdg** ist – anders als die Anfechtung einer Sicherung – nur anfechtbar, wenn die Fdg im letzten Jahr vor der KEröff getilgt wurde. Zur Befriedigung gehört auch die Aufrechnung; dies folgt einmal aus dem Begriff „Rechtshandlung" (vgl Böhle-St./Kilger KO § 30, 13) zum anderen aus der Tatsache, daß im Reg-Entw GmbHG § 32b II die Aufrechnung neben der Befriedigung genannt wurde. Der Gesetzgeber hat diese beiden Erwähnungen dann durch die Formulierung „Rechtshandlungen, die... Befriedigung gewähren" ersetzt.

Nach BGH **81**, 365 = MDR **82**, 120 = JZ **82**, 114 = BB **81**, 2088 = Betr **81**, 2485 = WM **81**, 1270 = ZIP **81**, 1332 = GmbHRdsch **82**, 181–183 = NJW **82**, 386 ist der minderj Sohn des Gesellschafters zur Rückzahlung der nach GmbHG § 30 einredebehafteten Fdg verpflichtet, wenn er oder sein gesetzl Vertreter den Verstoß gg das Kapitalerhaltungsverbot

§ 108

gekannt haben; die Erwägungen dieses Urteils, das ein vor der GmbHNovelle an den Gesellschafter-Sohn zurückgezahltes kapitalersetzendes Darlehen betraf, treffen den Sachverhalt des KO § 32a, wenn die Fdg – jedenfalls konkludent – an den Sohn abgetreten war; sonst gilt GmbHG § 32a III; RegEntw § 32a VI; Bem 3.

f) Den **kapitalersetzenden Darlehen** an eine GmbH sind gleichgestellt solche an eine **GmbH & Co.-OHG oder GmbH & Co. KG** durch Einfügung der HGB §§ 129a, 172a, die auf die sinngem Anwendung der GmbHG §§ 32a, 32b verweisen. – Nach BGH **90**, 381 = LM AktG **1965** § 17 Nr. 5 (Anm Fleck) = NJW **84**, 1893 = MDR **84**, 736 = JZ **84**, 1031 = Betr **84**, 1188 = WM **84**, 625 = ZIP **84**, 572 (BuM/WestLBFall) sind die vom BGH entwickelten Grundsätze zum **kapitalersetzenden Darlehen** auch auf einen **Gesellschafter einer AG** anwendbar, wenn dieser sich an der AG unternehmerisch beteiligt hat. Eine unternehmerische Beteiligung liegt regelmäßig vor, wenn sie die Sperrminorität von 25% übersteigt; vgl. dazu auch Westermann ZIP **83**, 1281.

g) Eine **Übergangsregelung** ist in GmbHGes-Novelle 1980 Art 12, § 3 getroffen. Danach sind die GmbHG §§ 32a, 32b und KO § 32a nicht auf Darlehen und diesen wirtschaftlich entsprechende Kredite anzuwenden, die der Gesellschaft vor Inkrafttreten (1.1.1981) gewährt worden sind. Für sie gilt das bisherige Recht, also die von Lehre und Rechtspr entwickelten Grundsätze zum kapitalersetzenden Darlehen. GmbHG §§ 32a, 32b haben im wesentlichen die bisher von Rechtspr und Lehre entwickelten Regeln normiert; zur bisherigen Rechtslage vgl BGH **31**, 258; **67**, 171; **69**, 274; WM **63**, 121; WM **72**, 74; WM **79**, 937; ZIP **80**, 115 m Anm von Klasmeyer; Ulmer in Hachenburg GmbHG Anh § 30, 68 ff; ders Festschrift für Duden 1977, S. 661 ff; Uhlenbruck GmbHRdsch **71**, 73; Jaeger-Weber § 207, 38; Kuhn-Uhlenbruck Vorbem § 207, D, 28.

h) Die GmbHG-Novelle wirft die Frage auf, ob GmbHG §§ 32a + b, KO § 32a den Sachverhalt der kapitalersetzenden Darlehen als Spezialnormen abschließend regeln oder ob daneben noch Platz ist für die von der Rechtsprechung aus GmbHG §§ 30, 31 entwickelten Grundsätze. Gessler ZIP **81**, 228 ist der Auffassung, daß die in den Gesetzesbegründung mehrfach gegebenen Hinweise auf die Rechtsprechung und die Generalklausel GmbHG § 32III gegen eine abschließende Spezialregelung sprechen. Daher unterliegen Gesellschafterdarlehen einer kreditunwürdigen Gesellschaft dem GmbHG § 31. Der BGH **90**, 370 = LM GmbHG § 19 Nr 10 (Anm Fleck) = NJW **84**, 1891 = MDR **84**, 737 = JZ **84**, 1028 = BB **84**, 1067 = Betr **84**, 1338 = WM **84**, 652 = ZIP **84**, 698 = GmbHRdsch **84**, 313 wendet die Rechtsprechungsgrundsätze zum kapitalersetzenden Darlehen auch auf Darlehen an, die nach dem 1.1.81 gewährt worden sind. K. Schmidt ZIP **81**, 696f, hält GmbHG § 31 neben KO § 32a für anwendbar, weil KO § 32a bei der konkursfreien Liquidation versagt, die an die KEröff anknüpfende 1jähr Frist insbes bei vorhergehender Sequestration zu kurz ist, während die Verjähr-Frist des GmbHG § 31 fünf Jahr beträgt. Er empfiehlt dem KVerw, den Rückforderungsanspruch auf beide Tatbestände zu stützen.

Besondere Arten des Vergleichsverfahrens **§ 109**

4) Andere jur Personen iS des § 108 sind die **rechtsfähigen Vereine** und **privatrechtl Stiftungen** (BGB §§ 21, 22, 80), die **Körperschaften, Stiftungen und Anstalten des öfftl Rechts** (BGB § 89), sowie **Vereinigungen und Vermögensmassen, denen nach Landesrecht Rechtsfähigk zuerkannt ist.** Doch sind der Bund, die Länder und die Gemeinden konkursunfähig (vgl Mentzel-Kuhn-Uhlenbruck 2 zu KO § 213), so daß über ihr Vermögen ein gerichtl VglVerf nicht stattfinden kann. Auf Grund des Art IV EG KNov ist durch Landesgesetze auch im übrigen die Konkursfähigkeit – und damit ebenfalls die Vergleichsfähigkeit – von Körperschaften des öffentl Rechts weitgehend eingeschränkt oder ausgeschlossen; vgl Everhardt-Gaul BB **76,** 467. – Konkursgrund (und damit auch **Vergleichsgrund**) ist, soweit nicht landesrechtl zulässigerweise anderes bestimmt ist, sowohl Zahlungsunfähigkeit wie auch Überschuldung. **Vergleichsschuldner** ist die jur Person als solche. – Zur **Antragspflicht** bei Überschuldung und den Folgen einer Verletzung dieser Pflicht vgl BGB §§ 42 II, 48 II, 53, 86, 89. – Die Eröff des VglVerf ist nach Maßg des § 23 in das **Vereinsregister** einzutragen, § 108 I S 2. Einzutragen sind auch die Versagg der VglBestätigung, die Aufhebung des VglVerfahrens und die Einstellung des VglVerfahrens, §§ 81 I, 98 III, 101.

5) Vergleichsfähig, weil konkursfähig (KO § 213), ist auch der **nicht rechtsfähige Verein** des BGB § 54. Zur begriffl Unterscheidung eines solchen von der Gesellschaft des bürgerl Rechts (§ 705), die nicht vergleichsfähig ist, vgl Palandt-Danckelmann 1 zu BGB § 54. – **Konkursgrund** und damit auch Grund zur Stellung des VglAntrags sind sowohl Zahlungsunfähigk wie auch Überschuldung. **Antragsrecht** haben nach BGB § 54 in Vbdg mit BGB §§ 709 I, 710 alle Vereinsmitglieder gemeinschaftl oder die zur Geschäftsführung ermächtigten Mitglieder des Vorstandes.

6) Zu beachten ist, daß die Eröff des **VglVerf eine Auflösung der in Bem 1–5 genannten Vereine und Gesellschaften nicht zur Folge hat.** Das VglVerf soll im Gegenteil nicht selten das Unternehmen wieder gesund machen und damit dessen Weiterführung ermöglichen, vgl RG **154,** 77.

Offene Handelsgesellschaften usw.

109 (1) Für offene Handelsgesellschaften, Kommanditgesellschaften und Kommanditgesellschaften auf Aktien gelten die folgenden besonderen Vorschriften:
1. **Der Vergleichsvorschlag muß von allen persönlich haftenden Gesellschaftern gemacht werden. Andernfalls kann das Verfahren eröffnet werden, wenn glaubhaft gemacht wird, daß der Gesellschafter, der dem Vorschlag nicht zugestimmt hat, daran durch wichtige Gründe verhindert war; in diesem Falle muß die Zustimmung spätestens im Vergleichstermin vor dem Beginn der Abstimmung über den Vergleichsvorschlag erklärt werden.**

§ 109

2. Soweit es für die Eröffnung oder die Fortsetzung des Verfahrens auf das Verhalten des Schuldners ankommt, genügt es, wenn ein die Ablehnung der Eröffnung, die Versagung der Bestätigung des Vergleichs oder die Einstellung des Verfahrens rechtfertigender Grund in der Person eines persönlich haftenden Gesellschafters, in den Fällen des § 100 Abs. 1 Nr. 3, 4, 6 und 7 in der Person eines zur Vertretung berechtigten Gesellschafters vorliegt.
3. Der Vergleich begrenzt, soweit er nichts anderes festsetzt, zugleich den Umfang der persönlichen Haftung der Gesellschafter.

(2) In dem Vergleichsverfahren über das Vermögen einer von § 129a oder § 172a des Handelsgesetzbuchs erfaßten Gesellschaft gilt für die dort bezeichneten Gläubiger § 108 Abs. 2 Satz 3 sinngemäß.

Vorbem: Abs 2 wurde eingefügt durch das „Gesetz zur Änderung des Gesetzes betr die GmbH und anderer handelsrechtlicher Vorschriften" v 4. 7. 80, BGBl I 1980, S 836, Art 6 (GmbH-Novelle).

1) Die **Offene Handelsgesellschaft** ist keine jur Person. Doch ist ihr Vermögen weitgehend verselbständigt. Sie ist nach HGB § 124 parteifähig, nach KO § 209 konkursfähig und damit auch **vergleichsfähig.** Gleiches gilt nach HGB § 161 II für die **KG.** Die KGaA ist jur Person und als solche bereits konkurs- und vergleichsfähig. – Die auf Bildung einer OHG gerichtete Vorgesellschaft ist als OHG zu betrachten, wenn sie ihren kaufmännischen Geschäftsbetrieb (HGB § 1 II) schon begonnen hat und nach außen in die Erscheinung getreten ist (HGB § 123 II) Baur DRZ **50,** 9. Die **Scheingesellschaft,** bei der es an einem Gesellschaftsvertrag fehlt, oder der Zweck des Zusammenschlusses nicht auf den Betrieb eines vollkaufmännischen Gewerbes unter gemeinschaftlicher Firma gerichtet ist, fehlt es an der Konkursfähigkeit; konkursfähig ist dagegen die **faktische Gesellschaft,** bei der ein wenn auch mangelhafter Gesellschaftsvertrag vorliegt; vgl Kuhn-Uhlenbruck § 209 Anm 3 m weit Hinw; Kalter KTS **58,** 101; Skrotzki KTS **62,** 141. – Vergleichsfähig ist auch der in der Entwicklung zur KGaA befindl Gründerverein (nach Satzungserrichtung); vgl Bem 1 zu § 108; ebenfalls die nach AktG § 275 (§ 278 III) für nichtig erklärte KGaA.

2) **Die Vergleichsfähigkeit der OHG und der KG endet nicht mit der Auflösung der Gesellschaft.** Auflösung (vgl dazu HGB § 131) ist nur Beendigg des Zwecks, Aufhören der nutzbringenden Tätigkeit der Gesellschaft. OHG und KG bestehen trotz Auflösung als solche (mit Zweckbeschränkung) bis zur Beendigg der Abwicklung fort. Bis zu diesem Zeitpunkt sind sie vergleichsfähig.

Wird eine als **OHG** betriebene Handelsgesellschaft **ohne Liquidation von einem Gesellschafter übernommen,** so ist die Verteilung des Vermögens damit vollzogen und die Eröff des VglVerf über das Vermögen der OHG nach der Übernahme unzulässig; AG Oldbg NJW **49,** 757 mit Anm von Kisch.

Eröff des VglVerf ist (im Gegensatz zur KonkursEröff) **kein Auflösungsgrund** der Gesellschaft. – **Konkursgrund,** welcher auch die Voraussetzung für die Stellung des VglAntrags ist, ist bei der OHG und KG

Besondere Arten des Vergleichsverfahrens **§ 109**

ledigl **Zahlungsunfähigkeit,** bei einer OHG oder KG, bei denen kein persönlich haftender Gesellschafter eine natürliche Person ist (KO § 209 I 3) und bei der KGaA dagegen **sowohl Zahlungsunfähigkeit** wie auch **Überschuldung.** Die Prüfung hat sich insoweit ledigl auf das Gesellschaftsvermögen zu beziehen; keine Erstreckung auf das nicht gesellschaftsgebundene (Privat-)Vermögen der voll haftenden Gesellschafter; vgl Frank KTS **56,** 87. – Zur **Konkurs-** bzw **VglAntragspflicht** bei der OHG und KG der in KO § 209 I 3 bezeichneten Art und der KGaA vgl KO § 103 Anm 3.

VglGläubiger sind bei der OHG und der KG die persönl Gläub der Gesellschaft nach Maßg der §§ 25 ff, nicht die Gesellschafter als solche hinsichtlich ihrer Gesellschafts- und Gewinnanteile. Doch können die Gesellschafter aus Geschäften (zB Kauf, Miete, Darlehen), welche sie wie Dritte mit der Gesellschaft geschlossen haben, sowie aus Aufwendungen für die Gesellschaft Vergleichsgläubiger sein; vor VglEröff ausgeschiedene Gesellschafter auch wegen ihres Anspruchs auf das Auseinandersetzungsguthaben. – Für die **KGaA** gilt Bem 2 aE zu § 108 entsprechend. – Jeder einzelne persönlich haftende Gesellschafter kann als VglSchuldner (vgl Bem 3) die Fdg eines Gläub bestreiten mit der Folge, daß VollstrWirkung nach § 85 nicht eintritt; so auch Vogels-Nölte II 6.

3) Träger der VglSchuldnerrolle sind bei der OHG alle Gesellschafter als Gemeinschaft, auch wenn sie zuvor von der Vertretung ausgeschlossen waren, RG **16,** 3; bei der KG nur die persönl haftenden Gesellschafter, nicht auch die Kommanditisten, Vogels-Nölte III, IV zu § 109; Mohrbutter § 97 I 5. Abs. Das gilt auch, wenn sich die Gesellschaft bei Eröff des VglVerf bereits im Abwicklungsstadium befand. Die Abwickler sind nicht Vergleichsschuldner. – Träger der Vergleichsschuldnerrolle sind bei der KGaA, obwohl es sich hier um eine jur Person handelt, doch die persönl haftenden Gesellschafter; Bley-Mohrbutter 12 b.

§ 109 bestimmt demzufolge, daß bei der OHG, der KG und der KGaA der **VglVorschlag von allen persönl haftenden Gesellschaftern** (bei der KG nicht auch der Kommanditisten, RG **150,** 170) gemacht werden, also von allen ausgehen und gleichen Inhalt haben muß. Mitwirken müssen auch die von der Vertretung ausgeschlossenen Gesellschafter. **Es kann jedoch unter den Voraussetzungen des § 109 Nr 1 S 2 in Ausnahmefällen beim Fehlen von Erklärungen einzelner Gesellschafter das VglVerf eröffnet werden,** vorausgesetzt, daß der Antrag auf Eröff des gerichtl VglVerf als solcher von so vielen persönl haftenden Gesellschaftern gestellt ist, wie zur Vertretung der Gesellschaft im Prozeß gefordert wird. Ob ein wichtiger Grund der Behinderung des Gesellschafters, dessen Erklärung nicht vorliegt, hinreichend glaubhaft gemacht ist (dazu ZPO § 294), entscheidet das VglGericht nach pflichtgemäßem Ermessen. Die fehlende Erklärung des persönl haftenden Gesellschafters muß spätestens im Termin vor dem Beginn der Abstimmung über den VglVorschlag nachgebracht sein; also keine Abstimmung, wenn nicht von allen persönl haftenden Gesellschaftern mit einheitl Inhalt ausgehender VglVorschlag vorliegt. Anderenfalls kommen §§ 100 I Nr 1, 101 zum Zuge.

§ 109

4) Da bei den im § 109 genannten Gesellschaften die persönl haftenden Gesellschafter Träger der VglSchuldnerrolle sind, ist die **Eröff des VglVerf** schon dann **abzulehnen,** wenn in der Person eines derselben einer der in §§ 17, 18 genannten Gründe vorliegt. Im Rahmen der Prüfung unter dem Gesichtspunkt des § 18 Nr 3 hat das VglGericht auch zu prüfen, ob die Vermögenslage der vollhaftenden Gesellschafter nicht etwa eine Abweichung von der grundsätzl Regelung des § 109 Nr 3 gerechtfertigt erscheinen läßt; dazu Frank KTS **56,** 87 f. **Einem Vergleich ist die Bestätigung zu versagen,** wenn bei **einem** persönl haftenden Gesellschafter ein Versagungsgrund nach § 79 gegeben ist. Unerhebl ist dabei, ob der Gesellschafter vertretungsberechtigt oder von der Vertretung ausgeschlossen ist.

Für die Einstellung des VglVerf nach Maßg des § 100 trifft das Gesetz in § 109 Nr 2 jedoch eine Sonderregelung. Handelt es sich um die Fälle des § 100 Abs 1 Nrn 2, 5, so rechtfertigt auch hier das Vorliegen eines Einstellungsgrundes in der Person irgendeines persönl haftenden Gesellschafters die Einstellung des Verfahrens. Handelt es sich jedoch um die Einstellungsgründe nach § 100 Abs 1 Nrn 3, 4, 6 und 7, so erfolgt Einstellung des Verfahrens nur, wenn der Grund in der Person eines zur Vertretung der Gesellschaft berechtigten Gesellschafters vorliegt. Zur Vertretungsberechtigung vgl HGB § 114 II.

5) § 109 Nr 3. Der Vergleich im VglVerf über das Vermögen einer Gesellschaft **begrenzt zugleich den Umfang der persönl Haftung der Gesellschafter,** welche für die Gesellschaftsschulden nach HGB §§ 128, 161 II, AktG § 278 II persönl einzustehen haben; vgl JW **38,** 2841. Begrenzung jedoch nur mit Wirkung **für die Zukunft,** und zwar von der gerichtlichen Bestätigung des angenommenen Vergleichs an, Bley-Mohrbutter 21 a; Vogels-Nölte II 8 Abs 3 (anders AG Medingen NJW **67,** 1475; danach tritt die Begrenzung bereits mit der Annahme des Vergleichs ein). Vergleiche auch Darmstadt HRR **33,** 694 betr frühere Zahlungen eines Gesellschafters. – Die **Haftungsbeschränkung des § 109 Nr 3 kann** nach Maßg dieser Bestimmung **teilweise oder ganz beseitigt,** nicht aber noch weiter ausgedehnt **werden;** dazu Bley-Mohrbutter 21 a, 24. – § 109 Nr 3 berührt nicht die **dingl Haftung eines Gesellschafters und die Haftung eines Gesellschafters auf Grund besond Bürgschaftsversprechens,** Hbg HRR **33,** 699; KuT **33,** 58. – **Die Haftungsbeschränkung** nach § 109 Nr 3 **erstreckt sich nicht auf vor Eröff des VglVerf ausgeschiedene Gesellschafter,** RG **142,** 208; BGH NJW **70,** 1921 = MDR **70,** 827; vgl Bley-Mohrbutter 23; sowie auf die im Verlauf des Verf vor der Bestätigung des Vergleichs ausgeschiedenen Gesellschafter; vgl Bley-Mohrbutter 23 b. Umfassend zum Gesamtkomplex der Fragen betr den ausgeschiedenen Gesellschafter im VglVerf der Gesellschaft (Ausscheiden in den verschiedenen Stadien) Künne KTS **71,** 249 ff; m abw Meinung Lambsdorff MDR **73,** 362; kritisch Karsten Schmidt, Einlage und Haftung des Kommanditisten S 171 f. – Bei der KG erstreckt sich die Haftungsbeschränkung auf die Kommanditisten nur hinsichtl einer Haftung nach HGB § 176 (nicht aber bzgl der Haftsumme, für die der Kommanditist nach HGB § 171 haftet, RG **150,** 173 betr Einlagerück-

Besondere Arten des Vergleichsverfahrens **§ 110**

stand). Eine Inanspruchnahme des Kommanditisten durch VglGläubiger ist lediglich durch diese Bestimmung (HGB § 171) und nicht auch durch VglO § 109 Nr 3 beschränkt; vgl Bley-Mohrbutter 22b mit Übersicht über die Lehrmeinungen. – Für einen Kommanditisten, der für eine VglFdg auf Grund seiner früheren Stellung als persönl haftender Gesellschafter unbeschränkt haftet, zur Zeit des VglVerf aber nicht mehr persönl haftender Gesellschafter war, gilt die Haftungsbeschränkung nach § 109 Nr 3 nicht, BGH MDR **70**, 827 = NJW **70**, 1921 = KTS **71**, 34 = BGH Warn **70**, Nr 134 = LM VerglO § 109 Nr 3 mit Anm von Kuhn und Frankfurt KTS **74**, 176.

6) Während des VglVerf über das Vermögen einer OHG oder einer KG kann gegen deren Gesellschafter, sofern nicht auch über ihr Vermögen das Konkurs- oder VglVerf eröffnet worden ist, eine ZwVollstr in das nicht gesellschaftsgebundene Vermögen weiter betrieben werden. Für derartige Zwangsvollstreckungsmaßnahmen sind die gewöhnl VollstrOrgane zuständig. Einer Pflicht der Gesellschafter zur Abgabe einer eidesstattl Versicherung nach ZPO § 807 steht § 69 nicht entgegen, LG Offenburg MDR **53**, 563. – Gläub der Gesellschaft sind, wenn über das Vermögen der Gesellschaft das VglVerf eröffnet ist, nicht gehindert, Konkursantrag bzgl des Privatvermögens eines Gesellschafters zu stellen. Das Konkursverbot des § 46 gilt in diesen Fällen nur für die Gesellschaft. Die Zahlungsunfähigkeit der Gesellschaft reicht allein nicht aus, Zahlungsunfähigkeit auch der persönlich haftenden Gesellschafter glaubhaft zu machen; dazu Frank KTS **56**, 87 (im Rahmen eingehender Ausführungen zum Gesamtkomplex der Fragen betr die Haftung des Gesellschafters einer Personengesellschaft während des VglVerf seiner Gesellschaft). – Die Eröff eines gerichtl VglVerfahrens über das Vermögen einer KG hindert den Kommanditisten nicht, einen beliebigen Gesellschaftsgläubiger mit befreiender Wirkung von seiner persönl Haftung zu befriedigen, BGH KTS **72**, 165.

7) Der durch die GmbH-Novelle neu eingefügte Abs 2 stellt die **Gläubiger kapitalersetzender Darlehen** im Bereich der Handelsgesellschaften (OHG und KG), die keine natürliche Person als persönlich Haftenden haben **(HGB §§ 129a, 172a)** den betr Gl der GmbH gleich; vgl § 108, 3b.

Vergleichsverfahren und Konkurs über das Vermögen eines Gesellschafters

110 ^I In dem Vergleichsverfahren über das Privatvermögen eines persönlich haftenden Gesellschafters einer offenen Handelsgesellschaft, einer Kommanditgesellschaft oder einer Kommanditgesellschaft auf Aktien sind die Gesellschaftsgläubiger, wenn über das Gesellschaftsvermögen das Vergleichsverfahren oder das Konkursverfahren eröffnet worden ist, nur in Höhe des Betrags beteiligt, für den sie in dem Verfahren über das Gesellschaftsvermögen keine Befriedigung erhalten. § 71 Abs. 2 und § 97 gelten sinngemäß.

^II Das Vergleichsverfahren über das Vermögen einer offenen Handelsgesellschaft, einer Kommanditgesellschaft oder einer Kommandit-

§ 110

gesellschaft auf Aktien steht für die Befriedigung der Gesellschaftsgläubiger im Konkursverfahren über das Privatvermögen eines persönlich haftenden Gesellschafters dieser Gesellschaft dem Konkursverfahren gleich.

1) § 110 Abs 1 trifft eine **Sonderregelung für den Fall, daß über das Vermögen einer OHG, einer KG, einer KGaA das Vgl- oder Konkursverfahren eröffnet ist und gleichzeitig über das Vermögen eines persönl haftenden Gesellschafters das VglVerf läuft.** Alsdann sind die GesellschaftsGläub am VglVerf über das Privatvermögen des Gesellschafters nur in Höhe des Betrages „beteiligt", für den sie in dem Verf über das Gesellschaftsvermögen keine Befriedigung erhalten, also nur, soweit sie in dem Verf über das Vermögen der Gesellschaft ausfallen oder auf Befriedigg aus dem Gesellschaftsvermögen verzichten (so auch Vogels-Nölte II 1 Abs 2, 4; Krieg 2; Kiesow 11 zu § 90; Bley-Mohrbutter 18). **Die Stellung des GesellschaftsGläub im VglVerf über das Vermögen des Gesellschafters entspricht der eines Gläub, welcher abgesonderte Befriedigg beanspruchen kann.** Er ist also zwar VglGläub in voller Höhe seiner persönl Forderung, nimmt aber nur in Höhe des Ausfall- oder Verzichtsbetrages an der Abstimmung teil, und nur dieser Betrag ist maßgebend für die vergleichsmäßige Befriedigg. Bezüglich des Ausfalls findet § 27 I S 2 entspr Anwdg (Berücksichtigg bei der VglErfüllung mit dem mutmaßl Ausfall). Für die **Gewährung des Stimmrechts** gilt § 71 II entspr; dazu § 71 Anm 4, 5 b. Für die **VglErfüllung** – auch im Hinblick auf die für den Fall des Verzuges in der Erfüllung des Vergleichs vorgesehenen Rechtsfolgen (§ 9 I) – findet § 27 I S 2 seine Ergänzung in § 97, der nach § 110 I S 2 sinngemäß anzuwenden ist; dazu § 97 Anm 5, 1–3, 6, 7. **Forderungen der ArbNehmer der Gesellschaft haben** im Vergl des Gesellschafters das **gleiche Vorrecht,** wie im Gesellschaftskonkurs, BAG BB **82,** 1053; diese ArbNehmer **sind** also **am Vgl des Gesellschafters nicht beteiligt** (§ 26).

Zu beachten ist, daß nach § 109 Nr 3 der Vergleich im Gesellschaftsverfahren iZw zugleich den Umfang der persönl Haftung des Gesellschafters begrenzt. Die Fdg des Gesellschaftsgläub gegen den Gesellschafter besteht also, wenn es im Verfahren über das Vermögen der Gesellschaft zum Vergleich kommt, grundsätzl nur in Höhe der Vergleichsquote des Gesellschaftsverfahrens. Am Vergleichsverfahren über das Vermögen des Gesellschafters nimmt der Gesellschaftsgläub, der auf Befriedigg aus dem Gesellschaftsvermögen nicht verzichtet, also nach Maßg des § 110 nur teil, soweit er bei der Erfüllung des Gesellschaftsvergleichs ausfällt. Mutmaßl Ausfall ist somit der bei der Erfüllung des Gesellschaftsvergleichs zu erwartende Ausfall. Da nun von der Erfüllung eines in einem gerichtl VglVerf geschlossenen Vergleichs auszugehen ist, ist idR ein mutmaßl Ausfall nicht anzunehmen, so daß dem Gesellschaftsgläub im GesellschafterVglVerf idR ein Stimmrecht nach § 71 II, III zu versagen sein wird, wenn gleichzeitig das VglVerf über das Vermögen der Gesellschaft läuft und im Gesellschaftsverfahren mit einem bestätigten Vgl zu rechnen ist oder ein solcher schon vorliegt. – Zweckmäßig wird bei Gleichzeitigk von VglVerf über das Vermögen der Gesellschaft

Besondere Arten des Vergleichsverfahrens **§ 111**

und das Privatvermögen eines persönl haftenden Gesellschafters der Abschluß des Vergleichs im Gesellschaftsverfahren **vertagt** bis zur Bestätigg des Gesellschaftsvergleichs.

Bei Gleichzeitigkeit von Konkursverfahren über das Gesellschaftsvermögen und VglVerf über das Vermögen eines persönl haftenden Gesellschafters gelten im Hinblick auf einen evtl Zwangsvergleich im Gesellschaftsverfahren gemäß KO §§ 211 II, 212 die gleichen Grundsätze. Auch hier zweckmäßig Vertagung des Gesellschafterverfahrens bis zur Erledigung des Gesellschaftsverfahrens. – Kommt es im Gesellschaftskonkursverfahren nicht zum ZwVergleich, so ist der mutmaßl Ausfall, mit dem der Gesellschaftsgläub am VglVerf über das Vermögen des Gesellschafters teilnimmt, von seiner ganzen Fdg zu berechnen.

Endet das Gesellschaftsverfahren ohne bestätigten Vgl und ohne Anschlußkonkurs, so entfällt die Anw des § 110; das gilt jedoch nicht beim bloßen Wegfall der VglSchranken (§ 9); vgl Bley-Mohrbutter 21, 22.

2) Keine Anwendung findet § 110, wenn neben dem VglVerf über das Vermögen eines persönl haftenden Gesellschafters der Konkurs oder das VglVerf über das Vermögen eines anderen persönl haftenden Gesellschafters läuft. Alsdann gilt VglO § 32 und für die Konkursgläub des anderen Verfahrens die entspr Bestimmung des KO § 68. – § 110 gilt auch nicht für das Zusammentreffen des VglVerf über das Vermögen eines **ausgeschiedenen** Gesellschafters mit einem Verfahren über das Vermögen der Gesellschaft, Kuhn-Uhlenbruck § 212 Anm 3; Kiesow 6 zu § 90; Bley-Mohrbutter 12 (aber Krieg 2). – Keine Geltung des § 110 beim VglVerf über das Vermögen eines **Kommanditisten**, hL.

3) § 110 Abs 2 ergänzt den KO § 212 und bestimmt die entspr Anw des KO § 212 beim Zusammentreffen von VglVerf über das Gesellschaftsvermögen und **Konkurs** über das Vermögen eines persönl haftenden Gesellschafters. Näh dazu KO § 212 Anm 2, 3.

4) Zu den Wechselwirkungen zwischen Gesellschafts- und Gesellschafterinsolvenzverfahren vgl noch Schmitz-Beuting KTS **57**, 35 ff.

Eingetragene Genossenschaften

111 Für das Vergleichsverfahren über eine eingetragene Genossenschaft, die den Vorschriften des Gesetzes, betreffend die Erwerbs- und Wirtschaftsgenossenschaften, unterliegt, gelten die folgenden besonderen Vorschriften:

1. **Zur Stellung des Antrags ist jedes Mitglied des Vorstandes berechtigt. Wird der Antrag nicht von allen Vorstandsmitgliedern gestellt, so hat das Gericht vor der Entscheidung die Vorstandsmitglieder, die den Antrag nicht gestellt haben, zu hören.**
2. **In dem Verzeichnis der Gläubiger (§ 4 Abs. 2 Nr. 2) ist anzugeben, wenn ein Gläubiger Mitglied der Genossenschaft ist; das gleiche gilt für eine Anmeldung gemäß § 67. In dem Antrag ist weiter anzugeben, welchem Prüfungsverbande die Genossenschaft angehört oder innerhalb der letzten drei Jahre vor der Stellung des Antrags ange-**

§ 111

hört hat; hat die Genossenschaft innerhalb dieser Zeit keinem Prüfungsverband angehört, so ist der nach der fachlichen Eigenart der Genossenschaft zuständige Prüfungsverband anzugeben, in dessen Bezirk die Genossenschaft ihren Sitz hat. Der Antrag und seine Anlagen sind in drei Stücken vorzulegen.

3. der Prüfungsverband, dem die Genossenschaft angehört, ist vor der Entscheidung über den Antrag auf Eröffnung des Vergleichsverfahrens nach Maßgabe des § 14 zu hören. Gehört die Genossenschaft keinem Prüfungsverband an, so ist der Prüfungsverband, dem die Genossenschaft innerhalb der letzten drei Jahre vor der Stellung des Antrags angehört hat, oder, wenn sie auch in dieser Zeit keinem Prüfungsverband angehört hat, der nach der fachlichen Eigenart der Genossenschaft zuständige Prüfungsverband zu hören, in dessen Bezirk die Genossenschaft ihren Sitz hat. Kommen hiernach mehrere Prüfungsverbände in Betracht, so steht die Auswahl dem Gericht zu.
4. Die Eröffnung des Vergleichsverfahrens ist nach Maßgabe des § 23 in das Genossenschaftsregister einzutragen.
5. Zum Abschluß eines Vergleichs ist erforderlich, daß die Gläubiger, die Mitglieder der Genossenschaft sind, und die Gläubiger, die nicht Mitglieder der Genossenschaft sind, dem Vergleiche gesondert mit den im § 74 festgesetzten Mehrheiten zustimmen.
6. Hat ein Genosse seinen Austritt aus der Genossenschaft erklärt oder der Gläubiger eines Genossen das Kündigungsrecht ausgeübt, so scheidet der Genosse nicht vor dem Schlusse des Geschäftsjahrs aus, in dem das Vergleichsverfahren endet oder, wenn in einem Vergleich eine Stundung bewilligt wird, die Stundung abläuft. Die Erklärung des Genossen oder des Gläubigers über den Austritt oder die Kündigung ist spätestens sechs Wochen vor dem Ende des Geschäftsjahrs, mit dessen Schluß der Genosse ausscheidet, oder, wenn das Vergleichsverfahren innerhalb der letzten sechs Wochen dieses Jahres endet, unverzüglich zu der Liste der Genossen einzureichen. Der Jahresschluß, zu dem der Genosse ausscheidet, ist erst nach Beendigung des Vergleichsverfahrens in die Liste der Genossen einzutragen; ist er bereits früher eingetragen, so ist nachträglich zu vermerken, daß ein Vergleichsverfahren eröffnet worden ist. Die Vorschrift des Satzes 1 findet keine Anwendung, wenn der Genosse zur Zeit der Stellung des Vergleichsantrags aus der Genossenschaft bereits wirksam ausgeschieden war.

1) § 111 bestimmt Besonderheiten für das VglVerf über das Vermögen eingetragener Genossenschaften, welche den Vorschriften des GenG unterliegen. Das sind nach der Novelle zum GenG vom 9. 10. 1973 (BGBl I 1451) nicht nur die Genossenschaften mit **unbeschränkter** und **beschränkter**, sondern auch die **ohne jede Haftpflicht**, § 6 GenG. Diese sind konkurs- und auch **vergleichsfähig**, und zwar bereits vor der Entstehung (vom Zeitpunkt der Errichtung des Statuts an), dazu BGH NJW **56**, 946; sowie auch nach ihrer Auflösung bis zur Beendigg der Verteilung des Vermögens, Bley-Mohrbutter 3a. Durch die Eröff des

Besondere Arten des Vergleichsverfahrens § **111**

VglVerf wird die Genossenschaft nicht aufgelöst. – Nach der (eingetragenen) Verschmelzung von Genossenschaften gibt es nur noch ein VglVerf über das Vermögen der übernehmenden Genossenschaft, Bley-Mohrbutter 3e. Zur Anwendung der Schutzvorschrift des GenG § 93f vgl Bley-Mohrbutter 17a. Konkursgrund, also auch **Voraussetzung für die Eröff des VglVerf,** ist bei der eG mit unbeschränkter Haftpflicht ledigl Zahlungsunfähigkeit; bei der eG mit beschränkter Haftpflicht Zahlungsunfähigkeit und Überschuldung, letzteres jedoch nur unter der Voraussetzung, daß sie die Haftsummen aller Genossen um ¼ übersteigt; bei der eG ohne Haftung und bei der aufgelösten eG Zahlungsunfähigkeit und Überschuldung, § 98 GenG. – **Pflicht** der Vorstandsmitglieder und Liquidatoren **zur Stellung des Konkursantrages** nach Maßg der GenG §§ 98, 99, 148. Durch Stellung des VglAntrags wird der Verpflichtung, das Konkursverf zu beantragen, genügt.

2) Den **Vergleichsantrag** kann bei der Genossenschaft jedes Vorstandsmitglied stellen, § 111 Nr 1. Doch muß, da der **VglVorschlag** zugleich Vertragsantrag ist, die Form gewahrt werden, in welcher die Genossenschaft ihre Willenserklärungen abgibt. Der Vorschlag muß also bei Gesamtvertretung von allen Vorstandsmitgliedern (GenG § 25 I) oder bei Einzelvertretung vom vertretungsberechtigten Vorstandsmitglied (GenG § 25 II) ausgehen. Lehnen die zur Mitwirkung berufenen Vorstandsmitgl die Unterzeichnung des VglVorschlags ab, so kann der VglAntrag zwar gestellt, muß aber nach § 17 I Nr 1 mit der Folge des § 19 abgewiesen werden. – Wird der Antrag nicht von allen Mitgl des Vorstandes gestellt, so hat das Gericht vor der Entscheidung über die Eröff des Verfahrens die Vorstandsmitglieder, welche den Antrag nicht gestellt haben, zu hören. Dabei ergibt sich jedenfalls die Gelegenheit, den Vorschlag in der gehörigen Form zu ergänzen. Lehnt das VglGericht ohne solche Anhörung die Eröff des VglVerf ab und entscheidet es gleichzeitig über die Eröff des Konkurses, so kann die Genossenschaft mit der sofortigen Beschw gegen die letztgenannte Entsch nach § 19 II auch die Nichtanhörung rügen.

3) § 111 Nr 2 bestimmt für das von der Genossenschaft nach § 4 I 2 einzureichende **GläubVerzeichnis** (im Hinblick auf § 111 Nr 5), **daß, wenn ein Gläub zugleich Mitglied der Genossenschaft ist, diese Tatsache jeweils zu vermerken ist** (vgl Bem 4 zu § 6). – Ein VglGläub, welcher zugleich Mitgl der Genossenschaft ist, hat dies auch bei seiner Forderungsanmeldung (§ 67 I) anzugeben. Der Urkundsbeamte hat diese Tatsache bei der Berichtigung des GläubVerzeichnisses nach § 67 III zu vermerken. – In dem VglAntrag ist auch **anzugeben, welchem Prüfungsverband die Genossenschaft angehört,** § 111 Nr 2 S 2 (Zweck: Anhörung nach § 111 Nr 3). Da die Genossenschaften regelmäßig einem Prüfungsverband angehören (vgl für neue Genossenschaften GenG § 11 Nr 4; für alte Genossenschaften GenG §§ 54 ff in Vbdg mit VO v 4. 12. 1934 (RGBl I S 1227), kommt dem § 111 Nr 2 S 2 Halbs 2 nur geringe Bedeutung zu. Er bezieht sich wohl nur noch auf Genossenschaften, die vor dem 15. 12. 1934 aus einem Prüfungsverband ausgeschieden waren und an diesem Tage keinem Prüfungsverband angehörten; und auch auf

§ 111   13. Abschnitt

diese nur, wenn nicht das Registergericht nach GenG § 64b einen Prüfungsverband bestellt hat. – § 111 Nr 3 bestimmt die **Anhörung des Prüfungsverbandes** vor der Entscheidung über den VglAntrag. Es gelten die für die Anhörung der Berufsvertretung in § 14 maßgebl Grundsätze; vgl Bem zu § 14 mit weit Hinw. – Neben dem Prüfungsverband ist aber nach § 14 die zuständige Berufsvertretung zu hören.

4) Über die **Eröff des VglVerf** entscheidet das VglGericht nach Maßg der §§ 16–19. **Ablehnung der Eröff** nach § 17 Nr 6 mangels Masse ist zulässig. Die für den Konkursfall geltende Bestimmung des GenG § 100 III ist als Sondervorschrift nicht auf den VglAntrag auszudehnen, Krieg 6. – **Ablehnung der Eröff des VglVerf, Versagg der Bestätigg des Vergleichs** und **Einstellung des Verfahrens** nach Maßg der §§ 17f, 79, 100 **sind, wenn es sich um Gründe handelt, welche in der Person des Schuldners liegen,** beim VglVerf über das Vermögen einer Genossenschaft **schon dann gegeben, wenn solche Gründe in der Person nur eines Vorstandsmitgliedes der Genossenschaft gegeben sind.** Die für den ZwVgl im Konkurs geltende Ausnahmebestimmung des GenG § 115e II Nr 3 gilt für das VglVerf nicht, Krieg 6; Bley-Mohrbutter 5c. Nicht zu folgen ist der Entsch LG Wuppertal JW **38,** 2908, nach welcher die Eröff des VglVerf wegen unredlichen oder leichtsinnigen Verhaltens des Vorstandes dann nicht abgelehnt werden kann, wenn die Mehrzahl der Genossen von dem Verhalten keine Kenntnis hatte und für das VglVerf ein Liquidationsvergleich unter Einsetzung eines völlig unbeteiligten Liquidators vorgeschlagen wird; dazu Bem 2 zu § 18.

5) Nach § 111 Nr 4 ist die Eröff des VglVerf in entspr Anw des § 23 in das GenRegister **einzutragen,** vgl Bem zu § 23. In gleicher Weise sind dann auch nach § 81 I die Versagg der Bestätigg des Vergleichs, nach § 98 III die Aufhebung des VglVerf und nach § 101 S 2 die Einstellung des Verf einzutragen.

6) § 111 Nr 5 bringt eine **Verschärfung des nach § 74 geforderten Mehrheitsverhältnisses.** Für die Abstimmung über den VglVorschlag (nicht auch für andere Abstimmungen; nach Bley-Mohrbutter 19b jedoch auch jedenfalls entspr Anw auf den Antrag nach § 90 I Nr 1 betr Aufhebung des Verf mit Bestätigg des Vgl) sind die Gläub, welche gleichzeitig Genossen sind, und die Gläub, welche nicht Genossen sind, zu je einer Gruppe zusammenzufassen. Die Gruppenzugehörigkeit ergibt sich aus dem GläubVerzeichnis, welches bei jeder Forderung den Vermerk enthalten muß, ob es sich um die Forderung eines Genossen handelt; vgl Bem 3. Jede der beiden Gruppen stimmt für sich ab, Vogels-Nölte II 7 (and Bley-Mohrbutter 19a. Danach ist Gesamtabstimmung zulässig; das Gesetz wolle nur eine Scheidung bei der Berechnung). Der Vergleich ist nur dann zustande gekommen, wenn jede Gruppe, für sich allein betrachtet, die nach § 74 erforderl Kopf- und Summenmehrheit erreicht hat. – **Zweck der Bestimmung** ist es, zu verhindern, daß bei einheitl Abstimmung die GenossenGläub, welche bei vielen Genossenschaften in der Überzahl sind, die Fremdgläubiger durch einen Mehrheitsbeschluß zwingen, auf einen Teil ihrer Forderungen zu verzichten,

Besondere Arten des Vergleichsverfahrens **§ 111**

und so das VglVerf dazu benutzen, sich ihrer Haftung zu entziehen; vgl Kiesow 12–15 zu § 91.

7) § 111 Nr 6 will verhüten, daß ein Genosse durch sein Ausscheiden aus der Genossenschaft während des VglVerf den Umfang der Haftung vermindert. Die Bestimmung gilt für alle Genossen, welche in dem Zeitpunkt, in welchem der VglAntrag als gestellt gilt (Eingang des Antrags bei Gericht), noch nicht rechtswirksam ausgeschieden sind, § 111 Nr 6 aE. Sie bezieht sich jedoch nur auf die Kündigg des Genossen nach GenG § 65, die Kündigg des Gläub eines Genossen nach GenG § 66, die Austrittserkl eines Genossen zufolge Wohnsitzwechsel nach GenG § 67 Abs 1 und in besonders gelagerten Fällen (entspr) auf den Austritt infolge Übertragg des Geschäftsguthabens nach GenG § 76 (dazu Bley-Mohrbutter 24b). Sie gilt **nicht,** wenn die Mitgliedschaft durch Tod endet, GenG § 77, bei Kündigg seitens der Genossenschaft zufolge Wohnsitzverlegung, GenG § 67 II, oder wenn der Genosse aus der Genossenschaft ausgeschlossen wird, GenG § 68; vgl Kiesow 19 zu § 91; KG JW **38,** 1177 f.

8) Nach § 111 Nr 6 S 1 scheidet der Genosse in den Anwendungsfällen der Bestimmung (Bem 7) **nicht vor dem Schlusse des Geschäftsjahres aus, in welchem das VglVerf** (unanfechtbar) **beendet ist.** Das **Ausscheiden** wird **noch weiter hinausgeschoben,** wenn in einem Vergleich eine **Stundung bewilligt** wird, und zwar bis zum Ablauf der Stundung. Doch muß es sich um eine Stundung mit jedenfalls bestimmbarem (letztem) FälligkTermin handeln. Ausstellung und Hinnahme von sogenannten Besserungsscheinen hindern das Ausscheiden nicht, JW **31,** 3137 f; Krieg 8; Bley-Mohrbutter 23 b Abs 2.

§ 111 Nr 6 S 2 ergänzt den GenG § 69. Wird durch § 111 Nr 6 S 1 das Wirksamwerden des Ausscheidens bis zum Schluß des Jahres hinausgeschoben, in welchem das VglVerf endet, so hat der Vorstand der Genossenschaft die Unterlagen spätestens sechs Wochen vor dem Ende des Geschäftsjahres zum Genossenschaftsregister einzureichen, in welchem der Genosse nach Maßg dieser Vorschr ausscheidet. Endet das VglVerf innerhalb der letzten sechs Wochen eines Geschäftsjahres, so sind die Erklärungen des Genossen oder des Schuldners ohne schuldhaftes Verzögern zum Genossenschaftsregister einzureichen. – Bestimmt der Ablauf einer der Genossenschaft gewährten Stundung das Wirksamwerden eines Ausscheidens, so sind, weil der Zeitpunkt des Ablaufs der Stundung feststeht, die Unterlagen stets sechs Wochen vor dem Ablauf des durch den Fälligkeitstermin bestimmten Geschäftsjahres einzureichen, und zwar auch, wenn der Fälligkeitstermin innerhalb der letzten sechs Wochen liegt, Kiesow 21 zu § 91.

§ 111 Nr 6 S 3 ergänzt beim Vorliegen der Voraussetzungen des § 111 Nr 6 S 1 den GenG § 70. Der Jahresschluß, zu dem der Genosse ausscheidet, ist alsdann erst nach (unanfechtbarer) Beendigg des VglVerf in die Liste der Genossen einzutragen. Ist er bereits vorher eingetragen, so ist nachträgl zu vermerken, daß ein VglVerf eröffnet worden ist. Von der Eröffnung des VglVerf erhält das GenGericht nach § 111 Nr 4 in Vbdg mit § 23 I Kenntnis. Ist das VglVerf beendet, so wird der Vermerk

§ 112

gelöscht. Ergibt sich, daß infolge des VerglVerf oder einer Stundung der Jahresschluß, zu dem der Genosse in Wirklichk ausscheidet, gegenüber dem als Zeitpunkt des Ausscheidens eingetragenen Jahresschluß hinausgeschoben worden ist, so ist zugleich in Berichtigg der früheren Eintragg der richtige Jahresschluß einzutragen, Kiesow 23 zu § 91.

Versicherungsunternehmungen und Kreditinstitute

112 ^I **Ein Vergleichsverfahren zum Zwecke der Abwendung des Konkursverfahrens über das Vermögen eines Versicherungsunternehmens und einer Bausparkasse, die der Beaufsichtigung nach Maßgabe des Versicherungsaufsichtsgesetzes oder des Gesetzes über Bausparkassen unterliegen, findet nicht statt.**

^{II} **Der Antrag auf Eröffnung des Vergleichsverfahrens über das Vermögen eines Kreditinstituts, das der Beaufsichtigung nach Maßgabe des Gesetzes über das Kreditwesen unterliegt und nicht Bausparkasse ist, kann nur mit Zustimmung des Bundesaufsichtsamtes für das Kreditwesen gestellt werden.**

Vorbem: Abs 1 geändert durch § 20 Abs 4 des Gesetzes über Bausparkassen vom 16. 11. 1972 (BGBl I 2097); Überschrift und Abs 2 abgeändert und neugefaßt durch Art 3 § 3 Nr 1 und 2 des Zweiten Gesetzes zur Änderung des Gesetzes über das Kreditwesen vom 24. 3. 1976 (BGBl I 725); 14. Gesetz zur Änderung des Versicherungsaufsichtsgesetzes vom 29. 3. 1983 (BGBl I, 377).

1) § 112 bezieht sich auf
a) **Versicherungsunternehmungen, welche** nach Maßg der Vorschr des VAG §§ 1, 2, 111, 148 **der Beaufsichtigung** durch eine Aufsichtsbehörde **unterliegen;**
b) **Bausparkassen, welche** nach Maßgabe des Gesetzes über Bausparkassen § 3 **der Beaufsichtigung durch das Bundesaufsichtsamt für das Kreditwesen unterliegen.**
c) **Kreditinstitute,** die nicht Bausparkassen sind, **welche** nach Maßgabe des Gesetzes über das Kreditwesen §§ 5 ff **der Beaufsichtigung durch das Bundesaufsichtsamt für das Kreditwesen unterliegen.**

2) Nach § 112 Abs 1 findet für die zu 1 a und b genannten Versicherungsunternehmungen und Bausparkassen ein VglVerf nicht statt. Ein unzulässigerweise eröffnetes VglVerf ist nach § 100 I S 1 einzustellen. – Als Sondervorschr duldet § 112 **keine ausdehnende Anw;** insbes keine Anw auf nichtbeaufsichtigte Versicherungsunternehmen und Versicherungsanstalten des öfftl Rechts; so auch Vogels-Nölte II 2, IV (nach Bley-Mohrbutter 3a schließt lediglich die Anwendbarkeit der Sanierungsvorschr des VAG § 89 auf öffentl-rechtl Versicherungsanstalten deren Vergleichsfähigkeit aus).

3) Nach § 112 Abs 2 findet über das Vermögen eines Kreditinstitutes, das nicht Bausparkasse ist, zwar grundsätzlich ein VglVerf statt; der Antrag auf Eröff des VglVerf kann jedoch nur mit Zustimmung des Bundesaufsichtsamtes für das Kreditwesen gestellt werden.

Besondere Arten des Vergleichsverfahrens §113

Vergleichsverfahren über einen Nachlaß

113 ⁱ Für das Vergleichsverfahren zur Abwendung des Nachlaßkonkurses gelten die folgenden besonderen Vorschriften:
1. Zur Stellung des Antrags ist mit Ausnahme der Nachlaßgläubiger berechtigt, wer die Eröffnung des Konkurses beantragen kann. Die Vorschriften des § 217 Abs. 3 und des § 218 Abs. 2 der Konkursordnung gelten entsprechend. Mehrere Erben können den Antrag nur gemeinschaftlich stellen.
2. Der Antrag kann vor der Annahme der Erbschaft gestellt werden.
3. Der Antrag kann nicht mehr gestellt werden, wenn der Erbe oder einer der Erben für die Nachlaßverbindlichkeiten allen oder einzelnen Nachlaßgläubigern gegenüber unbeschränkt haftet oder wenn der Nachlaß geteilt ist.
4. In Ansehung der Haftung des Erben für die Nachlaßverbindlichkeiten wirkt das Vergleichsverfahren und ein in dem Verfahren geschlossener Vergleich wie der Nachlaßkonkurs und ein in dem Konkursverfahren geschlossener Zwangsvergleich.
5. Soweit es für die Eröffnung oder die Fortsetzung des Verfahrens auf das Verhalten des Schuldners ankommt, genügt es, wenn ein die Ablehnung der Eröffnung, die Versagung der Bestätigung des Vergleichs oder die Einstellung des Verfahrens rechtfertigender Grund in der Person eines von mehreren Miterben vorliegt.
6. Die im § 224 der Konkursordnung bezeichneten Verbindlichkeiten sind auch dann an dem Vergleichsverfahren nicht beteiligt und werden von einem Vergleiche nicht betroffen, wenn sie zur Zeit der Eröffnung des Verfahrens bereits begründet waren.
7. Die im § 226 Abs. 2 und 4 der Konkursordnung genannten Gläubiger sind an dem Vergleichsverfahren nicht beteiligt und werden von einem Vergleiche nicht betroffen; sie können jedoch während der Dauer des Vergleichsverfahrens in den Nachlaß keine Zwangsvollstreckung vornehmen, insbesondere Arreste und einstweilige Verfügungen nicht vollziehen.

ⁱⁱ Ist über einen Nachlaß das Konkursverfahren eröffnet oder ist eine Nachlaßverwaltung angeordnet, so gelten für die Beteiligung der Nachlaßgläubiger an dem Vergleichsverfahren über das Vermögen des Erben oder, wenn dieser in Gütergemeinschaft lebt, an dem Vergleichsverfahren über das Vermögen seines Ehegatten oder über das Gesamtgut die Bestimmungen des § 234 der Konkursordnung sinngemäß.

Vorbem. § 113 Abs 1 Nr 8 (aF) ist nach Art 3 II Nr 1 GleichberG mit dem Inkrafttreten des Gleichberechtigungsgesetzes (1. 7. 1958) weggefallen. Gleichzeitig ist § 113 Abs 2 in Kraft getreten, der dem bisherigen § 113 VglO durch Art 3 II Nr 2 GleichberG angefügt ist. Näh in Anm 13.

1) Über den **Nachlaß** eines Verstorbenen kann nach KO §§ 214 ff das KonkursVerf eröffnet werden. Die VglO läßt in gleicher Weise das **VglVerf zur Abwendung des Nachlaßkonkurses** zu, weil uU nur mit Hilfe dieses Verfahrens ein im Nachlaß vorhandenes Erwerbsgeschäft

§ 113

oder ein zum Nachlaß gehörender Betrieb den Erben erhalten werden kann (Krieg 2 unter Bezug auf die Begr zur alten VglO); zum Rechtsordnungszweck des Verf erg Bley-Mohrbutter 2. Für das NachlaßVglVerf gelten die allgemeinen Bestimmungen der VglO, soweit nicht im § 113 eine Sonderregelung getroffen ist.

2) Die Eröff des VglVerf setzt **Überschuldung** des Nachlasses voraus, weil nach KO § 215 auch der Nachlaßkonkurs nur bei Überschuldung stattfindet und nach VglO § 21 S 3 die für den Konkurs maßgebl Voraussetzungen auch für das VglVerf gelten; zu berücksichtigen sind grundsätzlich auch Pflichtteilsschulden, Verbindlichkeiten aus Vermächtnissen und Auflagen sowie Erbersatzverbindlichkeiten, vorausgesetzt, daß der ganze Nachlaß haftet und nicht nur einzelne Erben beschwert sind (erg vgl. Bley-Mohrbutter 8). – Zahlungsunfähigkeit ist kein VglGrund. – **Ausschließlich zuständig für die Eröff des VglVerf** ist das Amtsgericht, bei welchem der Erblasser zur Zeit seines Todes den allg Gerichtsstand gehabt hat; vgl ergänzend Bem 6 zu KO § 214.

3) Der **VglAntrag** kann nach § 113 Abs 1 Nr 1 gestellt werden von
a) den **Erben**. – Mehrere Erben können den Antrag nur gemeinschaftl stellen. – Der Vorerbe ist antragsberechtigt bis zum Eintritt der Nacherbfolge, der Nacherbe vom Eintritt der Nacherbfolge an. – Die Antragsbefugnis der Erben wird nicht dadurch ausgeschlossen, daß Nachlaßverwaltung angeordnet oder ein Testamentsvollstrecker bestellt ist; Bley-Mohrbutter 12ff. Steht die Verwaltung des Nachlasses einem TestVollstrecker zu, so hat das Gericht vor der Entscheidung über den VglAntrag des bzw der Erben den oder die TestVollstrecker zu hören;
b) dem **Nachlaßverwalter**, BGB §§ 1975ff, und einem anderen **Nachl-Pfleger**, BGB §§ 1960ff. – Mehrere Nachlaßpfleger müssen den Antrag gemeinschaftlich stellen. Bei Meinungsverschiedenheit entscheidet das Nachlaßgericht. – Eine bestehende Nachlaßverwaltung endet nicht mit der Eröff des VglVerf, Klien JW **36**, 1197; Kiesow 5–7 zu § 92; vgl auch Bley-Mohrbutter 6a;
c) dem **Testamentsvollstrecker**, sofern ihm die Verwaltung des Nachlasses zusteht, BGB §§ 2197ff. – Mehrere nachlaßverwaltende TestVollstrecker müssen den Antrag gemeinschaftl stellen. Bei Meinungsverschiedenheit entscheidet das Nachlaßgericht nach BGB § 2224. – Vor der Entscheidung über den Antrag des TestVollstreckers hat das Gericht die Erben zu hören;
d) dem **Ehegatten** eines Erben, wenn der Nachlaß zum Gesamtgut einer Gütergemeinschaft gehört und der Ehegatte das Gesamtgut allein oder mit seinem Ehegatten (dem Erben) gemeinschaftl verwaltet, § 113 Abs 1 Nr 1 in Vbdg mit KO § 218 (idF von Art 3 I Nr 3 GleichberG). Die Zustimmung des anderen Ehegatten ist nicht erforderlich. Das Antragsrecht erlischt nicht mit dem Ende der Gütergemeinschaft, KO § 218 Abs 1 S 2. Wird der Antrag nicht von den Ehegatten gemeinschaftl gestellt, so ist er nur zuzulassen, wenn die Überschuldung glaubhaft gemacht wird; das Gericht hat den anderen Ehegatten, wenn tunlich, zu hören, KO § 218 Abs 2;

Besondere Arten des Vergleichsverfahrens **§ 113**

e) dem **Erbschaftskäufer** (BGB § 2371) sowie dem Erwerber einer Erbschaft auf Grund eines nach BGB § 2385 dem Erbschaftskauf gleichgestellten Geschäfts. – Antragsrecht bereits nach Abschluß des schuldrechtl Vertrages.

Das **Antragsrecht des** (bzw der) **Erben** steht **selbständig** neben dem eines NachlPflegers oder nachlaßverwaltenden TestVollstreckers, so daß der Erbe ua einem von diesen gestellten Konkursantrag mit seinem VglAntrag zuvorkommen kann. Bei Rücknahme des VglAntrags seitens des NachlPflegers oder nachlaßverwaltenden TestVollstreckers kann der endgültige Erbe uU das Verf fortsetzen; dazu Bley-Mohrbutter 13 d.

Dem Antragsrecht entspricht das Recht der sofortigen Beschw (bzw der Erinnerung; vgl Anm 5 zu § 121) nach §§ 19 II, 80 II, 96 VI und 101 S 2. Die Zulässigkeit der Anfechtung ist im Einzelfall nicht davon abhängig, daß der Beschwerdeführer selbst auch den VglAntrag gestellt hat.

Antragspflicht des Erben und eines Nachlaßverwalters uU nach BGB §§ 1980, 1985 II.

4) Der VglAntrag kann schon vor der Annahme der Erbschaft gestellt werden. Schlägt der vorläufige Erbe nach Stellung des VglAntrags die Erbschaft aus, so ist, wenn das VglVerf noch nicht eröffnet ist, der Antrag abzulehnen, weil der vorl Erbe zur Antragstellung nicht mehr befugt ist. Eine Entscheidung über die Eröff des Nachlaßkonkurses ergeht alsdann nicht. Schlägt der vorl Erbe nach Eröff des VglVerf aus, so wirkt der VglAntrag für den nunmehrigen Erben fort, welcher ihn jedoch ändern oder zurücknehmen kann, Krieg 5. Bei Rücknahme des Antrages muß das VglGericht jedoch im Falle des § 99 nach § 101 über die Eröff des KonkursVerf entscheiden.

5) Der mit dem VglAntrag zu verbindende **VglVorschlag** muß in den Fällen zu 3 a–c, e jeweils vom Antragsteller ausgehen. In den Fällen zu 3 d muß er bei Alleinverwaltung des Gesamtgutes durch einen Ehegatten von dem verwaltenden Ehegatten und bei gemeinschaftl Verwaltung des Gesamtgutes durch die Ehegatten von beiden Ehegatten ausgehen. – Der vom NachlVerw, einem anderen NachlPfleger oder dem nachlaßverwaltenden Testamentsvollstrecker allein ausgehende Vergleichsvorschlag bezieht sich nur auf den Nachlaß. Diese Antragsteller können den Erben nicht auch persönlich verpflichten, Vogels-Nölte II 6.

6) Ein VglAntrag kann nach § 113 Abs 1 Nr 3 **nicht mehr gestellt werden, wenn** entweder
a) der Erbe oder einer der Erben für die Nachlaßverbindlichkeiten allen oder einzelnen Gläub gegenüber **unbeschränkt haftet** (bei Haftungsbeschränkung gegenüber nur einzelnen Gläub einschränkend Bley-Mohrbutter 10 b); oder
b) der Nachlaß bereits **geteilt** ist.

Ein trotzdem gestellter Antrag ist als unzulässig zurückzuweisen. – Verliert ein Erbe nach Antragstellung, aber vor der Entscheidung über die Eröff des Verfahrens die Haftungsbeschränkung oder wird während dieser Zeit die Erbschaft geteilt, so ist die Eröff gleichfalls abzulehnen.

7) Die Eröff des VglVerf über einen Nachlaß **hat** nach § 113 Abs 1 Nr 4 **zur Folge,** daß

§ 113

a) die **Haftung der Erben** auf den Nachlaß **beschränkt** ist, BGB § 1975. Erloschene Rechtsverhältnisse leben nach BGB § 1976 wieder auf. Aufrechnungen, welche zwischen dem Nachlaß und dem Privatvermögen des Erben vollzogen sind, gelten nicht, BGB § 1977 (Krieg 2). Eine vor dem VglVerf seitens eines NachlaßGläub erklärte Aufrechnung gegen eine zum Eigenvermögen des Erben gehörende Fdg ist als nicht erfolgt anzusehen; ebenso eine vor dem Verf seitens eines Eigengläubigers des Erben gegen eine zum Nachlaß gehörende Fdg erklärte Aufrechnung. Berichtigungen von Nachlaßverbindlichkeiten durch den Erben, welcher den Nachlaß für solvent halten durfte, bleiben bestehen, BGB § 1979 (dazu Krieg 2). Der Erbe tritt im Verf und beim ZwVgl an die Stelle des befriedigten Gläub, hat aber nur eine VglFdg. – Die **Beschränkung der Haftung** auf den Nachlaß wird endgültig (BGB §§ 1973, 1989), wenn im VglVerf ein Vergleich zustande kommt (vgl aber Bem 12);
b) eine laufende **Inventarfrist ihre Wirkung verliert** und eine neue nicht gesetzt werden kann, BGB § 2000;
c) ein **Aufgebotsverfahren** zum Zwecke der Ausschließung von NachlaßGläub **endet,** ZPO § 993 (entspr).

8) Da das NachlaßVglVerf lediglich den Nachlaß erfaßt, diesen also zugunsten der NachlaßGläub vom Erbenvermögen sondert, sind die **Eigengläubiger** des Erben während des Verf vom Zugriff auf den Nachlaß ausgeschlossen. Sie unterliegen den VollstrSperren der §§ 47, 48. Im Vorverfahren ist ihnen gegenüber § 13 I S 3 entspr anwendbar. Bei ZwVollstreckungen in den Nachlaß wegen Eigenverbindlichkeiten des Erben gelten §§ 28, 48, 87, 104, und zwar mit der Erstreckung nach KO § 221.

9) Bei Ablehnung der Eröff des VglVerf in Anw des **§ 17 Nr 6** (mangels Masse) hat nunmehr der Erbe die Erschöpfungseinrede nach Maßg der BGB §§ 1990, 1991. Gleiches gilt bei Einstellung des VglVerf nach § 100 I 1 in Vbdg mit § 17 Nr 6.

10) Träger der Vergleichsschuldnerrolle sind im Nachlaßvergleichsverfahren grundsätzl die Erben. Daraus folgt die Bestimmung des § 113 Abs 1 Nr 5, wonach die **Ablehnung der Eröff des VglVerf,** die **Versagg der Bestätigg des Vgl** und die **Einstellung des Verfahrens** schon dann gerechtfertigt sind, **wenn ein die Ablehnung, Versagg oder Einstellung rechtfertigender Grund in der Person nur eines Erben vorliegt.** – Die Person des bzw der Erben kommt jedoch nicht in Betracht, soweit es sich um den Befriedigungsgegenstand handelt. Bei der Frage, ob der Vergleichsvorschlag der Vermögenslage des Schuldners entspricht und der Vergleich mit dem gemeinsamen Interesse der Gläub vereinbar ist, kommt es nur auf den Nachlaß an. Auch gefährdet der Erbe das VglVerf nicht dadurch, daß er mit **seinen** Mitteln einen dem Werte des Nachlasses nicht entsprechenden Aufwand treibt, Kiesow 32 zu § 92. – Hat ein **Nachlaßverwalter** oder ein **nachlaßverwaltender Testamentsvollstrecker** den VglAntrag gestellt, so übernimmt dieser die VglSchuldnerrolle; Entsprechendes gilt für den **Erbschaftskäufer** und den **Nacherben,** wenn sie den VglAntrag gestellt haben oder in das Verfahren eintreten. Ist ein

Ehegatte Erbe, so ist er jedoch auch dann Vergleichsschuldner, wenn – in den zu 3 d genannten Fällen – der andere Ehegatte den Antrag gestellt hat, Kiesow 33 zu § 92.

11) Als **Vergleichsgläubiger** können im Nachlaßvergleichsverfahren **nur** Gläub von Nachlaßverbindlichkeiten in Frage kommen. Und auch diese nur, soweit sie nach Maßg der §§ 25 ff am Verfahren beteiligt sind. Zu beachten ist dabei, daß nach KO § 221 Maßnahmen der ZwVollstr und des Arrestvollzuges, welche nach Eintritt des Erbfalls erwirkt sind, kein Absonderungsrecht im Konkurse gewähren. **Absonderungsberechtigt** sind also nur Gläub, welche bereits vor dem Erbfall eine die abgesonderte Befriedigg begründende Rechtsstellung erlangt haben; nur für sie gilt VglO § 27 (mit den Beschränkungen nach Maßg des § 28, wobei der Beginn der Sperrfrist auf den Zeitpunkt des Erbfalls zurückverlegt wird). Erg vgl Bley-Mohrbutter 44 b.

Eine **Einschränkung des Kreises der VglGläub** bringt § 113 Abs 1 Nr 6, wonach Gläub der in KO § 224 bezeichneten Fdgen auch dann nicht am Verfahren beteiligt sind und von einem Vergleich nicht betroffen werden, wenn die Fdgen zur Zeit der Eröff des VglVerf bereits begründet waren. Das VglVerf hindert diese Gläub also an der Verfolgung und Durchsetzung ihrer Ansprüche nicht. – **Gläub der in KO § 226 II und IV genannten Fdgen** sind gleichfalls nicht am VglVerf beteiligt und werden von einem Vergleich nicht betroffen. Für sie gilt aber hinsichtl der Rechtsverfolgung die besondere Vorschr des **§ 113 Nr 7**, nach welcher sie während des VglVerf in den Nachlaß keine ZwVollstr vornehmen, insbes keine Arreste und einstw Verfügungen vollziehen dürfen.

12) NachlaßVglGläub, welche weder im GläubVerzeichnis des § 6 aufgeführt sind, noch ihre Fdgen nach Maßg des § 67 angemeldet haben, werden nicht vom rechtswirksamen Vergleich erfaßt. Ihnen haftet der Erbe nur nach Maßg des BGB § 1989. Der Vergleich wirkt seinem Inhalte nach weder für noch gegen diese. Sie haben die Stellung von minderberechtigten Gläub, welche erst nach vergleichsmäßiger Befriedigg der beteiligten Gläub Berichtigg ihrer Fdgen aus dem Nachlaßüberschuß verlangen können. Sie sind aber, wenn sie ihre Fdgen geltend machen, vor Pflichtteilsanspr, Vermächtnissen und Auflagen sowie Erbersatzanspr zu befriedigen. Vgl Kiesow Bem 42 zu § 92; Bley-Mohrbutter 56 b mit weit Hinw; für den Zwangsvergleich im Konkurs vgl Jaeger-Weber 18 zu KO § 230, Mentzel-Kuhn-Uhlenbruck 7 zu KO § 230. – Gläub, welche weder im GläubVerzeichnis aufgeführt sind noch ihre Fdgen angemeldet haben, können auch eine etwa vom Erben im Vergleich übernommene persönl Haftung nicht in Anspr nehmen, Kiesow 43 zu § 92.

13) § 113 Nr 8 ist durch Art 3 II Nr 1 GleichberG gestrichen worden. **§ 113 Abs 2**, der dem § 113 VglO durch Art 3 II Nr 2 GleichberG angefügt ist, hat die frühere Bestimmung des § 113 Nr 8 übernommen, ist aber mit Rücksicht auf den Grundsatz der Gleichberechtigung und die Zulassung des VglVerf über das von Ehegatten gemeinschaftl verwaltete

§ 114
13. Abschnitt

Gesamtgut einer Gütergemeinschaft (vgl § 2 Anm 1 Abs 2) auf weitere Sachverhalte erstreckt. § 113 Abs 2 betrifft folgende Fälle:
a) Während eines **Nachlaßkonkurses** oder nach dessen Aufhebung (nicht nach Einstellung zufolge KO §§ 202, 204) ist über das Vermögen des (eines) Erben oder, wenn dieser in Gütergemeinschaft lebt, über das Vermögen seines Ehegatten oder über das (von den Ehegatten gemeinschaftl verwaltete) Gesamtgut der Gütergemeinschaft das VglVerf anhängig.
b) Über einen Nachl ist **NachlVerwaltg** angeordnet. Gleichzeitig ist über das Vermögen eines Erben oder, wenn dieser in Gütergemeinschaft lebt, über das Vermögen seines Ehegatten oder über das (von den Ehegatten gemeinschaftl verwaltete) Gesamtgut der Gütergemeinschaft das VglVerf anhängig.

Bei diesen Sachverhalten haben die **NachlGläub**, denen der Erbe unbeschränkt haftet, nach § 113 Abs 2 im VglVerf über das Eigenvermögen des Erben und seines mit ihm in Gütergemeinschaft lebenden Ehegatten sowie im VglVerf über das von den Ehegatten gemeinschaftl verwaltete Gesamtgut der Gütergemeinschaft in sinngemäßer Anwdg des KO § 234 als beteiligte (Vgl-)Gläub die Stellung **absonderungsberechtigter Gläub** gemäß § 27, § 71 Abs 2, 3, § 97. Daß trotz der Verweisung in KO § 234 allein auf KO § 64 im Rahmen des § 113 Abs 2 auch die Bestimmungen des § 27 Abs 1 S 2 und des § 97 (Berücksichtigung bei VglErfüllung mit dem mutmaßlichen Ausfall) gelten, ergibt sich aus § 110 Abs 1 S 2, wo bei der entspr Rechtslage § 97 ausdrückl für anwendbar erklärt ist.

14) § 113 Abs 2 gilt – wie die frühere Bestimmung des § 113 Nr 8 – entsprechend, wenn in den zu § 13a genannten Fällen nicht NachlKonk, sondern das **NachlVglVerf** angeordnet ist.

Vergleichsverfahren über das Gesamtgut einer fortgesetzten Gütergemeinschaft

114 Auf das Vergleichsverfahren zur Abwendung des Konkurses über das Gesamtgut einer fortgesetzten Gütergemeinschaft finden die Vorschriften des § 113 entsprechende Anwendung. Vor der Entscheidung über den Antrag auf Eröffnung des Verfahrens sind die anteilsberechtigten Abkömmlinge, soweit tunlich, zu hören.

1) Fortsetzung der Gütergemeinschaft besteht nach BGB § 1483 darin, daß die ehel Gütergemeinschaft nach dem Ableben eines Ehegatten vom Überlebenden mit den gemeinschaftl Abkömmlingen, welche im Falle der gesetzl Erbfolge zu Erben des verstorbenen Ehegatten berufen wären, fortgesetzt wird. – § 114 betrifft das **VglVerf über das Gesamtgut der fortges Gütergemeinschaft**.

2) Vergleichsgrund ist ledigl Überschuldung, nicht auch Zahlungsunfähigkeit; vgl VglO § 2 I S 3 in Vbdg mit KO § 215. Für die Frage der Überschuldung ist der Zeitpunkt der Eröff des VglVerf maßgebend; doch muß sie gegeben sein auf Grund der Gesamtgutsverbindlichkeiten, welche beim Eintritt der fortges Gütergemeinschaft bereits bestanden. – Die **VglGläubEigenschaft** wird bestimmt durch den Eintritt der fortges

Besondere Arten des Vergleichsverfahrens **§ 114a**

Gütergemeinschaft und nicht durch den Zeitpunkt der Eröff des VglVerf, so daß nur Gläub von Gesamtgutsverbindlichkeiten aus früherer Zeit VglGläub sein können, KO § 236 S 2. Forderungen aus Gesamtgutsverbindlichkeiten nach dem Eintritt der fortges Gütergemeinschaft gelten als Neuerwerb und begründen keine VglForderungen; Bley-Mohrbutter 19a. Es scheiden ferner aus Pflichtteilsrechte, Forderungen aus Vermächtnissen und Auflagen sowie Erbersatzanspr.

3) Antragsberechtigt sind:
a) der **überlebende Ehegatte** als Schuldner; nicht auch die Abkömmlinge, weil sie für die Gesamtgutsverbindlichkeiten nicht haften,
b) ein **Gesamtgutsverwalter.**
Antragspflicht des überlebenden Ehegatten uU zufolge BGB §§ 1489 II, 1980. – Der **Antrag kann nicht mehr gestellt werden,** wenn der Ehegatte für die Gesamtgutsverbindlichkeiten persönl nur infolge des Eintritts der fortges Gütergemeinschaft haftet und wenn er für diese Verbindlichkeiten dann die ihm in BGB § 1489 II gewährte Möglichkeit der Haftungsbeschränkung verloren hat, Bley-Mohrbutter 13a, oder die Gemeinschaft aus einem der in BGB §§ 1492–1495 aufgeführten Gründe bereits beendet ist; vgl Bley-Mohrbutter 13b.

4) Vergleichsschuldner ist, wenn der überlebende Ehegatte den VglAntrag stellt, lediql dieser, und nicht auch die Abkömmlinge. – Ablehnung der Eröff des VglVerf, Versagg der VglBestätigg und Einstellg des VglVerf aus einem in der Person des Schuldners liegenden Grund also nur, wenn der Grund in der Person des überlebenden Ehegatten vorliegt.

5) Vergleichsgericht ist nach §§ 113, 114, KO §§ 214, 236 das Amtsgericht, in dessen Bezirk der verstorbene Ehegatte im Zeitpunkt seines Todes seinen allg Gerichtsstand hatte; erg Bem 6 zu KO § 214.

114a **Für das Vergleichsverfahren über das Gesamtgut der Gütergemeinschaft gelten folgende besondere Vorschriften:**
1. Der Antrag muß von den beiden Ehegatten gestellt werden.
2. Soweit es für die Eröffnung oder die Fortsetzung des Verfahrens auf das Verhalten des Schuldners ankommt, genügt es, wenn ein die Ablehnung der Eröffnung, die Versagung der Bestätigung des Vergleichs oder die Einstellung des Verfahrens rechtfertigender Grund in der Person eines der Ehegatten vorliegt.
3. Der Vergleich begrenzt, soweit er nichts anderes festsetzt, zugleich den Umfang der persönlichen Haftung der Ehegatten.

1) Die Bestimmung des § 114a (eingefügt in die VglO durch Art 3 II Nr 3 GleichberG) enthält besondere Vorschriften für das **VglVerf über das Gesamtgut einer Gütergemeinschaft.** Zulässig ist ein solches VglVerf, wenn das Gesamtgut von den Ehegatten gemeinschaftl verwaltet wird und beide Ehegatten zahlungsunfähig sind; vgl. § 2 Anm 1 Abs 2.

§ 114b

2) Nach § 114a **Nr 1** muß der VglAntrag, da er Ausfluß der gemeinschaftl Verwaltung ist, von beiden Ehegatten gestellt werden. Nach § 114a **Nr 2** müssen, da beide Ehegatten VglSchuldner sind, die Ablehnung der Eröff des VglVerf (§§ 17, 18), die Versagung der Bestätigg des Vgl (§ 79) und die Einstellung des VglVerf (§§ 99, 100) schon dann erfolgen, wenn ein die Ablehnung, Versagung oder Einstellung rechtfertigender Grund in der Person nur **eines** Ehegatten vorliegt. § 114a **Nr 3**, wonach der Vgl im Gesamtgutsverf, soweit er nichts anderes festsetzt, zugleich den Umfang der persönl Haftung der Ehegatten begrenzt, entspricht der Regelung des § 109 Nr 3 betr die Begrenzung der persönl Haftung der Gesellschafter durch einen Vgl im OHG-VglVerf (dazu § 109 Anm 5).

Die dem § 114a Nr 3 entspr Regelung für den ZwVgl im Konkurse ist in § 236b Abs 2 (Art 3 I Nr 5 GleichberG) getroffen.

114b

I Ist das Vergleichsverfahren oder das Konkursverfahren über das von den Ehegatten gemeinschaftlich verwaltete Gesamtgut und das Vergleichsverfahren über das sonstige Vermögen eines Ehegatten eröffnet worden, so sind die Gesamtgutsgläubiger in dem Vergleichsverfahren über das sonstige Vermögen eines Ehegatten nur in Höhe des Betrages beteiligt, für den sie in dem Verfahren über das Gesamtgut keine Befriedigung erhalten. § 71 Abs. 2 und § 97 gelten sinngemäß.

II Das Vergleichsverfahren über das Gesamtgut steht für die Befriedigung der Gesamtgutsgläubiger im Konkursverfahren über das sonstige Vermögen eines Ehegatten dem Konkursverfahren gleich.

1) Im Rahmen des **§ 114b** (eingefügt in die VglO durch Art 3 II Nr 3 GleichberG) trifft **§ 114b Abs 1** eine Sonderregelung für den Fall, daß ein **Vgl- oder KonkVerf über das** (von den Ehegatten gemeinschaftl verwaltete) **Gesamtgut einer Gütergemeinschaft mit einem VglVerf über das sonstige Vermögen eines Ehegatten zusammentrifft**. Die Regelung entspricht den Bestimmungen, die nach § 110 Abs 1 VglO beim Zusammentreffen eines Vgl- oder KonkVerf über das Vermögen einer OHG und eines VglVerf über das Privatvermögen eines persönl haftenden Gesellschafters dieser Gesellschaft Anwdg finden, so daß zur weiteren Erläuterung des § 114b Abs 1 auf Bem 1 zu § 110 verwiesen werden kann.

2) § 114b Abs 2 betrifft das **Zusammentreffen des VglVerf über das** (von Ehegatten gemeinschaftl verwaltete) **Gesamtgut einer Gütergemeinschaft mit einem Konkurs über das sonstige Vermögen eines Ehegatten**. Die Vorschrift entspricht der Bestimmung des § 110 Abs 2 für das Zusammentreffen eines VglVerf über das Vermögen einer OHG mit einem KonkVerf über das Privatvermögen eines persönl haftenden Gesellschafters dieser Gesellschaft. Wie § 110 Abs 2 VglO den § 212 KO ergänzt (vgl Bem 3 zu § 110 VglO), so ergänzt die neue Bestimmung des § 114b Abs 2 VglO den neuen § 236c KO (Art 3 I Nr 5).

14. Abschnitt. Allgemeine Verfahrensvorschriften

Grundsatz

115 Auf das Verfahren finden, soweit dieses Gesetz nichts anderes bestimmt, die Vorschriften der Zivilprozeßordnung entsprechende Anwendung.

1) Das VglVerf ist eine **besondere Art des bürgerl Rechtsganges**. Es gehört wesensmäßig nicht zur streitigen Gerichtsbarkeit, doch finden, soweit die Vergleichsordnung nichts anderes bestimmt, auf das Verfahren die Vorschriften der Zivilprozeßordnung entsprechende Anwendung (§ 115); dazu Bley-Mohrbutter 2; Berges KTS **64,** 56. Die Maßgeblichkeit der Vorschr des **GVG** neben der **ZPO** wird als selbstverständl vorausgesetzt.

2) Anwendbar sind ua die Vorschr über den **allg Gerichtsstand,** ZPO §§ 13 ff; **Bestimmung des zuständigen Gerichts,** ZPO § 36 (dazu Karlsruhe OLG **42,** 75 Anm. 1); **Ablehnung und Ausschließung von Gerichtspersonen,** ZPO §§ 41–49 (dazu Celle JW **30,** 565); **Parteifähigk, Prozeßfähigk, Vertretung,** ZPO §§ 50 ff, 80 ff (dazu Naumburg DJ **41,** 1041 f; KG OLG **41,** 251); **Verweisung** bei Unzuständigkeit, ZPO § 281, **Fristen** und **Wiedereinsetzung** bei Fristversäumnis, ZPO §§ 222, 224 II, 225; **Glaubhaftmachung,** ZPO § 294; **Rechtskraftwirkung,** ZPO §§ 322 ff (dazu Bem 1 zu § 85); **Beweisaufnahme,** ZPO §§ 355 ff; **Beschwerde,** ZPO §§ 567, 577 (dazu Bem 1 zu § 121); **Berichtigg,** ZPO § 319 (vgl Bem 1 zu § 21); **Prozeßleitung, Sitzungspolizei, Ordnungsstrafen, Protokollierung,** ZPO §§ 136–144, 156–165; GVG §§ 176–191; **Rechtshilfe,** GVG §§ 156 ff (unzulässig ist aber ein Rechtshilfeersuchen um Abhaltung des VglTermins).

3) Abweichungen von den Vorschr der ZPO und des GVG ergeben sich aus den Bestimmungen der **§§ 115–121** sowie aus der Eigenart des VglVerf. Nach Maßg des § 116 **eigene Ermittlungspflicht des Gerichts.** § 117 bestimmt, daß **Entscheidungen ohne mündl Verhandlung** ergehen können. Der Grundsatz der Öffentlichkeit gilt nicht, weil das VglGericht nicht erkennendes Gericht ist. Für **Zustellungen** gelten ZPO §§ 175 I 1, 208 f, 211, 213 mit den im § 118 bestimmten Abweichungen. Für bestimmte Beschlüsse und Anordnungen gelten die **öffTl Bekanntgabe** nach Maßg und mit der Wirkung des § 119 vorgesehen. **Akteneinsicht** nach Maßg des § 120. **Beschwerde** und **Erinnerung** nur, soweit in der VglO (dazu § 121) – ergänzt durch RpflG § 11 – besonders zugelassen. – § 17 Nr 6 schließt die Bewilligung des **Armenrechts** für das VglVerf aus, Vogels-Nölte VI Abs 2 Nr 1 zu § 17; Bley-Mohrbutter 8 zu § 115.

Amtsbetrieb

116 Das Gericht hat alle das Verfahren betreffenden Ermittlungen anzustellen. Es kann zu diesem Zwecke insbesondere den **Schuldner hören, Zeugen und Sachverständige vernehmen** und eine

§ 116

Gläubigerversammlung berufen; für die Berufung dieser Gläubigerversammlung genügt öffentliche Bekanntmachung des Termins.

1) Im VglVerf herrscht **Amtsbetrieb** (Grundsatz der materiellen Wahrheit; Bley-Mohrbutter 1). Das VglGericht hat alle das Verfahren betreffenden Ermittlungen anzustellen, also den Sachverhalt nach jeder Richtung hin selbständig aufzuklären. Anträge der Beteiligten haben grundsätzl nur die Bedeutung von Anregungen; lediglich in Ausnahmefällen (vgl ua §§ 2, 13, 48 II, 71 II S 2, 77 I und II) ist eine bestimmte Entscheidung des Gerichts von einem Antrag abhängig. In der Wahl der Aufklärungsmittel ist das Gericht grundsätzlich frei; doch ist ua in § 14 die Anhörung der Berufsvertretung, in § 66 II auf Antrag die Anhörung nicht beteiligter Gläub, in § 78 II die Anhörung von Schuldner, VglVerw und GläubBeirat, in § 111 Nr 1 die Anhörung der Vorstandsmitgl einer Genossenschaft, die den VglAntrag nicht gestellt haben, in § 111 Nr 3 die Anhörung des Prüfungsverbandes sowie in § 113 I Nr 1 (in Vbdg mit § 217 III KO) die Anhörung der Erben in Fällen, in denen der TestVollstrecker das NachlaßverglVerf beantragt hat, zwingend vorgeschrieben. – § 116 gilt – wie § 14 ausdrücklich hervorhebt – bereits im Vorverfahren und hat hier besondere Bedeutung im Hinblick auf die Ablehnungsgründe des § 18; vgl dazu Weiß BB **52**, 297 ff.

2) Aufklärungsmittel sind insbes

a) mündl und schriftl **Anhörung des Schuldners.** Abnahme einer eidesstattl Versicherung im Vorverfahren nach § 3 IV jedoch nur mit Bezug auf die Fragen zu § 3 II und III. Im Verfahren selbst Abnahme einer eidesstattl Versicherung nur nach § 69 II in Vbdg mit § 69 I. – Die Auskunft des Schuldners kann nicht erzwungen werden; bei Weigerung jedoch uU Anw des § 17 Nr 2, 7, § 19 und nach VerfEröff Anw der § 100 I 2, 7, § 101;

b) **Anhörung des VglVerw und des GläubBeirats;** auch Anhörung einzelner Mitgl des Beirats;

c) **Vernehmung von Zeugen und Sachverständigen.** Es gelten die ZPO §§ 375 ff, 402 ff. Vernehmung grundsätzl uneidlich, doch ist Beeidigung statthaft; zu beachten ist aber RpflG § 4 II 1, III. Ob ein Zeuge die Aussage oder den Eid verweigern kann, bestimmt sich nach ZPO §§ 383 ff. Als Parteien iS dieser Bestimmungen sind dabei der VglSchuldner und die VglGläub anzusehen. – VglGläub können daher weder als Zeugen noch als Sachverständige gehört werden, Krieg 5;

d) **Einsicht in die Bücher und Geschäftspapiere des Schuldners,** Herbeischaffung von Urkunden, Einholung von behördl Auskünften, Beiziehung von Akten;

e) **Anhörung von VglGläubigern.** Doch dürfte eidl Vernehmung oder das Erfordern eidesstattl Versicherung insoweit nicht zulässig sein;

f) **Berufung einer GläubVersammlung.** Eine solche außerhalb des VglTermins einberufene GläubVersammlung dient aber nur der Aufklärung über die Verhältnisse des Schuldners, die Aussichten des Vgl, das Vorliegen eines Einstellungsgrundes. Sie kann schon im Vorver-

Allgemeine Verfahrensvorschriften **§§ 117, 118**

fahren einberufen werden. Verbindl Abstimmungen finden bei einer solchen GläubVersammlung nicht statt. Auch kann in ihr nicht vom Schuldner die Abgabe einer eidesstattl Versicherung nach § 69 II verlangt werden. – Für die **Einberufung** einer solchen GläubVersammlung genügt öfftl Bekanntgabe des Termins nach Maßg des § 119. Keine besonderen Ladungen.

3) Probleme der **Ermittlungskonkurrenz** von Strafverfolgungsbehörde und VglGericht bei VglVerfahren behandelt Uhlenbruck in KTS **67**, 9 ff.

Mündliche Verhandlung

117 Die Entscheidungen können ohne mündliche Verhandlung ergehen.

1) Die Bestimmung betrifft Entscheidungen **im Vergleichsverfahren,** mögen sie das Gesamtverfahren oder auch nur Zwischenfragen betreffen, prozeßleitenden oder sachl Inhalt haben; vgl für das Konkursrecht Jaeger-Weber KO § 73 Anm 2.

2) Mündl Verhandlung ist freigestellt; keine Bindung des Gerichts an dahingehende Anträge der Beteiligten. Zweckmäßig sind solche Verhandlungen uU zur Vorbereitung von Entscheidungen nach §§ 50 f, 58, 65, 97. – Für die mündl Verhandlung gelten insbes die ZPO §§ 136, 159 ff. Kein Anwaltszwang. Für die Vertretung von Beteiligten gelten ZPO §§ 79 f, 157. Zur Zurückweisung berufsmäßiger GläubVertreter vgl Vogels-Nölte II 5 b zu § 66 mit weit Hinw.

3) Entscheidungen des Gerichts auch nach mündl Verhandlung ergehen in **Beschlußform;** dazu ZPO § 329 I.

Zustellungen

118 ¹ **Die Zustellungen erfolgen von Amts wegen, und zwar durch Aufgabe zur Post. Einer Beglaubigung des zuzustellenden Schriftstücks bedarf es nicht.**

II Die Postsendung ist, wenn die Person, an die zugestellt werden soll, sich im Ausland befindet, mit der Bezeichnung „Einschreiben" zu versehen.

III An Personen, deren Aufenthalt unbekannt ist, wird nicht zugestellt. Haben sie einen zur Empfangnahme von Zustellungen befugten Vertreter, der im Inland wohnt und dem Gericht bekannt ist, so wird dem Vertreter zugestellt.

1) Zustellungen im VglVerf erfolgen **von Amts wegen,** und zwar **durch Aufgabe zur Post.** Für die Bewirkung der Zustellung hat die Geschäftsstelle Sorge zu tragen, ZPO § 209. Die Sendung muß verschlossen sein; sie muß mit der Anschrift der Person, an welche zugestellt werden soll, sowie mit der Bezeichnung der absendenden Stelle und einer Geschäftsnummer versehen sein, ZPO § 211 S 2. Die **Zustellung ist bewirkt mit der Übergabe an die Post,** bei Einwurf in den Briefkasten

§ 119

also mit dem Einwurf, ZPO § 175. Der Urkundsbeamte hat in den Akten zu vermerken, zu welcher Zeit und unter welcher Adresse die Aufgabe geschehen ist. Der Aufnahme einer Zustellungsurkunde bedarf es nicht, ZPO § 213. Die Zustellung wird mit der Aufgabe zur Post auch dann als bewirkt angesehen, wenn die Sendung als unbestellbar zurückkommt, ZPO § 175 I S 3.

§ 118 läßt auch eine Zustellung nach den Regelvorschr zu.

2) Nach **§ 118 Abs 1 S 2** bedarf es einer Beglaubigg des zuzustellenden Schriftstückes nicht. Doch ist, wo Ausfertigungen zuzustellen sind, Ausfertigg nach Maßg des ZPO § 329 I 2 in Vbdg mit ZPO § 317 III erforderlich. Für Ladungen gilt ZPO § 497.

3) § 118 Abs 2. Für **Zustellungen an Personen, welche sich im Ausland befinden,** gelten nicht ZPO §§ 199 ff. Auch bei ihnen Zustellung durch Aufgabe zur Post (Bem 1), doch ist die Postsendung mit der Bezeichnung „**Einschreiben**" zu versehen und als Einschreibsendung zur Post zu geben. – Außerhalb des Bereichs des § 118 II kann eine Zustellung in der gleichen Weise erfolgen; doch ist das Gericht auch dann nicht dazu verpflichtet, wenn der Beteiligte es verlangt und zur Zahlung der Mehrkosten bereit ist, da ZPO § 175 II keine Anw findet, Krieg 4.

4) § 118 Abs 3. Keine Zustellung an Personen, deren Aufenthalt unbekannt ist. Eine solche Zustellung erübrigt sich auch im Hinblick auf § 119 IV, weil die öfftl Bekanntgabe nach § 119 II als Zustellung an alle Beteiligten gilt. – Haben Personen, deren Aufenthalt unbekannt ist, einen im Inland wohnenden und dem Gericht bekannten (dazu § 6 III) **Zustellungsbevollmächtigten,** so wird diesem Vertreter durch Aufgabe zur Post (Bem 1) zugestellt.

Öffentliche Bekanntmachungen

119 ^I **In den öffentlichen Bekanntmachungen ist der Schuldner genau zu bezeichnen, insbesondere sind seine Anschrift und sein Geschäftszweig anzugeben.**

^{II} **Die öffentlichen Bekanntmachungen erfolgen durch mindestens einmalige Einrückung in das zur Veröffentlichung amtlicher Bekanntmachungen des Gerichts bestimmte Blatt; die Einrückung kann auszugsweise geschehen. Die Bekanntmachung gilt als bewirkt mit dem Ablauf des zweiten Tages nach der Ausgabe des die Einrückung oder die erste Einrückung enthaltenden Blattes.**

^{III} **Die Bekanntmachung ist auszugsweise in den** Deutschen Reichsanzeiger **einzurücken; auch kann das Gericht weitere Bekanntmachungen anordnen.**

^{IV} **Die öffentliche Bekanntmachung gilt als Zustellung an alle Beteiligten, auch wenn dieses Gesetz neben ihr eine besondere Zustellung vorschreibt.**

1) Öffentliche Bekanntmachung wird gefordert in §§ 11, 12, 15, 19 V, 22, 60, 65, 81, 95, 96 VI, 98 III, 101. Sie erfolgt **durch mindestens einmalige Einrückung in das zur Veröffentlichung amtlicher Bekannt-**

machungen des Gerichts bestimmte Blatt; dabei genügt auszugsweise Bekanntmachung. Doch muß jede Bekanntmachung Namen (bürgerl und kaufmännischen), Geschäftszweig und Anschrift des Schuldners enthalten. – Die Bekanntgabe gilt als **bewirkt** (wichtig für § 119 IV) mit dem Ablauf des zweiten Tages nach der Ausgabe des die Einrückung oder (bei mehrmaliger Veröffentlichung) die erste Einrückung enthaltenden Blattes. Auf den Zweitagelauf findet ZPO § 222 II Anw, Jaeger-Weber 4 zu KO § 76; Mentzel-Kuhn-Uhlenbruck 3 zu KO § 76; Bley-Mohrbutter 4 (and Krieg 5).

2) Jede Bekanntmachung ist auch auszugsweise in den ,,*Deutschen Reichsanzeiger*'' einzurücken, **§ 119 III**. An die Stelle dieses Blattes ist für das Bundesgebiet der ,,Bundesanzeiger'' getreten. Die Unterlassung der Veröffentlichung im Bundesanzeiger kann nur für die Frage einer Kenntnis der veröffentlichten Maßnahme Bedeutung haben. Als Zustellung gilt nicht diese Veröffentlichung, sondern ledigl die Bekanntgabe nach § 119 II (§ 119 IV).

3) **Nach § 119 IV gilt die öfftl Bekanntmachung nach Maßgabe des § 119 Abs 2 als Zustellung an alle Beteiligten,** auch wenn das Gesetz neben ihr Einzelzustellung fordert. – Ist aber wirksame Einzelzustellung erfolgt, so gilt als Zustellungstag der Tag, an welchem die Einzelzustellung bewirkt ist, sofern dieser vor dem Wirksamwerden der öfftl Bekanntmachung liegt. Wird die Einzelzustellung später bewirkt, so hat sie nur Bedeutung für die Frage der Kenntnis. Das Unterlassen vorgeschriebener Einzelzustellung kann jedoch Schadenshaftung auslösen, KO § 76 Anm 2 mit Nachw.

Akteneinsicht

120 ^I **Der Schuldner, der vorläufige Verwalter, der Vergleichsverwalter und jeder Gläubiger können die Akten einsehen; der Schuldner, der vorläufige Verwalter und der Vergleichsverwalter können sich Abschriften daraus erteilen lassen.**

^{II} **Gläubigern kann die Einsicht in solche Teile der Akten versagt werden, deren Kenntnis für sie ohne Bedeutung ist oder deren Geheimhaltung nach Angabe des Schuldners für die Fortführung seines Unternehmens erforderlich ist.**

^{III} **Anderen als den im Absatz 1 bezeichneten Personen kann der Vorstand des Gerichts ohne Einwilligung des Schuldners die Einsicht der Akten nur gestatten, wenn ein rechtliches Interesse glaubhaft gemacht wird.**

1) § 120 regelt das Recht auf **Akteneinsicht** (Einsicht in die Gerichtsakten betr das VglVerf) erschöpfend. ZPO § 299 findet nebenher keine Anwendung.

2) Ein **unbeschränktes Recht auf Akteneinsicht** haben der VglSchuldner, der vorl Verwalter, der VglVerwalter. Diese Personen können auch **Abschriften** verlangen. Für die Erhebung von Schreibgebühren gilt Kostverz Nr 1900 der Anlage 1 zu GKG § 11.

§ 120

Beschränkte Akteneinsicht haben die Gläub des VglSchuldners, und zwar VglGläub und NichtvglGläub, auch Neugläubiger. Mitgl des GläubBeirats stehen den Gläub des VglSchuldners in dieser Beziehung gleich, auch wenn sie selbst nicht Gläub sind. Die **Beschränkung der Akteneinsicht besteht darin, daß** versagt werden kann die Einsicht

a) in solche **Teile, deren Kenntnis für die Gläub ohne Bedeutung ist.** Die Vorschr soll berechtigte Interessen Dritter schützen. – Ob die Voraussetzungen der Bestimmung vorliegen, entscheidet das Gericht nach pflichtgemäßem Ermessen. Dieses wird nur in äußersten Fällen von dem Recht zur Verweigerung der Akteneinsicht Gebrauch machen, weil jede Weigerung die Gläub mißtrauisch macht, Kiesow 3 zu § 13. – Nach der Begr zur VglO von 1927 (S 18) kommen ua solche Teile der Akten in Frage, welche sich über eine etwaige Ordnungsstrafe gegen den Verwalter verhalten;

b) in solche **Teile, deren Geheimhaltung nach Angabe des Schuldn für die Fortführung seines Unternehmens erforderl ist.** Diese Beschränkung ist im Interesse des Schuldners gegeben und erfaßt ua Erörterungen über Geschäftsgeheimnisse, über Bezugs- und Absatzmöglichkeiten. Verlangt der Schuldner Geheimhaltung, so wird das Gericht idR den Gläub die Einsichtnahme in die vom Schuldner bezeichneten Vorgänge verweigern. Doch ist das Verlangen des Schuldners nicht entscheidend; vgl Bley-Mohrbutter 5b; Uhlenbruck AnwBl **71**, 334 im Rahmen eines Aufsatzes über das Recht der Akteneinsicht im Konkurs- und VglVerfahren (and Kiesow 4 zu § 14). Letztlich entscheidet das Gericht. Das folgt eindeutig aus der Gesetzesfassung, nach welcher das Gericht die Einsichtnahme versagen „kann" (nicht „muß"), Krieg 4.

3) Abschriften aus den Akten können **die Gläub** nicht verlangen, § 120 I S 2. Damit ist aber ledigl das Recht der Gläub auf Erteilung von Abschriften, nicht auch die Befugnis des Gerichts zur Erteilung ausgeschlossen.

4) Dritte Personen können ohne Einwilligg des Schuldners nach Maßg des § 120 III in die Akten nur Einsicht nehmen, wenn

a) ein **rechtl Interesse** glaubhaft gemacht wird. – Ein solches Interesse hat jeder, dessen Rechtskreis das Vergleichsverfahren als solches oder bestimmte in den Akten enthaltene Vorgänge, zB Urkunden, berühren, vgl Baumbach-Lauterbach-Hartmann 4 zu ZPO § 299. Zur Glaubhaftmachung vgl ZPO § 294. – und

b) der **Vorstand des Gerichts** (d i beim Amtsgericht der Direktor bzw Präsident des Amtsgerichts, beim Landgericht der Präsident des Landgerichts) die **Einsichtnahme gestattet.** Gegen Versagg evtl Beschw im Aufsichtswege.

5) Akteneinsicht nach § 120 nur an Gerichtsstelle. **Keine Aktenversendung** zum Zwecke der Einsichtnahme.

6) Zur Einsichtnahme durch Beamte der **Länderbanken** vgl AV des PreußJM vom 30. 6. 1930 (JMBl 214), die jedoch durch die zuständigen Stellen der jetzigen Länder teils aufgehoben, teils geändert ist. Für

Allgemeine Verfahrensvorschriften **§ 121**

Nordrhein-Westf gilt die AV d JM v 16. 6. 1959 (JMBl NW S 190); für Niedersachsen die AV v 19. 3. 1951 (NdsRpfl **51,** 58). – Zur Akteneinsicht durch Organe der Sozialversicherungsträger sei für Nordrhein-Westf auf die RV d JM v 30. 10. 1967 (1450 – I B 13) hingewiesen.

Rechtsmittel

121 ^I **Die Entscheidungen des Gerichts können nur insoweit angefochten werden, als dieses Gesetz es bestimmt.**

^{II} **Soweit eine Anfechtung stattfindet, erfolgt sie durch sofortige Beschwerde. Die Beschwerdefrist (Notfrist) beträgt eine Woche. Die Frist beginnt mit der Verkündung der Entscheidung oder, wenn diese nicht verkündet wird, mit ihrer Zustellung.**

^{III} **Eine weitere Beschwerde findet nicht statt.**

1) Die Vergleichsordnung bestimmt ausdrücklich die Anfechtbarkeit von Entscheidungen,

a) durch welche zugleich mit der Ablehnung der Eröff des VglVerf über die KonkursEröff entschieden wird, § 19 II;

b) durch welche zugleich mit der Versagg der VglBestätigg über die KonkursEröff entschieden wird, § 80 II;

c) durch welche zugleich mit der Einstellung des VglVerf über die KonkursEröff entschieden wird, § 101;

d) durch welche im Nachverfahren nach Maß des § 96 über die KonkursEröff entschieden wird, § 96 V, VI;

e) durch welche für den VglVerwalter die Höhe der zu erstattenden Auslagen und der Vergütung sowie für die Mitglieder des GläubBeirats die Höhe der zu erstattenden Auslagen und des Ersatzes für Zeitversäumnis festgesetzt werden, §§ 43 III, 45 II;

f) in denen gegen den Verwalter eine Ordnungsstrafe festgesetzt wird, § 41 IV.

2) Die Entscheidungen zu 1) sind, wenn sie vom **Richter** getroffen wurden, nach § 121 II S 1 mit der **sofortigen Beschwerde** anfechtbar. In den Zuständigkeitsbereich des Richters fallen nach § 19 I RpflG die zu 1 a) aufgezeigten Entscheidungen, weil sie das Verfahren bis zur Entscheidung über den Eröffnungsantrag betreffen; ferner nach § 19 II RpflG die zu 1 d) aufgezeigten Entscheidungen, wenn die Entscheidung auf Antrag zu treffen ist; sowie nach § 19 III RpflG Entscheidungen, die von einem Vorbehalt nach Maßgabe dieser Vorschrift oder der danach uU gegebenen Befugnis des Richters, das Verfahren wieder an sich zu ziehen, erfaßt werden.

3) Auf die **sofortige Beschwerde** (vgl Anm 2) finden nach § 115 die ZPO §§ 568 ff, 577 Anw; doch gelten folgende Besonderheiten:

a) nach § 121 II für die **BeschwFrist.** Sie beginnt mit der Verkündung der Entscheidung, oder, wenn eine Verkündung nicht erfolgt ist, mit der Zustellung; Näh in Bem 3 zu § 119. Dauer der BeschwFrist nur eine Woche; anwendbar sind ZPO § 222 I und II in Vbdg mit BGB

§ 121

§§ 187 II, 188 II. Die BeschwFrist ist Notfrist, ZPO § 223. Sie duldet also keine Verkürzung und keine Verlängerung, ZPO § 224; sie läßt bei Versäumnis Wiedereinsetzung nach ZPO § 233 zu. Sie läuft nach ZPO § 251 trotz Ruhens des Verfahrens. Nichtigkeits- und Restitutionsbeschwerde nach ZPO § 577 II S 3 sind möglich;

b) **nach §§ 41 IV, 43 III, 45 II**. In diesen Fällen ist das **VglGericht zu einer Änderung seiner Entscheidung befugt;**

c) **nach § 121 III**. Danach **keine weitere Beschwerde.** Das gilt auch, wenn die Aufhebung der Eröffnung des Anschlußkonkurses wegen Fehlens der Vergleichsantragsvoraussetzungen beantragt werden soll; Hamburg MDR **67,** 136, 137. – Es wird aber mit Bley-Mohrbutter 13b angenommen werden müssen, daß weit Beschw ausnahmsweise statthaft ist, wenn das BeschwGericht eine sachliche Entscheidung des VglGerichts zu Unrecht als unzulässig aufgehoben hat (vgl auch Kassel JW 36, 2663). Weist das Landgericht dagegen eine Restitutionsbeschwerde zurück, so gibt es dagegen keine weitere Beschwerde, auch keine Erstbeschwerde an das Oberlandesgericht, da dies eine Umgehung des § 121 III darstellen würde, Frankfurt KTS **74,** 181 = OLG **74,** 320.

4) Die Entscheidungen zu 1) sind, wenn sie vom **Rechtspfleger** getroffen wurden, nach § 11 RpflG mit der **Erinnerung** anfechtbar. In den Zuständigkeitsbereich des Rechtspflegers fallen die zu 1 b, c, e und f aufgeführten Entscheidungen sowie die zu 1 d aufgeführten Entscheidungen, wenn sie von Amts wegen zu treffen sind (vgl Anm 6 zu § 96); in allen diesen Fällen aber nur, sofern nicht nach § 19 III RpflG (vgl oben Anm 2 aE) eine Zuständigkeit des Richters gegeben ist.

§ 18 I RpflG, wonach im Verfahren nach der Konkursordnung das Verfahren bis zur Entscheidung über den Eröffnungsantrag unter Einschluß dieser Entscheidung dem Richter vorbehalten bleibt, berührt die Zuständigkeit des Rechtspflegers nicht, weil diese Vorschrift (§ 18 I) nach § 19 II RpflG für die Entscheidung über die Eröffnung des Konkursverfahrens nach § 80 I, § 96 V, VI und § 101 VglO nicht gilt, sofern die Entscheidung über die Eröffnung des Konkursverfahrens von Amts wegen zu treffen ist.

5) Für die **Erinnerung** (vgl. Anm 4 Abs 1) gilt folgendes: der Rechtsbehelf ist nach § 11 I 2 RpflG binnen der für die sofortige Beschwerde geltenden Frist (dazu oben Anm 3 a) einzulegen, weil gegen die Entscheidung, falls sie der Richter erlassen hätte, nach § 121 II 1 VglO die sofortige Beschwerde gegeben wäre. Der Rechtspfleger kann – außer in den Fällen der §§ 41 IV, 43 III, 45 II; vgl Anm 3 zu § 41, Anm 7 zu § 43, Anm 3 zu § 45 – der Erinnerung nicht abhelfen; er legt sie dem Richter vor, der über die Erinnerung entscheidet, wenn er sie für zulässig und begründet hält (§ 11 II 1–3 RpflG). Hält der Richter die Erinnerung nicht für zulässig oder nicht für begründet, so legt er sie dem Rechtsmittelgericht vor und unterrichtet die Beteiligten hiervon (§ 11 II 4 RpflG); in diesen Fällen gilt die Erinnerung als Beschwerde gegen die Entscheidung des Rechtspflegers (§ 11 II 5 RpflG). Gegen die Entscheidung des Richters, der die Erinnerung für zulässig und begründet hält und demgemäß

Allgemeine Verfahrensvorschriften § 121

über sie entscheidet, findet nach § 11 III RpflG in Vbdg mit § 121 II 1 VglO die sofortige Beschwerde statt; dazu dann wie oben Anm 3 a–c.

6) Andere als die in Anm 4 Abs 1 aufgeführten Entscheidungen des Rechtspflegers im Verfahren nach der VglO sind gleichfalls nach § 11 RpflG mit der Erinnerung anfechtbar. Für sie gilt in diesen Fällen auch die Fristbestimmung des § 11 I 2 RpflG, weil gegen die Entscheidung, falls sie der Richter erlassen hätte, nach § 121 I VglO kein Rechtsmittel gegeben wäre. Der Rechtspfleger kann der Erinnerung nicht abhelfen; er legt sie dem Richter vor, der über sie entscheidet (§ 11 II 1–3 RpflG). Die Entscheidung des Richters kann nicht angefochten werden (§ 11 III RpflG in Vbdg mit § 121 VglO.

7) Ausgeschlossen ist nach § 11 V 2 RpflG die Erinnerung gegen Entscheidungen über die Gewährung eines Stimmrechts (§ 71 VglO), über die Änderung eines VglVorschlags in den Fällen des § 76 S 2 VglO sowie gegen die Anordnung oder Ablehnung einer Vertagung des VglTermins nach § 77 VglO).

8) § 121 gilt nicht

a) für **Entscheidungen des VglGerichts nach Maßg der §§ 13, 48 II, wenn der VollstrGläub in Wirklichkeit kein VglGläub ist** und das VglGericht die Beteiligg des Gläub am VglVerf irrtümlich angenommen hat. Alsdann muß ZPO § 793 – zu § 48 II ergänzt durch § 11 RpflG – ausnahmsweise zugelassen werden, Frankfurt JW **33**, 1142 mit zust Anm von Mayer; vgl auch Bem 5 zu § 13; Bem 8 zu § 48 (and Vogels-Nölte I 1);

b) für **Entscheidungen, welche ihre Rechtsgrundlage außerhalb der VglO haben;** zB über Ablehnung eines Richters, Wertfestsetzung, Kostenansatz, Festsetzung von Zeugen- und Sachverständigengebühren, Festsetzung von Strafen wegen Ungebühr und wegen Zeugnisverweigerung; zuzulassen sind die gegen solche Entscheidungen allgemein zugelassenen Rechtsmittel, Vogels-Nölte I 2; vgl auch Hamburg MDR **67**, 137;

c) für **Entscheidungen, die zur Erteilung oder Versagung der VollstrKlausel für den bestätigten Vgl ergehen.** Die Frage der Klauselerteilung betrifft nämlich einen Vorgang, der weder zum sachlichen Ablauf des VglVerf gehört noch von dem gesetzgeberischen Grund des § 121, die Rechtsbehelfe des VglVerf zum Zwecke der Beschleunigg dieses Verf zu beschränken, berührt wird. Das Verf auf Erteilung der VollstrKlausel ist in § 85 nicht geordnet, sondern nur vorausgesetzt. Geordnet ist es allein in ZPO §§ 724 ff. Demnach stehen dem jeweils Betroffenen gegen die Erteilung oder Versagung der VollstrKlausel die Rechtsbehelfe der ZPO zu. Vgl Hbg MDR **58**, 853; so auch Celle 8 W 150/58 v 24. 9. 1958; erg vgl Anm 5 zu § 85.

15. Abschnitt. Schluß- und Übergangsvorschriften

Früherer Fünfzehnter Abschnitt (§§ 122, 123) aufgehoben durch Art 6 Nr 2 des Ersten Gesetzes zur Bekämpfung der Wirtschaftskriminalität (1. WiKG) vom 29. 7. 1976 (BGBl I 2034).

§ 122 VglO aF, der sich mit der Geltendmachung erdichteter Fdgen in einem gerichtlichen Vergleichsverfahren befaßte, war entbehrlich, da das Verhalten regelmäßig wegen Betrugs oder Betrugsversuchs nach § 263 oder §§ 23, 263 StGB strafbar ist (BTDrucks 7/3441 S. 39, 49). Auf § 123 VglO aF konnte verzichtet werden, da der Stimmenkauf in der Praxis keine Bedeutung erlangt hat (BTDrucks 7/3441 S. 34, 49). Beide Vorschriften wurden daher ersatzlos gestrichen. Im übrigen gelten auch im VglVerf die neuen Strafbestimmungen StGB §§ 283–283d, die die bisherigen §§ 239ff KO aF abgelöst haben. Zur Vermeidung von Wiederholungen sei auf die Kommentierung dieser Vorschriften in Böhle-St KO 12. Auflage verwiesen.

Bisheriger Sechzehnter Abschnitt wurde durch Art 6 Nr 2 des Ersten Gesetzes zur Bekämpfung der Wirtschaftskriminalität (1. WiKG) vom 29. 7. 1976 (BGBl I 2034) zum Fünfzehnten Abschnitt.

Arrest und einstweilige Verfügung

124 **Zwangsvollstreckung im Sinne dieses Gesetzes ist auch die Vollziehung eines Arrestes oder einer einstweiligen Verfügung.**

1) § 124 stellt klar, daß, sofern in der VglO von ZwangsvollstrMaßnahmen die Rede ist (§§ 13, 28, 47, 87, 104), auch die **Vollziehung eines Arrestes** (ZPO §§ 916ff) oder einer **einstw Verfügung** (ZPO § 935) darunter fällt.

2) Der Grundsatz des § 124 ist aus der alten VglO übernommen. Er war dort jedoch nicht als einheitliche für das ganze Verfahren geltende Bestimmung, sondern nur jeweils als Ergänzung zu den Einzelvorschriften, welche Zwangsvollstreckungen zum Gegenstand hatten, aufgeführt.

Änderung des Bürgerlichen Gesetzbuches

125 **Das Bürgerliche Gesetzbuch in der Fassung des Artikels II des Gesetzes vom 25. März 1930 (Reichsgesetzblatt I S. 93) wird wie folgt geändert:**
1. **§ 53 Abs. 1 wird gestrichen.**
2. **Im § 53 Abs. 2 werden die Worte „nach dem Abs. 1" ersetzt durch: „nach dem § 42 Abs. 2".**
3. **Im § 1980 Abs. 1 werden die Worte: „§ 92 der Vergleichsordnung" durch „§ 113 der Vergleichsordnung" ersetzt.**

1) Durch **§ 125 Nr 1** ist BGB § 53 in seiner ursprüngl Fassung wieder Gesetz geworden. Die zwischenzeitl gültige Fassung, welche auf dem

Schluß- und Übergangsvorschriften **§§ 126, 127**

Gesetz v 25. 3. 1930 Art II 2 beruhte, sah lediglich vor, daß die Liquidatoren im Falle der Überschuldung **Konkursantrag** stellen mußten. VglAntrag konnte wegen der Bestimmung des § 88 VglO aF, wonach die Einleitung des VglVerf im Stadium der Liquidation des Vereins unzulässig war, nicht gestellt werden. Dadurch, daß an die Stelle des § 88 VglO aF die Neuregelung des § 108 getreten ist, hat sich BGB § 53 Abs 1 erübrigt.

2) Bei § **125 Nr 2** handelt es sich um eine Änderung, deren Notwendigkeit sich aus dem Wegfall des BGB § 53 Abs 1 ergab. Die Liquidatoren des rechtsfähigen Vereins können jetzt ebenso wie die Vorstandsmitgl im Falle der Überschuldung oder der Zahlungsunfähigkeit das Konkurs- oder VglVerf beantragen.

3) § **125 Nr 3** bedeutet lediglich eine redaktionelle Änderung.

Änderung des Handelsgesetzbuches

126 Das Handelsgesetzbuch in der Fassung des Artikels III des Gesetzes vom 25. März 1930 (Reichsgesetzblatt I S. 93) und der Verordnung des Reichspräsidenten vom 1. August 1931 (Reichsgesetzblatt I S. 419) wird wie folgt geändert:
1. § 298 Abs. 2 wird gestrichen.
2. § 315 Abs. 1 Nr. 2 erhält folgende Fassung:
„2. **die Mitglieder des Vorstands oder der Liquidatoren, wenn entgegen den Vorschriften des § 240 Abs. 2 und des § 298 Abs. 2 der Antrag auf Eröffnung des Konkursverfahrens oder des gerichtlichen Vergleichsverfahrens unterlassen ist."**
3. § 315 Abs. 1 Nr. 3 wird gestrichen.

1) Die im § **126** erfolgte Änderung von Bestimmungen des HGB ergab sich daraus, daß nach VglO § 108, welcher an die Stelle des § 88 VglO aF getreten ist, nunmehr auch über das Vermögen von Aktiengesellschaften, die sich im Stadium der Liquidation befinden, das VglVerf eröffnet werden kann (vgl Bem 1 zu § 108). Demgemäß müssen die Liquidatoren die gleichen Verpflichtungen bzgl Stellung des Konkurs- und VglAntrags haben wie die Vorstandsmitglieder, AktG § 268 II.

Dadurch wurden §§ 298 Abs 2, 315 Abs 1 Nr 3 HGB aF gegenstandslos. § **126 Nrn 1, 3** bestimmt daher deren Streichung. – Die Strafbestimmung des § 315 Abs 1 Nr 2 HGB aF mußte auf die Liquidatoren ausgedehnt werden. Diesem Erfordernis trägt § **126 Nr 2** Rechnung; vgl jetzt AktG § 401 I 2, II idF nach Art 4, 5 des Ersten Gesetzes zur Reform des Strafrechts (1. StrRG) vom 25. 6. 1969 (BGBl I S 645).

Änderung des Gesetzes über die Gesellschaften mit beschränkter Haftung

127 Das Gesetz, betreffend die Gesellschaften mit beschränkter Haftung, in der Fassung des Artikels IV des Gesetzes vom 25. März 1930 (Reichsgesetzblatt I S. 93) sowie der Verordnung des Reichspräsidenten vom 6. August 1931 (Reichsgesetzblatt I S. 433) wird wie folgt geändert:

§ 128

1. § 71 erhält folgende Fassung:
   „Die Liquidatoren haben sofort bei Beginn der Liquidation und demnächst in jedem Jahre eine Bilanz aufzustellen.
   Im übrigen haben sie die aus §§ 36, 37, 41 Abs. 1, § 43 Absätze 1, 2 und 4, § 49 Absätze 1 und 2, § 64 sich ergebenden Rechte und Pflichten der Geschäftsführer."
2. § 84 Abs. 1 erhält folgende Fassung:
   „Die Geschäftsführer oder die Liquidatoren einer Gesellschaft mit beschränkter Haftung werden mit Gefängnis bis zu drei Monaten und zugleich mit Geldstrafe bestraft, wenn entgegen den Vorschriften des § 64 Abs. 1, § 71 Abs. 2 der Antrag auf Eröffnung des Konkursverfahrens oder des gerichtlichen Vergleichsverfahrens unterlassen ist."

1) Die Neufassung von Bestimmungen des **GmbH-Gesetzes** war notwendig, weil nach VglO § 108 nunmehr auch die in Liquidation befindl GmbH vergleichsfähig ist und demgemäß die für Vorstandsmitgl geltenden Vorschr betr die Antragspflicht und die sich aus einer Verletzung dieser Pflicht ergebenden Folgen auf die Liquidatoren auszudehnen waren. Zu § 127 Nr 2 betr GmbHG § 84 vgl die Anmerkung zu § 126 mit Hinw in Abs 2 auf 1. StrRG Art 4, 5.

Änderung des Genossenschaftsgesetzes

128 Das Gesetz, betreffend die Erwerbs- und Wirtschaftsgenossenschaften, in der Fassung des Artikels V des Gesetzes vom 25. März 1930 (Reichsgesetzblatt I S. 93) sowie der Verordnung des Reichspräsidenten vom 6. August 1931 (Reichsgesetzblatt I S. 433) wird wie folgt geändert:

1. § 118 Abs. 1 erhält folgende Fassung:
   „Ergibt sich die Zahlungsunfähigkeit der aufgelösten Genossenschaft, so haben die Liquidatoren ohne schuldhaftes Zögern, spätestens aber drei Wochen nach Eintritt der Zahlungsunfähigkeit, die Eröffnung des Konkursverfahrens oder des gerichtlichen Vergleichsverfahrens zu beantragen; dasselbe gilt, wenn aus der Jahresbilanz oder aus einer im Laufe des Jahres aufgestellten Bilanz sich eine Überschuldung der aufgelösten Genossenschaft ergibt. Eine schuldhafte Verzögerung des Antrags liegt nicht vor, wenn die Liquidatoren die Eröffnung des gerichtlichen Vergleichsverfahrens mit der Sorgfalt eines ordentlichen Geschäftsmannes betreiben."
2. Im § 140 Satz 2 werden die Worte „zwei Wochen" durch „drei Wochen" ersetzt.
3. § 148 Abs. 1 Nr. 2 erhält folgende Fassung:
   „2. die Mitglieder des Vorstandes oder die Liquidatoren, wenn entgegen den Vorschriften in den §§ 99, 118, 140 der Antrag auf Eröffnung des Konkursverfahrens oder des gerichtlichen Vergleichsverfahrens unterlassen ist."
4. § 148 Abs. 1 Nr. 3 wird gestrichen.

Schluß- und Übergangsvorschriften **§ 129**

1) Die Änderungen des **GenG** beruhen darauf, daß nach § 108 auch die in Liquidation stehende Genossenschaft vergleichsfähig ist.

2) Nach Art 3 § 6 der Novelle zum GenG vom 9. Oktober 1973 (BGBl I 1451) gilt an Stelle von § 118 GenG aF § 99 GenG nF; an Stelle von GenG aF § 140 GenG nF §§ 98, 99. § 148 GenG nF wurde durch diese Novelle dem neuen § 99 GenG nF angepaßt.

Änderung des Gerichtskostengesetzes

129 Die §§ 48a und 48b des Gerichtskostengesetzes in der Fassung des § 99 Nr. 4 der Vergleichsordnung vom 5. Juli 1927 (Reichsgesetzblatt I S. 139) erhalten folgende Fassung:

„**§ 48a**

Für das Vergleichsverfahren zur Abwendung des Konkurses wird die volle Gebühr (§ 8) erhoben. Die Gebühr ermäßigt sich auf die Hälfte, wenn das Verfahren sich ohne Anberaumung eines Vergleichstermins erledigt.

Wird das Vergleichsverfahren in das Konkursverfahren übergeleitet (§ 102 der Vergleichsordnung), so wird die im Vergleichsverfahren gemäß Abs. 1 entstandene Gebühr auf die im § 42 bestimmte Gebühr angerechnet. Wird bei Beendigung des Vergleichsverfahrens die Eröffnung des Konkursverfahrens abgelehnt, so wird die Gebühr des § 41 nicht erhoben.

Für das Verfahren zur Abnahme des im § 69 Abs. 2 der Vergleichsordnung vorgesehenen Eides wird eine Gebühr nicht erhoben.

§ 48b

Die im § 48a Abs. 1 bestimmten Gebühren werden nach dem Wert der Aktiven (§ 5 der Vergleichsordnung) zur Zeit der Stellung des Antrags auf Eröffnung des Vergleichsverfahrens erhoben. Gegenstände, welche zur abgesonderten Befriedigung dienen, werden nur in Höhe des für diese nicht erforderlichen Betrags angesetzt.

Übersteigt der Wert der Aktiven den Gesamtbetrag der Forderungen der am Verfahren beteiligten Gläubiger, so ist der Gesamtbetrag der Forderungen maßgebend."

1) Das gesamte Kostenrecht ist durch das Gesetz zur Änderung des Gerichtskostengesetzes, der Gesetze über Kosten der Gerichtsvollzieher, der Bundesgebührenordnung für Rechtsanwälte und andere Vorschriften vom 20. August 1975 (BGBl I 2189) mit Wirkung vom 15. September 1975 neu geordnet. Art 1 dieses Gesetzes enthält die Änderungen des Gerichtskostengesetzes. Der Wortlaut des GKG ist unter Berücksichtigung dieser Änderungsbestimmungen am 15. Dezember 1975 neu bekanntgemacht (BGBl I 3047).

2) Die Bestimmungen der §§ 35, 36, 11 i Vbdg m Kostverz Nr 1400, 1401, 1402, 1412a und b, 1425 des neugefaßten GKG über die **Gebühren im gerichtl VglVerf** entsprechen im übrigen inhaltlich den bisherigen §§ 40, 48a, 48b, 48c. Im einzelnen gilt folgendes:

§ 130

a) Die im einzelnen anfallenden Gebühren sind im Kostenverzeichnis der Anlage 1 zu § 11 Abs 1 GKG nF geregelt. Nach Kostverz Nr 1400 wird für das VglVerf grundsätzlich die volle Gebühr erhoben. Die Höhe der vollen Gebühr bestimmt sich nach der Tabelle, die dem § 11 Abs 2 GKG nF als Anlage 2 beigefügt ist. Durch diese Gebühr wird für das Verfahren unter Einschluß des Eröff- (Vor-)Verfahrens und des Nachverfahrens (§ 96 VglO) und für das Verfahren zur Abnahme der in § 69 II vorgesehenen eidesstattlichen Versicherung die gerichtliche Tätigkeit abgegolten. Ermäßigung der Gebühr auf die Hälfte der vollen Gebühr nach Kostverz Nr 1401, wenn das Verf sich ohne Anberaumung eines Vgl-Termins erledigt. Bei Überleitung des VglVerf in das KonkVerf (§ 102 VglO) wird die im VglVerf nach Kostverz Nr 1400 oder Nr 1401 entstandene Gebühr gemäß Kostverz Nr 1425 auf die in Kostverz Nr 1420 bestimmte Gebühr für die Durchführung des KonkVerf angerechnet. Wird ein ausgesetzter Antrag auf KonkEröff (§ 46 VglO) durch Überleitung des VglVerf in das KonkVerf (§ 102 VglO) gegenstandslos oder gilt nach § 84 VglO als nicht gestellt, so wird die Gebühr Kostverz Nr 1411 nicht erhoben.

b) Nach **§ 36 GKG nF** (betr die Wertberechnung) wird die Gebühr für das VglVerf nach dem Betrag der Aktiven (§ 5 VglO) zur Zeit der Stellung des VglAntr erhoben: Ansetzung von Absonderungsgegenständen jedoch nur in Höhe der für die abgesonderte Befriedigung nicht erforderlichen Betrags. Obere Wertgrenze ist der Gesamtbetrag der Fdgen der am Verf beteiligten Gläub (§ 36 II GKG nF).

c) Für das **Beschwerdeverfahren** erwächst nach Kostverz Nr 1402 eine Gebühr (die Hälfte der vollen Gebühr) nur bei Verwerfung oder Zurückweisung der Beschw.

d) Nach **§ 35 GKG nF** gelten für die Wertangabe § 23 GKG nF und für die Wertfestsetzung §§ 25, 26 GKG nF, sowie § 3 ZPO.

3) Für die Erstattung von **Auslagen** im gerichtl VglVerf unter Einschluß des EröffVerf sind nunmehr maßgebend die Kostverz Nr 1900 ff. Im Anschlußkonkurs (§ 102 VglO) gehören nach § 105 VglO die Auslagen des VglVerf zu den Massekosten iS des § 58 Nr 1 KO; vgl Bley-Mohrbutter 2b zu § 105.

4) Kostenschuldner im VglVerf ist nach § 51 GkG nF der VglSchuldner. Weitere Kostenschuldner uU nach § 54 Nr 2 und 3 GKG nF. Mehrere Kostenschuldner haften nach § 58 GKG nF als Gesamtschuldner.

5) Zur Vergütung der **Rechtsanwälte** für Tätigkeiten in gerichtl VglVerf vgl Anm 5 zu § 130.

Inkrafttreten

130 ^I Dieses Gesetz tritt am 1. April 1935 in Kraft.

^{II} Gleichzeitig tritt das Gesetz über den Vergleich zur Abwendung des Konkurses (Vergleichsordnung) vom 5. Juli 1927 (Reichsgesetzbl. I S. 139) mit Ausnahme der §§ 97 bis 100 außer Kraft. Soweit in anderen

Schluß- und Übergangsvorschriften **§ 130**

Vorschriften auf das aufgehobene Gesetz verwiesen ist, treten die entsprechenden Vorschriften dieses Gesetzes an ihre Stelle.

1) Mit dem **Inkrafttreten der neuen VglO am 1. 4. 1935** ist die alte VglO außer Kraft getreten. Die nach § 130 Geltung behaltenden Bestimmungen der VglO aF §§ 97–100 enthalten die durch die alte VglO erfolgten Änderungen des GVG § 202, des AnfG § 3, des KGK § 48 und des RAGebO § 61 a.

2) VglO aF § 97 hat seine frühere Bedeutung wiedergewonnen, nachdem durch Gesetz v 12. 9. 1950 (BGBl 455) Art I 1 Nr 79 die Gerichtsferien wieder eingeführt worden sind.

3) VglO aF § 98 hemmt die Fristen des Anfechtungsgesetzes dergestalt, daß die Zeit, während derer ein VglVerf einschl Nachverfahren (Danielcik-Küch 3 zu § 98) anhängig ist, nicht eingerechnet wird.

4) VglO aF § 99 bezieht die Kostenvorschriften der VglO in das GKG ein und bestimmt als Kostenschuldner den VglSchuldner.

5) VglO aF § 100 enthält außer redaktionellen Änderungen den seinerzeit neu eingefügten § 61 a RAGebO. Diese Vorschrift hat mit dem Inkrafttreten der **„Bundesgebührenordnung für Rechtsanwälte"** (Art VIII des Gesetzes zur Änderung und Ergänzung kostenrechtlicher Vorschriften vom 26. 7. 1957; (BGBl I S 861), 907 geändert ua durch Art 3 des Gesetzes zur Änderung des Gerichtskostengesetzes, des Gesetzes über Kosten der Gerichtsvollzieher, der Bundesgebührenordnung für Rechtsanwälte und andere Vorschriften vom 20. 8. 1975 (BGBl I 2089), die ab 1. 10. 1957 an die Stelle der Gebührenordnung für Rechtsanwälte idF der Bekanntmachung vom 5. 7. 1927 getreten ist, ihre Bedeutung verloren. Die Bestimmungen der Bundesgebührenordnung für Rechtsanwälte (BRAGebO) betreffend die Vertretung des Schuldners oder eines Gläubigers im gerichtl VglVerf (§§ 79 bis 82) unterscheiden sich inhaltlich von den §§ 61 a, 62 der früheren RAGebO. Im einzelnen gilt nunmehr folgendes:

a) Nach **§ 79 BRAGebO** erhält der RAnw im Verfahren über den VglAntrag – also im Eröff-(Vor-)Verfahren – $^{3}/_{10}$ der vollen Gebühr. Vertritt er einen Gläubiger, so erhält er die Hälfte der vollen Gebühr.

Grundlage der Gebührenberechnung ist der Gegenstandswert (vgl Bem 5 d). Die volle Gebühr bestimmt sich sodann nach der Tabelle, die der BRAGebO als Anlage beigefügt ist (§ 11 I S 1 BRAGebO).

b) Nach **§ 80 Abs 1 BRAGebO** erhält der RAnw für die Vertretung im VglVerfahren (vgl dazu Lauterbach Kostengesetze Anm 1 zu § 80 BRAGebO) grundsätzlich eine volle Gebühr. Er erhält jedoch nur eine halbe Gebühr, wenn seine Tätigkeit vor dem VglTermin beendet ist.

c) Nach **§ 80 Abs 2** BRAGebO erhält der RAnw besonders $^{5}/_{10}$ der vollen Gebühr
aa) im Beschwerdeverfahren,
bb) im Verfahren über Anträge auf Anordnung von Sicherungsmaßregeln nach § 88 II VglO.

Damit ist klargestellt, daß in der BeschwInstanz nur eine Gebühr (in Höhe von $^{5}/_{10}$ der vollen Gebühr) entsteht, und daß das Verf auf Anord-

§ 131

nung von Sicherungsmaßregeln in Anwdg des § 88 II VglO (nach Wegfall der VglWirkungen) durch die VglGebühr des § 80 I BRAGebO nicht abgegolten ist.

d) Für die Ermittlung des **Gegenstandswertes** bestimmt **§ 81 S 1 BRAGebO,** daß die Gebühren des § 79 und des § 80 bei der Vertretung des Schuldners nach dem Betrag der Aktiven (§ 58 GKG aF = § 36 GKG nF) berechnet werden. Bei der Vertretung eines Gläubigers werden gemäß **§ 81 S 2** die Gebühr des § 79 nach dem Nennwert der Fdg und die Gebühren des § 80 nach dem Wert der Fdg unter sinngemäßer Anwdg des § 148 KO berechnet. Nebenforderungen sind mitzurechnen.

e) Nach **§ 82 BRAGebO** werden bei **mehreren Aufträgen** die Gebühren für jeden Auftrag gesondert ohne Rücksicht auf andere Aufträge berechnet. Die Vorschrift bezieht sich jedoch, soweit es sich um die Geltendmachung von Fdgen handelt, nur auf den Fall, daß für mehrere Auftraggeber verschiedene Fdgen geltend gemacht werden, die dasselbe Verfahren betreffen. Sind mehrere Auftraggeber an einer Fdg mitberechtigt, so liegt nur ein Auftrag vor; vgl Lauterbach KostG Anm 2 zu § 82 BRAGebO.

f) Mit den Gebühren werden auch die **allg Geschäftsunkosten** entgolten (§ 25 I BRAGebO). Der Anspruch auf Ersatz der **Postgebühren,** der **Schreibgebühren** und der **Reisekosten** bestimmt sich gem § 25 III nach den §§ 26–30 BRAGebO.

g) Zur Vergütungsfestsetzung für anwaltliche Vertretung im VglVerf vgl Delhaes KTS **59,** 57.

Übergangsvorschrift

131 ^I **Vergleichsverfahren, die beim Inkrafttreten dieses Gesetzes bereits eröffnet worden sind, werden nach den bisherigen Vorschriften zu Ende geführt.**

^{II} **Die Vorschriften des 10. Abschnitts (Aufhebung des Verfahrens, Überwachung der Vergleichserfüllung) finden auch auf die beim Inkrafttreten dieses Gesetzes bereits eröffneten Vergleichsverfahren Anwendung; soweit der 10. Abschnitt auf andere Vorschriften verweist oder durch andere Vorschriften ergänzt wird, gelten auch diese anderen Vorschriften.**

^{III} **Für gegenseitige Verträge sind vom Inkrafttreten dieses Gesetzes ab die Vorschriften dieses Gesetzes maßgebend, soweit nicht bereits beim Inkrafttreten dieses Gesetzes die Erfüllung oder die weitere Erfüllung wirksam abgelehnt worden ist. Auf eine vor dem Inkrafttreten dieses Gesetzes vorgenommene Abstimmung der Gläubiger ist es ohne Einfluß, wenn dabei ein Gläubiger, dessen Forderung auf einem gegenseitigen Vertrag beruht, nicht nach Maßgabe dieses Gesetzes berücksichtigt worden ist.**

1) § 131 ist praktisch jetzt bedeutungslos.

Schluß- und Übergangsvorschriften § 132

Durchführungsvorschriften

132 Der Reichsminister der Justiz **erläßt die zur Durchführung und Ergänzung dieses Gesetzes erforderlichen Rechts- und Verwaltungsvorschriften.**

1) Allgemeine Durchführungsvorschriften sind bisher nicht erlassen worden, wohl aber Richtlinien für die Bestellung des VglVerw, Bestimmungen über die Vergütung des VglVerw und der Mitgl des GläubBeirats sowie Anweisungen für GerVollz mit Bezug auf VglVerf; abgedruckt Anhang 1–3.

Anhang

1. Geschäftsanweisung für Gerichtsvollzieher (GVGA)

in der ab 1. März 1971 geltenden Fassung

Bundeseinheitliche Vorschriften*
(Auszug)

4. Zwangsvollstreckung während eines Vergleichsverfahrens

§ 89 Während des Vergleichsverfahrens ergeben sich aus der Vergleichsordnung folgende Richtlinien für den Gerichtsvollzieher:
1. Macht der Schuldner geltend, daß er bei dem Vergleichsgericht einen Antrag auf Eröffnung des Vergleichsverfahrens gestellt habe, so beachtet der Gerichtsvollzieher dies nur, wenn ihm eine Entscheidung des Vergleichsgerichts vorgelegt wird, durch welche die Zwangsvollstreckung einstweilen eingestellt wird.
2. Nach der Eröffnung des Vergleichsverfahrens lehnt der Gerichtsvollzieher neue Vollstreckungsaufträge ab, falls der Gläubiger an dem Vergleichsverfahren beteiligt ist oder einem beteiligten Gläubiger gleichsteht (ausgeschlossene Ansprüche gem. §§ 29, 113 Nr. 7 VerglO); im übrigen ist die Zwangsvollstreckung während des Vergleichsverfahrens für Ansprüche, die erst nach der Eröffnung des Verfahrens entstanden sind, sowie für Ansprüche der nicht beteiligten Gläubiger zulässig. Ferner dürfen Gläubiger, die im Konkurs abgesonderte Befriedigung beanspruchen können (§§ 47–51 KO), in die Gegenstände vollstrecken, die der abgesonderten Befriedigung dienen. Dabei ist jedoch zu beachten, daß solche Sicherungen kein Recht auf abgesonderte Befriedigung gewähren, die durch eine Zwangsvollstreckung später als am 30. Tage vor der Stellung des Eröffnungsantrags (Sperrfrist) erworben worden sind (§ 28 VerglO). Bei der Berechnung der Frist wird der Tag der Antragstellung nicht mitgezählt.
3. Schwebende Zwangsvollstreckungen, durch die ein Vergleichsgläubiger oder ein ausgeschlossener Gläubiger innerhalb der Sperrfrist eine Sicherung erlangt hat, bei denen insbesondere die Pfändung nach Beginn der Sperrfrist vorgenommen worden ist, sind kraft Gesetzes bis zur Rechtskraft der Entscheidung eingestellt, die das Vergleichsverfahren abschließt. Solche Zwangsvollstreckungen setzt der Gerichtsvollzieher daher nicht fort.
4. Ist dem Gerichtsvollzieher die Eröffnung des Vergleichsverfahrens nicht nachgewiesen oder sonst bekannt geworden, so hat er, soweit dies ohne Verzögerung der Zwangsvollstreckung möglich ist, durch Nachfrage bei dem Vergleichsgericht festzustellen, ob das Verfahren eröffnet ist. Hat der Gerichtsvollzieher Zweifel, ob der Gläubiger von der Vollstreckungsbe-

---

* Die Vorschriften sind durch entsprechende Verfügungen der Landesjustizverwaltungen in den einzelnen Ländern eingeführt worden.

schränkung betroffen wird, so empfiehlt es sich, den Auftrag abzulehnen oder im Fall zu Nr. 3 die Zwangsvollstreckung nicht fortzusetzen und den Gläubiger auf den Weg der Erinnerung an das Vollstreckungsgericht zu verweisen.
5. Wird dem Gerichtsvollzieher nachgewiesen oder auf andere Weise bekannt, daß ein Vergleich zustande gekommen und bestätigt worden ist oder daß nach Versagung der Bestätigung oder nach Einstellung des Verfahrens der Anschlußkonkurs eröffnet worden ist, so hat er im Fall zu Nr. 3 die erfolgten Vollstreckungsmaßnahmen aufzuheben. Der Gerichtsvollzieher muß dies jedoch dem Gläubiger 1 Woche vorher ankündigen.
6. Wird dem Gerichtsvollzieher nachgewiesen oder auf andere Weise bekannt, daß nach Versagung der Bestätigung des Vergleichs oder nach Einstellung des Verfahrens die Eröffnung des Konkurses abgelehnt worden ist, so kann er die für die Dauer des Vergleichsverfahrens einstweilen eingestellten Zwangsvollstreckungen nunmehr fortsetzen. Es empfiehlt sich, insoweit vorher eine Entschließung des Gläubigers einzuholen.

2. Bestellung von Vergleichsverwaltern und Konkursverwaltern

AV d RJM vom 4. November 1935 – Deutsche Justiz S. 1659

Zur Behebung von Zweifeln wird auf folgendes hingewiesen:
Nach § 38 der Vergleichsordnung vom 26. Februar 1935 (RGBl I S. 321) ist zum Vergleichsverwalter eine geschäftskundige, von den Gläubigern und dem Schuldner unabhängige Person zu bestellen. Im Gesetz ist nicht auf die Zugehörigkeit zu einer bestimmten Berufsgruppe, sondern auf Geschäftskunde und Unabhängigkeit von den Beteiligten abgestellt. Im Vergleichsverfahren sind nicht selten verwickelte Rechtsfragen zu entscheiden, andererseits gehören, wie sich aus § 43 Abs. 1 Satz 2 VglO ergibt, grundsätzlich auch die Prüfung der Bücher und die Schätzung der Warenbestände zu den Aufgaben des Vergleichsverwalters. Für dieses Amt kommen also sowohl Rechtsanwälte wie Wirtschaftstreuhänder, Diplomkaufleute, Buchprüfer oder sonstige entsprechend vorgebildete Persönlichkeiten in Frage. Ob im Einzelfall eine mehr rechtlich oder eine mehr wirtschaftlich vorgebildete Persönlichkeit zu bestellen ist, wird davon abhängen, ob es sich überwiegend um rechtliche Fragen oder mehr um buchtechnische und verwertungstechnische Fragen handelt.
Dieselben Gesichtspunkte werden auch für die Auswahl eines Konkursverwalters maßgebend sein.

Anh 3

3. Verordnung über die Vergütung des Konkursverwalters, des Vergleichsverwalters, der Mitglieder des Gläubigerausschusses und der Mitglieder des Gläubigerbeirats

Vom 25. Mai 1960 (Bundesgesetzbl. I S. 329)

in der Fassung der Verordnung vom 22. Dezember 1967 (Bundesgesetzbl. I S. 1366) und der Zweiten Verordnung zur Änderung der Verordnung über die Vergütung des Konkursverwalters, des Vergleichsverwalters, der Mitglieder des Gläubigerausschusses und der Mitglieder des Gläubigerbeirats vom 19. Juli 1972 (Bundesgesetzbl. I S. 1260)

Auf Grund des § 85 Abs. 2 und des § 91 Abs. 2 der Konkursordnung sowie des § 43 Abs. 5 und des § 45 Abs. 2 der Vergleichsordnung in Verbindung mit Artikel 129 Abs. 1 des Grundgesetzes wird verordnet:

Erster Abschnitt. Vergütung des Konkursverwalters

§ 1 (1) Die Vergütung des Konkursverwalters wird nach der Teilungsmasse berechnet, auf die sich die Schlußrechnung erstreckt.

(2) Ist der Gesamtbetrag der Konkursforderungen geringer, so ist dieser maßgebend.

§ 2 Die Teilungsmasse ist im einzelnen wie folgt zu bestimmen:
1. Massegegenstände, die mit Absonderungsrechten (z. B. Hypotheken, Vertrags- oder Pfändungspfandrechten, Rechten aus einer Sicherungsübereignung) belastet sind, werden nur insoweit berücksichtigt, als aus ihnen ein Überschuß zur Masse geflossen ist oder voraussichtlich noch fließen wird. Gegenstände, die dem Vermieterpfandrecht unterliegen, werden jedoch voll berücksichtigt, auch wenn auf Grund des Pfandrechts Zahlungen aus der Masse an den Vermieter geleistet sind.
2. Werden Aus- oder Absonderungsrechte abgefunden, so wird die aus der Masse hierfür gewährte Leistung vom Sachwert der Gegenstände, auf die sich diese Rechte erstreckten, abgezogen.
3. Massekosten und Masseschulden werden nicht abgesetzt. Beträge, die der Konkursverwalter als Rechtsanwaltsgebühren aus der Masse erhält, werden jedoch in Abzug gebracht.
   Gehen verauslagte Prozeß- oder Vollstreckungskosten wieder ein, so werden sie gegen die verauslagten Kosten verrechnet.
4. Steht einer Forderung eine Gegenforderung gegenüber, so wird lediglich der bei einer Verrechnung sich ergebende Überschuß berücksichtigt.
5. Wird das Geschäft des Gemeinschuldners weitergeführt, so ist aus den Einnahmen nur der Überschuß zu berücksichtigen, der sich nach Abzug der Ausgaben ergibt.
6. Ein zur Durchführung des Verfahrens von einem anderen als dem Gemeinschuldner geleisteter Vorschuß oder ein zur Erfüllung eines Zwangsvergleichs zur Masse geleisteter Zuschuß bleibt außer Betracht. Gleiches gilt für den Verzicht eines Gläubigers auf seine Forderung.

Anh 3

§ 3 (1) Der Konkursverwalter erhält in der Regel

von den ersten	10 000 DM der Teilungsmasse	15 v. H.,
von dem Mehrbetrag bis zu	50 000 DM der Teilungsmasse	12 v. H.,
von dem Mehrbetrag bis zu	100 000 DM der Teilungsmasse	6 v. H.,
von dem Mehrbetrag bis zu	500 000 DM der Teilungsmasse	2 v. H.,
von dem Mehrbetrag bis zu	1 000 000 DM der Teilungsmasse	1 v. H.,
von dem darüber hinausgehenden Betrag		½ v. H.

(2) Die Vergütung soll in der Regel mindestens 400 DM betragen.

(3) Sind mehrere Konkursverwalter nebeneinander bestellt, so sind die Vergütungen so zu berechnen, daß sie zusammen den Betrag nicht übersteigen, der in dieser Verordnung als Vergütung für einen Konkursverwalter vorgesehen ist.

§ 4 (1) Die Vergütung ist abweichend vom Regelsatz (§§ 1 bis 3) festzusetzen, wenn Besonderheiten der Geschäftsführung des Konkursverwalters es erfordern.

(2) Eine den Regelsatz übersteigende Vergütung ist insbesondere festzusetzen, wenn
a) die Bearbeitung von Aus- und Absonderungsrechten einen erheblichen Teil der Verwaltertätigkeit ausgemacht hat, ohne daß die Teilungsmasse entsprechend größer geworden ist, oder
b) der Verwalter zur Vermeidung von Nachteilen für die Konkursmasse das Geschäft weitergeführt oder er Häuser verwaltet hat und die Teilungsmasse nicht entsprechend größer geworden ist.

(3) Ein Zurückbleiben hinter dem Regelsatz kann insbesondere gerechtfertigt sein, wenn
a) der Konkursverwalter in einem früheren Vergleichsverfahren als Vergleichsverwalter erhebliche Vorarbeiten für das Konkursverfahren geleistet und dafür eine entsprechende Vergütung erhalten hat oder
b) die Masse bereits zu einem wesentlichen Teil verwertet war, als der Konkursverwalter das Amt übernahm, oder
c) das Konkursverfahren vorzeitig beendet wird (etwa durch Aufhebung des Eröffnungsbeschlusses oder durch Einstellung des Verfahrens) oder
d) die Teilungsmasse groß war und die Geschäftsführung verhältnismäßig geringe Anforderungen an den Konkursverwalter stellte.

(4) Ob und in welcher Höhe Nachtragsverteilungen besonders vergütet werden, bestimmt das Gericht nach billigem Ermessen unter Berücksichtigung der Umstände des Einzelfalles.

(5) In der Vergütung ist die vom Konkursverwalter zu zahlende Umsatzsteuer enthalten. Hat der Konkursverwalter nach dem Umsatzsteuergesetz vom 29. Mai 1967 (Bundesgesetzbl. I S. 545) in der Fassung des Gesetzes vom 18. Oktober 1967 (Bundesgesetzbl. I S. 991) eine Umsatzsteuer in Höhe von elf vom Hundert der Bemessungsgrundlage zu entrichten, so erhält er einen

Anh 3

Ausgleich, der fünfundeinhalb vom Hundert seiner sonstigen Vergütung beträgt.*

§ 5 (1) Durch die Vergütung sind die allgemeinen Geschäftsunkosten abgegolten. Zu den allgemeinen Geschäftsunkosten gehört der Büroaufwand des Konkursverwalters. Schreibgebühren und Gehälter von Angestellten, die im Rahmen ihrer laufenden Arbeiten auch bei der Konkursverwaltung beschäftigt werden, können der Masse daher nicht – auch nicht anteilig – in Rechnung gestellt werden. Gleiches gilt für die Kosten einer Haftpflichtversicherung*.

(2) Zu den allgemeinen Geschäftsunkosten gehören nicht die besonderen Unkosten, die dem Verwalter im Einzelfall (z. B. durch die Einstellung von Hilfskräften für bestimmte Aufgaben im Rahmen der Konkursverwaltung oder durch Reisen) tatsächlich erwachsen. Durch Absatz 1 wird nicht ausgeschlossen, daß diese besonderen Unkosten als Auslagen erstattet werden, soweit sie angemessen sind.

§ 6 (1) Vergütung und Auslagen werden auf Antrag des Konkursverwalters vom Konkursgericht festgesetzt. Die Festsetzung erfolgt für Vergütung und Auslagen gesondert.

(2) Der Antrag soll tunlichst gestellt werden, wenn die Schlußrechnung an das Konkursgericht übersandt wird.

(3) In dem Antrag ist anzugeben und näher darzulegen, inwieweit die in der Schlußrechnung ausgewiesenen Einnahmen als Teilungsmasse anzusehen sind.

(4) Auslagen hat der Konkursverwalter einzeln anzuführen und zu belegen. Ist zweifelhaft, ob eine Aufwendung als Masseschuld nach § 59 KO oder als eine nach § 85 KO zu erstattende Auslage anzusehen ist, so hat er den Posten zu erläutern. Dies kann erforderlich werden, wenn Entschädigungen an Hilfskräfte gezahlt worden sind, die zur Beaufsichtigung des Geschäfts, zur Ordnung des Lagers oder zur Bestandsaufnahme herangezogen wurden; hatte der Verwalter diese Aufgaben eigenen Angestellten übertragen, so ist dies anzugeben.

§ 7 Der Konkursverwalter kann aus der Masse einen Vorschuß auf die Vergütung und Auslagen entnehmen, wenn das Konkursgericht es genehmigt. Die Genehmigung soll erteilt werden, wenn das Konkursverfahren ungewöhnlich lange dauert oder besonders hohe Auslagen erforderlich werden.

Zweiter Abschnitt. Vergütung des Vergleichsverwalters

§ 8 (1) Die Vergütung des Vergleichsverwalters wird nach dem Aktivvermögen des Schuldners berechnet. Das Aktivvermögen ergibt sich aus der mit dem Vergleichsantrag eingereichten Vermögensübersicht (§ 5 VerglO); Berichtigungen, die sich im Laufe des Verfahrens (etwa auf Grund der Angaben des Schuldners oder auf Grund von Ermittlungen des Gerichts oder des Vergleichsverwalters) ergeben, werden berücksichtigt.

---

* Fassung nach der VO vom 22. 12. 1967 (BGBl I S 1366).

Anh 3

(2) Für die Bestimmung des Aktivvermögens gilt im einzelnen folgendes:
1. Der Wert von Gegenständen, die mit Absonderungsrechten belastet sind, wird nur insoweit in Ansatz gebracht, als er den Wert dieser Rechte übersteigt.
2. Werden Aus- oder Absonderungsrechte abgefunden, so sind von dem Wert der Gegenstände die Abfindungsbeträge abzusetzen.
3. Steht einer Forderung eine Gegenforderung gegenüber, so ist lediglich der bei einer Verrechnung sich ergebende Überschuß zu berücksichtigen.
4. Die zur Erfüllung des Vergleichs von einem Dritten geleisteten Zuschüsse bleiben außer Betracht.

(3) Ist der Gesamtbetrag der Vergleichsforderungen geringer als das Aktivvermögen des Schuldners, so ist für die Berechnung der Vergütung des Vergleichsverwalters der Gesamtbetrag der Vergleichsforderungen maßgebend.

§ 9 Der Vergleichsverwalter erhält als Vergütung in der Regel ½ der in § 3 Abs. 1 für den Konkursverwalter bestimmten Sätze, in der Regel jedoch mindestens 300 DM.

§ 10 (1) § 4 Abs. 1 gilt für den Vergleichsverwalter entsprechend.

(2) Eine den Regelsatz übersteigende Vergütung ist insbesondere festzusetzen, wenn
a) die Prüfung von Aus- und Absonderungsrechten einen erheblichen Teil der Verwaltertätigkeit ausgemacht hat oder
b) durch die Ausübung des Mitwirkungsrechts bei Rechtsgeschäften des Schuldners nach § 57 VerglO oder durch Maßnahmen mit Rücksicht auf Verfügungsbeschränkungen des Schuldners nach §§ 58 ff. VerglO oder infolge anderer durch das Verfahren bedingter Umstände die Verwaltertätigkeit besonders umfangreich war.

(3) Ein Zurückbleiben hinter dem Regelsatz kann insbesondere gerechtfertigt sein, wenn
a) das Vergleichsverfahren durch Einstellung vorzeitig beendet wurde oder
b) das Aktivvermögen des Schuldners groß war und das Verfahren verhältnismäßig geringe Anforderungen an den Verwalter stellte oder
c) der Verwalter ausnahmsweise zum Vergleichsverwalter bestellt wurde, obwohl er vor der Stellung des Antrags auf Eröffnung des Vergleichsverfahrens zur Vorbereitung des Vergleichsantrags tätig war und für die vorbereitende Tätigkeit ein Entgelt erhalten hat.

(4) § 4 Abs. 5 gilt für den Vergleichsverwalter entsprechend.

§ 11 (1) Für den Umfang der durch die Vergütung des Vergleichsverwalters abgegoltenen Tätigkeit und den Ersatz der besonderen Auslagen gilt § 5 entsprechend. Die Vergütung deckt in der Regel auch die Auslagen des Verwalters für die Prüfung der Bücher oder die Abschätzung der Warenbestände des Schuldners (§ 43 Abs. 1 Satz 2 VerglO).

(2) Eine Tätigkeit, die der Vergleichsverwalter vor der Eröffnung des Vergleichsverfahrens als vorläufiger Verwalter ausgeübt hat, wird nicht besonders vergütet. Wird der vorläufige Verwalter nicht zum Vergleichsverwalter bestellt, so erhält er für seine Tätigkeit als vorläufiger Verwalter einen angemessenen Bruchteil der in § 9 für den Vergleichsverwalter vorgesehenen Regelvergütung. § 10 gilt entsprechend.

Anh 3

(3) Die Tätigkeit des Vergleichsverwalters in einem Nachverfahren nach § 96 VerglO wird besonders vergütet (§ 43 Abs. 2 Satz 3 VerglO). Die Vergütung wird nach der Art und dem Umfang der Tätigkeit des Verwalters im Nachverfahren bemessen; zu berücksichtigen ist, inwieweit der Vergleich erfüllt worden ist. Die Vergütung soll in der Regel einen angemessenen Bruchteil der Vergütung für das Vergleichsverfahren nicht überschreiten.

§ 12 (1) Vergütung und Auslagen werden von dem Vergleichsgericht getrennt festgesetzt.

(2) Die Festsetzung erfolgt alsbald nach der Beendigung des Amtes des Vergleichsverwalters oder – wenn das Verfahren nicht mit der Bestätigung des Vergleichs endet – alsbald nach der Bestätigung des Vergleichs. Für das Nachverfahren werden die Vergütung und Auslagen alsbald nach dessen Beendigung festgesetzt.

(3) Vorschußzahlungen auf die Vergütung und den Auslagenersatz soll das Gericht nur in Ausnahmefällen bewilligen.

Dritter Abschnitt. Entschädigung der Mitglieder des Gläubigerausschusses und des Gläubigerbeirats

§ 13 (1) Die Vergütung der Mitglieder des Gläubigerausschusses im Konkursverfahren richtet sich nach der Art und dem Umfang ihrer Tätigkeit. Maßgebend ist im allgemeinen der erforderliche Zeitaufwand. Die Vergütung beträgt regelmäßig 15 DM je Stunde. Dies gilt auch für die Teilnahme an einer Gläubigerausschußsitzung und für die Vornahme einer Kassenprüfung.

(2) Der Anspruch der Mitglieder des Gläubigerbeirats auf Ersatz für Zeitversäumnis im Vergleichsverfahren bestimmt sich nach dem erforderlichen Zeitaufwand. Absatz 1 Satz 3 und 4 gilt entsprechend.

Vierter Abschnitt. Schlußvorschriften

§ 14 (1) Mit dem Inkrafttreten dieser Verordnung treten die durch die Allgemeine Verfügung des früheren Reichsministers der Justiz vom 22. Februar 1936 erlassenen Richtlinien für die Vergütung des Konkurs- und Vergleichsverwalters und der Mitglieder des Gläubigerausschusses und Gläubigerbeirats (Deutsche Justiz S. 311) und alle übrigen auf Grund von § 85 Abs. 2, § 91 Abs. 2 der Konkursordnung und § 43 Abs. 5, § 45 Abs. 2 der Vergleichsordnung erlassenen Verordnungen und Verfügungen des früheren Reichsministers der Justiz und der Landesjustizverwaltungen außer Kraft.

(2) Für Konkurs- und Vergleichsverfahren, die im Zeitpunkt des Inkrafttretens dieser Verordnung[1] bereits eröffnet sind, bleiben die früheren Bestimmungen anwendbar.

§ 15 Diese Verordnung[2] gilt auch im Land Berlin, sofern sie im Land Berlin in Kraft gesetzt wird.

§ 16 Diese Verordnung[3] tritt am 1. Oktober 1960 in Kraft.

---

[1] d. i. die Verordnung vom 25. 5. 1960 (BGBl I S 329) in der Erstfassung
[2] Wie Fußnote 1.
[3] Wie Fußnote 1.

Anh 4

Schluß- und Übergangsvorschriften der Verordnung vom 19. 7. 1972 (BGBl. I S. 1260)

Artikel 2

Diese Verordnung gilt auch im Land Berlin, sofern sie im Land Berlin in Kraft gesetzt wird.

Artikel 3

(1) Diese Verordnung tritt am 1. August 1972 in Kraft.

(2) Soweit die Vergütung oder der Ersatz für Zeitversäumnis jeweils noch nicht festgesetzt ist, gelten die §§ 1 bis 13 der Verordnung vom 25. Mai 1960, zuletzt geändert durch diese Verordnung[4], auch

4. Richtlinien für die Begutachtung gerichtlicher Vergleichsanträge

bekanntgegeben in den Ländern Bayern, Niedersachsen, Nordrhein-Westfalen, Rheinland-Pfalz und Schleswig-Holstein (vgl. § 14 Anm. 2 Abs. 2).

Grundsatz jedes Wirtschaftsverkehrs ist die Vertragstreue, d. h. die unbedingte Erfüllung einmal eingegangener Verpflichtungen. Ist ein Schuldner durch Illiquidität oder Überschuldung in die Lage gekommen, daß er seine Verbindlichkeiten nicht mehr erfüllen kann, so ist das Konkursverfahren der regelmäßige und normale Weg, auf dem durch Verwertung seines Vermögens eine gleichmäßige Befriedigung der Gläubiger herbeigeführt wird. Auf diese Weise vollzieht sich der natürliche Ausleseprozeß der Wirtschaft, durch den ungesunde und lebensunfähige Unternehmen ausgeschieden werden. Demgegenüber stellt die Sanierung durch ein gerichtliches Vergleichsverfahren die Ausnahme dar. Diese Möglichkeit ist in einer wirtschaftlichen Krisenzeit für solche Schuldner geschaffen worden, die unverschuldet in Schwierigkeiten geraten sind und die im Interesse des Volksganzen wie auch der Gläubiger staatlichen Schutzes bedürfen. Nicht aber soll durch das gerichtliche Vergleichsverfahren der natürliche und volkswirtschaftlich wichtige Ausscheidungsprozeß gestört oder gar verhindert werden. Da aber erfahrungsgemäß die Rechtswohltat des gerichtlichen Vergleichsverfahrens von vielen Schuldnern beantragt wird, die diese Voraussetzungen nicht erfüllen, erfordert die gutachtliche Stellungnahme der Industrie- und Handelskammern zu den Vergleichsanträgen die Anlegung eines strengen Maßstabes.

I. Allgemeines

Für die Vergleichsordnung gilt der Grundsatz des Amtsbetriebes (§ 116 VO). Das Gericht hat insbesondere über die Eröffnung des Vergleichsverfahrens (§ 16) und über die Bestätigung des Vergleichs (§ 78) unter eigener Verantwortung zu entscheiden. Den Industrie- und

---

[4] also die Bestimmungen der VO vom 25. 5. 1960 idF der VOen vom 22. 12. 1967 und 19. 7. 1972.

Anh 4

Handelskammern als gesetzlich berufener Gutachterinstanz (§ 14 VO) obliegt es, die Tätigkeit des Gerichts durch gutachtliche Stellungnahme auf Grund ihrer besonderen wirtschaftlichen Kenntnisse und Erfahrungen zu unterstützen. Die Gutachten der Kammern haben außerdem zur Unterrichtung des Vergleichsverwalters, des Gläubigerbeirats und der Gläubiger Bedeutung und werden vielfach im Vergleichstermin verlesen. Sie müssen deshalb so ausführlich gehalten sein, daß sich daraus alle wesentlichen Tatsachen und Umstände ergeben, die für die wirtschaftliche Beurteilung des Vergleichsantrages, insbesondere für die Entscheidung des Gerichts, von Bedeutung sind. Eine kurzgehaltene ablehnende oder zustimmende Äußerung, die die Gründe für die Stellungnahme der Kammern nicht erkennen läßt, genügt nicht. Aufgabe der Kammern ist es, zu diesem Zweck die Verhältnisse des Schuldners auf Grund der eingereichten Unterlagen, wie durch eigene Ermittlungen und Feststellungen aufzuklären und besonders folgende Punkte zu prüfen:
1. die wirtschaftliche und persönliche Vergleichswürdigkeit des Schuldners (§ 18 Ziff. 1 und 2),
2. die Angemessenheit der gebotenen Vergleichsquote (§ 18 Ziff. 3),
3. die Prüfung des übrigen Inhalts des Vergleichsvorschlages (§§ 7, 8 und 9),
4. die Prüfung der angebotenen Sicherstellung der Vergleichserfüllung,
5. die Erhaltungsfähigkeit des schuldnerischen Betriebes nach Durchführung des Vergleichs (§ 18 Ziff. 4).

II. Zusammenarbeit mit den Gerichten

Eine enge Zusammenarbeit mit den Gerichten ist anzustreben und zu fordern. Sie soll insbesondere dem Austausch von Erfahrungen dienen und dazu führen, daß Entscheidungen des Gerichts mit den von der Kammer zu vertretenden wirtschaftlichen Gesichtspunkten in Einklang stehen. Sie wird regelmäßig auch dazu führen müssen, daß das Gericht die Kammer erneut anhört, wenn der Vergleichsvorschlag vom Schuldner wesentlich geändert wird, da dies in der Regel auch eine Änderung der Voraussetzungen für die Stellungnahme der Kammer darstellt.

Der nach § 38 VO vom Gericht zu bestellende Vergleichsverwalter soll eine vom Schuldner unabhängige Person sein. Personen, die mit dem Schuldner bis zum Zeitpunkt der Bestellung in persönlichen, geschäftlichen oder beruflichen Beziehungen gestanden haben, sind als Vergleichsverwalter ungeeignet.

III. Aufklärung der Verhältnisse des Schuldners

A. Eine eingehende Prüfung der Verhältnisse des Schuldners macht es in der Regel erforderlich, vom Schuldner außer den in den §§ 3 bis 6 VO bezeichneten Unterlagen noch weitere Aufklärungen zu fordern, insbesondere
1. Darlegung der Gründe, die zur Zahlungsunfähigkeit bzw. Überschuldung geführt haben.
2. Angaben darüber, wann Zahlungsschwierigkeiten erstmals aufgetreten sind (z. B. Klagen, Pfändungen, Wechselproteste, Kündigung des Bankkredits).

Anh 4

3. Angaben über die in den drei letzten Jahren vorgenommenen Investierungen.
4. Umsatzzahlen der letzten drei Jahre.
5. Bilanzen mit Gewinn- und Verlustrechnung der letzten drei Jahre.
6. Nähere Angaben über Höhe der Unkosten, Kalkulation und Rentabilität.
7. Privatentnahmen bzw. Geschäftsführergehälter und Tantiemen der letzten drei Jahre, einschließlich etwaiger Bezüge von Familienmitgliedern und Verwandten. Aufstellung etwaiger von dem Unternehmen gezahlter Personalsteuern, Lebensversicherungsprämien und dergleichen.
8. Angaben über das Privatvermögen der persönlich haftenden Personen, einschließlich Lebensversicherungen (Rückkaufwert) und Verfügungen darüber, Angaben über etwaige Nutznießungsrechte am Vermögen der Ehefrau und der Kinder.
9. Besondere Kenntlichmachung der Forderungen von Verwandten, Gesellschaftern und dergleichen (Darlehen, nicht entnommene Gewinne usw.), Angaben von Entstehungsgrund und Zeitpunkt.
10. Bei Gesellschaften ist anzugeben, ob das Gesellschaftskapital voll eingezahlt ist oder eine Nachschußpflicht oder sonstige Verbindlichkeit der Gesellschafter besteht. Der Gesellschaftsvertrag ist vorzulegen sowie ein neuer Auszug aus dem Handelsregister.
11. Erläuterungen der Vermögensübersicht (Status). Diese muß im Ergebnis ein klares Bild darüber ergeben, welche Forderungen am Vergleich teilnehmen und welche Vermögenswerte für die Vergleichsgläubiger verfügbar sind.
    a) Getrennte Aufstellung der nicht am Verfahren teilnehmenden Gläubiger (Vorrechte, Aus- und Absonderungsrechte, Eigentumsvorbehalte, Sicherungsübereignungen, Pfandrechte, Zessionen) unter Angabe des Zeitpunktes der Entstehung ist notwendig.
    b) Bei Steuern, Löhnen und Sozialabgaben ist anzugeben, für welche Zeit sie geschuldet werden bzw. wann sie fällig waren.
    c) Zur Aktivseite sind die Bewertungsgesichtspunkte darzulegen (z. B. welcher Preis der Warenbewertung zugrunde gelegt wurde, warum und in welcher Höhe Abschläge gemacht wurden usw.) und die für die Bewertung wichtigen Daten anzugeben (z. B. Einheitswert und Feuerkassenwert bei Grundstücken). Forderungen sind nach der Bonität der Schuldner aufzustellen (gute, zweifelhafte, nicht eintreibbare). Bestrittene Forderungen sind kenntlich zu machen und zu erläutern.
12. Eine Erklärung des Schuldners darüber, ob und wann er an Stelle des Offenbarungseides (§ 3 Ziff. 3) die entsprechende Versicherung abgegeben hat. Gegebenenfalls ist eine Abschrift des Vermögensverzeichnisses zu verlangen.
13. Nähere Angaben über die Berechnung der Vergleichsquote, die geplante Erfüllung des Vergleichs (Zahlungsplan), Unterlagen über die Güte einer beigebrachten Bürgschaft und den Wert und die Verwertbarkeit anderweitiger Sicherheiten.

Anh 4

14. Angaben über Art und Umfang der beabsichtigten Weiterführung des Unternehmens und der zu diesem Zweck getroffenen Umstellungsmaßnahmen, über den vorliegenden Auftragsbestand, die Zahl der beschäftigten Personen usw. Vorlage eines Wirtschafts- und Finanzplans. Die Angaben sollen sich auch auf die technische, kaufmännische und personelle Organisation beziehen und ergeben, ob der Ablauf der Arbeitsvorgänge zweckmäßig, rationell und technisch einwandfrei ist.
15. Bei größeren Fabrikationsbetrieben kann in der Regel auf eine wirtschaftlich-technische Überprüfung des Fabrikationsablaufs durch dazu berufene Sachverständige (Refa) und auf eine Analyse der Absatz- und Marktverhältnisse für die Erzeugnisse des Betriebes nicht verzichtet werden.

B. Die Kammern sollen sich nicht auf die Angaben des Schuldners und seines Treuhänders verlassen, sondern sie auf ihre Richtigkeit kritisch untersuchen, notwendigenfalls durch Sachverständige nachprüfen lassen. Gegebenenfalls ist das Gericht oder der vorläufige Vergleichsverwalter einzuschalten. Dies gilt insbesondere für die Lückenlosigkeit des Status und die Bewertung der einzelnen Aktiv- und Passivposten. Auch auf die Vollständigkeit des Gläubigerverzeichnisses ist Wert zu legen. Der Auffassung mancher Schuldner, daß Forderungen, die sie nicht anerkennen, im Gläubigerverzeichnis nicht aufgeführt zu sein brauchen, ist entgegenzutreten. Es empfiehlt sich, Erkundigungen bei den Vertrauensleuten der Kammer einzuziehen, insbesondere bei Banken, Fachorganisationen (Kreditschutzstellen), Gläubigern (Gläubigerschutzverbänden), geeigneten Fachleuten des Geschäftszweiges und dgl. über Ruf, Würdigkeit, Zuverlässigkeit, Zahlungsweise und Geschäftsgebaren des Schuldners. In der Regel wird auch zu prüfen sein, ob die Buchführung des Schuldners keine erheblichen Mängel aufweist und den notwendigen klaren Überblick über den Vermögensstand gewährt, ferner ob die im HGB vorgeschriebenen Bilanzen und Inventuren ordnungsmäßig und rechtzeitig aufgenommen worden sind. Je nach Lage des Falles wird beim Gericht die Nachprüfung der Geschäftsbücher, der Kalkulation, des Warenlagers und dgl. durch vereidigte Buchprüfer und Sachverständige anzuregen sein. Notwendigenfalls sind die erforderlichen Unterlagen durch Vermittlung des Gerichts bzw. des vorläufigen Vergleichsverwalters beibringen zu lassen. Auch bestrittene Forderungen hat der Schuldner aufzuführen.

Bei manchen Kammern hat sich die Einsetzung eines Ausschusses für die Prüfung der Vergleichsanträge bewährt, der aus erfahrenen und mit den wirtschaftlichen Verhältnissen des Bezirks vertrauten Kaufleuten besteht.

In manchen Fällen – namentlich bei undurchsichtiger Vermögenslage des Schuldners – ist es angezeigt, dem Gericht die Einsetzung eines Gläubigerbeirats vorzuschlagen.

Anh 4

IV. Ablehnungsgründe, wirtschaftliche Würdigkeit des Schuldners

Bei der Äußerung gemäß § 14 VO hat die Kammer alle ihr wesentlich erscheinenden Tatsachen zu berücksichtigen. Insbesondere soll sich ihre Stellungnahme auf die im Gesetz aufgeführten Ablehnungsgründe erstrecken, vor allem also darauf, ob der Schuldner seinen Vermögensverfall durch Unredlichkeit, Preisschleuderei oder Leichtsinn herbeigeführt hat und ob er den Antrag auf Eröffnung des Vergleichsverfahrens nach der Auffassung des ordentlichen Geschäftsverkehrs schuldhaft verzögert hat (§ 18).

Bei Beurteilung der Vergleichswürdigkeit wird die Kammer zu prüfen haben, durch welche Umstände der Schuldner in Zahlungsschwierigkeiten gekommen ist. Hat er gewissenlos gewirtschaftet oder leichtfertig disponiert, z. B. Kundenvorauszahlungen in Bauten oder anderen langfristigen Anlagewerten angelegt und seinem Unternehmen dadurch die flüssigen Mittel entzogen, so wird die Vergleichswürdigkeit zu verneinen und den Gläubigern ein Schuldennachlaß nicht zuzumuten sein. Ein unredliches oder leichtfertiges Verhalten wird z. B. anzunehmen sein, wenn den Gläubigern gegenüber falsche Angaben zur Erlangung von Krediten gemacht worden sind (z. B. Vorlegung zurechtgemachter oder gefälschter Bilanzen), wenn kurz vor der Zahlungseinstellung ungewöhnlich große Bestellungen auf Kredit erfolgten, wenn Wechselreiterei festgestellt wird bzw. in größerem Umfange Gefälligkeitswechsel gegeben wurden, wenn der Schuldner zum Schaden der Gläubiger leichtfertig in der Kreditgewährung verfahren ist oder die Privatentnahmen außer Verhältnis zu den Umsätzen und Ertragsmöglichkeiten des Unternehmens stehen. Ebenso wird die Vergleichswürdigkeit zu verneinen sein, wenn der Schuldner seine Pflichten als Geschäftsleiter vernachlässigt und es z. B. versäumt hat, sich durch regelmäßige Rechnungslegung Klarheit über die Lage des Unternehmens zu verschaffen. Durch Beachtung dieser Gesichtspunkte wird die Gutachtertätigkeit der Kammer dazu beitragen können, daß die handelsrechtlichen und betriebswirtschaftlichen Anforderungen an eine ordnungsmäßige Buchführung, Bilanzerstellung und Betriebskontrolle wieder Allgemeingut der Kaufmannschaft werden.

Bei juristischen Personen wird zu prüfen sein, ob die Vorschriften über die rechtzeitige Stellung des Konkurs- bzw. Vergleichsantrages verletzt sind (§ 240 HGB,* § 64 GmbH-Gesetz, § 99 Genossenschaftsgesetz). Auch die Höhe der Rückstände an öffentlichen Abgaben (Steuern, Sozialabgaben usw.), Gehältern und Löhnen, Mieten, Gebühren usw. kann einen Anhaltspunkt dafür bilden, ob die Stellung des Vergleichsantrages schuldhaft verzögert ist.

V. Angemessenheit der Vergleichsquote

Die Höhe der Vergleichsquote, bei deren Festsetzung einerseits auf die Interessen der Gläubiger, andererseits auf die wirkliche Leistungsfähig-

---

* jetzt § 92 AktG.

Anh 4

keit des Schuldners Rücksicht zu nehmen ist, kann nicht rein schematisch aus den im Status angegebenen Ziffern errechnet werden, vielmehr ist die Leistungsfähigkeit des Schuldners auch unter dem Gesichtspunkt der Weiterführung seines Unternehmens sowie der erzielbaren Umsätze und Erträge zu beurteilen. Grund und Höhe der bei den Statuswerten vorgenommenen Abschreibungen sind auf ihre Berechtigung zu prüfen. Die auszusondernden, abzusondernden, bevorrechtigten Forderungen und die Verfahrenskosten, die von der Aktivsumme vorweg abzuziehen sind, spielen für die Feststellung der angemessenen Vergleichsquote oft eine erhebliche Rolle. Sie sind u. a. unter dem Gesichtspunkt zu prüfen, inwieweit ein Erlaß (z. B. bei Steuern) bzw. Verzicht oder Rücktritt (Stillhaltung) zu erreichen ist. Bei den genannten nichtbeteiligten Forderungen ist im einzelnen zu prüfen, ob und inwieweit diese Gläubiger mit einem Teil ihrer Forderungen zurückzutreten oder stillzuhalten haben.

Verwandte sollen nach Möglichkeit dann überhaupt auf die Geltendmachung ihrer etwaigen Forderungen verzichten, wenn diese Forderungen lediglich auf Gutschriften und ähnliche Vorschriften zurückzuführen sind. Im übrigen sollen Verwandte, die dem Schuldner bare Mittel zugeführt haben, so lange mit der Geltendmachung ihrer Forderungen zurücktreten, bis die übrigen beteiligten Gläubiger ihre quotenmäßige Befriedigung erhalten haben.

Wenn die Feststellungen der Kammer ergeben, daß verwandte, aber stimmberechtigte Gläubiger (vgl. § 75) in solchem Umfang beteiligt sind, daß sie das Abstimmungsergebnis der im Termin anwesenden stimmberechtigten Gläubiger (vgl. § 74 VO) wesentlich zu beeinflussen vermögen, so empfiehlt es sich, das Gericht hierauf aufmerksam zu machen. Das Gericht wird in solchem Fall vor Bestätigung des Vergleichs zu prüfen haben, ob der Vergleich dem gemeinsamen Interesse der Vergleichsgläubiger (§ 79 Ziff. 4) entspricht; eine Benachteiligung der dem Unternehmen fernstehenden Gläubiger muß vermieden werden.

Ein Besserungsschein, mit dem der Schuldner sich für die Zukunft zur Leistung einer erst nach Jahren unter bestimmten Bedingungen zahlbaren Zusatzquote verpflichtet, hat für die Gläubiger meist keine große Bedeutung, jedoch kann er die weitere Entwicklung des schuldnerischen Unternehmens erheblich erschweren und eine wirkliche Sanierung verhindern. Dagegen kann das Verlangen nach einem Besserungsschein gerechtfertigt sein, wenn die angemessene Vergleichsquote sich im Zeitpunkte des Vergleichsabschlusses noch nicht endgültig feststellen läßt, weil etwa der Ausgang des Prozesses, die wirtschaftliche Auswertung von Erfindungen, die Veräußerungsmöglichkeit bestimmter Vermögensgegenstände oder andere Umstände nicht ausreichend zu übersehen sind. Eine Zusatzquote sollte über den Besserungsschein vor allem aber dann verlangt werden, wenn der Schuldner auf Kosten der Gläubiger Investitionen vorgenommen hat, die seine wirtschaftliche Leistungsfähigkeit nach Durchführung der Sanierung nicht unwesentlich erhöhen.

VI. Inhalt des Vergleichsvorschlages

Der Formulierung und der Bestimmtheit des Vergleichsvorschlags ist größte Bedeutung beizulegen. Es kommt insbesondere darauf an, daß die

Anh 4

Vergleichsquote, auch soweit sie die gesetzliche Mindestquote übersteigt, in bar geboten wird. Die Höhe und die Fälligkeit der einzelnen Raten muß bestimmt, nicht bestimmbar sein.

Die im § 7 VO vorgeschriebenen höchstzulässigen Fristen für die Zahlung der Mindestquote können nicht dadurch umgangen werden, daß der Beginn der Ratenzahlungen hinausgeschoben und die Frist erst vom ersten Fälligkeitstermin an gerechnet wird. Der Unsitte, die gebotene Quote (etwa 40%, zahlbar in 10 Raten) gleich 100 zu setzen und danach erneut aufzuteilen, ist entgegenzutreten, da sie zu einer Täuschung der Gläubiger führt (10 Raten zu 10%, statt richtig 10 Raten zu 4%). Die Vollstreckbarkeit im Falle des Verzugs darf nicht durch irgendwelche Bedingungen erschwert oder unmöglich gemacht werden.

Einer Klausel, durch die die Wiederauflebung der Forderung gemäß § 9 VO ausgeschlossen oder von besonderen Bedingungen abhängig gemacht wird, sollte in keinem Falle zugestimmt werden.

Es ist zulässig und oft zweckmäßig, Kleinforderungen bis zu etwa 50 DM oder 100 DM (ebenso Forderungen, die auf diesen Betrag ermäßigt werden), vorab zu befriedigen. Jedoch muß ein angemessenes Verhältnis zu den übrigen Forderungen – bis etwa 10% der Gesamtschulden – gewährt sein. Der Vergleichsvorschlag muß enthalten, welche Sicherheiten den Gläubigern geboten werden. Bürgschaftserklärungen, Rücktrittserklärungen bestimmter Gläubiger und dgl. sind im genauen Wortlaut beizufügen.

Der Vergleichsvorschlag darf nicht auf Rechte Dritter (Mitschuldner, Bürgen, Ab- und Aussonderungsberechtigte und dgl.) übergreifen. Es kann z. B. nicht der Verzicht auf Eigentumsvorbehalte durch Überstimmung erzwungen werden.

Soll über die Vergleichsquote hinaus ein Besserungsschein geboten werden, so ist die Einlösungspflicht von bestimmten, leicht feststellbaren Bedingungen (z. B. Erreichung eines bestimmten Umsatzes) abhängig zu machen und auf einen bestimmten Zeitpunkt abzustellen. Die Entscheidung kann etwa dem Gläubigerbeirat, einem Schiedsgericht (z. B. der Industrie- und Handelskammer) oder einem Sachverständigen (z. B. einem Wirtschaftsprüfer) übertragen werden.

Ergibt sich, daß der Vergleichsvorschlag des Schuldners einer Änderung bedarf, so sollte die Kammer sich nicht damit begnügen, ihre Bedenken dem Gericht mitzuteilen, sondern den Schuldner zu einer Änderung des Vergleichsvorschlages veranlassen. Es ist von größter Bedeutung, daß der endgültig eingereichte Vergleichsvorschlag von der Kammer geprüft und bedenkenfrei ist.

Ist der Kammer innerhalb der Frist des § 14 VO zunächst nur eine vorläufige Stellungnahme möglich, so empfiehlt es sich, das Gericht auf die Notwendigkeit erneuter Anhörung nach Eingang der erforderlichen Ergänzungen, Prüfungsberichte oder dgl. ausdrücklich hinzuweisen.

VII. Sicherung der Vergleichserfüllung

Die Kammern werden bei Ausübung ihrer Tätigkeit Wert darauf zu legen haben, nur solche Vergleichsanträge zu befürworten, deren pünktliche Erfüllung nach den gesamten Umständen erwartet werden kann. Sie werden deshalb auf möglichste Sicherstellung des Vergleichs, gegebenenfalls der letzten Vergleichsraten, hinzuwirken haben und von der Erfüllung dieser Forderung gegebenenfalls ihre Stellungnahme abhängig machen müssen. Eine Sicherstellung des Vergleichs muß tatsächlich beigebracht (§ 4 Ziff. 4), nicht also nur zugesagt oder im Vergleichsvorschlag versprochen werden. Auch die Formulierung einer Bürgschaftserklärung ist zu prüfen. Grundsätzlich ist eine selbstschuldnerische Bürgschaft (§ 85 Abs. 2) möglichst ohne Beschränkung auf einen bestimmten Höchstbetrag und ohne Erschwerung durch Bedingungen zu fordern. Die Bürgschaft muß auch so gehalten sein, daß sich der Bürge nicht bei jeder Änderung des Vergleichsvorschlages zurückziehen kann. Meinungsverschiedenheiten können dadurch ausgeschlossen werden, daß die Bürgschaftserklärung in den endgültigen, dem Gericht eingereichten Vergleichsvorschlag aufgenommen und beide vom Bürgen unterschrieben werden.

Bei hypothekarischen Belastungen sind Art und Wert (neuester Einheitswert) des Grundbesitzes, die Höhe der Vorbelastung (Valutawert und Zinshöhe) sowie Ertragsverhältnisse und Veräußerungsmöglichkeit des Grundstückes zu prüfen. Derartige Sicherheiten (hypothekarische Eintragungen und dgl.) dürfen nicht von vornherein jenseits einer zulässigen Belastungsgrenze liegen. Treuhänderische Übereignungen des Warenlagers, der Debitoren oder anderer zur Masse gehöriger Gegenstände haben nicht den Wert einer zusätzlichen Sicherheit (vgl. § 23 KO) und sind deshalb keine geeigneten Mittel zur Sicherstellung des Vergleichs.

VIII. Erhalten des schuldnerischen Unternehmens

Einer der wichtigsten Gesichtspunkte für die Beurteilung des Vergleichsantrages durch die Kammern liegt in der Bestimmung des § 18 Ziff. 4. Danach ist die Eröffnung eines gerichtlichen Vergleichsverfahrens abzulehnen, wenn im Falle der Fortführung des Unternehmens seine Erhaltung durch den Vergleich offenbar nicht zu erwarten ist. Diese Bestimmung geht von der Erwägung aus, daß der volkswirtschaftlich wichtige und an sich natürliche Ausscheidungsprozeß kranker und lebensunfähiger Betriebe aus dem Wirtschaftsleben – sei es, daß diese Lebensunfähigkeit auf fehlende finanzielle Mittel, sei es auf mangelnde kaufmännische Eignung zurückzuführen ist – durch das Vergleichsverfahren nicht gestört, sondern gefördert werden soll. Nur solche Unternehmen sollen des Vorteils des Erlaßvergleichs teilhaftig werden, die durch diesen Vergleich auch im echten Sinne einer Sanierung zugeführt werden können. Mit diesem gesamtwirtschaftlichen Gesichtspunkt steht nicht immer das Interesse der Gläubiger im Einklang, denen es vielfach darauf ankommt, möglichst viel von ihren Forderungen zu retten, und die die wirtschaftspolitischen Auswirkungen weniger beachten. Erfreulicherweise mehrt sich aber auch bei den Gläubigern das Verständnis dafür, daß es auch für sie nicht gleichgültig ist, ob durch unwirtschaftliche Betriebe andere Marktteilnehmer demnächst erneut in Mitleidenschaft gezogen werden.

Anh 5

IX. Liquidationsvergleich

Bei der Beurteilung von Liquidationsvergleichen ist meist eine verschärfte Prüfung der Vorgänge notwendig, die zum Vergleich geführt haben, insbesondere bei erst seit kurzem bestehenden Unternehmungen. Die Anforderungen an die Vergleichswürdigkeit des Schuldners sind keineswegs geringer als beim Quotenvergleich. Eine zulässige Wertermittlung der zur Verfügung stehenden Masse und eine genaue Errechnung der bei vorsichtiger Schätzung zu erwartenden Liquidationsquote sind unerläßlich, da die Forderungen der Gläubiger nicht wieder aufleben (§ 9 Abs. 3) und nur die an der Mindestquote fehlende Forderung bestehenbleibt. Erforderlichenfalls wird unter Angabe der Gründe auf die Abnahme des Eides* nach § 69 VO hinzuwirken, ferner darauf zu achten sein, daß die Entnahmen des Schuldners zu einer bescheidenen Lebensführung für sich und seine Familie (§ 56) festgesetzt werden und eine ausreichende Überwachung der Liquidation (§ 91) stattfindet.

Ein besonderer Nachteil des Liquidationsvergleichs liegt darin, daß eine bestimmte Frist, innerhalb der die Mindestquote ausgeschüttet sein muß, nicht vorgeschrieben ist (§ 7 Abs. 4). Es ist deshalb Wert darauf zu legen, daß dies im Vergleichsvorschlag geschieht, weil die Gläubiger sonst nicht vollstrecken können, und daß möglichst auch bestimmte Termine für die einzelnen Ratenzahlungen festgelegt und sichergestellt werden. Zu achten ist auch darauf, daß der Liquidationsvergleich nicht zum Aufbau eines neuen Unternehmens oder in anderer Weise mißbraucht wird. Im allgemeinen darf als selbstverständlich gelten, daß der Schuldner bis zur Beendigung der Liquidation seine Arbeitskraft zur Verfügung stellt. Je nach den Umständen des Falles, insbesondere, wenn auf den Namen der Ehefrau ein neues Unternehmen errichtet wird, kann es notwendig sein, diese Verpflichtung im Vergleich ausdrücklich festzulegen.

Wird ein Liquidationsvergleich mit einer längeren Abwicklungsdauer zugelassen, weil für besonders große oder schwer verwertbare Vermögensgegenstände ein angemessener Erlös nur bei ruhiger Verwertung zu erzielen ist, so empfiehlt es sich, eine Verpflichtung zu regelmäßiger Berichterstattung an die Gläubiger sowie zur Ausschüttung angemessener Abschlagszahlungen ausdrücklich vorzusehen.

Im allgemeinen sollte ein Liquidationsvergleich nur bei wenigstens teilweiser Sicherstellung der Mindestquote zugelassen werden. Sonst ist einer Liquidierung im Wege des Konkurses meist der Vorzug zu geben.

5. Merkblatt für gerichtliche Vergleichsanträge

I.

Durch das gerichtliche Vergleichsverfahren soll vergleichswürdigen und vergleichsfähigen Schuldnern die Möglichkeit gegeben werden, zur Beseitigung von Zahlungsschwierigkeiten eine Einigung mit den Gläubigern herbei-

---

* Statt „Abnahme des Eides" jetzt „Anordnung der eidesstattlichen Versicherung"

zuführen und damit den Konkurs zu vermeiden. Vor der Entscheidung des Gerichts über die Eröffnung des gerichtlichen Vergleichsverfahrens wird die Industrie- und Handelskammer als zuständige Berufsvertretung auf Grund der gesetzlichen Vorschriften gutachtlich gehört.

Maßgebend für Form und Inhalt des Antrages sind die Vorschriften der Vergleichsordnung, insbesondere die §§ 3–9, die genau beachtet werden müssen. Da sich die Kammer vor allem darüber äußern muß, ob der Antragsteller vergleichswürdig, sein Unternehmen erhaltungsfähig und der Vergleichsvorschlag angemessen ist, sind zu einer gerechten Beurteilung die nachstehenden Angaben erforderlich:

1. Darlegung der **Gründe,** die zur Zahlungsunfähigkeit bzw. Überschuldung geführt haben.

2. Angaben über **Höhe, Zweck und Notwendigkeit** größerer Investierungen, die in den letzten drei Jahren gemacht worden sind, insbesondere für Bauten, Umbauten, Anschaffung von Maschinen und dergleichen.

3. Angaben darüber, **wann** Zahlungsschwierigkeiten erstmals aufgetreten sind.

4. Übersicht über die in den letzten drei Jahren erfolgten Kündigungen von Krediten, erfolgten Zahlungsbefehle, Klagen, Wechselproteste und Zwangsvollstreckungsmaßnahmen nach Daten, Beträgen und Gläubigern.

5. Die monatlichen **Umsatzzahlen** der letzten drei Jahre.

6. **Bilanzen** der letzten drei Jahre mit Gewinn- und Verlustrechnungen.

7. Entnahmen, Gehälter und Tantiemen von Inhabern, Gesellschaftern (auch Kommanditisten) und Geschäftsführern in den drei letzten Jahren. Gezahlte Personalsteuern, **Lastenausgleichsabgaben,** Lebensversicherungsprämien und dergl. sind **getrennt aufzuführen.**

8. Angaben über das Privatvermögen der persönlich Haftenden einschließlich Lebensversicherungen (Rückkaufwert), Spargutgaben, **auch soweit es auf fremden Namen (z. B. minderjähriger Kinder) angelegt ist.**

9. Forderungen von Gesellschaftern und Verwandten (Darlehen, nicht entnommene Gewinne usw.) sind kenntlich zu machen. **Gesellschaftsverträge sind vorzulegen.**

10. Die eingereichte **Vermögensübersicht** (Status) gemäß § 5 VO muß ein klares Bild darüber ergeben, welchen tatsächlichen Wert die aufgeführten Aktiven besitzen, welche freien Vermögenswerte für die Vergleichsgläubiger verfügbar sind und welche Forderungen am Vergleich teilnehmen. Es ist zu erläutern, nach welchen Grundsätzen die Bewertung erfolgt ist. Die Vermögensübersicht soll nach dem beigefügten Muster aufgestellt sein. Die darin aufgeführten Positionen sind zu spezifizieren, gegebenenfalls durch Anlagen.

11. Im **Gläubigerverzeichnis** sind die nicht am Verfahren teilnehmenden Gläubiger (Vorrechte, Aus- und Absonderungsrechte, Eigentumsvorbehalte, Sicherungsübereignungen, Pfandrechte, Zessionen) in einer besonderen Spalte kenntlich zu machen (z. B. SÜ, EV usw.).

Bei Steuern ist die Fälligkeit anzugeben. Bei Lastenausgleichsabgaben, Löhnen und Sozialabgaben ist anzugeben, für welche Zeit sie geschuldet werden.

12. Darlegungen über die Art und den Umfang der beabsichtigten **Weiterführung** des Unternehmens (eingeleitete und beabsichtigte Einsparungs- und Umstellungsmaßnahmen, frühere und vorgesehene Beschäftigtenzahl, Veräu-

Anh 5

ßerungsmöglichkeit von Anlage- und Umlaufvermögen bei beabsichtigter Verkleinerung des Betriebs, vorliegender Auftragsbestand).

13. Angaben über die **Aufbringung der Mittel für die Vergleichserfüllung**.

II.

1. Dem Inhalt und der Formulierung des Vergleichsvorschlages kommt größte Bedeutung zu.

2. Der Vergleichsvorschlag muß, sofern es sich nicht um einen Liquidationsvergleich handelt, eine bestimmte, nicht nur bestimmbare **Vergleichsquote** bieten, die in bar zu zahlen ist. Die einzelnen Raten sind nach Höhe und Fälligkeit genau festzulegen.

3. Den Vergleichsgläubigern müssen mindestens 35% gewährt werden. Der **Mindestsatz** erhöht sich auf 40%, wenn eine Zahlungsfrist von mehr als einem Jahr von der Bestätigung des Vergleichs ab in Anspruch genommen wird. Eine Zahlungsfrist von mehr als 18 Monaten (ab Vergleichsbestätigung) darf nur für den Teil des Angebots beansprucht werden, der 40% übersteigt.

4. Die Vorlage von **mehreren** Vergleichsvorschlägen ist unzulässig. Hierbei ist unerheblich, ob die Vorschläge selbständig nebeneinander oder im Eventualverhältnis zueinander stehen.

5. Es ist zulässig und zweckmäßig, den **Kleingläubigern** mit Forderungen bis zu etwa DM 50.- oder DM 100.- (oder Forderungen, die auf diesen Betrag ermäßigt werden) volle Erfüllung ihrer Forderungen anzubieten. Jedoch muß ein angemessenes Verhältnis zu den übrigen Forderungen – bis etwa 10% der Gesamtforderungen – gewahrt sein.

6. **Bei Liquidationsvergleichen sind sowohl für die Ausschüttung der Mindestquote von 35% wie für die Beendigung der Liquidation feste Termine zu bestimmen. Im übrigen soll vorgesehen werden, daß Zahlungen immer dann zu erfolgen haben, wenn die Verwertung der Masse die Ausschüttung einer Quote von 10% gestattet.**

7. Der Vergleichsvorschlag soll Angaben darüber enthalten, welche **Sicherheiten** für die Erfüllung des Vergleichsvorschlages geboten werden. Etwaige Bürgschaftserklärungen usw. sind beizufügen. – Treuhänderische Übereignungen des Warenlagers oder der Debitoren haben nicht den Wert einer zusätzlichen Sicherheit.

8. Der Vergleichsvorschlag darf nicht auf **Rechte Dritter** (Mitschuldner, Bürgen, Ab- und Aussonderungsberechtigter und dergl.) übergreifen. Es kann z. B. nicht der Verzicht auf Eigentumsvorbehalte durch Überstimmung erzwungen werden.

9. Wenn über die Vergleichsquote hinaus ein Besserungsschein geboten werden soll, so ist die Einlösungspflicht von bestimmten, leicht feststellbaren Bedingungen (z. B. Erreichung eines bestimmten **Umsatzes oder Reingewinns**) abhängig zu machen. Der Zeitpunkt, bis zu dem die Entscheidung über den Besserungsschein getroffen wird, ist im Vergleichsvorschlag festzulegen. Die Entscheidung ist entweder dem **Gläubigerbeirat** oder einem **im Vergleichsvorschlag genau zu bezeichnenden Schiedsgericht** zu übertragen.

Anh 5

Aktiva (Vermögenswerte) **Musterbeispiel zu Ziff. 1/10**

	Buchwert	Zeitwert	Aus- u. Absonderungsr. (Eigentumsvorbeh. = EV, Sicherungsübereign. = SÜ, -abtretungen = Z, Pfandrecht = Pf, Hypotheken usw.)	Freie Vermögenswerte
I. Anlagevermögen	DM	DM	DM	DM
1. Grundstücke	25 000	40 000	25 000	15 000
2. Maschinen	20 000	25 000	20 000	5 000
3. Betriebs- und Geschäftsausstattung	3 000	5 000	–	5 000
4. Fahrzeuge	3 000	8 000	3 000	5 000
5. Mittel- und langfristige Darlehensforderungen	2 000	2 000	–	2 000
6. Konzessionen, gewerbl. Schutzrechte	–	–	–	–
II. Umlaufvermögen				
1. Roh-, Hilfs- und Betriebsstoffe	46 236	42 000	30 000	12 000
2. Halbfertige Erzeugnisse	8 914	8 000	–	8 000
3. Fertige Erzeugn., Waren	32 105	25 000	5 000	20 000
4. Geleistete Anzahlungen an Lieferanten	1 000	1 000	–	1 000
5. Forderungen aus Lieferungen und Leistungen	41 145	30 400	15 000	15 400
6. Kurzfristige Darlehensforderungen	500	500	–	500
7. Bankkonten	–	–	–	–
8. Postscheckkonto	665	665	–	665
9. Kasse	435	435	–	435
III. Sonstiges Geschäftsvermögen	–	–	–	–
DM	184 000	188 000	98 000	90 000
Privatvermögen (z. B. Wohnhaus, Wertpapiere, Lebensversicherungen, Kunstgegenstände, Briefmarkensammlung usw.)		38 000	35 000	3 000
Abzüglich privater Verbindlichkeiten		37 000	35 000	2 000
Reines Privatvermögen	DM	1 000	–	1 000

Anh 5

Passiva (Verbindlichkeiten)

	Wert	Nach § 61 KO bevorrechtigte Forderungen, Verfahrenskosten. Sonstige nicht beteiligte Forderungen	Aus- u. Absonderungsr. (Eigentumsvorbehalte, Sicherungsübereignung, u. -abtretungen, Pfandr., Hypotheken usw.)	Am Vergleich beteiligte Forderungen
	DM	DM	DM	DM
1. Hypotheken, Grundschulden und dergl.	25 000	25 000	–	–
2. Darlehen	5 750	3 000	–	2 750
3. Verbindlichkeiten gegenüber Banken	40 250	35 000	–	5 250
4. Anzahlgn. v. Kunden	4 000	–	4 000	–
5. Verbindlichkeiten aus Warenlieferungen und -leistungen, davon Akzepte 79211	180 863	35 000	–	145 863
6. Gehälter	3 814	–	3 814	–
7. Löhne	2 760	–	2 760	–
8. Sozialabgaben				
a) Allgemeine Ortskrankenkasse	1 820	–	1 820	–
b) Ersatzkasse	548	–	548	–
c) Berufsgenossenschaft	120	–	120	–
9. Steuerschulden				
a) Finanzamt	4 930	–	4 930	–
b) Gemeindesteuerkasse	2 145	–	2 145	–
10. Sonstige Geschäftsverbindlichkeiten	–	–	–	–
11. Rückstellung für ungew. Verbindlichk., z. B. Prozeßk., Bürgschaft., Wechselobligo	5 000	–	3 000	2 000
12. Kosten des Vergleichsverfahrens (geschätzt)	3 000	–	3 000	–
DM	280 000	98 000	26 137	155 863

Anh 5

Rechnerische Zusammenstellung*

I. Verbindlichkeiten	DM 280 000
Vermögen zum Zeitwert	DM 188 000
Überschuldung	DM 92 000
II. Freie Vermögenswerte	DM 90 000
abzgl. Vorrechtsforderungen	DM 26 137
Verbleiben für die beteiligten Gläubiger	DM 63 863
III. Die am Vergleich beteiligten Forderungen betragen	DM 155 863
In der Masse liegt demnach rechnerisch eine Quote von	ca. 41%

Vorläufige Quotenberechnung

Freie Vermögenswerte	DM ......
abzüglich der nach § 61 KO bevorrechtigten Forderungen, Massekosten und Masseschulden	DM ......
Freie Masse für die am Vergleich beteiligten Forderungen	DM ......
Von den freien Vermögenswerten werden für die Fortführung des Betriebs als Betriebsmittel (Grundstücke, Maschinen, Waren) benötigt (gilt nicht bei Liquidationsvergleich)	/.DM ......
Aus zukünftigen Erträgen während der Vergleichsabwicklung können voraussichtlich unter Berücksichtigung aller Umstände für die Zahlung der Quote verwendet werden	+ DM ......
Für die Vergleichsquote sind demnach verfügbar	DM ......
Am Vergleich beteiligte Forderungen	DM ......
Ergibt eine Quote von ca. ......%.	

* Ohne Berücksichtigung des Privatvermögens und der privaten Verbindlichkeiten.

Anh 6

Gesetz
über den Sozialplan im Konkurs- und Vergleichsverfahren

Vom 20. Februar 1985
BGBl I S. 369

Der Bundestag hat das folgende Gesetz beschlossen:

§ 1

Für die Behandlung eines Sozialplans (§ 112 des Betriebsverfassungsgesetzes) in dem Konkurs- oder Vergleichsverfahren über das Vermögen des Unternehmers gelten als besondere Vorschriften die §§ 2 bis 5.

§ 2

In einem Sozialplan, der nach der Eröffnung des Konkursverfahrens aufgestellt wird, kann für den Ausgleich oder die Milderung der wirtschaftlichen Nachteile, die den Arbeitnehmern infolge der geplanten Betriebsänderung entstehen, ein Gesamtbetrag bis zu zweieinhalb Monatsverdiensten (§ 10 Abs. 3 des Kündigungsschutzgesetzes) der von einer Entlassung betroffenen Arbeitnehmer vorgesehen werden.

§ 3

Ein Sozialplan, der vor der Eröffnung des Konkursverfahrens, jedoch nicht früher als drei Monate vor dem Antrag auf Eröffnung des Konkurs- oder Vergleichsverfahrens aufgestellt wird, ist den Konkursgläubigern gegenüber insoweit unwirksam, als die Summe der Forderungen aus dem Sozialplan größer ist als der Gesamtbetrag von zweieinhalb Monatsverdiensten der von einer Entlassung betroffenen Arbeitnehmer. Eine Forderung aus dem Sozialplan kann im Konkursverfahren mit demjenigen Teil ihres Betrags geltend gemacht werden, der dem Verhältnis des in Satz 1 bestimmten Gesamtbetrags zu der Summe der Forderungen aus dem Sozialplan entspricht. Hat ein Arbeitnehmer auf seine Forderung aus dem Sozialplan vor der Eröffnung des Konkursverfahrens Leistungen empfangen, werden diese zunächst auf denjenigen Teil seiner Forderung angerechnet, der im Konkursverfahren geltend gemacht werden kann.

§ 4

Im Konkursverfahren werden Forderungen aus einem Sozialplan nach § 2 ebenso wie Forderungen aus einem Sozialplan nach § 3, soweit diese im Konkursverfahren geltend gemacht werden können, mit dem Rang des § 61 Abs. 1 Nr. 1 der Konkursordnung berichtigt. Für die Berichtigung dieser Forderungen darf jedoch nicht mehr als ein Drittel der für die Verteilung an die Konkursgläubiger zur Verfügung stehenden Konkursmasse verwendet werden; § 61 Abs. 2 Satz 2 der Konkursordnung gilt entsprechend. Sind Forderungen aus mehreren Sozialplänen mit dem Vorrecht nach Satz 1 zu berichtigen, gilt Satz 2 entsprechend für die Gesamtheit dieser Forderungen.

Anh 6

§ 5

Am Vergleichsverfahren sind die Arbeitnehmer nicht beteiligt, soweit ihre Forderungen aus einem Sozialplan im Konkursverfahren geltend gemacht werden können und ein Vorrecht genießen; im übrigen sind sie Vergleichsgläubiger.

§ 6

(1) Ist das Konkurs- oder Vergleichsverfahren beim Inkrafttreten dieses Gesetzes anhängig, sind die §§ 2 bis 5 vorbehaltlich der folgenden Absätze anzuwenden.

(2) Auf einen Sozialplan nach § 2 oder § 3, der vor dem Inkrafttreten dieses Gesetzes aufgestellt worden ist, ist nur § 4 Satz 1 anzuwenden. Ist die Summe der Forderungen aus einem solchen Sozialplan größer als der Gesamtbetrag von zweieinhalb Monatsverdiensten der von einer Entlassung betroffenen Arbeitnehmer, wird jede Forderung im Konkursverfahren bis zu demjenigen Teil ihres Betrags, der dem Verhältnis des Gesamtbetrags zu der Summe der Forderungen aus dem Sozialplan entspricht, mit dem Rang des § 61 Abs. 1 Nr. 1 und im übrigen mit dem Rang des § 61 Abs. 1 Nr. 6 der Konkursordnung berichtigt. Hat ein Arbeitnehmer auf seine Forderung aus dem Sozialplan Leistungen empfangen, werden diese zunächst auf den bevorrechtigten Teil seiner Forderung angerechnet.

(3) Sind Forderungen für das Konkursverfahren mit einem Vorrecht vor den in § 61 Abs. 1 Nr. 1 der Konkursordnung aufgeführten Forderungen festgestellt worden, ist dieses Vorrecht in dem weiteren Verfahren unbeachtlich. Die Unbeachtlichkeit des Vorrechts wird von Amts wegen in der Tabelle vermerkt.

(4) Ein Vorrecht nach diesem Gesetz kann im Konkursverfahren auch dann nachträglich angemeldet und festgestellt werden, wenn Forderungen ohne Vorrecht oder mit einem Vorrecht vor den in § 61 Abs. 1 Nr. 1 der Konkursordnung aufgeführten Forderungen festgestellt worden sind. Wird das Vorrecht binnen zwei Monaten nach dem Inkrafttreten dieses Gesetzes angemeldet, fallen die Kosten eines besonderen Prüfungstermins der Konkursmasse zur Last.

(5) Ansprüche aus ungerechtfertigter Bereicherung sind ausgeschlossen. Ein angenommener Vergleich oder Zwangsvergleich bleibt unberührt.

§ 7

Dieses Gesetz gilt nach Maßgabe des § 13 Abs. 1 des Dritten Überleitungsgesetzes auch im Land Berlin.

§ 8

Dieses Gesetz tritt am Tage nach der Verkündung in Kraft. Es tritt mit Ablauf des 31. Dezember 1988 außer Kraft.

Sachverzeichnis

Fette Zahlen bedeuten Paragraphen der VerglO, magere Zahlen bedeuten Anmerkungsziffern

A

Abkömmlinge, kein Antragsrecht im VerglVerf d fortges GG **114** 3a
Ablehnung des Aufhebungsantrags **90** 2; der Bestätigung des Vergleichs **79, 80** 1–3; der Erfüllung gegenseit Verträge **50** 3, 4; der Eröffnung des KVerf **19** 1, 2, **80, 96** 7, **101** 1; der Eröffnung des VerglVerf **Einl III** c 7 8, **8** 1, **10** 1, **14** 2, 6, **15** 1, **16,** 2, **17** 1–10, **18** 1–5, **19** 1, **46** 2, **58** 6, **102** 1a, **107** 3, **111** 2, **113** 4, 6; der Vertagung **77** 7
Abschriften, Erteilung **22** 3, **120** 3
Absichtsanfechtung 107 4 – s auch Anfechtung
Absonderungsrecht 9 1, **27** 1–6, **29** 2, **30** 2, **33** 4, **47** 2, **83** 2, **93** 2, **97** 4, **104** 1, **113** 11, **122** 3, **123** 2; Anmeldung **67** 4; Befriedigung **27** 3–6, **28** 5, **113** 13; Stimmrecht **27** 3–5, **71** 5b, **113** 13; Verzicht **27** 4; Berücksichtigung bei Wertermittlung **17** 7; Verwertung von Sicherheiten **27** 5, **29** 2, **83** 2
Abstimmung über Aufhebung des Verfahrens **90** 2; über Fortsetzung des Verfahrens **100** 7; über geänderten VerglVorschlag **76** 3–5; Teilnahme des Vertragspartners **50** 5; über VerglVorschlag **8** 3, **27** 3, **66** 1, **67** 1, **73** 2, **74, 75, 100** 9, **109** 3, **111** 6, **113** 13, **122** 3, **123** 2; Wiederholung **77** 2, 8
Abstimmungsergebnis, Auszählung und Feststellung **74** 1, **77** 2
Abtretung von VerglForderungen **74** 1b, **75** 2
Abwendung des Konkurses **1** 1
Abwesenheit des Schuldners und Verw im VerglTermin **68** 1, 2
Abwickler von Handelsgesellschaften **109** 2, 3 – s auch Liquidatoren
Akteneinsicht 22 3, **120** 1–6
Aktenordnung 66 1, **71** 7, **85** 2
Aktiengesellschaft, VerglVerf **2** 4, **5**, **17** 4, **18** 3, **88** 2, **108** 1, 2, **126** 1
Aktiven s Bilanz
Aktivvermögen des VglSchuldners **43** 1a

Allgemeiner Gerichtsstand 2 6
Allgemeines Veräußerungsverbot – s Veräußerungsverbot
Altersversorgung, betriebliche **51** 6
Amtsbetrieb 116 1, 2
Amtsgericht 2 6, **86** 2
Amtspflichtverletzung 41 2
Anberaumung des VerglTermins **20** 4, **66** 1, **77** 2, 6
Änderung des VerglVorschlags **3** 1, **76** 1–5
Anerkennen erdichteter Forderungen **79** 4
Anerkenntnis der VerglForderung **55** 6a; sofortiges im Prozeß **49** 3
Anfechtung im Anschluß-Konkurs **107** 1–4; der Stimmabgabe **74** 4, **78** 2; des Treuhandvertrages **7** 3 Abs 3; des Vergleichs **27** 3, **82** Vorbem, **89** 1–3
Anfechtungsgesetz 47 5 Abs 3, **130** 3
Angehörige des Schuldners **4** 2, 3, **108** 3
Angestellte des Schuldners, Auskunft **40** 5, **100** 5
Anhängige Vollstreckungsmaßnahmen **48** 3
Anhörung der Berufsvertretung **3** 1, **14** 1, **116** 1; des Ehegatten des Erben **113** 3d; der Erben **113** 3c, d; des Gläub-Beirats **44** 4, **78** 2, **116** 2; beteil Gläubiger **116** 2e; nicht beteil Gläubiger **66** 3; des Prüfungsverbandes **111** 3; des Schuldners **46** 1, **58** 2, **78** 2, **116** 2; des Testamentvollstreckers **113** 3; des Vertragspartners **50** 4; des Verwalters **50** 4, **58** 2, **78** 2, **116** 2
Anlagen des Eröffnungsantrages **4** 1–6, **5** 1–9, **6** 1–9
Anlagevermögen, Angabe im Inventar **5** 2a
Anmeldung der VerglForderungen **27** 4, **52** 3, **67** 1–6, **102** 2, **111** 3, **122** 3; Rücknahme **122** 5; Zurückweisung **67** 5
Annahme der Erbschaft **113** 4, des VerglVorschlags **74** 1, **100** 1; des Verwalteramts **20** 2; vorbehaltlose der VerglQuote durch Absonderungsberechtigten **27** 4

Sachverzeichnis

Fette Zahlen = §§ der VerglO

Anschlußkonkurs 19 1, **28** 6, **30** 3, **34** 5, **36** 8, **46** 2, **47** 5, **54** 3, **55** 3, **56** 2, **57** 2f, 3d, **62** 3, **80** 3, **102–107, 122** 7; Anfechtung im **107** 1–6; Gebühr **129** 2a; Massekosten **105** 1; Sperrfrist **104** 1–3; Teilnahmekosten **29** 3; Verfügungsbeschränkungen **58** 5, **103**

Anstalten öffentl Rechts, VerglVerf **108** 4

Antrag – s auch Konkursantrag; auf Anordnung der Abgabe einer eidesstattl Versicherung **69** 3; auf Aufhebung des VerglVerf **90** 2; auf Beendigg der Überwachung **95** 2; auf Erlaß von Verfügungsbeschränkungen **58** 4, **94** 2; auf Ermächtigung zur Vertragsablehnung **50** 4; auf Eröffnung des VerglVerf **2** 2–9, **3** 1, 7, **11** 1, **46** 2; auf Festsetzung der mutmaßlichen Höhe einer bestrittenen Forderung **97** 1; auf Sicherungsmaßnahmen **88** 7; auf Vertagung des VerglTermins **77** 3a; auf Zwangsverw und Zwangsverst **93** 2; Rücknahme des VerglAntrages **2** 3, 15 2, **99** 2

Antragspflicht 2 5, **108** 2–4, **109** 2 Abs 3, **111** 1, **113** 3 aE, **114** 3

Antragsrecht 2 2, **108** 5, **113** 3, **114** 3

Anwaltsgebühren 129 5, **130** 5

Anwaltszwang, kein **117** 2

Anwesenheitspflicht im VglTermin **66** 3

Anzeigepflicht des GläubBeirats **45** 2; des VglVerw **40** 6, **96** 5

Arbeitnehmer 51 6

Arglistige Täuschung, Anfechtung des Vergl **89** 1–3

Arrest 28 4, **47** 5, **124** 1

Arresthypothek 28 2, 4

Aufgabe zur Post 118 1

Aufgebotsverfahren 113 7c

Aufgelöste Gesellschaft, VglVerf **108** 1, **109** 2

Aufhebung von Sicherungsmaßnahmen 15 2; der Verfügungsbeschränkungen **65** 1–3, **94** 3; des VglVerf **90** 1–3, **96** 1, 5, 7, **98** 1–3, **99** 1; von Vollstreckungsmaßnahmen **47** 8, **48** 6

Aufhebungsklage 89 4

Auflageforderungen 113 11

Auflösend bedingte Forderungen – s unter Forderung

Auflösung der AktGes **108** 1; der OHG **109** 2, der eingetr. Genossenschaft **111** 1

Aufrechnung 27 3, **33** 4, **52** 1, **54** 1–4, **87** 3, **104** 2, 4; Ausschluß **107** 4; Verzicht **72** 1

Aufschiebend bedingte Forderung – s unter Forderung

Aufsicht des VglGerichts **41** 2

Auftrag, Abwicklung **51** 1

Aufwand der Erben **113** 10; des Schuldners – s Entnahmen

Ausbildungsvertrag 51 6

Ausbleiben des Schuldners im VglTermin **68** 2, **77** 5, **100** 7

Auseinandersetzungsguthaben 109 2

Ausfallbürgschaft 85 4

Ausfallforderung des AbsondBerecht. **27** 3, 5, **30** 2, **97** 4, **110** 1, **113** 3

Ausgeschiedene Gesellschafter **108** 3b, **109** 2

Ausgeschlossene Ansprüche **29** 1–6

Ausgleichsanspruch bei Gesamtschuld **32** 4

Ausgleichsverfahren nach DepG **27** 7

Auskunftspflicht der Angestellten des Schuldners **40** 5; des Schuldners **40** 4, **69** 1; des VglVerw **40** 6; des Sachwaltes **92** 1

Auskunftsrecht des GläubBeirats **45** 1

Auskunftsverweigerung d Schuldners **17** 8, **100** 5

Auslagen, des Verwalters **43** 4, gerichtl **129** 3; der Rechtsanw **130** 5f

Auslagen des GläubBeirats **45** 3; des VglVerw **43** 5–9

Ausländische Gläubiger **37** 1; Währung **34** 4, 5, **82** 1

Auslandsflucht, zuständiges Gericht bei – des Schuldners **101,** 4

Auslandsvermögen bei Inlandsvergleich **2** 10; **18** 4; Zwangsvollstreckung in – **47**, 10

Ausscheiden von Genossen **111** 7, 8

Ausschlagung von Erbschaft oder Vermächtnis **62** 1c, **113** 4

Ausschließung von Gerichtspersonen **115** 2

Außergerichtlicher Vergleich, allgemeines **Einl I**; Angaben über – **3** 4; gleiche Behandlg der Gläub **8** 8; – nach gerichtlichem Vergleich **82** 6, **96** 6 aE

Außerverfolgungsetzung d Schuldners **17** 4

Aussetzung der Entscheidung über KAntrag **46** 1–3, **84** 1

Aussichtslosigkeit des VglAntrages **15** 1

Aussonderungsanspruch 26 1, **122** 3

Magere Zahlen = Anmerkung

Sachverzeichnis

Ausstattungsversprechen 29 5
Auszug aus dem GläubVerzeichnis 85 1–3

B

Bank – s. Kreditinstitut
Bankkontoinhaber, Verrechnung eingehender Beträge 8 4 Abs 2
Bankrott, betrügerischer 17 4, 79 3, 88 1
Bargeschäft, keine Konkursanfechtung 107 2
Barzahlung als Vorauss. des Erlaßgleichs 7 2; beim Liquidationsvergleich 7 4
Bausparkasse, keine Vergleichsfähigkeit 2 5, 112 1–3
Bedingte Forderungen – s unter Forderungen
Beeidigg v Zeugen u Sachverständigen 116 2c
Beendigung der vereinbarten Überwachung 95 1–4
Befriedigung absond. berecht. Gläubiger 27 3–5; durch Zwangsvollstr. innerhalb der Sperrfrist 28 5
Begünstigung von Gläubigern – s Gläubigerbegünstigung
Bekanntmachung, öffentl – s Bekanntmachung öffentl 19 6, 8, 22 1, 60 3, 65 3, 81 1, 95 2, 96 7d, 98 1a
Benachrichtigung der VglGläub. vom geänderten VglVorschlag 76 3b
Benachteiligung von Gläubigern – s Gläubigerbenachteiligung
Bereicherung, ungerechtfertigte 52 1, 104 3
Bericht des VglVerw 39 2, 66 1, des vorl Verw 11 4
Berichtigung des Eröffnungsbeschlusses 21 1; des GläubVerzeichnisses – s GläubVerzeichnis
Berufsausbildungsvertrag 51 5
Berufsvertretung, Anhörung 3 1, 14 1–5, 111 3, Äußerung, Gutachten 18 1, 58 2, 116 1; Anregungen betr Auswahl des Verw 38 4; Bekanntgabe der Äußerung im VglTermin 66 1; mehrere 4 6, 14 1
Beschlagnahme 28 2
Beschleunigung als Verfahrensgrundsatz 16 1
Beschlußfassung des GläubBeirats 44 6
Beschränkte Erbenhaftung 113 7a
Beschwerde, sofortige 10 1, 13 5, 19 2, 41 3, 43 7, 45 3, 46 3, 48 5, 75 2, 77 7, 80 2, 81 3, 96 7, 101 2, 102 2, 115 2, 3, 121 1–3; Versagung 13 5, 14 5, 21 1, 41 4, 44 2, 50 4, 58 4, 71 4, 72 3, 77 7, 88 7, 90 2, 3, 92 5, 96 5, 121 1, 2, 3, 8
Beschwerde, weitere, Versagung 19 4, 96 7a aE, 102 2 aE, 121 3c
Beschwerdegericht 17 5, 101 2; Eröff. des VglVerf 19 2
Beschwerdeverfahren, Gebühr 129 2c, 130 5c
Besonderes Veräußerungsverbot – s Veräußerungsverbot –
Besserungsklausel 85 8
Besserungsschein 85 8, 111 8
Bestätigung des Vergleichs 78 1–6; Versagung 46 2, 79–81; Wirkung auf VollstrSperre 47 4; Wirkung ggüb ausländ G 2 10
Bestimmtheit des VglVorschlags 7 1
Bestrittene Forderung – s unter Forderungen
Betagte Forderung – s unter Forderungen
Beteiligungen, Angabe im Inventar 5 2a
Betriebsänderung 2 9
Betriebsordnung, Kündigungsfristen 51 5
Betriebsrat 2 9, 11 6, 39 6, 44 2, 51 5, 6
Betriebsveräußerung BGB § 613a 7, 6
Bevollmächtigter des Gläubigers b d Anmeldung 67 2; des Schuldners im VglTermin 68 2; des Schuldners bei Vertragsablehnung 51 5
Bevorrechtigte Gläubiger – s unter Gläubiger
Bevorzugung von Gläubigern – s Begünstigung
Beweissicherungsverfahren 49 5
Bezahlte Freizeit, Anspruch auf 34 7
Bilanz, Pflicht zur Vorlage 5 8
Büchereinsicht – s unter Einsichtnahme
Buchführung, mangelhafte 17 9
Buchhandel 51 1
Buchprüfer als VglVerwalter 20 2
Buchprüfung durch VglVerwalter 39 2, durch Sachverständ. 43 1d Abs 2, 43 5 Abs 2
Bürge, Angabe im Gläub- und Schuldner-Verzeichnis 6 5g, 6, 8c; Rückgriff-
forderungen 33 1–5; VglSicherung durch Bürgen 3 3, 4 5, 9 3
Bürgerliches Gesetzbuch, Änderung 125 1–3
Bürgschaft – s auch VglBürgschaft; Fortbestand bei Bestätigg nach Eröff des VglVerf 8 4 Abs 2; Fortbestand

299

Sachverzeichnis

Fette Zahlen = §§ der VerglO

bei Erfüllungsablehnung **52** 2; Fortbestand bei VglBestätigg **82** 3–5

D

Darlehen, Aufnahme während VglVerf **11** 4, **42** 1, **57** 2, **102** 2, **106** 1–3; Aufnahme im Vorverfahren **11** 4, 6, **12** 2, **106** 1; kapitalersetzendes **71** 5 d, **108** 3 b, **109** 7
Depotvertrag 26 4, **27** 2, 7, **36** 2
Devisenrechtl Genehmigung 67 2 Abs 2, **71** 2a, 7, **85** 2 aE
Dienstvertrag, Abwicklung **36** 2, **51** 1–5; Konkursvorrecht **26** 2
Drittschuldner, Zustellung des allgem. Veräußerungsverbots **60** 5

E

Ehegatte, Abstimmung **8** 2a, **75** 1–3, **77** 4, **90** 2; Anhörung **113** 3 d; Verfügungen zugunsten **4** 3; VglAntrag **2** 2, **113** 3 d, 10, **114** 3 a; Vermögensauseinandersetzung **4** 2; im VglVerf über fortges GüterG **114** 3, 4
Ehevertrag 62 1 d
Eidesstattliche Versicherung des Schuldners **Einl II Abs 3**, **3** 4, **5**, **4 I 5**, 4 Vorbem, **13** 2, **17** 6, **27** 3, **28** 2, **47** 5, **48** 3, 4, **66** 1, **68** 2 Abs 2, **69**, **77 III**, **77** Vorbem, 3 b 5, 6, **100** Vorbem, 8, **102** 2, **109** 6, **116** 2a, 2c, 2f, **129** 1, 2a Abs 2; falsche – **88**, **88** Vorbem, 1 a
Eigenentnahmen des Schuldners **56** 1
Eigentumsvorbehalt 5 5, **25** 5 Abs 2, **27** 2, **36**, 3, 4, 7, **42** 1, **50** 7, **82** 3
Eigentumsvormerkung 3 3
Eigenvermögen des Erben, VglVerfaR **113** 13
Einbehaltungsrecht 25, 5 a
Einberufung einer GläubVers **116** 2 f
Eingetragene Genossenschaft VglVerf **17** 4, **18** 2, 3, **74** 6, **100** 6, **111** 1–8
Eingetragener Verein, VglVerf **108** 4
Einheitswert, Angabe im Inventar **5** 5
Einlagerückstand 5 2c, **109** 5
Einmanngesellschaft, VglVerf. **75** 1
Einsichtnahme in die Akten des VglGerichts **22** 3, **120** 1–6; in die Bücher des Schuldners **40** 3, **45** 1, **72** 3, **116**, 2d; Verweigerung **17** 8, **100** 5
Einspruch des Verw. gegen Eingehung von Verbindl. **57** 2
Einstellung eines Strafverf gegen Schuldner **17** 4; des VglVerf **2** 3, **46** 2, **56** 2, **57** 2d, f, **58** 6, **68** 2, **77** 7, **96** 7b, **99** 1, 2, **100** 1–9, **101** 1–3, **109** 4, **122** 5,
123 3; einstw. – von ZwVollstrMaßn **13** 1–6, **19** 7, **48** 1–5; endgült. – der ZwVollstr **48** 6–8
Einstweilige Verfügung 28 4, **47** 5, **124** 1
Eintragung des allgem VeräußVerbots im Grundbuch **61** 1–3; des VglVermerks und der Aufhebung der Vgl Vfg im öfftl Register **23** 1, 2, **98** 1c, **108** 4, **111** 4
Eintragungsersuchen 61 2, **63** 1, **65** 3
Elektrizität, Lieferung – s. Wiederkehrschuldverhältnis
Entlassung des Verw – s VglVerw
Entnahmen des Schuldners **56** 1
Entschuldigtes Fernbleiben des Schuldners vom Termin **68** 2, **77** 5, **100** 7
Entwurf der VglO **Einl. II**
Erbausgleich, vorzeitiger **4** 2
Erbe als VglSchuldner **2** 2, **18** 3, **113** 3a, 10
Erbengemeinschaft als Gläubiger **72** 2; als VglSchuldner **113** 3–10
Erbenhaftung, Beschränkung durch VglVerf **113** 7a
Erbersatzanspruch 113 2, 12
Erbschaftskäufer 113 3e, 10
Erdichtete Forderung – s unter Forderungen
Erfindung 5 2a, **62** 1d, **63** 1
Erfüllung, gegenseit Verträge **36** 1, 3–9, **50** 1–3; des Vgl **91** 1, **96** 5
Erhaltung des Betriebs des Schuldners **3** 7c, **14** 2e
Erinnerung, gegen unzulässige VollstrAkte **47** 8; gegen Vollstr aus altem Schuldtitel **85** 1 b; gegen Gerichtskostenansatz **105** 1a; gegen Entscheidungen des Rechtspflegers **121** 1, 4–7
Erlaß der Nebenforderungen **83** 2
Erlaßvergleich 7 2, **9** 3
Ermächtigung des Schuldn zur Erfüllungsablehnung **50** 4
Ermäßigung der Forderung **8** 2a
Ermittlungen des VglGerichts **16** 1, **96** 5, **116**
Ermittlungsverfahren, staatsanwaltschaftl **17** 4
Eröffnung des KVerfahrens **7** 8, **9** 3, **12** 5, **15** 1, **16** 2, **19** 1, **40** 4, **45** 1, **58** 6, **77** 7, **78** 7, **80** 1–3, **96** 2, 6, **99** 2, **101** 1, **102**–**107**
Eröffnung des VglVerf **2** 2, **21** 1, **123** 3; Ablehnung **15** 1, **19** 1, **122** 5; Entscheidung über **16** 1; durch Beschwerdegericht **19** 2; Kenntnis **49** 4; Wirkung **46 ff**

Magere Zahlen = Anmerkung

Sachverzeichnis

Eröffnungsbeschluß, Bekanntgabe 22 1; Berichtigung 21 1; Inhalt 20 5; Inkrafttreten 21 1
Erörterung der Forderungen im VglTermin 70 1
Ersatzaussonderung 6 2b, 26 1, 36 4
Erscheinenspflicht – s Anwesenheitspflicht
Erschöpfungseinrede 113 9

F

Fälligkeit der VglQuote 9 1, 76 2
Familie des Schuldners 56 1
Fehlbetrag, Nachzahlung 97 6
Fernmeldegebühren-Vorschuß 8, 4
Festsetzung der mutmaßl Höhe einer bestr Forderung 97 1–3; der Vergütung und Auslagen des Verw 43 5–7; der Auslagen usw des GläubBeirats 45 3
Feststellung des Stimmrechts 71 1–8
Feuerwehrfond 8 4
Flucht des Schuldners 17 3, 79 3, 100 3
Forderungen, abgetretene 75 2–4; auflösend bedingte 31 2, 3, 82 1; aufschiebend bedingte 31 4, 33 1, 52 3, 55, 2, 71 5a, 82 1; 97 5; bestrittene 9 1 Abs 2, 96 5, 97 1–3; betagte 30 1–6, 54 1, 82 1; erdichtete 79 4, 122 3; in fremder Währung 34 4, 82 1; aus gegenseit Vertrag 36 2; nicht auf Geld gerichtete 34 2, 82 1; gemeinschaftl 72 2; im GläubVerzeichnis nicht eingetragene 9 1 Abs 3, 82 1, 97 1–3; auf Grund erklärten Rücktritts 36 2; auf teilbare Leistung 72 2; teilweise gedeckte 97 4; Umwandlung 34 5; unbestimmte 34 3, 67 4; mit unbestimmtem Fälligkeitstermin 34 3b; unverzinsliche 30 5; verjährte 25 3; verzinsliche 30 5; auf wiederkehrende Leistungen 34 3c, 35 1, 54 1
Forderungsanmeldung – s unter Anmeldung
Forderungserlaß zufolge Vgl 82 3
Forderungsteilung 72 3
Forderungsüberweisung 47 5, 48 3
Fortführung des Unternehmens – s Unternehmen
Fortgesetzte Gütergemeinschaft 114 1–5. – s auch Verf über Gesamtgut
Fortsetzung des VglVerf. 90 1, 92 6, 96 1–7, 100 7
Freigebigkeit, Anspruch aus 29 5, 83 1, 104 1
Freispruch des Schuldners 17 4, 88 1

Frist zur Anberaumung des VglTermins 20 4; zur Anfechtung des Vgl 89 2; zur Äußerung der Berufsvertretung 14 3, 4; zur Einstellung bei Nichterscheinen des Schuldners 100 7; für einstw Einstellung von VollstrMaßn 13 4 zur Behebung von Antragsmängeln 10 1–3, 100 2 Nachholungsfrist 10 1–3
Fristberechnung 4 4, 19 2, 28 4, 102 2
Fristen 115 2; Erstreckung 107 1, 2, 4, 6; s auch Hemmung. – Allgemeines zu den Fristen der VglO **Einl** III b
Fristlose Kündigung 51 5
Früheres Konkurs- oder **VglVerf** 3 4, 17 5

G

Gaslieferung – s Wiederkehrschuldverhältnis –
Gebrauchs- u. Geschmacksmuster 5 2a
Gebühren des KAntrages, Entfall 84 1; des VglVerf 26 6, 129 2, 4; des RAnw 130 5; – s auch Kosten
Gebührenfreiheit 61 4
Gefälligkeitswechsel 18 2
Gegenseitiger Vertrag 21 3, 47 1 d, 102 2; Abwicklung 50 1–7, 51 1–5; Einfluß des VglVerf 36 1–10; Schadensersatz 52 1–4
Geldbußen 29 4
Geldstrafen 29 4, 83 4, 104 1
Geltendmachung erdichteter Forderungen, vor 124
Gemeinschaftsverhältnis 72 2
Genehmigung von Rechtsgesch d Schuldners durch Verw 57 2; von Verfügungen d Schuldners durch Verw 64 1; des Vormundschaftsgerichts s dort
Genossenschaft – s eingetr Genossenschaft
Genossenschaftsgesetz 111, 128 1
Genossenschaftsregister 23 3, 98 1, 111 5, 8
Gerichtskosten – s Kosten –
Gerichtskostengesetz, Änderung 129 1–4
Gerichtsstand für VglVerf 2 6
Gerichtsverfassungsgesetz, Anwendung 115 1–3
Gerichtsvollzieher 28 5, 6, 47 5, 8, Anhang 1
Gesamtgläubiger 33 6; Stimmrecht 72 2
Gesamthandsgläubiger, Stimmrecht 72 2

301

Sachverzeichnis

Fette Zahlen = §§ der VerglO

Gesamtgut der fortges GG, VglVerf **2** 1, **114** 1
Gesamtgut der Gütergem **2** 1 Abs 2, **113** 3d, 5, 13, **114a, 114b**
Gesamtgutsverbindlichkeiten 114 2
Gesamtgutsverwalter 114 3
Gesamtschuldner, Rückgriffsanspruch **33** 1; als VglSchuldner **32** 1
Geschäftsanweisung für Gerichtsvollzieher **28** 6, **47** 8; Anhang 1
Geschäftsaufsichtsverordnung Einl I
Geschäftsbesorgungsvertrag 51 1
Geschäftsbücher – s Einsichtnahme
Geschäftsordnung des GläubBeirats **44** 6
Geschäftsräume des Schuldners, Zutritt **40** 2
Geschiedene Ehefrau, Unterhaltsanspruch **25** 6
Gesellschaft des bürgerl Rechts als gegens Vertrag **36** 2; kein VglVerf **2** 1
Gesellschaft faktische **109** 1
Gesellschaft m beschr Haftung, VglVerf **17** 3, **18** 3, **108** 3; Gesetzesänderung **127** 1
Gesellschafter, persönl haftender als VglSchuldner **17** 3, 4, **18** 2, **69** 4, **109** 3, 4, **110** 2; VglVerf über Privatvermögen **47** 7, **110** 1–3
Gesellschaftsgläubiger 109 2
Gesetzlicher Vertreter, Abstimmung **74** 4; Forderungsanmeldung **67** 2; VglAntrag **2** 2
Gewerbetreibender als VglSchuldner **14** 1
Gewerbliche Niederlassung Gerichtsstand **2** 6
Gewinn- u. Verlustrechnung 5
Glaubhaftmachung von Angaben des Schuldners **3** 5, **95** 2, **100** 7
Gläubiger, absonderungsberechtigte **6** 2a, **27** 1–5; ausgeschlossener Forderung **29** 1–6; aussonderungsberechtigte **6** 2b, **26** 1; beteiligte **6** 2a, 3, **25** 1–7, **49** 2, **62** 2, **70** 1; bevorrechtigte **26** 2; mehrerer Forderungen **74** 1; nichtbeteiligte **6** 2b, 3, **26** 1–4, **47** 3; säumige **8** 1; stimmberechtigte **71** 1–8, **72** 1–3; durch Vormerkung gesicherte **26** 3; zurückgesetzte (zurückgetretene) **8** 3, **85** 9; ZwVollstr betreibende **48** 1–3, **87** 1
Gläubigerbegünstigung 8 1–4, **79** 4
Gläubigerbeirat, Anhörung **44** 4, **78** 2; Anwesenheit **66** 3; Aufgaben **44** 4; Auslagen **45** 3; Beginn und Ende **44** 3, **81** 2, **98** 2; Beschlußfassung **44** 6; Beschwerderecht **44** 4; Bestellung **44** 2; bei Fortsetzung des VglVerf **96** 2; Geschäftsordnung **44** 6; Rechte und Pflichten **44** 4, **45** 1–3; Sitzungsprotokoll **44** 7; Vergütung **45** 3; im Vorverfahren **11** 6; Zustellung **81** 1
Gläubigerbenachteiligung 8 1–7
Gläubigerversammlung 116 2f
Gläubigerverzeichnis 4 1, **6** 1–7, **9** 1 Abs 3, **29** 1, **66** 1, 2 **71** 7, **85** 1, **97** 1–3, **111** 3, **113** 12; Auszug **85** 1; berichtigtes **66** 1, **67,** 5, **70** 1, **74** 2, **90** 2; Ergänzung **6** 7; Inhalt **6** 1–6; Kontrolle **20** 5
Gläubigerzustimmung – s unter Zustimmung
Gleichberechtigung (GleichberG) **2** 1 Abs 2, **113** Vorbem, 3d, 5, 13, 14, **114a, 114b**
Gratifikationszusage 51 5 Abs 3
Großinsolvenzen, VerwGebühren **43** 9
Grundbucheintragung 61 1, **63** 1, **65** 3, **87** 2, **93** 1; keine **23** 3
Grundbuchsperre, keine **61** 1
Gründerverein der AktGes **108** 1
Grundstücke 5 2, 5, **61** 1, **63** 1, 3
Grundstückserwerb 36 3
Gütergemeinschaft – s Gesamtgut
Guter Glaube 61 1, **62** 5, **63** 3, **93** 1a

H

Haftpflichtrente 34 6
Haftpflichtversicherung, VglVerw **43** 1 d; Mitgl des GläubBeirats **45** 3
Haftung der Genossen **111** 7; – des Erwerbers eines Betriebes **7,** 6; des Gläubigerbeirats **44** 5; des Sachwalters **92** 3; des Treuhänders **7** 3; des VglVerw **11** 4, **20** 2, **42** 1–5
Haftungsbeschränkung der persönl. haft Gesellschafter **109** 5, **110** 1; im NachlVglVerf **113** 7
Handakten des VglVerw **40** 8
Handelsbücher, Pflicht zur Führung **5** 8
Handelsgesellschaften, VglVerf **108**ff Vorbem 1
Handelsgesetzbuch, Änderung **126**
Handelskammer s Industrie- und Handelskammer
Handelsregister 23 1, **98** 1
Handelstreibender als VglSchuldner **14** 1
Handkauf 57 2
Handlungsgehilfen, Kündigung **51** 5
Handwerkskammer, Anhörung **14** 1
Hauptniederlassung 2 6, **23** 1
Hausgemeinschaft mit dem Schuldner **56** 1

Magere Zahlen = Anmerkung

Sachverzeichnis

Heilung von Mängeln – s Mängelheilung
Hemmung der Verjährung 55 2–4, 96 4
Herausgabe unger Bereicherung 62 2, 87 3, **104** 2
Hinterlegung der VglQuote 27 5, 6; des Versteigerungserlöses 47 5
Honorarvereinbarung 43 8, 45 4
Hypothek 6 5g, 6, 8c, 82 3, 93 1–4

J

Industrie- und Handelskammer, Anhörung 14; Merkblatt zu VglAnträgen 3 7c, **5** 9, **Anhang** 5; Richtlinien für die Gutachtertätigkeit 14 2, 111 3; **Anhang** 4
Inlandsvergleich 17 5
Inlandswährung 34 4, 5
Insolvenzgesetz, einheitliches **Einl.** IIIi
Interessenausgleich 7, 6; **26,** 3
Internationales Insolvenzrecht 2, 10, 11; **47,** 10
Inventar, Einreichung 5 1; Feststellung 5 1–6
Inventarfrist 113 7b
Jahresfrist 4 2, 102 2, **107** 4 aE
Juristische Personen, VglVerf 2 1, 17 3, 4, 8, 18 3, 68 2, 75 1, 79 4, 88 2, 108 4

K

Kapitalisierung, wiederkehrender Leistungen 35 1
Kassatorische Klausel – s Wiederauflebensklausel
Kassenführung durch VglVerw 44 4, 57 3; durch Sachwalter 92 1
Kassenprüfung durch GläubBeirat 44 4
Kassensperre 57 3, 92 3
Kauf einer VglForderung 8 4; Vertragserfüllung 36 2
Kenntnis des Veräußerungsverbots 60 3, 4
Kaug s. Konkursausfallgeld
Klage auf Erteilung der VollstrKlausel 89 2; im Rahmen der ZwVollstr. 86 1; während VglVerf 49 2
Kleingläubiger 72 1, 90 2
Kommanditgesellschaft, VglVerf 2 1, 17 4, 56 1, 68 2, 75 1, 88 2, 109 1–6 (betr auch KommGes-aA)
Kommanditist, Stellung in der KG, VglVerf 109 3, 5; eigenes VglVerf 110 2
Kommissionsvertrag 36 2, 42 1
Konkurrenzklausel 36 2
Konkurs – s auch Anschluß-Konkurs – Abwendung 1 1; früherer 3 4, **17** 5; selbständiger **105** 3, **107** 6
Konkursantrag 2 4, 5, 46 2, 81 3, 84 1, 101 1, 102 2, 107 1, 2, 108 2
Konkursausfallgeld – Finanzierung 106, 1a
Konkurseröffnung – s unter Eröffnung
Konkursfähigkeit 2 1, Vorbem vor 108
Konkursgericht, Zusammenfassung **Einl** IIIi, 2 6a
Konkursordnung, Anwendung 25 6, 26 1, 27 1, 105 1, 106 3, 107 1–4
Konkursreife 19 1
Konkursschutz – Konkursverbot **46, 96** 4
Konkursverwalter 67 2, 80 3, 103 1
Konkursvorrecht Einl IIIe, 26 2
Kontokorrentvertrag 36 2, 67 4
Kontokorrentvorbehalt 27 2, 36 3
Konzernvorbehalt 27 2, 36 3
Kopfmehrheit bei der Abstimmung 8 2, 74 1a, 2, 77 4, 90 2, 111 6
Körperschaften, öffentlichrechtl. 108 4
Kosten, Gerichtskosten 17 7, 84 1, 120 2, 129 1–4; Vergütung der Rechtsanw. 129 5, 130 5
Kostenansatz, Beschwerde 121 8b; Widerspruch 105 1a
Kostenerstattungsanspruch 25 5g
Kostenvorschuß für Prozesse nach Eröffn. d VglVerf 49 1–5
Kreditgewährung an Schuldner 106 1–3
Kreditgewinnabgabe 25 7
Kreditinstitut 2 5, 112 3
Kündigung von Verträgen 51 5, 64 1; eines Genossen 111 7; der Sicherungshypothek bei Überwachung 93 2
Kündigungsschutzgesetz 51 6

L

Ladungen 22 3, 118 2
Lagerschäft 36 2
Länderbanken, Akteneinsicht 120 6
Landgericht, Zuständigkeit 86 2
Landwirt als Schuldner 14 1
Landwirtschaftskammer, Anhörung 14 1
Lastenausgleich 25 7
Lebensführung des Schuldners 56 1, 2, **100** 6
Leichtsinn des Schuldners 18 2
Leistungsklage 49 2
Liquidationsvergleich 3 3, 7 1, 3, 4, 4a, 9 6, 18 2, 5, 56 3, 111 4; Beendigung der Überwachung 95 4; Auswirkung der Wiederauflebensklausel 9 4

303

Sachverzeichnis

Fette Zahlen = §§ der VerglO

Liquidatoren 111 1, 125 1, 2, 126 1, 2, 127 1, 128 4
Liste der Genossen, Eintragung des Ausscheidens 111 8
Lizenz, Angabe in der Bilanz 5 2a
Lizenzvertrag 36 6
Löschung von Grundbucheintragungen 65 3, 87 2
Luftfahrzeug 6 10, 28 2, 61 5, 62 5, 63 1 Abs 2, 63 3, 65 4, 93 4
Luftfahrzeugrechtegesetz – s Luftfahrzeug

M

Mahnung, Befugnis zur 57 3c; bei Wiederauflebensklausel 9 1
Mahnverfahren 49 2
Mäklervertrag 36 2
Mängel des Verfahrens 79 2b; des VglAntrags 10 1, 2; 17 2
Mangelhafte Leistung 36 10
Mängelheilung 78 6, 79 2b
Masse, geringe, Ablehnungsgrund 17 7; Aufhebungsgrund 90 3
Massekosten im AnschlußKonkurs 105 1
Masseschuld im AnschlußKonkurs 106 1
Massenentlassung 51 6
Maßnahmen des Arrestvollzugs u d ZwVollstr 13 2, 47 5, 48 3, 6, 113 11, 124 1
Mehrheit bei der Abstimmung 8 2, 74 1–3, 111 6
Mietvertrag, Forderungen aus 36 2; Abwicklung 51 1–5
Mindestsatz des VglVorschlags **Einl** III a, 7 2, 79 2
Miterben als VglGläubiger 72 2; als VglSchuldner 69 4, 113 10
Mitschuldner des VglSchuldners, Mithaftung 32, 33, 84 3, 5
Mitteilung, gerichtl an das Registergericht 23 1, 3, 98 1c – s auch öfftl Bekanntmachung
Mutterschutzgesetz 51 5

N

Nacherbe, Antragsrecht 113 3a
Nachfrist bei Wiederauflebensklausel 9 1, 97 6
Nachholungsfrist bei VglAntrag 10 1–3, 17 2
Nachlaß, VglVerf 2 1, 17 4, 29 5, 68 2, 75 1, 79 4, 88 2, 100 6, 113 1–14, 122 1
Nachlaßgericht 113 3b
Nachlaßpfleger 113 3b, 122 1
Nachlaßteilung 113 6

Nachlaßüberschuß 113 12
Nachlaßverbindlichkeiten 113 7a
Nachlaßvergleichsverfahren Einl III h, 113
Nachlaßverwaltung 113 3, 10
Nachteilsausgleichsansprüche 25 4, 26 3
Nachverfahren 96 1–7; Neueinführung **Einl** II; Darlehen im – 106 1; Vergütung für – 43 3
Nachzahlung eines Fehlbetrages 97 7
Natürliche Verbindlichkeit 25 3f, 27 4, 82 3
Nebenforderungen 72 1, 83 2
Neugläubiger 7 3 Abs 2, 25, 5a; Einbehaltungsrecht für – 25, 5a; 42 1
Nichterfüllung des Vergleichs 89 4, 96 6
Nichterscheinen des Schuldners 68 2, 100 7
Nicht rechtsfähiger Verein, VglVerf 108 5
Niederschrift – s Protokoll
Nießbraucher, Stimmrecht 72 2

O

Offene Handelsgesellschaft, VglVerf 2 1, 7 6, 17 4, 56 1, 68 2, 75 1, 79 4, 88 2, 100 6, 109 1–6; als gegens Vertrag 36 2
Öffentl Bekanntmachung 15 2, 22 1, 81 1, 98 1, 119 1–3
Öffentliche Beurkundung von ZustErkl 73 2
Öffentl Glaube – s Guter Glaube –
Öffentl-rechtl Ansprüche 25 2
Öffentl-rechtliche Versicherungsanstalt, VglVerf 112 1, 2
Öffentl Urkunden, Nachweis 3 5
Ordnungsgelder, keine Geltendmachung im VglVerf 29, 29 4
Ordnungswidrigkeit 29, 29 4
Ordnungswidrigkeitengesetz 29 4; Einführungsgesetz zum – 17 4, 29 4, 88 2
Organe jurist Personen, Antragspflicht 108 2–4
Örtliche Zuständigkeit – s Zuständigkeit

P

Pachtvertrag, Erfüllung 36 2; Abwicklung 51 1–5
Parteifähigkeit, Anwendung der ZPO 115 2
Parteivereinbarung, unzulässige 25 1, 43 8, 45 4
Passiven – s Bilanz
Patente 5 2a
Pensionsansprüche 25 5b

Sachverzeichnis

Magere Zahlen = Anmerkung

Persönlich haftender Gesellschafter – s Gesellschafter
Pfandbestellung 4 5
Pfandgläubiger, Stimmrecht 72 2
Pfandrecht an Forderungen 28 2; Fortbestand 82 3; bei Erfüllungsablehnung 50 6; an Luftfahrzeugen, s Luftfahrzeug
Pfändungen, Einstellung 48 3–5; Vollstreckungssperre 47
Pfändungsankündigung 47 5
Pfändungspfandrecht 28 2, 50 6
Pfändungs- u Überweisungsbeschluß 87 2
Pflichtteilsanspruch 62 1 d, 113 12
Preisschleuderei 18 2
Presse – Teilnahme der – an nichtöffentlichen Sitzungen 66, 1
Privatentnahmen 5 9, 56 1
Privatvermögen der persönl haft Gesellschafter – s Gesellschafter
Protokoll, Forderungsanmeldung 67 2; GläubBeiratssitzung 44 6; VglTermin 66 2
Prozeß, anhängiger 49 1; nach Eröffnung des Verf 49 2; über Umrechnungsbetrag 82 1; über Vergütung des Sachwalters 92 10
Prozeßbevollmächtigter – s auch Vertretung – des Gläubigers 49 4; VglVerw als – des VglSchuldners 20 3
Prozeßfähigkeit, 2 2; Anwendung der ZPO 115 2
Prozeßführungsbefugnis 49 1
Prozeßkosten bei Anerkenntnis 49 1–3; Erstattungsanspruch 25 5 g
Prüfung der Bücher 39 2, 43 5 – s auch Erörterung der Forderungen
Prüfungsverband, Äußerung 4 6, 11 3

Q

Quote – s Mindestsatz, Vergleichsquote

R

Rechtliches Gehör 18 1
Rechtsanwalt, Kosten der Vertretung 29 3, 129 5, 130 5; als VglVerw 20 2, 38 2
Rechtserneuerung Einl III
Rechtsfähiger Verein, Änderung der BGB-Vorschriften 125 1–3; VglVerf 108 4, 8
Rechtshandlungen, Anfechtung im Anschluß-Konkurs 107 1
Rechtsgeschäfte des Schuldners während VglVerf 57 2, 64 2
Rechtskraft der Entsch über die Eröff des Anschlußkonkurses 80 3, 81 1–3, 96 7 c, 101 3, 102 3
Rechtskraftwirkung, keine 85 1
Rechtsmittel im VglVerf – s auch Beschwerde – 121 1–8; im VollstrVerf 13 5, 48 8, 121 8 a
Rechtsmittelinstanz, Nachbringen von ZustErkl 73 2
Rechtsnachfolger des Ehegatten 75 2; Forderungsanmeldung 67 5; Zinsforderung 29 2
Rechtspfleger(-gesetz) Einl III i, 2 6 a, 6 b, 85 2; Richtervorbehalte 2 6 b; Anfechtung von Entscheidungen des – 121 1, 4–7
Rechtsschutzbedürfnis, Rechtsschutzinteresse 85 6, 104 1 Abs 2
Rechtsvermutung 21 2, 60 2
Reederei, VglFähigkeit 2 1
Register für Pfandrechte an Luftfahrzeugen, s Luftfahrzeug
Registergericht 23 1, 81 1, 95 3, 96 7 d, 98 1 c
Regreßforderungen 31 4, 33 1–5, 82 5
Rentenansprüche 25 5 b
Respektfrist – s Schonfrist
Restitutionsklage 85 1 d
Richtervorbehalt – s Rechtspflegergesetz
Richtlinien für die I – u. H – Kammern 14 2, Anhang 4
Rückerstattung 1 3
Rückforderungsanspruch, dinglicher 8 5; bei Begleichung bestr Ford 97 7
Rücknahme des VglAntrags 2 3, 15 2, 99 2, 113 4; – des Bestreitens einer Ford 71 6, 77 8
Rücktrittsrecht, Ausschluß 36 9
Ruhegeldanspruch 51 5

S

Sachverständige, Auslagenersatz 43 5 Abs 2; Wertermittlung 17 7
Sachwalter, Allgemeines 91 1, 2, 92; Entlassung 92 5, 95 2; früherer VglVerw als 38 5; mehrere 92 4; Rechte und Pflichten 92 3; Rechtsstellung 92 1; Tod 92 6; Verantwortlichkeit 92 3; Vergütung 92 10
Sanierungsgewinn, steuerrechtl Behandlung 82 7
Sanierungsversuch, außergerichtl 18 3
Schadensersatzanspruch 36 2, 52 1–4, 55 2, 102 2
Schätzung von Forderungen 34 5, 6
Scheingesellschaft 109 1

Sachverzeichnis

Fette Zahlen = §§ der VerglO

Schenkungen 29 5
Schenkungsanfechtung 107 4
Schiffe und Schiffsbauwerke 28 2, 61 1, 62 5, 63 1 Abs 2, 63 3, 65 3
Schiffsregister (Schiffsbauregister) 6 5g, 28 2, 61 1, 63 1, 65 3, 95 4
Schleuderverkauf 2 4
Schonfrist bei Wiederauflebensklausel 9 1; bei Nachzahlung eines Fehlbetrages 97 3
Schriftl Zustimmung zum VglVorschlag 73 1–3, 76 5
Schuldanerkenntnis 27 4, 29 5, 82 3
Schuldgrund Angabe im GläubVerz 6 5f
Schuldner – VglSchuldner, Ablehnung der Vertragserfüllung 50 3; Anhörung 58 2, 78 2; Antragsrecht 2 2, 108 2–5, 109 3, 111 2, 113 3–10, 114 3; Antragspflicht 108 2–4, 109 2, 111 1; Anwesenheitspflicht 66 3, 68 2; Aufhebungsantrag 96 5, 6; Aufrechnungsbefugnis 54 4; Ausbleiben 17 3, 100 7; Auskunftspflicht 40 4, 66 1, 69 2; Außerverfolgungssetzung 17 4; Beschwerderecht 19 2, 75 2, 80 2, 96 6, 7, 101 2, 121 1–3; Eingehung von Verbindlichkeiten 46 Vorbem., 57 2; flüchtiger 17 3, 100 3; Freispruch 17 3; Geltendmachung erdichteter Forderungen 79 4, 122 3; Lebensführung 56 1; leichtsinniger 18 2; Partei- u Prozeßfähigk 46 Vorbem; Strafverfahren 17 4; Überwachung durch VglVerw 39 3; unredlicher 18 2, 79 4; verborgener 17 3, 100 3; Verfügungsbeschränkungen 46 Vorbem, 58 1; Verhinderung 68 2, 77 6; Vermögensverwaltung 57 2, 3; Vollstreckung 85 3; Vorlage der Bilanzen 5 8; Vorschußzahlung 17 7; Wohnsitzwechsel 2 6
Schuldnerverzeichnis 4 1, 6 8, 9
Schweigepflicht des VglVerw 38 9; – der Mitgl des GläubBeirats 44 8
Schwerbeschädigtengesetz 51 5
Sicherstellung bei Aufrechnung bedingter Forderungen 54 1; der Verfahrenskosten 17 7; der VglErfüllung 3 3, 4 5, 7 3
Sicherungen innerhalb der Sperrfrist 28 2, 3, 82 4; Unwirksamkeit 87 1, 2, 104 1; keine Pflicht zur Aufgabe von – 27 4 Abs 3; des Vgl bei Verzug des Schuldners 9 2; des Vgl bei nachfolgendem Konkurs 9 3
Sicherungsabtretung 3 3

Sicherungshypothek 3 3, 28 2, 47 5, 48 3, 87 2, 93 1–3
Sicherungsmaßnahmen 88 7 unwirksame 104 1–3; im Vorverfahren 12 1–4; Zuwiderhandeln des Schuldners 12 5, 17 10, 58 6
Sicherungsübereignung 3 3, 6 5g, 8 c, 27 2, 82 3, 102 2
Sistierung des Vergleichsantrags 16 5
Sofortige Beschwerde – s Beschwerde
Sollkaufleute 5 8
Sonderabkommen 8 4
Sonderhonorar des Verw 43 8
Sonderkundenvertrag 36, 6
Sondervergleichsverfahren 2 1, 17 3, 4, 18 2, 3, 108, 109, 113, 114, 114a, 114b
Sondervorteil 123 4
Sozialplan 25 4, 26 3
Speditionsvertrag 36 2
Sperrfrist Einl III b 26 3, 2 8, 28 4, 6, 48 6, 87 1, 104 1, 113 1
Stahlkammervertrag 36 2
Steuerforderung 25 5h
Steuerliche Pflichten – des Verwalters 20, 3
Stiftungen, rechtsfähige VglVerf 108 4
Stille Gesellschaft, kein VglVerf 2 1, 25 3h
Stillehalten der VglGläubiger 107 3
Stiller Teilhaber 2 1, 25 3h, 107 4
Stimmenkauf vor 124
Stimmenthaltung 72 2, 74 1a, 123 5
Stimmliste 66 3
Stimmrecht 8 2a, 9 1 Abs 2, 27 5, 66 1, 70 2, 3, **71, 72, 74** 1, 77 8, 110 1; der Ausfallforderung 27 5; bedingt. Forderungen **31**; Feststellung **71** 1–7; Gesamtgläubiger 33 6; bes Fälle **72** 1–3
Strafbestimmungen der VglO, vor 124
Strafregisterauszug 3 4
Strafverfahren, anhängig, 17 4
Stundung der VglForderungen 9 1; im bestätigten Vgl 55 6b; Wirkung auf Ausscheiden von Genossen 111 8; u Zahlungseinstellung 107 3
Stundungsvergleich 8 1
Sukzessivlieferungsvertrag 36 5 s. auch Sonderkundenvertrag
Summenmehrheit 8 2, **74** 1b, 2, 3, 90 2; verschärfte 111 6

T

Tantiemen 5 9
Tarifvertrag, Kündigungsfristen 51 5
Täuschung – s Arglistige Täuschung

Sachverzeichnis

Magere Zahlen = Anmerkung

Tauschvertrag 36 2
Teilanerkenntnis im Prozeß 49 3
Teilbare Leistungen, Vertragsabwicklung 36 5–9
Teilbürgschaft 32 7
Teilgesamtschuldnerschaft 32 7
Teilforderung, Anmeldung 27 4
Teilung von Forderungen 72 3
Telegraphische Zustimmung 73 2
Termin zur Bestätigung 78 2; neuer 77 8, 78 3, 100 7
Terminsverlegung 20 4
Testamentsvollstrecker 113 3, 122 1
Tod des Sachwalters 92 6
Treugut 7 3, 102 2
Treuhänder, Haftung 7 3, 92 8; Vermögensüberlassung 7 3; Vergütung – s unter Vergütung; Verzug 9 4
Treuhänderische Abtretung – s Abtretung
Treuhandliquidationsvergleich 7 3, 6
Treuhandvergleich 7 3, 92 8
Treuhandvertrag 7 3

U

Übergangsregelung zur VergütungsVO 43 4, 45 3a
Überschuldung 2 4, 3 7a, 19 1, 108 2–5, 111 1, 113 2, 114 2, 125 2
Übersicht des Vermögensbestandes – s Vermögensübersicht
Überwachung des Schuldners 39 3; der VglErfüllung 90 4, 91–95, 96 2, 98 1a
Umlaufvermögen 5 2b
Umrechnung von Forderungen 34 5, 6, 102 2
Umsatzsteuer des VglVerw 43 1c Abs 5
Umwandlung von Kapitalgesellschaften 108 1
Unabhängigkeit des VglVerwalters 20 2, 38 3
Unbeschränkte Erbenhaftung 113 6
Unerlaubte Handlung, Ansprüche 25 5b
Ungerechtfertigte Bereicherung, Herausgabe 28 6, 87 3
Ungleiche Behandlung der VglGläub, zulässige 8 1–3
Unlauterkeit beim Zustandekommen des Vergleichs 79 4
Unredlichkeit des Schuldners 18 2
Unrentabilität des Schuldnerbetriebs 18 5
Untauglichkeit zum VglVerw 20 2
Unterbrechung der Verjährung 55 6a
Unterhalt des Schuldners 56 1–3
Unterhaltsansprüche 25 6

Unternehmen des Schuldners, Auflösung und Fortführung 18 5
Unzulässigkeit von Zwangsvollstreckungen – s ZwVollstr.
Unzuständigkeit des Gerichts 2 6
Urheberrecht 62 1d, 63 1
Urkunden, Vorlage 67 4
Urkundsbeamter 67 5, 71 7, 111 3
Urlaubsabgeltungsanspruch 30 1

V

Verantwortlichkeit des Gläubiger-Beirats 44 5; des VglVerw 11 4; 42 1
Veräußerung – des Betriebs/Betriebsteils 7, 6
Veräußerungsverbot, allgem 12 2, vor 46, 46 3, 59 1a, 60 1–5, 61 1–5, 62 1–7, 65 1–4, 103 1, 2, Einl III d; besond 59 1b, 63 1–3; Wirkung auf Stellung des VglVerwalters 64 3
Verbindlichkeiten, Angabe im VermVerz 5 3; Eingehung durch Schuldner 46 Vorbem, 57 1, 2
Verborgenhalten des Schuldners 17 3, 100 3
Verein, nicht rechtsfähiger, VglVerf 2 1, 75 1, 108 5; rechtsfähiger, VglVerf 108 4, 125 1, 2
Vereinbarte Überwachung – s Überwachung
Vereinbarungen, unwirksame 43 7, 45 4, 53 1–3
Vereinsmitglieder, Antragsrecht 108 5
Vereinsregister 23 3, 108 4
Verfahrenskosten – s Kosten
Verfahrensmängel 79 2b, 100 2 – s auch Mängel
Verfolgungsrecht 26 1
Verfügungsbeschränkungen des Schuldners 12, 24 1, 27 3, 46 Vorbem, 58–65, 80 3, 94 1, 2, 96 2, 103; Aufhebung 65, 94 3, 96 3; Außerkrafttreten 81 2, 98 3; Fortwirkung 24 1, 94 1, 96 3, 103 1; Nichteinhaltung 58 6, 100 4; im Vorverfahren 11 4, 12 2
Vergleich, Änderung 82 6; bedingter 78 3, 89 4; bestätigter 78 1, 82 1, 2; Nichterfüllung 89 4; Vollstreckung 85 1–6, 86 1, 2
Vergleichsantrag – s auch unter Antrag; Gleichstellung mit KAntrag 107 1, 2; Mängel 10 1; Rücknahme 2 3, 13 6, 15 2, 77 8, 99 1, 2; Verzögerung 18 3
Vergleichsberater, Vergütung 43 10

Sachverzeichnis

Fette Zahlen = §§ der VerglO

Vergleichsbilanz 5 1
Vergleichsbürgschaft – s auch Vergleichsgarant; **3** 3, **4** 5, **7** 3 Abs 2, **9** 3; Formerfordernis **66** 4; für erweiterten VglVorschlag **76** 5; Nachbringen **91** 1, Unwirksamkeit **78** 6 Abs 2, Vollstreckung **85** 3
Vergleichserfüllung – s unter Erfüllung
Vergleichsfähigkeit 2 1, Vorbem **vor 108, 108** 1, 3–5, **109** 1, 2, **111** 1, **112** 2, **113** 1, **114** 1, **114a** 1
Vergleichsforderung – s auch unter Forderungen –, Begriff **25** 1–7; Erörterung (Prüfung) **66** 1, **70**; tituliert **85** 1; Verjährungshemmung **55** 3, 4
Vergleichsgarant, Anwesenheitsrecht **66** 3; Haftung bei VglAnfechtung **89** 3; Haftung bei Wegfall der VglWirkung **88** 5; Vollstreckung **85** 3–6
Vergleichsgericht 2 6, **19** 1, 2, **58** 2, **65** 1, **70, 71, 76** 2, 3, **77** 2, 3, **78** 1, 2, **88** 7, **90** 2, **92** 5, 6, 9, **95** 2, **96** 5–7, **100** 7, **102** 2, **110** 1, **113** 2, **114** 5; Aufhebung von VollstrMaßn **48** 6; Aufsichtsbefugnis **11** 4, **41**; Auswahl des Verw **20** 2, **38** 4; Beschlußfassung üb Anordnung der eidesstattl Versicherung **66** 1, **69** 3; Entscheidung über Stimmrecht **71, 72**; Erlaß von Verfüggsbeschränkungen **12** 2, 3, **58 ff, 94** 2; Ermächtigung des Schuldners zur Erfüllungsablehnung **50** 4; Ermittlungspflicht **12** 1, **58** 2, **72** 3, **116**; Ernennung des Verw **20** 1; Fortdauer der Zuständigkeit **88** 7, **94** 2; als Registergericht **23** 1; Rüge des VglVorschlags **7** 8; Ordnungsstrafen gegen Verw **41** 3; Zurückweisung von Anmeldungen **67** 5, Zusammenfassung der VglSachen mehrerer Bezirke bei einem Amtsgericht **2** 6a
Vergleichsgläubiger – s auch unter Gläubiger –, beteiligte Gläubiger **25** 2, **47** 1, **54** 1, **67** 1, **82** 1, **87** 1, **93** 1b, **102** 2, **108** 2, **109** 2, **113** 11, **114** 2; Abgrenzung **25** 1–7; Gleichbehandlung **7,** 3; **8** 1; **92,** 1; Recht, eidesstattl Versicherung zu beantragen **66** 1, **69** 3; Vertagungsantrag **76** 4
Vergleichsgrund 2 4
Vergleichshelfer 3 1b, **11** 3, **20** 2, **38** 3; Vergütungsanspruch des **43** 8
Vergleichsquote, Auszahlung an Gesamtgläubiger **33** 6; an Rückgriffsberechtigte **82** 5; Herabsetzung **76** 2; Hinterlegung **27** 6; Mindestsatz **7** 2
Vergleichsschuldner – s Schuldner

Vergleichstermin – s auch Termin –, Anberaumung **20** 4; Gang der Verhandlung **66** 1–4; Vertagung **77** 1–3, **100** 7
Vergleichsunwürdigkeit 17, 18
Vergleichsverfahren, Antrag – s auch unter Antrag; **2** 2; Aufhebung **90** 1–3; **96** 1; **98** 1–3; Einstellung **96** 7b, **99** 1, 2, **100** 1–9, **101** 1–3; früheres **17** 5; Fortsetzung **90** 1, **92** 6, **96, 100** 7; Zeitpunkt der Eröffnung **21** 1
Vergleichsverwalter, Anhörung **50** 4, **58** 2, **78** 2; Annahme des Amts **20** 2; Antrag auf Einst der ZwVollstr **48** 6; Anwesenheitspflicht **66** 3; Anzeigepflicht **40** 6, **56** 2, **57** 2; Allgem Aufgaben **Einl** III g, **39** 1–6; Auswahl **Einl** III f, **20** 2, **38** 2; Berichterstattung **39** 2, **40** 7, **66** 1; Bestellung **20** 2, **38** 1; Einsichtnahme in Bücher **40** 3; Entlassung **20** 2, **38** 5, **41** 4; Erlöschen des Amts **98** 2; Ermessensmißbrauch **41** 1; Ernennung **20** 1; bei Fortsetzung d Verf **96** 2, 5; Genehmigung von Rechtsgeschäften **57** 2; Haftung **42** 1–5; Haftung für Gehilfen **20** 2, **38** 5, **42** 4; Handakten **40** 8; Kassenführung **39** 3, **57** 3; Mitwirkungsrecht bei Verbindlichkeiten **57** 2; Ordnungsstrafen **41** 3; als Prozeßbevollmächtigter des VglSchuldners **20** 3; Rechtsstellung **Einl** III g, **20** 3, **39** 4; Richtlinien f Bestellung und VO über Vergütung, Anhang 2, 3; steuerrechtl Fragen **20** 3 aE; Schweigepflicht **38** 9; Überwachung des Schuldners **39** 3, **56** 2; Unabhängigkeit **20** 3, **38** 4; Unterstützung bei Vergleichsvorbereitung **11** 3 Abs 2; Vergütung u Auslagen **11** 4, **17** 7, **43** 1–7, **132** 1; Zahlungen **57** 3; Zustimmungsbefugnis **64** 2, **106** 1
Vergleichsvorschlag 3 1, **7, 66** 1, **109** 3, **111** 2, **113** 5; Änderung **3** 1, **7** 8, **66** 1, **76** 1–5; Annahme **74** 1; mehrere **7** 1; Rechtsnatur **3** 2; Verlesung im Termin **66** 1; Zuleitung an Berufsvertretung **14** 4
Vergleichswirkung 82–87; Wegfall **88**
Vergleichszweck 64 3
Vergütung als Massekosten im Anschluß-Konkurs **105** 1b; des Sachwalters **92** 10; des Treuhänders **7** 3; des VglVerw **43** 1–7; des vorl Verw **11** 4, **17** 7, **43** 2
Verhandlung im VglTermin **66** 1–3; über Bestätigung des Vgl **78** 2

Magere Zahlen = Anmerkung

Sachverzeichnis

Verheimlichen von Vermögensstücken 79 4
Verjährung von VglForderungen 21 3, 55 3, 4; Hemmung 55 3, 4, 67 6; Ende 96 4
Verkündung des Bestätigungsbeschlusses 78 5; von Entscheidungen 66 3
Verlagsvertrag 36 2
Vermächtnis 29 5, 113 12
Vermerk im GläubVerz, Vollstreckbarkeit 85 1
Vermieterpfandrecht 52 4
Vermögensabgabe, auch Zeitwert der – 25 7
Vermögensauseinandersetzung, Angabe im VglAntrag 4 2
Vermögensüberlassung an die Gläub 3 3, 7 3–6
Vermögensübernahme Haftung des Übernehmers BGB § 419 7 6
Vermögensübersicht 4 1, 5 1–6
Vermögensverfall, Ursachen 18 2, 5
Vermögensverzeichnis 4 1, 5 1–6; Ergänzung 66 1, 69 4 aE
Vermutung, Rechtsvermutung 21 2, 62 4
Verpflichtungsbeschränkung des Schuldners 57 1, 2, 100 4
Versagung der VglBestätigung 79 1–5
Versäumnisurteil 49 3
Verschmelzung von AktGes 108 1, von Genossenschaften 111 1
Versendungskauf 36 3
Versicherung eidesstattl – s Eidesstattl Vers
Versicherungsunternehmen, VglUnfähigkeit 2 5, 112 1, 2
Versteigerung innerhlab der VollstrSperre 47 5
Vertagung des VglTermins 66 3, 68 1, 2, 76 4, 77 1–3, 100 9, 110 1
Vertrag, gegens – s Gegens Vertrag
Vertragshilfegesetz, Einl V
Vertragshilfeverfahren, Einl V
Vertretung der Gläubiger 49 4, 74 1 a, 4; des Schuldners 2 2, 68 2, 77 5, 99 1; Gebühren f anwaltl – in VglVerf 130 5 a–g
Verurteilung, rechtskräftige – des Schuldners 17 4, 79 3, 88 1–4
Verwahrungsvertrag, entgeltl 36 2
Verwalter, vorläufiger 11 2–5, 19 5, 20 2, 26 6; Vergütung 11 4, 17 7, 43 1–3, **Anhang** 3
Verweigerung der Auskunft und Einsichtnahme in Bücher 17 8, 100 5

Verweisung an das zuständ Gericht 2 6
Verwerfung des Vgl 8 1 – s auch Versagung der Bestätigung
Verwirkung 27 4, 36 3
Verzeichnis – s Gläub- und Schuldner-Verz
Verzicht auf Absonderungsrecht 27 4
Verzögerung des VglAntrages – s VglAntrag
Verzug des Schuldners bei VglErfüllung 9 1, 2, 2a, 27 5, 85 5, 97 1, 110 1; des Treuhänders 9 4; Verzugszinsen 9 2a
Vollmacht – s auch Vertretung-, zur Stellung des VglAntrags 2 2; Erteilung an Verw durch Schuldner 57 2, 3; unwiderrufliche 92 7
Vollstreckbare Ausfertigung 85 2, 3, 5, 88 5
Vollstreckung des Vgl 85 1–6
Vollstreckungsanträge 87 4
Vollstreckungsgegenklage 85 1 b, 86 1
Vollstreckungsgericht 13 4, 47 8, 9
Vollstreckungsklausel 85 2, 5; 121 8 c; Klage auf Erteilung 86 1
Vollstreckungsmaßnahmen – s auch Zwangsvollstreckung –, Abgrenzung 28 1; Aufhebung 48 6, 87 2, 104 2 Abs 2; Einstellung 11 4, 13 1, 48 1–5
Vollstreckungsschranken 27 3; 33 2, 47, 48
Vollstreckungsschutz Einl III b, 13 4, 47, 48, 96 4
Vollstreckungssperre = VollstrVerbot 21 3, 47 1–9
Vorausklage, Einrede 85 4
Vorausverfügung über Miet- und Pachtzinsen 54 2
Vorbehalt des Widerrufs der Zustimmungserklärung 73 2, 74 4 Abs 1, 2
Vorerbe, Antragsrecht 113 3a
Vorgesellschaft 108 1, 3, 109 1, 111 1
Vorgründungsgesellschaft 108 1, 3
Vorkaufsrecht 50 6
Vorläufiger Verwalter – s Verwalter
Vormerkung 26 5, 28 2, 50 6–7; 87 2, 93 2
Vormund, Abstimmung 74 4; Antrag 2; Forderungsanmeldung 67 2
Vorpfändung = Pfändungsankündigung 28 4, 47 5 Abs 2
Vorrecht, Verzicht auf das – 25 1
Vorrechtsgläubiger 25 1, 26 2, 27 3
Vorschuß für Verfahrenskosten 17 7, 84 1; auf Vergütung des VglVerw 43 7; auf Vergütung des Sachwalters 92 10 Abs 2

Sachverzeichnis

Fette Zahlen = §§ der VerglO

Voruntersuchung geg Schuldner 17 4
Vorverfahren 11 ff, 43 2, 60 4, 106 1, 122 2; Verfügungsbeschränkungen 12, 58 1, 5
Vorwegabstimmung 8 3, 74 5
Vorzugsabkommen 8 3, 4–8

W

Wandlung des Kaufvertrags 36 2
Warenbestände 40 2, 43 1 d Abs 2, 43 5 Abs 2
Warenzeichen 5 2 a
Wasserlieferung – s Wiederkehrschuldverhältnis
Wechsel – s auch Gefälligkeitsakzept-, Forderung 5 2 b, 9 1, 25 5 c, 29 5, 36 3; Klage 49 5; Vorlage 57 3 c
Werkvertrag 36 2, 51 1
Wertermittlung 5 5, 17 7
Wertpapiere, Absonderungsrecht 27 2
Wettbewerbsverbot 51 6
Wette – s Natürliche Verbindlichkeit
Widerruf der Einwilligung des Verw 64 1, 2; der Zustimmungserklärung 73 2, 74 4
Widerspruch gegen Forderungen 71 6–8
Wiederauflebensklausel 9 1, 97 1
Wiedereinsetzung in den vorigen Stand 121 3 a
Wiederkehrende Leistungen Berechnung 35 1
Wiederkehrschuldverhältnis 36 5
Wirtschaftsausschuß 2 9
Wirtschaftstreuhänder als VglVerw 20 2
Wohnsitzwechsel des Schuldners 2 6

Z

Zahlungen innerh der Sperrfrist 28 5; des VglVerw 57 3
Zahlungseinstellung 2 4, 3 7 a, 54 1 c, 107 3, Vorbem §§ 122, 123
Zahlungsfrist im VglVorschlag 7 2
Zahlungsplan 5 7
Zahlungsunfähigkeit 2 4, 3 7 a, 19 1, 105 3, 108 2–5, 109 2, 111 1, 125 2
Zehntagefrist des KO § 30 Nr 2 107 3

Zeitpunkt des Erlasses des VeräußVerbots 60 2, 62 1 b, 4; der Eröffnung des Verfahrens 21 1
Zeitversäumnis der GläubBeirats-Mitgl, Ersatz für – 45 3
Zeugen, Vernehmung 116 2 c
Zinsen 29 2, 83 2; Geltendmachung von – im Anschlußkonkurs 107 7; Verzugszinsen 9 2 a
Zivilprozeßordnung, Anwendung 115 1–3
Zulässigkeit des VglVerf 2 1
Zurückbehaltungsrecht 87 3
Zurücksetzung von Gläub – s unter Gläubiger
Zusammenfassung der Konkurs- und Vergleichssachen bei einem Amtsgericht für die Bezirke mehrerer Gerichte 2 6 a
Zuständigkeit, gerichtl für VglVerf 2 6
Zustellung, gerichtl 22 2, 47 5, 50 4, 60 4, 63 1, 65 3, 81 1, 96 7 d, 98 1 b, 118 1–4, 119 3
Zustellungsbevollmächtigter 118 4
Zustimmung zum VglVorschlag 73 1, 74 1, 77 8, 101 2; bedingte – 73 2, 74 4, Abs 2; unter Vorbehalt des Widerrufs 73 2, 74 4 Abs 1, 2
Zustimmungsbefugnis des Verw 57 2, 64 2
Zwangsgelder 29 4, 41 3
Zwangsversteigerung und Zwangsverwaltung, Aufhebung 87 2
Zwangsvollstreckungen = ZwVollstr-Maßn 13, 19 7, 28 1, 2, 6, 47 5, 48 3, 6, 87 1, 2, 102 2, 124 1–3, 104 1, – in Auslandsvermögen 2 10
Zweites Vergleichsverfahren 2 8
Zweitschrift der Anmeldung 67 2; des VglAntrags 4 6
Zweigniederlassung, Registergericht 23 1; Unzuständigkeit 2 6
Zwischenzins, Abzug bei betagt Ford 30 5, 6; Abzug bei wiederkehr Leistungen 35 1